CB122296

# RECURSOS CÍVEIS

abdr
ASSOCIAÇÃO BRASILEIRA DE DIREITOS REPROGRÁFICOS
Respeite o direito autoral

DIOGO REZENDE DE ALMEIDA

# RECURSOS CÍVEIS

5ª edição | revista atualizada ampliada

2024

EDITORA JusPODIVM

www.editorajuspodivm.com.br

EDITORA *Jus*PODIVM
www.editorajuspodivm.com.br

Rua Canuto Saraiva, 131 – Mooca – CEP: 03113-010 – São Paulo – São Paulo
Tel: (11) 3582.5757
• Contato: https://www.editorajuspodivm.com.br/central-de-relacionamento

**Copyright:** Edições *Jus*PODIVM

**Diagramação:** Equipe *Jus*PODIVM

**Capa:** Ana Caquetti

A447r Almeida, Diogo Rezende de
Recursos Cíveis / Diogo Rezende de Almeida. – 5.ed., rev., atual. e ampl. - São Paulo: Editora JusPodivm, 2024.
480 p.

Inclui bibliografia
ISBN 978-85-442-5209-3

1. Direito Processual Civil. 2. Recursos. 3. Ação Rescisória. I. Almeida, Diogo Rezende de. II. Título.

CDD 341.46

BIBLIOTECÁRIA RESPONSÁVEL

Ana Carolina Ribeiro Mois – CRB7 – RJ 007348/0

Todos os direitos desta edição reservados a Edições *Jus*PODIVM.

É terminantemente proibida a reprodução total ou parcial desta obra, por qualquer meio ou processo, sem a expressa autorização do autor e das Edições *Jus*PODIVM. A violação dos direitos autorais caracteriza crime descrito na legislação em vigor, sem prejuízo das sanções civis cabíveis.

*Ele chegou ao mundo apressado.*
*Nos deu uma lição de vida*
*e suportou inúmeros obstáculos e sofrimentos físicos.*
*Resistiu. Sobreviveu.*
*Veio para reforçar nossa fé e para*
*nos mostrar que o amor pode ser ilimitado.*
Vincere, *vencedor, Vicente.*
*Ao meu filho.*

# AGRADECIMENTOS

Publicar um livro é um ato de exposição. Exposição de pensamentos e reflexões. É, por isso, um ato de coragem, pois o autor, ao revelar suas ideias, coloca-se na posição de vidraça e seu trabalho passa a ser objeto de possíveis pedradas.

Prudentemente, antes de entregar-me aos possíveis estilhaços, submeti este trabalho ao crivo de generosos amigos, que reservaram parte de seu precioso tempo à leitura das primeiras versões e dialogaram comigo acerca das intrincadas questões que a temática dos recursos apresenta.

O inesperado sucesso que esta obra venha a ter no futuro eu divido com eles. O provável insucesso é todo meu.

Agradeço aos meus colegas de escritório, em especial à Amanda Hollerbach, ao Jacques Rubens e ao Yuri Athayde, que leram as primeiríssimas versões de alguns capítulos.

O meu mestre, professor Leonardo Greco, e os professores José Aurélio de Araújo, Márcio Faria, Guilherme Sokal, Elias Gazal e Fernando Gama examinaram minuciosamente o texto e discordaram, sugeriram, debateram e, enfim, contribuíram muito com o resultado final. As nossas sessões de discussão me fizeram refletir sobre pontos não pensados, mudar algumas opiniões iniciais e confirmar ideias antes embrionárias. Agradeço muitíssimo sua generosidade.

Agradeço, por fim, à Marta, cujo carinho me deu a tranquilidade necessária para seguir em frente. Obrigado, meu amor.

# NOTA DO AUTOR

O tema dos recursos sempre me fascinou, desde a leitura das obras de Piero Calamandrei, Alcides Mendonça Lima, Barbosa Moreira, Nelson Nery Júnior, Leonardo Greco e de tantos outros autores.

O fascínio despertado pelos ensinamentos de meus mestres cresceu com a minha atividade profissional como advogado. O sistema judiciário brasileiro, concebido de modo hierárquico, torna a interposição de recursos a regra em quase todo processo judicial. O conhecimento a respeito do tema é indispensável, portanto, para o profissional do direito que lida com o processo.

No magistério, percebi a dificuldade dos alunos na visualização do intrincado sistema recursal. O desafio de transmitir-lhes o conhecimento de modo que entendessem os meandros das impugnações às decisões judiciais me motivou a escrever o presente trabalho.

Este livro é, pois, especialmente voltado para os estudantes de direito que têm o primeiro contato com o instituto dos recursos. Por tal razão, procurei rechear a narrativa de exemplos que tornassem mais palatável a compreensão. Em que pese esse objetivo inicial, não deixei de examinar e de me posicionar a respeito de diversas questões complexas. Desse modo, a obra pode tornar-se proveitosa a todos aqueles que manejam recursos.

Espero que as linhas seguintes sejam úteis e, de alguma forma, contribuam para o estudo do sistema recursal brasileiro.

Rio de Janeiro, 26 de fevereiro de 2019.

**Diogo Rezende de Almeida**

# PREFÁCIO

Quando iniciei a minha experiência de magistério na década de 70 do século passado, após o meu doutoramento em São Paulo e a minha vinda para o Rio de Janeiro, comecei a me empolgar com o sistema de recursos pela racionalidade de suas regras e pela costura que o nosso ordenamento jurídico recém-reformado no Código de 1973 procurava traçar entre os seus diversos institutos, articulando-os num conjunto harmonioso.

Inspirado nos nossos clássicos sobre os recursos, como Buzaid, Moniz de Aragão, Mendonça Lima, Pedro Batista Martins, imaginei que poderia escrever um manual sobre o assunto, de utilidade para os meus alunos, mas logo desisti da empreitada. Lendo os *Comentários* de Barbosa Moreira, ali encontrei tudo o que eu me dispunha a estudar, sem dúvida, muito mais bem escrito e com fundamentação mais sólida do que eu teria capacidade de fazer.

Somente me animei a escrever sobre os recursos quarenta anos depois, no terceiro volume das minhas instituições, aventurando-me a desafiar os nossos ídolos porque a realidade do Direito e do Processo mudou tanto que, sem prejuízo da perenidade daquelas lições, não é mais a racionalidade que prevalece no sistema de recursos e, onde o legislador busca estabelecê-la, a doutrina e a jurisprudência não o acompanham. Conforme já tive oportunidade de observar, o sistema de recursos sofre hoje os reflexos de três visões absolutamente deformadas do processo judicial: a dos tribunais superiores, cuja preocupação predominante é com a eliminação da quantidade de processos e de recursos, mesmo com o sacrifício da qualidade e da justiça das decisões; a dos governantes, que se habituaram a utilizar a justiça para procrastinar o cumprimento das obrigações do Estado para com os cidadãos; e a dos próprios jurisdicionados ou, muitas vezes, dos seus advogados, que, vencidos, se sentem impelidos a esgotar as vias recursais, porque estas se apresentam como facilmente acessíveis e resultam sempre de algum modo mais vantajosas do que o cumprimento imediato e espontâneo das decisões[1].

---

1. In Os Recursos no CPC de 2015. www.academia.edu.

Por outro lado, a tipicidade e a legalidade dos recursos e das respectivas regras passaram a receber o influxo da supremacia dos direitos e garantias fundamentais inscritos na Constituição que, evidentemente, se sobrepõem ao ordenamento infraconstitucional e devem servir de postulados hermenêuticos na sua interpretação, mas não podem ser usados como pretexto para desprezar as suas regras e a sua lógica, a serviço de visões estritamente pessoais ou corporativas.

Diogo Rezende de Almeida foi um dos meus alunos mais próximos. Foi meu aluno de Graduação na Faculdade Nacional de Direito, de Mestrado e de Doutorado na Universidade do Estado do Rio de Janeiro. Orientei a sua monografia de Graduação, a sua dissertação de Mestrado sobre a prova pericial e a sua tese de Doutorado sobre as convenções processuais.

Sua reflexão sobre o sistema de recursos tem sido enriquecida pela experiência do magistério de graduação e por intensa atividade profissional na advocacia. Este livro representa a tentativa de explicar a principiantes aquilo que se passa no dia a dia forense, dando resposta às perplexidades e incertezas que estudantes inteligentes facilmente identificam e procurando orientá-los a respeito do modo como enfrentá-las amanhã no tirocínio profissional.

Seguro nas suas opiniões, não desejando ser indiscreto, não posso deixar de revelar que Diogo teve a humildade de submeter o seu texto à minha leitura e a de alguns outros amigos ilustres que foram para ele os *advogados do diabo*, o que lhe permitiu sedimentar com mais convicção as suas conclusões.

Quero parabenizá-lo pelo resultado. No cenário de um Judiciário em crise, a obra de Diogo sobre o sistema de recursos tem grande atualidade e utilidade, não só para estudantes, mas para todos os estudiosos do Processo Civil, e espero que tenha muito sucesso na sua publicação.

Rio de Janeiro, 25 de fevereiro de 2019.

**Leonardo Greco**

# SUMÁRIO

# 1

# INTRODUÇÃO

O cidadão brasileiro não tem pudor em transferir a resolução de seus conflitos para o Poder Judiciário. Somos 213,3 milhões de brasileiros[1] e as prateleiras – físicas e eletrônicas – de nossos tribunais contêm 107,8 milhões de processos aguardando julgamento, entre aqueles classificados como casos em estoque (84,5 milhões) e novos (9,8 milhões), segundo os últimos dados, de 2023, revelados pelo projeto "Justiça em Números" desenvolvido pelo Conselho Nacional de Justiça.[2] Como cada processo abarca ao menos duas pessoas – autor e réu –, tem-se, no mínimo, mais de 200 milhões de pessoas envolvidas nas causas que tramitam perante o judiciário brasileiro, ou seja, praticamente todo brasileiro tem um processo para chamar de seu.

E grande parte dessa população postulante não se contenta, como ocorre em muitos outros países, com apenas um julgamento. O brasileiro não confia no exame dos juízes de primeiro grau e encontra meios na legislação para dar vazão a esse descontentamento. E, assim, recorre.[3] Após evolução impressionante do número de casos distribuídos entre a sua criação até os dias de hoje,[4] o Superior Tribunal de Justiça recebeu 136.643 novos processos

---

1. Informação colhida no site do Instituto Brasileiro de Geografia e Estatística. Disponível em: https://www.ibge.gov.br/estatisticas/sociais/populacao/9103-estimativas-de-populacao.html. Acesso 27.06.2023.
2. Disponível em https://painel-estatistica.stg.cloud.cnj.jus.br/estatisticas.html. Acesso 27.06.2023.
3. BARBOSA MOREIRA, José Carlos. Breve notícia sobre a reforma do processo civil alemão. *Revista de Processo*. São Paulo, v. 28, n. 111, jul./set. 2003, p. 105: "Pôr na primeira instância o centro de gravidade do processo é diretriz política muito prestigiada em tempos modernos, e numerosas iniciativas reformadoras levam-na em conta. A rigor, o ideal seria que os litígios fossem resolvidos em termos finais mediante um único julgamento. Razões conhecidas induzem as leis processuais a abrirem a porta a reexames. A multiplicação desmedida dos meios tendentes a propiciá-los, entretanto, acarreta o prolongamento indesejável do feito, aumenta-lhe o custo, favorece a chicana e, em muitos casos, gera para os tribunais superiores excessiva carga de trabalho. Convém, pois, envidar esforços para que as partes se dêem por satisfeitas com a sentença e se abstenham de impugná-la".
4. SALOMÃO, Luís Felipe. Aspectos gerais acerca da responsabilidade civil no transporte terrestre de passageiros. *Revista Justiça e Cidadania*. 137. ed., 2012, p. 156. Disponível em: http://www.emerj.tjrj.jus.br/revistaemerj_online/edicoes/revista54/Revista54_155.pdf Acesso: em 21 dez. 2015: "Os números

de janeiro a abril de 2023 e julgou o impressionante número de 136.643 processos, o que dá 4.140 casos julgados por ministro, sendo 1.035 por mês ou 41 por dia trabalhado.[5,6]

Na conhecida classificação de Mirjan Damaska, nos enquadramos no sistema hierárquico de jurisdição, desenvolvido para propiciar o reexame daquilo que já fora objeto de apreciação de um órgão jurisdicional inferior, por um órgão hierarquicamente superior, antes de ser proclamada a decisão final.[7] Excepcional é o julgamento por um único juiz ou grau de jurisdição. No Brasil, em especial, como é possível se atestar dos números mencionados acima, alavancada pelo amplo cabimento de recursos dirigidos aos tribunais superiores,[8] a insatisfação do jurisdicionado com as decisões judiciais dificilmente cessa com a segunda análise realizada pelos tribunais de justiça estaduais e regionais.[9] Não obstante os filtros criados pela Constituição e

---

falam por si, demonstrando a evolução de recursos distribuídos e julgados, dando conta da procura da sociedade pela justiça distribuída pelo Tribunal. Com efeito, em 1989, ano seguinte à sua criação constitucional, foram distribuídos 6.103 processos e julgados 3.550; em 1994, apenas cinco anos depois, a distribuição subiu para 38.670 e o número de processos julgados, para 39.034. A partir daí, a progressão foi geométrica: em 1999, para 118.977 e 116.024, respectivamente; em 2004, para 215.411 e 203.041; em 2005, para 211.128 e 222.529; em 2006, para 251.020 e 222.245; no ano de 2007, foram distribuídos 313.364 processos e julgados 277.810; em 2008, foram distribuídos 271.521 processos e julgados 274.247; no ano de 2009, foram distribuídos 292.103 processos e julgados 254.955".

5. Disponível em https://painel-estatistica.stg.cloud.cnj.jus.br/estatisticas.html. Acesso em 27.06.2023.

6. Esse problema não é, obviamente, exclusivo de nosso país. Na Itália, o presidente da Corte de Cassação sugeriu que se diminuísse o número de advogados habilitados a patrocinar causas naquela corte, como o escopo de reduzir o número de recursos. Cf. CIPRIANI, Franco. Per un nuovo processo civile. In: *Il processo civile nello Stato democratico*. Napoli: Edizioni Scientifiche Italiane, 2006, p. 220: "Come la più autorevole dottrina va da tempo ammonendo, e come ha riconosciutto il neo guardasigilli Roberto Castelli, la prima cosa da fare è 'togliere carico di lavoro al giudice' (...), ovvero, se si preferisce, fare in modo che ogni giudice abbia un numero gestibile di cause, sì da assicurare che gli sia oggettivamente possibile rendere gistizia in tempi ragionevoli. L'assoluta priorità di tale obiettivo non sembra discutibile. Ognuno infatti comprende che, se un giudice ha migliaia di cause da decidere, è perfettamente inutile sperare di risolvere il problema riformando, sia pure nel miglore dei modi, il processo. Sta invece di fatto che in Italia, purtroppo, abbiamo giudici che hanno addiritura 7.500 cause dul proprio ruolo (...), sì che è evidenten che dobbiamo innanzi tutto fare in modo che ogni giudice non abbia più di 4.500 cause sul proprio ruolo. Ebbene, che si può fare per evitare che i giudici abbiano troppe cause? Che si può fare per assicurare che il numero dei giudici sia proporzionato a quello delle cause? (...) Ê una risposta tanto sorprendente, quanto diffusa, specie, ahinoi, tra i magiefeistrati: duo anni fa il primo presidente della Corte di cassazione, di fronte all'aumento dei ricorsi civili, non esitò a proporre che fosse ridotto il numero degli avvocati cassazionisti!".

7. Cf. DAMASKA, Mirjan R. *The faces of justice and state authority*. Yale: Yale University Press, 1986.

8. CÔRTES, Osmar Mendes Paixão. *Recursos para os Tribunais Superiores: recurso extraordinário, recurso especial, embargos de divergência e agravos*. Rio de Janeiro: Gazeta Jurídica, 2012. p. 17: "A consequência natural é que, no Brasil, a maioria das questões levadas a Juízo passa pela análise da legislação federal. Assim, a chance de serem levantadas hipóteses de possíveis ofensas à legislação interpretada é grande, levando quase que a maioria dos casos à apreciação das Cortes Superiores (encarregadas de apreciar alegações de ofensa às legislações constitucional e infraconstitucional)".

9. BENETI, Sidnei Agostinho. Reformas de descongestionamento de tribunais. BDJur, Brasília. 8 mar. 2010, p. 4. Disponível em http://bdjur.stj.jus.br/dspace/handle/2011/27617 Acesso em: 21/12/2015: "Motivos

pela lei federal, os tribunais superiores recebem uma enxurrada de processos todos os anos, tornando a cada ano mais desafiador o respeito à garantia da duração razoável do processo em conjunto com a produção de decisões de qualidade.

Alcançamos um patamar de mais de 100 milhões de processos por algumas razões. Após a promulgação da Constituição de 1988 e das leis que lhe seguiram, o legislador brasileiro fez uma opção pela abertura das portas do Judiciário, com amplas medidas que propiciam o acesso.[10] O jurisdicionado brasileiro arca, por meio das custas judiciais, com uma parte pequena do serviço que lhe é prestado. Grande parte do custeio é extraído dos tributos pagos pelos contribuintes em geral. Desse modo, ingressar com uma demanda judicial no Brasil é muito barato se comparado com outros países no mundo. Além disso, existem Defensorias Públicas espalhadas pelos estados e possibilidade de utilização do serviço de resolução de conflitos de forma gratuita nos casos de menor complexidade que se aproveitam dos juizados especiais cíveis.

Nesse ambiente favorável, o cidadão brasileiro, pouco afeito à assunção de protagonismo e à consequente solução consensual de seus próprios conflitos, busca o Poder Judiciário como quem vai ao dentista. Para acessá-lo, necessário, porém, o socorro a um advogado. O profissional do direito no Brasil, em sua maioria, recebeu a tradicional formação na qual se ensina que os conflitos são solucionados por intermédio do processo, com uma decisão imposta por terceiro imparcial. A formação do advogado não lhe permite sugerir outras formas de solução de conflitos, pois ele as desconhece.[11] Se o patrono da parte não lhe oferece outra via, o processo judicial continuará a ser o caminho natural para

---

os mais diversos determinam a insistência recursal. Resistência natural do litigante vencido em julgamentos, zelo profissional do patrocínio derrotado, às voltas com o dever de ir até a última instância para não incidir em omissão e responsabilidade profissional pela perda de uma chance, convicção doutrinária diversa não raro antes sustentada de público ou no âmbito da intelectualidade jurídica, interesse procrastinatório devido à acumulação de vantagens decorrentes do passar do tempo, ou, mesmo, desejo de adiar a definitividade da contrariedade."

10. MANCUSO, Rodolfo de Camargo. *Acesso à justiça: condicionantes legítimas e ilegítimas*. São Paulo: Revista dos Tribunais, 2011, p. 194: "Daquele singelo enunciado [artigo 5o, XXXV, CF] se tem extraído premissas, garantias, deveres, direitos, enfim, proposições diversas, contando-se dentre essas ilações exacerbadas: a garantia de acesso à Justiça, a universalidade da jurisdição, a ubiquidade da justiça, tudo, ao fim e ao cabo, estimulando o demandismo judiciário e por pouco não convertendo o direito de ação em... dever de ação!".

11. Esse panorama tende a mudar. O Código de Processo Civil de 2015 estimula a utilização da mediação e da conciliação no início do procedimento e deixa clara a opção pelo sistema multiportas, no qual outras vias, além da sentença, são oferecidas às partes para a solução de seus conflitos. A Lei n. 13.140/2015 também regula a mediação e auxilia na criação da cultura de enfrentamento de conflitos através de mecanismos autocompositivos. Além disso, vários cursos de Direito oferecidos no Brasil já apresentam em suas grades curriculares as disciplinas de negociação, mediação e arbitragem, muitas vezes como

a resolução de todo e qualquer litígio, independentemente de a jurisdição se mostrar adequada ou não para o tipo do conflito sob análise.[12]

Outros fatores econômicos, sociais e políticos também contribuíram para o acréscimo exponencial do número de litígios judicializados no Brasil. A massificação das relações jurídicas nas últimas décadas do século XX e as crises do próprio Estado – do Petróleo, na década de 1970, hiperinflação e planos econômicos violadores de direitos dos cidadãos, nas décadas seguintes – levaram a população brasileira ao ingresso de demandas perante o Judiciário, que se encontrava amplamente acessível desde a introdução do primado dos direitos fundamentais e da promessa de um Judiciário apto a remediar todas as injustiças e ofensas a direitos constantes da Constituição de 1988.[13] A dificuldade do Estado em assegurar administrativamente os direitos esculpidos na Constituição leva os cidadãos a reivindicá-los pela via judicial, e assim o Poder Judiciário passa a ser o indevido palco de administração de políticas públicas por meio da judicialização da política e das relações sociais.[14]

---

disciplinas obrigatórias. Esse é o caminho para modificar a formação do advogado brasileiro e compatibilizá-la às necessidades encontradas na sociedade atual.

12. WATANABE, Kazuo. *Política Pública do Poder Judiciário Nacional para tratamento adequado dos conflitos de interesse.* Disponível em: http://www.tjsp.jus.br/download/conciliacao /nucleo/parecerdeskazuowatanabe.pdf. Acesso em: 20 dez. 2015: "O mecanismo predominantemente utilizado pelo nosso Judiciário é o da *solução adjudicada dos conflitos*, que se dá por meio de sentença do juiz. E a predominância desse critério vem gerando a chamada 'cultura da sentença', que traz como consequência o aumento cada vez maior da quantidade de *recursos*, o que explica o congestionamento não somente das instancias ordinárias, como também dos Tribunais Superiores e até mesmo da Suprema Corte. Mais do que isso, vem aumentando também a quantidade de execuções judiciais, que sabidamente é morosa e ineficaz, e constitui o calcanhar de Aquiles da Justiça"; PINHO, Humberto Dalla Bernardina de; PAUMGARTTEN, Michele Pedrosa. Os efeitos colaterais da crescente tendência à judicialização da mediação. *Revista Eletrônica de Direito Processual – REDP*. Vol. XI, p. 191. Disponível em: http://www.e-publicacoes.uerj.br/index.php/redp/article/view/18068/13322. Acesso em: 21 dez. 2015: "A inflacionada demanda por justiça é um fenômeno complexo, que parte apenas à administração da justiça sobretudo de uma dependência social dos Tribunais, seja por uma cultura demandista especialmente notada em países do sistema *civil law*, seja pelo incentivo estatal, que temendo a perda do monopólio , faz o Poder Judiciário propagar a ideia de que somente ele é capaz de proporcionar uma solução eficaz dos conflitos, percebido quando se promove, por exemplo, a incorporação das ADRs aos Tribunais."

13. GRECO, Leonardo. A Falência do Sistema de Recursos. In: *Estudos de Direito Processual*. Campos dos Goytacazes: Editora Faculdade de Direito de Campos, 2005, p. 299-300.

14. PINHO, Humberto Dalla Bernardina de. *Jurisdição e Pacificação: limites e possibilidades do uso dos meios consensuais de resolução de conflitos na tutela dos direitos transindividuais e pluri-individuais*. Curitiba: CRV, 2017, p. 101: "Por outro lado, a sociedade reconhece como âmbito de atuação do Judiciário a concretização de direitos fundamentais constitucionalizados a partir de um contexto democratizado equilibrando o déficit entre o que está positivado e o que existe no mundo real. O centro de decisão da conflituosidade desloca-se de onde historicamente cabia – ao Legislativo e ao Executivo – para o Judiciário, que assume a tarefa de tutelar boa parte das relações sociais, afastando, mesmo que, de modo dissimulado, a aceitação de qualquer modo de conformação privada entre as partes"; TASSINARI, Clarissa. Jurisdição e ativismo judicial: limites da atuação do Judiciário. Porto Alegre: Livraria do Advogado Editora, 2013, p. 46: "Diante deste ambiente de certa fragilização da esfera estatal, que, em regra, é resultado da interferência das forças da economia, em um movimento contrário, a sociedade

*Last but not least*, o maior originador de demandas no Brasil é o próprio Estado, seja em virtude de ações que envolvem diretamente a União, estados e municípios, como aquelas em que uma das partes é empresa pública ou autarquia federal, estadual ou municipal.[15] Trabalho realizado pelo CNJ em 2011 indicou que o Estado é o campeão de litígios na Justiça Federal, na Justiça Estadual e na Justiça do Trabalho. Somados, os setores públicos federal, estadual e municipal estão presentes em 51% do total dos processos presentes nos tribunais brasileiros.[16] O Estado dá o exemplo à população, que o segue à risca, judicializando seus conflitos e recorrendo até o último grau de jurisdição possível.[17]

Não há nenhum problema, a meu ver, no fato de o sistema brasileiro propiciar ao jurisdicionado o reexame das decisões que considera injustas ou incorretas. Os recursos servem à melhoria da prestação jurisdicional, com a análise da causa por mais de um órgão, composto por juízes mais vividos

---

se apresenta imersa em uma ampla litigiosidade como modo de resgatar e exigir o compromisso pressuposto pelo Estado Democrático de Direito. Assim, os cidadãos assumem uma postura direcionada ao conflito, à reivindicação de direitos pela via do litígio judicial, que passa a ser o palco da resolução de grande parte das contendas políticas. Este traço do comportamento das sociedades contemporâneas acaba resultando naquilo que Luiz Werneck Vianna et al chamam de "judicialização das relações sociais", traduzida na "crescente invasão do direito na organização da vida social".

15. GRECO, Leonardo. *Instituições de Processo Civil*. Rio de Janeiro: Forense, 2015, v. III, p. 1-2: "O sistema de recursos sofre os reflexos de três visões absolutamente deformadas do processo judicial: a dos tribunais superiores, cuja preocupação predominante é com a eliminação da quantidade de processos e de recursos, mesmo com o sacrifício da qualidade e da justiça das decisões; a dos governantes, que se habituaram a utilizar a justiça para procrastinar o cumprimento das obrigações do Estado para com os cidadãos; e a dos próprios jurisdicionados ou, muitas vezes, dos seus advogados, que, vencidos, se sentem impelidos a esgotar as vias recursais, porque estas se apresentam como facilmente acessíveis e resultam sempre de algum modo mais vantajosas do que o cumprimento".

16. Informação colhida no site do Conselho Nacional de Justiça. Disponível em: http://www.cnj.jus.br/images/pesquisas-judiciarias/pesquisa_100_maiores_litigantes. pdf. Acesso em: 20 dez. 2015.

17. Rodolfo Camargo Mancuso menciona esses e outros fatores que nos levaram ao quadro atual da justiça brasileira, em seu *Acesso à Justiça*. Ob. cit., p. 194: "Nesse passo, pode-se tentar uma sistematização dos fatores que, operando como concausas, resultam no excesso de demanda por justiça estatal: (a) desinformação ou oferta insuficiente quanto a outros meios, ditos alternativos, de auto e heterocomposição de litígios, gerando uma cultura da sentença, na expressão de Kazuo Watanabe; (b) exacerbada juridicização da vida em sociedade, para o que contribui a pródiga positivação de novos direitos e garantias, individuais e coletivos, a partir do texto constitucional, projetando ao interno da coletividade uma expectativa (utópica), de pronto atendimento a todo e qualquer interesse contrariado ou insatisfeito; (c) ufanista e irrealista leitura do que se contem no inciso XXXV do art. 5o da CF/1988 – usualmente tomado como sede do acesso à Justiça – enunciado que, embora se enderece ao legislador, foi sendo gradualmente superdimensionado (ao influxo de motes como a ubiquidade da justiça, universalidade da jurisdição), praticamente implicando em converter o que deve ser o direito de ação (especifico e condicionado) num prodigalizado dever de ação!; (d) crescimento desmensurado da estrutura judiciária – oferta de mais do mesmo sob a ótica quantitativa – com a incessante criação de novos órgãos singulares e colegiados, e correspondentes recursos humanos e materiais, engendrando o atual gigantismo que, sobre exigir parcelas cada vez mais expressivas do orçamento público, induz a que esse aumento da oferta contribua para *retroalimentar a demanda*".

e experientes. Propiciam, ainda, o controle interno das decisões, a fim de evitar o arbítrio judicial e, consequentemente, conferir maior legitimidade ao próprio Poder Judiciário. Afiguram-se, portanto, instrumento adequado à obtenção de decisões de maior qualidade e de uniformização de entendimentos, com vistas ao tratamento isonômico dos conflitos. Indispensável, porém, a compatibilização dessa qualidade alcançada por meio do reexame das causas com a necessidade de pôr fim aos litígios em tempo razoável. Esse é o grande desafio, que já angustia os estudiosos do processo civil há muito tempo.[18]

No quadro atual, com a infinidade de recursos represados nos tribunais brasileiros, a crise está prestes a impossibilitar a prestação jurisdicional, não sem antes inviabilizar a prestação jurisdicional de qualidade. É humanamente impossível o enfrentamento célere e com qualidade de todos os recursos pendentes, com o contingente de julgadores – e de assessores – que possuímos. Ademais, ainda que fosse possível o rápido aumento do número de juízes e demais servidores por meio de concursos públicos de provas e títulos sem diminuir os atributos dos candidatos, são finitos os recursos estatais necessários ao aumento de pessoal e o contribuinte não suporta mais a carga tributária que lhe é imposta. A solução não é, pois, fácil.

O Estado responde a esse impasse de dois modos. Primeiramente, o Poder Judiciário, da forma menos recomendável possível, institui filtros de admissibilidade recursal não previstos em lei, apelidados pela doutrina e pela advocacia de *jurisprudência defensiva*.[19] As cortes se defendem das postulações dos jurisdicionados, as quais, apesar de numerosas, são a razão de ser dos tribunais. Nos últimos anos principalmente, foram impostos aos recorrentes alguns freios ao ímpeto postulatório que impedem a análise do mérito recursal, como a exigência de peças não obrigatórias para o conhecimento de agravos de instrumento, a intempestividade de recurso interposto antes da intimação, a burocratização das guias de recolhimentos de custas judiciais, a *via crucis* necessária à configuração do chamado prequestionamento da

18. MARQUES, José Frederico. *Instituições de Direito Processual Civil*. 2. ed. Rio de Janeiro: Forense, 1963, v. IV, p. 6-7.

19. Márcio Carvalho Faria dedicou-se ao tema em três estudos: A jurisprudência defensiva dos tribunais superiores e a ratificação necessária (?) de alguns recursos excepcionais. *Revista de Processo*. São Paulo: Revista dos Tribunais, n. 167, janeiro de 2009; O formalismo exacerbado quanto ao preenchimento das guias de preparo: ainda a jurisprudência defensiva dos Tribunais Superiores. *Revista de Processo*. São Paulo: Revista dos Tribunais, n. 193, março de 2011; Mais do mesmo: os vícios de representação recursais, a impossibilidade de saneamento posterior nas instâncias excepcionais e a jurisprudência defensiva. *Revista Eletrônica de Direito Processual*, Rio de Janeiro, v. 12, 2013. Disponível em: http://www.e-publicacoes.uerj.br/index.php/redp/issue/view/653. Acesso em: 23 dez. 2015.

questão federal, entre tantos outros.[20] A *jurisprudência defensiva* passou a ser o pesadelo dos advogados, mormente pelo fato de que novos filtros são criados e aplicados a recursos cuja interposição se deu em momento anterior à própria criação pretoriana do requisito. Obriga o advogado do recorrente a não só estar atento a todos os pressupostos de admissibilidade legais e àqueles criados pela jurisprudência como também a antever futuros filtros que possam ser estabelecidos após a interposição do recurso.

Mas a interferência no sono dos advogados não é o maior mal. A *jurisprudência defensiva* valoriza a forma e o formalismo de modo exacerbado, na contramão da história do processo, prejudicando a parte, potencial detentora do direito material merecedor da tutela jurisdicional. Como instrumento da jurisdição, o processo serve de meio ao alcance do bem da vida em jogo. Esse bem somente é tutelado através de decisões que enfrentem o mérito, seja em primeiro grau ou nas instâncias recursais. Obstar a análise da pretensão em razão do excessivo culto à forma é causa de frustração e de descrédito do Poder Judiciário. Difícil a tarefa do advogado de explicar ao seu cliente que o seu pedido jamais será apreciado, porque o recurso não foi conhecido, ou, como compara Barbosa Moreira, é como se, após os aperitivos, se despedissem os convidados sem servir-lhes o prato principal.[21]

A utilização indevida desse mecanismo convém apenas aos magistrados, legitimamente frustrados com a excessiva carga de trabalho que não tem fim, mas não está de acordo com a função exercida pelo Estado-Juiz. Seria

---

20. GRECO, Leonardo. *Instituições de Processo Civil*. Ob. cit., v. III, p. 1: "Além de estimular o demandismo e a procrastinação, o nosso sistema é exageradamente formalista, criando obstáculos irrazoáveis à apreciação dos recursos e determinando a produção de decisões que, em lugar de aumentarem a probabilidade de acerto e de justiça das que pretendem rever, transformaram o seu julgamento em uma verdadeira caixa de surpresas, criadora de situações absolutamente imprevisíveis para as partes e que, a pretexto do excessivo volume de processos, dão pouca atenção às questões fáticas e jurídicas suscitadas e aos argumentos dos advogados, procurando cada vez mais encontrar afinidades dos novos casos com outros anteriormente julgados pelo mesmo tribunal ou por tribunais superiores e assim, de forma simplista e absolutamente distante do litígio real, transpor fundamentos destes para aqueles, automatizando os julgamentos".

21. BARBOSA MOREIRA, José Carlos. Restrições ilegítimas ao conhecimento dos recursos. In: *Temas de Direito Processual*. Nona Série. São Paulo: Saraiva, 2007, p. 270: "Toda medalha tem seu reverso. Atividade judicial que deixe de conduzir à decisão do mérito (da causa ou do recurso) é causa de frustração. O ideal seria que sempre se pudesse chegar àquela etapa final. Isso obviamente ressalta quando se cuida do *meritum causae*, já que só o pronunciamento da Justiça acerca dele é capaz de resolver definitivamente o litígio e, tanto quanto possível, assegurar ou restaurar o império do direito. Mesmo a respeito de outras questões (interlocutórias), porém, seria sempre até a definição do *thema decidendum*: quando nada, isso contribuiria para a formação de um corpo de jurisprudência sobre questões (incidentes) que podem assumir ponderável relevância, como as concernentes à legitimidade *ad causam*, à admissibilidade de certa prova, etc. É inevitável o travo de insatisfações deixado por decisões de não-conhecimento; elas lembram refeições em que, após os aperitivos e os *hors d'oeuvre*, se despedissem os convidados sem o anunciado prato principal".

como se os hospitais empregassem reformas e tratamentos a fim de atender aos anseios dos médicos, e não às necessidades dos pacientes.[22] Assim, reconhecendo a falta de legitimidade e eficiência dos filtros jurisprudenciais para a solução da crise, o Estado vem se socorrendo de reformas legislativas.

A partir da década de 1990, o Código de Processo Civil de 1973 passou a ser objeto de inúmeras alterações em diversos de seus capítulos.[23] Foram criadas a tutela antecipada[24] e a ação monitória,[25] além dos juizados especiais em regime legislativo próprio,[26] como tentativa de aceleração da prestação jurisdicional; a tutela executiva sofreu grandes modificações, com o aprimoramento da execução das obrigações de fazer e não fazer,[27] o surgimento da fase de cumprimento de sentença[28] e a alteração do procedimento da execução de título extrajudicial.[29] Da mesma forma, o sistema de impugnação das decisões sofreu alterações substanciais nas três fases de reforma do CPC. A Lei n. 8.950/94 integrou ao texto do diploma processual as normas referentes aos recursos especial e extraordinário, uniformizou o prazo recursal, excetuando apenas os prazos de interposição de agravo e de embargos de declaração, possibilitou o exercício do juízo de admissibilidade do recurso de apelação pelo juízo *a quo*, depois de oferecidas as contrarrazões, e majorou a multa para o caso de reiteração de embargos de declaração. A Lei n. 9.139/1995 modificou substancialmente o procedimento do agravo de instrumento, que passou a ser apresentado perante o tribunal *ad quem*,

22. Metáfora criada por CIPRIANI, Franco. I problemi del processo di cognizione tra passato e presente. Ob. cit., p. 35.

23. Fernanda Medina Pantoja bem sistematiza as reformas ocorridas até 2008: Reformas processuais: sistematização e perspectivas. *Revista de Processo*. São Paulo: Revista dos Tribunais, v. 160, 2008. TCHAKERIAN, Renato Silvano. Sobre os supostos e os reais limites à legitimidade do Ministério Público para a tutela dos direitos individuais homogêneos. Revista de Processo, n. 185, jul/2010, p. 65: "Não é à toa, aliás, que o Estado vem tentando (a) diminuir a cultura demandista do brasileiro, com o estímulo à conciliação, criando mecanismos que facilitem sua realização, e agindo da mesma forma com relação à arbitragem, à mediação e à avaliação neutra de terceiro; b) reduzir o número de demandas e recursos com a introdução de novos dispositivos do Código de Processo Civil, a exemplo, as chamadas 'sentenças vinculantes' (art. 285-A, CPC), o poder dado às súmulas editadas pelos Tribunais Superiores no sentido de obstarem o seguimento dos recursos ao segundo grau de jurisdição (art. 518, §1o., CPC), os recursos extraordinário e especial por amostragem (art. 543-B e 543-C, CPC), todos trazidos ao Diploma Processual a partir de 2006 e, por fim, a repercussão geral necessária à interposição do recurso extraordinário (art. 102, §3o., CF/1988), trazida pela EC45/2004; c) e o encaminhamento dos megaconflitos que envolvam interesses metaindividuais para o âmbito do processo coletivo."

24. Lei n. 8.952/1994.

25. Lei n. 9.079/1995.

26. Lei n. 9.099/1995 e, posteriormente, abrangendo causas da justiça federal e da fazenda pública estadual, as leis n. 10.259/2001 e 12.153/2009, respectivamente.

27. Lei n. 8.952/1994.

28. Lei n. 11.232/2005.

29. Lei n. 11.382/2006.

buscando a diminuição do elevado número de mandados de segurança utilizados como remédio para a obtenção de efeito suspensivo, não previsto como regra no CPC. A Lei n. 9.756/1998 conferiu amplos poderes aos relatores dos recursos, assegurando-lhes a possibilidade de decidir de forma unipessoal recursos que originalmente seriam apreciados pelo órgão colegiado. No início do novo milênio, a Lei n. 10.352/2001 trouxe como principais alterações a positivação da teoria da causa madura, permitindo a reforma de sentenças terminativas, com apreciação do mérito, se a causa já estivesse apta a receber julgamento quanto à pretensão do autor. Além disso, conferiu poderes ao relator para negar seguimento ao agravo de instrumento nas hipóteses do art. 557 e de convertê-lo em retido, nos casos do art. 523, §4º. A mesma lei eliminou a imposição de reexame necessário nas causas com valor até 60 salários mínimos e na sentença de anulação do casamento. Ainda retirou o efeito suspensivo *ope legis* da apelação que confirmasse tutela antecipatória anteriormente deferida, limitou as hipóteses de cabimento dos embargos infringentes e possibilitou a declaração de autenticidade das cópias que instruem o agravo dirigido aos tribunais superiores pelo advogado.

Em 2004, a emenda constitucional n. 45 foi responsável pela chamada "Reforma do Poder Judiciário" e promoveu mudanças como a introdução da garantia da duração razoável do processo no rol do art. 5º, a autorização ao Supremo Tribunal Federal para a edição de súmulas com eficácia vinculante e a ressuscitação da repercussão geral, como requisito de admissibilidade do recurso extraordinário, que foi posteriormente regulamentada pela Lei n. 11.418/2006. A promessa da prestação jurisdicional em tempo razoável já podia ser extraída de outras garantias constitucionais, como a do acesso à justiça, mas sua expressa indicação no texto colocou maior pressão sobre o Poder Judiciário. A vaga e abstrata previsão constitucional de um processo mais célere em nada contribuía para a melhoria do sistema sem que outras medidas práticas também fossem implementadas.

A Lei n. 11.276/2006 acrescentou o § 1º ao art. 518 do CPC, introduzindo a possibilidade de exercício negativo de admissibilidade da apelação pelo juízo de primeiro grau "quando a sentença estiver em conformidade com súmula do Superior Tribunal de Justiça ou do Supremo Tribunal Federal". A Lei n. 11.672/2008 iniciou o movimento de adoção de técnica de coletivização do julgamento de demandas originalmente individuais ao instituir o cabimento dos chamados recursos extraordinário e especial repetitivos. O mecanismo permitiu aos tribunais superiores o julgamento de milhares de demandas de uma só vez, com a fixação do entendimento da corte a respeito de determinada questão de direito, objeto de múltiplos casos pendentes de apreciação. Por fim, em 2010, o agravo cabível contra as decisões de inadmissão dos recursos extraordinário e especial deixou de ser interposto na modalidade de instrumento e passou ser oferecido nos próprios autos, por força da Lei n. 12.322.

As inúmeras reformas às quais foi submetido o Código de Processo Civil de 1973 renderam-lhe o apelido de "colcha de retalhos" e não solucionaram o problema da chamada "crise da justiça": os tribunais brasileiros a cada dia que passa estão mais abarrotados de processos e, por conseguinte, de recursos que aguardam julgamento. Há alguns anos, debatia-se a necessidade de uma reforma estrutural que resultasse em um diploma processual novo, elaborado com o escopo de atender uma nova realidade econômico-social, muito distinta daquela encontrada por Alfredo Buzaid quando da elaboração do CPC, na década de 1970. Destarte, em 2009, o Senado Federal incumbiu um grupo de respeitáveis juristas para a tarefa de elaboração de anteprojeto de lei que viria a se tornar, depois de muitas emendas durante o processo legislativo, a Lei n. 13.105/2015, ou o novo Código de Processo Civil. A comissão composta por Luiz Fux (Presidente), Teresa Arruda Alvim Wambier (Relatora), Adroaldo Furtado Fabrício, Benedito Cerezzo Pereira Filho, Bruno Dantas, Elpídio Donizetti Nunes, Humberto Theodoro Júnior, Jansen Fialho de Almeida, José Miguel Garcia Medina, José Roberto dos Santos Bedaque, Marcus Vinicius Furtado Coelho e Paulo Cesar Pinheiro Carneiro tornou-se responsável pela elaboração de diploma processual que fosse capaz de enfrentar o excesso de demandas e o consequente descrédito do Poder Judiciário perante a população, mesmo que muitas das causas dos problemas passassem ao largo da lei processual, como a cultura de litigiosidade, o excessivo demandismo do próprio Estado, a inoperosidade de determinadas agências reguladoras, o arcaico sistema de pagamento de dívidas do Estado mediante o sistema de precatórios etc.

O processo legislativo de elaboração do novo CPC foi pautado por ampla participação de estudiosos, por meio de diálogo em audiências públicas e envio de propostas de modificações do projeto vindas de diversos setores do mundo jurídico.[30] Pudera: era a primeira vez que um Código de Processo Civil brasileiro se constituía em período democrático. Na Câmara dos Deputados outros juristas participaram ativamente na elaboração de substitutivo.[31] De volta ao Senado, o novo código foi finalmente aprovado

30. Parecer da Comissão Especial da Câmara dos Deputados. Disponível em: http://www.camara.gov.br/proposicoesWeb/prop_mostrarintegra?codteor=1026407. Acesso em: 24 dez. 2015.

31. Alexandre Câmara, Fredie Didier Jr., Arruda Alvim, Luiz Henrique Volpe Camargo, Paulo Henrique dos Santos Lucon, Dorival Pavan, Sérgio Muritiba, Leonardo Carneiro da Cunha, Rinaldo Mouzalas e Daniel Mitidiero.

em dezembro de 2014 e, após sanção presidencial, foi publicado em 16 de março de 2015, com previsão de um ano de *vacatio legis*.[32]

Como ferramenta de enfrentamento da crise, o CPC 2015 oferece três principais apostas (i) a ampliação do sistema de coletivização do julgamento de demandas originalmente individuais; (ii) o fomento à utilização de métodos autocompositivos de solução de conflitos, em especial a mediação e a conciliação; (iii) a criação de um sistema de precedentes com eficácia vinculante e, portanto, de observância obrigatória pelos juízes e tribunais brasileiros.

A primeira das apostas é aplicada por meio do aprimoramento do procedimento dos recursos extraordinário e especial repetitivos, que corrige imperfeições constantes do rito estabelecido no art. 543-C, do CPC 1973, além da criação do Incidente de Resolução de Demandas Repetitivas, com o mesmo escopo, mas destinado ao enfrentamento de multiplicidade de recursos ou demandas no âmbito local – estadual ou regional. Essa técnica tornou-se necessária em razão da ineficácia da tutela coletiva para a defesa de interesses individuais homogêneos. O ideal seria o ingresso dessas pretensões múltiplas através de uma única demanda coletiva. No entanto, a possibilidade de litispendência entre as ações coletiva e individual não permite que o processo coletivo solucione satisfatoriamente o problema. A ação civil pública torna-se apenas mais uma no mar de ações individuais tratando do mesmo objeto e ainda sofre das dificuldades adicionais das ações coletivas em geral: as agruras da liquidação dos danos, as discussões acerca da legitimidade e da eficácia subjetiva da coisa julgada, etc.[33] A técnica de coletivização do julgamento de demandas que ingressam no Poder Judiciário de forma individual reúne os casos depois de ocorrida a judicialização dos conflitos e vincula todas as pretensões ao resultado alcançado. Desse modo, a corte julga apenas um ou dois recursos ou um incidente e evita o enfrentamento dos milhares de casos restantes cujos objetos consistem na mesma questão

---

32. No fim de 2015, antes da entrada em vigor do novo CPC, foi aprovada lei que, entre outros temas, modificou a competência para o exercício de admissibilidade dos recursos especial e extraordinário, mantendo um sistema semelhante àquele previsto no CPC/1973.

33. WATANABE, Kazuo. *Política Pública do Poder Judiciário Nacional para tratamento adequado dos conflitos de interesse*. Ob. Cit., p. 1: "O Poder Judiciário Nacional está enfrentando uma intensa conflituosidade, com sobrecarga excessiva de processos, o que vem gerando a crise de desempenho e a consequente perda de credibilidade. Essa situação é decorrente, em grande parte, das transformações por que vem passando a sociedade brasileira, de intensa conflituosidade decorrente de inúmeros fatores, um dos quais é a economia de massa. Alguns desses conflitos são levados ao Judiciário em sua configuração molecular, por meio de ações coletivas, mas a grande maioria é judicializada individualmente, com geração, em relação a certos tipos de conflitos, do fenômeno de *processos repetitivos*, que vem provocando a sobrecarga de serviços no Judiciário".

de direito controvertida.[34] Para que se torne um instrumento legítimo, é necessário, porém, que disponibilize eficazes mecanismos de exercício do contraditório aos interessados que serão afetados pela decisão de recursos ou incidentes, sem que estejam necessariamente participando da formação do convencimento dos julgadores.

A segunda aposta do CPC/2015 recebeu influência de medidas adotadas em países da *common law*. O legislador reformista previu que o jurisdicionado, ao adentrar no tribunal, não terá apenas a via ou a porta da sentença, isto é, da decisão adjudicada. As partes podem optar por outro caminho, no qual serão disponibilizados profissionais capacitados em mediação ou conciliação que as auxiliarão nas tratativas das questões em conflito, com vistas à obtenção de um acordo. Essa é a promessa do Código, que estabelece apenas um rito comum – pondo fim à tradicional dicotomia entre ritos ordinário e sumário –, cuja fase inicial, antes mesmo do oferecimento de defesa pelo réu, consiste na tentativa de solução consensual do litígio por meio de métodos autocompositivos. Trata-se da importação do tradicional sistema de tribunais multiportas, adotado nos Estados Unidos desde a década de 1980 e que se beneficia, no direito alienígena, da forte cultura de negociação e acordo. Uma vez judicializado o conflito, as partes são direcionadas pelos funcionários do tribunal ao método de solução de conflitos que mais bem atende às necessidades do caso.[35]

34. O art. 979 do novo CPC determina a ocorrência de ampla divulgação dos temas que estão sendo debatidos em sede de recursos extraordinário e especial repetitivos e de incidente de resolução de demandas repetitivas. Ainda na sistemática do CPC 1973, o Superior Tribunal de Justiça vinha divulgando classificação temática das questões que são objeto de recurso especial repetitivo. Já foram objeto de julgamento questões como índice de reajuste de remuneração de servidores militares, termo *a quo* de incidência de correção monetária, reexame necessários da sentença ilíquida, juros remuneratórios superiores a 12% ao ano em relações de consumo, propositura de ação revisional e mora do autor, entre muitos outros temas.

35. Frank Sanders, professor da *Harvard Law School*, em 1979, publicou estudo em que oferecia uma alternativa às alarmantes previsões do professor John Barton, para quem o Poder Judiciário americano entraria em colapso no ano de 2010, em razão do aumento excessivo de demandas. Sanders introduziu a ideia do *multi-door courthouse*, por meio do qual se apresentavam às partes vários métodos de solução de conflitos diferentes da jurisdição assim que ingressassem na corte. Cf. SANDERS, Frank. Varieties of Dispute Processing. In: *The Pound Conference: perspectives on justice in the future*. Minnesota: West Publishing, 1979, p. 83-84: "What I am thus advocating is a flexible and diverse panoply of dispute resolution processes, with particular types of cases being assigned to differing processes (or combinations of processes), according to some of the criteria previously mentioned. Conceivably such allocation might be accomplished for a particular class of cases at the outset by the legislature: that in effect is what was done by the Massachusetts legislature for malpractice cases. Alternatively one might envision by the year 2000 not simply a court house but a Dispute Resolution Center, where the grievant would first be channelled through a screening clerk who would then direct him to the process (or sequence of processes) most appropriate to his type of case".

Novamente, o CPC 2015 reconhece a impossibilidade de se evitar a judicialização do conflito por meio de acordos pré-processuais entabulados entre as partes. Ciente da cultura da sentença e da dificuldade de imposição da mediação ou da conciliação prévias obrigatórias,[36] o novo diploma permite o ingresso da demanda, mas disponibiliza liminarmente outras formas de tratamento do litígio. Assim, oferece mecanismos incidentais que, se não evitam o processo, diminuem o trabalho adicional dos servidores e tornam desnecessária a sentença, além de, na maioria dos casos, apresentarem-se como um meio de solução mais adequado ao conflito.[37] A grande questão que se impõe é saber se a cultura de litigiosidade da sociedade brasileira será um obstáculo intransponível para essa realidade almejada pela nova lei processual. A Lei n. 13.140/2015, que regulamenta a mediação e a autocomposição de conflitos no âmbito da administração pública, serve de reforço na tentativa de criação de predileção pelas soluções consensuais.

A terceira e última grande aposta do novo CPC para solucionar ou ao menos minimizar as consequências da crise da justiça é a criação de um sistema de precedentes, positivado principalmente nos arts. 926 e 927, que confere maior eficácia a determinadas decisões judiciais. Aproximando-se do *stare decisis* da *common law*, mas com ele não se confundindo, o novo modelo nacional compele, pois, demais tribunais e juízes à observância dos precedentes extraídos das decisões que o código indica como geradoras desse efeito. O art. 927 dispõe que juízes e tribunais observarão (i) as decisões do Supremo Tribunal Federal em controle concentrado de constitucionalidade;

---

36. O Supremo Tribunal Federal, no julgamento de medida cautelar em ação direta de inconstitucionalidade, decidiu pela inconstitucionalidade da obrigatoriedade de a parte, em uma etapa pré-processual, passar pelas denominadas Comissões de Conciliação Prévia da Justiça do Trabalho, como condição ao ajuizamento da reclamação trabalhista. Não obstante a divergência entre os ministros, com bons argumentos favoráveis à tentativa de conciliação prévia compulsória, o Pretório Excelso considerou a criação de requisito adicional de admissibilidade da ação como norma violadora da garantia constitucional de acesso à justiça, prevista no art. 5º, inc. XXXV da Constituição. Supremo Tribunal Federal. ADI n. 2.139. Rel. Min. Cármen Lúcia. Acórdão de 13 de maio de 2009. Disponível em: http://jurisprudencia.s3.amazonaws.com/STF/IT/ADI_2139_DF_1278961677134.pdf?Signature=4iHHkp6k4EDqWneVs45N5puPjqw%3D&Expires=1448886597& AWSAccessKeyId=AKIAIPM2XEMZACAXCMBA&response=-content-type-application/pdf&x-amz-meta-md5-hash=de1cda70ce2 0e99396d8d0afe336e72d. Acesso em: 30 nov. 2015. Sabedor do entendimento pretoriano, o legislador optou pela suspensão do processo ou da arbitragem – e não pela mediação prévia compulsória – dentro do prazo previsto em contrato para a tentativa de solução negocial do conflito. É o que dispõe o art. 23 da Lei n. 13.140/2015.

37. PINHO, Humberto Dalla Bernardina de. *Jurisdição e Pacificação*: limites e possibilidades do uso dos meios consensuais de resolução de conflitos na tutela dos direitos transindividuais e pluri-individuais. Curitiba: CRV, 2017, p. 110: "O pressuposto é o de que suas atribuições sejam desempenhadas com efetividade, através de um novo tipo de processo e de prestação judicial, com perfil não adversarial e uma concepção dialógica interna, aptos a se desenvolver num ambiente menos tenso, que recepciona as divergências e busca harmonizá-las, contribuindo ao crescimento dos meios alternativos ou equivalentes jurisdicionais".

(ii) os enunciados de súmula vinculante; (ii) os acórdãos em incidente de assunção de competência ou de resolução de demandas repetitivas e em julgamento de recursos extraordinário e especial repetitivos; (iii) os enunciados das súmulas do Supremo Tribunal Federal em matéria constitucional e do Superior Tribunal de Justiça em matéria infraconstitucional; (iv) a orientação do plenário ou do órgão especial aos quais estiverem vinculados.

O sistema de precedentes brasileiro já atrai para si inúmeras controvérsias quanto à sua constitucionalidade e abrangência.[38] Não obstante a necessária maturação do debate na doutrina e nos tribunais especialmente sobre o alcance desse novo modelo, o legislador lhe reservou papel de destaque, conferindo-lhe, além dos óbvios escopos de garantia do tratamento isonômico e da segurança jurídica, o objetivo de reduzir o número de demandas, ou, ao menos, enxugar o número de recursos que chegam aos órgãos fracionários de tribunais locais e de recursos que adentram as portas dos tribunais superiores. Uma pretensão ajuizada que seja contrária a determinados precedentes, como os extraídos de súmulas do Supremo Tribunal Federal ou do Superior Tribunal de Justiça, por exemplo, deve ser fulminada por sentença liminar de improcedência, antes mesmo da citação do réu, consoante dispõe o art. 332 do CPC. Por outro lado, a pretensão condizente com precedente formado em casos repetitivos ou súmula vinculante pode ser agraciada com a antecipação liminar dos efeitos da tutela de mérito, conquanto não presente o *periculum in mora*. É o que determina o art. 311, inc. II, que trata de uma das hipóteses de cabimento da tutela provisória da evidência. Pleitos recursais em flagrante acordo ou desacordo com entendimentos sumulados pelo STJ ou STF ou com decisões proferidas em julgamento de casos repetitivos (art. 928) e em assunção de competência serão decididos por decisões unipessoais dos relatores dos recursos, e não pelo colegiado, por força do art. 932, incs. IV e V.

A concessão de maior força a determinados precedentes limita a veiculação de pretensões que lhes são contrárias, em razão das ferramentas que permitem ao sistema expeli-las rapidamente. Assim, uma vez fixado um precedente nesses moldes, diminuirá a quantidade de demandas sobre aquele

38. A doutrina se divide entre aqueles que sustentam a inconstitucionalidade da regra inserida no art. 927 (como TUCCI, José Rogério Cruz; O regime do precedente judicial no novo CPC. In: DIDIER JR., Fredie; CUNHA, Leonardo Carneiro da; ATAÍDE JR., Jaldemiro Rodrigues de; MACÊDO, Lucas Buril. *Precedentes*. Salvador: Editora Juspodivm, 2015, p. 454; ABBOUD, Georges. Do genuíno precedente do *stare decisis* ao precedente brasileiro: os fatores histórico, hermenêutico e democrático que os diferenciam. In: DIDIER JR.; CUNHA; ATAÍDE JR.; MACÊDO, Lucas Buril. *Precedentes*. Ob. cit., p. 400) e aqueles que extraem ampla eficácia vinculante dos precedentes indicados no dispositivo (como ZANETI JR., Hermes. Precedentes normativos formalmente vinculantes. In: DIDIER JR.; CUNHA; ATAÍDE JR.; MACÊDO. Ob. cit., p.409.

tema perante o Poder Judiciário. Nesse sistema em que o precedente constituiria fonte formal do direito, é possível utilizá-lo não só como embasamento para a concessão de tutela jurisdicional, mas também como ferramenta de tutela jurídica, evitando o ingresso de novas demandas.[39]

Na exposição de motivos, a Comissão de juristas que elaborou o anteprojeto do CPC/2015 elenca como um dos principais escopos do código a simplificação do sistema recursal.[40] Para tanto, algumas mudanças foram entabuladas: (i) a uniformização dos prazos recursais para quinze dias, excetuados os embargos de declaração, cujo prazo manteve-se em cinco dias (art. 1.003, § 5º), mas agora contados apenas os dias úteis (art. 219); (ii) o fim do agravo retido em razão da alteração do regime das preclusões, com a possibilidade de impugnação, na apelação, de todas as decisões anteriores à sentença contra as quais não caiba a interposição de agravo de instrumento (art. 1.009, § 1º); (iii) a supressão dos embargos infringentes, substituídos pela técnica de majoração automática do número de julgadores em caso de decisão não unânime (art. 942); (iv) a aplicação do princípio da fungibilidade recursal entre recurso especial e recurso extraordinário (arts. 1.032 e 1.033); (v) a competência exclusiva do tribunal *ad quem* para o exercício do juízo de admissibilidade da apelação (art. 1.010, § 3º); (vi) a busca pelo maior rendimento possível de cada processo, privilegiando-se ao máximo o julgamento do mérito recursal.

Numa análise inicial, posteriormente complementada no decorrer do presente trabalho, é possível identificar um aspecto potencialmente negativo e, outro, merecedor de grandes elogios.

O CPC/2015 limita as hipóteses de cabimento do agravo de instrumento aos incisos do art. 1.015 e a outros casos expressamente previstos em lei. Destarte, as demais decisões interlocutórias são passíveis de impugnação apenas no momento da apelação ou das contrarrazões de apelação. A irrecorribilidade imediata de provimentos judiciais que tratem de competência,

---

39. DINAMARCO, Cândido. *Fundamentos do processo civil modero.* 3. ed. São Paulo: Malheiros, 1987. t. II, p. 809: "Tutela jurídica, no sentido mais amplo, é a proteção que o Estado confere ao homem para a consecução de situações consideradas eticamente desejáveis segundo os valores vigentes na sociedade — seja em relação aos bens, seja em relação a outros membros do convívio. A tutela jurídica estatal realiza-se em dois planos: o da fixação de preceitos reguladores da convivência e o das atividades destinadas à efetividade desses preceitos".

40. "(...) Assim, e por isso, um dos métodos de trabalho da Comissão foi o de resolver problemas, sobre cuja existência há praticamente unanimidade na comunidade jurídica. Isso ocorreu, por exemplo, no que diz respeito à complexidade do sistema recursal existente na lei revogada. Se o sistema recursal, que havia no Código revogado em sua versão originária, era consideravelmente mais simples que o anterior, depois das sucessivas reformas pontuais que ocorreram, se tornou, inegavelmente, muito mais complexo. (...)".

admissibilidade de provas, convenções processuais etc. tem o potencial de ressuscitar o uso exagerado de sucedâneos recursais – tais como o mandado de segurança – como meio de preencher o espaço do recurso que seja imediatamente objeto de exame pelo tribunal. Trata-se de mais uma tentativa de limitar o uso do agravo de instrumento, como ocorrera nas últimas reformas do CPC 1973, que tornaram o agravo retido a regra. Porém, nesse modelo, restava a tentativa de demonstrar o risco de a decisão recorrida causar à parte lesão grave e de difícil reparação. Essa possibilidade flexibilizava o rigor do disposto no art. 527, inc. II, do CPC 1973, e evitava a enxurrada de *writs* impugnativos de decisões de primeiro grau.

Por outro lado, o CPC 2015, de modo bastante elogiável, buscou enfrentar a chamada *jurisprudência defensiva*, ao optar pelo conteúdo em detrimento da forma. Em diversas passagens, o Código refuta entendimentos pretorianos que levavam a decisões de inadmissibilidade recursal decorrente do uso do formalismo exacerbado com o manifesto propósito de diminuição do número de recursos em que ocorre o julgamento de mérito. É a aplicação do princípio da primazia do julgamento de mérito.[41] Seguem alguns exemplos: (i) o art. 932, parágrafo único, a principal arma do CPC/2015 contra a *jurisprudência defensiva*, impede o exercício negativo de admissibilidade pelo relator antes da concessão de prazo de cinco dias ao recorrente para correção do vício ou complementação da documentação exigível; (ii) o art. 1.017, § 3º, que faz remissão ao art. 932, parágrafo único, não permite o não conhecimento do agravo de instrumento decorrente da falta de peça ou de outro vício sem que antes seja oportunizada a correção pelo agravante; (iii) a mera oposição de embargos de declaração serve ao preenchimento do requisito do prequestionamento, considerando-se incluídos no acórdão os elementos que o embargante suscitou, ainda que os embargos de declaração sejam inadmitidos ou rejeitados (art. 1.025); (iv) o voto vencido servirá para fins de prequestionamento, como dispõe o art. 941, § 3º; (v) a total ausência de preparo não ocasiona a deserção do recurso se, intimado, o recorrente recolhe as custas em dobro (art. 1.007, § 4º); (vi) "se os embargos de declaração forem rejeitados ou não alterarem a conclusão do julgamento anterior, o recurso interposto pela outra parte antes da publicação do julgamento dos

41. Sobre o tema, ver FARIA, Marcio Carvalho. O novo Código de Processo Civil e a jurisprudência defensiva. *Revista de Processo*. São Paulo: Revista dos Tribunais, v. 210, 2012, p., p. 266-267: "Isso porque, como se verá abaixo, em várias passagens o novo CPC (LGL\1973\5), acolhendo orientações da doutrina e até da própria jurisprudência, reforçou a obrigatoriedade de o magistrado perseguir a tutela jurisdicional meritória, seja em primeiro grau de jurisdição, seja nos tribunais locais, seja nas vias excepcionais. Afinal, é ele, o mérito, o pedido imediato de toda demanda, na medida em que não parece razoável (embora, infelizmente, dado o rigor excessivo dos filtros de admissibilidade, isso seja frequente) que alguém se contente com o mero recebimento de sua pretensão".

embargos de declaração será processado e julgado independentemente de ratificação" (art. 1.024, § 5º).

O Código prioriza, pois, o exame do mérito recursal, aproveitando-se os atos processuais de acordo com os princípios da instrumentalidade das formas e da economia processual.

Nos demais capítulos do estudo são objeto de análise os princípios e efeitos dos recursos, o juízo de admissibilidade e o juízo de mérito, as funções do relator e a ordem dos processos no tribunal e, por fim, os recursos em espécie.

**2**

# TEORIA GERAL DOS RECURSOS

## 2.1. CONCEITO E NATUREZA JURÍDICA

Ao veicular sua pretensão por meio da petição inicial, o autor transfere ao Poder Judiciário a resolução de seu conflito e o autoriza ao exercício da atividade jurisdicional, até então inerte. A propositura da demanda provoca a jurisdição, que caminha até a sentença, seja por impulso das partes ou do magistrado, como apregoa o art. 2º do CPC. Ao proferir a sentença, o juiz encerra sua atividade. Ao próprio Poder Judiciário não é lícito, em regra, continuar perseguindo a justiça. O Estado se satisfaz com o provimento de primeiro grau – seja o final ou aquele que resolve uma questão incidente – e retorna à inatividade.[1] Somente o recurso – e a remessa necessária, quando prevista em lei – pode prolongar a atividade estatal de solução de conflitos, evitando a preclusão ou o trânsito em julgado.

Nesse sentido, o recurso tem natureza de prolongamento do exercício do direito de ação (e do direito de exceção) no mesmo processo em que já foi exercida a atividade jurisdicional.[2] Não instaura um novo processo, mas permite o acesso aos órgãos competentes para o reexame das decisões.[3]

---

1. Cf. CARNELUTTI, Francesco. *Instituciones del proceso civil*. Buenos Aires: EJEA, 1973, v. II, p. 187.

2. Cf. LOPES DA COSTA, Alfredo de Araujo. *Direito Processual Civil Brasileiro*. 2ª edição. Rio de Janeiro: José Konfino, 1948, p. 139 e 140: "Na técnica processual, porém, a palavra recurso tem um significado mais restrito. A atividade de uma parte contra outra não representa recursos, mas meios de ataque (ação, reconvenção) ou meios de defesa (contestação, objeção, exceção). Contra atos dos auxiliares do juízo (...) a atividade da parte constitui reclamações, pedidos de providência administrativa. Recurso, em processo, é o meio de que se vale a parte, para, anulado ou modificado um ato do juiz, conseguir situação processual mais favorável. O que assim caracteriza o recurso é: 1- dirigir-se contra um ato judicial (do juiz); 2- pretender um novo ato, do poder judicante. (...) O aspecto de ação é aparente, salta aos olhos. O curioso, o que se disfarça sob as aparências, o extraordinário é o caráter oculto de recurso. O que importa é tirar a máscara à demanda, para ver que ela é, na verdade, um recurso. Ação-recurso. Recurso sob a forma de ação".

3. Cf. NERY JUNIOR, Nelson. *Teoria Geral dos Recursos*. 6. ed. São Paulo: Revista dos Tribunais, 2004, p. 233. Ver também SEABRA FAGUNDES, Miguel. *Dos Recursos Ordinários em Matéria Civil*. Rio de Janeiro:

Por meio do recurso, o recorrente indica sua insatisfação com a decisão impugnada e seu entendimento de que ainda não foi alcançada a justiça. Essa indicação vem acompanhada do pedido de reforma, invalidação, integração ou esclarecimento e possibilita ao juízo *ad quem* o exercício da jurisdição, a qual, antes da interposição do recurso, lhe era vedada.

Mas o recurso também configura um ônus processual. Somente sua interposição faz nascer a esperança de obtenção futura de uma situação mais vantajosa do que aquela apresentada pela decisão atacada. Não se trata de um dever, que, uma vez imposto, se destina à satisfação de um interesse alheio e cujo descumprimento ocasiona uma sanção. Como ônus processual, a decisão de não recorrer acarreta apenas a perda da chance quanto a possível melhora da situação anterior, que atinge exclusivamente a parte prejudicada pela decisão.[4] Assim, recurso tem natureza jurídica de continuidade do exercício do direito de ação ou de exceção, bem como a de ônus processual.

O conceito de recurso não pertence à teoria geral do processo, porquanto se configura como conceito jurídico-positivo, variando em decorrência do ordenamento jurídico que se analisa.[5] No Brasil, recurso é "o remédio voluntário idôneo a ensejar, dentro do mesmo processo, a reforma, a invalidação, o esclarecimento ou a integração de decisão judicial que se impugna", no clássico conceito de Barbosa Moreira, extraído do direito positivo brasileiro.[6] O recorrente busca, por meio do recurso, a proteção de seu direito, que considera violado pela decisão. Essa proteção se dá pelo retorno à situação anterior ao julgamento ou pela modificação da conjuntura desvantajosa em que se encontra o direito do recorrente.[7]

Voluntário afigura-se o ato de recorrer, porque, como exercício continuado do direito de ação, não pode ser imposto à parte, que o pratica se

---

Forense, 1946, p. 7-8: "Recurso é o meio através do qual, por imposição da lei ou sob provocação do interessado (partem litisconsorte, terceiro ou representante do M.P.), se promove novo pronunciamento dos órgãos judiciários sobre os incidentes do processo (questões de forma e competência) ou sobre o objeto do litígio (questões de mérito)".

4. Idem, p. 234

5. DIDIER JR., Fredie; CUNHA, Leonardo Carneiro da. *Curso de Direito Processual Civil*. Ob. cit., p. 17-18.

6. BARBOSA MOREIRA, José Carlos. *Comentários ao Código de Processo Civil*. Rio de Janeiro: Editora Forense, 2013, v. V, p. 233.

7. LIMA, Alcides de Mendonça. *Introdução aos Recursos Cíveis*. Ob. cit., p. 124-125; AMARAL SANTOS, Moacyr. *Primeiras linhas de direito processual civil*. 20. ed. São Paulo: Saraiva, 2001, v. III, p. 79-80: "Recurso é, pois, o poder de provocar o reexame de uma decisão, pela mesma autoridade judiciária, ou por outra hierarquicamente superior, visando a obter a sua reforma ou modificação".

quiser. A remessa automática ao tribunal para confirmação da sentença, a qual se convencionou chamar de duplo grau de jurisdição obrigatório ou de remessa necessária (Parte Especial, Livro I, Título I, Capítulo XIII, Seção III, do CPC), não constitui recurso, pois prescinde de ato de interposição, particular dos recursos, consoante dispõem vários artigos do código (*v.g.*, art. 996 e 997). Desse modo, recurso é ato processual que depende da vontade e da atividade da parte, escancarando sua insatisfação com a decisão cuja reforma é perseguida.

Somente considera-se recurso o meio de impugnação empregado na mesma relação jurídica processual. Aliás, um de seus propósitos é exatamente impedir o encerramento do processo pelo trânsito em julgado. Outros meios impugnativos utilizados em processos distintos existem e podem servir à reforma ou à desconstituição daquilo que se formou na relação processual originária. A ação rescisória, a reclamação e o mandado de segurança são exemplos de ferramentas que podem fazer as vezes de recursos, mas que com eles não se confundem.[8] Como estudaremos mais adiante, o sistema de impugnação de decisões judiciais comporta não apenas recursos, mas também as ações autônomas e os sucedâneos recursais, que contam, cada um, com suas idiossincrasias.

Por fim, recurso é o ato processual que almeja a alteração da realidade imposta pela decisão recorrida, seja pela sua reforma e consequente melhoria da situação do recorrente, seja pela sua invalidação, geradora do retorno ao estado anterior ao ato decisório impugnado. No primeiro caso, a decisão não se apresenta justa, contendo vício *in iudicando* e possibilitando, destarte, a sua modificação pelo juízo *ad quem*. No segundo caso, a decisão ou o próprio processo em que ela se insere contém *error in procedendo*, impondo a invalidação a fim de que outra decisão seja tomada pelo mesmo órgão prolator da primeira, depois de corrigido o vício que deu azo à anulação.

Em outras palavras, na reforma, o órgão *ad quem* substitui por uma decisão sua aquela que havia sido proferida pelo órgão *a quo*; na invalidação, o tribunal cassa a decisão proferida pelo juízo hierarquicamente inferior, sem indicar sua solução para a questão ou para o conflito.

Os recursos não têm como escopo apenas a modificação ou a cassação das decisões. Os embargos de declaração, recurso dirigido ao mesmo juiz prolator da decisão, servem à integração, se presente omissão, ao esclarecimento, se obscuro ou contraditório o ato decisório, ou à correção, se existente erro material na decisão impugnada.

---

8. O projeto de emenda da Constituição n. 15/2011, apelidado de PEC dos Recursos, tenta modificar esse panorama ao permitir o ingresso de recursos especial ou extraordinário após o trânsito em julgado.

## 2.2. SISTEMA DOS MEIOS DE IMPUGNAÇÃO DAS DECISÕES JUDICIAIS

O sistema de impugnação somente pode ser compreendido a partir do exame da sua razão de existir: os atos decisórios judiciais. Para que seja possível o exercício do ato de impugnação, é indispensável a existência prévia de um ato decisório contra o qual o ordenamento jurídico disponibilize um remédio capaz de propiciar seu reexame. O art. 203 do CPC conceitua o que denomina de pronunciamentos do juiz, contendo atos decisórios, como a sentença e a decisão interlocutória, e atos sem conteúdo decisório, chamados de despachos.

Com o propósito de, ao menos em teoria, simplificar o sistema recursal, o legislador brasileiro optou por classificar o ato decisório do juiz pelo seu resultado, e não pelo seu conteúdo. Sentença, destarte, é pronunciamento pelo qual o magistrado põe fim à fase de conhecimento em primeiro grau (os recursos instauram a fase cognitiva em segundo grau) e extingue a execução (art. 203, § 1º). O conceito legal não faz alusão ao conteúdo esperado da sentença, ou seja, à criação da norma para o caso concreto, e assim engloba sentenças terminativas (que não examinam o mérito) e homologatórias de transação, de desistência da ação, de reconhecimento do pedido e de renúncia ao direito sobre o qual se funda a ação.

A escolha do legislador, a meu ver, advém do receio de se evitarem confusões quanto ao cabimento de recursos, uma vez que seria necessária a investigação da natureza do ato decisório em razão do seu conteúdo – e não do resultado processual gerado pela decisão – para se extrair o recurso capaz de impugná-la. Imaginem se sentença fosse o ato decisório que examina o mérito da causa, por exemplo. Caberia apelação de instrumento contra aquela que julgasse antecipada e parcialmente os pedidos (art. 356 do CPC)?

Essa classificação surgiu do novo modelo introduzido pela Lei 11.232/2005, que dividiu o procedimento em fases, acabou com o processo de execução para os títulos executivos judiciais e criou a chamada fase de cumprimento de sentença, destinada à prática de atos executivos sem a necessidade de instauração de nova relação jurídica processual.

Se a sentença é o ato pelo qual o juiz põe fim à fase cognitiva em primeiro grau e extingue a execução, as decisões interlocutórias são todos os demais pronunciamentos judiciais de primeira instância com conteúdo decisório que não se encaixem no conceito de sentença (art. 203, § 2º). Tanto os atos decisórios praticados a fim de resolver questão processual incidente quanto aqueles que apreciam o próprio *meritum causae* de forma provisória (tutela provisória de urgência e de evidência, prevista nos art. 294 e seguintes) ou parcial e antecipada (julgamento antecipado parcial de mérito, previsto no art. 356) não se ajustam ao conceito de sentença concebido pelo legislador, uma vez que não têm o condão de pôr fim à fase de conhecimento.

Ainda, o art. 203, em seu parágrafo terceiro, define um terceiro tipo de pronunciamento do juiz, que não se enquadra nas definições anteriores por faltar-lhe conteúdo decisório. Os despachos são, pela regra de exclusão adotada pelo legislador, os pronunciamentos não decisórios praticados pelo juiz no decorrer do processo.[9] Como consequência, enquanto as sentenças e as decisões interlocutórias são passíveis de impugnação por meio de recursos (apelação, agravo de instrumento e embargos de declaração), de ações autônomas de impugnação (ação rescisória e reclamação) e de sucedâneos recursais (pedido de reconsideração e mandado de segurança), os despachos são irrecorríveis, em consonância com que dispõe o art. 1.001. Também são irrecorríveis os atos meramente ordinatórios, praticados por delegação do juiz pelo escrivão (art. 203, § 4º). Podem ser praticados pelo servidor, mas podem ser revistos pelo juiz de ofício ou mediante requerimento da parte.

Cabem, porém, duas ressalvas acerca dos despachos. Em primeiro lugar, alguns deles podem esconder conteúdo decisório implícito, que alteram sua natureza e os tornam verdadeiras decisões interlocutórias. O despacho inicial positivo, pelo qual o juiz determina a citação do réu e sua intimação para comparecimento à audiência de mediação ou conciliação, não tem natureza de mero despacho, uma vez que implicitamente o juiz, no exame liminar da petição inicial, considerou preenchidos os requisitos de admissibilidade da ação e ausentes os pressupostos autorizadores do julgamento liminar de improcedência (art. 334). Da mesma forma, quando o autor requer a antecipação dos efeitos da tutela de mérito antes da audiência da parte contrária (art. 9º, parágrafo único) e o juiz, sem apreciar o requerimento, manda citar o réu, está implicitamente indeferindo o pleito do autor, que estipulou o momento em que pretendia ver examinada sua pretensão. Nos dois casos, extraindo-se o conteúdo decisório do ato que aparentava mero despacho, nascerá o direito ao recurso cabível, considerando a natureza de decisão interlocutória.

9. FARIA, Paulo Ramos de; LOUREIRO, Ana Luísa. *Primeiras Notas ao Novo Código de Processo Civil*: os artigos da reforma. Coimbra: Almedina, 2014, v. II, p. 23: "Os despachos podem ser decisórios ou jurisdicionais, e não decisórios ou de mero expediente (art. 152º, nº 4, primeira parte). Os primeiros são os que decidem qualquer questão suscitada no processo, com repercussões sobre os direitos das partes; os segundos destinam-se a ordenar os termos do processo, deixando inalterados aqueles direitos".

Em segundo lugar, muito embora o art. 1.022 preveja o cabimento de embargos de declaração apenas contra decisões judiciais, parece-me adequado permitir a oposição desse recurso também contra despachos, a fim de se evitar que eventual erro material, contradição, obscuridade ou omissão perturbem o regular desenrolar do procedimento. É o que ocorre quando o juiz determina a oitiva do autor em vez de mandar ouvir o réu, ou profere despacho para a remessa dos autos ao Ministério Público em flagrante erro, quando não presente nenhuma das hipóteses de sua intervenção etc.

Além dos pronunciamentos judiciais previstos no art. 203, os juízes investidos nos tribunais locais e nos tribunais superiores proferem dois outros tipos de decisões. Acórdãos (art. 204) são as decisões colegiadas proferidas pelas cortes (e pelas turmas recursais dos juizados especiais) e são o resultado do julgamento de recursos e de ações de competência originária dos tribunais. Também é lícito, em alguns casos, o proferimento de decisões unipessoais pelos desembargadores ou ministros. Esses pronunciamentos podem ter natureza de decisão interlocutória, como nas hipóteses em que se decide sobre efeito suspensivo, tutela provisória no âmbito recursal, participação de *amicus curiae*, produção de provas, etc., ou servirem à substituição da decisão colegiada, casos em que o relator decide o próprio recurso sem a companhia de seus pares (art. 932, incisos III, IV e V do CPC).

O ordenamento jurídico brasileiro disponibiliza três meios de impugnação dos pronunciamentos judiciais com conteúdo decisório: recursos, ações autônomas de impugnação e sucedâneos recursais.[10] Os dois primeiros estão expressamente previstos em lei com o propósito de obter o reexame da decisão. Ambos têm o mesmo destino, mas utilizam-se de formatos distintos. Dos recursos as partes só podem se servir dentro da mesma relação jurídica processual, prolongando um processo já instaurado, sem qualquer alteração no objeto litigioso. Os recursos devem respeito ao princípio da unirrecorribilidade, possibilitando a impugnação da decisão, em regra, por meio de

10. USTÁRROZ, Daniel; Revista dos Tribunais, Sérgio Gilberto. *Manual dos Recursos Cíveis*. Porto Alegre: Livraria do Advogado Editora, 2013, p. 44: "Uma vez assentada a premissa de que as decisões judiciais – assim como os demais atos estatais – merecem controle, a fim de limitar o exercício do poder que, em última análise, é conferido pelo povo, cumpriria identificar distinção dos recursos frente aos demais meios de impugnação. Como se sabe, existem diversos meios colocados à disposição do jurisdicionado para contestar aos atos judiciais. Tais remédios ora assumem a natureza de ação (mandado de segurança, *habeas corpus*, mandado de injunção, etc.), ora de mero desdobramento do direito de ação (caso dos recursos). Isso sem contar com os inúmeros 'sucedâneos recursais', que nada mais são do que outras formas de controle dos atos judiciais, com características particulares (reexame necessário, incidente de uniformização de jurisprudência, etc.). Em comum, poderíamos dizer que todos decorrem da perspectiva constitucional de participação do povo na vida política e, no plano processual, da promessa de acesso efetivo à justiça".

apenas uma modalidade recursal. Além disso, são remédios que se esgotam em poucos dias, devido ao curto prazo peremptório para sua interposição. As ações impugnativas, por outro lado, fazem nascer uma nova relação jurídica processual, porquanto cabíveis fora do processo no qual foi proferida a decisão que se pretende atacar. Uma mesma decisão pode comportar impugnação por mais de uma ação autônoma, desde que utilizados fundamentos ou pedidos diversos, não se submetendo essa forma de impugnação ao princípio da singularidade. Por fim, tais ações podem ser ajuizadas em prazos mais largos – decadenciais ou prescricionais –, que perduram às vezes por anos. O CPC elenca em seu art. 994 as nove espécies recursais cabíveis na sistemática do Código. São exemplos de ações autônomas de impugnação a ação rescisória, a reclamação, os embargos de terceiro e a *querela nullitatis*.

Podem, ainda, ser atacadas as decisões judiciais por remédio (i) não concebido para servir a esse propósito (ex.: mandado de segurança), (ii) que tenha sido simplesmente criado pela praxe forense como forma de suprir a lacuna da ausência de um recurso cabível (ex.: pedido de reconsideração), ou (iii) que, previsto em lei como meio de reexame da decisão, não possua as características dos recursos nem instaure uma nova relação jurídica processual (ex.: remessa necessária). Essa terceira modalidade de impugnação das decisões judiciais é chamada de sucedâneo recursal e, como o próprio termo denuncia, trata-se de ferramenta processual que ocupa o lugar do recurso nas hipóteses em que a lei não o preveja ou que sua utilização somente se apresente possível em momento muito posterior ao pronunciamento que se pretende reformado. Alguns exemplos de sucedâneos recursais são hodiernamente observados, como o pedido de reconsideração, o pedido de suspensão de segurança (art. 4º da Lei n. 12.016/2009), o mandado de segurança quando serve à impugnação de decisões judiciais,[11] a remessa necessária e a correição parcial.

Em razão da disposição contida no art. 1.009, §1º, do CPC, que prevê a ausência de recurso capaz de propiciar a recorribilidade imediata das decisões que tratam de matérias que não comportem ataque por meio de agravo

11. Embora boa parte da doutrina considere o mandado de segurança como ação impugnativa, prefiro classificá-lo como sucedâneo recursal. Naquele grupo, parece-me que devem constar as ações autônomas criadas para servir à impugnação de decisões judiciais, como a ação rescisória, a reclamação ou os embargos de terceiros. Entre os sucedâneos, entendo que estão inseridos os remédios que fazem as vezes dos recursos e que não tenha natureza de ação e as demandas autônomas, cujo propósito apenas mediato ou secundário seja a impugnação de decisões judiciais. O mandado de segurança enquadra-se nesse último grupo. Em que pese a Lei 12.016/2009 possibilitar o manejo do *writ* para a impugnação de decisões judiciais, os art. 1º e 5º não deixam dúvidas de que esse uso é excepcional e secundário.

de instrumento, enxerga-se um vácuo que certamente será preenchido pelos advogados com sucedâneos recursais.

## 2.3. CLASSIFICAÇÃO DOS RECURSOS

Convencionou-se classificar recursos de acordo com alguns critérios que auxiliam na compreensão de outros aspectos do estudo da impugnação das decisões judiciais, como o efeito devolutivo e o cabimento, por exemplo. O primeiro critério relevante de classificação é a abrangência. Proferido o ato decisório, nasce o interesse recursal para a parte prejudicada pelo seu conteúdo, ou para ambas as partes, se a decisão as afeta em seus diferentes capítulos. Tratando-se de decisão passível de algum recurso previsto no ordenamento, a parte descontente pode optar por deixar de recorrer, interpor recurso impugnando todo o conteúdo decisório que lhe é desfavorável ou apenas parte do conteúdo.

No primeiro caso (ausência de impugnação), configurar-se-á a preclusão, não sendo mais a questão decidida objeto de cognição judicial, salvo tratar-se de questão cognoscível de ofício pelo juiz ou por tribunais hierarquicamente superiores a ele. Nas hipóteses de interposição de recurso, porém, alguma matéria será reexaminada. Optando a parte pela impugnação integral da parte da decisão que lhe é prejudicial, o recurso será *total*, não se operando a preclusão sobre a matéria discutida. Caso, no entanto, o litigante prefira recorrer apenas de parte daquilo que podia impugnar, seu recurso será *parcial*, o que ocasiona a limitação do efeito devolutivo do recurso (somente a parte impugnada pode ser objeto de cognição do juízo *ad quem*) e a preclusão da matéria não impugnada.

Imagine-se uma sentença de procedência parcial, que acolha o pedido de rescisão contratual, mas rejeita o pleito reparatório veiculado pelo autor, cuja pretensão correspondia à indenização de danos morais e materiais que acreditava terem-lhe sido perpetrados pelo réu. Caso opte pela interposição do recurso de apelação, o autor escolherá entre a impugnação da parte da decisão que julgou improcedente o pedido indenizatório como um todo (*recurso total*) ou somente do capítulo que rejeitou à reparação dos danos morais ou dos danos materiais (*recurso parcial*). Para a classificação quanto à abrangência, importam apenas os capítulos da decisão sobre os quais o recorrente possui interesse recursal. Por tal motivo, no exemplo dado, é total o recurso que ataca apenas o pedido de reparação de danos morais e materiais, sem impugnar o pedido de rescisão contratual, já que, em razão de seu acolhimento, não há interesse recursal. A restrição acerca da impugnação pode também decorrer da lei, quando esta delimita as matérias que podem ser objeto de determinado recurso.[12] O art. 1.015 do CPC, por exemplo, elenca as hipóteses de cabimento de agravo de instrumento, contendo, entre elas, a possibilidade de interposição em caso de redistribuição do ônus da prova. A decisão interlocutória que trata desse tema, prevista no art. 357, é mais abrangente e também define questões de fato a serem objeto da fase instrutória e indica as provas que serão produzidas, resolve questões processuais pendentes, como aquelas sobre competência, etc. Apenas o capítulo decisório que versa sobre a redistribuição do ônus da prova é atacável de forma imediata, por meio da interposição de agravo de instrumento. As demais questões decididas são impugnáveis apenas mais à frente, em preliminar de apelação ou de contrarrazões de apelação. Deste modo, a lei restringe o objeto, sendo total o recurso de agravo que impugnar apenas a redistribuição do ônus da prova, que consiste em toda matéria impugnável, mesmo que a decisão contenha outros capítulos futuramente recorríveis.

O que diferencia o recurso entre total e parcial é a extensão da matéria impugnada: total é o recurso que abrange todo o *conteúdo impugnável* da decisão e parcial, aquele que lhe impugna apenas parte. Como reflexo do princípio dispositivo, compete ao recorrente decidir sobre a limitação do objeto do recurso, vinculando o órgão judicial responsável pelo julgamento do mérito recursal.[13]

Os capítulos acessórios da decisão reputam-se inseridos no pedido recursal, na hipótese de o recorrente optar pela impugnação do capítulo principal, mesmo que não os mencione expressamente. Assim, se o litigante recorrer do pedido principal, os juros, correção monetária e ônus sucumbenciais referentes a esse pedido também estão incluídos no pleito recursal, conquanto silente o recorrente.[14]

Também são classificados os recursos quanto à sua fundamentação. Em determinadas hipóteses, o legislador restringe os argumentos que podem ser empregados pelo recorrente, o que pode interferir diretamente no cabimento do recurso. Se presente a limitação na lei, trata-se de recurso de *fundamentação vinculada*; ausente a restrição legal, classifica-se o recurso como sendo

12. DIDIER JR., Fredie; CUNHA, Leonardo José Carneiro da. *Curso de Direito Processual Civil.* Ob. cit., v. 3, p. 28.

13. PINTO, Nelson Luiz. *Introdução aos Recursos Cíveis. Princípios, Teoria Geral e Admissibilidade.* Santa Cruz do Sul: Essere nel Mondo, 2014, p. 34.

14. DIDIER JR., Fredie; CUNHA, Leonardo Carneiro da. *Curso de Direito Processual Civil.* Ob. cit., p. 27 e 28.

de *fundamentação livre*.[15] Se, por exemplo, a sentença não se apresentar clara, tornando difícil sua compreensão, resta às partes a oposição de embargos de declaração, alegando obscuridade do ato decisório para postular o esclarecimento do juiz. Porém, não podem socorrer-se de tal recurso para veicular alegação de *error in iudicando*, haja vista a limitação imposta pelo art. 1.022. A lei delimita a fundamentação que pode ser objeto do recurso. Do mesmo modo, a parte que se sentir prejudicada pelo acórdão proferido em grau de apelação só poderá valer-se de recurso extraordinário ou de recurso especial se conseguir demonstrar a presença de alguma das hipóteses de violação à constituição (art. 102, inc. III, da CF) ou à lei federal (art. 105, inc. III), respectivamente, e se as questões suscitadas no recurso se refiram apenas ao direito, e não aos fatos. Novamente, o legislador delimita a causa de pedir recursal.

Não havendo a restrição legal, os recursos são denominados de *fundamentação livre*, por meio dos quais o recorrente pode veicular os fundamentos que vislumbre necessários ao acolhimento de sua pretensão.[16] A apelação é o principal exemplo de recurso de fundamentação livre, porquanto permite ao apelante a adoção de todo o tipo de fundamentação que entenda conveniente, dentro do objeto voluntariamente escolhido. O agravo de instrumento também possibilita a apresentação de todos os fundamentos, sem restrição. A causa de pedir recursal não está delimitada pela lei, sendo lícita ao recorrente a impugnação da decisão alegando qualquer vício.[17]

---

15. Há quem prefira denominar de recurso ordinário aquele que permite a livre fundamentação e de recurso extraordinário aquele que tem sua fundamentação vinculada: MONTERO AROCA, Juan; FLORS MATÍES, José. Disposiciones Generales: *Los recursos*: Tratado de Recursos en el Proceso Civil. 2. ed. Valencia: Tirant Lo Blanch, 2014, p. 36: "1º) Ordinarios: La ley no establece un *numerus clausus* de motivos que condicionan su admisión y, consiguientemente, tampoco la limitación de los poderes del tribunal ad quem; en el recurso de apelación, que es el ordinario tipo, no existen motivos determinados por la ley y los órganos a quo y ad quem tienen los mismo poderes frente a la controversia, aunque siempre es posible que la parte recurrente delimite el marco de aquello de lo que recurre. 2º) Extraordinarios: La Ley fija unos motivos cuya alegación por la parte recurrente es requisito de admisión, sirviendo al mismo tiempo para delimitar el marco de los poderes del tribunal *ad quem*. En la casación, que es el recurso extraordinario modelo, el único motivo está constituido por la infracción de las normas sustantivas aplicables para la decisión de la cuestión de fondo objeto del proceso y en el recurso extraordinario por infracción procesal existe una lista cerrada de motivos. En ambos, los poderes del órgano competente para conocer de los mismos se limitan a la resolución de esos motivos".

16. MAZZEI, Rodrigo Reis. O efeito devolutivo e seus desdobramentos. In: MAZZEI et al (Org.). *Dos Recursos*: Temas obrigatórios e atuais. Vitória: I.C.E., 2003, p. 155: "Os recursos de *fundamentação livre* são aqueles que possuem efeito devolutivo amplo, sem qualquer restrição quanto às matérias de fato e de direito que podem ser abordadas. O legislador não se preocupou em criar um espectro fechado na devolutividade de tais recursos, dando ao recorrente um campo aberto para a fundamentação destes".

17. Idem, p. 29.

É possível ainda a classificação dos recursos de acordo com o escopo que lhe é atribuído pelo ordenamento jurídico. São *ordinários* aqueles que têm como finalidade imediata a proteção do direito subjetivo das partes contra eventual erro ou injustiça da decisão recorrida, considerando-se injusta a decisão que não emprega adequadamente o Direito aos fatos suscitados no processo. Por outro lado, os recursos ditos *extraordinários* visam tutelar primordialmente o direito objetivo, e apenas de modo mediato o direito subjetivo das partes, ou seja, objetivam alcançar a correta aplicação da norma e a uniformização de sua interpretação.[18] No primeiro grupo, encontram-se os recursos de apelação, agravo de instrumento, agravo interno, recurso ordinário e embargos de declaração. Já no segundo grupo estão inseridos os recursos extraordinário, especial e os embargos de divergência.[19]

Pelo critério da autonomia, os recursos são classificados em principais ou autônomos e subordinados ou adesivos. Dentro do primeiro grupo estão os recursos cuja sorte independe da interposição e julgamento de recurso da parte contrária. A autonomia é regra, pela qual cabe a cada parte recorrer para impugnar o conteúdo da decisão que lhe desfavorece, independentemente da conduta do outro litigante. O ordenamento autoriza, porém, a parte recorrida a aderir ao recurso interposto pela parte contrária, interpondo seu próprio recurso somente no prazo indicado para as contrarrazões da impugnação do principal. O adesivo ou subordinado tem seu exame condicionado ao conhecimento do recurso principal e à não desistência da parte contrária (art. 997, §2º, inc. III).

18. PINTO, Nelson Luiz. *Introdução aos Recursos Cíveis*. Ob. cit., p. 35.

19. Alcides Mendonça Lima, Daniel Ustárroz e Sérgio Gilberto Porto entendem de modo diverso do aqui sustentado. Para os autores, recurso ordinário é aquele que permite ao juízo *ad quem* o exame das questões de fato e de direito, enquanto que os recursos extraordinários (ordinário limitado para Mendonça Lima) restringem a devolutividade às questões de direito. Cf. LIMA, Alcides de Mendonça. *Introdução aos Recursos Cíveis*. 2. ed. São Paulo: Revista dos Tribunais, 1976, p. 160: "(...) o essencial, porém, é fixar o poder do órgão superior sobre a decisão recorrida. Se a lei permite o conhecimento e o julgamento de questões de fato e de direito, sem qualquer restrição, o recurso, que enseja o pronunciamento do juízo ad quem, é ordinário ilimitado; se, porém, restringe tal atividade somente a questões de direito – como o extraordinário constitucional e, naturalmente, os embargos por divergência jurisprudencial do Supremo – é ordinário limitado". USTÁRROZ, Daniel; Revista dos Tribunais, Sérgio Gilberto. *Manual dos Recursos Cíveis*. Ob. cit., p. 46: "Uma primeira classificação divide os recursos a partir da possibilidade de o órgão julgador reavaliar a matéria fática acertada, além do elemento jurídico. Quando ambas atuações se mostram possíveis, então estaríamos diante de recursos ordinários (apelação, agravo infringentes, etc.). De seu turno, quando o escopo do recurso dentro do sistema fosse permitir o progresso do direito e a uniformização da jurisprudência, com a prolação de julgados paradigmáticos, a partir da interpretação das normas, então o recurso possuiria natureza extraordinária, de estrito direito (extraordinário, especial, etc.)"; Barbosa Moreira é contrário à utilização de tal classificação, por considerá-la de nenhuma utilidade. Cf. BARBOSA MOREIRA, José Carlos. *Comentários ao Código de Processo Civil*. Ob. cit., p. 255.

Por fim, dividem-se os recursos quanto aos seus efeitos. São categorizados como suspensivos aqueles em que a lei confere automaticamente tal efeito, impedindo a imediata eficácia da decisão recorrida e a possibilidade de execução provisória. Os recursos não suspensivos não têm esse efeito como regra e, portanto, não suspendem a eficácia da decisão objeto de impugnação. É lícito o relator, no entanto, conferir efeito suspensivo quando não decorrente de disposição legal nas hipóteses em que a imediata eficácia da decisão ocasionar risco de dano grave, de difícil ou impossível reparação, e, cumulativamente, restar demonstrada a probabilidade de provimento do recurso (art. 995, parágrafo único).

## 2.4. PRINCÍPIOS

### 2.4.1. Princípio do duplo grau de jurisdição

O princípio do duplo grau de jurisdição está umbilicalmente associado à própria existência dos recursos que lhe servem de meio de exteriorização. Na sua concepção encontra-se o ideal de uma justiça de melhor qualidade, revelada pela mera possibilidade de controle da atividade judicial (aspecto inibitório) e pelo exercício efetivo desse controle por meio do reexame das decisões deflagrado pela interposição dos recursos. A dupla análise da causa objetiva a correção de erros e de injustiças das decisões, de um lado, e a coibição do arbítrio do julgador, de outro.[20] A justificação política à postergação da litigiosidade causada pelo recurso advém da crença de que se cria maior possibilidade de acerto ao se propiciar uma segunda leitura do caso, por julgadores mais experientes – e, no caso brasileiro, por órgãos colegiados –, capazes de enxergar ângulos possivelmente não vislumbrados em um primeiro julgamento.[21]

---

20. SOUZA, Bernardo Pimentel. *Introdução aos Recursos Cíveis e à Ação Rescisória*. 10. ed. São Paulo: Saraiva, 2014, p. 43: "Como todo homem, o juiz não está isento das falhas e das imperfeições humanas, as quais podem dar ensejo à prolação de decisões defeituosas. Por tal razão, é necessário conceder ao jurisdicionado insatisfeito com a prestação jurisdicional a possibilidade de submeter a decisão que considera viciada à apreciação do próprio juiz que a proferiu ou, como ocorre em regra, ao crivo de um órgão colegiado composto por magistrados mais experientes. Assim, eventuais equívocos constantes do julgado podem vir a ser eliminados. Além da finalidade corretiva acima enunciada, não pode ser desconsiderada a utilidade preventiva da adoção de um sistema recursal. Ciente da possibilidade de o tribunal *ad quem* vir a examinar a decisão proferida na instância inferior, o magistrado há de ser cuidadoso na prolação do *decisum*, sob pena de sofrer restrições para a ascensão na carreira".

21. BARBOSA MOREIRA, José Carlos. *Comentários ao Código de Processo Civil*. Ob. cit, p. 236-237. Ver também MONTELEONE, Girolamo. *Manuale di Diritto Processuale Civile*. 6. ed. Itália: Cedam, 2012, p. 631: "Se una controversia viene esaminata per intero due volte da due giudici diversi, è più probabile che la decisione finale sia giusta, poiché è in tal modo possibile porre rimedio agli errori di fatto e di

Em que pese a inegável proximidade, recurso e duplo grau de jurisdição não se confundem. Possível, pois, que se tenha o duplo exame não deflagrado por um recurso, como ocorre nas hipóteses em que a lei impõe o reexame necessário como condição de formação da coisa julgada. De outro lado, alguns recursos não são dirigidos a órgão hierarquicamente superior, como acontece no recurso inominado, previsto no art. 41 da Lei n. 9.099/95, que confere competência a órgão colegiado formado por juízes de primeiro grau. Do mesmo modo, o agravo interno, que desafia decisões unipessoais proferidas no tribunal, é julgado por juízes de segundo grau ou ministros dos tribunais superiores, de mesma hierarquia do prolator da decisão. Para aqueles que entendem que o princípio do duplo grau exige reexame realizado por órgão de hierarquia administrativa superior, não bastando uma segunda análise por diferente magistrado ou magistrados, os exemplos acima comportariam uma exceção à regra[22] ou, possivelmente, sua violação.

Não me parece o caso. Se os escopos do princípio do duplo grau são a inibição de arbitrariedades e a correção de injustiças e erros cometidos pelo julgador originário, a existência de recurso que provoque o rejulgamento por *outro* órgão ainda que de *mesma* hierarquia atende a tais objetivos. Assim, o duplo grau deve ser entendido como a previsão legal de reexame da decisão por órgão judicial distinto, que possua suficiente independência para rever o ato impugnado e, se convicto de sua incorreção, esteja munido de poderes para invalidá-lo ou reformá-lo.

Para sua concretização, portanto, o sistema processual deve possibilitar o julgamento do caso por mais de um órgão jurisdicional. A previsão de recursos dirigidos ao mesmo órgão prolator da decisão, como é o caso dos embargos de declaração ou dos embargos infringentes previstos no art. 34 da Lei n. 6.830/80, não cumpre essa tarefa e, destarte, não se presta a dar vida

---

diritto eventualmente contenuti nella sentenza di primo grado, siano essi imputabili alle parti o ai loro difensori siano essi imputabili al giudice. Tale probabilità si accresce, se il giudice di apelo sai non tanto gerarchicamente superiore, quanto più esperto, atento e ponderato di quello di primo grado; ciò si ottiene attibuendo la funzione di rendere giustizia sugli appelli a magistrati aventi maggiore esperienza ed anzianità di servizio rispetto a quelli di primo grado. La seconda decisione, infine, prevale non in ossequio al principio di autorità, o di supriorità gerarchica, come avveniva in antico, ma perché resa su materie, già uma prima volta trattate, esaminate e decise, da magistrati più esperti e più anziani".

22. JORGE, Flávio Cheim. *Teoria Geral dos Recursos Cíveis*. 7. ed. Revista dos Tribunais, 2015, p. 262-263: "Nessa linha, em conformidade com o já exposto no Capítulo 3, importante não confundir o duplo grau de jurisdição com os recursos. Por mais que exista uma aproximação muito grande entre eles, não se pode dizer que um pressupõe o outro. É que é perfeitamente possível a existência de recursos sem duplo grau de jurisdição. Não faz parte da essência do conceito do recurso o exame da questão por um órgão de mesma competência hierárquica ou não".

ao princípio do duplo grau de jurisdição.[23] Embora tais recursos permitam uma segunda apreciação da questão, que pode, de fato, levar à modificação da decisão, ela é feita pelo mesmo órgão que já decidiu a questão e, potencialmente, tem posição firmada no sentido já externado no provimento atacado. Recursos voltados ao prolator da decisão são úteis à correção de erros graves, à obtenção de esclarecimentos e à provocação de exame sobre questões sobre as quais o julgador se omitiu. No entanto, são meios pouco eficientes na tentativa de mudança de entendimento.

Essa hipótese de recurso dirigido ao mesmo órgão é comum em causas que se iniciam diretamente no STF. A Constituição Federal reflete a escolha de se reservar ao Supremo Tribunal Federal o processamento e o julgamento originários de inúmeras demandas, como se observa do art. 102, inciso I. Nessas hipóteses, o regimento interno do tribunal constitucional distribui a competência entre suas turmas, como previsto nos arts. 8º e 9º.[24] Em outras

---

23. Em sentido contrário, cf.: LIMA, Alcides de Mendonça. Os recursos no Anteprojeto do Código de Processo Civil. In: *Doutrinas Essenciais Processo Civil*. São Paulo: Revista dos Tribunais, 2011, v. VII, p. 100: "Normalmente, o duplo grau de jurisdição se revela pelos recursos interpostos de decisões dos juízes de primeira instância – órgãos unipessoais – para os tribunais superiores, órgãos coletivos. Os embargos para o mesmo juiz que proferiu a decisão (que o Anteprojeto denomina simplesmente de 'infringentes' cancelando a expressão 'de nulidade') têm uma índole especial, se bem que configurem, de certo modo, o duplo grau de jurisdição, pois representam a reiteração da parte em submeter o caso a novo exame, ainda que pelo mesmo órgão que prolatou a decisão recorrida".

24. Art. 8º Compete ao Plenário e às Turmas, nos feitos de sua competência: I – julgar o agravo regimental, o de instrumento, os embargos declaratórios e as medidas cautelares; II – censurar ou advertir os juízes das instâncias inferiores e condená-los nas custas, sem prejuízo da competência do Conselho Nacional da Magistratura; III – homologar as desistências requeridas em sessão, antes de iniciada a votação; IV – representar à autoridade competente quando, em autos ou documentos de que conhecer, houver indício de crime de ação pública; V – mandar riscar expressões desrespeitosas em requerimentos, pareceres ou quaisquer alegações submetidas ao Tribunal.

    Art. 9º Além do disposto no art. 8º, compete às Turmas: I – processar e julgar originariamente: a) o *habeas corpus*, quando o coator ou paciente for Tribunal, funcionário ou autoridade, cujos atos estejam diretamente subordinados à jurisdição do Supremo Tribunal Federal, ou se tratar de crime sujeito à mesma jurisdição em única instância, ressalvada a competência do Plenário; b) os incidentes de execução que, de acordo com o art. 343, III, lhes forem submetidos; c) a reclamação que vise a preservar a competência do Tribunal ou a garantir a autoridade de suas decisões ou Súmulas Vinculantes; d) os mandados de segurança contra atos do Tribunal de Contas da União e do Procurador-Geral da República; e) os mandados de injunção contra atos do Tribunal de Contas da União e dos Tribunais Superiores; f) os *habeas data* contra atos do Tribunal de Contas da União e do Procurador-Geral da República; g) a ação em que todos os membros da magistratura sejam direta ou indiretamente interessados, e aquela em que mais da metade dos membros do tribunal de origem estejam impedidos ou sejam direta ou indiretamente interessados; h) a extradição requisitada por Estado estrangeiro; i) as ações contra o Conselho Nacional de Justiça ou contra o Conselho Nacional do Ministério Público, ressalvada a competência do Plenário; j) nos crimes comuns, os Deputados e Senadores, ressalvada a competência do Plenário, bem como apreciar pedidos de arquivamento por atipicidade de conduta; k) nos crimes comuns e de responsabilidade, os Ministros de Estado e os Comandantes da Marinha, do Exército e da Aeronáutica, ressalvado o disposto no art. 52, I, da Constituição Federal, os membros dos Tribunais Superiores, os do Tribunal de Contas da União e os chefes de missão diplomática de caráter permanente, bem como apreciar pedidos de arquivamento por atipicidade da conduta. II – julgar em recurso ordinário: a) os

demandas, porém, os arts. 5º e 6º, inciso I conferem competência originária ao plenário.[25] Por tratar-se do órgão jurisdicional máximo no país, o inconformado com a decisão não pode socorrer-se de nova apreciação por outra corte nacional. O caso é examinado exclusivamente pelo STF. À primeira vista, poder-se-ia vislumbrar uma violação ao princípio do duplo grau. Não me parece, entretanto, a conclusão correta. Explico.

Em qualquer ordenamento jurídico haverá um órgão máximo de jurisdição, que pode ter competência nacional, como é o caso do Supremo Tribunal Federal brasileiro, ou regional. Ao destinar determinadas demandas para processamento originário no órgão de cúpula, o legislador considerou-as especialmente relevantes, de modo que fossem examinadas diretamente – e com a mais ampla cognição – pelos principais juízes do país. Se a competência fosse de um juízo de primeiro grau ou de um tribunal, possivelmente sequer ocorreria a apreciação do caso por cortes superiores, em virtude das hipóteses restritas de cabimento dos recursos excepcionais, ou se teria, no máximo, uma análise limitada às questões de direito, alijadas da apreciação da corte as questões de fato. Embora não haja, com efeito, reexame do caso nas hipóteses de competência originária do plenário do STF, a palavra final

---

*habeas corpus* denegados em única ou última instância pelos tribunais locais ou federais, ressalvada a competência do Plenário; b) a ação penal nos casos do art. 129, § 1º, da Constituição, ressalvada a hipótese prevista no art. 6º, inciso III, letra c. III – julgar, em recurso extraordinário, as causas a que se referem os arts. 119, III, 139 e 143 da Constituição, observado o disposto no art. 11 e seu parágrafo único.

25. Art. 5º Compete ao Plenário processar e julgar originariamente: CF/1988: I – nos crimes comuns, o Presidente da República, o Vice-Presidente da República, o Presidente do Senado Federal, o Presidente da Câmara dos Deputados, os Ministros do Supremo Tribunal Federal e o Procurador-Geral da República, bem como apreciar pedidos de arquivamento por atipicidade de conduta; II – REVOGADO; III – os litígios entre Estados estrangeiros ou organismos internacionais e a União, os Estados, o Distrito Federal ou os Territórios; IV – as causas e conflitos entre a União, os Estados, o Distrito Federal e os Territórios ou entre uns e outros, inclusive os respectivos órgãos da administração indireta; V – os mandados de segurança contra atos do Presidente da República, das Mesas da Câmara e do Senado Federal, do Supremo Tribunal Federal, bem como os impetrados pela União contra atos de governos estaduais, ou por um Estado contra outro; VI – a declaração de suspensão de direitos prevista no art. 154 da Constituição; VII – a representação do Procurador-Geral da República, por inconstitucionalidade ou para interpretação de lei ou ato normativo federal ou estadual; VIII – a requisição de intervenção federal nos Estados, ressalvada a competência do Tribunal Superior Eleitoral prevista no art. 11, § 1º, b2a, da Constituição; IX – o pedido de avocação e as causas avocadas a que se refere o art. 119, I, o, da Constituição; X – o pedido de medida cautelar nas representações oferecidas pelo Procurador-Geral da República; XI – as ações contra atos individuais do Presidente do Conselho Nacional de Justiça e do Presidente do Conselho Nacional do Ministério Público.

Art. 6º Também compete ao Plenário: I – processar e julgar originariamente: a) o *habeas corpus*, quando for coator ou paciente o Presidente da República, a Câmara, o Senado, o próprio Tribunal ou qualquer de seus Ministros, o Conselho Nacional da Magistratura, o Procurador-Geral da República, ou quando a coação provier do Tribunal Superior Eleitoral, ou, nos casos do art. 129, § 2º, da Constituição, do Superior Tribunal Militar, bem assim quando se relacionar com extradição requisitada por Estado estrangeiro; b) a revisão criminal de julgado do Tribunal; c) a ação rescisória de julgado do Tribunal; d) Revogado; e) Revogado; f) Revogado; g) Revogado; h) as arguições de suspeição; i) Revogado.

adveio do órgão jurisdicional mais elevado, que é o responsável em grau recursal pela última análise nos demais processos que são apreciados pelos milhares de juízes no país.

Se a decisão em única instância é do mesmo órgão ao qual competiria a decisão em última instância em caso de competência originária de órgãos inferiores e, ademais, permitiu-se a apreciação dos fatos e provas por seus juízes, não há violação ao disposto na Constituição, embora não tenha havido propriamente duplo exame. O julgamento único é temperado pela apreciação de toda a matéria, inclusive fática, pelos mais importantes magistrados do país, o que não ocorre nas hipóteses de recurso extraordinário.[26]

A opção política de se reservar elevado número de demandas para a apreciação em única instância pelo Supremo, contudo, não está livre de críticas, em especial quando o tribunal já está incumbido, por força constitucional, da apreciação de um número avassalador de casos nas hipóteses de sua competência recursal.[27]

Questão semelhante é aquela que decorre da aplicação da chamada teoria da causa madura, pela qual o tribunal, em determinadas situações, está autorizado a julgar matérias não apreciadas pelo juízo de primeiro grau (art. 1.013, CPC). É o caso da sentença que extinguiu o processo sem, contudo, apreciar o mérito. O ordenamento permite ao tribunal competente para

---

26. No âmbito penal, a discussão é mais acalorada, em virtude do disposto no art. 5º, LV, da Constituição ("aos litigantes, em processo judicial ou administrativo, e aos acusados em geral são assegurados o contraditório e ampla defesa, com os meios e recursos a ela inerentes") e no art. 8º, h, do Pacto de San José da Costa Rica ("toda pessoa acusada de um delito tem direito a que se presuma sua inocência, enquanto não for legalmente comprovada sua culpa. Durante o processo, toda pessoa tem direito, em plena igualdade, às seguintes garantias mínimas: (...) h) direito de recorrer da sentença a juiz ou tribunal superior"). Porém, não me parece que deva haver distinção. Os mesmos argumentos referentes ao processo civil aplicam-se ao processo penal, com a adição do cabimento de *habeas corpus*, na hipótese de julgamento manifestamente ilegal em única instância. Esse é o entendimento do Supremo Tribunal Federal, exarado nos seguintes casos: RHC 79.785, Rel. Min. Sepúlveda Pertence, julgamento em 29.3.2000, Plenário, DJ de 22 nov. 2002; AI 601.832AgR, Rel. Min. Joaquim Barbosa, julgamento em 17.3.2009, Segunda Turma, DJE de 3.4.2009. A Corte Interamericana de Direitos Humanos, no caso Buena Ricardo e outros vs. Panamá, decidiu que se aplicam as garantias previstas no art. 8º do Pacto de San Jose da Costa Rica aos processos trabalhistas, cíveis e fiscais, como noticiado por VALLE, Rubén Hernández. *Las Sentencias Básicas de la Corte Interamericana de Derechos Humanos*. Madri: Agencia Estatal Boletín Oficial del Estado, 2011, p. 36.

27. BUZAID, Alfredo. A crise do Supremo Tribunal Federal. In: BUZAID et al. (Org.). *Revista de Direito Processual Civil*. São Paulo: Saraiva, 1967, p. 57: "O acúmulo de tantas atribuições torna difícil o funcionamento do Supremo Tribunal. Quando falamos em *funcionamento*, pensamos em normalidade do trabalho, realizado sem atropelo, sem sacrifícios pessoais, sem o sestro da produção em quantidade; pensamos em acórdãos que reflitam tendências definidas da evolução da jurisprudência, servindo como fontes de doutrina pela sabedoria dos seus conceitos e não como meros resultados de oscilações determinadas pelos votos dos relatores, acompanhados pelos demais ministros, em julgamentos que revelam insegurança de orientação. Para que o Supremo possa exercer eficazmente as suas atribuições, é indispensável, pois, reformar a Constituição".

julgar o recurso que, ao considerar incorreta a conclusão do juízo *a quo*, vá além e não apenas anule a sentença. Se o processo já está apto para o julgamento de mérito, isto é, o contraditório já foi integralmente garantido e não há prova pendente de produção, cabe ao tribunal reformar a sentença e enfrentar o mérito. Destarte, o tribunal analisará o mérito pela primeira vez, já que este não fora objeto da apreciação em primeiro grau. Não há, portanto, duplo exame.

A opção legislativa privilegia outros objetivos também caros ao ordenamento, como a duração razoável do processo e a economia processual.[28] Evita-se, assim, que as partes sejam submetidas novamente ao procedimento em primeiro grau, retardando a pendência do litígio e a falta de solução definitiva para o caso. Porém, tal escolha ocasiona inegável déficit ao princípio do duplo grau de jurisdição, porquanto a apreciação das questões de fato, onde se concentra a maior parte dos erros de julgamento, ocorrerá apenas uma vez. E, diferentemente dos casos de competência originária do Supremo Tribunal Federal, o exame solitário dos fatos não ocorrerá na principal corte do país. No entanto, nesse embate entre direitos, aplicando-se o princípio da proporcionalidade, afigura-se virtuoso o emprego da teoria da causa madura, em especial em uma realidade que indica a dificuldade das cortes brasileiras de lidarem com os casos em tempo adequado. A espera pelo julgamento célere pode ser ainda mais frustrada pela invalidação da sentença e a perspectiva de se começar tudo novamente. A não adoção da teoria da causa madura seria mais uma fonte de descrédito do Poder Judiciário e a demora da prestação jurisdicional aumentaria a sensação de justiça denegada. Por tais motivos, não obstante o emprego da teoria ocasionar à não aplicação do princípio do duplo grau, a opção legislativa está em consonância com a Constituição.

Se, de um lado, o duplo grau de jurisdição como concretizado no sistema recursal brasileiro sacrifica a oralidade, porquanto distancia os julgadores da prova produzida em primeiro grau,[29] afeta a credibilidade dos julgamentos de primeira instância, em virtude da ampla recorribilidade, e posterga a

28. A esse respeito, ver SIQUEIRA, Thiago Ferreira. Duplo Grau de Jurisdição e 'Teoria da Causa Madura' no novo Código de Processo Civil. In: DIDIER Jr., Fredie (Coord.). *Processo nos Tribunais e Meios de Impugnação das Decisões Judiciais*. Salvador: Juspodivm, 2015, p. 591; DIDIER Jr., Fredie; CUNHA, Leonardo Carneira da. *Curso de Direito Processual Civil*. Ob. cit., p. 114-115.

29. GRECO, Leonardo. Instituições. Ob. cit., p. 14: "O segundo sistema, originário da *common law* e que penetra nos países da *civil law* a partir do Código austríaco de 1895, considera o recurso como um simples instrumento de controle da legalidade e justiça da decisão de primeiro grau, uma *revisio prioris instantae*. A sua interposição provoca somente a prolação de uma nova sentença ou de uma nova decisão, com o mesmo material cognitivo já suscitado e produzido no primeiro grau de jurisdição. Novas questões de fato e de direito e novas provas somente podem ser alegadas e produzidas *ex novo* em

litispendência, em prejuízo à celeridade, de outro lado, é instrumento eficaz contra o arbítrio dos juízes, permite a uniformização da jurisprudência, em prol da isonomia e da segurança jurídica, e dá lugar à correção de erros que ocasionam, ao menos em tese, melhores decisões, proferidas por juízes mais experientes.

No processo penal, o princípio do duplo grau de jurisdição em favor do réu é elevado a garantia fundamental, condição essa expressamente reconhecida pelo art. 8º, § 2º, h, da Convenção Americana de Direitos Humanos. Desse modo, a ausência de previsão na lei ordinária da possibilidade de recurso contra decisões desfavoráveis ao acusado configura violação à Constituição. No processo civil, porém, embora não haja um entendimento uniforme, prevalece o pensamento de que o duplo grau não constitui uma garantia fundamental,[30] mas apenas um princípio infraconstitucional. Segundo tal entendimento, poderia a lei não permitir uma segunda oportunidade de julgamento no processo civil.

---

casos excepcionais, como as decorrentes de fatos ou de direito supervenientes ou de provas surgidas ou conhecidas após o encerramento da instrução perante o juízo recorrido".

30. Cf. WAMBIER, Luiz Rodrigues. Teoria geral dos recursos. In: *Doutrinas Essenciais Processo Civil.* São Paulo: Revista dos Tribunais, 2011, v. VII, p. 939. Ver também: NERY JR., Nelson. *Teoria Geral dos Recursos.* 6. ed. São Paulo: Revista dos Tribunais, 2004, p.40-41: "Essa é a razão porque a nossa Constituição não garante o duplo grau de jurisdição ilimitadamente, como fez a do Império, de 1824, regra que não foi seguida pelas demais Constituições brasileiras. Em face do que dispunha a carta imperial, afigura-se-nos que estava vedado ao legislador ordinário limitar os casos de cabimento de recurso de apelação, já que a lei maior garantia que a causa fosse decidida em segunda e última instância pelo Tribunal de Relação. Assim, teve vigência aquele dispositivo constitucional até o advento da Constituição Republicana de 1891, quando a regra ilimitada foi abolida, restando a previsão do duplo grau como princípio genérico, mas não absolutamente sem fronteira. Mesmo assim, o Decreto 737, de 25 nov. 1850, previa, em seu art. 646, apelação para o Tribunal de Relação, das causas que excedessem o valor de 200$, estipulando, portanto, valor de alçada como requisito para o cabimento desse recurso. (...). Naturalmente, pela compreensível falta de importância que no Brasil, àquela época, desfrutava o direito constitucional, aliada, ainda, à circunstância de que a Constituição Imperial havia sido outorgada pelo imperador, carecendo de legitimidade, a doutrina daquela época não chegou sequer a manifestar-se sobre a inconstitucionalidade do art. 646 do Dec. 737/1850. Essas considerações são importantes para a continuação de nosso raciocínio acerca do duplo grau de jurisdição. Segundo a Constituição Federal vigente, há previsão para o princípio do duplo grau de jurisdição, quando se estabelece que os tribunais do país terão competência para julgar causas originariamente e em grau de recurso. Na CF 102 II, dizendo que o STF conhecerá, em grau de recurso ordinário, outras determinadas e, também, pelo n. III do mesmo dispositivo constitucional, tomará conhecimento, mediante recurso extraordinário, das hipóteses que enumera, evidentemente criou o duplo grau de jurisdição. Ocorre que a Constituição Federal limita o âmbito de abrangência desse princípio, como por exemplo ao enumerar casos em que cabe o recurso ordinário ou extraordinário, ao dizer que as decisões do Tribunal Superior Eleitoral são irrecorríveis, salvo quando contrariem a CF (CF 121, § 3º), entre outras hipóteses. Isto nos faz concluir que, muito embora o princípio do duplo grau de jurisdição esteja previsto na CF, não tem incidência ilimitada, como ocorria no sistema da Constituição Imperial. De todo modo está garantido pela lei maior. Quer dizer, a lei ordinária não poderá suprimir, pura e simplesmente, os recursos previstos na Constituição Federal".

Leonardo Greco, no entanto, enxerga o princípio do duplo grau de jurisdição nas demandas cíveis como conteúdo da cláusula do devido processo legal, o que conferiria a tal princípio a natureza de garantia fundamental. No rol de direitos protegidos pela garantia do devido processo legal, encontra-se o direito de que todos tenham seus pleitos levados ao Poder Judiciário tratados de forma isonômica. Em um sistema hierárquico como o brasileiro, no qual juízes têm ampla liberdade de convencimento e podem chegar a conclusões distintas ao se depararem com situações idênticas ou semelhantes àquelas enfrentadas por outros magistrados, o remédio para se alcançar o tratamento isonômico entre os jurisdicionados é o sistema recursal. Se juízes de diferentes comarcas ou tribunais de diferentes estados ou regiões pensam de modo diferente, a escalada recursal direciona as partes à obtenção de um padrão decisório, capaz de afastar a chamada "loteria judiciária" e conferir segurança jurídica.[31]

Concordo com a conclusão do autor de que no processo civil o duplo grau de jurisdição também deve ser percebido como garantia constitucional, como pode ser extraído do art. 5º, inc. LV, da Constituição. E, ao que tudo indica, é desse modo que o legislador o enxerga. O ordenamento jurídico brasileiro não deixa desarmada a parte que se sente prejudicada por uma decisão ao prever recursos contra decisões finais e interlocutórias. O princípio do duplo grau de jurisdição é eficazmente concretizado no direito brasileiro em virtude das escassas hipóteses nas quais não é permitida a impugnação de decisões judiciais por meio de recursos.[32] Atualmente, como consequência do grande número de processos e de recursos acumulados no Judiciário brasileiro esperando julgamento, as discussões caminham para a possível diminuição de hipóteses de cabimento de recursos e para a criação de desincentivos ao uso desse direito, como ocorre com a majoração dos honorários de sucumbência em grau recursal.

### 2.4.2. Princípio da unirrecorribilidade, unicidade ou singularidade

Ao inconformado com a decisão judicial, a lei reserva apenas um recurso cabível, pelo qual pode externar sua discordância e pleitear a reforma, invalidação ou integração do provimento judicial. Essa é a ideia por trás do princípio da unirrecorribilidade, da unicidade ou da singularidade. O sistema recursal molda-se, pois, de forma a prever um único recurso para

31. GRECO, Leonardo. *Instituições de Processo Civil*. Ob. cit., p 10.

32. Exemplos: decisão de admissão de *amicus curiae* (art. 138, CPC); sentença terminativa no âmbito dos juizados especiais federais (art. 5º, Lei 10.259/2001).

cada espécie de decisão. Previsto expressamente no art. 809[33] do CPC/1939 e sem menção específica nas leis processuais subsequentes, passou a ser extraído dos dispositivos que tratam do cabimento dos recursos.[34] Contra a sentença, cabe apelação, consoante dispõe o art. 1.009 do CPC; o agravo de instrumento é destinado à impugnação das decisões interlocutórias (art. 1.015), enquanto as decisões proferidas pelo relator são atacadas por meio de agravo interno e assim por diante.

Porém, não é tão simples assim.

No estudo do cabimento de cada uma das espécies recursais e dos atos decisórios, percebe-se que nem sempre é óbvio o remédio recursal destinado à impugnação de determinada decisão e que o princípio da unirrecorribilidade, muitas vezes, cede espaço ao cabimento de mais de um recurso contra a mesma decisão.

Exemplo cotidiano da exceção à regra da singularidade recursal é o cabimento de embargos de declaração, com vistas à provocação de apreciação de questão omitida na decisão, à correção de erro material ou ao esclarecimento de ponto contraditório ou obscuro, enquanto possível a interposição de outro recurso – apelação, agravo de instrumento, recurso ordinário constitucional, recurso especial, recurso extraordinário etc. – com o objetivo de obtenção da reforma ou invalidação do provimento jurisdicional. Considerando existente erro, contradição, obscuridade ou omissão, ao mesmo tempo que não se conforma com a decisão, a parte interessada poderá opor embargos de declaração inicialmente, interrompendo o prazo recursal, seguida da interposição de outro recurso. Ainda que a oposição de aclaratórios provoque uma segunda decisão, possivelmente complementando a primeira, trata-se do mesmo ato decisório. Dessa forma, a lei prevê a interposição, em momentos distintos, de mais de um recurso em face da mesma decisão.

A interposição *simultânea* de mais de um recurso também é prevista pelo CPC. O art. 1.031 dispõe sobre a interposição conjunta, mas em petições

33. Art. 809. A parte poderá variar de recurso dentro do prazo legal, não podendo, todavia, usar, ao mesmo tempo, de mais de um recurso.

34. ARRUDA ALVIM, José Manoel. Notas a respeito dos aspectos gerais e fundamentais da existência dos recursos. In: *Doutrinas Essenciais Processo Civil*. São Paulo: Revista dos Tribunais, 2011, v. VII, p. 277: "Outro princípio encampado pelo sistema é o da unirrecorribilidade, significativo de que somente tem cabimento um recurso para cada decisão, o que se percebe com extrema nitidez no que concerne à passagem do 1° para o 2° grau de jurisdição. É mesmo significativo de característica do sistema serem as decisões tipificadas (art. 162) correlativamente aos recursos que delas caibam (arts. 513 e 522), ou não (art. 504). Assim é que, das decisões (interlocutórias), cabimento tem o agravo de instrumento ou o retido (art. 522); das sentenças (que findem o processo (principal), com ou sem julgamento de mérito), cabimento tem, exclusivamente, o recurso de apelação (art. 513), e dos despachos de mero expediente não cabe, no âmbito do CPC, recurso algum (art. 504)".

separadas, do recurso extraordinário e do recurso especial, ambos servindo de remédio contra acórdão de tribunal local, proferido em única ou última instância, que tenha violado norma constitucional e infraconstitucional. Isso se dá em virtude da competência repartida entre o STF e o STJ, prevista nos arts. 102 e 105, incisos III de ambos os dispositivos da CF. Cada um tem competência para examinar infrações a um tipo de norma, sendo o Supremo o guardião da Constituição e o STJ o zelador da escorreita aplicação da lei federal. Se o acórdão, porém, fundar-se tanto em norma constitucional como em norma infraconstitucional, tidas como violadas, e ambas forem suficientes por si só para a manutenção da conclusão, ao recorrente se impõe a interposição de ambos os recursos. Caso se opte por apenas um deles, o recurso interposto será inadmitido, porquanto inútil: ainda que o recorrente pudesse ter razão quanto a violação da norma, o acórdão se manteria com fulcro no fundamento não atacado.[35]

Outra exceção à regra da unirrecorribilidade decorre da restrição ao cabimento do agravo de instrumento. Nem toda decisão interlocutória de primeiro grau comporta ataque por meio de agravo de instrumento, que se afigura cabível apenas nas hipóteses expressamente previstas em lei, em sua maioria contidas no rol do art. 1.015 do CPC. Por outro lado, o ordenamento processual permite ao juiz o exame na mesma decisão de diversas questões e pleitos. Deste modo, um ato decisório, em seus capítulos, pode conter mais de uma decisão, que, por sua vez, pode comportar impugnação por mais de um recurso.[36] Veja-se o exemplo da decisão de saneamento e organização do processo. O art. 357 dispõe que, nesse ato processual complexo, o juiz deverá resolver as questões processuais pendentes, delimitar as questões de fato e de direito, definir a distribuição do ônus da prova, apreciar os requerimentos de produção de prova e designar audiência de instrução e julgamento, se for o caso. Algumas dessas decisões comportam reexame imediato do tribunal por meio da interposição de agravo de instrumento, como a decisão que rejeita a alegação de convenção de arbitragem, exclua litisconsorte ou redistribua o ônus da prova. Outras são impugnáveis posteriormente, em apelação ou contrarrazões de apelação, como a decisão sobre competência e aquela que defere ou indefere a produção de uma prova. Nesse caso, portanto, a mesma

35. Ver, a esse respeito, as súmulas 126, do STJ, e 283, do STF.

36. NERY JR., Nelson. Ob. cit., p. 122: "O raciocínio deve ser entendido de modo a não confundir a unidade e indivisibilidade de um pronunciamento judicial, para efeitos de classificação desse mesmo ato e consequente atribuição do recurso cabível, com a prática de mais de um pronunciamento judicial em uma mesma ocasião processual".

decisão abre as portas ao uso de mais de um recurso pela parte inconformada contra mais de um de seus capítulos.

Por outro lado, em prestígio ao princípio em comento, o art. 1.009, § 3º, dispõe que deve ser impugnada por apenas um recurso – a apelação – a sentença que contiver, em seus capítulos, decisão sobre qualquer das matérias da esfera de cabimento do agravo de instrumento. Assim, por exemplo, se no corpo da sentença o juiz indefere o pedido de tutela provisória ou de redistribuição do ônus probatório, o meio de impugnação será exclusivamente a apelação, sendo inadequada a interposição simultânea de apelação e agravo de instrumento.

Por fim, uma questão se revela potencialmente intrincada. Imagine-se que uma das partes, inconformada com a decisão interlocutória proferida, decide interpor agravo de instrumento. No entanto, o tribunal considera inadequada a via eleita e que o correto seria a impugnação da decisão por meio de apelação ou de contrarrazões de apelação. Poder-se-ia concluir pela inadmissibilidade da veiculação da inconformidade por meio de apelação, uma vez que já levada ao conhecimento do tribunal pela via inadequada? Em outras palavras, observa-se, nessa hipótese, a preclusão consumativa, impedindo a renovação do pleito em apelação? Essa questão apresenta-se relevante em virtude da interpretação ampliativa que a doutrina tem extraído de algumas das hipóteses de cabimento do agravo de instrumento.[37] Se havia dúvida sobre qual o recurso cabível contra a decisão interlocutória, consubstanciada por divergência jurisprudencial ou doutrinária a respeito de ausência de dispositivo legal expresso indicando a via impugnativa adequada, parece-me que não se opera a preclusão consumativa. Aplica-se, na hipótese o princípio da fungibilidade recursal, não se recebendo o recurso incorreto como se correto fosse, em razão dos distintos momentos de interposição de apelação e agravo de instrumento, mas permitindo à parte prejudicada pela decisão renovar seu pleito em apelação ou em contrarrazões de apelação.[38] No entanto, se a parte optou pela interposição de agravo de instrumento manifestamente incabível, assim entendido nas hipóteses em que não há nenhuma divergência a respeito do não cabimento, a antecipação da irresignação por meio de agravo impede que a questão seja novamente veiculada em sede de apelação. Operou-se a preclusão consumativa.[39]

---

37. DIDIER Jr., Fredie; CUNHA, Leonardo Carneira da. *Curso de Direito Processual Civil*. Ob. cit., p. 250.

38. BARBOSA MOREIRA, José Carlos. Comentários. Ob. cit., p. 249-250.

39. Essa interpretação decorre da aplicação da doutrina tradicional acerca da incidência do princípio da fungibilidade. No entanto, o ordenamento caminha para uma solução menos formalista, na qual pouco

### 2.4.3. Princípio da taxatividade

Recurso é um direito processual conferido ao sujeito inconformado. A Constituição, em seu art. 22, inciso I, estabelece a competência privativa da União para a elaboração de leis que versem sobre direito processual. Destarte, os recursos têm como fonte a lei federal ou a Constituição, não sendo possível a sua criação por lei estadual ou por convenções processuais.[40]

O art. 994 do CPC prevê os recursos de apelação, agravo de instrumento, agravo interno, embargos de declaração, recurso ordinário, recurso especial, recurso extraordinário, agravo em recurso especial ou extraordinário e embargos de divergência. Esse rol não é exaustivo. Outras leis *federais* ou a própria Constituição podem prever outros recursos. E isso, de fato, ocorre. A Lei n. 9.099/99, por exemplo, prevê um recurso que se distingue dos demais dispostos no CPC, chamado, no jargão forense, de recurso inominado, uma vez que a lei não lhe confere um nome. Os embargos infringentes estão dispostos na Lei n. 6.830/80 e a CLT prevê, por exemplo, o recurso de revista, o recurso ordinário e o agravo de petição.

O princípio da taxatividade também encontra fundamento na separação dos poderes, pela qual compete ao Poder Legislativo a criação de direitos, o que afasta do âmbito dos outros poderes essa incumbência. Os recursos são criados por atos próprios do Poder Legislativo, não cabendo ao Executivo ou ao Judiciário enveredarem-se por esse caminho. No entanto, estimulados ora por expressa delegação legal, ora pela lacuna da lei, os tribunais, em seus regimentos internos,[41] estabeleceram novos recursos ou procedimentos de recursos criados por lei. Essa atividade legislativa dos tribunais vem ocasionando acaloradas discussões doutrinárias, mormente quando o objeto de debate é o agravo regimental.

Com a previsão expressa do agravo interno, encerrou-se a discussão de constitucionalidade a respeito do recurso de agravo não previsto na lei federal, mas em regimento interno de tribunal. Em virtude da competência legislativa privativa da União, somente a lei federal poderia criar recurso, o que revelaria a inconstitucionalidade do agravo regimental e de correições

importará o rótulo dado pelo recorrente. Bastará chamar de *recurso*, sem denominá-lo, para que seja conhecido.

40. Guilherme Jales Sokal entende que o art. 24, X, da CF permitiria a criação de recursos no âmbito dos juizados especiais por lei estadual. Cf. SOKAL, Guilherme Jales. Juizados especiais e variantes regionais: o papel da lei estadual. *Revista CNJ*, v. 1, p. 43-52, 2015. Disponível em: http://www.cnj.jus.br/files/conteudo/arquivo/2016/08/1e1621f54a699dc3746f7a86160a2c77.pdf. Acesso em: 11 dez. 2017.

41. Art. 96, I, a, da CF.

parciais ou reclamações originadas de leis estaduais.[42] Na vigência do CPC/73, o art. 496, II consagrava a existência do recurso de agravo, enquanto outros dispositivos legais detalhavam as formas de interposição do agravo (retido, de instrumento, de petição, etc.). Na ausência de previsão de recurso contra decisão unipessoal proferida em processo em trâmite nos tribunais, alguns regimentos internos de cortes brasileiras disponibilizavam às partes uma variedade de agravos encontrada apenas no regimento. Algumas vozes defendiam, com efeito, que se tratava apenas de modalidade do agravo previsto na lei federal, e não propriamente um recurso novo, criado pelo regimento.[43] Outros autores não lhe emprestam natureza de recurso, mas de mero meio capaz de levar a questão ao conhecimento do órgão colegiado, originalmente incumbido.[44]

Durante muito tempo, conviveu-se com a possibilidade de interposição de agravo regimental, amplamente aceito em inúmeros tribunais, em benefício da parte inconformada com decisões unipessoais. O art. 1.021 do CPC, a princípio, encerra essa discussão, uma vez que prevê a recorribilidade por meio de agravo interno contra toda decisão unipessoal de relator, seja ela uma decisão própria de relator (*v.g.* art. 932, incisos I, II, VI e VII do CPC) ou decisão na qual o relator decide em substituição ao órgão colegiado (*v.g.* art. 932, incisos III, IV e V do CPC).

Embora o tema da impugnação de decisões do relator tenha sido solucionado pela disposição expressa do art. 1.021, permanece atual o debate sobre a previsão de agravo regimental interposto em face de decisão unipessoal emanada de tribunal, mas que não tenha sido proferida pelo relator do recurso ou da causa de competência originária da corte. Em diversas passagens, o Código menciona decisões proferidas pelo Presidente ou Vice-Presidente do Tribunal: (i) no art. 496, § 1º, encontra-se a decisão de avocação dos autos pelo Presidente, em caso de inércia do juiz de primeiro grau a respeito da remessa necessária; (ii) o art. 1.029, § 4º, prevê a decisão do Presidente do STF ou do STJ de extensão da suspensão a todo território nacional da

---

42. ARRUDA ALVIM, José Manoel. Notas a respeito dos aspectos gerais e fundamentais da existência dos recursos. Ob. cit. p. 273. "O primeiro princípio, no plano normativo, que informa a sistemática dos recursos é o da legalidade. Vale dizer, só existem recursos (propriamente ditos) se estabelecidos em lei, isto é, no sistema positivo, ainda que não seja o da codificação processual mesma, como é a hipótese de recursos constitucionalmente previstos; ou, em leis extravagantes, mas sempre estabelecidos por norma oriunda de corpo legislativo, ao qual se adjudicou competência para editar regras sobre processo civil. Isto, obviamente, inocorre com as correições parciais e reclamações, pois são elas decorrentes de normas editadas pelos Estados federados, constitucionalmente incompetentes para editar regras sobre processo, o que, como se disse, compromete a nitidez do princípio da legalidade".

43. Cf. PINTO, Nelson Luiz. *Manual de Recursos Cíveis*. 2. ed. São Paulo: Malheiros, 2000, p. 82.

44. Ver RODRIGUES. Marco Antonio. *Manual dos Recursos*. São Paulo: Atlas, 2017, p. 34-35.

questão jurídica em debate em Incidente de Resolução de Demandas Repetitivas; (iii) compete ao Presidente ou Vice-Presidente do tribunal local a decisão sobre a concessão de efeito suspensivo à recurso extraordinário ou a recurso especial, no período compreendido entre a interposição do recurso e a publicação da decisão de admissão do recurso (art. 1.029, § 5º, III); (iv) o art. 1.030 concede ao Presidente ou Vice-Presidente de tribunal local a incumbência de exercício de juízo de admissibilidade inicial, para a filtragem de recursos especial e extraordinário a serem remetidos ao STJ ou ao STF, respectivamente; (v) o mesmo dispositivo ainda confia ao Presidente do tribunal local (a) o encaminhamento do processo ao órgão julgador, para realização de juízo de retração, se for o caso, (b) o sobrestamento de recurso que verse sobre controvérsia de caráter repetitivo ainda não decidida pelo STF ou pelo STJ, e (c) a seleção do recurso representativo da controvérsia, para fins de processamento de recursos especial ou extraordinário repetitivos; (v) o recorrido pode requerer ao Presidente ou Vice-Presidente do tribunal de origem que seja inadmitido recurso intempestivo, sobrestado em razão do regime de repetitivos (art. 1.035, § 6º).

Em algumas dessas hipóteses, o legislador previu recurso próprio para a provocação do reexame da decisão do Presidente do tribunal, como ocorre com a decisão de inadmissão dos recursos especial e extraordinário, atacável por meio de agravo em recurso especial e em recurso extraordinário (art. 1.042 e art. 1.030, § 1º). Outras, como aquelas previstas no art. 1.030, incisos I e III, são impugnáveis por meio de agravo interno (art. 1.030, § 2º).

Porém, remanescem atos jurisdicionais decisórios emanados da presidência do tribunal aos quais a lei não reservou um recurso próprio, abrindo espaço para a existência de agravo previsto exclusivamente em regimento interno de tribunal. Renasce a discussão.

O art. 1.070 do CPC, no entanto, ao dispor sobre o prazo do recurso cabível contra decisões unipessoais emanadas dos tribunais, transparece delegar aos regimentos internos a criação de agravo regimental contra outras decisões unipessoais dos tribunais, que não sejam dos relatores dos recursos. Dispõe o aludido artigo que "é de 15 (quinze) dias o prazo para a interposição de qualquer agravo, previsto em lei ou em regimento interno de tribunal, contra decisão de relator ou outra decisão unipessoal proferida em tribunal". Como a impugnação de decisões monocráticas de relatores já está integralmente abrangida pelo art. 1.021, que regula o agravo interno, o art. 1.070 revela dois objetivos do legislador. Em primeiro lugar, na esteira do art. 1.003, § 5º, buscou-se uniformizar o prazo recursal, sendo de 15 dias o prazo para interposição e oferecimento de contrarrazões em todos os recursos, exceto nos embargos de declaração. Como a maioria dos regimentos internos previa prazo de 5 dias para a interposição de agravo regimental, a disposição legal, passou a regular um requisito de admissibilidade. Do mesmo modo, o art. 1.070 autoriza os tribunais a criarem recursos em hipótese de cabimento expressamente definida na lei, qual seja, decisões unipessoais não proferidas pelos relatores. Essa espécie de delegação, observada em outras leis processuais e no próprio CPC,[45] não me parece violar a norma constitucional de competência privativa da União para a criação de direito processual, mormente pelo fato de que a hipótese de cabimento foi estabelecida, ainda que indiretamente, na lei federal.

Portanto, em face das decisões dos relatores, cabe agravo interno, ao passo que seriam impugnáveis por agravo regimental as decisões unipessoais de outros órgãos jurisdicionais individuais dos tribunais, desde que devidamente previsto no regimento interno. A delegação, se feita com parcimônia, preserva a separação dos poderes, uma vez que a atividade legislativa do tribunal, especialmente com a criação de um recurso, decorreu da expressa autorização e incentivo do Poder Legislativo.

### 2.4.4. Princípio da fungibilidade

Em decorrência da aplicação dos princípios da taxatividade e da singularidade, a lei federal prevê um e apenas um recurso contra cada espécie de ato decisório. A preocupação didática da lei na elucidação das hipóteses de cabimento dos recursos impediria, destarte, que se cometessem erros na escolha do meio recursal adequado à impugnação de cada decisão. Entretanto, a questão, muitas vezes, distancia-se da simplicidade. O que pode parecer fácil em tese revela-se misterioso no cotidiano forense, acarretando não raramente fundados questionamentos sobre qual o meio impugnativo adequado ao caso concreto.

A dúvida a respeito do recurso cabível pode advir eventualmente (i) da pouca precisão ou clareza legislativa, se a norma deixa de estabelecer com exatidão o recurso cabível contra determinada decisão, como é o caso das decisões unipessoais oriundas dos tribunais e não emanadas do relator.[46] Pode

45. Artigos 148, § 3º; 930; 932, VIII; 937, IX; 942; 950, §§ 1º e 2º; 959; 960, § 2º; 1.021; 1.028; 1.035, § 4º, 1.036; 1.044.

46. WAMBIER, Teresa Arruda Alvim. O princípio da fungibilidade sob a ótica da função instrumental do processo. In: NERY JR., Nelson; WAMBIER, Teresa Arruda Alvim (Org.). *Aspectos Polêmicos e Atuais dos Recursos Cíveis e de outros meios de impugnação às decisões judiciais*. São Paulo: Revista dos Tribunais, 2005, p. 740: "No que diz respeito especificamente ao processo, estas ditas zonas de penumbra se manifestam quando se admitem, no sistema, dois ou mais caminhos para se chegar a um mesmo lugar. Não

decorrer também – e com muita frequência – (ii) da divergência de intepretação da lei pela doutrina ou pela jurisprudência acerca do recurso cabível, como se tem notado na impugnação das decisões interlocutórias, em que se observa, em certos casos, divergência sobre o cabimento de apelação ou de agravo de instrumento. Ainda, a escolha do recurso adequado pode depender (iii) da descoberta precisa da natureza da decisão, se sentença ou decisão interlocutória, por exemplo,[47] ou acerca da norma violada, *v.g.*, na hipótese de acórdão que contenha violação à lei federal e, ao mesmo tempo, à norma constitucional de forma reflexa.

A similaridade encontrada nas situações acima é a dificuldade de se precisar, sem dúvida ou controvérsia, o recurso cabível contra o ato decisório. A solução para esse problema, que afeta o exercício de um direito processual da parte, é o conhecimento do recurso inadequadamente interposto como se adequado fosse, permitindo o exame de mérito. Daí extrai-se o princípio da fungibilidade.

No CPC/1939, o legislador, estimulado pela reconhecida complexidade do sistema recursal então vigente, previa expressamente, em seu art. 810, que "salvo a hipótese de má-fé ou erro grosseiro, a parte não será prejudicada pela interposição de um recurso por outro, devendo os autos ser enviados à Câmara, ou à Turma, a que competir o julgamento". Positivou-se, pois, o princípio da fungibilidade recursal, decorrente do emprego da teoria do recurso indiferente, citada por James Goldschmidt.[48] Curiosamente, presumindo-se que o Código não deixaria espaço para dúvidas, em virtude da promovida simplificação do sistema recursal, e pela pouca aplicação do referido princípio na vigência do CPC/1939, o CPC/1973 não mais contou com

são poucas as hipóteses em que se flagram tanto no plano da doutrina quanto no da jurisprudência discordâncias quanto a qual seria o meio adequado para se atingir determinado fim no processo ou por meio do processo. Pensamos que nas zonas de penumbra deve-se optar pela resposta que privilegie os valores fundamentais, entre os quais se sobressai a operatividade do sistema, qualidade que deve torná-lo apto a gerar os fins para os quais foi criado. Justamente nestas hipóteses é que, em nosso entender, deve incidir o princípio da fungibilidade: casos em que há dúvidas quanto a qual seja o caminho adequado (=correto) para se atingir determinada finalidade por meio de um pedido formulado perante o Poder Judiciário, dúvida esta cuja existência se percebe por haver divergências no plano da doutrina e/ou no da jurisprudência a respeito".

47. SOUZA, Bernardo Pimentel. *Introdução aos Recursos Cíveis e à Ação Rescisória*. 10. ed. São Paulo: Saraiva, 2014, p. 80: "Também é aceitável o erro na interposição quando o próprio julgador confere ao respectivo pronunciamento título incompatível com o conteúdo do provimento jurisdicional, razão pela qual gera dúvida razoável sobre a via recursal a ser utilizada. É o que ocorre, por exemplo, quando o juiz confere o título 'sentença', apesar da prolação de verdadeira decisão interlocutória. O eventual erro na interposição do recurso deve ser sanado mediante a fungibilidade recursal, porquanto o jurisdicionado foi conduzido em falsa pista".

48. LIMA, Alcides Mendonça. *Sistema de normas gerais dos recursos cíveis*. Rio de Janeiro: Freitas Bastos, 1963, p. 218.

norma equivalente ao art. 810 do diploma processual anterior.[49] Doutrina e jurisprudência, alcançando a percepção inicial de que o CPC/1973 não deixara espaço para dúvidas acerca do cabimento dos recursos, defendiam nos primeiros anos de vigência do Código a inexistência do princípio da fungibilidade recursal na nova ordem processual.[50]

Com o passar dos anos, percebeu-se que, embora mais simples se comparado ao regime revogado, o sistema recursal do CPC/1973 não estava livre do surgimento de dúvidas na escolha do recurso adequado. Desse modo, não obstante a falta de regra expressa, o princípio da fungibilidade passou a ser paulatinamente reconhecido e aplicado nas hipóteses em que presente divergência doutrinária e/ou jurisprudencial a respeito do recurso cabível.[51]

O CPC/2015, da mesma forma, não contém disposição genérica que positive o princípio da fungibilidade para todas as hipóteses de dúvida. Porém, em alguns momentos, o Código trata da possibilidade de sua aplicação em situações específicas. O art. 305, parágrafo único, prevê a fungibilidade entre as tutelas provisórias de natureza cautelar e antecipatória, alertando que pouco importa o rótulo dado pela parte; prevalece, para a escolha do procedimento a ser utilizado, a natureza do pedido veiculado. Na seara recursal, o art. 1.024, § 3º obriga o órgão julgador a conhecer dos embargos de declaração como agravo interno se considerar ser este o recurso cabível. Nessa hipótese, determinará "a intimação do recorrente para, no prazo de 5 (cinco) dias, complementar as razões recursais, de modo a ajustá-las às exigências do art. 1.021, § 1º". Isto é, se o recorrente pretende a reforma da decisão monocrática do relator, mas opõe embargos de declaração, o recurso será recebido como agravo interno. No âmbito dos recursos extraordinários, os art. 1.032 e 1.033 aplicam o princípio da fungibilidade entre o recurso

---

49. Exposição de motivos CPC/1973: "É certo que, para obviar os inconvenientes da interposição errada de um recurso por outro, o Código vigente admite o seu conhecimento em instância superior e ordena a remessa à câmara ou turma, desde que não esteja viciado por má-fé ou erro grosseiro (art. 810). O Código consagrou, nesse preceito legal, a teoria do 'recurso indiferente' (*Sowohls-auch-Theorie*), como ensinam os autores alemães. Essa solução não serviu, porém, para melhorar o sistema, porque a frequência com que os recursos, erroneamente interpostos, não são conhecidos pelo Tribunal evidenciou que a aplicação do art. 810 tem valor limitadíssimo".

50. Exemplo desse entendimento pode ser observado no julgamento do RE 83.756, pelo STF. Na doutrina, ver SEABRA FAGUNDES, Miguel. O título 'Dos Recursos' no novo Código de Processo Civil. *Revista de Processo*. São Paulo: Revista dos Tribunais, v. 1, jan./mar., 1976, p. 44.

51. NERY JR., *Nelson. Teoria Geral dos Recursos*. Ob. cit., p. 139: "Mas os princípios são, normalmente, regras de ordem geral, que muitas vezes decorrem do próprio sistema jurídico e não necessitam estar previstos expressamente em normas legais, para que se lhes empreste validade e eficácia. Logo, mesmo à falta de regra expressa, pode-se entender, em tese, que a fungibilidade dos recursos não repugna ao sistema do CPC, que, corno se verá, contém hipóteses capazes de gerar dúvida objetiva a respeito da adequação do recurso ao ato judicial recorrível".

extraordinário e o recurso especial. Assim, se, na visão do relator, o recorrente tiver optado pelo recurso inadequado, em virtude de não se ter violado a lei federal, mas a constituição, e vice-versa, o recurso não será inadmitido por esse motivo. Conferir-se-á ao recorrente a oportunidade de preenchimento dos requisitos faltantes, no caso de escolha indevida do recurso especial no lugar do recurso extraordinário, e, em ambos os casos, ocorrerá a posterior remessa ao tribunal competente para conhecimento do recurso.

As previsões típicas do princípio da fungibilidade antes reforçam do que denegam a sua aplicação de forma genérica. Ao prever momentos processuais específicos de uso da fungibilidade recursal, o legislador objetivou reforçar o emprego do princípio em situações mais corriqueiras, nas quais a experiência demonstrou que as dúvidas se apresentam com frequência. De modo algum, porém, a previsão típica objetivou a restrição da abrangência do princípio da fungibilidade. Se presentes seus requisitos, a sua aplicação demonstra-se essencial, sob pena de se violar o direito da parte. O Código vigente estabeleceu novo[52] princípio que corrobora com essa percepção, o qual foi positivado em diversas passagens e será objeto de análise mais adiante. Trata-se do princípio da primazia do julgamento de mérito, pelo qual se exige do julgador o aproveitamento dos atos processuais e a busca pela correção de vícios sanáveis a fim de se perseguir sempre o exame do mérito, seja em primeiro ou em segundo grau. Fruto da instrumentalidade das formas, o princípio da primazia do exame de mérito impõe que se admita o recurso, embora tenha sido utilizado o recurso inadequado, se a parte incorreu em erro em virtude de razoável dúvida sobre o cabimento.

O princípio da fungibilidade recursal tem como requisitos (i) a existência de dúvida objetiva acerca do recurso cabível, consubstanciada pela falta de clareza da norma, pela divergência jurisprudencial ou doutrinária ou pela dificuldade de se atestar a natureza do ato decisório ou da norma por este violada; e (ii) a inexistência de má-fé do recorrente, que, nessa hipótese, estaria configurada caso o recorrente, sabedor da possibilidade de aplicação do princípio, escolhe intencionalmente o recurso inadequado como forma de estratégia processual procrastinatória ou com outro escopo desleal.[53]

52. Seria impreciso considerá-lo integralmente original, pois, obviamente, decorre do princípio da instrumentalidade das formas. Sua originalidade é extraída do conjunto de disposições específicas do CPC inseridas com a finalidade de reforçá-lo.

53. ARRUDA ALVIM, José Manoel. Notas a respeito dos aspectos gerais e fundamentais da existência dos recursos. Ob. cit., p. 283: "Assim é que: a) existindo dúvida objetiva e b) inexistindo erro grosseiro, consequência da existência de dúvida objetiva e/ou má-fé, a parte não será prejudicada pelo fato de que o recurso por ela eleito, ainda que, a juízo dos órgãos a quo e ad quem, não fosse o ortodoxamente correto.

Não me parece adequada a exigência elencada por parte da doutrina de respeito ao prazo do recurso cabível.[54] Se a parte, de boa-fé, optou pela modalidade recursal que vislumbrava pertinente à impugnação da decisão e, de fato, não era óbvia a escolha que deveria ter sido tomada, não se pode exigir o preenchimento dos requisitos de admissibilidade de outro recurso, mas do recurso interposto. Do mesmo modo, os requisitos de preparo, regularidade formal, direcionamento do recurso etc., devem ser examinados sob a ótica do recurso eleito pela parte – a quem será concedido prazo para os ajustes necessários –, mas jamais sob a perspectiva do recurso que deveria ter sido interposto. Seria o mesmo que negar o princípio da fungibilidade.

Por derradeiro, importante a ressalva de Arruda Alvim, para quem o órgão competente para exercício do juízo de admissibilidade não pode se fechar em seu próprio juízo sobre o recurso cabível. À luz do entendimento de outros órgãos julgadores e da doutrina é que se pautará a investigação a respeito da existência de dúvida objetiva capaz de autorizar a aplicação princípio da fungibilidade no caso concreto.[55]

### 2.4.5. Princípio da voluntariedade

O recurso é um ato voluntário, que depende da manifestação da parte. Essa máxima decorre do princípio dispositivo. A possibilidade de impulso oficial não engloba o direito de recurso. O princípio da voluntariedade exige, pois, que a parte inconformada com a decisão recorra, proporcionando a renovação da atividade jurisdicional. Sem o recurso, o órgão *ad quem* não está autorizado a reexaminar o caso. "Pela mesma razão segundo a qual a jurisdição não se exerce *ex officio*, também ela não se renova, não se exerce

54. Nesse sentido, ver GRECO, Leonardo. Instituições. Ob. cit., p. 35: "A meu ver, mesmo havendo dúvida objetiva, se o recurso cabível é de prazo menor e o recorrente interpõe outro recurso fora desse prazo, o recurso interposto erroneamente não pode ser conhecido, porque a decisão já teria transitado em julgado ou precluído quando o recurso foi interposto".

55. "Ou seja, não será o cabível, ortodoxamente, segundo o entendimento concreto de quem haverá de admitir esse recurso, pois outros o entendem como sendo o recurso efetivamente cabível. Consequentemente, o critério para admitir o recurso, nesta contingência, não será o do entendimento de um determinado magistrado ou de uma determinada Câmara, que, por discordar do cabimento do recurso eleito, haveria de inviabilizá-lo por inadmissível. Há de se proceder à constatação de que a hipótese suscita dúvida objetiva para, em nome e por causa dessa dúvida, admitir-se o recurso. Insista-se, pois, que não deve preponderar o juízo dos órgãos a quo e ad quem para, por esse, concretizar a inadmissibilidade, senão que há de se admitir o recurso, à luz do entendimento de outros órgãos julgadores, os quais entenderiam mesmo ser esse recurso como o representativo do meio recursal adequado, ao que se deve somar a possível existência de doutrinadores que o entendam, igualmente, como o recurso cabível." – ARRUDA ALVIM, José Manoel. Notas a respeito dos aspectos gerais e fundamentais da existência dos recursos. Ob. cit., p. 283-284.

novamente *ex officio*".[56] O recurso é um ato de manifestação livre de vontade da parte, porque o Estado se satisfaz com a prestação jurisdicional contida na sentença e a ausência de recurso é indicativa da concordância das partes com a decisão ou da sua tolerância.[57]

A remessa necessária, também denominada de duplo grau de jurisdição obrigatório ou reexame necessário, consiste em instituto regulado pelo art. 496, o qual autoriza a reanálise da sentença em determinadas hipóteses sem que tenha sido interposto recurso pela parte sucumbente. Essa imediata revisão da causa tem como escopo a proteção de interesse público possivelmente violado pela decisão de primeiro grau. Porém, como essa remessa se dá de forma automática, sem a manifestação de vontade das partes, não pode ser considerada recurso.[58] Esse mecanismo automático, amplamente criticado pela doutrina,[59] vem perdendo espaço com as sucessivas reformas processuais, mas ainda condiciona, nas hipóteses elencadas no art. 496, a obtenção de coisa julgada, que somente será alcançada depois de observado o reexame obrigatório da sentença.

### 2.4.6. Princípio da vedação à *reformatio in pejus*

A *reformatio in pejus* consiste na obtenção de resultado menos favorável pelo recorrente em julgamento de recurso por ele interposto se comparado com a situação estabelecida na decisão recorrida. Somente ocorrerá se a desvantagem decorrer do julgamento de seu recurso. Se ambas as partes recorrem e o órgão *ad quem* acolhe o recurso da parte contrária, piorando a situação do outro recorrente, não há que se falar em *reformatio in pejus*.

Barbosa Moreira bem esclarece que a diferença entre a decisão recorrida e aquela obtida no julgamento do recurso pode ser qualitativa ou quantitativa. No primeiro caso, o recurso acarreta decisão na prática menos vantajosa para o recorrente (*v.g.*, decisão recorrida impõe o pagamento de multa por infração contratual e decisão do órgão *ad quem* decreta a rescisão contratual).

56. GRECO, Leonardo. Instituições. Ob. cit., p. 22.

57. CARNELUTTI, Francesco. *Instituiciones del proceso civil*. Buenos Aires: EJEA, 1973, v. II, p. 187.

58. Nesse sentido, ver NERY JR., Nelson. *Teoria geral dos Recursos*. Ob. cit., p. 91-94; PINHO, Humberto Dalla Bernardina de. *Direito Processual Contemporâneo*. 4. ed. São Paulo: Saraiva, 2017, v. 2, p. 252. Em sentido contrário, cf. DIDIER Jr., Fredie; CUNHA, Leonardo Carneira da. *Curso de Direito Processual Civil*. Ob. cit., p. 403.

59. GRECO, Leonardo. *Instituições*. Ob. cit., p. 23: "É verdade que institutos como a tutela antecipada de urgência têm minorado os efeitos nefastos do duplo grau de jurisdição obrigatório, que sobrevive como entulho autoritário representativo de uma época em que o Estado não confiava nos juízes de primeiro grau, nem na exação dos seus próprios procuradores, impedindo que as sentenças de primeiro grau contrárias a um suposto interesse público produzissem efeitos enquanto os magistrados mais antigos e experientes, que compunham o tribunal de segundo grau, não as tivesses referendado".

É quantitativa a diferença se o recorrente passa a ser adicionalmente onerado (a indenização que ele deve pagar passa de $10 para $20) ou quando se retira tudo ou parte daquilo que lhe concedera o órgão *a quo*.[60]

Para a configuração da *reformatio in pejus*, portanto, o resultado do julgamento do recurso deve ser, no aspecto prático, mais desfavorável ao recorrente do que aquele obtido perante o juízo *a quo*. Pouco importa se o fundamento utilizado foi outro; se o resultado e as consequências práticas permanecem inalterados, não há *reformatio in pejus*.[61]

Possível a configuração de *reformatio in pejus* conquanto tenham sido interpostos recursos por ambas as partes. Imagine-se uma demanda indenizatória, pela qual o autor busca reparação por danos materiais e morais. A sentença acolheu os pedidos. O réu recorre, pretendendo o reconhecimento de improcedência dos pleitos, enquanto o autor recorre para majorar o montante fixado a título de dano moral. Pelo efeito devolutivo da apelação, ao tribunal foi transferido o conhecimento de ambos os capítulos da sentença (reparação de dano moral e material) em decorrência do recurso do réu, o que lhe permite fulminar a pretensão exordial. Também foi devolvida ao tribunal, por meio da apelação do autor, a questão de majoração da indenização de dano moral fixada na sentença, possibilitando à corte o estabelecimento de valor mais elevado. Porém, em virtude da limitação estabelecida pelo autor em seu recurso, não foi devolvida ao tribunal a possibilidade de incremento do valor dos danos materiais. Caso assim se proceda, elevando a indenização do capítulo não impugnado, configurar-se-á a *reformatio in pejus*.

No âmbito das Ordenações Filipinas, independentemente de quem havia apelado, ao tribunal era devolvida toda a matéria, estando ele autorizado à reforma da sentença em favor do apelado. O Regulamento n.º 737 de 1850 não continha tal regra. Contudo, seu art. 743 previa a aplicação subsidiária das Ordenações. Na vigência da Constituição de 1891, quando foi outorgada competência legislativa aos estados para legislar sobre processo civil, alguns códigos estaduais passaram a vedar a *reformatio in pejus*. Porém, os estados do Rio de Janeiro (art. 2297), da Bahia (art. 1329) e do Ceará (art. 1329) mantinham a regra filipina. Os Códigos de 1939, 1973 e 2015 silenciaram sobre a questão, embora a doutrina já venha se posicionando pela existência da vedação desde a vigência do CPC/1939.[62]

60. BARBOSA MOREIRA, *Comentários*. Ob. cit., p. 432-433.

61. Idem, p. 433.

62. LOPES DA COSTA. Alfredo de Araújo. *Direito Processual Civil Brasileiro*. Rio de Janeiro: José Konfino Editor, 1948, v. 3, p. 154-157.

Não obstante a ausência de previsão legal expressa a respeito da vedação de piora da situação do recorrente pelo órgão julgador do recurso, é possível extrair do ordenamento a sua existência. O recorrente deve atender a todos os requisitos de admissibilidade a fim de que o mérito recursal possa ser apreciado. Entre esses requisitos, encontra-se o interesse. Sem interesse, revelado pela situação desvantajosa em que a parte se encontra em razão da decisão recorrida, não é possível sua impugnação.[63] Ora, se exigível o interesse recursal de modo a viabilizar o exame do mérito, seria incoerente admitir a possibilidade de agravamento da situação do recorrente sem que haja recurso da parte contrária. Ademais, como vimos, o recurso é o direito de ação renovado, o qual é pautado, por sua vez, pelo princípio dispositivo. Ao órgão *ad quem* só é devolvido o objeto apresentado pelo recorrente e o novo exame adstringe-se, pois, ao pedido recursal. Se o pleito é de melhora da situação da parte, a piora dessa mesma situação no julgamento do recurso revela enfrentamento de pedido não veiculado e, destarte, violação a essa limitação imposta pelo princípio dispositivo.

Para temperar eventual injustiça da decisão, decorrente da impossibilidade de revisão pelo tribunal na falta de recurso da outra parte, especialmente nos casos em que o provimento judicial recorrido afigura-se manifestamente incorreto, o Código possibilitou a utilização, na apelação, no recurso especial e no recurso extraordinário, do recurso adesivo (art. 997). Assim, se a parte inicialmente conformada com a decisão é surpreendida pelo recurso da parte contrária, pode a esta impugnação aderir e, conseguintemente, ampliar o objeto de cognição do órgão *ad quem*.[64]

Excepcionalmente, porém, reconhece-se a possibilidade de o recorrente alcançar uma decisão em segundo grau menos proveitosa, na prática, do que aquela exarada pelo órgão *a quo*. Consoante dispõe o art. 485, § 3º, as matérias previstas nos incisos IV, V, VI e IX do *caput* podem ser conhecidas de ofício em qualquer grau de jurisdição desde que antes do trânsito em

---

63. LOPES, Bruno Vasconcelos Carrilho. A *Reformatio in peius* no direito processual civil: fundamentos da proibição da *reformation in peius*. In: NERY JR., Nelson; WAMBIER, Teresa Arruda Alvim (Org.). *Aspectos Polêmicos e Atuais dos Recursos Cíveis e de outros meios de impugnação às decisões judiciais*. São Paulo: Revista dos Tribunais, 2005, p. 41-42: "Tal requisito de admissibilidade dos recursos resolve-se em essência na utilidade prática que o recurso possa trazer ao recorrente, não havendo interesse quando o recurso interposto não tenha o condão de apresentar qualquer benefício ao recorrente ou possa piorar a situação. Ora, no que tange ao capítulo da decisão em que o recorrente sagrou-se vitorioso, como não é possível que sua reapreciação traga melhora ao recorrente, ele carece de interesse em recorrer, razão pela qual eventual recurso atinente a esse capítulo seria inadmissível. Se é inadmissível a apreciação de recurso no que diz respeito ao capítulo da decisão em que a parte sagrou-se vitoriosa, com mais veemência ainda se deve considerar inadmissível a reapreciação desse capítulo quando o recurso interposto pela parte que nele sagrou-se vitoriosa não abrangê-lo".

64. BARBOSA MOREIRA, *Comentários*. Ob. cit., p. 435-436.

julgado. Desse modo, a parte insatisfeita com o montante da reparação que lhe foi concedida pode recorrer para pleitear a ampliação da indenização e o tribunal reconhecer de ofício a ilegitimidade *ad causam*, extinguindo, por conseguinte, o processo sem exame do mérito. O que permite essa situação é o chamado efeito translativo dos recursos, que será estudado mais adiante e que transfere para o juízo *ad quem* o exame das questões de ordem pública. Porém, duas ressalvas são necessárias. Em primeiro lugar, o reconhecimento de ofício da questão de ordem pública pelo órgão competente para julgamento do recurso deve limitar-se ao capítulo impugnado. Na hipótese mencionada acima, se a sentença também tivesse determinada a rescisão contratual e se essa questão não houvesse sido objeto do recurso, o tribunal não poderia abranger esse ponto na decisão que considerou presente a ilegitimidade. Isso porque sobre o pedido de rescisão contratual já operou a coisa julgada. Em outras palavras, a questão de ordem pública somente pode ser reconhecida de ofício dentro do capítulo impugnado.[65]

Em segundo lugar, apreciação de ofício não significa que o órgão julgador pode decidir sem antes conferir às partes oportunidade para o exercício do contraditório sobre a questão. A diretriz traçada pelo art. 10 e, mais especificamente no sistema recursal, pelo art. 933, ambos do CPC, obriga o julgador à prévia intimação das partes a respeito do objeto da decisão, ainda que se trate de questão de ordem pública. As partes terão cinco dias para oferecerem sua manifestação escrita. A falta da intimação configura nulidade da decisão. A referida intimação somente é dispensada se sobre a questão já se debateu previamente. Caso a questão surja tão somente durante a sessão – na manifestação de voto do vogal, por exemplo –, faz-se indispensável suspender o julgamento do recurso para que as partes tenham os cinco dias para exercício adequado do contraditório. A manifestação na própria sessão ocorrerá apenas se ambas as partes concordarem.

Também comportam exceção à regra da vedação à *reformatio in pejus* as hipóteses elencadas no art. 1.013, § 3º, que positivam a denominada teoria da causa madura. Tal teoria, que será examinada em detalhes mais adiante, permite que o tribunal julgue o mérito da demanda, ainda que este não tenha sido objeto de decisão em primeiro grau, desde que a causa esteja apta para julgamento. Se o juízo de primeiro grau considerou o autor carente de ação

---

65. GRECO, Leonardo. Instituições. Ob. cit., p. 25: "Se a sentença possui dois ou mais capítulos autônomos decididos desfavoravelmente a uma das partes e esta somente recorreu de um deles, a decisão sobre o restante transitou em julgado. Se nesse recurso o tribunal superior reconhecer que o autor era carecedor da ação por falta de legitimidade *ad causam*, a carência de ação poderá ser decretada apenas em relação ao capítulo da decisão que foi impugnado pela interposição do recurso. A decisão sobre o outro não pode mais ser modificada".

e proferiu sentença terminativa, com base no art. 485, VI, e, discordando dos motivos do *decisum*, o tribunal afasta a causa de inadmissibilidade, o art. 1.013, § 3º, I permite que se avance no julgamento dos pedidos, se os argumentos e provas já produzidos são suficientes para se alcançar uma cognição exauriente sobre as questões. Nessa hipótese, se o autor interpôs apelação em face da sentença terminativa, pode, ao final do julgamento do recurso, ter sua situação piorada, já que o tribunal pode concordar com seu argumento de admissibilidade da demanda, mas, no exame do mérito, julgar improcedente o pedido exordial. O mesmo pode ocorrer com o recurso que afasta a decadência ou a prescrição reconhecida na sentença (art. 1.013, § 4º).

Considero, porém, indispensável a veiculação de pedido de reforma pelo autor. Caso reconheça-se o preenchimento dos requisitos de admissibilidade da demanda, afastando-se a hipótese de decisão terminativa, o pedido recursal de reforma autoriza que o mérito seja objeto de decisão em segundo grau. Se o recorrente optou tão somente pelo oferecimento de pedido de invalidação da sentença, o tribunal, sob pena de violação dos princípios dispositivo e do contraditório, não está autorizado a reformá-la. O exame da pretensão da demanda não lhe foi devolvido pelo recurso e o recorrente pode ter optado por apenas enfrentar as causas que levaram à extinção do processo sem exame de mérito, não tendo exercido o contraditório sobre as demais questões.[66]

Por fim, há mais uma exceção à regra da vedação da *reformatio in pejus*. Em virtude do que dispõe o art. 85, § 11º, do CPC, em caso de derrota do recorrente, o tribunal "majorará os honorários fixados anteriormente levando em conta o trabalho adicional realizado em grau recursal". Assim, haverá, com efeito, piora na situação do recorrente. A fixação de honorários recursais visa alcançar dois objetivos, quais sejam, o desestímulo ao uso do meio impugnativo e a remuneração do advogado do vencedor, que teve trabalho adicional provocado pela interposição do recurso.

### 2.4.7. Princípio da primazia do julgamento de mérito

Como noticiado nas primeiras linhas deste estudo, observou-se, com mais ênfase a partir dos anos 2000, a instituição de filtros de admissibilidade recursal não previstos em lei, com o escopo de servirem de barreira ao exame de mérito. Dessa forma, as cortes, abarrotadas de trabalho, dão vazão ao cada vez maior número de demandas e recursos por meio de decisões que obstam

66. Em sentido contrário, ver SIQUEIRA, Thiago Ferreira. Duplo Grau de Jurisdição e 'Teoria da Causa Madura' no novo Código de Processo Civil. Ob. cit., p. 598-601; MARINONI, Luiz Guilherme; MITIDIERO, Daniel. *Comentários ao Código de Processo Civil*. Ob. cit., p. 205.

o enfrentamento da pretensão da parte. Tais mecanismos foram apelidados pela doutrina e pela advocacia de *jurisprudência defensiva*.[67]

No entanto, esse expediente, na contramão da história do direito processual, valoriza a forma vazia em detrimento do direito material debatido em juízo. Como instrumento da jurisdição voltado à tutela de interesses protegidos pelo ordenamento jurídico, o processo deve propiciar sempre que possível o exame da pretensão. Na tentativa de concretização desse escopo, as irregularidades que surgirem devem ser tratadas como percalços naturais, que desviam apenas momentaneamente o curso do destino final de apreciação de mérito, mas não impedem que isso aconteça. Apenas vícios graves, insanáveis, podem justificar a extinção prematura do processo ou o não conhecimento de um recurso.

Essa lógica norteou o legislador de 2015. Em resposta ao crescimento do formalismo e dos filtros indevidos, o CPC extrai um novo princípio da percepção instrumentalista do processo ou, ao menos, reforça a necessidade de observância do princípio da instrumentalidade das formas. Não só inexiste nulidade sem prejuízo, como, na busca pelo resultado esperado, o julgador deve orientar sua análise dos atos processuais com vistas ao objetivo maior, de apreciação do mérito. Na interpretação das normas e dos atos praticados no processo, o intérprete deve se valer desse novo princípio, de primazia do julgamento de mérito.

Assim, o código foi concebido de modo a viabilizar que o processo civil produza sentenças que resolvam o litígio de forma definitiva. Com esse propósito, dispõe o art. 4º que "as partes têm o direito de obter em prazo razoável a solução integral do mérito, incluída a atividade satisfativa". No sistema recursal, com inequívoco intuito de dificultar a criação de óbices pela jurisprudência,[68] o legislador vedou decisões de inadmissibilidade recursal sem que antes se propiciasse ao recorrente a correção de erros sanáveis. Este é o conteúdo do art. 932, parágrafo único: "antes de considerar inadmissível o recurso, o relator concederá o prazo de 5 (cinco) dias ao recorrente para que seja sanado vício ou complementada a documentação exigível". Se, por exemplo, o recorrente deixou de acostar documento que a lei exija, o advogado esqueceu-se de assinar a peça ou não se realizou o cotejo analítico entre o acórdão paradigma e o acórdão recorrido, nos casos de recurso especial e de

67. Cf. FARIA, Márcio Carvalho. *Mais do mesmo*: os vícios de representação recursais, a impossibilidade de saneamento posterior nas instâncias excepcionais e a jurisprudência defensiva. Ob. cit.

68. Outros exemplos podem ser encontrados nos art. 218, § 4º; 941, § 3º; 1.003, §§ 2º e 4º; 1.007, § 4º; 1.025; 1.029, § 3º.

embargos de divergência, não pode mais o relator inadmitir o recurso sem antes permitir à parte a correção ou complementação no prazo de cinco dias.

Em outra passagem, o CPC prevê que a falta de uma peça obrigatória do agravo de instrumento somente leva ao não conhecimento do recurso se, intimado, o agravante deixa de suprir a falta no prazo de cinco dias. Também relacionado a esse novo princípio, dispõe o art. 938, § 1º, a fim de evitar invalidação desnecessária da decisão recorrida, que, "constatada a ocorrência de vício sanável, inclusive aquele que possa ser conhecido de ofício, o relator determinará a realização ou a renovação do ato processual, no próprio tribunal ou em primeiro grau de jurisdição, intimadas as partes". Esse procedimento deve ser seguido inclusive para casos em que se afigure necessária a produção de prova nova ou sua complementação já na fase recursal, conforme prevê o art. 938, § 3º: "reconhecida a necessidade de produção de prova, o relator converterá o julgamento em diligência, que se realizará no tribunal ou em primeiro grau de jurisdição, decidindo-se o recurso após a conclusão da instrução".

Em outras passagens, o Código reforça essa mensagem, exigindo dos tribunais na aplicação dos requisitos de admissibilidade uma visão pautada pela incessante busca de exame do mérito.[69]

### 2.4.8. Princípio da dialeticidade

Os recursos são exteriorizados por petições que não se limitam exclusivamente ao pedido de reforma, esclarecimento, integração ou invalidação da decisão impugnada. A petição de recurso deve conter, do mesmo modo, os motivos pelos quais o recorrente considera inadequada a decisão lançada pelo órgão *a quo*.[70] A peça que não contém tais fundamentos não permite ao recorrido o exercício adequado de seu direito de contraditório, porquanto ele não sabe quais argumentos deve refutar. Dessa exigência de fundamentação dos recursos extrai-se o princípio da dialeticidade. O CPC prevê, em mais

---

69. Outros artigos também relacionados ao princípio da primazia do julgamento do mérito: art. 488; art. 976, § 1º; art. 1.029, § 3º.

70. Ver BUENO, Cassio Scarpinella. *Manual de Direito Processual Civil*. 2. ed. São Paulo: Saraiva, 2016, p. 671: "O recurso tem de combater a decisão jurisdicional naquilo que ela o prejudica, naquilo que ela lhe nega pedido ou posição de vantagem processual, demonstrando o seu desacerto, do ponto de vista procedimental (*error in procedendo*) ou do ponto de vista do próprio julgamento (*error in judicando*). Não atende ao princípio aqui examinado o recurso que se limita a afirmar a sua posição jurídica como a mais correta. É inepto o recurso que se limita a reiterar as razões anteriormente expostas e que, com o proferimento da decisão, ainda que erradamente e sem fundamentação suficiente, foram rejeitadas. A tônica do recurso é remover o obstáculo criado pela decisão e não reavivar razões já repelidas, devendo o recorrente desincumbir-se a contento do respectivo ônus argumentativo".

de uma passagem, a imprescindibilidade de o recorrente expor os fatos e o direito e apresentar as razões que sustentam seu pedido.[71] Deste modo, recurso sem motivação não preenche os requisitos de admissibilidade recursal. Tal vício viola especificamente o requisito da *regularidade formal*, que deve ser atendido por todo e qualquer recurso e que será objeto de exame mais adiante. A presença das razões e do pedido recursal são requisitos essenciais.

Em virtude de características específicas desse requisito, pode haver dúvida acerca da aplicação da norma contida no art. 932, parágrafo único, em caso de violação ao princípio da dialeticidade. Compete ao relator, antes de inadmitir o recurso, intimar o recorrente para apresentação das razões recursais que não constaram da petição, ou para o seu aprimoramento, se foram suscitadas de forma inadequada na peça? Não há dúvida de que o art. 932, parágrafo único, obriga o relator a intimar o recorrente para a correção de vícios sanáveis, como falta de documento indispensável ou insuficiência de preparo. Porém, essa regra se aplica também à falta ou inadequação da fundamentação?

Um primeiro olhar poderia levar à conclusão de que o ato de interposição do recurso, em virtude da preclusão consumativa, não permitiria modificações na peça a partir desse ponto.[72] Porém, não me parece essa a solução dada pelo CPC. O art. 932, parágrafo único, dispõe que, "antes de considerar *inadmissível* o recurso, o relator concederá o prazo de 5 (cinco) dias ao recorrente para que seja sanado vício ou complementada a documentação exigível". Inadmissível, por óbvio, é o recurso que não preenche os requisitos de admissibilidade. Não estando presentes tais requisitos, a norma impõe ao relator a intimação do recorrente para preenchimento da exigência originalmente não observada. Como a regularidade formal faz parte do rol dos requisitos de admissibilidade, a regra também se aplica à fundamentação do recurso.[73] Porém, duas ressalvas fazem-se necessárias. Só

---

71. Art. 932, III; art. 1.010, II e III; art. 1,016, II e III; art. 1.021, § 1º; art. 1.023; e art. 1.029, I e III.

72. SOUZA, Bernardo Pimentel. *Introdução aos Recursos Cíveis e à Ação Rescisória*. 10. ed. São Paulo: Saraiva, 2014, p. 91: "Com efeito, mesmo que dentro do prazo recursal previsto na legislação, se o vencido pudesse complementar o recurso após a interposição, ou, ainda, substituí-lo por outro, poderia ocorrer perda de tempo e de atos processuais, assim como prejuízo irreparável ao recorrido que já tivesse apresentado resposta. É que o recorrente poderia corrigir erro apontado pelo recorrido na resposta ao recurso. Interposto o recurso, portanto, ainda que no primeiro dia do prazo recursal, há a consumação do direito de recorrer, com a impossibilidade jurídica da interposição de outro recurso de correção do inconformismo".

73. Nesse sentido, ver NERY Jr.; Nelson; NERY, Rosa. *Comentários ao Código de Processo Civil*. São Paulo: Revista dos Tribunais, 2015, p. 1.853. Em sentido contrário, precedente da Primeira Turma do STF, ARE n. 953.221 e 956.666, rel. Min. Luiz Fux, julgado em 7 de junho de 2016. Na doutrina, ver DIDIER Jr., Fredie; CUNHA, Leonardo Carneiro da. *Curso de Direito Processual Civil*. Ob. cit., p. 65: "A regra não permite a complementação das razões recursais nem a formulação de pedido recursal que não fora formulado

é permitida a complementação dentro do capítulo originalmente impugnado, visto que os demais capítulos não impugnados transitaram em julgado. Além disso, compete ao relator avaliar a presença de boa-fé do recorrente. A ausência completa de fundamentação (uma petição contendo apenas um pedido genérico de reforma, sem a presença de qualquer motivo) é forte indicativa de má-fé do recorrente.[74]

A Primeira Turma do STF, no entanto, no julgamento do Agravo Regimental em Recurso Extraordinário com Agravo n. 953.221, negando provimento ao agravo interno sob o fundamento de falta de impugnação específica contra os argumentos utilizados na decisão unipessoal, considerou que o art. 932, parágrafo único, do CPC aplica-se somente aos vícios estritamente formais, como ausência de procuração ou de assinatura, e não aos defeitos de fundamentação.

Parece-me que ao recorrente deve ser conferida sempre a oportunidade de manifestação acerca de descumprimento de qualquer dos requisitos de admissibilidade, inclusive a tempestividade. A intempestividade, em regra,

---

originalmente. Nesses casos, a boa-fé processual impede que se permita esse tipo de fracionamento da elaboração da demanda recursal".

74. DOTTI, Rogéria. Todo defeito na fundamentação do recurso constitui vício insanável? Impugnação específica, dialeticidade e o retorno da jurisprudência defensiva. In: NERY JR., Nelson; ALVIM, Teresa Arruda; OLIVEIRA, Pedro Miranda de (Org.). *Aspectos Polêmicos dos Recursos Cíveis e Assuntos Afins*. São Paulo: Revista dos Tribunais, 2018, v. 14, p. 507-516: "A violação à dialeticidade pode ocorrer de variáveis modos. O mais evidente é a ausência de fundamentação. Isso ocorre quando o recorrente não apresenta qualquer impugnação à decisão, limitando-se a repetir o que dissera na petição inicial ou não contestação. Nessas situações, por completa falta de interação entre o inconformismo e a decisão recorrida, não há como se admitir o recurso. (...) Tratando dessas diferentes variações nos vícios de fundamentação, Flávio Cheim Jorge afirma que a resposta legal não deve ser uniforme e que a pedra de toque reside na distinção entre a ausência de fundamentação e a deficiência de fundamentação. A primeira não admite correção, uma vez que as regras de sanabilidade não se prestam a corrigir a inexistência de razões recursais. Se assim fosse, estar-se-ia permitindo ao recorrente complementar o recurso. Já a fundamentação deficiente ou inadequada pode ser sanada, pois refere-se apenas à inadequação na demonstração daquilo que se pretende. (...) Contudo, é importante que se tenha em mente que inadmissibilidade por vicio formal constitui exceção, não a regra. Ela só deve ocorrer diante da completa ausência de razões. Qualquer outro entendimento implicaria o retorno da jurisprudência defensiva. No novo Código, os defeitos formais, tendem a ser corrigidos, observados certos limites. É o que defendem Eduardo Talamini e Felipe Scripes Wladeck, para quem as razões recursais podem ser esclarecidas ou complementadas (nos limites do pedido já formulado). Não se admite, contudo, o acréscimo de uma fundamentação nova, completamente diferente daquela já apresentada. Assim também entendem Fredie Didier Junior e Leonardo Carneiro da Cunha, destacando que a lei não admite a dedução de novas razões ou novo pedido, pois isso implicaria fracionamento da demanda recursal, o que é vedado pelo princípio da boa-fé. (...) Independentemente da polêmica nesse julgamento, a conclusão geral ali contida é lamentável. Não há dúvida de que o art. 932, parágrafo único, do Código de Processo Civil permite a correção de todos os vícios de forma, não estabelecendo diferenças. Daí por que se deve entender que o referido dispositivo se aplica aos casos de deficiência da impugnação, justamente porque a lei não faz distinção sobre a causa ou o motivo da inadmissibilidade. A previsão legal deve alcançar todo e qualquer vício capaz de inviabilizar o conhecimento, exceção feita apenas à intempestividade. Isso porque todos os demais requisitos de admissibilidade são passíveis de correção".

apresenta-se como vício incorrigível, já que o recorrente não pode voltar no tempo para corrigi-lo. Porém, a manifestação do recorrente servirá para, previamente, tentar demonstrar eventual erro de contagem do prazo, existência de feriado não computado, deficiência na sua intimação etc. Assim, o contraditório prévio à inadmissão do recurso deve ocorrer sempre, o que corrobora com outro princípio importante, qual seja, o da primazia do julgamento de mérito.[75]

Caso a correção ocasione a alteração da petição de recurso depois de transcorrido o prazo de contrarrazões do recorrido, a este deve ser conferida mais uma oportunidade de manifestação acerca dos novos fundamentos trazidos pelo recorrente.

### 2.4.9. Princípio da colegialidade

Enquanto, tradicionalmente, a Justiça brasileira exerce seu mister por meio de juízos singulares em primeiro grau, a regra, em segundo grau, é a prestação jurisdicional por órgãos colegiados. O julgamento colegiado pelos tribunais entre nós sempre prevaleceu. Desde 1828, com a criação por lei do Supremo Tribunal de Justiça do Império, o sistema brasileiro adota julgamento público, mediante conferência de votos dos membros da turma julgadora.[76]

O julgamento colegiado tem inegáveis vantagens, como a ampliação do debate na formação do convencimento, que estimula decisões mais ponderadas, fruto da troca de opiniões entre os julgadores. Também assegura de modo mais eficiente a independência dos juízes, escudados pelo órgão do qual fazem parte. Decisões colegiadas, pela sua pluralidade, refletem melhor o pensamento comum e são menos suscetíveis de conterem erros, tendo em vista que o diálogo entre os magistrados leva ao aprimoramento da decisão final.

---

75. Em sentido contrário, ver KOZIKSKI, Sandro Marcelo. *Sistema Recursal*. Salvador: Editora Juspodivm, 2015, p. 70: "Ainda que o julgador firme a convicção que o recurso possui fundamentação deficiente, eventual iniciativa de sua parte para fins de correção desse vício poderia resultar numa pré-compreensão do caso (ou mesmo pré-julgamento da pretensão recursal), de modo que a deficiência de fundamentação, ainda que sanável, não se resolve pela via da técnica de salvamento (primazia de mérito) antes mencionada".

76. Cf. MARQUES, José Frederico. Instituições de Direito Processual Civil. 2 ed. Rio de Janeiro: Forense, v. IV, p. 101. Ver ainda MENDES JÚNIOR., João. *Direito Judiciário Brasileiro*. Rio de Janeiro: Freitas Bastos, 1954, p. 427: "Cada ministro ou desembargador poria no processo a simples declaração de o ter visto e o passaria ao que imediatamente lhe seguisse; e depois que o último tivesse visto o processo, o apresentaria no dia que o presidente designasse, e então, a portas abertas, seria debatida a questão, lançando-se nos autos o resultado com os fundamentos e podendo os divergentes assinar com a nota de vencidos e dar as razões de sua divergência".

Porém, como qualquer ato oriundo de reflexão e debate em grupo, o julgamento colegiado é mais demorado, se comparado com o exame individual. Aliada ao número cada vez maior e mais desafiador de recursos à espera de julgamento, a natural delonga decorrente do exame colegiado das causas em grau de recurso vem sendo enxergada como óbice à prestação célere de justiça. Sob essa justificativa de inviabilidade de apreciação colegiada do número sufocante de demandas, observaram-se nos últimos anos duas novas características do sistema recursal brasileiro, uma de natureza legislativa e outra de natureza pragmática, mas ambas de fácil constatação empírica.

Em 1998, a Lei n. 9.756 alterou o então vigente CPC/73 a fim de autorizar os relatores dos recursos a decidi-los de forma unipessoal, subvertendo a regra da colegialidade.[77] O art. 557 passou a dispor que "o relator negará seguimento a recurso manifestamente inadmissível, improcedente, prejudicado ou em confronto com súmula ou com jurisprudência dominante do respectivo tribunal, do Supremo Tribunal Federal, ou de Tribunal Superior. "§ 1º-A Se a decisão recorrida estiver em manifesto confronto com súmula ou com jurisprudência dominante do Supremo Tribunal Federal, ou de Tribunal Superior, o relator poderá dar provimento ao recurso".

Em que pese a previsão do próprio art. 557 acerca do cabimento de agravo ao órgão colegiado contra essa decisão monocrática, a norma continha um alcance demasiadamente alargado, porquanto concedia amplos poderes discricionários ao relator para considerar um recurso manifestamente improcedente. A alteração legislativa revolucionou o modo de julgamento nos tribunais. No projeto *Supremo em números*, da Escola de Direito da Fundação Getúlio Vargas do Rio de Janeiro, revelou-se que, entre 1992 e 2013, 93% das decisões do STF foram proferidas isoladamente pelos ministros.[78]

A outra característica observada no sistema recursal brasileiro em resposta à dificuldade gerada pela quantidade excessiva de recursos é a mitigação do debate. Mesmo nos casos em que a colegialidade foi preservada e o recurso foi julgado por órgão composto por mais de um julgador, percebeu-se a diminuição das discussões. As decisões, embora colegiadas, refletem em sua grande maioria a análise isolada do relator, que leva pronto seu voto para a

---

77. Antes disso, porém, a Lei n. 8.038/90, em seu art. 38, já revogado pelo CPC/2015, já permitia o julgamento monocrático no âmbito do STF e do STJ: "Art. 38 – O Relator, no Supremo Tribunal Federal ou no Superior Tribunal de Justiça, decidirá o pedido ou o recurso que haja perdido seu objeto, bem como negará seguimento a pedido ou recurso manifestamente intempestivo, incabível ou improcedente ou, ainda, que contrariar, nas questões predominantemente de direito, Súmula do respectivo Tribunal".

78. Supremo em Números. Disponível em: http://www.fgv.br/supremoemnumeros. Acesso em: 30 dez. 2018.

sessão de julgamento. Os demais juízes acessam o caso tão somente no dia e, ainda assim, apenas por meio do que ouvem na sessão (relatório, sustentações orais e voto do relator). Não obstante a possibilidade de pedido de vista dos autos pelos demais julgadores para melhor conhecimento da causa, o cotidiano forense comprova que a rotina de julgamento representa apenas uma colegialidade formal, que, com efeito, oculta julgamento monocrático.

Na classificação de Guilherme Sokal, o julgamento colegiado nos tribunais teria natureza de *esforço colegiado*, no qual a atuação de cada membro se harmoniza com a conduta dos demais em interação e coordenação, com vistas à performance do grupo.[79] Porém, seguindo a lógica do autor, a deturpação do debate, imposta pela quantidade de recursos, atrairia características de outra espécie de atuação colegiada, qual seja, do *esforço coletivo de distribuição*, na qual "cada membro contribui solitariamente para o atingimento do fim coletivo, incrementando a rapidez com que isso é alcançado".[80]

O CPC/2015, contudo, objetivou o resgate da colegialidade ou, ao menos, a limitação dos juízos monocráticos perante as cortes brasileiras. O art. 932, que regula a atividade do relator, elenca dois tipos de decisão: aquelas que são de competência do relator, não cabendo a apreciação pelo órgão colegiado, e aquelas nas quais se realiza o julgamento unipessoal em substituição ao juízo colegiado. As decisões listadas nos incisos I, II, VI e VII do aludido dispositivo conferem competência ao relator para ordenar e impulsionar o processo, decidir sobre produção de prova, homologar transação, decidir sobre tutela provisória ou incidente de desconsideração da personalidade jurídica etc. O relator não está proibido de levar, a meu ver, essas questões para apreciação colegiada, em prestígio ao debate. Porém, o Código conferiu-lhe competência primária para enfrentá-las sozinho.

Outro grupo de decisões, previstas nos incisos III, IV e V, são de competência primária do órgão colegiado. São provimentos que enfrentam o próprio recurso, inadmitindo-o, julgando-o prejudicado ou analisando o mérito recursal. O CPC, porém, circunscreve o exame unipessoal do relator às restritas hipóteses nas quais haja um precedente, favorável ou contrário à pretensão recursal, representado por súmula do STF, do STJ ou do próprio

79. SOKAL, Guilherme. *O Julgamento Colegiado nos Tribunais*. São Paulo: Método, 2012, p. 84-85: "O julgamento pelo colegiado resulta de deliberação coletiva acerca do resultado a ser conferido à pretensão veiculada no recurso, bem como quanto às razões que hão de amparar a motivação do *decisum*, e isso, veja-se bem, quando nada impediria, sob o ângulo prático, a atuação de apenas um juiz. Quem age, portanto, ainda que através dos membros individuais, é a Corte como um todo, isto é, um órgão coletivo".

80. Ibidem, p. 82.

tribunal, ou formado em julgamento de recursos repetitivos, de incidente de resolução de demandas repetitivas ou de assunção de competência. Apenas se presente um desses precedentes, considerados relevantes pelo ordenamento, estará autorizado o relator a decidir só. Destarte, o CPC/2015 retirou a ampla discricionariedade conferida ao julgador pelo CPC/73, não lhe sendo lícito o julgamento unipessoal pela simples constatação de "manifesta improcedência", desacompanhada de um dos citados precedentes. Em sua análise, cabe ao relator a verificação de correlação entre o modelo decisório encontrado no caso paradigma e nas circunstâncias do caso em julgamento. Não sendo o caso de distinção, lhe é permitido decidi-lo monocraticamente.

Apesar da redação do art. 932, que transparece impor ao relator o enfrentamento unipessoal do recurso se presente algum dos precedentes listados nos incisos IV e V, parece-me plenamente possível, ainda nesses casos, que o julgamento seja colegiado. O relator pode não estar seguro da correlação entre os casos para a aplicação do precedente e preferir levar à apreciação de seus pares para uma decisão mais refletida.

Outra alteração legislativa, introduzida pelo CPC/2015, fortalece os juízos colegiados. Em substituição aos antigos embargos infringentes, o art. 942 do Código estabelece uma majoração da turma julgadora em casos de decisão não unânime durante o julgamento com a composição originária. A ausência de consenso amplia automaticamente o número de juízes, favorecendo um debate colegiado mais amplo. O CPC/2015 demonstra, assim, o objetivo de priorizar o exame colegiado pelos tribunais, tornando excepcionais as decisões individuais de seus membros.

Em resposta aos estreitos limites conferidos aos juízos monocráticos pelo CPC/2015, o STJ editou o enunciado de súmula n.º 568, o qual dispõe: "O relator, monocraticamente e no Superior Tribunal de Justiça, poderá dar ou negar provimento ao recurso quando houver entendimento dominante acerca do tema". A corte superior fez reviver a discricionariedade expurgada pelo legislador reformista ao permitir o enfrentamento pessoal pelo relator em casos de "entendimento dominante acerca do tema". A súmula foi publicada na véspera da entrada em vigor do novo Código e, portanto, não poderia refletir entendimento advindo de sua aplicação. Os precedentes que lhe dão fulcro referem-se à aplicação do revogado art. 557 do CPC/73, cuja redação difere do atual art. 932 exatamente na limitação ao juízo discricionário estabelecida por este último dispositivo. Por óbvio, a edição da súmula é sintomática do receio dos tribunais brasileiros, especialmente das cortes superiores, de não conseguirem dar vazão ao crescente número de recursos que recebem, caso todos tenham que passar por sessões de julgamento. Esse debate, acompanhado da discussão acerca da ampla competência dos tribunais superiores, deve permanecer até se encontrar uma solução para que tenhamos uma Justiça célere e de qualidade ao mesmo tempo. Porém, a súmula n.º 568 subverte a própria ideia das súmulas, que devem corresponder à interpretação pacífica de um tribunal acerca da aplicação de uma norma. O entendimento foi criado antes mesmo da vigência do art. 932 e, portanto, não pode servir de precedente para melhor interpretá-lo.

## 2.5. JUÍZO DE ADMISSIBILIDADE RECURSAL

Como ocorre em primeiro grau de jurisdição, também no âmbito recursal distribui-se a cognição judicial nas esferas da admissibilidade e do mérito. Enquanto a primeira se refere à existência do próprio direito de recorrer e à regularidade de seu exercício,[81] o juízo de mérito, que somente ocorrerá se admitido o recurso, corresponde ao exame da pretensão recursal, isto é, do pedido de reforma, invalidação, integração, esclarecimento ou correção de erro material. O juízo de admissibilidade precede e condiciona, pois, o exercício do juízo de mérito.[82] O recorrente, ao exercer seu direito de recurso, visa a ultrapassar o primeiro estágio de cognição, recebendo resposta positiva de admissibilidade, para que seu pedido recursal seja apreciado.

Preenchidos os requisitos, o recurso será *conhecido*, vocábulo que corresponde a juízo de admissibilidade positivo. A lei utiliza ainda outros termos para se referir à ausência ou presença de tais requisitos. Recurso *tempestivo*

---

81. MOREIRA, José Carlos Barbosa. Restrições ilegítimas ao conhecimento dos recursos. In: *Temas de Direito Processual*: nona série. São Paulo: Saraiva, 2007, p. 269: "Convém pôr em relevo especial a significação do juízo negativo de admissibilidade do ponto de vista da política jurídica. Hipotético ordenamento processual poderia facultar a impugnação de decisões judiciais por meio de recursos sem subordiná-la a requisito algum, seja relativo à escolha do recurso utilizado, seja à pessoa do recorrente, seja ao tempo ou à forma da interposição, e assim por diante. Logo se percebem as consequências negativas que semelhante liberalidade traria. Basta atentar no tópico atinente ao tempo: imagine-se o que representaria como fator de insegurança a eventualidade de ficar indefinidamente em aberto a matéria que constitui objeto da impugnação – talvez a própria solução final do litígio ajuizado. Noutros casos, seria clamorosamente inútil o exercício de atividade cognitiva por parte do órgão *ad quem*. A máquina judiciária, cuja manutenção reclama despesa pública vultosa, deve funcionar de maneira tão eficiente quão possível; e a ideia de eficiência implica por força a observância de parâmetros razoáveis quanto à duração, assim como a omissão de atos inidôneos para produzir resultado prático relevante". MARINONI, Luiz Guilherme; ARENHART, Sérgio Cruz; MITIDIERO, Daniel. *Novo curso de processo civil*: tutela dos direitos mediante procedimento comum. São Paulo: Revista dos Tribunais, 2015, v. II, p. 515.

82. PINTO, Nelson Luiz. *Introdução aos Recursos Cíveis*. Santa Cruz do Sul: Essere nel mondo, 2014, p. 40: "Já as questões de admissibilidade do recurso, como preliminares ao julgamento de seu mérito, dizem respeito à possibilidade de conhecimento do recurso pelo órgão competente, em função das condições e dos pressupostos genéricos impostos pela lei – como a legitimidade e o interesse em recorrer, a tempestividade, a regularidade formal do recurso, o preparo, etc. – e dos pressupostos específicos (hipóteses de cabimento) de cada recurso em espécie".

ou *intempestivo* é o termo específico relacionado com o requisito da tempestividade. Recurso *deserto* é aquele que não cumpre o requisito do preparo, tendo deixado o recorrente de recolher as custas devidas quando intimado. *Admitido* e *inadmitido* são também termos cotidianamente empregados e que retratam mais genericamente o preenchimento ou a falta de requisito de admissibilidade, respectivamente.

O juízo de admissibilidade é sempre de competência do órgão *ad quem*, isto é, mesmo que o recurso seja interposto perante o órgão *a quo*, cabe ao juízo responsável pelo julgamento de mérito avaliar a presença dos requisitos de admissibilidade. Assim, na apelação, por exemplo, a parte inconformada com a sentença interpõe seu recurso perante o juízo de primeira instância. Em seguida, o magistrado oportunizará à parte contrária o oferecimento de contrarrazões e, ato contínuo, encaminhará a apelação ao tribunal competente. O juiz de primeiro grau não está autorizado a exercer juízo de admissibilidade da apelação. Ainda que perceba algum vício impeditivo do conhecimento do recurso, deverá encaminhá-lo ao tribunal. É desse modo que dispõe o art. 1.010, § 3º, do CPC.[83] Caso o órgão *a quo* deixe de dar seguimento ao recurso, usurpará a competência do tribunal.[84] O remédio disponibilizado à parte nessa hipótese é a reclamação, apresentada diretamente ao órgão jurisdicional cuja competência se busca preservar.[85] Conforme prevê o art. 988, inciso I, do CPC, tal medida é o instrumento cabível para a preservação da competência do tribunal.

Excepcionalmente, a lei reparte a incumbência de aferição da admissibilidade entre o juízo *a quo* e o *ad quem*. Quando isso ocorre, o primeiro efetua um filtro prévio de admissibilidade, sendo-lhe lícito obstar o seguimento do recurso para o órgão *ad quem*. Há, portanto, dupla oportunidade de verificação de admissibilidade, mas a primeira análise não condiciona ou

---

83. ASSIS, Araken de. *Manual dos Recursos*. 8. ed. 1. ed. e-book. São Paulo: Revista dos Tribunais, 2016, p. 93: "Essa inovação economiza atividade processual, de um lado, porque torna desnecessário eventual agravo de instrumento contra o juízo negativo de admissibilidade proferido pelo órgão *a quo*, mas implica grave desperdício da atividade processual desenvolvida pelo recorrido. E não é isenta de gravíssimo inconveniente: a apelação (ou o recurso ordinário) inadmissível, porque intempestiva ou descabida contra o ato, tramitará inutilmente, apesar de o apelado arguir o defeito nas contrarrazões, até ulterior pronunciamento do órgão *ad quem*".

84 Nesse sentido, Rcl 35.958-CE, Rel. Min. Marco Aurélio Bellizze, por unanimidade, julgado em 10/04/2019, DJe 12/04/2019.

85. CARVALHO, Luciano Saboia Rinaldi de. *Código de Processo Civil de 2015*: recursos, tutelas provisórias, novos incidentes e temas relevantes. Rio de Janeiro: Lumen Juris, 2017, p. 125: "Mesmo sendo possível vislumbrar, *primo oculi*, que o recurso é manifestamente inadmissível, não caberá ao juiz examinar sua admissibilidade, sob pena de reclamação (art. 988, I). A regra tem razão de ser. Tal alteração no CPC-15 objetiva desafogar, tanto quanto possível, o volume de trabalho do juiz de primeira instância, além de tornar mais racional o exame da admissibilidade que, na lei revogada, ocorria nas duas instâncias".

afeta a segunda, ou seja, mesmo que o juízo *a quo* admita o recurso, o juízo *ad quem* pode não o conhecer posteriormente. Essa sistemática se dá nos recursos especial e extraordinário.[86] Os tribunais locais – estaduais e regionais federais –, por meio de suas presidências ou vice-presidências, examinam preliminarmente os recursos, podendo inadmiti-los. Como veremos mais adiante, no estudo dos recursos especial e extraordinário, o presidente ou vice-presidente do tribunal local pode tomar uma série de medidas distintas no exercício do juízo de admissibilidade de tais recursos, consoante previsão contida no art. 1.030 do Código, dependendo da existência de afetação da questão objeto do recurso para o regime dos recursos repetitivos ou da repercussão geral.

Pode ocorrer tríplice verificação de admissibilidade em alguns casos. Escapando do filtro do juízo *a quo*, o recurso é encaminhado ao tribunal *ad quem* e, antes de ser levado ao conhecimento do colegiado, passa pelo crivo do relator que, munido dos poderes previsto no art. 932, III, do CPC, pode inadmiti-lo. Caso peça a inclusão em pauta para julgamento, presume-se que exerceu, ainda que tacitamente, juízo de admissibilidade positivo.[87] Não há preclusão para a turma, que poderá deixar de conhecer do recurso.

A verificação do preenchimento dos requisitos de admissibilidade é tarefa que se exerce de ofício; não se condiciona à provocação do recorrido. O órgão incumbido dessa função deve desincumbir-se desse encargo tão logo receba o recurso para apreciação. O ordenamento brasileiro ainda adota visão formalista, enxergando os pressupostos recursais como matérias de ordem pública e, portanto, apreciáveis de ofício.[88] Por outro lado, aplicando o princípio da primazia do julgamento de mérito, o CPC/2015 tornou mais flexível essa apuração, porquanto permite a correção de vícios pelo recorrente antes da inadmissão do recurso.[89] Extraordinariamente, a lei condiciona a

86. Na redação originária do CPC/2015, previa-se que tão somente o STJ e o STF verificariam a admissibilidade de recurso especial ou extraordinário, respectivamente. O tribunal local teria a incumbência apenas de propiciar o exercício do contraditório pelo recorrido, encaminhando, em seguida, o recurso à corte respectiva, sem realizar juízo de admissibilidade. Porém, a Lei n. 13.256/2016, que alterou o CPC ainda no período de *vacatio legis*, modificou o procedimento e restabeleceu o filtro a ser realizado pelos tribunais estaduais e regionais federais.

87. ASSIS, Araken de. *Manual dos Recursos*. Ob.cit., p. 96: "É bem de ver que o art. 932, III, autoriza o relator a proferir juízo de admissibilidade negativo, dispensando-o do positivo. Se o relator leva o recurso em mesa, nada o impede de acolher preliminar de não conhecimento arguida pelo apelado; em princípio, nada o obriga a valer-se do art. 932, III, mas essa omissão, geralmente, indica que a rejeitará no julgamento colegiado".

88. GRECO, Leonardo. *Instituições*. Ob. cit., p. 66-67.

89. Nesse ponto, parece-me que o legislador reformista deu ouvidos à doutrina nacional, que, invocando o arcabouço normativo alienígena, já vinha indicando os novos rumos – mais flexíveis – do exame de

inadmissão de um recurso à provocação realizada pelo recorrido acerca da ausência de um requisito, como ocorre na hipótese prevista no art. 1.018, § 3º, do CPC. O tribunal somente deixará de conhecer do agravo de instrumento se o agravado suscitar a falta de comunicação da interposição do recurso em primeiro grau. Inerte o recorrido, o não preenchimento desse requisito não pode tornar-se a causa de inadmissão do agravo de instrumento.

Costuma-se classificar os requisitos de admissibilidade em duas categorias, a saber, requisitos intrínsecos, atinentes à própria existência do direito de recorrer, e requisitos extrínsecos, concernentes ao modo de exercício desse direito.[90] Entre os primeiros estão o cabimento, o interesse, a legitimidade e a inexistência de fato impeditivo ou extintivo do direito de recorrer. Já no segundo grupo, alinham-se os requisitos da tempestividade, do preparo e a regularidade formal. Esses são os requisitos genéricos, exigidos, em regra, na interposição de todos os recursos, embora a lei possa dispensá-los em determinadas situações, como o faz na hipótese de inexigibilidade de preparo nos embargos de declaração, por exemplo. Aliados a eles, o legislador estabelece requisitos específicos para cada recurso, os quais serão objeto de estudo quando examinarmos os recursos em espécie. Ocupar-me-ei, nas próximas linhas, dos requisitos genéricos de admissibilidade recursal.

### 2.5.1. Cabimento

A averiguação do cabimento de um recurso comporta dois exames. Inicialmente, é necessário o questionamento acerca da natureza do provimento judicial atacado, a fim de se extrair a sua *recorribilidade*. Contra despachos, como já vimos, não cabe recurso. Se, porém, o ato judicial possui algum conteúdo decisório, nasce, em regra, a possibilidade de interposição de um recurso. No entanto, nem sempre caberá impugnação por meio recursal. Embora o ordenamento jurídico pátrio preveja recursos contra quase todas as decisões, haverá um momento em que não mais será possível a busca por novas reformas e a questão estará definitivamente resolvida. Mas se ainda for possível o uso de algum recurso, o primeiro aspecto do cabimento estará presente.

---

admissibilidade. Ver PANTOJA, Fernanda Medina. *Apelação cível*: novas perspectivas para um antigo recurso. Curitiba: Juruá, 2010, p. 190-191.

90. BARBOSA MOREIRA, José Carlos. *Comentários ao Código de Processo Civil*. Ob. cit., p. 263.

Em seguida, depois de constatada a recorribilidade do ato, passa-se à descoberta do *adequado* recurso previsto em lei à específica impugnação da decisão proferida. Não basta, portanto, a percepção de que o provimento judicial pode ser objeto de recurso. Não utilizamos, no ordenamento brasileiro, um recurso genérico, que serve para contestar toda e qualquer decisão. Deve o interessado buscar entre as opções oferecidas na lei aquela que se encaixa na situação concreta. Ou seja, se é recorrível a decisão, qual o recurso cabível.

É fácil perceber que na apuração do cabimento incidem os princípios da taxatividade e da unirrecorribilidade. Apenas a Constituição e a lei federal podem criar recursos e, desse modo, são cabíveis, em abstrato, somente os lá previstos. Por outro lado, não é possível a utilização indiscriminada dos recursos dispostos em lei, mas exclusivamente daquele previsto especificamente para a impugnação do ato que se pretende ver reexaminado. Com exceção das hipóteses estudadas anteriormente, nas quais se admite mais de um recurso em face do mesmo provimento, contra uma decisão só é cabível um recurso.

O princípio da fungibilidade, por sua vez, tem a finalidade de flexibilizar a exigência da adequação, permitindo, em restritas hipóteses, a admissão de um recurso inadequado como se adequado fosse. Assim, a interposição de recurso não cabível levará à sua inadmissão, exceto se preenchidos os requisitos da aplicação do princípio da fungibilidade recursal.

### 2.5.2. Legitimidade

O requisito da legitimidade identifica aqueles que, abstratamente, podem recorrer. Não é suficiente, por si só, para servir à verificação, em concreto, dos sujeitos que estão autorizados a recorrer, porquanto é indispensável a observância concomitante de interesse recursal, requisito que será estudado no próximo tópico. Contudo, a legitimidade permite a identificação daqueles que, em tese, podem valer-se dos recursos.

#### *2.5.2.1. Legitimidade das partes e do* amicus curiae

A questão é regulada pelo disposto no art. 996 do CPC. Em primeiro lugar, o dispositivo indica que as partes têm legitimidade recursal. Importante não confundir: as partes sempre têm legitimidade recursal, mas podem carecer de interesse, o que as impede de recorrer. Inseridos no termo *partes* encontram-se autor e réu e, naturalmente, seus litisconsortes, bem como aqueles que intervieram no processo em momento anterior ao ato de interposição do recurso. Assim, os assistentes simples[91] e litisconsorciais,[92] os sócios[93] – ou as empresas, na desconsideração inversa da personalidade jurídica –, os litisdenunciados, os chamados ou os oponentes, uma vez admitidos no processo, são considerados partes para fins recursais. Da mesma forma, aqueles que ingressaram pela substituição ou pela complementação do polo passivo, nos moldes do art. 338 e 339 do CPC, também gozam da qualidade de parte, como réus ou litisconsortes passivos.

A legitimidade recursal nesses casos é ampla, autorizando o uso dos recursos pelos terceiros intervenientes nas mesmas hipóteses em que se concede esse direito às partes originárias.[94] Na específica hipótese do *amicus curiae*, porém, a lei restringe sua atuação. Em relação à decisão inicial de admissão de sua intervenção, o art. 138 prevê a irrecorribilidade da decisão que admite a participação do *amicus*. Porém, pela redação do referido artigo, não há vedação de recurso contra a decisão que inadmite a intervenção. Entendo, portanto, plenamente possível a interposição de recurso, seja pela parte ou pelo interessado em intervir como *amicus*, contra a decisão que *inadmite* a intervenção.[95] Mas é irrecorrível a decisão que a admite. Outra decisão a ser tomada diz respeito à forma de atuação do *amicus curiae* no processo. Cabe ao juiz ou ao relator estabelecer como poderá o terceiro oferecer sua contribuição no caso, seja por meio de parecer escrito, participação nas audiências ou sustentando oralmente suas razões na sessão de julgamento. Em face dessa decisão não há restrição

---

91. JORGE, Flavio Cheim. *Teoria Geral dos Recursos*. Ob. cit., p. 118: "Destarte, por exercer o assistente simples uma atividade de auxílio, ajuda ou apoio ao assistido – titular da relação jurídica –, está, de certa forma, a ele subordinado, não podendo por isso praticar atos que contrariem seus interesses. Caso sejam praticados atos contrários aos interesses do assistido, tais atos devem ser considerados inválidos".

92. NERY JÚNIOR., Nelson. *Teoria Geral dos Recursos*. Ob. cit., p. 308/309: "O assistente qualificado (CPC 54) é considerado litisconsorte do assistido, parte principal, de modo que tem legitimidade para recorrer de forma autônoma e independente, pois a lide discutida em juízo é dele também".

93. Tema n. 649 de julgamento de recursos repetitivos do STJ: "A pessoa jurídica não tem legitimidade para interpor recurso no interesse do sócio".

94. GRECO, Leonardo. *Instituições*. Ob. cit., p. 76: "Então, podem recorrer as partes principais, os terceiros que tenha intervindo como assistentes, oponentes, litisdenunciados e aqueles cujos interesses estejam vinculados aos interesses da parte sucumbente. Assim, por exemplo, o assistente da parte vencida tem legitimidade para recorrer, já que os artigos 52 do Código de 1973 e 121 do Código de 2015 o investem nos mesmos poderes processuais da parte na relação jurídica de direito material".

95. Nesse sentido, cf. DIDIER JR., Fredie; CUNHA, Leonardo Carneiro da. *Curso*. Ob. cit., p. 135; JORGE, Flavio Cheim. *Teoria Geral dos Recursos*. Ob. cit., p. 120. Em sentido contrário, ver ASSIS, Araken de. *Manual dos Recursos*. Ob. cit., p. 12: "Também é peculiar a posição do *amicus curiae*. Segundo o art. 138, § 1.º, essa modalidade de intervenção não autoriza a interposição de recursos, salvo: (a) a interposição de embargos de declaração; (b) os recursos porventura cabíveis no incidente de resolução de demandas repetitivas (art. 138, § 3.º). Logo, não cabe ao *amicus curiae* interpor agravo de instrumento contra a decisão que admitir, ou não, sua intervenção na causa pendente".

expressa na lei. Portanto, além de cabível o recurso, o *amicus curiae* tem legitimidade para a sua interposição.

A respeito da decisão final do processo ou do incidente em que houve a intervenção, o art. 138, §§ 1º e 3º, restringe a legitimidade do *amicus*, permitindo-lhe a interposição de recurso somente no incidente de resolução de demandas repetitivas. Assim, só lhe é lícito interpor recurso especial ou extraordinário em face do acórdão final de IRDR. Ao que parece, o legislador optou por conferir legitimidade ao *amicus* dessa hipótese devido à importância que o sistema conferiu aos precedentes criados em IRDR. Porém, esqueceu-se de legitimá-lo para a interposição de recurso extraordinário contra acórdão final em recurso especial repetitivo – ainda mais relevante do que o IRDR –, do qual tenha participado. Parece-me que se deve extrair sua legitimidade recursal para a última hipótese, em virtude das semelhanças entre IRDR e recursos repetitivos, destacadas pelo Código no art. 928.[96] Em face de qualquer decisão, ademais, é possível a oposição de embargos de declaração pelo *amicus curiae* (art. 138, § 1º).

### 2.5.2.2. *Legitimidade do juiz e de auxiliares da justiça*

O juiz não pode recorrer. A remessa que faz ao tribunal nas hipóteses em que a lei exige o duplo grau de jurisdição como condição de eficácia da sentença não configura recurso, como vimos supra.[97] Porém, o juiz pode tornar-se parte em incidente processual, como é o caso da arguição de impedimento ou suspeição, recebendo legitimidade recursal para a impugnação da decisão do tribunal que acolhe a alegação da parte e condena-o nas custas processuais (art. 146, § 5º, do CPC).

Também têm legitimidade os auxiliares do processo, como peritos, depositários, leiloeiros, administradores e intérpretes. Contudo, raras são as hipóteses que aliarão interesse recursal à legitimidade. Se um interesse subjetivo de algum desses auxiliares for atingido pelo provimento judicial – *v.g.*, fixação de honorários em valor menor do que o proposto pelo perito ou administrador, destituição de leiloeiro, etc. –, é plenamente possível a interposição de recurso, possibilitando a revisão da decisão.[98] O advogado tem sua legitimidade recursal prevista nos art. 23 e 24 da Lei n. 8.906/1994,

---

96. DIDIER JR., Fredie; CUNHA, Leonardo Carneiro da. *Curso*. Ob. cit., p. 135; enunciado n. 391 do Fórum Permanente de Processualistas Civis: "O *amicus curiae* pode recorrer da decisão que julgar recursos repetitivos.

97. NERY JÚNIOR. Nelson. *Teoria Geral dos Recursos*. Ob. cit., p. 308.

98. Nesse sentido, cf. GRECO, Leonardo. *Instituições*. Ob. cit., p. 76.

que, em conjunto com o art. 85, § 14, do CPC, reconhecem a autonomia do direito do advogado aos honorários de sucumbência.[99]

### 2.5.2.3. *Legitimidade de terceiros*

Além das partes e de terceiros já ingressos na relação jurídica processual, o art. 996 do Código confere legitimidade ao terceiro que pretenda iniciar sua participação no processo por meio da interposição de recurso.[100] "É terceiro quem não seja parte, quer nunca o tenha sido, quer haja deixado de sê-lo em momento anterior àquele em que se profira a decisão".[101] A lei processual, diferentemente do que faz em relação às partes, autoriza o recurso do *terceiro prejudicado*, confundindo legitimidade com interesse recursal. O terceiro tem legitimidade em abstrato, caso esteja inserido em relação jurídica conexa à discutida em juízo,[102] mas somente terá seu recurso conhecido se demonstrar interesse, consubstanciado no prejuízo ao seu direito ocasionado pela decisão.

Não é recente a discussão doutrinária acerca da natureza do prejuízo que abre as portas da instância recursal ao terceiro. Barbosa Moreira, desde a vigência do CPC/1939, sustentava que não bastava mero prejuízo de fato, mas, sim, era insubstituível a presença de prejuízo jurídico, isto é, ao terceiro

99. ASSIS, Araken de. *Manual dos Recursos*. Ob. cit., p. 128: "Legitimado a executar o capítulo acessório da sucumbência, também se habilita o advogado a recorrer para defender tal direito – por exemplo, pleiteando o aumento da verba – na qualidade de terceiro prejudicado. É terceiro, apesar de titular do crédito, porque (ainda) não figura como parte. O interesse do advogado é direto, respeitando ao valor do seu crédito. Não lhe cabe, por suposto, recorrer em nome próprio da resolução tomada acerca do mérito, seja ele efetivamente julgado ou não, senão como representante da parte".

100. MARINONI, Luiz Guilherme; MITIDIERO, Daniel. *Comentários ao Código de Processo Civil*. Ob. cit., v. XVI, p. 178: "Consoante a jurisprudência do Superior Tribunal de Justiça, é terceiro prejudicado, tendo legitimidade para recorrer: a) o servidor nomeado, diante da decisão que anula o concurso no qual foi aprovado, proferida em processo de que não participou; b) o arrematante que não foi réu nos embargos à arrematação julgados procedentes; c) o credor que vê o bem penhorado para satisfazer seu crédito alienado em outro processo, em transação homologada pelo juiz; d) o fiador, diante da procedência do pedido de cobrança de aluguéis, proposta apenas contra o inquilino; e) aquele que teve seus bens constritos em processo judicial de que não participou; f) o banco que recebeu determinação judicial para corrigir valores de determinada maneira, resultantes de depósito feito em processo do qual não era parte; g) o sócio, diante da decisão que decreta a falência da sociedade que integrou; h) o proprietário atingido por ação civil pública julgada procedente, que impede a concessão de alvará para construir na zona territorial de sua propriedade; i) o endossatário da duplicata, diante da anulação do título em processo em que foi réu apenas o endossante; j) convivente, na ação de investigação de paternidade contra o seu companheiro".

101. BARBOSA MOREIRA, José Carlos. *Comentários ao Código de Processo Civil*. Ob. cit., p. 294.

102. ALVIM, Teresa Arruda. *Os agravos no Código de Processo Civil Brasileiro*. Ob. cit., p. 228: "Rigorosamente, pois, o art. 499, § 1º, não descreve a situação do interesse do terceiro, mas da legitimidade. A situação que legitima o terceiro é o nexo de interdependência entre relação jurídica de que é titular e aquela que está *sub judice*".

compete a demonstração da titularidade de direito subjetivo atingido, ainda que indiretamente, pelo provimento judicial.[103] Leonardo Greco, em consonância com esse entendimento, advoga a ideia de que terceiro prejudicado é aquele que poderia ter intervindo antes, por meio de uma das modalidades de intervenção de terceiro, e não o fez, tendo interesse jurídico em que a decisão seja favorável a uma das partes, beneficiando-se indiretamente.[104]

O art. 996, parágrafo único, exige do terceiro a demonstração "da possibilidade de a decisão sobre a relação jurídica submetida à apreciação judicial atingir direito de que se afirme titular". Em crítica ao dispositivo, Flávio Cheim Jorge considera mais adequada a configuração do prejuízo pela detenção pelo terceiro de relação jurídica ligada por nexo de interdependência àquela deduzida em juízo.[105] Nessa mesma linha, Fredie Didier Jr. e Leonardo Carneiro da Cunha enxergam três hipóteses de recurso de terceiro. Legitimado o terceiro: (i) que se afirma titular ou cotitular da relação jurídica discutida; (ii) que se afirma titular ou cotitular de relação jurídica conexa à discutida no processo; e (iii) aquele que afirma ter legitimidade extraordinária, estando autorizado a defender direito do qual não é titular. Em todos os casos, está presente prejuízo jurídico.

José Frederico Marques noticia interpretação mais larga a respeito da legitimação recursal do terceiro. Segundo o autor, Seabra Fagundes e Pedro Palmeira enxergam a possibilidade de recurso do terceiro "que for prejudicado em seus direitos em consequência dos efeitos reflexos ou indiretos da sentença, originados daquela interdependência das relações jurídicas".[106] Há quem amplie a legitimidade também para as hipóteses de prejuízo meramente econômico.[107]

Possível identificar, pois, três diferentes posições: (i) o terceiro está legitimado a recorrer se poderia ter intervindo anteriormente, por algumas das modalidades de intervenção previstas na lei, e quando possua legitimidade extraordinária; (ii) além das possibilidades indicadas na primeira corrente,

103. Ibidem.

104. GRECO, Leonardo. *Instituições*. Ob. cit., p. 77: "Assim, percebe-se que aquele que recorre como terceiro prejudicado não o faz em seu próprio benefício, para livrar-se de algum prejuízo que diretamente lhe cause a decisão recorrida, mas para eliminar o prejuízo que esta acarreta à parte à qual está vinculado o seu próprio interesse. O terceiro indiretamente se beneficia pelo provimento do recurso, porém, o seu próprio direito não é objeto do recurso, sendo apenas pressuposto da sua legitimidade".

105. JORGE, Flavio Cheim. *Teoria Geral dos Recursos*. Ob. cit., p. 122.

106. MARQUES, José Frederico. Instituições de Direito Processual Civil. Ob. cit., p. 82-83

107. ALVES, Francisco Glauber Pessoa. O cabimento de recurso de terceiro economicamente prejudicado. In: DIDIER JR., Fredie; WAMBIER, Teresa Arruda Alvim (coord.). *Aspectos polêmicos e atuais sobre os terceiros no processo civil e assuntos afins*. São Paulo: Revista dos Tribunais, 2004, p. 399-404.

ao titular ou cotitular de relação jurídica conexa àquela discutida em juízo, ainda que não se encaixe em outras modalidades de intervenção, é lícita a interposição de recurso; (iii) em acréscimo às duas primeiras correntes, o terceiro que tenha sofrido prejuízo meramente econômico também está legitimado.

Parece-me que o CPC/2015 inaugurou uma necessidade de participação mais ampla. O art. 927 do novo CPC dispõe que "os juízes e os tribunais observarão" determinados precedentes, previstos em seus incisos, que o legislador considerou mais relevantes. A interpretação da norma tem sido objeto de acalorados debates doutrinários. Para parte dos estudiosos, o verbo "observar" traduz a ideia de obrigatoriedade e, assim, a nova ordem processual elevou ao patamar de fonte formal de direito as espécies de precedentes indicadas no artigo. Seria um modo de alcançar mais rapidamente a isonomia de tratamento dos jurisdicionados, sem que, para tanto, fosse necessária a interposição de seguidos recursos até a obtenção de um julgamento igualitário para todas as situações fáticas idênticas.[108] Outra parcela da doutrina não extrai da locução contida na lei a obrigatoriedade de observância do precedente. A lei federal não estaria autorizada pela Constituição a incumbir o Poder Judiciário na criação de normas abstratas, ainda que decorrentes da análise de um caso concreto.[109]

Não obstante as fragilidades de interpretação do art. 927 à luz da Constituição, é inegável que o novo CPC objetivou turbinar a força dos precedentes.[110] Para se chegar a essa conclusão, basta examinar alguns dispositivos do Código. O art. 311, inciso II, permite a concessão liminar da tutela de evidência se "as alegações de fato puderem ser comprovadas apenas documentalmente e *houver tese firmada em julgamento de casos repetitivos ou em súmula vinculante*". O art. 332 impõe ao juiz a rejeição liminar do pedido constante da petição inicial se a causa versar sobre controvérsia exclusiva de

108. Ver, nesse sentido, por exemplo, ZANETI JR., Hermes. Precedentes normativos formalmente vinculantes. In: *Precedentes*. Salvador: Juspodivm, 2015, p. 422.

109. TUCCI, José Rogério Cruz e. O regime do precedente judicial no novo CPC. In: *Precedentes*. Salvador: Juspodivm, 2015, p. 454.

110. Corroborando com o que aqui se sustenta, encontra-se na exposição de motivos do CPC: "Prestigiou-se, seguindo-se direção já abertamente seguida pelo ordenamento jurídico brasileiro, expressado na criação da Súmula Vinculante do Supremo Tribunal Federal (STF) e do regime de julgamento conjunto de recursos especiais e extraordinários repetitivos (que foi mantido e aperfeiçoado), tendência a criar estímulos para que a jurisprudência se uniformize, à luz do que venham a decidir tribunais superiores e até de segundo grau, e se estabilize. Essa é a função e a razão de ser dos tribunais superiores: proferir decisões que moldem o ordenamento jurídico, objetivamente considerado. A função paradigmática que devem desempenhar é inerente ao sistema".

direito e a pretensão do autor estiver em desacordo com algum dos precedentes listados em seus incisos.

O art. 947, § 3º, que regula o incidente de assunção de competência, dispõe que "o acórdão proferido em assunção de competência vinculará todos os juízes e órgãos fracionários, exceto se houver revisão de tese". De modo semelhante, dispõe o art. 985, sobre o incidente de resolução de demandas repetitivas: "julgado o incidente, a tese jurídica será aplicada: I – a todos os processos individuais ou coletivos que versem sobre idêntica questão de direito e que tramitem na área de jurisdição do respectivo tribunal, inclusive àqueles que tramitem nos juizados especiais do respectivo Estado ou região; II – aos casos futuros que versem idêntica questão de direito e que venham a tramitar no território de competência do tribunal, salvo revisão na forma do art. 986". Não observada a tese adotada, caberá reclamação, consoante dispõe o art. 985, § 1º.

Terão seu seguimento obstado pelo tribunal de origem os recursos especial e extraordinário que contiverem pedidos contrários ao estabelecido no regime dos repetitivos, como dispõe o art. 1.030, I. O mesmo artigo, no inciso II, determina que o Presidente da corte local encaminhe o processo ao órgão julgador para realização do juízo de retratação, se o acórdão recorrido divergir do entendimento do STF ou do STJ exarado nos regimes de repercussão geral ou de recursos repetitivos.

Nota-se facilmente que a esses precedentes foi conferida grande relevância, tendo o legislador imposto o modelo de julgamento neles estabelecido quando do enfrentamento de casos semelhantes. Essa nova perspectiva foge, inclusive, à característica habitual do sistema de *binding precedents*, no qual o precedente serve de paradigma para casos futuros, e se identifica mais com o modelo de transferência de competência sobre determinadas questões para outros órgãos. É o que ocorre por exemplo com o julgamento de incidente de assunção de competência, de incidente de resolução de demandas repetitivas ou de recursos especial e extraordinário repetitivos: o conhecimento da questão afetada é transferido para outro órgão julgador e o resultado, replicado nas demandas sobrestadas. No entanto, para os casos futuros, o modelo de julgamento firmado nos incidentes servirá de precedente.

Na tradição do direito processual civil brasileiro, as partes dialogam diretamente com o juiz da causa, tendo a oportunidade de exercício do contraditório, de modo a influenciar a decisão final. Nesse novo modelo introduzido pelo CPC/2015, a decisão tomada em procedimento substancialmente estranho às partes as afeta diretamente. O juiz com quem dialogaram apenas aplicará ao caso concreto das partes o modelo de decisão estabelecido em outra seara.

Como coadunar esse modelo com a garantia do contraditório? Como conferir legitimidade democrática a um processo ou incidente que afetará diretamente processos cujas partes não participaram?[111] A resposta para essas indagações pode ser encontrada em uma nova modalidade de contraditório. Os recursos repetitivos, os incidentes de assunção de competência e de resolução de demandas repetitivas e todos os demais institutos processuais cujas decisões estabeleçam a forma de decidir de outras demandas, devem necessariamente ser abertos e convidativos à participação de interessados. Às partes dos processos originários e a todos aqueles que podem ter seus direitos afetados pela decisão deve ser oportunizada a manifestação em contraditório de forma a lhes permitir influenciar o órgão julgador.

O procedimento desses novos institutos deve propiciar espaços próprios e eficazes de participação de interessados, seja por meio de manifestações escritas ou orais, capazes de conduzir oportunamente seus argumentos aos membros da turma julgadora. Entre as possibilidades de envolvimento de terceiros interessados deve estar, indubitavelmente, a interposição de recursos.[112] O art. 987 do CPC, que trata do cabimento de recursos especial e extraordinário em face do acórdão proferido em IRDR, é um bom exemplo. Os que tiverem sua esfera de interesses atingida pela decisão têm legitimidade recursal.

Não me parece adequado restringir a interposição de recursos por terceiros nesse caso e em outros procedimentos formadores de importantes

111. PELEJA JÚNIOR, Antônio Veloso; NASCIMENTO, Vanderson Rafael. A ressignificação da compreensão do interesse recursal nos embargos declaratórios integrativos. *Revista Eletrônica de Direito Processual*, vol. 25. Janeiro-abril de 2024, p. 22-23: "Por outro lado, sob o viés da teoria discursiva de Habermas, a decisão judicial somente tem aptidão de alcançar e gerar a paz na sociedade quando ela possibilita, no mínimo, a participação e o poder de influência pelas partes no bojo de um processo. Uma espécie de democracia discursiva no âmbito do restrito processo e que pode gerar deveres de justificação maiores aos magistrados, aumentando a legitimidade daquilo que foi decidido, sob o aspecto democrático. A adequação, a racionalidade e a coerência propiciam a aceitabilidade da decisão judicial e decorrem da fundamentação analítica. Esses fatores, em conjunto, propiciam a estabilidade e, principalmente, a legitimidade democrática do Poder Judiciário, que se notabiliza pelo bom quilate de seus atos".

112. MARINONI, Luiz Guilherme; MITIDIERO, Daniel. *Comentários ao Código de Processo Civil*. Ob. cit., p. 177: "Em primeiro lugar, é preciso desfazer a pressuposição de que o processo civil teria apenas um escopo ligado ao caso concreto – ou, o que ainda é reduzido, à simples formação da coisa julgada. O processo civil tem uma dupla dimensão e visa alcançar igualmente um duplo escopo: uma dimensão particular e outra geral, um escopo ligado à justiça da decisão (art. 6º, CPC/2015) e outro atinente à unidade da ordem jurídica (art. 926, CPC/2015). Se isso é verdade, então é possível desde logo vislumbrar interesse na interposição de recursos para as Cortes Supremas a fim de que essas apreciem especificamente determinadas questões constantes da fundamentação ou que nela não foram expressamente examinados. Trata-se de interesse recursal justificado no interesse na formação do precedente".

precedentes. O terceiro pode não ser (ainda) titular da relação jurídica discutida ou de relação jurídica conexa, mas pode sofrer, futuramente, prejuízos (jurídicos ou não) em decorrência de precedente formado anteriormente. A questão não é de fácil solução, em virtude das dificuldades na criação de critérios de configuração de legitimidade, mas a nova ordem processual somente produzirá decisões democraticamente legítimas se a participação dos terceiros, inclusive por meio de recursos, não for afunilada por interpretação construída em épocas anteriores, quando um processo pouco influenciava os demais.

O terceiro tem à sua disposição os mesmos recursos disponibilizados às partes e deve preencher os mesmos requisitos de admissibilidade. Conquanto não seja intimado, como o são as partes, o terceiro deve se atentar para o prazo destinado àquelas. Passado esse prazo, o recurso do terceiro é intempestivo, mesmo que sua ciência da decisão se dê em momento posterior ao próprio término do prazo.[113]

### *2.5.2.4. Legitimidade do Ministério Público*

O art. 996 atribui ainda legitimidade recursal ao Ministério Público. Nos casos em que atua como parte, não haveria nenhuma dúvida da legitimação ministerial. Mais relevante é, portanto, a previsão contida na parte final do citado dispositivo, que também legitima o Ministério Público para a interposição dos recursos na posição de fiscal da lei.[114] O art. 178 determina a intimação do Ministério Público para sua intervenção como fiscal da ordem jurídica em todos os casos previstos em lei e na Constituição, além dos processos que envolvam interesse público ou social, interesse de incapaz e litígios coletivos pela posse de terra rural ou urbana.

A legitimidade recursal está presente ainda que o *parquet* não tenha funcionado previamente. A mera possibilidade de sua participação como *custos legis* já autoriza a interposição de recursos para a defesa dos interesses

113. Sandro Kozikski defende que o prazo se inicia da publicação da decisão no Diário de Justiça Eletrônico. Cf. KOZIKSKI, Sandro. *Sistema recursal*. Salvador: Juspodivm, 2015, p. 105: "Então, ainda que não se possa aceitar a fluência do prazo recursal a partir do momento da ciência da decisão judicial obtida pelo terceiro, parece acertado concluir que o *dies a quo*, para fins de interposição de seu recurso, dar-se-á com a intimação preconizada no § 3º do art. 205 do CPC".

114. ASSIS, Araken de. *Manual dos Recursos*. Ob. cit., p. 122: "O Ministério Público dispõe dos recursos atribuídos às partes, e, como lhe tocam os mesmos poderes e ônus que a elas a lei confere, salvo disposição em contrário, observará todas as condições de admissibilidade do recurso eventualmente interposto. Só regra especial, a exemplo da dispensa de preparo (art. 1.007, § 1.º), excepciona determinado pressuposto. Cumpre ao Ministério Público evidenciar seu interesse em impugnar o pronunciamento no caso concreto".

os quais a lei o nomeou guardião.[115] Nessas hipóteses, o recurso pode servir, inclusive, para contestar a falta de sua intimação ou eventual decisão que rejeite a sua participação no processo.[116] Porém, cessada a causa de sua intervenção – *v.g.*, não há mais incapazes na relação jurídica processual –, cessa igualmente a sua legitimidade recursal.

Como já bem decidiu o STJ, o recurso do Ministério Público é independente do recurso da parte. Se esta deixou de recorrer, mas aquele o fez, o recurso será examinado e, enquanto isso não ocorre, obstada está a coisa julgada.[117]

### 2.5.3. Interesse recursal

O recurso, como já examinado, é a renovação do direito de ação, prolongando a litispendência. Como na demanda originária, também só é lícito o uso de recursos por aqueles que comprovem ter interesse, isto é, cujas pretensões se encaixem no binômio utilidade/necessidade. A utilização da instância recursal deve demonstrar-se, ao menos em tese, capaz de melhorar a situação do recorrente. Portanto, será útil o recurso que permita ao recorrente almejar a obtenção de situação mais vantajosa.[118] Por outro lado, para que esteja presente o interesse recursal, a parte deve demonstrar ainda que o uso do recurso é necessário à obtenção dessa melhora, não sendo alcançável de outro modo a melhoria em sua situação. "O são não carece de remédio. O tribunal não tem clínica de nervosos: não atende aos doentes imaginários".[119]

115. Consultar, nesse sentido, NERY JR, Nelson. *Teoria Geral dos Recursos*. Ob. cit., p. 309.

116. BARBOSA MOREIRA, José Carlos. *Comentários ao Código de Processo Civil*. Ob. cit., p. 297: "Não obstante o silêncio do art. 499, § 2°, parece-nos fora de dúvida a legitimação do Ministério Público para, em casos tais, interpor o recurso cabível, com a finalidade de pleitear a anulação do processo a partir do instante em que tinha de ser intimado, nos termos do art. 246 e seu parágrafo único. É, ao nosso ver, a solução mais consentânea com os princípios: conquanto se trate de nulidade absoluta, decretável de ofício pelo órgão *ad quem*, há interesse em permitir que ela seja alegada, para evitar que passe despercebida, e nada mais razoável que abrir oportunidade, para tanto, ao próprio Ministério Público, já que as partes podem eventualmente omitir-se, por desatenção ou cálculo".

117. Súmula 99, STJ: "o Ministério Público tem legitimidade para recorrer no processo em que oficiou como fiscal da lei, ainda que não haja recurso da parte"; súmula 226, STJ: "o Ministério Público tem legitimidade para recorrer na ação de acidente de trabalho, ainda que o segurado esteja assistido por advogado".

118. SEABRA FAGUNDES, Miguel. *Dos Recursos Ordinários em Matéria Civil*. Rio de Janeiro: Forense, 1946, p. 31: "O interesse na reforma da sentença se caracteriza pela *utilidade* que o novo pronunciamento possa acarretar ao indivíduo. Existirá, portanto, interesse legítimo, quando o recurso abra a possibilidade de nova decisão, menos desfavorável ou inteiramente vantajosa ao recorrente, do que a anterior. Não importa a amplitude maior ou menor do interesse do recorrente, ou seja, da utilidade que lhe possa advir no novo pronunciamento. Ainda que a modificação da sentença o beneficie minimamente, tem lugar o recurso".

119. LOPES DA COSTA, Alfredo de Araújo. *Direito Processual Civil Brasileiro*. 2. ed. Rio de Janeiro: José Konfino Editor, 1948, v. 3, p. 138.

Comumente se observa na doutrina a adoção do critério da sucumbência para a configuração ou não de interesse recursal.[120] Embora seja um critério adequado para a grande maioria dos casos, não resolve todas as situações. Os embargos de declaração, por exemplo, não dependem da sucumbência da parte para que possam ser opostos. Da mesma forma, o terceiro, a quem a lei confere legitimidade, não sucumbe, exatamente pela sua condição de terceiro.[121] O critério do prejuízo parece-me mais apropriado.[122] As partes são prejudicadas por uma decisão omissa, contraditória ou obscura, mas não necessariamente sucumbiram. Para que possa recorrer, é indispensável ao terceiro a demonstração de prejuízo, não de sucumbência.

Em outras hipóteses, pode não ter havido sucumbência, mas o legítimo anseio por uma melhora na situação faz nascer o interesse recursal, ainda que se trate de questão decidida de ofício pelo juiz.[123] É o caso do recurso do advogado, que, embora seu cliente tenha vencido integralmente, vislumbra a possibilidade de majoração de seus honorários de sucumbência. Ou da parte que pleiteou indenização por danos morais e não ficou inteiramente satisfeita com o montante fixado na sentença condenatória.

Há casos em que a sucumbência é sutil. Se o autor opta pela cumulação imprópria de pedidos, isto é, formula mais de um pedido, mas só anseia que um deles seja acolhido, a sentença de procedência pode ou não implicar a formação de interesse recursal. Na cumulação imprópria subsidiária, pela qual o autor indica ao magistrado o pedido que prefere ver atendido (art.

---

120. MONTELEONE, Girolamo. *Manuale di Diritto Processuale Civile*. 6ª. ed. Itália: CEDAM, 2012, p. 599: "In proposito si è distinto tra soccombenza 'formale' e 'materiale', indicandosi con la prima il fatto che la sentenza abbia rigettato una domanda o accolta quella dell'avversario, e con la seconda il fatto che alla sua decisione il giudice sia giunto malgrado il rigetto di una qualche eccezione, difesa o prospettazione giuridica avanzate in giudizio dalla parte infine totalmente vittoriosa".

121. Nesse sentido, DIDIER JR., Fredie; CUNHA, Leonardo Carneiro da. *Curso*. Ob. cit., p. 139. Os autores ainda se socorrem do exemplo de procedência do pedido subsidiário, na cumulação imprópria subsidiária de pedidos. Porém, discordo em relação a esse caso, já que, a meu ver, o autor sucumbiu quanto à pretensão de ver acolhido o pedido ao qual conferiu mais importância.

122. JORGE, Flávio Cheim. *Teoria Geral dos Recursos Cíveis*. Ob. cit., p. 139: "A existência dessas situações, em que o critério da sucumbência formal aplicado isoladamente revela-se insatisfatório e insuficiente, fez com que parte da doutrina passasse a formular outros critérios que pudessem atender, de forma mais completa, às partes. A partir dessa situação é que surgiu a denominada 'sucumbência material'. A sucumbência material não se liga propriamente ao prejuízo perpetrado com a decisão proferida, no seu aspecto formal, mas sim, e, principalmente, aos *efeitos prejudiciais* da decisão e a possibilidade de se obter uma decisão diversa e mais *favorável* do que aquela proferida".

123. ASSIS, Araken. *Manual dos Recursos*. Ob. cit., p. 130: "Embora o interesse em recorrer se origine, de fato, relativamente aos pronunciamentos desfavoráveis emitidos em resposta à iniciativa das partes, revela-se manifesta a insuficiência da diretriz presa unicamente a este lado da questão. Ficariam a descoberto todos os atos decisórios em que o órgão judiciário, independentemente de manifestação das partes, se pronuncia *ex officio*, mostrando-se expressivos os casos de pedido 'implícito' (art. 322, § 1.º)".

326, *caput*, do CPC), o acolhimento do outro pedido denota sucumbência, ainda que sutil, do autor e, inequivocamente, lhe causa algum prejuízo, permitindo-lhe o uso do remédio recursal. Se o autor não dá peso aos pedidos, sinalizando que o acolhimento de qualquer um deles o satisfaz (cumulação imprópria alternativa, prevista no art. 326, parágrafo único, do CPC), o acolhimento de um dos pedidos não acarreta sucumbência nem prejuízo. Não autoriza, pois, a interposição de recurso pelo autor.

O interesse recursal pode ser, ainda, eventual.[124] Imagine-se processo no qual foi indeferida a produção de prova pericial requerida pelo autor, mas a sentença julgou integralmente procedentes seus pedidos. Não se extrai da sentença o interesse recursal do autor. No entanto, caso a parte contrária recorra, nasce o interesse do autor em impugnar a decisão interlocutória em suas contrarrazões recursais (art. 1.009, § 1º, do CPC). Caso o recurso do réu seja provido, será examinada sua pretensão a respeito da produção da prova. Porém, se a decisão interlocutória não agravável é capaz de causar prejuízo mesmo com a superveniência de sentença favorável – *v.g.*, decisão que aplicou multa por litigância de má-fé –, a parte favorecida tem interesse de interposição de apelação, independentemente do recurso da parte contrária.

Tradicionalmente, doutrina e jurisprudência brasileiras não vislumbram interesse recursal em razão de a fundamentação utilizada na decisão não ser aquela que a parte, beneficiada pelo provimento, considere a mais acertada. Com efeito, na imensa maioria dos casos, a motivação escolhida pelo julgador não acarreta prejuízo à parte vencedora, porquanto o resultado final lhe foi favorável e, caso a parte contrária recorra, será devolvida ao órgão *ad quem* toda a matéria suscitada no órgão *a quo*, inclusive os fundamentos que o vencedor repute mais adequados à solução do caso. Exemplifico: em uma sentença de improcedência do pedido, o juiz chegou a esse resultado em virtude de julgar insuficiente a atividade probatória do autor e não com fulcro no argumento suscitado pelo réu de compensação. Entretanto, caso o autor recorra, o tribunal deverá apreciar todos os fundamentos debatidos em primeiro grau, inclusive a alegação de compensação (art. 1.013, § 2º, do CPC).

Porém, em outras hipóteses, é dedutível do vencedor o interesse com base apenas na fundamentação da decisão, conquanto o dispositivo seja favorável à parte. Como disposto no art. 503, §§ 1º e 2º do Código, a eficácia da coisa julgada será estendida à parte da fundamentação que resolver alguma questão se (i) da sua resolução depender o julgamento do mérito

124. Ibidem.

(natureza prejudicial da questão decidida); (ii) a seu respeito tiver havido contraditório prévio e efetivo; (iii) não tiver ocorrido revelia; (iv) o juiz for absolutamente competente para conhecê-la se questão principal fosse; (v) o procedimento não apresentar restrições probatórias ou cognitivas que impeçam o aprofundamento da análise das questões suscitadas. Preenchidos tais requisitos, a questão prejudicial resolvida na fundamentação, e que, portanto, não foi objeto de pedido da parte, mas mera causa de pedir ou argumento suscitado na defesa, tornar-se-á imutável, não podendo mais ser reexaminada em outro processo.

Imagine-se uma ação de cobrança decorrente de alegado descumprimento de cláusula contratual. Em sua contestação, o réu sustenta que o contrato como um todo é inválido. Depois de a questão ser debatida em contraditório, o juiz, na fundamentação da sentença, rejeita a alegação do réu, mas julga improcedente o pedido de cobrança do autor. Como foram preenchidos os requisitos constantes do art. 503, §§ 1º e 2º do CPC, caso a sentença transite em julgado, o réu não poderá suscitar novamente, em outra demanda, a invalidade do contrato celebrado com o autor. Destarte, ainda que o réu não tenha sucumbido, em um exame circunscrito, ao dispositivo da sentença, sofreu prejuízo efetivo, que pode ser extraído da fundamentação. Em realidade, a regra contida no CPC/2015 estendeu os efeitos que recaíam somente no dispositivo da sentença também para parte de sua fundamentação. Assim, o interesse recursal advirá de questão enfrentada apenas na motivação.

Um segundo exemplo de interesse recursal extraído da motivação é encontrado nas hipóteses em que o ordenamento condicionou a formação de coisa julgada ao resultado da atividade probatória, vale dizer, a chamada coisa julgada *secundum eventum probationis*. O art. 18 da Lei n. 4.717/1965 prevê que a "sentença terá eficácia de coisa julgada oponível *erga omnes*, exceto no caso de haver sido a ação julgada improcedente por deficiência de prova; nesse caso, qualquer cidadão poderá intentar outra ação com idêntico fundamento, valendo-se de nova prova". Disposição semelhante está contida no Código de Defesa do Consumidor a respeito da coisa julgada nas ações coletivas.[125] É evidente o interesse do demandado em não ser mais molestado em ação idêntica. O resultado final, em consequência da fundamentação

125. "Art. 103. Nas ações coletivas de que trata este código, a sentença fará coisa julgada: I – *erga omnes*, exceto se o pedido for julgado improcedente por insuficiência de provas, hipótese em que qualquer legitimado poderá intentar outra ação, com idêntico fundamento, valendo-se de nova prova, na hipótese do inciso I do parágrafo único do art. 81; II – *ultra partes*, mas limitadamente ao grupo, categoria ou classe, salvo improcedência por insuficiência de provas, nos termos do inciso anterior, quando se tratar da hipótese prevista no inciso II do parágrafo único do art. 81; III – *erga omnes*, apenas no caso

lastreada na insuficiência probatória, lhe causa o prejuízo de a situação não estar definida, permitindo o ajuizamento da mesma ação por algum dos legitimados. Dessa forma, é lícita a interposição de recurso que pretenda a reversão da motivação da sentença, para a improcedência *tout court*, sem condicionante que impeça a abrangência plena da coisa julgada material.

Nas decisões judiciais, a fundamentação deve enfrentar todos os argumentos suscitados pela parte vencida, "capazes de, em tese, infirmar a conclusão adotada pelo julgador" (art. 489, § 1º, IV, do CPC). Isso significa que o julgador viola o dever de motivação se deixa de lado fundamento capaz de, por si só, modificar a sua conclusão final. No entanto, a fundamentação não precisa visitar todos os argumentos oferecidos pela parte vencedora, bastando aquele que convenceu o julgador. A parte vitoriosa não tem interesse recursal em razão da falta de apreciação na decisão de um argumento que vislumbrou relevante. Porém, em alguns casos não é assim. No provimento final em IRDR, por exemplo, o art. 984, § 2º do Código determina que "o conteúdo do acórdão abrangerá a análise de todos os fundamentos suscitados concernentes à tese jurídica discutida, sejam favoráveis ou contrários". Em previsão semelhante (art. 1.038, §3º), inserida no regime de recursos repetitivos, exige-se que "o conteúdo do acórdão abrangerá a análise dos fundamentos relevantes da tese jurídica discutida".

Desse modo, nasce interesse recursal para oposição de embargos de declaração se o acórdão deixou de examinar os argumentos da tese vencida e da tese vencedora. Essa disposição é relevante, pois a revogação de precedente firmado no regime dos casos repetitivos (art. 928) demanda maior esforço argumentativo e pode ter como causa fundamento não enfrentado na formação do precedente.

Outra questão que há muito se discute é o interesse do réu para a interposição de recurso em face de uma sentença terminativa. Ao extinguir o processo *sem exame de mérito*, o magistrado encerra a relação jurídica processual até então travada, mas permite que aquela mesma ação – com mesmas partes, causa de pedir e pedido – seja reformulada. Por tal motivo, duas posições doutrinárias se contrapõem. Para a primeira, não há interesse do réu em recorrer da sentença terminativa, porquanto o resultado final lhe foi favorável: a pretensão do autor não foi acolhida.[126] Outra parte da doutrina vislumbra interesse, uma vez que o réu tem o direito de não ser

---

de procedência do pedido, para beneficiar todas as vítimas e seus sucessores, na hipótese do inciso III do parágrafo único do art. 81."

126. ALBERTO DOS REIS, José. *Código de Processo Civil anotado*. Coimbra: Almedina 1981, v. V, p. 268.

molestado pela instauração de processo futuro, tendo, pois, real benefício em ver rejeitada no mérito a pretensão autoral.[127]

Parece-me que o Código de 2015 dá razão parcial a cada uma das citadas correntes doutrinárias. O art. 488 impõe ao juiz, quando percebe, no exame de admissibilidade, o não preenchimento de algum requisito, que dê uma breve espiada no mérito. Se dessa olhadela resulta sua percepção de que a causa já está madura para julgamento e o réu se sairia vencedor no julgamento sobre o mérito, o juiz deve relevar a causa de inadmissibilidade e julgar improcedente o pedido do autor. O referido dispositivo potencializa o princípio da primazia do julgamento de mérito.

Assim, se o réu tinha direito, pelo disposto no art. 488 do CPC, a uma sentença favorável de mérito e lhe foi dada apenas uma sentença terminativa, considero existente seu interesse, permitindo-lhe a interposição de recurso com a finalidade de ver rejeitada, no mérito, a pretensão do autor. O raciocínio é o mesmo daquele desenvolvido algumas linhas acima. Se é possível extrair algum prejuízo – e, no caso da sentença terminativa, há o efetivo prejuízo de o réu ser possivelmente molestado com nova ação – há interesse recursal.

Por outro lado, o art. 486, § 1º, do Código faz uma restrição à repropositura da ação, em caso de sentença terminativa, que pode alterar, inclusive o regime da coisa julgada. Se a extinção do processo sem exame de mérito se deu em razão de litispendência, indeferimento da petição inicial, não preenchimento de pressuposto processual, falta de interesse de agir, ilegitimidade ou acolhimento da alegação de existência de convenção de arbitragem, o autor somente poderá repropor a ação idêntica se corrigido o vício que levou à sentença sem resolução de mérito.

Nos casos de vícios sanáveis, como, possivelmente, o indeferimento da petição inicial, a falta de pressuposto processual ou a falta de interesse de agir, a sentença terminativa não impedirá a repropositura da ação, bastando ao autor a correção prévia do vício. Assim, nessas hipóteses, permanece o interesse recursal do réu, para obtenção de sentença de mérito. No entanto, se o vício que acarretou a extinção do processo é insanável ou, se sanável, altera algum elemento da ação, a sentença terminativa afigura-se suficiente para garantir o sossego do réu. Suponha-se que a sentença tenha encerrado o processo em razão de ilegitimidade passiva *ad causam*. O autor, para repropor a ação, terá de corrigir o vício. Porém, a correção do vício, isto é, a substituição do réu originário, parte ilegítima, por outra pessoa, *altera*

127. GRECO, Leonardo. *Instituições*. Ob. cit., p. 75.

*elemento da ação*. A segunda demanda não será a reformulação da primeira, mas uma *nova demanda*, sem a presença do réu originário. Assim, este não tem interesse recursal se a sentença reconhece sua ilegitimidade. Seu sossego está garantido pelo provimento judicial.

Em conclusão, para a verificação de interesse recursal do réu em caso de sentença terminativa, é imprescindível avaliar se o autor poderá repropor a mesma ação em outra relação jurídica processual. Caso seja possível, pela mera correção de vício que não altere os elementos da demanda, parece-me haver interesse recursal do réu em face da sentença que deixou de apreciar o mérito.

Por fim, entendo que há interesse do réu mesmo que ele tenha suscitado o não preenchimento de algum requisito de admissibilidade que levou à sentença terminativa. Pelo princípio da eventualidade (art. 336 do CPC), ao réu é imposta a apresentação de todas as matérias de defesa em sua contestação. Embora prefira, por óbvio, sentença de improcedência do pedido, é compelido a também suscitar matérias relativas à admissibilidade da demanda e a regularidade do processo.[128]

### 2.5.4. Pressupostos negativos: inexistência de fato impeditivo ou extintivo do poder de recorrer

À parte interessada em recorrer não basta o preenchimento dos requisitos de admissibilidade recursal se praticado algum ato que, expressa ou tacitamente, infirme sua intenção de impugnar o provimento judicial. O direito ao recurso é disponível, tendo em vista que provoca apenas um reexame da atividade jurisdicional já prestada. A parte, ainda que prejudicada pela decisão, pode sentir-se conformada e deixar de recorrer. Desse modo, plenamente renunciável o direito ao recurso. Porém, se a parte já exerceu esse direito pode fazer cessar seus efeitos, desistindo do recurso ainda não julgado. E, por fim, a prática de atos que denotem a concordância da parte com o provimento judicial, por coerência lógica, extingue o direito ao recurso.

São, portanto, fatos extintivos a renúncia do direito ao recurso e a aquiescência à decisão; e impeditivo a desistência de recurso.[129]

---

128. Idem, p. 75: "Assim, se o réu, na contestação, além de arguir a falta de condição da ação, também sustentou a improcedência do pedido do autor, parece-me que remanesce o seu interesse de recorrer da sentença que venha a julgar o autor carecedor da ação. Afinal, a improcedência lhe é mais benéfica do que a carência".

129. NERY JR, Nelson. *Teoria Geral dos Recursos*. Ob. cit., p. 395: "Os fatos extintivos do poder de recorrer são a renúncia ao recurso e a aquiescência à decisão; os impeditivos do mesmo poder são a desistência do recurso ou da ação, o reconhecimento jurídico do pedido, a renúncia ao direito sobre que se funda a

### *2.5.4.1. Renúncia*

Dispõe o art. 999 do CPC que "a renúncia ao direito de recorrer independe da aceitação da outra parte". A renúncia é um ato de disposição. A parte renunciante priva-se espontaneamente de seu direito, de forma expressa. Não se presume, pois, a renúncia, especialmente por tratar-se de meio extintivo de direito. O ato deve ser inequívoco, não deixando dúvidas sobre a vontade da parte em deixar de lado seu direito. Admite-se, porém, a renúncia tácita, que se confunde com a concordância com a decisão. Se a parte prejudicada pelo provimento judicial pratica atos que demonstrem de modo preciso e indubitável a sua anuência, pode-se extrair daí a renúncia ao direito de recorrer. Imagine-se, por exemplo, a prolação de sentença que condena o réu à entrega de um produto ao autor. No prazo de recurso, o réu, sem qualquer ressalva, realiza a entrega, evidenciando sua concordância com a sentença. Tal ato faz perecer seu direito ao recurso.

Para que produza efeitos, a renúncia independe de concordância da parte contrária e de homologação judicial. Como ato de declaração da vontade do titular, produz "imediatamente a constituição, modificação ou extinção de direitos processuais" (art. 200 do CPC). O juiz verificará tão somente se o ato preenche seus requisitos formais e se a declaração de vontade transcorreu de forma livre e espontânea, mas seus efeitos retroagem à data em que ocorreu a renúncia. O papel do juiz, portanto, não é o de homologar, mas o de fiscalizar a capacidade dos agentes, se a forma é adequada e se o objeto é lícito.[130]

A renúncia tem como efeito a preclusão, ou seja, a parte não pode mais praticar o ato em razão de ter agido de forma contrária ao exercício desse direito. Caso se trate de recurso contra a decisão final do processo e a parte contrária não tenha recorrido, a renúncia acarreta o trânsito em julgado. Na hipótese de interposição de recurso pela parte renunciante, o órgão competente para avaliar o preenchimento dos requisitos de admissibilidade deixará de conhecê-lo.

---

ação. Do ponto de vista prático, a presença de qualquer deles no processo faz com que o recurso seja inadmissível, não conhecível. Daí porque são chamados pressupostos negativos de admissibilidade dos recursos"; BUENO, Cassio Scarpinella. *Manual de direito processual civil*. São Paulo: Saraiva, 2015. p. 611: "O art. 999 trata da renúncia ao direito de recorrer. Nesse caso, a manifestação de vontade é no sentido de não interpor o recurso que, com o proferimento da decisão, faz nascer ao interessado o direito respectivo. Também aqui, de acordo com o dispositivo, o exercício do direito não depende da concordância da parte contrária e da homologação judicial".

130. CORNU, Gérard; FOYER, Jean. Procédure civile. 3. ed. Paris: Presses Universitaires de France, 1996, p. 439: "Une fois introduite, l'instance se développe sous l'impulsion des parties et le contrôle du juge. La marche du procès n'est pas abandonnée au bon vouloir des parties en face d'un juge qui en serait l'observateur muet. Parties et juge y assument un rôle actif — et en vertu de leurs devoirs autant que de leurs pouvoirs — mais les parties plutôt comme moteur, et le juge comme régulateur".

Como ato dispositivo, pode ser unilateral ou bilateral (art. 200, do CPC). Nesta última hipótese, trata-se de convenção processual pela qual ambas as partes concordam em abrir mão do direito ao recurso, de modo a apressar o trânsito em julgado. A renúncia, por óbvio, deve ocorrer antes da interposição do recurso. Após a prática do ato, a manifestação de vontade contrária ao julgamento do recurso tem natureza de desistência. Havendo litisconsórcio unitário, todos os litisconsortes devem renunciar ao direito para que o ato seja eficaz.[131]

O poder de renúncia ao recurso não consta das exceções da "procuração geral para o foro" contidas no art. 105. Destarte, parece-me que o advogado que recebeu os poderes da cláusula *ad judicia et extra* pode renunciar ao direito ao recurso, sem que conste do instrumento de mandato poder específico para tanto. O art. 105 dispõe que a procuração geral para o foro permite a prática de todos os atos do processo, excepcionados os atos listados na parte final do dispositivo, nos quais não consta a renúncia. Esse, porém, não é o entendimento que prevalece na doutrina e na jurisprudência. Leonardo Greco defende a imprescindibilidade de poderes especiais,[132] no que é seguido pela jurisprudência do STJ.[133] De todo modo, ainda que se exija a presença de poder específico para renunciar na procuração, o advogado só pode praticar o ato se devidamente autorizado por seu cliente, uma vez que se concedem poderes genericamente, mas faz-se necessário que a parte confirme sua vontade em ato tão relevante, que pode acarretar no trânsito em julgado.

Didier e Cunha defendem a possibilidade de renúncia parcial, isto é, ato dispositivo que abranja apenas o recurso interposto de forma principal, e não de forma adesiva.[134] Parece-me adequada a sugestão dos autores, porquanto condizente com o intuito do legislador de conferir uma segunda chance à parte que preferiu não recorrer imediatamente. Se é possível a não interposição do recurso no prazo principal, mantendo-se a possibilidade do recurso adesivo no prazo das contrarrazões, não vejo óbice a se permitir a

---

131. Cf. DIDIER JR., Fredie; CUNHA, Leonardo Carneiro da. *Curso*. Ob. cit., p. 126. Ainda, NERY JR., Nelson. *Teoria Geral dos Recursos*. Ob. cit., p. 417: "Situação diversa ocorre quando o litisconsórcio é unitário. Muito embora o litisconsorte unitário não necessite do consentimento dos outros para renunciar ao poder de recorrer, se o fizer será ato vazio de conteúdo se houver recurso interposto por um dos outros litisconsortes. É que, sob o regime da unitariedade litisconsorcial, o recurso de um, se provido, aproveita aos demais, ainda que houvesse renúncia ao poder de recorrer, porquanto os interesses de direito material destes são convergentes, devendo a decisão no tocante a eles ser dada uniformemente (CPC 509 caput). Assim, a renúncia ao recurso por um litisconsorte unitário é válida porém ineficaz".

132. GRECO, Leonardo. *Instituições de Processo Civil*. Ob. cit., p. 78.

133. STJ, Sexta Turma, Min. Hamilton Carvalhido. AgRg no REsp 797736 RJ 2005/0190138-9, DJe 15/09/2008.

134. DIDIER JR., Fredie; CUNHA, Leonardo Carneiro da. *Curso*. Ob. cit., p. 125-126.

interposição adesiva pela parte que havia renunciado incialmente, desde que o ato de vontade tenha expressamente se limitado ao recurso interposto de modo principal.

Uma questão que ganhou novos contornos com o advento do CPC/2015 respeita à possibilidade de renúncia prévia à própria decisão. Seria válido o ato de disposição da parte, que leva à renúncia do direito ao recurso antes mesmo de a decisão ser proferida? Na vigência do CPC/1973, a doutrina, em sua maioria, posicionava-se pela impossibilidade do ato.[135] Não obstante, uma norma versando sobre tal ponto chegou a ser cogitada. Barbosa Moreira relata que, durante a tramitação legislativa do projeto do CPC/1973, havia a previsão expressa de possibilidade de renúncia antecipada no art. 508. Porém, a Comissão Revisora suprimiu a redação originária, deixando de positivar o ato dispositivo.[136]

O argumento dos defensores da impossibilidade de renúncia prévia, além da ausência de previsão legal autorizadora, é que não se pode dispor de um direito eventual (só o sucumbente pode recorrer) e que ainda não nasceu. Em relação à suposta ausência de norma que permita a renúncia antes da decisão, embora o art. 502 do CPC/1973, atual art. 999, não trate da questão, havia disposição contida no art. 158 (atual art. 200), a qual permitia de forma genérica a disposição – unilateral ou bilateral - de direito proccssual, com eficácia imediata e não condicionada à prática do ato em determinado momento. Em uma análise de utilidade, a renúncia depois de proferida a decisão tem pouca serventia prática. Como o recurso é um ônus da parte, basta que esta deixe de recorrer e será alcançado o efeito que se pretendia obter com a renúncia. A única vantagem da disposição posterior é a antecipação do trânsito em julgado.

Também é bom não se olvidar que já se admitia largamente, desde a edição da Lei n.º 9.307/1996, a renúncia ao segundo grau de jurisdição mesmo antes de o litígio surgir. As partes, ao convencionarem cláusula compromissória, renunciam à jurisdição estatal, mas não à atividade jurisdicional em si. Assim, a opção pela arbitragem representa não só a escolha

---

135. Nesse sentido, ver GRINOVER, Ada Pellegrini. *Direito processual civil*. 2. ed. São Paulo: Editora José Bushatski,1975, p. 114.

136. BARBOSA MOREIRA, José Carlos. *Comentários ao Código de Processo Civil*. Ob. cit., p. 340-341: "O anteprojeto Buzaid pretendeu inovar, admitindo, no art. 550, 2ª parte, a 'renúncia antecipada', desde que por 'declaração comum de todas as partes', e assim figurava a norma no art. 508 do projeto, não obstante houvesse a Comissão Revisora sugerido a respectiva modificação, para tornar certo que a renúncia só poderia ser manifestada *a posteriori*. O Congresso Nacional suprimiu a parte concernente à 'renúncia antecipada', é verdade que sem proibi-la expressamente".

de juízes privados, mas também a resolução definitiva do conflito com a sentença (com a exceção do pedido de esclarecimentos), consoante prevê o art. 18 da referida lei.

Parte da doutrina, por outro lado, já defendia a legalidade da renúncia antecipada na vigência do CPC 1973, não a considerando em confronto com a ordem pública processual.[137] O CPC/2015, além de conter disposição idêntica àquela prevista no art. 158 do Código revogado, no atual art. 200, estabeleceu uma norma geral para convenções processuais atípicas, no art. 190.[138] Com isso, as posições doutrinárias, em sua maioria, se alteraram, prevalecendo o entendimento de que é possível a renúncia anterior à decisão, por convenção das partes.[139] Essa forma de disposição revela o desejo das partes de limitarem a atividade jurisdicional a apenas um grau de jurisdição, de modo a encerrar mais rapidamente a discussão acerca do conflito, sem que a litispendência se prolongue indefinidamente por meio da interposição de incontáveis recursos.

Como toda convenção processual, a renúncia ao direito ao recurso encontra alguns limites, como a capacidade das partes, a manifestação livre de vontade, a obediência às normas cogentes etc. Respeitados tais limites, será válida e eficaz a convenção, não permitindo, inclusive, a sua revogação unilateral, caso se trate de negócio bilateral.[140] Parece-me, porém, que seria ineficaz a renúncia prévia na hipótese de sentença *citra*, *extra* ou *ultra petita*. Ao disporem sobre o direito ao recurso, as partes esperavam que a sentença, em respeito ao princípio da correlação, se adstringisse ao pedido. Se isso não ocorreu, deixa de ser eficaz a renúncia, podendo a parte manifestar sua impugnação por meio do recurso próprio.

### *2.5.4.2. Aquiescência à decisão*

O art. 1.000 do CPC também condiciona o conhecimento do recurso à inexistência de ato do recorrente que revele sua aquiescência com a decisão. A conformação com a decisão pode ser expressa, se a parte a anuncia formalmente nos autos, ou tácita, se pratica atos condizentes com a sua

137. NERY JR, Nelson. *Teoria Geral dos Recursos*. Ob. cit., p. 403.

138. Ver o meu *A Contratualização do Processo*. São Paulo: LTR, 2015.

139. Nesse sentido, cf. GRECO, Leonardo. *Instituições de Processo Civil*. Ob. cit., p. 78; DIDIER JR., Fredie; CUNHA, Leonardo Carneiro da. *Curso*. Ob. cit., p. 125. Em sentido contrário, ver JORGE, Flávio Cheim. *Teoria Geral dos Recursos Cíveis*. Ob. cit., p. 157.

140. Sobre a possibilidade de revogação, ver o meu *A Contratualização do Processo*. Ob. cit., p. 188-192.

resignação. Vale dizer, extrai-se a aquiescência de ato de cumprimento do comando contido na decisão.

Porém, nem toda atitude da parte em aparente concordância com a decisão deve ser assim considerada. O sucumbente, inconformado com o provimento judicial, pode cumprir a obrigação imposta apenas para evitar as penalidades decorrentes do descumprimento ao mesmo tempo que objetiva a reforma da decisão em sede recursal. Por exemplo, para se evitar dúvida sobre a vontade do agente, se a parte deposita o valor da condenação, nos moldes do art. 520, § 3º, do Código, imprescindível a ressalva de que o depósito não comporta pagamento, mas mera forma de evitar a incidência dos encargos decorrentes da mora. Da mesma forma, o oferecimento de embargos à execução não obsta que o executado recorra da decisão que o incluiu no polo passivo da execução.[141]

A aquiescência prévia impede a interposição posterior de recurso – confundindo-se com a renúncia tácita –, enquanto aquela ocorrida depois de interposto o recurso resulta na configuração de sua desistência. É lícito à parte a concordância apenas parcial com a decisão, o que implica o impedimento de recorrer a respeito do capítulo com o qual aquiesceu.

#### *2.5.4.3. Desistência do recurso*

Depois de servir-se do recurso, a parte pode desistir dele, como disposto no art. 998 do CPC. A desistência do recurso, diferentemente do que ocorre com a desistência da ação já contestada (art. 485, § 4º, do CPC), não depende de concordância da parte contrária. Também independe da renúncia dos litisconsortes. Porém, como já mencionado, em caso de litisconsórcio unitário, é válida, mas ineficaz, a desistência do recurso de apenas um dos litisconsortes sem que os demais também tenham desistido.

Os atos de disposição das partes produzem efeitos imediatamente (art. 200 do CPC), isto é, se não há previsão legal expressa em contrário, passam a surtir efeito desde quando praticados, independentemente de homologação. E, por conseguinte, o recorrente não pode retratar-se. Também nisso o ato de desistência de recurso difere da desistência da ação, já que, para esta, o Código exige a homologação (art. 200, parágrafo único).[142] Assim, se o

---

141 Nesse sentido, REsp 1.655.655-SP, Rel. Min. Ricardo Villas Bôas Cueva, Terceira Turma, por unanimidade, julgado em 25/06/2019, DJe 01/07/2019.

142. BARBOSA MOREIRA, José Carlos. *Comentários*. Ob. cit., p. 333: "A desnecessidade da homologação não significa exclusão de toda e qualquer atuação do juiz (ou do tribunal). É óbvio que este há de conhecer do ato e exercer sobre ele o normal controle sobre os atos processuais em geral. A diferença em relação

recorrente desiste do recurso e, por equívoco, ocorre o julgamento, trata-se de ato inexistente, pois já havia ocorrido a preclusão quando da desistência.

A desistência é possível enquanto não iniciado o julgamento, ou seja, antes do início da colheita de votos da turma julgadora. O recorrente pode desistir por petição escrita ou oralmente, na sessão de julgamento, desde que antes do primeiro voto, embora existam precedentes do STJ e do STF permitindo a desistência depois de iniciado o julgamento, mas antes de colhido o último voto.[143]

Em relação à possibilidade de desistência parcial do recurso e sobre a desnecessidade de concessão de poderes especiais para o ato aplicam-se os comentários acima, referentes à renúncia do direito ao recurso, aos quais remeto o leitor. No processo civil, o Ministério Público pode desistir do recurso.[144]

O parágrafo único do art. 998 do CPC estabelece a ineficácia da desistência do recurso em relação ao julgamento da questão debatida no sistema da repercussão geral e dos recursos especial e extraordinário repetitivos. A disposição legal tem o claro intuito de evitar que a conduta do recorrente frustre o enfrentamento da questão pelo Supremo Tribunal Federal e/ou pelo Superior Tribunal de Justiça. Imagine-se que o recorrente, cujo recurso foi afetado para julgamento repetitivo, receie que o tribunal competente inaugure entendimento que lhe seja desfavorável e afete outras demandas da qual é parte. Com a finalidade de impedir o julgamento repetitivo, desiste do recurso. Com o intuito de obstar esse tipo de manobra processual, o legislador deixou claro que a questão jurídica controvertida ganha independência do recurso quando afetada para o regime da repercussão geral e do julgamento repetitivo. Isso porque não há mais apenas o interesse particular do recorrente em jogo. A afetação sugere o interesse público de enfrentamento daquela questão com o propósito de aplicá-la às centenas ou milhares de demandas

---

às hipóteses de ato dependente de homologação reside em que, nestas, o pronunciamento judicial tem natureza constitutiva, acrescenta algo de novo, e é ele que desencadeia a produção dos efeitos, ao passo que, aqui, toda a eficácia remonta à desistência, cabendo tão só ao juiz ou ao tribunal apurar se a manifestação de vontade foi regular e – através de pronunciamento meramente declaratório – certificar os efeitos já operados.

143. Ver STJ, Questão de Ordem no REsp n. 556.685-PR, Rel. Min. Cesar Asfor Rocha, julgamento em 11/2/2004.;STF, Pleno, Questão de Ordem na Rcl n. 1.503, Rel. Min. Ricardo Lewandowski, julgamento em 26/3/2009.

144. SOUZA, Bernardo Pimentel. *Introdução aos Recursos Cíveis e à Ação Rescisória*. 10. ed. São Paulo: Saraiva, 2014, p. 118: "Em resumo, o Ministério Público pode desistir do recurso cível interposto na qualidade de parte ou de fiscal da lei. Ao contrário do que ocorre no Direito Processual Penal, no qual o artigo 576 do Código de Processo Penal revela a impossibilidade jurídica da desistência do recurso interposto pelo *parquet*, no Código de Processo Civil não há preceito de igual teor".

nas quais ela também incide e para a formação de precedente que sirva de modelo de julgamento aos casos futuros nos quais a mesma questão surgir.[145]

O recorrente não está impossibilitado de desistir. Ele pode praticar o ato de disposição. Porém, sua desistência não produzirá o efeito de impedir o julgamento da questão no regime da repercussão geral e do julgamento de recursos repetitivos. Com sua desistência, o caso individual transitará em julgado e poderá haver a afetação de outro recurso representativo da controvérsia, em substituição. Essa situação também se aplica ao incidente de resolução de demandas repetitivas, conforme art. 976, § 1º, do Código.

### 2.5.5. Regularidade formal

Além dos requisitos intrínsecos de admissibilidade, na tradicional classificação de Barbosa Moreira, o recorrente deve ainda preencher requisitos extrínsecos, relativos ao prazo, à forma e ao recolhimento prévio das custas processuais destinadas ao custeio da atividade jurisdicional recursal, quando exigidas por lei.

O recurso é um ato processual da parte (do Ministério Público ou de terceiros, quando legitimados) que tem sua forma prevista em lei e, portanto, deve ser atendida pelo recorrente. Em primeiro lugar, com exceção dos embargos de declaração opostos em processo em trâmite perante os juizados especiais (art. 49 da Lei n. 9.099/95), que podem ser oferecidos oralmente e posteriormente reduzidos a termo, o recurso deve ser apresentado em petição escrita. O recorrente deve estar representado em juízo por seu advogado, a quem cabe assinar a peça recursal. A procuração pela qual são concedidos poderes ao patrono também deve constar dos autos.

São requisitos formais gerais de todos os recursos a apresentação do nome e qualificação das partes, caso ainda não qualificadas, as razões recursais de fato e de direito e o pedido. Também é essencial que conste da petição a indicação da modalidade recursal eleita, a quem é dirigido o recurso e o

---

145. MARINONI, Luiz Guilherme; MITIDIERO, Daniel. *Comentários ao Código de Processo Civil*. Ob. cit., p. 183: "A função das Cortes Supremas – do Supremo Tribunal Federal e do Superior Tribunal de Justiça – não é de controle, mas de interpretação. A função é prospectiva e não propriamente retrospectiva. Daí a razão pela qual os seus julgados têm eficácia de precedente (arts. 926 e 927, CPC/2015). Assim, o recurso extraordinário e o recurso especial funcionam como meios pelos quais essas Cortes colhem a oportunidade de analisar questões jurídicas controversas a fim de outorgar unidade ao direito. É por essa razão que o art. 998, parágrafo único, CPC/2015, permite que o Supremo Tribunal Federal e o Superior Tribunal de Justiça se pronunciem sobre questões recursais ainda que a parte tenha desistido do recurso. Nesse caso, obviamente que a pronúncia da Corte não poderá alcançar o recurso da parte. Servirá, porém, para outorgar unidade ao direito, valendo como precedente".

número do processo originário, para permitir a identificação. A lei pode ainda exigir o preenchimento de requisitos específicos em relação à forma, dependendo do recurso interposto. Assim, o agravo de instrumento, se forem físicos os autos em primeira instância, deve ser instruído com as cópias do processo indicadas no art. 1.017, do CPC; a petição de recurso especial fundado na alínea *c* do art. 105, III, da Constituição deve conter o cotejo analítico entre o acórdão recorrido e o acórdão paradigma (art. 1.029, § 1º, parte final, do CPC); o agravo interno exige do agravante a impugnação específica dos fundamentos da decisão agravada (art. 1.021, § 1º, do CPC), e assim por diante. São examinados os requisitos específicos dos recursos no capítulo em que trato dos recursos em espécie.

Em conformidade com o princípio da dialeticidade, não basta ao recorrente a veiculação do pedido recursal, de reforma, invalidação, esclarecimento, integração ou correção de erro material. Imprescindível também que fundamente seu pedido, expondo suas razões de fato e de direito.[146] Como já estudado quando da análise dos princípios recursais, a falta de apresentação dos fundamentos do recorrente para um novo julgamento da questão viola o requisito da regularidade formal.

O não preenchimento do requisito ora em estudo pode ter distintas consequências. O erro na grafia do nome da parte ou a incorreção do número do processo, por exemplo, são meras irregularidades que não acarretam maiores consequências. Sequer demandam a correção pelo recorrente, se o erro não impossibilitar a adequada identificação do caso. Outros vícios, porém, reputados mais graves, como a ausência de assinatura do advogado, a falta de procuração ou de instrução da petição com os documentos obrigatórios, demandam a intimação do recorrente a fim de facultar-lhe a correção do vício ou a complementação da documentação exigida no prazo de cinco dias (art. 932, parágrafo único, do CPC).

Discute-se, ainda, se existem vícios formais insanáveis, como a ausência de fundamentação ou de pedido, que não permitiriam a concessão, pelo julgador, de nova oportunidade ao recorrente para a prática adequada do ato. Como já defendi aqui, entendo que o CPC/2015 optou pela minimização

---

146. DIDIER JR., Fredie; CUNHA, Leonardo Carneiro da. *Curso*. Ob. cit., p. 148: "A doutrina costuma mencionar a existência de um princípio da dialeticidade dos recursos. De acordo com esse princípio, exige-se que todo recurso seja formulado por meio de petição pela qual a parte não apenas manifeste sua inconformidade com o ato judicial impugnado, mas, também e necessariamente, indique os motivos de fato e de direito pelo quais requer o novo julgamento da questão nele cogitada. Rigorosamente, não é um princípio: trata-se de exigência que decorre do princípio do contraditório, pois a exposição das razões de recorrer é indispensável para que a parte recorrida possa defender-se, bem como para que o órgão jurisdicional possa cumprir seu dever de fundamentar suas decisões".

do formalismo e pela busca incessante do julgamento do mérito – da causa ou do recurso. Desse modo, conquanto falte fundamentação suficiente ou pedido à peça recursal, incide a norma contida no art. 932, parágrafo único, do Código, impondo ao relator a intimação do recorrente para a correção do vício.[147]

Se o recorrente, instado à correção do vício, deixa de fazê-la, o recurso não será conhecido.

### 2.5.6. Tempestividade

O direito ao recurso é um direito temporário. Isso significa que a parte deve exercê-lo durante o período previsto em lei e que, depois de escoado esse prazo, não será mais possível o exercício regular desse direito. O espaço de tempo estabelecido para a interposição do recurso é curto, porquanto é de interesse do Estado e de toda sociedade que as decisões judiciais se estabilizem e se tornem imutáveis sem demora, propiciando maior segurança às relações jurídicas.[148]

Na exposição de motivos do CPC/2015, a Comissão responsável pelo anteprojeto do Código elencou como um dos escopos da reforma a simplificação do sistema recursal. Embora não me pareça que o objetivo tenha sido alcançado, em razão especialmente da complexidade da impugnação de decisões interlocutórias (art. 1.009 e art. 1.015) e das decisões de Presidente ou Vice-Presidente de tribunal local acerca da admissibilidade de recurso especial e extraordinário (art. 1.030), o CPC/2015 teve o mérito de uniformizar os prazos da maioria dos recursos que regulamenta.[149] Com a exceção dos embargos de declaração, os demais recursos previstos no Código têm prazo de quinze dias – para interposição e para oferecimento de contrarrazões –, contados apenas os dias úteis, uma vez que o prazo recursal tem natureza processual, atraindo a incidência do art. 219.

---

147. Para um entendimento contrário, ver KOZIKSKI, Sandro Marcelo. *Sistema Recursal*. Salvador: Juspodivm, 2015, p. 70.

148. GRECO, Leonardo. *Instituições*. Ob. cit., p. 68.

149. GUEDES, Cintia Regina. Os recursos cíveis no projeto do novo Código de Processo Civil. *Revista de Processo*, São Paulo: Revista dos Tribunais, v. 207, maio 2012, p. 265-278: "O art. 948, § 1.º, unifica os prazos recursais em 15 dias, excetuando apenas os embargos de declaração, que continuam a ter prazo de 5 dias (art. 977 do Projeto). Tal norma encontra-se de acordo com a ideia de simplificação de formalidades do Código, especialmente de diminuição da complexidade das normas em matéria recursal. Destarte, com o Projeto, todos os recursos (à exceção, repita-se, dos embargos de declaração) passam a ter prazo de 15 dias, sendo alterados, portanto, os prazos para interposição do agravo de instrumento, do agravo interno e do agravo de admissão. Cumpre lembrar, ainda, que nos prazos para interposição dos recursos somente se contabilizam os dias úteis, assim como todos os prazos para a prática de atos processuais, na forma prevista no art. 186 do Projeto".

Essa consolidação dos prazos não atingiu recursos previstos em outras leis, como o recurso regulado pela lei dos juizados especiais (art. 42, Lei n. 9.099/1995), pelo Estatuto da Criança e do Adolescente (art. 198, II, Lei n. 8.069/1990), ambos com prazo de 10 dias, e pela Lei n. 13.300/2016, que previu o prazo de cinco dias para a interposição de agravo interno em face da decisão do relator de indeferimento da petição inicial de mandado de injunção (art. 6º, parágrafo único). Porém, no que não colidir com a disposição contida em lei especial, aplicam-se as normas do CPC, incluindo a contagem em dias úteis dos prazos.

A questão da contagem dos prazos processuais nos processos que tramitam perante os juizados especiais tem sido debatida desde o período de *vacatio legis* do CPC/2015. O Fórum Nacional de Juizados Especiais (Fonaje) aprovou enunciado sustentando a contagem ininterrupta dos prazos nos juizados.[150] O argumento dos defensores da continuidade do prazo é extraído do art. 2º da Lei n. 9.099/1995, no qual o legislador assinalou os princípios norteadores dos juizados, entre eles a simplicidade e a celeridade. A contagem dos prazos processuais apenas em dias úteis contrariaria tais princípios.

No entanto, com a finalidade de pôr fim à controvérsia, a Lei n. 13.728/2018, inseriu o art. 12-A na Lei n. 9.099/1995, que prevê: "na contagem de prazo em dias, estabelecido por lei ou pelo juiz, para a prática de qualquer ato processual, inclusive para a interposição de recursos, computar-se-ão somente os dias úteis". Assim, não há mais dúvida acerca da contagem dos prazos processuais nos juizados especiais.

O prazo recursal é peremptório. Se a parte deixa de interpor o recurso no prazo, opera a preclusão temporal e, por conseguinte, o recurso interposto posteriormente será inadmitido. Porém, como estudaremos mais adiante, nem toda matéria não atacada por um recurso fica isenta de impugnação futura.

O Ministério Público (art. 180), a Fazenda Pública (art. 183) e a Defensoria Pública (art. 186) têm prazo em dobro para todas as suas manifestações processuais, inclusive a interposição de recursos. Também gozam de prazo em dobro os litisconsortes que tiverem diferentes procuradores, de escritórios de advocacia distintos, desde que sejam físicos os autos (art. 229), uma vez que a atribuição de prazo em dobro visa garantir que ambos os patronos possam ter acesso aos autos em igual período. Se o processo tramita em autos eletrônicos, os advogados dos litisconsortes podem acessá-los concomitantemente, dispensando a diferença de tratamento. Também

150. Enunciado n. 165: "Nos Juizados Especiais Cíveis, todos os prazos serão contados de forma contínua".

não haverá contagem em dobro do prazo dos litisconsortes se apenas um deles sucumbiu.[151]

Consoante dispõe o art. 1.003 do CPC, "o prazo para interposição de recurso conta-se da data em que os advogados, a sociedade de advogados, a Advocacia Pública, a Defensoria Pública ou o Ministério Público são intimados da decisão", isto é, o prazo corre a partir da ciência dos representantes processuais das partes.[152] Se a decisão for proferida em audiência, as partes saem cientificadas do ato.[153] A parte pode tomar ciência de decisões proferidas antes da intimação, como ocorre no caso de carga dos autos por seu advogado (art. 272, § 6º, do CPC). Com a retirada dos autos de cartório, considera-se ter havido ciência inequívoca de todos os atos praticados até então, iniciando-se o prazo recursal a partir da data da carga.

Em regra, as intimações são realizadas por meio eletrônico (art. 270, do CPC). Se não efetuadas dessa forma, consideram-se feitas as intimações pela publicação dos atos no órgão oficial (art. 272 do CPC). É indispensável que conste da publicação os nomes das partes e de seus advogados – inclusive número de registro na OAB – ou da sociedade de advogados, sob pena de nulidade (art. 272, § 2º, do CPC). Se inviável a intimação por meio eletrônico e não existindo na localidade órgão oficial de imprensa, o advogado será intimado pessoalmente, se tiver domicílio na sede do juízo, ou pelo correio (art. 273 do CPC).

Uma novidade introduzida pelo CPC/2015 é a intimação realizada pelo advogado da parte contrária. O art. 269, § 1º, autoriza os advogados a promoverem a intimação do advogado da outra parte pelo envio de carta, devendo em seguida juntar aos autos cópia do ofício de intimação e do aviso de recebimento.

A contagem do prazo recursal segue a regra do art. 224 do CPC, isto é, exclui-se o dia do começo e conta-se o dia do vencimento. "Os dias do

---

151. Súmula n. 641, do STF.

152. ASSIS, Araken de. *Manual dos Recursos*. Ob. cit., p. 155: "Em relação aos acórdãos, o art. 943, § 2.º, impõe a publicação da ementa no órgão oficial. Não basta, atualmente, a publicação do dispositivo do acórdão – *v.g.*, "negaram provimento"; "deram provimento" –, como acontecia na generalidade dos tribunais de segundo grau. Jamais se considerou a contagem do prazo da eventual inserção no diário oficial das conclusões do julgamento (minuta ou tira). De toda sorte, assinale-se o sentido equívoco da palavra publicação no art. 943, § 2.º. O prazo flui, na verdade, da intimação – feita através da publicação no órgão oficial. E considera-se "publicado" o pronunciamento, ainda, na oportunidade em que é inserido nos autos. Tal ato não abre, de per se, o prazo recursal".

153. O STJ possui entendimento de que a habilitação de advogado em autos eletrônicos não é suficiente para a presunção de ciência inequívoca das decisões, sendo inaplicável a lógica dos autos físicos (AgInt no REsp 1.592.443-PR, Rel. Min. Paulo de Tarso Sanseverino, por unanimidade, julgado em 17/12/2018, DJe 01/02/2019).

começo e do vencimento do prazo serão protraídos para o primeiro dia útil seguinte, se coincidirem com dia em que o expediente forense for encerrado antes ou iniciado depois da hora normal ou houver indisponibilidade da comunicação eletrônica" (art. 224, § 1º). Se o sistema do processo eletrônico falhar, impossibilitando a interposição do recurso no último dia, o prazo será prorrogado automaticamente para o primeiro dia útil seguinte, no qual esteja novamente funcionando o sistema.[154]

Para aferição da tempestividade, verifica-se o dia de protocolo da petição de recurso, que deve ocorrer até o encerramento da atividade do fórum ou do tribunal no último dia do prazo (art. 212, § 3º, do CPC). Se os autos forem eletrônicos, é lícito às partes peticionarem até às 24 horas do último dia do prazo (art. 213 do CPC). O interessado em recorrer também poderá fazê-lo antes de intimado da decisão. A lei processual não estabelece um marco inicial para a prática do ato. É tempestivo o recurso interposto em qualquer momento depois de proferida a decisão, desde que não esgotado o prazo. Nesse sentido, dispõe o art. 218, § 4º, do CPC, que "será considerado tempestivo o ato praticado antes do termo inicial do prazo".[155] Em algumas hipóteses, é possível recorrer antes mesmo de a decisão ser proferida. É o caso de a petição inicial conter pedido de tutela provisória *inaudita altera parte*, por exemplo, e a decisão determina a citação do réu, afirmando que o pedido de tutela provisória será apreciado posteriormente. Mesmo antes de examinado o pedido, o autor tem interesse recursal, haja vista ter estabelecido o momento em que desejava ver sua pretensão atendida. [156]

Se a parte enviar seu recurso pelo correio, para fins de tempestividade será considerada a data de postagem como sendo a data de interposição, conforme art. 1.003, § 4º, do CPC. Essa norma vai de encontro ao entendimento do STJ, manifestado no enunciado de súmula n.º 216, que considerava intempestivo o recurso remetido pelo correio quando o recebimento se desse depois de escoado o prazo, conquanto a remessa tenha ocorrido dentro do prazo. Com o CPC/2015, essa posição fica superada.

---

154. O STJ permite a comprovação posterior da falha sistêmica, para relevação da pena de intempestividade: AgInt. no AREsp n. 1054786/RJ. Relator Min. Paulo de Tarso Sanseverino. Acórdão de 19 de setembro de 2017. Publicado em 25 de setembro de 2017.

155. A inclusão do aludido dispositivo tornou-se necessária em razão de precedentes do STF e do STJ, considerando extemporâneos recursos interpostos antes do início do prazo: STF, EDclRE n. 195.859, rel. Min. Ilmar Galvão; STJ, AgRg n. 483055/SC, rel. Min. Hamilton Carvalho, DJE 17 maio 2004.

156. Nesse sentido, consultar Superior Tribunal de Justiça. Decisão monocrática 2017/0166916-3. Relatora Min. Laurita Vaz. Publicado em 27 de outubro de 2017.

Na apelação, no recurso especial e no recurso extraordinário, o prazo recursal se renova na hipótese de a parte contrária também ter recorrido da decisão. Isso porque abre-se a possibilidade de interposição de tais recursos na modalidade adesiva, cujo prazo é o mesmo daquele destinado às contrarrazões recursais, como dispõe o art. 997, § 2º, II, do CPC.

Os litigantes ainda não citados quando da prolação de uma decisão, como ainda não fazem parte da relação jurídica processual e, por conseguinte, não foram intimados da decisão pelas vias habituais – sistema do processo eletrônico ou publicação no órgão oficial de imprensa – não estão formalmente cientificados do provimento judicial. O prazo de recurso inicia-se, nesses casos, conforme o disposto no art. 231, incisos I a VI, isto é, dependerá da modalidade de citação adotada. Imagine-se a concessão liminar de antecipação de tutela e a consequente ordem de comunicação processual mediante mandado entregue por oficial de justiça. O réu será citado para fazer parte da relação jurídica processual (art. 238, do CPC), intimado da decisão já proferida e da data da audiência de conciliação ou mediação designada, se tratar-se de demanda ajuizada pelo procedimento comum. O prazo para cumprimento de eventual intimação inicia-se na data de comunicação (art. 231, § 3º, do CPC), o prazo para interposição de agravo de instrumento em face da decisão que deferiu a tutela provisória começa a partir da juntada do mandado cumprido (art. 1.003, § 2º, c/c art. 231, II, ambos do CPC) e o prazo de contestação somente se iniciará após a última sessão de mediação ou conciliação, caso as partes não tenham transigido (art. 335, inc. I, do CPC).

A intempestividade é um vício insanável. O recorrente não tem como voltar no tempo para praticar o ato no momento oportuno. No entanto, é possível que tenha ocorrido erro na contagem pelo serventuário responsável pela certificação de tempestividade ou pode ter ocorrido algum caso de suspensão ou interrupção do prazo, não computado na verificação.[157] Por tais motivos, parece-me atrair, também para o exame de tempestividade, a incidência do art. 932, parágrafo único, do CPC, isto é, antes de considerar inadmissível o recurso, o relator deverá conceder o prazo de cinco dias ao recorrente para que se manifeste sobre possível intempestividade.[158]

157. PINHO, Humberto Dalla Bernadina. *Direito Processual Civil Contemporâneo*. Ob. cit., p. 857: "A suspensão do prazo recursal não se confunde com a suspensão do processo, havendo hipóteses em que se suspende o prazo recursal, mas se interrompe o processo, como ocorre quando do falecimento do advogado".

158. Nesse sentido, cf. OLIVEIRA JR., Zulmar Duarte de. In: GAJARDONI, Fernando da Fonseca; DELLORE, Luiz; ROQUE, André Vasconcelos; OLIVEIRA JR., Zulmar Duarte de. *Execução e Recursos*: comentários ao CPC de 2015. São Paulo: Método, 2017, p. 1.007. Em sentido contrário, cf. ASSIS, Araken de. *Manual dos Recursos*.

O próprio Código elenca hipóteses nas quais o prazo será devolvido à parte integralmente (art. 1.004), como no caso de falecimento da parte ou de seu advogado[159] ou na ocorrência de motivo de força maior que suspenda o curso do processo.[160] A parte pode não ter tido a oportunidade de, no decorrer do prazo, comunicar o ato causador da interrupção. Assim, afigura-se mais adequado do que a interposição de novo recurso da parte contra a decisão de inadmissão – *v.g.*, agravo interno em face de decisão do relator que julgou intempestivo o recurso por meio de decisão unipessoal –, a concessão de oportunidade de manifestação prévia ao reconhecimento da intempestividade, a fim de que o recorrente possa oferecer seus esclarecimentos.

Uma hipótese específica prevista no CPC, em seu art. 1.003, § 6º, diz respeito à comprovação de feriado local que tenha influenciado na contagem do prazo recursal. O legislador exigiu do recorrente a demonstração da existência de feriado no momento da interposição do recurso. Tal norma não afasta, contudo, a aplicação do art. 932, parágrafo único, do CPC. Como se trata de vício facilmente sanável, o recorrente deve ser intimado para comprovar o feriado no prazo de cinco dias.[161] Essa interpretação é condizente com o princípio da primazia de julgamento de mérito, adotado pelo CPC/2015.

---

Ob. cit., p. 151: "E há outro ponto a merecer consideração geral. O art. 932, parágrafo único, autoriza o relator a mandar o recorrente, no prazo de cinco dias, suprir faltas ou corrigir defeitos. Essa disposição insere-se na marcante tendência do CPC de 2015 de buscar a resolução do mérito, a todo o transe, aqui o mérito da pretensão recursal. Do art. 1.029, § 3.º, que permite ao STF e ao STJ abstrair o vício do recurso, não o considerando grave, ou mandar o recorrente corrigi-lo, pressupõe a tempestividade. Logo, dentre os requisitos de admissibilidade, o único absoluto, insuperável por força da preclusão, a que tem direito o recorrido, é a tempestividade".

159. KOZIKSKI, Sandro Marcelo. *Sistema Recursal*. Ob. cit., p. 132: "Porém, a interrupção do prazo recursal dar-se-á apenas nos casos de falecimento do único procurador constituído pela parte interessada em recorrer. Havendo mais de um advogado habilitado, em princípio não haverá prejuízo à parte dotada de interesse recursal. Situações especiais podem ser resolvidas pela regra do art. 223 do CPC".

160. ASSIS, Araken. *Manual de Recursos*. Ob. cit., p. 162: "Ressalva feita à hipótese das férias forenses, em que o reinício da fluência do prazo ocorrerá, automaticamente, no primeiro dia útil após seu término, o prazo recursal recomeçará na data em que se intimar o advogado da devolução, proclamou o STJ".

161. Nesse sentido JORGE, Flávio Cheim. *Teoria Geral dos Recursos Cíveis*. Ob. cit., p. 173; MARINONI, Luiz Guilherme; ARENHART, Sérgio Cruz; MITIDIERO, Daniel. *Novo Código de Processo Civil comentado*. Ob. Cit., p. 936. Em sentido contrário, considerando inadmissível a comprovação posterior do feriado local se a parte não alegou tal fato no momento de interposição, cf. DIDIER JR., Fredie; CUNHA, Leonardo Carneiro da. *Curso*. Ob. cit., p. 145. O STJ, em precedente na vigência do CPC/2015, considerou inadmissível a comprovação posterior: AgInt. No REsp n. 1665808/DF. Relator Min. Ricardo Villas Bôas Cueva. Acórdão de 10 de outubro de 2017. Publicada em 24 de outubro de 2017. Enunciado CJF n. 66: "Admite-se a correção da falta de comprovação do feriado local ou da suspensão do expediente forense, posteriormente à interposição do recurso, com fundamento no art. 932, parágrafo único, do CPC".

### 2.5.7. Preparo

A atividade jurisdicional pode limitar-se ao primeiro grau de jurisdição, se não for interposto recurso pelas partes. Dessa forma, compete ao autor o adiantamento do recolhimento das custas, a fim de contribuir com o custeio do serviço prestado em primeira instância. Entretanto, quem efetivamente paga o valor das custas é o sucumbente, reembolsando as despesas antecipadas pela parte vencedora, conforme a regra contida no art. 82 do CPC.

A maior parte do custeio da atividade do Poder Judiciário, porém, advém dos tributos recolhidos por todos os contribuintes, e não apenas pelos usuários do serviço. As partes pagam tão somente uma pequena parcela do custo do serviço do qual usufruem, já que, como a experiência tem demonstrado, as custas judiciais não bastam para arcar com remuneração de servidores, estrutura física permanente etc. A opção pela divisão do custeio nessa proporção tem como objetivo a não criação de óbices econômicos ao acesso à justiça. Se os jurisdicionados tivessem que custear todo o serviço que lhes é prestado, o preço impediria o acesso de grande parte da população ao Judiciário. Destarte, o custeio do "acesso à justiça" sai do mesmo bolo que também patrocina o "acesso à saúde", o "acesso à educação", o "acesso à segurança pública" etc.

O preparo é requisito extrínseco de admissibilidade recursal relacionado com o custeio da atividade jurisdicional em grau de recurso. Comporta as custas, que têm natureza de taxa, e as despesas postais, para os casos em que se afiguram necessários a remessa dos autos ao órgão *ad quem* e o posterior reenvio ao órgão *a quo*,[162] depois de julgado o recurso. Portanto, se a parte prejudicada por uma decisão almeja um segundo exame da mesma questão já apreciada, haverá um serviço adicional, que deve ser custeado.

Nas causas que tramitam na Justiça Federal, aplica-se a Lei n. 9.289/1996. Em seu art. 14, inciso II, com redação dada pelo art. 1.060 do CPC/2015, consta a regra de que "aquele que recorrer da sentença adiantará a outra metade das custas, comprovando o adiantamento no ato de interposição do recurso, sob pena de deserção, observado o disposto nos §§ 1º a 7º do art. 1.007 do Código de Processo Civil". Divide-se, desse modo, o recolhimento das custas em primeiro e segundo grau.

162. As despesas postais com porte de remessa e retorno não são exigíveis em processos eletrônicos, visto que a remessa é feita por meio eletrônico, sem custos de postagem (art. 1.007, § 3º, do CPC).

Alguns autores criticam o preparo, sob o argumento de que cria um óbice econômico ao exercício do direito ao recurso, limitando o acesso à justiça.[163] Discordo dessa análise. Primeiramente, parece não isonômico que os usuários da atividade jurisdicional recursal não paguem por esse serviço adicional. Seria desproporcional demandar o pagamento do mesmo montante de custas daqueles que se servem dos recursos, aumentando a atividade dos tribunais, e daqueles que se satisfazem com apenas um julgamento. Além disso, para os que não podem arcar com as despesas processuais, a lei reservou o benefício da gratuidade de justiça, o que os isenta do preparo (art. 98, § 1º, I, do CPC). Mais do que um desincentivo à interposição de recursos – que é um efeito meramente colateral –, o preparo serve à diminuição do fardo que é jogado nas costas do contribuinte, que tem de pagar cada vez mais tributos para financiar os gastos – cada vez mais pesados – da máquina estatal.

Ao recorrente cabe demonstrar o recolhimento das custas no momento de interposição do recurso (art. 1.007, *caput*, do CPC). Nos juizados especiais, embora não se exija o recolhimento de custas em primeiro grau, o conhecimento do recurso inominado depende de preparo, o qual, diferentemente do sistema do CPC, poderá ser realizado até 48 horas depois de interposto o recurso (art. 42, § 1º, da Lei n. 9.099/95).

A insuficiência ou a ausência de preparo podem levar à deserção, isto é, à inadmissibilidade recursal.[164] Antes que isso ocorra, porém, o recorrente será intimado para, em cinco dias, recolher a diferença, em caso de insuficiência (art. 1.007, § 2º, do CPC), ou para efetuar o recolhimento em dobro do valor do preparo, em caso de ausência de comprovação do preparo no ato de interposição (art. 1.007, § 4º, do CPC). Em ambos os casos, se, na segunda oportunidade recebida, o recorrente deixa de efetuar a complementação ou o recolhimento em dobro, seu recurso será julgado deserto. E no caso de ausência inicial de preparo, o recorrente deverá

163. GRECO, Leonardo. *Instituições*. Ob. cit., p. 73: "Sou contra o preparo, especialmente em regime como o nosso, em que as custas são receitas do Estado e não dos serventuários ou dos juízes, porque não há nenhum benefício apreciável que o justifique. Se com ele se pretende coibir recursos procrastinatórios e a elevação do seu valor, que poderia ser útil para esse fim, encontra óbice na garantia do acesso à justiça, seria melhor pensar em instituir nova sucumbência em grau de recurso, ou seja, a imposição ao vencido na instância recursal de algum ônus econômico em consequência do não acolhimento do seu recurso, o que faz o Código de 2015 timidamente, não permitindo que essa nova verba ultrapasse o teto máximo que já poderá ter sido alcançado na instância antecedente".

164. DONOSO, Denis; SERAU JR., Marco Aurélio. *Manual dos Recursos Cíveis*. Salvador: Jus Podivm, 2016, p. 95: "Note-se, porém, a sutil diferença entre ausência de preparo e preparo insuficiente. No primeiro caso, nada foi recolhido (e o regime jurídico a ser aplicado é outro, conforme os §§ 4º e 5º do art. 1.007 do CPC, adiante analisados). No caso de insuficiência, todavia, já foi recolhido um valor prévio, mas abaixo do correto, com a interposição do recurso. Nesta última hipótese, a parte deve ser intimada a recolher a diferença no prazo de cinco dias".

recolher sem erros o valor do preparo em dobro quando intimado. Se efetuar pagamento a menor, não lhe será dada uma terceira oportunidade (art. 1.007, § 5º, do CPC).

Não obstante entendimentos pretorianos em sua maioria contrários à incidência do art. 1.007 do CPC nos processos que se utilizam do procedimento dos juizados especiais, considero que incide a regra que exige a intimação do recorrente para complementação do preparo. Como já examinado quando da análise da contagem do prazo do recurso inominado, entendo que deve ser aplicada a norma processual geral aos processos em trâmite nos juizados quando não conflitantes com as regras especiais. Nesse caso, não há nenhuma norma nas leis especiais que vede ou de qualquer maneira se apresente contrária à concessão de prazo para recolhimento do valor faltante das custas. Do mesmo modo, o óbice criado pelo entendimento jurisprudencial impede, por mera formalidade, o exame do mérito recursal em hipótese na qual o vício existente no recurso é facilmente sanável, acarretando violação ao princípio da primazia do julgamento de mérito.

O preparo se dá por meio do recolhimento das custas. Para tanto, o recorrente preenche uma guia, contendo as contas bancárias a que cada parcela do valor será destinada. Basta examinar a complexidade das guias de custas de cada estado e facilmente se percebe que não é incomum o seu preenchimento incorreto. Caso isso ocorra, o recorrente será intimado para a correção do vício no prazo de cinco dias, sob pena de deserção (art. 1.007, § 7º, do CPC).

Além das partes que comprovaram a sua impossibilidade financeira de pagamento de despesas processuais e que, portanto, gozam do benefício de gratuidade de justiça,[165] a lei dispensa de preparo outros sujeitos processuais.[166] Conforme dispõe o art. 1.007, § 1º, do CPC, "são dispensados de preparo, inclusive porte de remessa e de retorno, os recursos interpostos pelo

---

165. RODRIGUES, Marco Antonio. *Manual dos Recursos*. Ob. cit., p. 68: "Note-se que, se a concessão da gratuidade for requerida quando da própria oferta do recurso, o recorrente estará dispensado de comprovar o recolhimento do preparo, incumbindo ao relator, nesse caso, apreciar o requerimento e, se indeferi-lo, fixar prazo para realização do recolhimento. Em tal hipótese, não há que falar em recolhimento em dobro, na forma do art. 1.007, § 4º, pois a não apresentação do comprovante de recolhimento das custas recursais decorreu de motivo justificado em hipótese legalmente prevista".

166. ASSIS, Araken de. *Manual dos Recursos*. Ob. cit., p. 177: "Nenhum motivo plausível justifica a adoção de simetria entre o recurso interposto em caráter principal e o subordinado relativamente ao preparo. Em outras palavras, a isenção do recorrente principal não se transmite ao recorrente adesivo. Assim, incompreensível dispensar o apelante adesivo sob pretexto da isenção do Município e apelante principal. No caso, a dispensa do preparo baseia-se na condição subjetiva do recorrente, obviamente intransferível para pessoa diversa".

Ministério Público, pela União, pelo Distrito Federal, pelos Estados, pelos Municípios, e respectivas autarquias, e pelos que gozam de isenção legal".[167]

Outrossim, alguns recursos são interpostos sem a exigência do recolhimento de custas. No CPC, o art. 1.023 dispensa de preparo os embargos de declaração e o art. 1.042, § 2º faz o mesmo com o agravo em recurso especial e em recurso extraordinário. Da mesma forma, o Estatuto da Criança e do Adolescente dispõe, em seu art. 198, I, que "os recursos serão interpostos independentemente de preparo", e a Lei n. 6.830/1980 não impõe o recolhimento de custas na interposição de embargos infringentes de alçada. Pela sua natureza de taxa, o preparo precisa ser instituído por lei tributária própria, a qual aprova o regimento de custas aplicável aos serviços judiciários. Assim, ainda que a lei processual preveja ou não dispense o preparo, este não será exigido se a lei tributária deixa de instituí-lo.[168]

A pena de deserção, que configura o não conhecimento do recurso, pode ser relevada em casos nos quais a ausência de preparo decorreu de impedimento não atribuível ao recorrente.[169] O justo impedimento, que permite a prática do ato em momento posterior, está previsto nos art. 223 e. 1.007, § 6º, ambos do CPC.[170] Se provado o motivo justo de não recolhimento das custas no ato de interposição, o recorrente será intimado a fazê-lo no prazo de cinco dias. Note-se que, nessa hipótese, o preparo em momento posterior é simples, e não em valor dobrado, como ocorre nos casos de ausência imotivada de preparo (art. 1.007, § 4º, do CPC).[171]

Um caso comum de justo impedimento reconhecido pelo STJ,[172] dá-se com o protocolo do recurso no último dia do prazo, depois de encerrado o expediente bancário. Se não fosse possível a comprovação do preparo no

---

167. A Fazenda Pública e o Ministério Público não estão sujeitos ao preparo. Nesse sentido, há entendimento do STJ de que tal benefício se estende ao INSS: Súmula 483. "O INSS não está obrigado a efetuar depósito prévio do preparo por gozar das prerrogativas e privilégios da Fazenda Pública". Mas o benefício de isenção do preparo é inaplicável aos Conselhos de Fiscalização Profissional, conforme Tema n. 625 de julgamento de recursos repetitivos do STJ.

168. Cf. GRECO, Leonardo. *Instituições*. Ob. cit., p. 72; KOZIKSKI, Sandro Marcelo. *Sistema Recursal*. Ob. cit., p. 136.

169. OLIVEIRA JR., Zulmar Duarte de. *Execução e Recursos*. Ob. cit., p. 1.018: "Esse justo impedimento poderá se dar tanto na realização do preparo inicial, quanto no momento do recolhimento em dobro".

170. KOZIKSKI, Sandro Marcelo. *Sistema Recursal*. Ob. cit., p. 139: "Em linhas gerais, para fins de caracterização de justo impedimento ou ainda da justa causa, a jurisprudência vinha exigindo demonstração de situações de ordem objetiva, afastando impedimentos ou óbices de natureza exclusivamente pessoal".

171. Enunciado FPPC n. 610: "Quando reconhecido o justo impedimento de que trata o §6º do art. 1.007, a parte será intimada para realizar o recolhimento do preparo de forma simples, e não em dobro".

172. Súmula 484: "Admite-se que o preparo seja efetuado no primeiro dia útil subsequente, quando a interposição do recurso ocorrer após o encerramento do expediente bancário".

primeiro dia útil seguinte à interposição, o prazo do recurso ficaria limitado ao horário de fechamento dos bancos no último dia do prazo, e não ao horário de encerramento da atividade forense.[173] A decisão que reconhece o justo impedimento é irrecorrível.

### 2.5.8. Natureza do juízo de admissibilidade

Uma questão de difícil solução, em virtude de suas consequências práticas, refere-se à natureza da decisão de admissibilidade recursal. Boa parte da doutrina considera declaratória a decisão, seja de admissão ou de inadmissão de um recurso.[174] Dessa forma, o órgão competente pela verificação tão somente reconhece condição preexistente. "A existência ou a inexistência de tais requisitos é, todavia, anterior ao pronunciamento, que não a gera, mas simplesmente a reconhece".[175] O preenchimento se dá no momento da interposição do recurso e, portanto, o exame apenas constata a situação retratada naquele momento pretérito.[176]

Como consequência desse entendimento, porém, podem surgir cenários de insegurança. Imagine-se, por exemplo, a interposição de um recurso extraordinário pela parte sucumbente. O recurso é admitido pelo tribunal *a quo*. Passados mais de dois anos, o STF, discordando da posição da corte local, deixa de conhecer o recurso por considerá-lo inadmissível. Como essa decisão tem natureza declaratória, seus efeitos retroagem à data da interposição. Se passaram-se mais de dois anos, escoou o prazo decadencial da ação rescisória, sem que a parte possa mais utilizá-la. Essa situação é plenamente possível,

---

173. DIDIER JR., Fredie; CUNHA, Leonardo Carneiro da. *Curso*. Ob. cit., p. 153: "O art. 1.007, § 6º, CPC prevê a possibilidade de relevação da deserção, quando o recorrente provar o justo impedimento (greve bancária, enchente, dúvida escusável quanto à exigência de preparo para a interposição do recurso, como acontece, p. ex., em alguns tribunais, que exigem o preparo para o agravo interno, que não possui, como visto, etc.)".

174. NERY JÚNIOR, Nelson. Aspectos da teoria geral dos recursos no processo civil. In: *Doutrinas Essenciais Processo Civil*. São Paulo: Revista dos Tribunais, 2011, v. VII, p. 319.

175. BARBOSA MOREIRA, José Carlos. *Comentários ao Código de Processo Civil*. Ob. cit., p. 265.

176. Mesmo aqueles que reconhecem a natureza declaratória do juízo de admissibilidade ressalvam que a configuração de uma decisão como sendo de inadmissão recursal depende da investigação do conteúdo do provimento. Pouco importa se o tribunal não conheceu do recurso, para fins de estabelecimento de sua natureza. Se, a despeito do rótulo de inadmissão, o órgão de fato adentrou no exame do mérito, a decisão tem natureza de provimento de fundo. Nesse sentido, ver NERY JR., Nelson. Aspectos da teoria geral dos recursos no processo civil. Ob. cit., v. VII, p. 319: "O juízo de admissibilidade, seja ele positivo ou negativo, tem natureza declaratória. O recurso não conhecido, por lhe faltar alguma das condições de admissibilidade, faz com que se tenha a decisão impugnada como transitada em julgado no momento em que se deu a causa de inadmissibilidade. Deve ser levado em conta o aspecto intrínseco da decisão que proclamou o juízo de admissibilidade, vale dizer, o conteúdo do ato do tribunal que inadmitiu o recurso. Dizemos isto porque ocorre com frequência, no âmbito do Supremo Tribunal Federal, com relação ao recurso extraordinário, confusão entre os juízos de admissibilidade e de mérito".

em decorrência da eventual demora de julgamento do recurso e ocasiona a perda de um direito sem que seu titular tenha contribuído para tanto.

Em resposta a essa sequela, a jurisprudência passou modular os efeitos de forma casuística, afastando a eficácia *ex tunc* da decisão de inadmissão do recurso em alguns casos.[177] Destarte, começou-se a aceitar a contagem do prazo de rescisória a partir da decisão de não conhecimento do recurso, de modo a evitar prejuízo à parte, exceto nas hipóteses de flagrante intempestividade e de ausência de preparo, tendo a decisão que as reconhece eficácia *ex tunc*.[178] Em 2009, consolidando esse posicionamento, o STJ editou a súmula n. 401, a qual dispõe: "o prazo decadencial da ação rescisória só se inicia quando não for cabível qualquer recurso do último pronunciamento judicial".

Parcela da doutrina adotou também esse entendimento intermediário, não retirando a natureza declaratória da decisão de inadmissibilidade, mas consentindo com a modulação de seus efeitos em determinadas hipóteses.[179] Outros autores preferiram extrair distintas naturezas jurídicas da decisão, de acordo com a verificação de preenchimento dos requisitos ou de sua ausência. Fredie Didier Jr. e Leonardo Carneiro da Cunha consideram declaratória a decisão de *admissão* do recurso, enquanto julgam constitutiva negativa a decisão que *inadmite* o recurso. Assim, essa decisão tem eficácia *ex nunc*, ao passo que aquela tem eficácia retroativa. O engenhoso raciocínio dos autores tem como fulcro o princípio da instrumentalidade das formas, segundo o qual os atos processuais defeituosos produzem efeito até a decretação da invalidade.[180]

---

177. STJ, REsp n. 299-RJ, julgado em 28/8/1998, RT 656/188. Na doutrina, ver ASSIS, Araken. *Manual dos Recursos*. Ob. cit., p. 92: "A decisão acerca do juízo de admissibilidade tem natureza declaratória. Entretanto, no direito brasileiro, os respectivos efeitos operam *ex nunc*. E isso para não comprometer a nitidez e precisão do termo inicial do prazo da rescisória (*infra*, 21) e, assim, evitar seu ajuizamento de modo antecipado. A eficácia *ex nunc* livra o recorrente da retroação de um eventual juízo negativo quanto ao recurso pendente, e, nesta contingência, impede a perda do prazo hábil para rescindir o julgado".

178. JORGE, Flávio Cheim. *Teoria Geral dos Recursos Cíveis*. Ob. cit., p. 85: "Além desse entendimento já manifestado na jurisprudência e também, de certa forma, na doutrina, no que tange à intempestividade, acreditamos que a ausência do recolhimento das custas para a interposição do recurso (falta de preparo) deve ser entendida da mesma forma que a intempestividade flagrante. Se o recorrente deixa de efetuar o preparo, a decisão que não admite o recurso deverá ter efeito *ex tunc*".

179. ALVIM, Teresa Arruda. *Os agravos no Código de Processo Civil Brasileiro*. 4. ed. São Paulo: Revista dos Tribunais, 2006, p. 149.

180. DIDIER JR., Fredie; CUNHA, Leonardo Carneira da. *Curso de Direito Processual Civil*. Ob. cit., p. 156: "Tendo em vista que os atos processuais defeituosos produzem efeitos até a decretação da sua invalidade, o juízo de inadmissibilidade, que decorre da constatação de que o procedimento recursal está defeituoso, tem eficácia *ex nunc*, respeitando os efeitos até então produzidos pelos atos do procedimento já praticados. Nada impede, porém, que se prevejam hipóteses em que haja retroatividade do juízo de admissibilidade, destruindo os efeitos já operados – desde que se faça isso expressamente, para evitar surpresas aos litigantes. Nem por isso deixará de ser constitutiva a decisão: não se desconhecem

O CPC, regulando o início da contagem do prazo de ajuizamento de ação rescisória, prevê em seu art. 975 que "o direito à rescisão se extingue em 2 (dois) anos contados do trânsito em julgado da última decisão proferida no processo". O Código adota, pois, a posição de que a decisão de inadmissão não retroage, produzindo seus efeitos somente a partir de seu proferimento. A norma não resolve algumas situações que eram enfrentadas pela doutrina e pela jurisprudência na vigência do CPC revogado. Será que o prazo de ajuizamento da ação rescisória somente se inicia da decisão de inadmissão do recurso em todos os casos? Se a reposta a essa indagação fosse positiva, a parte de má-fé poderia ajuizar seguidos recursos intempestivos, com o escopo de postergar indefinidamente o prazo.

Portanto, parece-me adequado manter a interpretação anterior de que a decisão de inadmissão não tem eficácia *ex nunc* em casos de intempestividade flagrante. Em relação à ausência de preparo, não pode subsistir o entendimento anterior, em virtude do disposto no art. 1.007, § 4º, do CPC, o qual determina a intimação do recorrente recolhimento em dobro do valor das custas em caso de ausência de preparo. Somente se o recorrente deixar de cumprir o requisito nessa segunda oportunidade o recurso será julgado deserto.

## 2.6. EFEITOS DOS RECURSOS

Como ato processual, o recurso produz efeitos, isto é, sua interposição – e, às vezes, a mera recorribilidade da decisão – acarreta consequências jurídicas que afetam o processo e a relação jurídica processual. Alguns efeitos decorrem da lei, como a profundidade da devolução, a suspensão da eficácia da decisão em alguns casos e o óbice à coisa julgada. Outros advêm da vontade do recorrente, como o objeto devolvido ao tribunal, ou de decisão judicial, como a suspensão do processo se a lei não a prevê como decorrência automática do cabimento do recurso.

Tradicionalmente, reconhecem-se dois efeitos dos recursos: o efeito devolutivo e o efeito suspensivo. Contudo, a partir da obra de estudiosos do tema,[181] outros efeitos ou subefeitos foram incorporados à classificação doutrinária, como o obstativo, o expansivo e o translativo. A presente

---

decisões constitutivas-negativas com eficácia retroativa, como é o caso da que anula negócio jurídico (art. 182, Código Civil)".

181. Cf. NERY JR., Nelson. *Teoria Geral dos Recursos*. Ob. cit.

obra, para fins didáticos, servir-se-á da classificação que comporta mais subdivisões.[182]

### 2.6.1. Efeito devolutivo

O conceito de efeito devolutivo não se extrai intuitivamente do verbo utilizado na sua denominação. "Devolução" remete à ideia de que o órgão responsável pelo julgamento do recurso já apreciou a causa e está recebendo-a novamente, por meio da devolução, quando, na verdade, o órgão *ad quem* *reexamina* a questão decidida por *outro* órgão jurisdicional.[183] Essa dissonância entre o uso comum do vocábulo e o seu significado técnico decorre de sua procedência histórica.[184] O termo devolução tem origem em épocas nas quais o soberano delegava a função judicante a magistrados e esse poder lhe era *devolvido* quando da interposição de recursos.[185] Tal fato levou alguns autores a desconsiderarem a existência de efeito devolutivo nas hipóteses nas quais o recurso é dirigido e julgado pelo prolator da decisão recorrida, como se dá nos embargos de declaração, por exemplo.[186]

---

182. BUENO, Cassio Scarpinella. *Manual de direito processual civil*. São Paulo: Saraiva, 2015, p. 606: "Não só a interposição mas também o julgamento dos recursos gera uma série de efeitos que merecem ser bem compreendidos.Com relação à interposição dos recursos, é correto entender a ocorrência dos seguintes efeitos: (i) obstativo (impedir a formação da coisa julgada, formal ou material); (ii) suspensivo (impedir o início da eficácia da decisão recorrida ou prolongar seu estado de ineficácia); (iii) regressivo (mais comumente chamado de efeito modificativo, é a possibilidade de o próprio prolator da decisão julgar o recurso, retratando-se, no todo ou em parte, alterando a decisão recorrida); e (iv) diferido (hipótese em que a admissibilidade do recurso depende da interposição e do conhecimento de outro recurso e que, no CPC de 2015, parece se restringir ao que é mais conhecido como recurso adesivo). No que diz respeito ao julgamento dos recursos, os efeitos são os seguintes: (i) devolutivo (que corresponde à matéria que poderá ser examinada pelo órgão julgador do recurso na exata medida da impugnação do recorrente, que a transfere para rejulgamento); (ii) translativo (que corresponde à matéria que poderá ser examinada pelo órgão julgador do recurso independentemente da impugnação do recorrente, que é, nesse sentido, transferida para regulamento por força de lei); (iii) expansivo (que corresponde às consequências do julgamento do recurso com relação à decisão, a outros atos do processo e, até mesmo, a outros sujeitos processuais); e (iv) substitutivo (circunstância de a decisão do órgão julgador do recurso prevalecer sobre a decisão recorrida se conhecido o recurso)".

183. Cf. GRECO, Leonardo. *Instituições de Processo Civil*. Ob. cit., p. 54.

184. MONTERO AROCA, Juan; FLORS MATÍES, José. *Tratado de Recursos en el Proceso Civil*. 2. ed. Valencia: Tirant Lo Blanch, 2014, p. 35: "La palabra 'devolutivo' respondió, en sus orígenes, a una determinada manera de entender el ejercicio de la jurisdicción. Cuando ésta, primero, se entendía detentada por el Rey, que la delegaba en los tribunales y, posteriormente, cuando se estableció que sólo las Chancillerías y las Audiencias ejercían jurisdicción propia, siendo la jurisdicción de los jueces de primera instancia meramente delegada, el que el recurrente pidiera que el asunto pasara al juez del recurso suponía 'devolver' la jurisdicción a quien la había delegado".

185. Cf REZENDE FILHO, Gabriel. *Curso de Direito Processual Civil*. São Paulo: Saraiva: 1953, p. 90-91.

186. BARBOSA MOREIRA, José Carlos. *Comentários*. Ob. cit., p. 261: "Quando a lei, a título de exceção, atribui competência ao próprio órgão *a quo* para reexaminar a matéria impugnada, o efeito devolutivo ou não existe (como nos embargos de declaração), ou fica diferido, produzindo-se unicamente após o juízo de retratação: assim no agravo retido (art. 523, § 2°, na redação da Lei n° 10.352). Fora dessas

Deveras, o efeito devolutivo *transfere* a apreciação da questão já examinada ao órgão competente para seu reexame, seja ele o mesmo órgão ou outro, hierarquicamente superior. A interposição de um recurso ocasiona a prolação de uma nova decisão sobre a mesma questão e a essa consequência oriunda da interposição dá-se o nome de efeito devolutivo. Todo recurso tem, em maior ou menor escala, tal efeito, que viabiliza a reapreciação da questão decidida – desde que presentes os pressupostos de admissibilidade recursais – e a possível reforma, invalidação, integração, esclarecimento ou correção de erro material.

Costuma-se dividir a análise do efeito devolutivo pela sua extensão e pela sua profundidade. Na primeira perspectiva, examina-se horizontalmente o objeto da impugnação veiculada no recurso. Já na segunda, investigam-se verticalmente os fundamentos que foram ou que poderiam ter sido objeto da cognição judicial.[187]

Como corolário do princípio dispositivo, só é devolvido ao juízo *ad quem* a matéria impugnada pelo recorrente, vale dizer, é passível de reexame apenas aquilo que foi objeto de seu recurso. A parte sucumbente decide o que pretende levar à reapreciação do Poder Judiciário. Ao órgão *ad quem* não é lícito conhecer de questões que não foram veiculadas no recurso, como confirma o brocardo latino: *tantum devolutum quantum appellatum*.[188] Compete ao recorrente a delimitação do objeto do recurso, isto é, a definição dos pontos da decisão que ele deseja ver reavaliados. Caso se conforme com parte da decisão e discorde de outra, lhe é permitida a interposição de recurso parcial, que não abranja todas as questões recorríveis. As que foram objeto do recurso serão apreciadas pelo órgão *ad quem*, enquanto as não impugnadas não poderão ser reexaminadas. Imagine-se uma sentença que

---

hipóteses, ao órgão *a quo* é vedado praticar qualquer ato que importe modificação, total ou parcial, do julgamento, ressalvada a possibilidade de corrigir *ex officio* ou a requerimento da parte, inexatidões materiais ou erros de cálculo (art. 463, rf I)". Em sentido oposto ao defendido por Barbosa Moreira, diz PINTO, Nelson Luiz. *Introdução aos Recursos Cíveis*. Ob. cit., p. 38: "Entretanto, de acordo com a definição que acima demos de efeito devolutivo, tem esta aplicação em qualquer recurso, inclusive nos embargos de declaração, pois basta que a matéria seja devolvida ao Poder Judiciário, e não necessariamente a um órgão hierarquicamente superior àquele que proferiu a decisão. Nem se diga, que no caso dos embargos de declaração não haveria reapreciação da matéria pelo Poder Judiciário, na medida em que não se pode falar em sanar contradição, obscuridade ou omissão sem um reexame da decisão, o que algumas vezes pode até mesmo resultar na vulneração do que havia sido decidido e numa nova decisão da causa, o que se tem denominado de 'efeito infringente' dos embargos de declaração".

187. BARBOSA MOREIRA, José Carlos. *Comentários*. Ob. cit., p. 429.

188. NERY JR., Nelson. *Teoria Geral dos Recursos*. Ob. cit., p. 429: "Transportando esses fundamentos para a esfera recursal, que é uma espécie de renovação do direito de ação em outra fase do procedimento, verificamos que o recurso interposto devolve ao órgão *ad quem* o conhecimento da matéria impugnada. O juízo destinatário do recurso somente poderá julgar o que o recorrente tiver requerido nas suas razões de recurso, encerradas com o pedido de nova decisão".

julgou procedentes os pleitos de indenização decorrentes de danos material e moral. O réu discorda da condenação referente ao dano moral, mas considera adequada, embora sendo-lhe desfavorável, a condenação a respeito do dano material. Seu recurso – parcial – impugnará tão somente o capítulo que trata da indenização pelo dano moral. O outro capítulo, referente aos danos materiais, terá transitado em julgado.

Pode acontecer, porém, situação na qual a impugnação parcial de uma decisão não resulta da conformidade com seus termos nem leva à preclusão. Se proferida uma decisão na qual o magistrado indefere a produção de uma prova e rejeita o requerimento de denunciação da lide, nessa fase processual só é possível recorrer, por meio de agravo de instrumento, do capítulo da decisão que versa sobre inadmissão da intervenção de terceiro. O agravo de instrumento será total, pois atacou todas as questões passíveis de impugnação naquele momento. Entretanto, ainda caberá, depois de proferida a sentença, apelação contra o capítulo da decisão que indeferiu a produção da prova (art. 1.009, § 1º, do CPC).

A extensão da impugnação, verificada numa perspectiva horizontal, é definida, pois, pelo recorrente. O art. 1.013 do CPC, em que pese estar inserido no capítulo do código que trata da apelação, serve de diretriz a todos os demais recursos. Assim, o recurso interposto devolverá ao juízo *ad quem* o conhecimento apenas da matéria impugnada.

Uma vez definidas as questões que podem ser apreciadas pelo órgão *ad quem*, resta saber qual a profundidade de sua cognição. Perante o juízo *a quo* são possivelmente suscitados diversos fundamentos referentes a cada um dos pedidos. O autor pode, por exemplo, invocar erro e coação como motivadores da extinção de uma relação contratual. Vislumbrando o julgador a existência de coação, não precisará enfrentar a existência de erro, sendo suficiente o primeiro argumento para a prolação de sentença de procedência. Do mesmo modo, o réu pode suscitar existência de prescrição e de compensação para se ver livre de condenação ao cumprimento de uma obrigação pecuniária. Se o juiz reconhecer a prescrição, sequer apreciará a existência de compensação. Em ambas as situações, caso o sucumbente recorra, buscando que seja proferida uma nova decisão que lhe seja favorável, a análise dos argumentos suscitados e não enfrentados em primeiro grau independe de recurso do vencedor e sequer de suas contrarrazões. O recurso do vencido devolve ao tribunal todos os fundamentos apresentados no processo, desde que atinentes ao capítulo impugnado. Assim, se, no primeiro exemplo, o réu recorre da sentença que desconstituiu a relação contratual, o tribunal, discordando da alegação de *coação*, deverá obrigatoriamente enfrentar o argumento de *erro* anteriormente ignorada pela sentença. No segundo caso, rejeitando a alegação de *prescrição*, a corte analisará a alegação de *compensação*.

Essa sistemática decorre do disposto no art. 1.013, §§ 1º e 2º, do CPC, que, como visto, embora versem sobre a apelação, aplicam-se a todos os recursos, no que não for contrário às suas características específicas. Imagine-se a discussão em primeiro grau acerca de admissibilidade de denunciação da lide. O denunciante alega que o dever do denunciado decorre de lei e de disposição contratual e o juiz considera existente o dever de reparar em virtude de fonte legal e não enfrenta a alegação de fonte contratual. Caso o denunciado interponha agravo de instrumento, ambos os fundamentos da denunciação – dever de reparar em decorrência de lei e de contrato – terão de ser enfrentados pelo órgão *ad quem*.

Estabelecida pelo recorrente a extensão da impugnação, o juízo *ad quem* servir-se-á de todo material que dispunha o juízo *a quo* para a tomada de decisão. Todos os fatos, provas e fundamentos estão à disposição do novo julgador.[189] Essa regra, que vigora mais amplamente quanto maior for a devolutividade produzida pelo recurso, encontra óbice em eventual limitação legal.

Os chamados recursos de fundamentação livre, já estudados, possibilitam ao recorrente optar livremente pelas questões da decisão contra as quais quer dirigir sua impugnação. Nesse caso, o órgão *ad quem* poderá examinar todas as questões impugnadas não preclusas. Alguns recursos, no entanto, têm regramento que retira a liberdade do recorrente na escolha da matéria ou do pedido que será objeto de sua impugnação recursal e, consequentemente, não dão origem a um amplo reexame. Tratam-se dos recursos de fundamentação vinculada.[190] Os recursos extraordinário e especial, por exemplo, não podem ser manejados para a rediscussão de questão de fato, mas tão somente para o reexame de questões de direito, consoante suas hipóteses de cabimento previstas nos art. 102, III e 105, III, da Constituição, respectivamente. Os embargos de declaração, por sua vez, não permitem a veiculação de pedido de reforma, a não ser como consequência da omissão, contradição, obscuridade ou erro material.

---

189. Cf. JORGE, Flávio Cheim. *Teoria Geral dos Recursos Cíveis*. Ob. cit., p. 368.

190. MEDINA, José Miguel Garcia; WAMBIER, Teresa Arruda Alvim. *Recursos e Ações Autônomas de Impugnação*. São Paulo: Revista dos Tribunais, 2008, p. 105: "Em relação aos recursos cujos possíveis fundamentos são delimitados pela lei, o efeito devolutivo também se manifesta, mas vincula-se à natureza do recurso, ocorrendo de forma diferente. É que, por ter seu âmbito de cabimento limitado a certas questões, tais recursos, em regra, não são aptos a devolverem ao juízo *ad quem* toda e qualquer matéria que venha a ser delimitada pelo recorrente, no recurso, dentre aquelas debatidas na decisão recorrida".

Quando presente a ampla devolutividade, a profundidade do efeito devolutivo abrange todas as questões suscitadas e decididas, bem como as apresentadas e não decididas.

Em resumo, os aspectos horizontal e vertical do efeito devolutivo servem à delimitação do trabalho a ser realizado pelo juízo *ad quem*. Como regra, a cognição em grau recursal autoriza o tribunal a julgar apenas as questões já decididas em grau inferior e que foram abordadas pelo recorrente por meio de seu recurso. Uma vez estabelecidas tais questões, todos os argumentos, fatos e provas já suscitados e produzidos sobre elas, ainda que não apreciados pelo juízo *a quo*, devem ser objeto de cognição no julgamento do recurso. Esse sistema de revisão, diversamente do *ius novorum*, serve ao controle das decisões proferidas em instâncias inferiores, para fins de rejulgamento. Além de não servir à reprodução das provas produzidas em primeiro grau, a instância recursal não comporta, em regra, inovações, isto é, apreciação de questões não decididas e introdução de novos fatos e provas em grau de recurso.[191]

No entanto, o sistema brasileiro prevê algumas exceções, nas quais algumas inovações são autorizadas e, em alguns casos, até bem-vindas. Nos tópicos seguintes, serão investigadas essas hipóteses excepcionais, refletidas na permissão de inovação fática e/ou probatória, na teoria da causa madura e na apreciação de ofício pelo órgão *ad quem* das denominadas questões de ordem pública.

#### *2.6.1.1. Inovação fática e probatória em grau recursal*

O efeito devolutivo está adstrito, em regra, ao que foi apresentado perante o juízo *a quo*.[192] Fatos novos ou provas novas são admitidas em grau recursal apenas excepcionalmente, segundo dispõem os arts. 435 e 1.014 do CPC. O primeiro dispositivo citado permite a produção de prova documental em momento posterior à petição inicial e à contestação, desde que se tratem de documentos novos, destinados à revelação da verdade acerca de fatos ocorridos depois do protocolo das referidas peças processuais ou para contrapor fatos, provas ou argumentos oferecidos pela parte contrária posteriormente. Também se admite a juntada posterior de documentos formados após a petição inicial ou a contestação, bem como daqueles que se tornaram

191. JORGE, Flávio Cheim. *Teoria Geral dos Recursos Cíveis*. Ob. cit., p. 349.

192. MARINONI, Luiz Guilherme; MITIDIERO, Daniel. *Comentários ao Código de Processo Civil*. Vol. XVI. Ob. cit., p. 205: "A apelação possibilita uma revisão do juízo sentencial (*revisio prioris instantiae*). Não se presta, portanto, como regra, a possibilitar a apreciação de temas novos, não propostos ao juízo de primeiro grau (*novum iudicium*)".

conhecidos, acessíveis ou disponíveis após esses atos. Nessa hipótese, cabe à parte interessada na sua produção a comprovação do motivo que a impediu de juntá-los anteriormente e a demonstração de boa-fé.[193]

No mesmo sentido, o art. 1.014 do CPC permite às partes suscitarem, em grau de recurso, questões de fatos não apresentadas anteriormente, desde que comprovem a existência de força maior que as impediu de mencioná-los perante o juízo *a quo*. Em suma, a apresentação de fatos ou provas novos só é possível se se trata (i) de prova ou de fato novos, assim considerados os posteriores à decisão recorrida; (ii) de prova ou de fato anteriores à decisão, se a parte não pôde apresentá-los no momento adequado em razão de seu desconhecimento, impossibilidade de acesso ou outro motivo de força maior, desde que comprovada sua boa-fé.[194]

Em qualquer caso, em atendimento aos ditames dos art. 9º e 10 do CPC, sempre se ouvirá a parte contrária a respeito da novidade antes de se proferir qualquer decisão. A não observância do contraditório é motivo de nulidade da decisão.

Caso necessária a produção de prova perante o tribunal, seja por tratar-se de prova nova ou de prova cuja produção foi indevidamente indeferida em primeiro grau, o Código indica a solução no art. 938, § 3º. Não há necessidade de invalidação da sentença. O órgão *ad quem* está incumbido da produção da prova não produzida em primeiro grau ou da complementação

193. BARBOSA MOREIRA, José Carlos. *Comentários*. Ob. cit., p. 455-456: "Deve reconhecer-se a ocorrência de tal motivo, em primeiro lugar, quando o fato que se traz à apreciação do tribunal ainda não se verificara até o último momento em que a parte poderia tê-lo eficazmente arguido no primeiro grau de jurisdição. Assim também quando o fato já se dera, antes ou depois da instauração do processo, mas a parte ainda não tinha ciência dele ou quando, apesar de conhecê-lo, estava impossibilitada, por circunstância alheia à sua vontade, de comunicá-lo ao advogado, para que este o levasse à consideração do juiz, ou, enfim, quando ao próprio advogado fora impossível a arguição *opportuno tempere*. O motivo de força maior deve ser alegado nas razões que a parte ofereça como apelante ou como apelada; se apenas vier a cessar depois, no curso do procedimento em segundo grau, a parte o alegará em petição dirigida ao relator, ou, eventualmente, perante o próprio órgão *ad quem*, na sessão de julgamento. A alegação há de vir acompanhada da prova do motivo de força maior, sob pena de não poder o tribunal apreciar a questão nova"; MARINONI, Luiz Guilherme; MITIDIERO, Daniel. *Comentários ao Código de Processo Civil*. Ob. cit., v. XVI, p. 206: "Se o fato é superveniente, evidentemente não poderia ser alegado em momento anterior. A ignorância do fato pela parte também autoriza a sua alegação na apelação, desde que se possa provar que essa ignorância advém de efetiva impossibilidade de conhecê-lo em momento anterior. A efetiva impossibilidade de comunicação de determinado fato ao advogado ou ao juiz também possibilita a invocação desse mesmo fato na apelação. (...) É imprescindível que essa impossibilidade decorra de causa objetiva – e não de incúria da parte".

194. MONTELEONE, Girolamo. *Manuale di Diritto Processuale Civile*. 6. ed. Milão: CEDAM, 2012, p. 650-651: "Terzo punto: quando le parti abbiano chiesto in appello nuovi mezzi di prova, a quali condizioni essi potranno essere ammessi? La legge distingue due ipotesi, reputandole diverse: 1) se il collegio li ritenga indispensabili ai fini del decidere; 2) se la parte dimostri di no averli potuti proporre nel giudizio di primo grado per causa ad essa non imputabile".

da atividade instrutória já realizada.[195] Trata-se de uma das exceções à vedação de inovação em grau de recurso. O art. 932, I, do CPC confia ao relator do recurso a gestão da produção de prova na instância recursal, e o art. 938, § 3º autoriza a conversão do julgamento em diligência para a produção da prova no próprio tribunal ou em primeiro grau de jurisdição, por meio da remessa de carta de ordem. A delegação da colheita da prova à primeira instância limita-se a auxílio procedimental, porquanto o magistrado de primeiro grau não exercerá juízo de valor sobre os fatos e provas apresentados, nem poderá julgar o pedido. Sua função limitar-se-á à colheita da prova – oitiva de depoimentos orais ou coordenação da elaboração ou complementação de laudo pericial, por exemplo – e a remessa posterior ao tribunal, que seguirá com o julgamento do recurso.

Porém, a colaboração do juízo de primeira instância deve ser enxergada como excepcional, em razão da demora que dela resulta e da distância que se cria entre o julgador e a prova, quando plenamente possível a instrução coordenada pelo relator.

Assim, se, por exemplo, o juízo de primeiro grau indeferiu a oitiva de uma testemunha ou o laudo pericial não se mostrou suficiente para a elucidação de todas as questões técnico-científicas discutidas no caso, o relator está incumbido de, no âmbito do próprio tribunal, designar audiência para oitiva da testemunha ou solicitar esclarecimentos ao perito sem remeter os autos do processo à primeira instância. Caso vislumbre, porém, a existência de óbice que impeça ou dificulte a produção da prova em segundo grau, poderá socorrer-se do trabalho do juízo de primeiro grau, com a remessa de carta de ordem. Ouvida a testemunha ou complementado o laudo, a carta é devolvida ao tribunal para a continuidade do julgamento do recurso, já com base na prova nova.

### 2.6.1.2. *Teoria da causa madura*

Como estudado acima, o efeito devolutivo transfere o processo para que ocorra o *reexame* do juízo *ad quem* acerca da matéria já decidida pelo juízo *a quo*, vedada, em regra, a apreciação de questões inéditas no âmbito recursal. No entanto, a partir da edição da Lei n. 10.352/2001, passou-se

195. OLIVEIRA JR., Zulmar Duarte de. Ob. cit., p. 662: "Também em benefício do mérito, dando preponderância ao exame de mérito, permite-se que o tribunal presida diretamente a produção de provas que se façam necessárias à apreciação do recurso. Anteriormente, em situações nas quais o tribunal entendesse pela necessidade da produção de alguma prova, o caminho era a anulação da sentença, com a remessa dos autos ao juízo de origem para a produção da prova considerada indispensável ao julgamento. Novo julgamento e eventual outro recurso. Desperdício de tempo e energia processual".

a permitir excepcionalmente que o tribunal aprecie em sede de apelação questões não enfrentadas na sentença.[196] O legislador admitiu a incidência da chamada teoria da causa madura. Consoante tal teoria, se, em sede de apelação contra sentença terminativa, não houver mais necessidade de apresentação de novos argumentos e de produção de novas provas – *rectius* a causa está madura para julgamento – e o tribunal considerar inaplicável a causa de extinção do processo sem exame do mérito utilizada em primeiro grau, não deve ocorrer a anulação da sentença e a remessa ao primeiro grau para prolação de uma nova (dessa vez, de mérito). O tribunal está autorizado, uma vez ultrapassada a causa da extinção do processo sem exame do mérito, a adentrar na análise meritória e decidir o objeto da ação, que não havia sido enfrentado em primeiro grau.

Exemplifico. Depois de oferecidas contestação e réplica e de terem sido produzidas as provas requeridas pelas partes, o juízo de primeiro grau considera o autor parte ilegítima e, com fulcro no art. 485, VI, extingue o processo sem examinar o mérito. Inconformado, o autor apela, demonstrando que tem legitimidade *ad causam* e que, no mérito, seu pedido deve ser acolhido. Como a causa está madura para julgamento, não havendo mais nada a ser feito exceto a apreciação dos pedidos constantes da petição inicial, o tribunal deverá julgar o mérito caso afaste a preliminar de ilegitimidade, e não, simplesmente, anular a sentença.

O CPC/2015, como já visto, reforçou o escopo de, sempre que possível, se solucionar o conflito com o enfrentamento do mérito, seja da demanda ou do recurso. De acordo com essa ideia, o Código ampliou as hipóteses de aplicação da teoria da causa madura, que não se restringe mais à apelação interposta em face de sentença terminativa.[197] Dispõe o art. 1.013, § 3º do CPC que cabe a apreciação originária do mérito pelo tribunal "se o processo

196. NERY JUNIOR, Nelson. *Teoria Geral dos Recursos*. Ob. cit., p. 47: "A norma permite que o tribunal se pronuncie sobre o mérito sem que o juízo de primeiro grau o tenha feito previamente, o que equivale a conferir ao tribunal competência originária na hipótese do CPC 515 § 3.º. Essa idéia foi apresentada pelo então Desembargador do TJDF Eduardo Ribeiro, hoje Ministro aposentado do Superior Tribunal de Justiça, no Congresso Brasileiro de Direito Processual Civil, realizado em Porto Alegre-RS em julho de 1983, em comemoração aos dez anos do CPC. A Comissão de Recursos no referido congresso não aprovou a tese que, renovada no Plenário, também ficou derrotada. Depois de quase vinte anos de sua derrota e revigorada pela Comissão do STJ, que praticamente redigiu a versão definitiva da L 10352/0 1, a tese agora é texto de lei".

197. Leonardo Greco considera apenas exemplificativo o rol de hipóteses previsto art. 1.013, §§ 3º e 4º, do CPC. *Instituições de Processo Civil*. Ob. cit., p. 105: "Ainda assim, a enumeração não é exaustiva, porque esse julgamento também deverá ocorrer em todas as hipóteses em que, embora não apreciados na sentença de primeiro grau todas as questões, todos os pedidos ou todos os argumentos de defesa, todos eles deveriam ter sido examinados na sentença, porque já devidamente suscitados, discutidos e instruídos".

estiver em condições de imediato julgamento" nos casos de (i) reforma de sentença terminativa; (ii) decretação de nulidade de sentença *ultra* ou *extra petita*; (iii) constatação de que a sentença é *citra petita*; (iv) decretação de nulidade de sentença não ou mal fundamentada; e, conforme § 4º do mesmo dispositivo, (v) reforma de sentença que reconheceu decadência ou prescrição.

No primeiro caso, como visto, a corte responsável pelo julgamento do recurso de apelação, ao afastar a irregularidade que ocasionou a extinção sem exame de mérito, apreciará os pedidos do autor, que não tinham sido julgados na sentença. No segundo caso, sobrevindo sentença *ultra petita*, o tribunal, ao reformá-la, deverá reduzir a abrangência do *decisum* de modo a adequá-la àquilo que foi pedido pelo autor. Não será julgada, com efeito, questão não apreciada em primeiro grau, mas evitar-se-á decretação de nulidade da sentença, resolvendo-se o vício com a redução realizada pela corte de apelação. Contudo, na hipótese de sentença *extra petita*, terá ocorrido julgamento de pretensão não veiculada pelo autor, enquanto deixou de ser enfrentado pedido constante da peça exordial. A sentença *extra petita* é também *citra petita*, em virtude da omissão referente ao pedido formulado. Nesse caso, o tribunal está habilitado a não só reconhecer a incongruência entre a sentença e os pedidos, mas também eliminar o julgamento de pedido inexistente e julgar o pedido formulado e não apreciado pela sentença. Imagine-se uma petição inicial que contém pedido de condenação do réu à reparação por dano *material*. A sentença julga improcedente o pedido de condenação por dano *moral*. Ou seja, o que foi demandado não foi julgado, e em seu lugar foi examinado pleito não formulado. O tribunal, em sede de apelação, não está adstrito à anulação da sentença e reenvio para rejulgamento em primeiro grau. Afastará o capítulo da sentença que julgou pedido inexistente (referente ao dano moral) e enfrentará o pedido ignorado (sobre o dano material). No terceiro caso, à semelhança da hipótese de sentença *extra petita*, o tribunal julgará o pleito desprezado pela sentença *citra petita*, isto é, aquela que se afigura omissa a respeito de algum pedido.[198]

---

198. Marco Antonio Rodrigues vislumbra possível inconstitucionalidade da norma que permite a aplicação da teoria da causa madura no caso de sentenças *citra petita*. RODRIGUES. Marco Antonio. *Manual dos Recursos*. Ob. cit., 162: "No CPC/2015, embora haja a previsão expressa de possibilidade de aplicação da teoria da causa madura no julgamento de apelações em face de sentença *citra petita*, a nosso sentir tal norma é de questionável constitucionalidade, pois permite o julgamento originário de pedido perante tribunal que seria competente apenas em grau recursal. Note-se que tal inconstitucionalidade se torna manifesta, ao se observarem as competências constitucionalmente estabelecidas para os juízos federais e para os Tribunais Regionais Federais, nos arts. 109 e 108 da Constituição da República, respectivamente. O art. 108, II, institui a competência recursal dos Tribunais Regionais Federais para as causas decididas pelos juízes federais ou pelos estaduais no exercício de competência federal. A sentença *citra petita* representa uma ausência de decisão quanto ao pedido, não podendo tais tribunais julgar o pleito originalmente".

A quarta hipótese de aplicação da teoria da causa madura versa sobre a garantia da fundamentação das decisões judiciais. Não é novidade a essencialidade de no provimento judicial constarem as razões que levaram o juiz à conclusão externada. Com o manifesto intuito de conferir maior eficácia a essa garantia constitucional, o legislador previu norma no CPC/2015 na qual se elencam as técnicas impróprias de fundamentação que não são capazes de construir uma decisão adequadamente motivada. O art. 489, § 1º, prevê, portanto, os formatos de fundamentação presumidamente insatisfatórios. Utilizada qualquer dessas técnicas, a decisão é nula.

Se proferida sentença sem fundamentação ou sendo ela insuficiente, as partes podem provocar o juízo prolator da decisão por meio de embargos de declaração, a fim de que seja integrada a decisão (art. 1.022, parágrafo único, inciso II, do CPC). Entretanto, nem sempre a oposição de embargos de declaração alcançará o objetivo desejado, levando a parte a interpor apelação. Ao receber o recurso, o tribunal, em vez de anular a sentença pela não observância da garantia da fundamentação, verificará os argumentos não enfrentados pela sentença. Caso se convença dos fundamentos contrários à conclusão do juízo de primeiro grau, reformará a sentença. Caso contrário, complementará a fundamentação, mantendo a sentença.

Essa hipótese de aplicação da teoria da causa madura tem dois inconvenientes. Primeiramente, acaba provocando uma transferência indevida de função do primeiro para o segundo grau, desprestigiando a necessidade de motivação naquele. Em segundo lugar, ocasiona uma inversão da ordem decisória, visto que o tribunal passa a ter de encontrar fundamentos de conclusão já lançada. No entanto, inconveniente maior seria a anulação da sentença para que ocorresse a adequada fundamentação em primeiro grau e o juízo *a quo* proferisse novo *decisum*, mais uma vez com motivação deficiente. A invalidação da sentença não garante a prolação de nova sentença bem fundamentada e ainda causa os prejuízos decorrentes da demora da prestação jurisdicional.

O art. 1.013, § 4º, do CPC ainda prevê que o tribunal, ao reformar sentença que tenha reconhecido decadência ou prescrição, enfrentará as demais questões não decididas, sem determinar o retorno do processo ao juízo de primeiro grau. Trata-se da mesma lógica da hipótese na qual se considera errônea a opção do órgão *a quo* pela sentença terminativa, prevista no inc. I do art. 1.013, § 3º.

Como já mencionado anteriormente, considero indispensável a veiculação de pedido de aplicação da teoria da causa madura pelo recorrente para que o tribunal possa aplicá-la. Se o recorrente optou tão somente pelo oferecimento de pedido de invalidação da sentença, o tribunal, sob pena de violação dos princípios dispositivo e do contraditório, não está autorizado a reformá-la.[199] O exame da pretensão da demanda não lhe foi devolvido pelo recurso e o recorrente pode ter optado por apenas enfrentar as causas que levaram à extinção do processo sem exame de mérito, não tendo exercido o contraditório sobre as demais questões. Embora o CPC/2015 utilize a expressão "o tribunal deve decidir", a única interpretação possível, em consonância com os princípios da inércia e do contraditório, seria o dever do tribunal de aplicar a teoria da causa madura, *desde que haja pedido do recorrente nesse sentido*. Contudo, a posição defendida nessa obra é minoritária.[200]

### 2.6.1.3. *Efeito translativo*

A partir da obra de Nelson Nery Júnior,[201] parte da doutrina passou a subdividir o estudo do efeito devolutivo. A transferência de matérias ao tribunal decorrente da *vontade do recorrente* continuou a ser estudada sob a alcunha de efeito devolutivo. Porém, questões *cognoscíveis de ofício* pelo órgão *ad quem*, independentemente de provocação das partes ou de anterior apreciação da questão pelo juízo *a quo*, passaram a ser estudadas como *efeito translativo* dos recursos.

Tal efeito permite o exame pelo órgão *ad quem* das chamadas questões de ordem pública, apreciáveis de ofício em qualquer grau de jurisdição, mesmo que não tenham sido objeto da peça recursal ou das contrarrazões e sequer tenham sido ventiladas em primeiro grau.[202] Essa transferência involuntária

---

199. Nesse sentido, ver DIDIER JR., Fredie; CUNHA, Leonardo Carneiro da. *Curso de Direito Processual*. Ob. cit., p. 227: "Assim, para que seja aplicada a regra do § 3º do art. 1.013 do CPC, é preciso que o recorrente, em suas razões recursais, requeira expressamente que o tribunal dê provimento à apelação e, desde logo, aprecie o mérito da demanda. Caso o apelante requeira que, após o provimento do recurso, sejam os autos devolvidos ao juízo de primeira instância para a análise do mérito, não poderá o tribunal, valendo-se do § 3º do art. 1.013 do CPC, adentrar no exame do mérito, sob pena de proferir decisão *extra petita*".

200. Em sentido contrário, cf. SIQUEIRA, Thiago Ferreira. Duplo Grau de Jurisdição e 'Teoria da Causa Madura' no novo Código de Processo Civil. Ob. cit., p. 598-601; MARINONI, Luiz Guilherme; MITIDIERO, Daniel. *Comentários ao Código de Processo Civil*. Ob. cit., p. 205; ASSIS, Araken de. *Manual dos Recursos*. Ob. cit., p. 396. JORGE, Flávio Cheim. *Teoria Geral dos Recursos Cíveis*. Ob. cit., p. 365: "Além disso, optou o CPC/205 pela desnecessidade de pedido expresso para que o mérito seja julgado. Ao dispor que o 'tribunal deve' e não simplesmente 'pode julgar desde logo a lide', como constava no CPC/1973, não resta dúvida de que essa foi a opção. A desnecessidade de pedido não enseja nenhuma violação ao princípio da inércia da jurisdição. Não é incomum que o próprio legislador, em determinadas circunstâncias, abra mão do princípio dispositivo e permita que o pedido (lide) seja julgado".

201. Cf. NERY JR., Nelson. *Teoria Geral dos Recursos*. Ob. cit., p. 482-488.

202. RODRIGUES. Marco Antonio. *Manual dos Recursos*. Ob. cit., p. 90: "Matérias de ordem pública são questões sobre as quais o Poder Judiciário tem de se manifestar independentemente de arguição dos indivíduos, fugindo da disposição das partes ou de terceiros, porque o Judiciário tem o dever de zelar

de matérias para o conhecimento do juízo *ad quem* está autorizada pelo art. 485, § 3º, do CPC, o qual dispõe acerca das matérias que serão conhecidas pelo Poder Judiciário em qualquer grau de jurisdição, até o trânsito em julgado.

O denominado efeito translativo permite, por exemplo, que o tribunal, no julgamento de uma apelação, reconheça a existência de coisa julgada e julgue extinto o processo sem exame de mérito, conquanto tal questão não tenha sido alegada ou debatida em nenhum momento durante o procedimento em primeiro grau e nem mencionada por apelante ou apelado.

Mas não é só. O efeito translativo legitima, inclusive, a piora da situação do recorrente em alguns casos. Pense-se na hipótese de sentença que reconheceu o direito do autor de ser indenizado por danos morais que lhe foram perpetrados pelo réu. No entanto, o *quantum* indenizatório fixado está aquém do pedido exordial, permitindo o recurso do autor. No julgamento da apelação, interposta com o escopo de majoração do valor da indenização, percebe-se, porém, a ilegitimidade do réu. Pelo efeito translativo, é lícito ao tribunal, afastando a vedação de *reformatio in pejus*, reformar a sentença para julgar extinto o processo, de acordo com o art. 485, inc. VI, do CPC, em virtude da carência de ação, mesmo sem que o réu tenha recorrido da sentença.

Contudo, o órgão *ad quem* somente poderá conhecer de questões de ordem pública atinentes ao *capítulo impugnado*. Se da delimitação da extensão do efeito devolutivo realizada pelo recorrente algum capítulo do *decisum* recorrido ficou de fora da petição de recurso, ocorreu o trânsito em julgado parcial. Em relação ao capítulo não contestado, operou-se a coisa julgada. Assim, pela dicção do art. 485, § 3º, o exame de questões de ordem pública está adstrito ao capítulo atacado. Exemplifico. No caso acima relatado, se, além do dano moral, a sentença também tenha condenado o réu à reparação de dano material e quanto a este não houve recurso, o tribunal, ao reconhecer a ilegitimidade passiva, não poderá reformar a parte da sentença que condenou o réu ao pagamento de indenização pelo dano material, porquanto esta já havia transitado em julgado.[203]

---

por elas. Então, quanto a tais matérias, há a sua transferência automática ao órgão julgador do recurso, independentemente de alegações. Tal transferência se dá em função do efeito translativo".

203. SOUZA, Bernardo Pimentel. *Introdução aos Recursos Cíveis e à Ação Rescisória*. Ob. cit., p. 318: "Fixada a extensão do recurso à luz da matéria impugnada pelo apelante, é importante saber quais questões – ligadas à matéria impugnada – podem ser apreciadas pelo tribunal *ad quem*. Realmente, demarcada a extensão da apelação sob o enfoque horizontal, resta estudar a profundidade, que deve ocorrer sob o prisma vertical, a fim de que sejam encontradas as questões que devem ser analisadas pela corte de apelação, sempre nos limites da extensão do recurso conhecido".

Pensando nessa possibilidade de decisão *ex officio*, o legislador de 2015 preferiu fazer constar expressamente, no art. 10, a imprescindibilidade de o julgador, em qualquer grau de jurisdição, dar condições às partes de se manifestarem previamente sobre a matéria cognoscível de ofício. O art. 933 do Código é ainda mais específico a respeito dessa exigência em grau de recurso, incumbindo o relator da realização de intimação das partes para manifestação em cinco dias sobre a questão apreciável de ofício ainda não examinada e que deva considerada no julgamento do recurso. A aplicação do efeito translativo, destarte, só é lícita se respeitado o princípio do contraditório.[204]

Nelson Nery Júnior diferencia o efeito translativo do efeito devolutivo em razão da voluntariedade. Para o autor, este funda-se no princípio dispositivo, enquanto aquele na ideologia inquisitória.[205] Desse modo, o efeito translativo transfere o exame das questões de ordem pública, cuja conhecimento pelo tribunal, em virtude da prevalência do interesse público, independe de manifestação da parte. Já o efeito devolutivo somente transfere as demais questões se deduzidas pelas partes, seja no recurso (vertente horizontal), seja no decorrer da fase cognitiva em primeiro grau e nas contrarrazões de recurso (aspecto vertical).

Não vislumbro essa diferença, pois entendo que o efeito devolutivo engloba toda a matéria transferida ao órgão *ad quem*, isto é, (i) questões apreciáveis de ofício (485, § 3º, do CPC); (ii) questões suscitadas, mas não apreciadas em primeiro grau; e (iii) questões enfrentadas pelo juízo *a quo*.[206]

---

204. THAMAY, Rennan Faria Krüger; RODRIGUES, Rafael Ribeiro. Algumas Reflexões sobre o efeito translativo: entre o CPC/73 e o CPC/2015. In: DIDIER Jr., Fredie (Coord.). *Processo nos Tribunais e Meios de Impugnação das Decisões Judiciais*. Salvador: Juspodivm, 2015, p. 495: "Ao que nos parece, a possibilidade de o juízo apreciar de ofício matéria de ordem pública, nunca antes debatida pelas partes na demanda, não significa dizer que o magistrado pode decidir sem antes dar às partes o direito ao efetivo contraditório. Daí se extrai que a apreciação de ofício das matérias de ordem pública não viola o princípio do contraditório, desde que este seja assegurado às partes, sob pena de incorrer na famigerada decisão surpresa, a qual abordaremos adiante".

205. *Teoria Geral do Recursos*. Ob. cit., p. 484: "O poder dado pela lei ao juiz para, na instância recursal, examinar de ofício as questões de ordem pública não argüidas pelas partes não se insere no conceito de efeito devolutivo em sentido estrito, já que isso se dá pela atuação do princípio inquisitório e não pela sua antítese, que é o princípio dispositivo, de que é corolário o efeito devolutivo dos recursos. Mesmo porque efeito devolutivo pressupõe ato comissivo de interposição do recurso, não podendo ser caracterizado quando há omissão da parte ou interessado sobre determinada questão não referida nas razões ou contra-razões do recurso". Alexandre Freitas Câmara, por sua vez, entende que o efeito translativo é um mero corolário do efeito devolutivo, mas o considera a fonte de aplicação da teoria da causa madura. CÂMARA, Alexandre Freitas. *O Novo Processo Civil brasileiro*. São Paulo: Atlas, 2015, p. 519: "Assim é que, por força do efeito translativo da apelação (previsto no art. 1.013, § 3), fica o tribunal de segundo grau incumbido de decidir desde logo o mérito, desde que este esteja já em condições de receber imediato julgamento (motivo pelo qual é comum, na prática forense, falar-se em 'causa madura' nessas hipóteses) e tenha ocorrido alguma das hipóteses previstas no texto legal".

206. DIDIER JR., Fredie; CUNHA, Leonardo Carneiro da. *Curso de Direito Processual*. Ob. cit., p. 170.

### 2.6.2. Efeito suspensivo

A suspensão do processo e dos efeitos da decisão atacada é uma possível consequência jurídica advinda da interposição do recurso, à qual se dá o nome de efeito suspensivo. Presente tal efeito, a decisão que foi objeto da impugnação não produzirá efeitos enquanto não julgado o recurso.

O efeito suspensivo pode ter fonte normativa, judicial ou convencional. Excepcionalmente, a lei atribui efeito suspensivo automático aos recursos.[207] O art. 995 do CPC estabelece que, em regra, os recursos não suspendem a eficácia da decisão recorrida. A lei processual pode, porém, expressamente incutir no recurso esse efeito, independentemente de decisão judicial. É a hipótese, *v.g.*, da apelação, que, consoante dispõe o art. 1.012, tem efeito suspensivo *ope legis*. Porém, o mesmo dispositivo, no seu § 1º, elenca as sentenças que, mesmo atacadas por apelação, continuam a produzir efeito, vale dizer, o recurso, nesses casos, não terá efeito suspensivo automático. Tratam-se das sentenças que homologam a divisão ou demarcação de terras, que condenam à prestação de alimentos, extinguem sem resolução de mérito ou rejeitam os embargos à execução, julgam procedente o pedido de instituição de arbitragem, proferidas em processos nos quais houve o deferimento de tutela provisória e que decretam interdição. Em todas essas situações, a mera interposição do recurso não ocasionará a suspensão dos efeitos da sentença, dependendo, para tanto, de decisão judicial nesse sentido.

A escolha do legislador é clara: privilegia-se a efetividade do processo nessas hipóteses, em detrimento da segurança jurídica.[208] A ausência de efeito suspensivo automático permite a imediata execução da sentença.[209]

---

207. BUENO, Cassio Scarpinella. *Manual de direito processual civil*. Ob. cit., p. 608.

208. APRIGLIANO. Ricardo de Carvalho. *A apelação e seus efeitos*. São Paulo: Atlas, 2003, p. 204.

209. A atribuição automática de efeito suspensivo por lei vem sendo objeto de debate doutrinário. Em cuidadoso estudo sobre o recurso da apelação, Fernanda Pantoja demonstra que boa parte dos países europeus não prevê efeito suspensivo *ope legis*. PANTOJA, Fernanda Medina. *Apelação*: novas perspectivas para um antigo recurso. Ob. cit., p. 206-207. A doutrina pátria também tem se manifestado favoravelmente à exclusão de efeito suspensivo automático, inclusive na apelação: BARBOSA MOREIRA, José Carlos. *Comentários ao Código de Processo Civil*. Ob. cit., p. 475-476. Com o advento do CPC/2015 sem que a sistemática fosse substancialmente alterada, a suspensão *ope legis* voltou a sofrer críticas: MARINONI, Luiz Guilherme; MITIDIERO, Daniel. *Comentários ao Código de Processo Civil*. Ob. cit., p. 171: "Nessa perspectiva, é preciso perceber que o novo Código perdeu uma oportunidade importante: poderia ter tolhido o efeito suspensivo da apelação, tornando-o sempre atribuível *ope judicis*. Isso sem dúvida outorgaria maior coerência ao nosso sistema, na medida em que decisões provisórias fundadas em cognição sumária têm eficácia imediata (tutelas provisórias, arts. 249 a 311, CPC/2015), ao passo que decisões definitivas fundadas em cognição exauriente não contam em regra com a mesma eficácia (art. 1.012, CPC/2015). Vale dizer: *o processo civil brasileiro atribui maior peso em termos de efetividade e tempestividade a decisões provisórias do que a decisões definitivas – nada obstante o juízo que alicerça as primeiras seja evidentemente menos seguro que o juízo que embasa as segundas*".

Porém, se a sentença tem mais de um capítulo, a parte da apelação que versa sobre uma das matérias previstas no art. 1.012, § 1º não terá efeito suspensivo, mas os demais tópicos da apelação, que impugnam outros capítulos da sentença, receberão o efeito suspensivo automático.[210] Suponha-se uma ação na qual o autor veiculou dois pedidos condenatórios: obrigação de fazer, consubstanciada na prestação de um serviço, e obrigação de pagar, referente ao pagamento de indenização, em virtude de descumprimento de obrigação contratual. Em relação ao primeiro pedido, o autor pleiteou a antecipação de seus efeitos, a fim de obrigar o réu à prestação imediata do serviço, sob pena da incidência de multa. O juiz deferiu o pedido antecipatório, posteriormente confirmado pela sentença. O segundo pedido também foi acolhido pela sentença. Inconformado, o réu apela. Em relação ao capítulo que tratou da condenação de pagar quantia, a apelação tem efeito suspensivo automático. Quanto ao pedido de obrigação de fazer, que fora objeto de tutela provisória deferida e confirmada em sentença, incide a regra do art. 1.012, § 1º, V, do CPC, isto é, a apelação acerca desse pedido não tem efeito suspensivo *ope legis*.

Outro exemplo de recurso ao qual a lei atribuiu efeito suspensivo automático é encontrado no art. 987, § 1º do CPC. O recurso especial e o recurso extraordinário interpostos contra a decisão final de mérito do incidente de resolução de demandas repetitivas suspendem automaticamente a eficácia da decisão.[211] Em virtude do que dispõe o art. 928, que estabeleceu tratamento análogo ao incidente de resolução de demandas repetitivas e aos recursos especial e extraordinário repetitivos, parece-me que também tem efeito suspensivo *ope legis* o recurso extraordinário interposto em face da decisão do Superior Tribunal de Justiça em recurso especial repetitivo.

Da mesma forma, o agravo de instrumento interposto contra decisão interlocutória que julgou antecipada e parcialmente o mérito, na forma do

---

210. Nesse sentido, ver DINAMARCO, Cândido. *Capítulos de Sentença*. São Paulo: Malheiros, 2002, p. 97; DIDIER JR., Fredie; CUNHA, Leonardo Carneiro da. *Curso de Direito Processual*. Ob. cit., p. 215.

211. Aluisio Mendes, que se aprofundou no tema, considera natural a suspensão automática, em virtude de o IRDR concentrar-se sobre questões de direito relativas ao direito federal. MENDES, Aluisio Gonçalves de Castro. *Incidente de Resolução de Demandas Repetitivas*. Rio de Janeiro: Forense/Grupo GEN, 2017, p. 229: "O próprio efeito suspensivo reforça essa sistemática. No Brasil, a concentração de competência legislativa no âmbito federal torna naturalmente frequente que as questões controversas tenham lastro no direito federal. Sendo assim, pode-se afirmar que a maioria das controvérsias sobre questões de direito diz respeito ao âmbito federal. Portanto, o sistema foi concebido a partir desse contexto. Presumindo-se, assim, que a maior parte dos Incidentes de Resolução de Demandas Repetitivas dependa, em termos de solução definitiva, da apreciação pelos tribunais superiores. Desse modo, se concebeu o sistema de resolução de demandas repetitivas: com a concentração e julgamento direto das questões controversas (i) pelos tribunais regionais ou estaduais, em um primeiro momento e (ii) pelo Superior Tribunal de Justiça e/ou pelo Supremo Tribunal Federal, em momento imediatamente posterior".

art. 356 do CPC, por fazer as vezes de uma apelação a respeito do pedido julgado antecipadamente e também por uma questão de isonomia, tem, a meu ver, efeito suspensivo automático, exceto se a decisão atacada versar sobre uma das matérias previstas no art. 1.012, § 1º (sentenças que excepcionam a regra de apelação com efeito suspensivo *ope legis*). Embora não acarrete a suspensão do processo a respeito do pedido ainda não julgado, impede a execução da decisão agravada.[212] Voltarei a esse tema quando examinarmos o recurso de agravo de instrumento.

Se prevista em lei a imediata suspensão dos efeitos, a mera possibilidade de interposição do recurso já tem o condão de tornar ineficaz a decisão. Não é, em outras palavras, a interposição de recurso munido de efeito suspensivo automático que suspende a eficácia da decisão, mas a simples possibilidade de prática do ato.[213] Desse modo, a decisão atacável por recurso ao qual a lei atribuiu efeito suspensivo automático somente passa a surtir efeitos depois de transcorrido o prazo de interposição.

Corroborando com esse entendimento, Leonardo Greco faz importante ressalva. Lembra o autor que a decisão que concedeu tutela provisória de urgência, pela sua própria natureza, não pode ficar submetida a essa regra, devendo produzir *incontinenti* seus efeitos e possibilitando a imediata execução da ordem, sob pena de inutilidade das medidas de urgência.[214] O legislador compartilhou dessa preocupação, haja vista a ausência de atribuição de efeito suspensivo automático ao agravo de instrumento – recurso cabível contra a decisão de primeiro grau que defere pleito de tutela de urgência – e à apelação se a sentença recorrida confirma, concede ou revoga tutela provisória.

Na ausência de outorga legal de efeito suspensivo ao recurso, o recorrente pode socorrer-se de pedido de concessão de tal efeito por meio de decisão judicial. O efeito suspensivo *ope judicis* condiciona-se à presença das hipóteses

212. A posição aqui defendida é minoritária.

213. Nesse sentido, cf. BARBOSA MOREIRA, José Carlos. *Comentários ao Código de Processo Civil*. Ob. cit., p. 258: "Aliás, a expressão 'efeito suspensivo' é, de certo modo, equívoca, porque se presta a fazer supor que só com a interposição do recurso passem a ficar tolhidos os efeitos da decisão, como se até esse momento estivessem eles a manifestar-se normalmente. Na realidade, o contrário é que se verifica: mesmo antes de interposto o recurso, a decisão, pelo simples fato de estar-lhe sujeita, é ato ainda ineficaz, e a interposição apenas prolonga semelhante ineficácia, que cessaria se não se interpusesse o recurso". DIDIER JR., Fredie; CUNHA, Leonardo Carneiro da. *Curso de Direito Processual*. Ob. cit., p. 167; NUNES, Jorge Amaury. In: STRECK, Lenio Luiz; NUNES, Dierle; CUNHA, Leonardo Carneiro da; FREIRE, Alexandre. *Comentários ao Código de Processo Civil*. São Paulo: Saraiva, 2016, p. 1313: "O efeito suspensivo é uma qualidade não propriamente do recurso, mas sim da particular recorribilidade, que tem a aptidão de adiar a produção dos efeitos da decisão impugnada, mesmo antes da interposição do recurso e que perdura até que se encerre o ciclo de julgamento do recurso interposto".

214. GRECO, Leonardo. *Instituições de Processo Civil*. Ob. cit., p. 58.

de cabimento previstas no art. 995, parágrafo único, do Código. O referido dispositivo elucida que a eficácia da decisão pode ser suspensa por decisão judicial, proferida pelo relator do recurso, se (i) a imediata produção de efeitos for capaz de ocasionar risco de dano grave, de difícil ou impossível reparação; e (ii) ficar demonstrada a probabilidade de provimento do recurso.

Alguns autores extraem da norma a natureza cautelar da concessão do efeito suspensivo, o que implica a necessidade de configuração no caso concreto dos requisitos cumulados do *periculum in mora* (perigo de dano) e *fumus boni iuris* (probabilidade de provimento do recurso).[215] Outros autores, numa perspectiva mais ampla, enxergam duas nítidas hipóteses distintas de concessão de efeito suspensivo, com requisitos também distintos. Para essa doutrina, o recorrente interessado em ver cessada a eficácia da decisão recorrida deve demonstrar que estão presentes os requisitos de tutela de urgência *ou* de evidência.[216]

Parece-me lícita a concessão de efeito suspensivo ao recurso nessas duas hipóteses. Se presentes a probabilidade do direito e o perigo de dano ou o risco ao resultado útil do processo (art. 300, do CPC), a suspensão terá natureza de tutela provisória de urgência. Por outro lado, ainda que ausente a urgência, mas o caso concreto não permita qualquer dúvida a respeito da existência de grave vício na decisão ou de seu manifesto desacordo com texto expresso de lei, por exemplo, deve o relator conceder efeito suspensivo ao recurso, cujo inexpugnável provimento futuro supera a "probabilidade do direito" exigida para a atribuição judicial do efeito com base na urgência.[217]

215. CÂMARA, Alexandre Freitas. *O Novo Processo Civil brasileiro*. Ob. cit., p. 505: "Nos casos em que não se produz o efeito suspensivo de forma automática, por força de lei, ainda assim tal efeito pode ser atribuído ao recurso *ope iudicis*, ou seja, através de uma decisão judicial (art. 995). É que a lei processual autoriza o relator a, em decisão monocrática, atribuir efeito suspensivo a recurso que a princípio não o produziria, sempre que se verificar que da imediata produção de efeitos da decisão recorrida resulte risco de dano grave, de difícil ou impossível reparação (*periculum in mora*), e desde que esteja demonstrado ser provável que o recurso venha a ser provido (*fumus boni iuris*). A atribuição de efeito suspensivo ao recurso, pois, é uma modalidade de tutela de urgência, de natureza evidentemente cautelar, já que não antecipa o resultado a ser obtido com o julgamento do mérito do recurso, limitando-se a impedir que a decisão recorrida produza desde logo seus efeitos". Ver também RODRIGUES. Marco Antonio. *Manual dos Recursos*. São Paulo: Atlas, 2017, p. 86.

216. DIDIER JR., Fredie; CUNHA, Leonardo Carneiro da. *Curso de Direito Processual*. Ob. cit., p. 220-221.

217. BUENO, Cassio Scarpinella. *Manual de Direito Processual Civil*. 2. ed. São Paulo: Saraiva, 2016, p. 677: "Particularmente, prezado leitor, tendo a sugerir interpretação ampla àqueles dispositivos. Não só para reconhecer que, quanto maior sejam as reais e objetivas chances de êxito da pretensão recursal, menor pode ser o risco de dano grave, de difícil ou impossível reparação, a ser demonstrado, admitindo, até, que não haja risco nenhum, mas também para espraiar a possibilidade de concessão da tutela de *evidência* no plano recursal para todo o sistema, isto é, para todos os recursos, diferentemente da textualidade do parágrafo único do art. 995, que parece exigir, indistintamente, a probabilidade de êxito e o risco de dano grave, ainda que não seja irreparável, mas, apenas, de difícil reparação".

Note-se que no primeiro caso não basta a existência de urgência. Como nos pedidos de tutela provisória em primeiro grau, o recorrente deve também demonstrar que suas alegações são verossímeis e que seu pleito é juridicamente plausível. Porém, a evidência do direito, caracterizada pelas hipóteses previstas no art. 311 do CPC ou pelo indubitável provimento futuro do recurso, dispensa a urgência inclusive para a outorga de efeito suspensivo a recurso.[218]

Do mesmo modo que a imediata eficácia da decisão recorrida pode ocasionar danos que justifiquem a concessão de efeito suspensivo *ope judicis*, parece-me lícita a retirada, por decisão judicial, de efeito suspensivo *ope legis*, se a ineficácia for capaz de prejudicar a parte beneficiada pela decisão atacada. O *recorrido* pode, pois, pleitear por simples petição a remoção do efeito suspensivo previsto em lei, desde que demonstre a presença dos requisitos da concessão de tutela provisória. Não faz nenhum sentido gracejar o recorrente, que obteve uma decisão desfavorável (e, no caso do apelante, uma decisão final em cognição exauriente), com a possibilidade obtenção de efeito suspensivo e não conferir ao recorrido, cujo direito já foi reconhecido por pelo menos um órgão do Poder Judiciário, o direito de pleitear que a decisão tenha eficácia imediata. Caso haja algum risco decorrente da execução do julgado, o relator pode exigir, por exemplo, a prestação de caução para o afastamento do efeito suspensivo presente em lei.

O efeito suspensivo não se confunde com a antecipação dos efeitos da tutela recursal, previsto no art. 932, inc. II, do CPC. Enquanto o primeiro faz cessar os efeitos da decisão recorrida, o segundo instituto vai além, concedendo o que a decisão recorrida negou, antecipando as consequências jurídicas do provimento futuro do recurso.[219] Na praxe forense, essas duas formas de tutela por vezes se confundem, mormente pelo fato de que a

218. Nesse sentido, PANTOJA, Fernanda Medida; MARÇAL, Felipe Barreto. Tutela de Evidência Recursal. Revista de Processo. São Paulo: Editora RT: vol. 324/2022: "Em que pese não haver previsão idêntica nas normas sobre os demais recursos em espécie, a partir de uma interpretação sistemática e teleológica, a qualquer espécie recursal pode ser atribuído o efeito suspensivo ou concedida a antecipação da tutela recursal com base na evidência – *rectius*, na probabilidade de provimento do recurso, sem necessidade de demonstração de risco de dano grave ou de difícil reparação".

219. OLIVEIRA JR., Zulmar Duarte de. In: GAJARDONI, Fernando da Fonseca; DELLORE, Luiz; ROQUE, André Vasconcelos; OLIVEIRA JR., Zulmar Duarte de. Execução e Recursos. Ob. cit., p. 965: "O relator pode tanto atribuir efeito suspensivo aos recursos (colocando em letargia os efeitos da decisão objeto do recurso), quanto antecipar a tutela recursal (outorgando o que foi negado na decisão profligada), observados os requisitos específicos da tutela de urgência (probabilidade do direito e o perigo de dano ou o risco do resultado útil do processo – art. 300) e da tutela de evidência (clarividência do direito – art. 311)".

tutela provisória recursal é chamada equivocamente nos corredores de "efeito suspensivo ativo". Porém, são institutos diferentes, embora coligados.[220]

Se deferida a antecipação do efeito do provimento do recurso, mais do que tornada ineficaz, a decisão recorrida inverteu-se momentaneamente, até o julgamento do mérito recursal.[221] Contudo, a tutela antecipada não paralisa necessariamente o processo em primeiro grau. A nova ordem pode demandar execução imediata. Imagine-se um pedido antecipatório de retirada do nome do autor dos cadastros restritivos de crédito. Em primeira instância, o juiz rejeita o pleito. O autor recorre e pede ao relator que, de imediato, antecipe os efeitos do provimento futuro de seu agravo de instrumento, isto é, ordene a retirada do óbice ao crédito. Ao deferir o pedido antecipatório, o relator provisoriamente reformou a decisão de primeiro grau, ocasionando a necessidade de cumprimento imediato da obrigação de fazer. Se, ainda, o julgador de primeiro grau determina a suspensão de uma assembleia de acionistas, a antecipação do efeito da tutela recursal tem o condão de fazer cessar a eficácia da ordem de suspensão e de, ao mesmo tempo, autorizar a pronta realização da assembleia.

Excetuadas as poucas hipóteses em que a decisão recorrida tem sua eficácia obstada por força de lei, nas quais o recorrente nada precisa fazer, na maioria dos casos a atribuição de efeito suspensivo submete-se à necessidade de requerimento dirigido ao relator. Esse pleito pode tomar duas formas. A primeira e mais corriqueira delas é a sua inclusão como tópico da petição

---

220. FERREIRA, William Santos. O equivocado tratamento discriminatório da antecipação da tutela recursal em relação ao efeito suspensivo – perspectiva dinâmica do devido processo legal e a razoável duração do processo. In: OLIVEIRA, Bruno Silveira de et al. (Org.). *Recursos e a Duração Razoável do Processo.* Brasília: Gazeta Jurídica, 2013, p. 547: "Ao se conceder um efeito suspensivo neutraliza-se a interferência de uma decisão judicial de conteúdo positivo, o que traz todo o peso histórico e cultural *negativo* da atividade jurisdicional interferir antes do momento final na vida das partes, o que revela um dos motivos do menor rigor e maior incidência do efeito suspensivo. Já antecipar a tutela recursal, nesta visão, significaria exatamente interferir antes do momento final, e o que é pior, porque o juízo *a quo* negou esta interferência. (...) O juiz, quando defere ou indefere um pedido, toma uma posição, concede uma tutela, variando apenas o beneficiário. Não há aqui espaço para neutralidade jurisdicional. Até quando se afirma que somente será apreciado um pedido após oportunidade a parte contrária, rigorosamente decide-se que não é o momento para concessão, ainda que em outro isso possa ocorrer. (...) O efeito suspensivo e a antecipação da tutela, em tese, nesta perspectiva são interferências de mesma intensidade, variando o beneficiário, por isto o requisito da probabilidade para concessão de ambos deve ser o mesmo, não devendo se buscar diferença na literalidade 'relevante fundamentação' (art. 558, *caput*, do CPC) e a ausência de requisito no artigo 527, III, do CPC para antecipação da tutela recursal".

221. MEDINA, José Miguel Garcia; WAMBIER, Teresa Arruda Alvim. *Recursos e Ações Autônomas de Impugnação.* Ob. cit., p. 111: "Com a concessão do efeito suspensivo ao recurso, busca-se manter inalterada a realidade que poderia ser de algum modo afetada, se a decisão recorrida produzisse efeitos, desde logo. No caso da antecipação dos efeitos da tutela recursal, pretende-se que, embora antes de seu julgamento, desde já se produzam os efeitos que se pretende obter com o julgamento do recurso".

de recurso ou em simples petição posteriormente protocolizada.[222] Compete ao recorrente demonstrar de modo fundamentado que estão presentes os pressupostos de concessão do efeito suspensivo. Ao receber o recurso e aquiescendo com as razões expostas na peça recursal, o relator suspenderá a eficácia da decisão recorrida, recebendo o recurso no *duplo efeito*, isto é, efeitos devolutivo e suspensivo. Esse rito é possível, *v.g.*, no caso do agravo de instrumento, o qual é distribuído diretamente no tribunal, sem passar pelo juiz prolator da decisão guerreada.

Esse caminho mais simples e fácil nem sempre está acessível ao recorrente. Como a competência para verificação da presença dos requisitos e atribuição de efeito suspensivo é do relator do recurso, membro integrante do órgão *ad quem*, o recorrente pode ser obrigado a veicular seu requerimento em peça apartada. Isso porque alguns recursos são dirigidos ao juízo *a quo*, que os encaminha ao tribunal competente para o julgamento. No entanto, o período compreendido entre a interposição do recurso e a sua chegada ao órgão *ad quem* pode ser longo e a eficácia da decisão recorrida nesse ínterim danosa ao direito do recorrente.

Antevendo esse problema, o legislador de 2015 aprimorou e simplificou o complicado sistema existente no CPC/1973, estabeleceu um formato simples de requerimento e atribuiu as competências para exame do pleito. O art. 1.012, § 3º, do CPC dispõe que o recorrente, por meio de simples petição, apresentará seu requerimento de outorga de efeito suspensivo *ope judicis*, que será dirigido (i) ao tribunal, se o requerimento for apresentado entre a interposição da apelação e sua distribuição, ficando preventos o relator designado para seu exame e o órgão julgador do qual faz parte; e (ii) ao relator, se já distribuída a apelação ou se já havia prevenção, na forma do art. 930, parágrafo único, do CPC.

Em relação aos recursos especial e extraordinário, o art. 1.029, § 5º, do Código contém disposição semelhante. Da mesma forma que no caso da apelação, o requerimento será formulado em petição simples e será dirigido (i) ao respectivo tribunal superior, se o pleito for protocolado entre a publicação da decisão de admissão do recurso e sua distribuição, ficando preventos o relator designado para seu exame e o órgão julgador do qual faz parte; (ii) ao relator, se já distribuído o recurso ou se já havia prevenção; e (iii) ao presidente ou vice-presidente do tribunal local, se o requerimento for formulado entre a interposição do recurso e a publicação da decisão de

222. Enunciado FPPC n. 609: "O pedido de antecipação da tutela recursal ou de concessão de efeito suspensivo a qualquer recurso poderá ser formulado por simples petição ou nas razões recursais".

admissão do recurso, assim como no caso de o recurso ter sido sobrestado, nos termos do art. 1.037.

Essa nova sistemática, introduzida pelo CPC/2015, evita a profusão de novas demandas – medidas cautelares e mandados de segurança, especialmente – com o intuito de obtenção de efeito suspensivo ao recurso interposto. A simplificação empreendida pelo legislador é elogiável.

Além de lei e de decisão judicial, os recursos podem ter efeito suspensivo decorrente de convenção processual. Embora o art. 995 não mencione expressamente essa hipótese, não há nada que afaste a incidência do art. 190 do CPC – a norma geral de convenções processuais atípicas – e que, por conseguinte, impeça a atribuição convencional desse efeito. Destarte, as partes podem acordar que não será possível execução provisória da sentença, impondo a espera pelo trânsito em julgado. O efeito suspensivo convencional está plenamente de acordo com os limites da autonomia da vontade definidos no CPC/2015.

As principais consequências da outorga de efeito suspensivo – seja legal, judicial ou convencional – são a ineficácia do ato impugnado e a impossibilidade de prosseguimento do processo, que permanece imobilizado à espera do julgamento do recurso. Caso a decisão recorrida tenha natureza de sentença condenatória, não será possível dar início à execução provisória. Porém, ainda que a sentença seja declaratória ou constitutiva, que não criam título executivo, seus possíveis efeitos (ex.: a declaração de falsidade de um documento ou a decretação de divórcio) não se produzem enquanto presente o efeito suspensivo.[223]

O efeito suspensivo não impede, contudo, a realização de hipoteca judiciária. Toda sentença condenatória de obrigação pecuniária, conquanto não conhecido ainda o *quantum debeatur*, vale como título constitutivo de hipoteca judiciária, que pode ser registrada mesmo se contra a sentença couber recurso dotado de efeito suspensivo (art. 495, § 1º, inc. III, do CPC). Durante a suspensão do processo é vedada a prática de qualquer ato processual,

223. BARBOSA MOREIRA, José Carlos. *Comentários ao Código de Processo Civil.* Ob. cit., p. 257-258: "Diz-se que o recurso tem efeito suspensivo quando impede a produção imediata dos efeitos da decisão. Seria impróprio aludir, em termos restritos, ao fato de não se poder promover a execução, esse é o traço mais saliente, mas não esgota o conceito, pois as decisões meramente declaratórias e as constitutivas, que não comportam execução (no sentido técnico do direito processual), também podem ser impugnadas mediante recursos de efeito suspensivo. Salvo exceção consagrada na lei (vide, infra, o comentário n. 264 ao art. 521), a suspensão é de toda a eficácia da decisão, não apenas de sua possível eficácia como título executivo". Ver também PINHO, Humberto Dalla Bernardina. *Direito Processual Civil Contemporâneo.* Ob. cit., p. 877: "A suspensão, via de regra, é de toda a eficácia da decisão, e não apenas de sua eficácia como título executivo".

mas, como dispõe o art. 314 do Código, pode o juiz determinar a realização de atos urgentes a fim de evitar dano irreparável e perecimento de direitos.

A suspensão pode ser, por outro lado, parcial, impedindo, assim, a prática de alguns atos processuais, mas não obstando a realização de outros. Por exemplo, eventual efeito suspensivo concedido a agravo de instrumento que objetive, por sua vez, a atribuição de efeito suspensivo a embargos à execução não permite que a execução caminhe para a expropriação de bens do executado, mas não impede a realização de avaliação dos bens penhorados e eventual reforço de penhora (art. 919, § 5º, do CPC).

### 2.6.3. Efeito obstativo

A recorribilidade da decisão obsta o trânsito em julgado. Efeito inerente a todos os recursos, denominado obstativo ou impeditivo, evita que se dê a preclusão da matéria objeto da decisão e, ainda, em se tratando de decisão final sobre a questão, impede o trânsito em julgado.[224]

Para que se opere o efeito obstativo, é imprescindível, inicialmente, que a decisão seja recorrível. Se se trata de decisão final ou irrecorrível, o manejo de recurso descabido não tem o condão de impedir o trânsito em julgado. Daí se retira outra possível limitação desse efeito. Entende a doutrina que somente os recursos *admissíveis* têm efeito obstativo.[225] Conforme examinado anteriormente, entendo que a decisão acerca da admissibilidade recursal tem natureza *ex nunc*, isto é, mesmo inadmissível, o recurso obsta o trânsito em julgado, desde que não se trate de intempestividade inequívoca.[226] Destarte, se uma decisão foi proferida em maio e o recurso foi julgado deserto, em razão da ausência do recolhimento de custas, em agosto, o trânsito em julgado se deu apenas em agosto, não retroagindo até a data de intimação da decisão.

A mera possibilidade de interposição do recurso já impede a preclusão da questão decidida, que se posterga até o julgamento do último recurso possível. Mesmo o recurso desprovido de efeito suspensivo obsta a coisa julgada. A decisão passa a produzir efeitos a partir do momento em que é

---

224. MARQUES, José Frederico. *Instituições de Direito Processual Civil*. Ob. cit., p. 89: "Em se tratando de decisão interlocutória, o recurso devolve ao Juízo *ad quem* o conhecimento do incidente decidido, ou do ato procedimental de ordenamento do processo, impedindo também a formação de preclusão *pro judicato*. Atendida que seja a impugnação, e rescindido o ato decisório, o processo retorna ao *statu quo ante* em virtude do *error in procedendo* que nele se continha. Com isto, a preclusão, que ficara em suspenso, desaparece de todo; ou se consolidará, se o recurso não merecer provimento, ou não for conhecido".

225. BARBOSA MOREIRA, José Carlos. *Comentários ao Código de Processo Civil*. Ob. cit., p. 257.

226. Sobre esse ponto, remeto o leitor ao trópico que trata da natureza do juízo de admissibilidade.

proferida, mas permanece temporária enquanto cabível a impugnação por meio de recurso.[227]

### 2.6.4. Extensão subjetiva de efeitos

A interposição de um recurso só tem eficácia em relação ao recorrente. Não se estende, em regra, a outros sujeitos processuais. No entanto, em hipóteses excepcionais, seja pela própria natureza da relação discutida em juízo ou por expressa disposição de lei, a interposição de recurso por uma parte produz efeitos além do recorrente. A essa consequência jurídica, parte da doutrina denomina de efeito expansivo subjetivo.[228]

Dispõe o art. 121, parágrafo único, do CPC que o recurso interposto pelo assistente simples é aproveitado pelo assistido, exceto na hipótese de este ter transigido, desistido da ação ou renunciado ao direito (art. 122). A oposição de embargos de declaração (art. 1.026) ou de embargos de divergência (art. 1.044, § 1º) interrompe o prazo de interposição de recurso para ambas as partes, isto é, inclusive para aquela que não embargou a decisão.

Ainda, o recurso interposto por um dos litisconsortes, na hipótese de litisconsórcio unitário, aproveita os demais. E mais, ainda que seja simples o litisconsórcio, o recurso beneficia os outros litisconsortes, caso sejam idênticos seus interesses, como dispõe o art. 1.005, parágrafo único, do CPC. Essa última hipótese ocorre se, embora simples o litisconsórcio, a relação subjacente seja solidária. Desse modo, o recurso interposto por um devedor solidário aproveita aos demais.[229]

227. ASSIS, Araken de. *Manual dos Recursos*. Ob. cit., p. 189: "Em geral, o ato decisório surte os efeitos que lhe são próprios a partir do trânsito em julgado; todavia, desprovido de efeito suspensivo o recurso, tais eficácias se produzem a partir da emissão do provimento (art. 995, *caput*). É o que basta, salvo engano, para dissociar os dois fenômenos: o recurso desprovido de efeito suspensivo também adia a formação da coisa julgada".

228. NERY JUNIOR, Nelson. *Teoria Geral dos Recursos*. Ob. cit., p. 479.

229. Nesse sentido, ver DIDIER JR., Fredie; CUNHA, Leonardo Carneiro da. *Curso de Direito Processual*. Ob. cit., p. 174: "Convém lembrar, porém, que, por opção legislativa, o recurso interposto por um devedor solidário estende os seus efeitos aos demais, quando tratar de defesa comum (art. 1.005, par. ún., CPC). Isso ocorrerá mesmo não sendo unitário o litisconsórcio, pois a solidariedade pode implicar litisconsórcio unitário ou simples, a depender da divisibilidade ou não do bem jurídico envolvido (arts. 257 a 263, Código Civil)". Ver também NERY JUNIOR, Nelson. *Teoria Geral dos Recursos*. Ob. cit., p. 481-482: "O CPC 509 par. ún. não transforma o litisconsórcio simples em unitário, como poderia parecer à primeira vista, mas tão somente 'impõe a extensão dos efeitos do recurso' ao litisconsorte simples que não recorreu, em virtude da solidariedade existente entre os litisconsortes. Na verdade, o dispositivo determina a extensão dos efeitos do julgamento do recurso ao litisconsorte simples inerte, que tem vínculo de solidariedade com o litisconsorte recorrente".

Outro exemplo de extensão subjetiva decorrente do recurso é a hipótese prevista no art. 987, § 2º, do CPC, que dispõe sobre os recursos especial e extraordinário interpostos contra decisão final de incidente de resolução de demanda repetitiva. A decisão do IRDR tem sua eficácia restrita ao estado ou à região de competência do tribunal de justiça estadual e do tribunal regional federal, respectivamente. A interposição de recurso especial ou recurso extraordinário tem o condão de estender automaticamente a nível nacional a eficácia da decisão, isto é, "a todos os processos individuais ou coletivos que versem sobre idêntica questão de direito".[230]

### 2.6.5. Efeito substitutivo

Como dispõe o art. 1.008 do CPC, o julgamento do recurso substitui a decisão recorrida, ainda que esta tenha sido mantida.[231] Assim, valerá a última decisão, conquanto tenham sido apreciados e rejeitados no mérito os recursos interpostos a partir da sentença.[232] Esse efeito substitutivo somente se opera, contudo, se o mérito recursal for apreciado. Se o órgão *ad quem* inadmite o recurso, não há a substituição. O efeito também se restringe, por

230. Sofia Temer vislumbra, inclusive, o interesse recursal do vencedor, que recorre apenas para buscar a extensão dos efeitos a nível nacional. TEMER, Sofia. *Incidente de Resolução de Demandas Repetitivas*. Salvador: Juspodivm, 2016, p. 249: "Assim, considerando este cenário, é possível perceber que, fixada a tese em um Estado (p. ex. São Paulo), a parte do processo repetitivo tramitando em outro Estado (como o Rio de Janeiro) pode ter interesse em que a discussão atinja os tribunais superiores, para que possa aproveitar a tese para sua demanda. Nesse caso, ainda que a tese tenha sido fixada em sentido que seja totalmente 'favorável' à parte, ela terá interesse e legitimidade para 'recorrer', com o único objetivo de que o STJ ou STF confirmem a decisão e que seja possível, assim, aplicar a tese por ocasião do julgamento de sua demanda".

231. ASSIS, Araken. *Manual dos Recursos*. Ob. cit., p. 219: "Na verdade, dotado o recurso de efeito suspensivo, *ope legis* ou *ope iudicis*, só em tese o ato impugnado beneficia uma das partes – o vitorioso momentâneo. Depois de julgado o recurso, no mérito, das duas, uma: ou o pronunciamento superior tem idêntico conteúdo, dele decorrendo as vantagens originalmente apresentadas; ou o pronunciamento exibe conteúdo contrário, e o inferior nunca propiciará qualquer benefício". Ver também MARINONI, Luiz Guilherme; MITIDIERO, Daniel. *Comentários ao Código de Processo Civil*. Ob. cit., p. 192: "É irrelevante que a decisão no recurso seja no mesmo sentido da decisão recorrida para efeitos de substituição – se a decisão do tribunal apreciou o mérito do recurso, há substituição".

232. BARBOSA MOREIRA, José Carlos. *Comentários ao Código de Processo Civil*. Ob. cit., p. 398-399: "Em havendo sequência de recursos, com substituições sucessivas, a eficácia será do último julgamento, ainda que este, conforme a expressão corrente, 'restaure' ou 'restabeleça' o primeiro, ou algum dos intermediários: assim, *v.g.*, se a causa chegou até o Supremo Tribunal Federal, e recebeu ali, em grau de recurso extraordinário (ou, eventualmente, dos embargos previstos no art. 546, n. II), solução idêntica à que lhe dera a sentença de primeira instância, reformada no juízo da apelação, ou à que lhe dera esse juízo, com posterior reforma por força de embargos infringentes, o título executivo – caso tenha ocorrido condenação – será o acórdão do Supremo Tribunal Federal, e não a decisão de primeiro ou de segundo grau, por ele supostamente 'restaurada' ou 'restabelecida'. Analogamente, esse acórdão é que poderá constituir objeto de pedido de rescisão, se nele se enxergar qualquer dos vícios típicos (cf., supra, o comentário nº 69 ao art. 485)".

óbvio, à parcela impugnada da decisão atacada. Em virtude da extensão do efeito devolutivo delimitada pelo recorrente, a parte da decisão que deixou de ser impugnada precluiu.

Se o recurso versar sobre *error in procedendo* e o pedido do recorrente for de invalidação da decisão recorrida, somente o julgamento de desprovimento do recurso substituirá a decisão, uma vez que o provimento resultará na anulação da decisão para que outra seja proferida pelo órgão *a quo*. Nessa última hipótese, não há substituição.[233]

O efeito substitutivo tem consequências relacionadas à ação rescisória, seja para a identificação da decisão a ser rescindida – a que substituiu a decisão anterior –, como também para fins de competência de julgamento da rescisória – o tribunal prolator da decisão substitutiva.[234] Esse é, aliás, o entendimento sumulado do Supremo Tribunal Federal.[235]

## 2.6.6. Efeito de retratação

O efeito de retratação abre a possibilidade de revisão pelo órgão *a quo* de sua própria decisão. Interposto o recurso, se presente tal efeito, o julgador prolator da decisão pode, com base nos fundamentos expostos pelo recorrente e admitindo que cometeu um erro ou não tomou a melhor decisão, alterar seu julgamento por meio de novo *decisum*. Nesse caso, abre-se a possibilidade de recurso para a outra parte, que havia sido inicialmente beneficiada pela decisão antes da retratação.

Esse efeito está presente no agravo de instrumento (art. 1.018, § 1º) e no agravo interno (art. 1.021, § 2º), autorizando o órgão *a quo* a revisitar sua decisão enquanto não há o julgamento do recurso pelo juízo competente. Na apelação, a retratação é permitida somente em alguns casos, quais sejam: na sentença: (i) que indefere a petição inicial (art. 331); (ii) que julga liminarmente improcedente o pedido (art. 332, § 3º); (iii) terminativa (art. 485, § 7º); e (iv) proferida nos casos regulados pelo Estatuto da Criança e

233. NERY JUNIOR, Nelson. *Teoria Geral dos Recursos*. Ob. cit., p. 489: "Tanto no caso de provimento como no de improvimento, somente existe efeito substitutivo quando o objeto da impugnação for *error in iudicando* e, portanto, o tribunal *ad quem* tiver de manter ou reformar a decisão recorrida. Quando, ao contrário, se tratar de recurso que ataque *error in procedendo* do juiz, a substitutividade somente ocorrerá se negado provimento ao recurso, pois, se este for provido, anulará a decisão recorrida e por óbvio não poderá substituí-la".

234. BUENO, Cassio Scarpinella. *Manual de direito processual civil*. Ob. cit., p. 615.

235. Súmula 515, STF: A competência para a ação rescisória não é do Supremo Tribunal Federal, quando a questão federal, apreciada no recurso extraordinário ou no agravo de instrumento, seja diversa da que foi suscitada no pedido rescisório.

do Adolescente (art. 198, VII, do ECA). Nesses casos, o juiz pode voltar atrás, invalidar a própria sentença e fazer prosseguir o processo para a prática de novos atos processuais antes da prolação de nova decisão final.

O efeito de retratação também está presente no sistema dos recursos repetitivos. O art. 1.040, inc. II, permite que o tribunal local reexamine seu acórdão caso o resultado de seu julgamento esteja em desacordo com o entendimento do STJ ou do STF exarado em acórdão de recurso especial repetitivo ou de recurso extraordinário repetitivo, respectivamente.

Embora não seja a reforma da decisão o escopo convencional dos embargos de declaração, admite-se, em algumas hipóteses, extrair desse recurso eficácia infringente ou modificativa que acarrete a alteração da decisão embargada. Isso ocorre se, em decorrência da integração ou do esclarecimento, o julgador se vê obrigado a rever sua decisão. Suponha-se uma decisão na qual a fundamentação está em desacordo com a conclusão – provimento contraditório, portanto – ou o julgador deixou de apreciar fundamento que, por si só, é capaz de alterar o resultado. Em ambos os casos, se o juiz corrige o vício, fatalmente alterará sua decisão. Se concorda com a contradição, deve adequar o dispositivo à motivação oferecida, e não o contrário. E, ao enfrentar argumento anteriormente não apreciado, será obrigado a modificar a conclusão, se aquiescer com o novo argumento. Esse efeito modificativo ou infringente dos embargos de declaração, que será objeto de análise mais adiante, está previsto no art. 1.024, § 4º, do CPC. Assim, nessas situações excepcionais, os embargos de declaração também recebem efeito de retratação, por meio do qual o órgão *a quo* reexamina e muda sua decisão original.[236]

## 2.7. RECURSO ADESIVO

Recurso adesivo é o nome que se dá a um momento de interposição de recurso, e não a uma espécie recursal própria. A lei prevê os recursos de apelação, especial e extraordinários adesivos, e não, simplesmente, o recurso adesivo. Esse modo de interposição contrapõe-se ao denominado recurso principal, autônomo ou independente, interposto no decorrer do prazo iniciado após a intimação da decisão. Em vista disso, o momento destinado à interposição do recurso adesivo é o que o diferencia do recurso autônomo. O recurso adesivo deve ser interposto no prazo reservado ao oferecimento de contrarrazões do recurso autônomo. A forma de recorrer é a mesma.[237] Em

236. DONOSO, Denis; SERAU JR., Marco Aurélio. *Manual dos Recursos Cíveis*. Ob. cit., p. 61.

237. Parece-me inadequada a conceituação do recurso adesivo como *forma* distinta de interposição do recurso, uma vez que a forma e os requisitos a serem preenchidos pelo recorrente são os mesmos, tanto

uma apelação principal, por exemplo, uma das partes a interpõe por petição escrita, demonstrando o recolhimento das custas, apresentando suas razões e seu pedido de reforma e dirigindo o apelo ao juízo prolator da sentença. E o mesmo se dá com o recurso adesivo da parte contrária, que deve preencher os idênticos requisitos de admissibilidade como se tivesse recorrido de modo autônomo. A única diferença é o momento de interposição. Trata-se de uma segunda oportunidade para recorrer.[238]

Porém, essa distinção temporal ocasiona consequências jurídicas reservadas apenas ao recurso adesivo. Como se demonstrará adiante, o recurso adesivo interposto subordina-se ao recurso principal, ao qual aderiu.

A interposição de recurso na modalidade adesiva somente é possível se há sucumbência recíproca, isto é, o provimento judicial passível de impugnação contém capítulo no qual o pleito de uma parte foi acolhido e capítulo no qual a outra parte triunfou (art. 997, § 1°, do CPC). Ambos os litigantes têm interesse recursal na parcela da decisão que lhes causou algum prejuízo. Não se exige, no entanto, que haja equivalência temática entre o recurso principal e o adesivo. O recorrente original pode impugnar um capítulo da decisão enquanto o adesivo versa sobre outro capítulo.[239]

Também só se abre a possibilidade de recurso adesivo se uma das partes decidiu recorrer originalmente, ou seja, no prazo do recurso principal. Se nenhuma das partes recorre na primeira oportunidade, não haverá prazo para resposta ao recurso e, portanto, não será possível a interposição adesiva. O recurso adesivo, ao estender o objeto da cognição do órgão *ad quem*, permite que se julgue de forma favorável ao recorrente adesivo, o que não era possível somente com a interposição do recurso da parte contrária, em razão da vedação à *reformatio in pejus*.

A possibilidade de interposição adesiva visa à desmotivação de uso do recurso principal pela parte parcialmente favorecida pelo provimento judicial,

---

para o recurso autônomo, como para o recurso adesivo. O que difere é exclusivamente o momento. Classificando o recurso adesivo como *forma* de interposição, DIDIER JR., Fredie; CUNHA, Leonardo Carneiro da. *Curso de Direito Processual*. Ob. cit., p. 176.

238. GRECO, Leonardo. *Instituições*. Ob. cit., p. 88: "O recurso adesivo é uma segunda oportunidade para recorrer, nos casos de sucumbência recíproca, conferida à parte que não recorreu no prazo inicial autonomamente. Isso porque a parte, tomando conhecimento do recurso da outra, no prazo para responder a este, pode interpor adesivamente o seu próprio recurso, para estender o reexame da decisão também à parte em que esta última a prejudica".

239. BARBOSA MOREIRA, José Carlos. *Comentários ao Código de Processo Civil*. Ob. cit., p. 317: "Não é requisito de admissibilidade do recurso adesivo a existência de vínculo substancial entre a matéria nele discutida e a suscitada no recurso principal. Pouco importa que se trate, num e noutro, de capítulos perfeitamente distintos da sentença: por exemplo, do relativo ao pedido originário e do atinente à reconvenção".

e, consequentemente, privilegia a celeridade processual.[240] O litigante que se sente conformado, apesar de não inteiramente atendido pela decisão, pode preferir deixar de recorrer na expectativa da inércia da parte contrária. Se esta, porém, decide recorrer, resta-lhe o recurso adesivo. Se houvesse apenas uma oportunidade de impugnação da decisão, mais recursos seriam interpostos. Imagine-se uma sentença que tenha acolhido o pedido do autor de indenização por danos material e moral, mas fixou o *quantum* indenizatório do dano material em valor 20% abaixo do pedido. O autor, embora tenha sucumbido em parte, prefere deixar de recorrer para que se opere logo o trânsito em julgado e ele possa executar definitivamente a sentença o quanto antes. No entanto, no prazo de interposição da apelação o réu recorre e o autor é intimado para apresentação de suas contrarrazões. O objetivo inicial do autor frustrou-se, tendo vista o uso da apelação pelo réu, que fez perdurar a litispendência e impediu a imediata execução do julgado. Sabedor disso, o autor resolve, então, levar ao conhecimento do tribunal para seu reexame a parcela da sentença na qual seu pedido não foi integralmente atendido. Ele faz isso por meio de recurso adesivo de apelação.[241]

A interposição de recurso na modalidade adesiva está prevista no art. 997 do CPC, que estabelece as seguintes características: (i) cabível em caso de sucumbência recíproca; (ii) uma das partes prejudicada pelo *decisum* deve interpor recurso no prazo inicial, permitindo a adesão; (iii) ao recurso adesivo aplicam-se as mesmas regras da interposição autônoma quanto aos requisitos de admissibilidade e de julgamento no tribunal;[242] (iv) deve ser interposto no prazo de contrarrazões; (v) cabível na apelação e nos recursos especial e extraordinário; (vi) subordina-se ao recurso principal, cuja inadmissibilidade impede o conhecimento do adesivo.

---

240. Idem, p. 309: "O mecanismo adotado não constitui, portanto – como à primeira vista poderia parecer –, um expediente de facilitação do recurso. Bem ao contrário: visa a diminuir o número de impugnações, atuando como contraestímulo pela dupla forma acima descrita. E atingirá o grau ótimo de funcionamento quando ninguém mais interpuser recurso contra decisão parcialmente desfavorável. Mesmo abaixo desse marco ideal, porém, são intuitivos os benefícios que se podem esperar do ponto de vista da economia processual, inclusive, em certa medida, com desafogo dos tribunais".

241. Tema n. 459 de julgamento de recursos repetitivos do STJ: "O recurso adesivo pode ser interposto pelo autor da demanda indenizatória, julgada procedente, quando arbitrado, a título de danos morais, valor inferior ao que era almejado, uma vez configurado o interesse recursal do demandante em ver majorada a condenação, hipótese caracterizadora de sucumbência material".

242. GRECO, Leonardo. *Instituições*. Ob. cit., p. 89: "Os pressupostos de admissibilidade do recurso não são necessariamente os mesmos do recurso principal, mas os pressupostos que o recurso do próprio recorrente adesivo teria de preencher se tivesse sido interposto autonomamente. Assim, por exemplo, se a Fazenda Pública interpõe o recurso principal e o seu recurso não está sujeito a preparo (...), o recurso adesivo do seu adversário terá de ser preparado, sob pena de deserção".

Essa última característica é que o diferencia do recurso principal e torna sua interposição menos atrativa. Sua subordinação ao recurso principal faz com que o recurso adesivo dependa do conhecimento do principal para que possa também ser conhecido e julgado no mérito. Trata-se de um requisito adicional de admissibilidade. Além dos requisitos gerais já estudados, o exame do recurso adesivo pressupõe a admissibilidade do recurso principal. Se, por qualquer motivo, este não for conhecido, o recurso adesivo também não o será. Basta, inclusive, a desistência do recurso principal pela parte contrária para que o recurso adesivo não seja conhecido.

Dessas características, extraem-se algumas situações que merecem exame. Em primeiro lugar, pense-se na situação na qual ambas as partes recorrem da sentença de procedência parcial dos pedidos. Porém, o autor recorre fora do prazo. Poderia ele utilizar-se do prazo de contrarrazões para interpor novamente a sua apelação, agora como recurso adesivo? Como a admissibilidade da apelação é realizada pelo tribunal (art. 1.010, § 3º, do CPC), dificilmente essa possibilidade se abriria ao recorrente, já que somente seria inadmitido seu apelo por intempestividade quando já transcorrido o prazo de contrarrazões. Porém, Leonardo Greco considera possível que, percebendo a tempo a intempestividade do recurso principal, o autor interponha apelação adesiva, cujo conhecimento fica condicionado também à inadmissão de sua apelação principal.[243]

Com o advento da Lei n. 13.256/2016, a admissibilidade do recurso especial e do recurso extraordinário voltou a ser dividida entre o tribunal local e o tribunal superior respectivo. Assim, é possível que o presidente ou o vice-presidente do tribunal *a quo* inadmita o recurso de uma das partes na mesma decisão que a intima para oferecimento de contrarrazões ao recurso da parte contrária. Desse modo, seria mais factível a interposição de recurso adesivo por aquele que teve seu recurso principal inadmitido por intempestivo. No entanto, boa parte da doutrina se posiciona contrariamente a essa possibilidade, considerando inadmissível o recurso adesivo quando já interposto pela mesma parte o recurso principal, sob o fundamento de que é pressuposto do recuso adesivo que a parte não tenha recorrido de modo autônomo.[244] A despeito de concordar com a impossibilidade de interposição

243. Idem, p. 90: "Situação idêntica jamais ocorrerá na vigência do Código de 2015, porque a apelação deixa de submeter-se a um juízo de admissibilidade perante o juiz de primeiro grau. Mas outras situações semelhantes poderão configurar-se, como o temor de não conhecimento da apelação originária por ser intempestiva. No prazo de contrarrazões à apelação da parte contrária, parece-me que será lícito requerer que, se a apelação original não for conhecida por intempestiva, seja conhecida como adesiva".

244. DIDIER JR., Fredie; CUNHA, Leonardo Carneiro da. *Curso de Direito Processual*. Ob. cit., p. 181; JORGE, Flávio Cheim. *Teoria Geral dos Recursos Cíveis*. Ob. cit., p. 451; CARNEIRO, Athos Gusmão. Observações

de um novo recurso, considero admissível o recurso intempestivo nesse caso, que *deve ser recebido como adesivo*. Se o recurso foi interposto fora do prazo principal, passou a fazer parte do prazo secundário, das contrarrazões, por força do disposto no art. 218, § 4º, do CPC, o qual dispõe que "será considerado tempestivo o ato praticado antes do termo inicial do prazo". A partir do dia seguinte ao final do prazo para interposição autônoma do recurso, inicia-se o prazo para a interposição adesiva – se a parte contrária interpôs recurso principal –, que se encerra ao final do prazo para contrarrazões.

Inadmissível, porém, é o recurso adesivo interposto em duas situações. Se a parte recorreu no prazo original e, antes do prazo de reposta, desistiu do recurso, não pode valer-se do recurso adesivo.[245] Da mesma forma, ainda que não tenha desistido do principal, não lhe é lícito utilizar do adesivo para complementar as razões recursais ou impugnar parte da decisão não impugnada anteriormente pelo recurso principal.[246] A interposição inicial do recurso, nesses casos, acarreta a preclusão consumativa. Deu-se a preclusão pela prática do ato processual.

Também não é lícita a adesão à remessa necessária. O art. 997, § 1º, do CPC dispõe que é possível aderir ao *recurso* da parte contrária. Como a remessa necessária não tem natureza de recurso, em virtude da falta de voluntariedade, a parte somente pode interpor recurso adesivo se a Fazenda Pública recorreu inicialmente. Ademais, o escopo do recurso adesivo é evitar a interposição de recursos principais, remediando a imprevisibilidade de impugnação da parte contrária com a possibilidade de interposição posterior do adesivo. No caso da remessa necessária, não há imprevisibilidade, já que, presente sua hipótese de cabimento, necessariamente ocorrerá o reexame obrigatório pelo tribunal.

O art. 997, § 2º, II, do CPC admite a interposição na modalidade adesiva apenas na apelação, no recurso extraordinário e no recurso especial.

---

sobre o recurso adesivo. *Revista de Processo*. São Paulo: Revista dos Tribunais, v. 18, 1980, p. 162.

245. Nesse sentido, DIDIER JR., Fredie; CUNHA, Leonardo Carneiro da. *Curso de Direito Processual*. Ob. cit., p. 180-181; JORGE, Flávio Cheim. *Teoria Geral dos Recursos Cíveis*. Ob. cit., p. 449-450; OLIVEIRA JR., Zulmar Duarte de. In: GAJARDONI, Fernando da Fonseca; DELLORE, Luiz; ROQUE, André Vasconcelos; OLIVEIRA JR., Zulmar Duarte de. *Execução e* Recursos. Ob. cit., p. 988. Em sentido contrário, BARBOSA MOREIRA, José Carlos. *Comentários ao Código de Processo Civil*. Ob. cit., p. 335: "Não obstante, mesmo no direito brasileiro, e sem prejuízo do que acima ficou dito sobre a preclusão resultante da interposição do primeiro recurso, continuamos a pensar, a despeito dos argumentos em contrário, que é admissível, no caso, a impugnação adesiva. O efeito preclusivo cede, aí, diante da regra especial do art. 500, caput, 2ª parte, que, sem restrição de espécie alguma, reabre ao litigante parcialmente vencido a possibilidade de impugnar por sua vez a decisão, em verificando que dela recorrera o adversário".

246. DIDIER JR., Fredie; CUNHA, Leonardo Carneiro da. *Curso de Direito Processual*. Ob. cit., p. 181; JORGE, Flávio Cheim. *Teoria Geral dos Recursos Cíveis*. Ob. cit., p. 449-450.

Esse dispositivo comporta interpretação mais abrangente, porquanto outros recursos podem fazer as vezes da apelação em algumas circunstâncias. É o caso do recurso ordinário constitucional, na hipótese prevista no art. 1.027, II, alínea b, do CPC, que seleciona esse recurso como meio de impugnação de sentenças proferidas nos processos em que forem partes, de um lado, Estado estrangeiro ou organismo internacional e, de outro, Município ou pessoa residente ou domiciliada no País. Também no caso do recurso inominado, previsto no art. 41 da Lei n. 9.099/95 como forma de impugnação da sentença proferida no âmbito dos juizados especiais, cabe recurso adesivo, já que tal recurso se assemelha à apelação. Como já visto, a admissibilidade de recurso adesivo garante maior celeridade e economia processual, que se coadunam com os princípios norteadores dos juizados especiais.[247]

Da mesma forma, parece-me plenamente cabível recurso adesivo em agravo de instrumento interposto em face de decisão interlocutória que julgou antecipada e parcialmente o mérito (art. 356, do CPC). Nessa hipótese, como já visto, o agravo de instrumento faz as vezes de apelação, já que a decisão impugnada decidiu de forma *definitiva* um ou mais pedidos. Assim, se o julgamento antecipado e parcial resulta em sucumbência recíproca a respeito do que foi decidido e uma das partes interpôs agravo de instrumento, considero cabível a interposição adesiva de agravo pela parte contrária, limitada, por óbvio, aos pedidos já julgados.

Em relação à legitimidade, pela literalidade do art. 997, somente as partes estariam autorizadas à interposição adesiva, visto que o dispositivo prevê que, "vencidos autor e réu, ao recurso interposto por qualquer deles poderá aderir o outro". Contudo, ampliando-se o espectro do exame, percebe-se que o recurso adesivo contém as mesmas regras de admissibilidade do recurso principal. E o art. 996, que trata da legitimidade recursal, engloba, além das partes, terceiros juridicamente prejudicados e o Ministério Público na condição de fiscal da lei. Em uma interpretação sistemática, não vejo como limitar o uso do recurso adesivo às partes (e ao Ministério Público, quanto está nessa condição). O mesmo intuito do legislador, de desestímulo ao uso dos recursos, está presente no recurso do terceiro, por exemplo, que pode se resignar com o prejuízo que a decisão lhe causou, desde que as partes não recorram. Se não lhe for permitido o uso do recurso adesivo, será

247. Nesse sentido, cf. DIDIER JR., Fredie; CUNHA, Leonardo Carneiro da. *Curso de Direito Processual*. Ob. cit., p. 176. Em sentido contrário, cf. GRECO, Leonardo. *Instituições*. Ob. cit., p. 90; e o enunciado n. 88 do Fórum Nacional de Juizados Especiais: "Não cabe recurso adesivo em sede de Juizado Especial, por falta de expressa previsão legal".

obrigado a recorrer de modo autônomo mesmo nas situações potencialmente desnecessárias.[248]

Por fim, seria possível a interposição de recurso em aderência ao recurso interposto por litisconsorte? Se o litisconsórcio é unitário ou há relação de solidariedade entre os litisconsortes, o recurso de um aproveita os demais, sendo desnecessária a interposição de recurso adesivo.[249] Entretanto, se opostos os interesses dos litisconsortes, parece-me cabível o recurso adesivo pelo litisconsorte que deixou de recorrer autonomamente. Suponha-se uma demanda indenizatória na qual o autor afirma haver responsabilidade de mais de uma pessoa pelos danos que sofreu e inclui todos no polo passivo. A sentença condenatória reparte as responsabilidades e as obrigações de pagamento de indenização. Um dos litisconsortes recorre, alegando culpa exclusiva do outro litisconsorte, que inicialmente não recorreu. Considero possível o recurso adesivo de apelação, para se buscar a reforma da sentença e a consequente improcedência do pedido exordial ou, ao menos, a exclusão de responsabilidade do recorrente adesivo, indicada na sentença.

## 2.8. REMESSA NECESSÁRIA

### 2.8.1. Generalidades

O ordenamento jurídico brasileiro parte da premissa de que há um desequilíbrio que pende em desfavor da fazenda pública e que precisa ser compensado com privilégios processuais capazes de concretizar suposta isonomia. Como consequência, o CPC concede prazo em dobro para a prática

248. A posição sustentada aqui é minoritária. No sentido de prevalência da interpretação gramatical, ASSIS, Araken. *Manual dos Recursos*. 8ª edição. Ob. cit., p. 39; BARBOSA MOREIRA, José Carlos. *Comentários ao Código de Processo Civil*. Ob. cit., p. 319. Fabiano Carvalho sustenta, por sua vez, a falta de legitimidade do Ministério Público, na condição de *custos legis*, para a interposição de recurso adesivo, já que seria um contrassenso a postergação, pelo MP, da defesa do interesse público, condicionando-a à atividade recursal da parte. Havendo interesse público, o *parquet* deve recorrer independentemente da conduta das partes. Porém, o autor defende a possibilidade de recurso adesivo do terceiro prejudicado, CARVALHO, Fabiano. Admissibilidade do Recuso Adesivo. *Revista de Processo*. São Paulo: Revista dos Tribunais, v. 137, 2006, p. 36.

249. CARVALHO, Fabiano. *Admissibilidade do Recuso Adesivo*. Ob. cit., p. 36: "Destaque-se, por oportuno, que se os litisconsortes têm interesses que não coincidem, a interposição, por um deles, de recurso adesivo não aproveita aos demais (art. 509, caput, do CPC (LGL\1973\5)). Todavia, havendo solidariedade passiva, o recurso adesivo interposto por um devedor aproveitará aos outros, quando as defesas opostas ao credor lhes forem comuns (art. 509, parágrafo único, do CPC (LGL\1973\5)). De outra parte, se se tratar de litisconsórcio unitário, hipótese em que não é lícito ao órgão judicial cindir a decisão, devendo alcançar todos os litisconsortes de modo uniforme, quanto ao direito material postulado em juízo, o recurso adesivo interposto por um deles aproveitará aos demais".

de atos processuais e para as manifestações em geral da fazenda pública e a isenta do recolhimento de custas. A Constituição, ademais, estabelece um regime especial para o pagamento das quantias decorrentes de condenações judiciais da fazenda pública, permitindo, mediante o sistema dos precatórios, verdadeira moratória em manifesto prejuízo do credor. Também na Constituição se prevê uma justiça comum especial – a justiça federal – destinada ao recebimento dos conflitos envolvendo a União, as empresas públicas e autarquias federais.

Todos esses privilégios, na prática, tornam excessivamente desigual o ambiente processual, com evidente prejuízo ao particular. Os benefícios de tempo, custo e forma de pagamento de dívidas não equilibram a balança. Em vez disso, favorecem a fazenda pública e concedem-lhe inegável vantagem na solução de litígios. O prazo dilatado – que já foi objeto de diminuição na reforma da lei processual – afigurava-se muitas vezes necessário para o adequado exercício de direitos pela fazenda pública, uma vez que seus procuradores, responsáveis pelas manifestações em juízo, precisam obter informações e documentos advindos de outros órgãos públicos, o que demanda mais tempo do que ocorre comumente na comunicação entre advogados privados e seus clientes. No entanto, como a contagem dos prazos processuais leva em conta apenas os dias úteis e o aumento do prazo dos recursos de agravo de instrumento e agravo interno estabelecidos pelo CPC/2015, o prazo em dobro para a fazenda pública torna-se excessivo, já que, descontados os feriados e finais de semana, o prazo de contestação ou de recurso pode, em muitos casos, durar mais de cinquenta dias.

Outra excrescência decorrente dessa percepção que favorece processualmente os entes públicos é a remessa necessária. Prevista inicialmente como recurso de ofício, isto é, interposto pelo juiz contra sua própria sentença, nos casos de resultado desfavorável à fazenda pública, a remessa necessária, desde o CPC/1973, passou a ser regulamentada no capítulo que trata da coisa julgada. O instituto tem como escopo ocasionar um reexame automático do entendimento de primeiro grau, impedindo o trânsito em julgado da sentença mesmo na ausência de interposição de apelação.

Suas origens históricas datam das monarquias absolutistas, nas quais os juízes eram prepostos dos soberanos e gozavam, portanto, de pouca independência. Se uma sentença fosse proferida contra os anseios da Coroa, o juiz era obrigado a remetê-la para a revisão de instâncias superiores.[250]

250. GRECO, Leonardo. *Instituições de processo civil*. Ob. cit., p. 83.

A remessa necessária, também denominada de reexame necessário e de duplo grau de jurisdição obrigatório, denota a desconfiança do Estado em relação aos juízes de primeira instância[251] e, igualmente, a respeito da conduta e competência de seus procuradores, porquanto não confia que recorrerão das sentenças injustas e equivocadas. Na prática, essa desconfiança se estende e gera efeitos para dentro das procuradorias, onde os procuradores se veem compelidos a recorrer sempre, conquanto correta e bem lançada a sentença.

Outra justificativa para a permanência da remessa necessária no sistema atual seria a existência de municípios com pouca arrecadação e, portanto, desprovidos de recursos para arcar com a manutenção de procuradorias e a contratação de advogados. No entanto, com base nessa premissa, estende-se o privilégio à União, aos estados, ao distrito federal, aos demais municípios e suas respectivas autarquias e fundações de direito público que, na maioria das vezes estão adequadamente aparelhados e têm estruturas física e de pessoal muito melhores do que a maioria da população.[252]

Como os fatos que motivaram a adoção da remessa necessária entre nós não mais a justificam, o instituto encontra-se em declínio e há clara tendência de sua extinção. As últimas reformas processuais a limitaram drasticamente.[253] Já não é toda sentença desfavorável aos interesses da fazenda pública que impõe o reexame pelo tribunal independentemente de recurso. O CPC/2015 previu hipóteses de dispensa e, consequentemente, reduziu consideravelmente sua incidência. E é cada vez mais difícil encontrar quem a defenda entre os estudiosos do direito.[254]

---

251. JAIME, Fernando Gonzaga; SALOMÉ, Joana Faria; OLIVEIRA JR., Délio Mota de. O reexame necessário no processo civil brasileiro: um mal desnecessário. *Revista de Processo*. São Paulo, n. 279, maio 2018, p. 380: "Nota-se que a manutenção do reexame necessário ao longo dos tempos reflete injustificável desconfiança do legislador nos órgãos jurisdicionais de primeiro grau, presumindo-os capazes de, dolosamente, proferirem sentenças lesivas ao erário. (...) Esse instituto, entretanto, de raízes autoritárias, é incompatível com o devido processo legal democrático, encontrando-se sujeito a severas e irrespondíveis críticas por exteriorizar, ainda, 'um certo preconceito, como se aqueles que estão na pedreira, na primeira instância, não atuassem como Estado-Juiz'".

252. GRECO, Leonardo. *Instituições de processo civil*. Ob. cit., p. 86: "Não creio que haja no Brasil municípios tão pobres, que não possam contratar um bom advogado ou manter um bom procurador para defendê-los. Mas se existem, poderão beneficiar-se, a meu ver, da assistência judiciária gratuita, prevista no art. 5º, inciso LXXIV, da Constituição, por meio da Defensoria Pública, em igualdade de condições com todos os necessitados. Porém, a verdade é que esse argumento é um pretexto para manter o instituto em benefício da maioria dos entes públicos que dispõem de recursos e meios materiais e humanos muito melhores do que a grande maioria dos cidadãos brasileiros para defender-se em juízo, numa posição de franca vantagem em relação ao particular que litiga com o Estado".

253. Lei n. 10.352/2001 e, posteriormente, o CPC/2015.

254. Cf. um dos principais críticos do instituto, com quem compartilho a opinião: GRECO, Leonardo. *Instituições de processo civil*. Ob. cit., p. 84: "O instituto é anacrônico e a sua observância resulta da posição privilegiada que o legislador brasileiro confere aos interesses das pessoas jurídicas de direito público.

## 2.8.2. Conceito e natureza jurídica

A remessa necessária é um sucedâneo recursal que provoca automática e involuntariamente o reexame da sentença pelo tribunal de segunda instância, mesmo na ausência de recurso, em algumas hipóteses previstas em lei, nas quais o resultado do julgamento de primeiro grau apresentou-se desfavorável aos interesses da União, dos estados, do Distrito Federal, dos municípios e suas respectivas autarquias e fundações de direito público.[255]

Embora sirva à impugnação da sentença e seja capaz de ocasionar a sua invalidação ou reforma, a remessa necessária carece de um elemento essencial, a meu ver, para sua caracterização como recurso.[256] Falta-lhe voluntariedade. Seu procedimento inicia-se independentemente da vontade das partes ou do juiz; decorre de expressa imposição legal.[257] Como não tem natureza de

---

É lamentável que o direito brasileiro o conserve e que a jurisprudência ainda não o tenha expurgado por inconstitucionalidade, tão flagrante me parece a sua incompatibilidade com a garantia da tutela jurisdicional efetiva inscrita no artigo 5º, inciso XXXV da Carta Magna. Com efeito, obrigar o cidadão a dirigir-se a um juiz de primeiro grau que não pode tutelá-lo, porque, ainda que reconheça o seu direito, o seu pronunciamento não será mais do que um parecer, que na maioria dos casos não tem eficácia concreta, consiste em denegar o acesso à justiça a quem postula contra as pessoas jurídicas de direito público. Se a absoluta preponderância dos interesses do soberano e a subordinação hierárquica dos juízes à sua autoridade podem ter justificado, em épocas pretéritas, a existência do instituto, tornou-se ele incompatível com o Estado Democrático de Direito, em que a função do Poder Judiciário não é a de fazer prevalecer sistematicamente o interesse do Estado, mas daquele que tem o seu interesse agasalhado pela lei, seja ele o Estado ou o particular que com ele litiga".

255. CAMARGO, Luiz Henrique Volpe. Da remessa necessária. *Revista de Processo*. São Paulo, n. 279, maio/2018, p. 73: "Não estão, contudo, incluídos nesse rol as entidades da administração indireta, tais como as empresas públicas e as sociedades de economia mista, pois, nos termos do art. 173, § 1º, II, da Constituição Federal, são pessoas de direito privado. Nada obstante isso, tratando-se de mandado de segurança contra ato de autoridade dirigente de tais órgãos, quando concedida a ordem, a sentença também está sujeita à remessa necessária em razão da especial previsão do § 1º do art. 1422 da Lei 12.016/2009".

256. Esse entendimento representa a posição defendida pela grande maioria da doutrina. Em sentido contrário, considerando a remessa necessária um recurso *ex officio*, ver DIDIER JR., Fredie; CUNHA, Leonardo Carneiro da. *Curso de Direito Processual*. Ob. cit., p. 464: "A remessa necessária é interposta por simples declaração de vontade, com a provocação do juiz, que deve verificar se o caso é mesmo de remessa necessária ou se incide alguma hipótese de dispensa. É, enfim, um recurso de ofício, interposto, geralmente, na própria sentença. É possível, todavia, que sua interposição ocorra posteriormente. O juiz determina que os autos sejam remetidos aos tribunais; há, como o próprio nome indica, uma remessa necessária. Não há razões do juiz, nem das partes ou de terceiros"

257. Apresentando extenso rol de motivos que descaracterizam a natureza recursal da remessa necessária, diz CAMARGO, Luiz Henrique Volpe. *Da remessa necessária*. Ob. cit., p. 71-72: "Primeiro porque a remessa necessária não está elencada no rol taxativo de recursos previsto no art. 994 – tampouco em qualquer outra lei esparsa –, mas, sim, em seção própria (Seção III) inserida no Capítulo XII, do Título I, do Livro I, da Parte Especial, denominado 'Da sentença e da Coisa Julgada' – e nessa perspectiva sustentar que o recurso contraria o princípio da taxatividade; Segundo porque a remessa necessária não decorre de um ato de qualquer dos legitimados para impugnar a sentença, quais sejam, as partes, o Ministério Público e o terceiro prejudicado (art. 996), mas, sim, do próprio prolator do ato decisório – juiz de 1º grau –, ou do Presidente do tribunal de 2º grau respectivo (§ 1º do art. 496); Terceiro porque os legitimados a realizar a remessa necessária não têm interesse recursal em obter a reforma da sentença, característica

recurso e também não instaura nova relação jurídica processual – o reexame é realizado no mesmo processo em que foi proferida a sentença –, não pode ser considerada ação autônoma de impugnação. Por outro lado, o julgamento do reexame necessário é capaz de, por si só, modificar ou anular a sentença. Como meio impugnativo que não se adéqua nos conceitos de recurso e de ação autônoma, é possível classificá-lo como sucedâneo recursal.

A remessa necessária, como impede que ocorra o trânsito em julgado da sentença, também tem a natureza de condição à formação da coisa julgada. Se presente alguma das hipóteses de seu cabimento, somente haverá coisa julgada depois de ocorrido o reexame obrigatório pelo tribunal ao qual está subordinado o juízo de primeira instância.

### 2.8.3. Hipóteses de cabimento

Para que se excepcione a regra geral de reexame provocado pela interposição de recurso e ocorra a revisão automática e involuntária, a lei estabelece alguns requisitos. Em primeiro lugar, apenas as sentenças estão submetidas ao regime do duplo grau de jurisdição obrigatório. Não ocorre

inerente a qualquer recurso – e nessa perspectiva dizer que a remessa necessária é recurso contraria o princípio da voluntariedade; Quarto porque os legitimados a determinar ou avocar os autos para rejulgamento em remessa necessária não formulam pedido de reforma, tampouco apresentam as razões recursais, logo, não atendem ao requisito da regularidade formal exigida para qualquer recurso – e nessa perspectiva dizer que a remessa necessária é recurso é contrariar o princípio da dialeticidade; Quinto porque a remessa necessária não está sujeita a prazo, pressuposto de admissibilidade de qualquer recurso (art. 1.003); Sexto porque não existe previsão de contraditório do vencedor na remessa necessária, o que, sobretudo no CPC/2015, é assegurado em todos os recursos (cf. especialmente o § 2º do art. 1.021 e o § 2º do art. 1.023). Na verdade, a reapreciação da causa realizada pelo tribunal se dá independentemente de qualquer nova atividade do vencido ou do vencedor. Apesar de a atividade das partes não ser vedada no sentido de influenciar o julgamento mediante a apresentação de memoriais ou sustentação oral (vide infra), o novo julgamento é, de regra, realizado a partir da argumentação apresentada na petição inicial, na contestação, na impugnação à contestação e nas razões finais, enfim, nas peças apresentadas em 1º grau; Sétimo porque seria contraditório consentir que o próprio prolator da sentença, que a proferiu justamente porque acredita na correção e na juridicidade de seu julgamento, 'recorra' para provocar o reexame e a reforma de seu ato. Não é demais lembrar que, nos termos do inc. III do art. 932, não deve ser conhecido recurso que 'não tenha impugnado especificamente os fundamentos da decisão recorrida', logo, tratar a remessa necessária como recurso pressupõe exigir do juiz a demonstração do desacerto do (seu) ato decisório, o que, por certo, é incogitável, pois, do contrário, o juiz adotaria comportamentos incoerentes e incompatíveis entre si, já que, de um lado, decidiria contra a Fazenda Pública e, de outro, teria de demonstrar onde está o equívoco de tal decisão; Oitavo porque o ato de recorrer contra qualquer decisão judicial é indissociável da noção de insatisfação com o resultado alcançado e, por isso, somente pode ser praticado por um sujeito parcial; jamais por um sujeito que tem por dever de ofício ser imparcial. Defender que, por meio da remessa necessária, o juiz recorre de sua sentença traz a consequência de consentir que atue em favor da Fazenda Pública, o que compromete irremediavelmente o pressuposto básico de exercício regular da jurisdição; Nono porque, no caso de omissão do juiz em 1º grau, o Presidente do tribunal avocará (CPC, parte final do § 1º do art. 496) o processo para distribuição no tribunal de 2º grau e julgamento pelo órgão competente, logo, certamente é sem sentido denominar essa simples requisição dos autos de 'recurso'".

a remessa automática ao tribunal se proferida decisão interlocutória desfavorável à fazenda pública. Do mesmo modo, confirmada a sentença pelo tribunal, somente a interposição de recurso especial ou extraordinário levará o processo aos tribunais superiores, não havendo imposição legal de exame em grau extraordinário para que se forme a coisa julgada.[258]

Coerente com o que venho sustentando neste trabalho, parece-me necessária a remessa em caso de decisão interlocutória que julgue antecipada e parcialmente o mérito (art. 356 do CPC), se preenchidos os demais requisitos de incidência do instituto. Imagine-se demanda na qual se pleiteia em face da União indenização por danos emergentes e lucros cessantes. Estando o pedido relacionado aos danos emergentes maduro para julgamento, o juiz não precisa aguardar a produção de provas destinada à comprovação da existência ou inexistência dos lucros cessantes para conceder parcialmente a tutela jurisdicional ao autor. Pode proferir decisão interlocutória, que apreciará de forma *definitiva* o pedido indenizatório de danos emergentes. Essa técnica permitida pelo CPC ocasiona verdadeira cisão da sentença, que, quando proferida, examinará apenas o pedido atinente aos lucros cessantes.[259]

Desse modo, se, no exemplo acima, a condenação da União decorrente da decisão interlocutória representar proveito econômico igual ou superior a mil salários mínimos, deve haver a remessa necessária, porque o provimento do juízo de primeiro grau, embora não encerre a fase de conhecimento, faz as vezes da sentença, já que o pleito relativo ao dano emergente não será reapreciado posteriormente em primeira instância.

O segundo requisito necessário à configuração do cabimento da remessa necessária é a existência de sentença desfavorável aos interesses da União, dos estados, do Distrito Federal, dos municípios e de suas respectivas autarquias e fundações de direito público (art. 496, I do CPC). Também se insere nesse conceito a sentença proferida em sede de embargos à execução fiscal que acolhe a pretensão do contribuinte (art. 496, II do CPC).

Sentença integralmente favorável à fazenda pública não está condicionada ao exame do tribunal para que possa transitar em julgado. O duplo grau de jurisdição obrigatório é instituto concebido para favorecer os entes públicos, não incidindo em caso de vitória desses entes. Por esse motivo,

258. GRECO, Leonardo. *Instituições de Processo Civil*. Ob. cit., p. 85.

259. Nesse sentido, ver CAMARGO, Luiz Henrique Volpe. *Da remessa necessária*. Ob. cit., p. 75; LEMOS, Vinicius Silva. *Recursos e Processos nos Tribunais*. 3ª Edição. Salvador: Juspodivm, 2018, p. 55.

inclusive, o reexame automático não propicia a piora da situação da fazenda, se não houve recurso da parte contrária.[260]

Se a sentença for parcialmente contrária à fazenda pública, a remessa necessária será parcial, circunscrita ao capítulo que a desfavorece. Dispensa-se, porém, o reexame obrigatório se for interposto recurso pela fazenda pública. No entanto, se o recurso for parcial – impugna apenas parte do que poderia ter sido objeto de irresignação –, a remessa necessária servirá de forma de impugnação do capítulo não recorrido.

Em virtude das disposições trazidas pelo CPC/2015, a remessa necessária passou a sofrer limitações, prevendo-se hipóteses de sua dispensa. Primeiramente, não se submetem à remessa as sentenças que resultarem em proveito econômico ao particular em valor inferior (i) a mil salários mínimos, se desfavorecida a União e as respectivas autarquias e fundações de direito público, (ii) a quinhentos salários mínimos, se prejudicados os estados, o Distrito Federal, as respectivas autarquias e fundações de direito público e os municípios que constituam capitais dos estados, e (iii) a cem salários-mínimos, se os prejudicados são todos os demais municípios e respectivas autarquias e fundações de direito público (art. 496, § 3º, do CPC).

As sentenças condenatórias ilíquidas nas quais se tenha, portanto, certificado a existência do direito (*an debeatur*), mas ainda não fixado o valor devido (*quantum debeatur*), se submetem ao regime da remessa necessária por não estarem inseridas na hipótese de dispensa prevista na lei. O art. 496, § 3º, do CPC menciona apenas as sentenças líquidas. Esse entendimento se justifica, já que a revelação do valor da condenação somente ocorre quando finda o rito da liquidação de sentença, momento no qual não será mais possível discutir em grau de apelação o *an debeatur*.[261]

Outrossim, não se submetem ao reexame automático as sentenças que se sustentam em entendimentos pretorianos específicos, aos quais o Código conferiu maior grau de eficácia. Assim, não haverá remessa necessária se a sentença estiver lastreada em súmula de tribunal superior, em acórdão proferido no regime do julgamento de recursos repetitivos, em entendimento firmado em incidente de resolução de demandas repetitivas ou de assunção de competência e em posição coincidente com orientação vinculante firmada no âmbito administrativo do próprio ente público, consolidada em manifestação, parecer ou súmula administrativa (art. 496, § 4º,do CPC).

---

260. Súmula 45, STJ: "No reexame necessário, é defeso, ao Tribunal, agravar a condenação imposta à Fazenda Pública".

261. Súmula 490, STJ: "A dispensa de reexame necessário, quando o valor da condenação ou do direito controvertido for inferior a sessenta salários mínimos, não se aplica a sentenças ilíquidas".

### 2.8.4. Procedimento

Proferida a sentença e intimadas as partes, inicia-se o prazo para interposição do recurso de apelação. Interposto o recurso pela fazenda pública que abarque toda matéria impugnável, não haverá necessidade de remessa necessária, tendo em vista que a apelação é suficiente para devolver ao tribunal o conhecimento das questões que foram julgadas de modo desfavorável aos interesses do ente público.

Se, entretanto, a sentença apresentar-se contrária à fazenda pública e esta, no prazo de recurso, deixa de interpor apelação ou a interpõe impugnando apenas parte dos capítulos da sentença dos quais sucumbiu, está configurado o pano de fundo que dará início ao procedimento da remessa necessária. A mera existência de sentença desfavorável e a ausência de recurso (ou a interposição de recurso parcial) não são, como já estudado, suficientes para que o processo seja remetido ao tribunal a fim de que ocorra a confirmação ou não da sentença. Se presentes as condições previstas no art. 496, §§ 3º e 4º, do CPC, isto é, o valor da condenação superar o mínimo indicado e a sentença não se fundar em um dos precedentes arrolados na lei, deverá o juiz seguir o rito da remessa. Caso contrário, não se configurando hipótese de aplicação do instituto, formar-se-á coisa julgada da parcela não impugnada da sentença.

Sendo o caso de duplo grau de jurisdição obrigatório, o juiz, sem abrir prazo para contrarrazões – na remessa necessária não há razões de recurso e, portanto, não há necessidade de resposta – remeterá os autos do processo ao tribunal. Tendo sido interposto recurso parcial pela fazenda pública, porém, o exercício do contraditório pela parte contrária realizar-se-á ainda em primeira instância, intimando-se o apelado para contrarrazões antes da remessa dos autos à segunda instância.

Se o juiz de primeiro grau, por qualquer motivo, deixa de enviar o processo para o tribunal, impossibilitando o reexame da sentença, dispõe o art. 496, § 1º, do CPC que o presidente da corte deve avocá-lo. Dessa forma, em caso de remessa necessária, o procedimento inicia-se pelo envio dos autos pelo juiz ou, em caso de inércia deste, pela avocação do processo pelo presidente da corte.

No órgão *ad quem*, a remessa necessária seguirá trâmite semelhante ao da apelação. Inicialmente, ocorrerá o protocolo, seguido do registro e da distribuição a um dos órgãos fracionários do tribunal – câmara ou turma – e a um dos magistrados que o compõe, que funcionará como relator. Remetidos os autos ao relator, compete-lhe a verificação da regularidade do procedimento e da presença dos requisitos para julgamento unipessoal do recurso.

Percebendo o relator que a sentença não preenchia todos os requisitos para inauguração do procedimento de revisão (por exemplo, o valor da condenação era inferior ao previsto no art. 496, § 3º, do CPC), deverá inadmitir a remessa, rejeitando-a sem adentrar no exame do mérito.

O STJ tinha, na vigência do CPC/1973, entendimento de que a seria possível ao relator decidir monocraticamente a remessa necessária no mérito, aplicando o art. 557 do Código revogado.[262] No entanto, esse cenário pode não se aplicar na sistemática prevista no CPC/2015.

O art. 932, incisos IV e V, do CPC autoriza o relator a julgar o mérito de modo unipessoal desde que, no caso concreto, incida um dos precedentes arrolados nos incisos. Assim, por exemplo, se a sentença aplica entendimento firmado em súmula vinculante, o relator está autorizado a negar provimento monocraticamente à apelação.

Porém, conforme dispõe o art. 496, § 4º, do CPC, é requisito negativo de admissibilidade da remessa necessária a existência de precedente estampado em súmula de tribunal superior ou formado em julgamento de recursos repetitivos, incidente de resolução de demandas repetitivas e incidente de assunção de competência. Desse modo, se a sentença se fundar em um desses precedentes, não será o caso de julgamento monocrática de mérito mas, sim, de *inadmissibilidade* da remessa necessária. Na hipótese de o juiz de primeiro grau remeter os autos ao tribunal para realização do reexame sem se aperceber da inaplicabilidade da remessa em virtude do disposto no art. 496, § 4º do CPC, o relator julgará isoladamente para inadmiti-la, e não para rejeitá-la no mérito.

O julgamento unipessoal de mérito da remessa necessária pelo relator ainda é possível se a sentença estiver em confronto com entendimento firmado em um dos precedentes arrolados no art. 496, § 4º. Assim, ao receber a remessa, o relator deverá reformar a sentença por decisão singular, aplicando o precedente ignorado em primeira instância (art. 932, V do CPC).

Contra a decisão unipessoal do relator, que inadmite ou examina o mérito da remessa necessária, cabe agravo interno (art. 1.021 do CPC), que permite o conhecimento da questão pelo órgão colegiado da qual faz parte o relator.

262. Súmula n. 253, STJ: "O art. 557 do CPC, que autoriza o relator a decidir o recurso, alcança o reexame necessário".

Em sede de remessa necessária não se admite a interposição de recurso adesivo. O art. 997 do CPC autoriza que o recorrido adira ao recurso da parte contrária, interpondo seu recurso no prazo para oferecimento de contrarrazões. O reexame necessário, por outro lado, não é recurso e não abre a possibilidade de apresentação de contrarrazões da parte contrária. Destarte, somente será possível a interposição de recurso adesivo se a fazenda pública interpuser sua apelação, não cabendo no caso de mera remessa necessária.

Na sessão do órgão colegiado, anunciado o início do julgamento pelo presidente, o relator deverá apresentar seu relatório e voto; em seguida, colher-se-ão os votos dos demais componentes da turma julgadora. Ao final, o presidente do órgão anunciará o resultado. Diferentemente do rito da apelação, a remessa necessária não comporta sustentação oral pelos advogados. Do mesmo modo, não propicia, em caso de voto divergente, a incidência do art. 942 do CPC, isto é, conquanto haja dissidência de entendimentos em seu julgamento, não ocorrerá a majoração da turma julgadora. O art. 942 aplica-se apenas à hipótese da apelação, da ação rescisória e do agravo de instrumento interposto contra decisão interlocutória de mérito. O art. 942, § 4º, II, do CPC prevê expressamente a não incidência da técnica de ampliação automática do colegiado na remessa necessária.

Contra o acórdão proferido em remessa necessária, independentemente de ter sido interposto algum recurso, admite-se a interposição de recurso especial ou extraordinário, se presente alguma das hipóteses de cabimento estabelecidas na Constituição (arts. 102, III e 105, III).

### 2.8.5. Efeitos

A remessa necessária tem efeito devolutivo semelhante ao da apelação. No aspecto horizontal, toda matéria suscitada e discutida em primeiro grau, mesmo que não tenha sido objeto de decisão, será devolvida ao tribunal (art. 1.013, §§ 1º e 2º, do CPC). A extensão do efeito devolutivo, porém, não decorre, como na apelação, de ato voluntário, mas de disposição legal.[263] Portanto, são devolvidos pela remessa necessária os capítulos nos quais a

263. Levando-se em consideração a definição encontrada na doutrina e mencionada no tópico que trata dos efeitos dos recursos, a remessa necessária tem efeito translativo, e não efeito devolutivo, uma vez que a transferência das questões ao exame em segunda instância decorre de expressa previsão legal, e não de ato voluntário das partes. No entanto, como defendido nesta obra, o efeito translativo nada mais é do que uma vertente do efeito devolutivo, que devolve ao tribunal algumas questões que o legislador considerou relevantes e, por conseguinte, permitiu a apreciação independentemente de requerimento das partes.

fazenda pública sucumbiu e em que a sucumbência reúna os demais requisitos necessários à configuração do cabimento.

Imagine-se sentença que tenha julgado procedentes os pedidos de condenação da União ao pagamento de indenização por danos materiais e morais. Os danos morais foram fixados na sentença em vinte salários mínimos, ao passo que a indenização referente ao dano material superou mil salários mínimos. Em virtude da alçada prevista no art. 496, § 3º, do CPC, a remessa necessária devolverá ao tribunal o conhecimento sobre o capítulo que versa sobre os danos materiais – acima de mil salários mínimos –, não englobando aquele que trata dos danos morais, em razão de o montante fixado ser inferior a mil salários mínimos.

O duplo grau de jurisdição obrigatório também permite ao tribunal apreciar questões cognoscíveis de ofício, por força do art. 485, § 3º, do CPC. Mesmo que não tenham sido veiculadas e discutidas em primeiro grau, essas questões devem ser objeto de exame no julgamento da remessa necessária.

Conforme dispõe expressamente o art. 496, *caput*, do CPC, nas hipóteses de incidência da remessa necessária, a sentença não produzirá efeitos enquanto não confirmada pelo tribunal. No entanto, da mesma forma que ocorre quando da interposição da apelação, produzirá efeitos de imediato a sentença nas hipóteses previstas no art. 1.012, § 1º, do CPC.[264] Assim, por exemplo, a sentença que confirma a tutela provisória, conquanto se submeta ao regime da remessa necessária, produz efeitos mesmo antes de confirmada em segundo grau.

Iniciado o cumprimento provisório, o exequente encontra limitação, porém, para a expedição de precatório ou da requisição de pequeno valor. O art. 100, § 5º, da Constituição somente autoriza a expedição de precatório – outra excrescência do regime processual envolvendo a fazenda pública – depois do trânsito em julgado da sentença. Destarte, o vencedor pode provocar o início do cumprimento provisório de sentença, requerendo a intimação do vencido para oferecimento de impugnação (art. 535 do CPC), mas deverá aguardar o resultado definitivo da fase recursal para que possa efetivamente receber o que lhe é devido.[265]

---

264. Nesse sentido, cf. DIDIER JR., Fredie; CUNHA, Leonardo Carneiro da. *Curso de Direito Processual*. Ob. cit., p. 473; GRECO, Leonardo. *Instituições de Processo Civil*. Ob. cit., p. 85.

265. CAMARGO, Luiz Henrique Volpe. *Da remessa necessária*. Ob. cit., p. 80.: "Essa sustentação parte da premissa de que não existe vedação para o cumprimento provisório de sentença contra a Fazenda Pública, pois o § 5º do art. 100 da Constituição Federal exige o trânsito em julgado para a expedição do precatório (ou da requisição de pequeno valor) – e não para o início do cumprimento de sentença que pode ter por base título (líquido, certo e exigível) provisório".

3

# DO PROCEDIMENTO PERANTE O TRIBUNAL

Da interposição do recurso até o seu julgamento são observadas algumas etapas, que passam pelo exercício do contraditório e pela escolha do julgador por meio da distribuição até alcançar, como regra, o julgamento colegiado. Em alguns recursos, como na apelação e nos recursos especial e extraordinário, a interposição se dá perante o órgão *a quo*, enquanto o julgamento acontece no tribunal *ad quem*. Nesses casos, a interposição é seguida da intimação do recorrido, ainda no juízo *a quo*, para exercício do contraditório. Só então o recurso é encaminhado ao juízo *ad quem*. O agravo de instrumento, por sua vez, é distribuído diretamente perante o tribunal, comunicando-se tão somente o juízo de primeira instância. Se os autos do agravo forem virtuais, só é obrigatório o aviso de interposição do recurso ao prolator da decisão depois de seu julgamento (art. 1.018, *caput* e § 2º, do CPC).

Destarte, dependendo do recurso, o procedimento tem como palco tanto o juízo *a quo*, como o *ad quem*.

No Capítulo II do Título I do Livro III, o CPC disciplina o que chama de "ordem dos processos no tribunal", que consiste nas regras a respeito do procedimento perante o tribunal. Serve tanto aos recursos como às ações de competência originária e aos incidentes que tramitam nas cortes recursais. As normas contidas nos artigos 929 a 946 funcionam como diretrizes gerais, mas que são complementadas muitas vezes por regras regimentais, como o próprio Código, em diversas passagens, indica (p. ex. art. 930, *caput*, art. 932, inc. VIII, art. 937, inc. IX, art. 940, § 2º e art. 942, *caput* e § 3º, inc. I). Os regimentos dos tribunais, conforme previsão contida no art. 96, inc. I, a, da Constituição, regulam com mais minúcia os procedimentos internos e distribuem a competência definida em lei.[1] São criados em observância às

---

1. DIDIER JR., Fredie; CUNHA, Leonardo Carneiro da. *Curso de Direito Processual*. Ob. cit., p. 40: "A competência material e funcional do tribunal é estabelecida pela legislação (em sentido amplo); o regimento

normas do processo e às garantias constitucionais das partes. Não podem criar direito processual nem estabelecer ritos *contra legem*.

Nos próximos tópicos serão estudados, além do procedimento recursal perante os tribunais, algumas questões correlatas, como os poderes do relator e a majoração dos honorários de sucumbência recursal.

## 3.1. DO PROTOCOLO, DO REGISTRO E DA DISTRIBUIÇÃO

A primeira etapa do procedimento no tribunal é o protocolo, seja advindo da instância precedente ou em decorrência de ato do recorrente, que apresenta seu recurso diretamente no protocolo do tribunal que o julgará, como ocorre no agravo de instrumento e no agravo interno. O protocolo serve à comprovação da data de chegada dos autos ou da interposição do recurso.[2] Pode ser realizado mediante entrega dos autos físicos do processo ou da petição impressa no setor correspondente do tribunal ou, o que se torna a cada dia mais comum, pela remessa eletrônica, via sistema, dos autos virtuais ou pelo peticionamento eletrônico no *site* de processo eletrônico do tribunal. Em poucos anos, com o aprimoramento da capacidade operacional dos tribunais e com a diminuição do acervo de autos físicos, o protocolo passará a ser exclusivamente eletrônico.

O próximo passo, consoante exigido pelo art. 929 do CPC, é o registro, isto é, a transcrição do protocolo no livro próprio. O registro, que deve ser feito no mesmo dia em que ocorrer o protocolo, serve de memória dos atos praticados naquele dia, vale dizer, das petições e dos processos protocolizados.[3] Esse livro pode ser físico ou estar armazenado nos servidores de arquivos dos tribunais. Essa última hipótese representa a realidade atual, embora alguns tribunais, mormente quando funcionam no regime de plantão, realizem inicialmente esse procedimento de protocolo e registro em papel para, posteriormente, incluí-lo virtualmente no sistema do processo eletrônico.

---

interno distribui essa competência do tribunal internamente. O regimento interno dos tribunais é norma geral, que dispõe sobre o funcionamento e a competência de seus órgãos internos, tratando, ademais, de regras relativas a registro, distribuição, prevenção, conexão e outras também relacionadas ao funcionamento e à competência do tribunal".

2. BARBOSA MOREIRA, José Carlos. *Comentários ao Código de Processo Civil*. Ob. cit., p. 646.

3. Ibidem: "O dispositivo sob exame determina que nesse livro se registrem, no próprio dia da chegada, os 'autos remetidos ao tribunal'. Pelo teor literal, parece a norma referir-se exclusivamente aos autos (principais ou apartados) em que subam recursos contra decisões de grau inferior, e aos de causas obrigatoriamente sujeitas a revisão (art. 475 e disposições análogas). Entretanto, deve entender-se também obrigatório o registro, no protocolo, das petições iniciais de causas pertencentes à competência originária do tribunal, bem como de recursos interpostos já contra acórdãos – assim os embargos no procedimento recursal".

Em seguida, acontece a imediata distribuição ao órgão colegiado responsável pelo julgamento do recurso e para o magistrado que funcionará como relator. A distribuição, prevista na Constituição em seu art. 93, inc. XV, e no art. 930 do CPC, afigura-se necessária, porquanto os tribunais são divididos em órgãos fracionários – turmas ou câmaras –, cada qual contendo mais de um juiz, chamados de desembargadores, nos tribunais de justiça estaduais e nos tribunais regionais federais, e de ministros, nos tribunais superiores. Como há mais de um julgador possível, com competência concorrente, chega-se ao órgão competente mediante distribuição. Assim, por exemplo, se a parte interpuser um agravo de instrumento perante o Tribunal de Justiça do Rio de Janeiro, todas as Câmaras Cíveis desse tribunal são potencialmente competentes para o processamento e julgamento do recurso. A distribuição indicará, inicialmente, qual delas será a competente para o caso e, ato contínuo, revelará qual desembargador, dentre os componentes da câmara, atuará como relator.

Entretanto, como o tribunal distribui sua competência interna por meio do regimento, eventualmente pode haver apenas um órgão competente para conhecer do recurso, do incidente ou da ação de competência originária. O TJRJ, que novamente me serve de exemplo, prevê em seu regimento interno que compete à Seção de Direito Privado o julgamento de incidente de resolução de demandas repetitivas e só há uma seção de direito privado. Nesse caso, para se chegar à Seção dispensa-se a distribuição, que continua, porém, sendo necessária para a indicação do relator, entre os 15 julgadores possíveis.[4]

Também não ocorrerá distribuição quando já houver turma ou câmara e relator preventos. Conforme dispõe o art. 930, parágrafo único, a prevenção decorre da existência de protocolo de recurso anterior no mesmo processo ou em processo conexo.[5] Imagine-se causa na qual foi deferido pleito de concessão de tutela provisória. O réu interpõe agravo de instrumento, que é distribuído à Quinta Câmara Cível e ao relator. Em primeiro grau, o processo

---

4. Art. 5º-A. "À Seção de Direito Privado compete:

I – julgar o Incidente de Resolução de Demandas Repetitivas quando os recursos, remessas necessárias ou processos de competência originária de que provenha forem de competência das Câmaras de Direito Privado; (...)".

5. DIDIER JR., Fredie; CUNHA, Leonardo Carneiro da. *Curso de Direito Processual*. Ob. cit., p. 42: "Nos termos do art. 59 do CPC, o que torna o juízo prevento é o registro ou a distribuição. O parágrafo único do art. 930, no tocante aos processos nos tribunais, menciona o protocolo como o marco definidor da prevenção. Há aí, então, uma diferença: nos tribunais, a prevenção é produzida com o protocolo, enquanto na primeira instância, com o registro ou distribuição. Ocorre, porém, que, nos tribunais, o protocolo, o registro e a distribuição coincidem, devendo tudo ser feito imediatamente. Logo, a diversidade de tratamento entre a primeira instância e os tribunais não é tão relevante".

segue e é proferida sentença. Caso alguma das partes interponha recurso de apelação, este será obrigatoriamente encaminhado à mesma câmara e ao mesmo relator. A distribuição de requerimento de efeito suspensivo também ocasiona prevenção, conforme dispõem os arts. 1.012, § 3º, I, e 1.029, § 5º, I, ambos do CPC.

A competência decorrente da prevenção prevista no Código é funcional e, portanto, absoluta. Por conseguinte, atende a interesse público e é passível de reconhecimento mediante requerimento das partes ou de ofício. As regras de competência, além de serem concebidas para propiciar a adequada prestação jurisdicional, servem à revelação do juiz natural. Caso objetivem a proteção de interesse privado das partes, somente estas podem, no prazo estabelecido em lei (art. 65, do CPC), suscitar eventual descumprimento. No entanto, considera-se absoluta a competência se a sua atribuição estiver relacionada ao atendimento de algum interesse público, ocasionando implicações importantes. A primeira delas é a possibilidade de reconhecimento de ofício. Ademais, pode (deve, na verdade) ser apreciada em qualquer grau de jurisdição, e eventual constatação de incompetência tem como efeito a nulidade do processo. Tanto é assim que o art. 966 do CPC arrola entre as hipóteses de cabimento de ação rescisória a decisão rescindenda ter sido proferida por juiz absolutamente incompetente.

Pois bem. Como trata-se de competência funcional, é nulo o julgamento realizado por câmara ou por relator diverso, quando já havia prevenção decorrente de protocolo anterior de recurso no mesmo processo ou em processo conexo.[6] No entanto, o Superior Tribunal de Justiça tem entendimento diverso, previsto no art. 71, § 4º, de seu regimento interno.[7] A prevenção, segundo o entendimento do tribunal superior, somente pode ser alegada até o início do julgamento, ou seja, embora a incompetência absoluta seja motivadora de ação rescisória, seria passível de preclusão no processo em trâmite.[8] Essa posição, a meu ver, viola a garantia do juiz natural.

---

6. Nesse sentido, ver ASSIS, Araken de. *Manual dos Recursos*. Ob. cit., p. 362. Em sentido contrário, cf. RODRIGUES, Marco Antonio. *Manual dos Recursos*. Ob. cit., p. 110: "Caso a regra do art. 930, parágrafo único, seja desrespeitada, havendo livre distribuição do recurso, não existirá nulidade, caso a prevenção não seja alegada pela parte interessada até o início do julgamento do recurso. Está-se diante de nulidade relativa, ou seja, sujeita a preclusão".

7. "Art. 71. (...)§ 4º A prevenção, se não for reconhecida, de ofício, poderá ser arguida por qualquer das partes ou pelo órgão do Ministério Público, até o início do julgamento."

8. DIDIER JR., Fredie; CUNHA, Leonardo Carneiro da. *Curso de Direito Processual*. Ob. cit., p. 44: "Nada obstante a natureza de competência absoluta, o STJ entende que, embora possa ser conhecida *ex officio*, a prevenção deve ser alegada pela parte, interessado ou Ministério Público, até o início do julgamento (art. 71, § 4º, RISTJ), sob pena de preclusão (5ª T., EDcl no AgRg no REsp n. 1.273.392/RJ, rel. Min Gurgel de Faria, j. 7/5/2015, Dje 26/5/2015). A regra da prevenção, para o STJ, atribui uma competência funcional

Não ocorrerá o encaminhamento da causa ao juízo prevento em casos de supressão do órgão fracionário ou de alteração da sua competência absoluta (art. 43 do CPC). Nessas hipóteses, redistribuir-se-á a causa entre os demais órgãos fracionários potencialmente competentes. A modificação de um dos componentes do colegiado não remodela a competência e tampouco determina a redistribuição da causa.[9] A prevenção do relator se encerra se deixar de compor o órgão colegiado do qual fazia parte.[10]

Em caso de aposentadoria, afastamento definitivo ou morte do relator, as cortes estabelecem em seus regimentos internos como se dará a distribuição. O regimento interno do STJ prevê no art. 52, IV, que o relator será substituído nesses casos "a) pelo Ministro que preencher sua vaga na Turma; b) pelo Ministro que tiver proferido o primeiro voto vencedor, condizente com o do relator, para lavrar ou assinar os acórdãos dos julgamentos anteriores à abertura da vaga; c) pela mesma forma da letra b deste inciso, e, enquanto não preenchida sua vaga, para assinar carta de sentença e admitir recurso". O Supremo Tribunal Federal contém a mesma previsão em seu regimento, no art. 38. O Tribunal de Justiça do Rio de Janeiro estabelece no art. 34, § 2º que "o Presidente do Órgão Julgador, para efeito de revisão, distribuirá aos integrantes do mesmo, por sorteio e proporcionalmente, os processos devolvidos com relatório por Desembargador ou Juiz de Direito convocado para substituição quando já afastado por qualquer motivo daquele órgão, distribuindo-se da mesma forma, os devolvidos pelo Desembargador integrante do Órgão Julgador, que tenha se afastado em razão de férias, licença de qualquer natureza, que estiver dentro do período de 60 (sessenta) dias que antecede a sua aposentadoria compulsória ou que tenha requerido sua aposentadoria voluntária".

Em respeito à garantia do juiz natural e também a fim de assegurar maior eficiência ao trabalho realizado pelos tribunais, o CPC exige, no art. 285, de forma genérica, e no art. 930, *caput*, que a distribuição se realize por sorteio eletrônico, de forma pública e aleatória, mas "obedecendo-se rigorosa igualdade", isto é, os órgãos fracionários competentes para receber a causa ou o recurso e os julgadores que os compõem devem receber o mesmo número

---

com regime jurídico misto: por um lado, a incompetência pode ser conhecida de ofício; por outro, não pode ser alegada a qualquer tempo".

9. MARINONI, Luiz Guilherme; MITIDIERO, Daniel. *Comentários ao Código de Processo Civil*. Ob. cit., v. XV, p. 214.

10. CARVALHO, Fabiano. *Comentários ao Código de Processo Civil*, v. XIX. São Paulo: Saraiva, 2022, p. 76.

de casos que os demais. A distribuição deve ser, pois, pública, aleatória, equilibrada e igualitária.[11]

Distribuído o recurso, já se conhecendo o órgão competente, os autos serão imediatamente remetidos à conclusão do relator, consoante dispõe o art. 931 do CPC. No prazo de trinta dias, deverá ser elaborado o voto e encaminhados os autos, acompanhados do relatório, à secretaria.

Algumas considerações são necessárias a respeito desse rito inicial.

Ao receber o processo para confecção de relatório e voto, o relator examinará os autos para averiguar se a causa demanda a prática de algum dos atos previstos no art. 932, examinado mais adiante, como intimação das partes para correção de algum vício, intimação do Ministério Público, produção de prova, concessão de efeito suspensivo ou de tutela provisória etc. Caso perceba a ocorrência de fato novo, superveniente à decisão recorrida, ou a existência de questão a qual possa conhecer de ofício e que ainda não foi objeto de contraditório, o relator concederá prazo às partes para manifestação, na forma dos arts. 10 e 933 do Código.[12]

O prazo concedido ao relator pelo art. 931 – de trinta dias – não é, por óbvio, preclusivo. No entanto, caso seja ultrapassado, parece-me adequada a aplicação, por analogia, do disposto no art. 940, § § 1º e 2º, que versa sobre a hipótese de demora da devolução dos autos para julgamento depois da vista solicitada em sessão. Assim, caso o relator exceda o prazo

---

11. SOKAL, Guilherme Jales. *O Julgamento Colegiado nos Tribunais*. Ob. cit., p. 178-181: "Em primeiro lugar, a incidência da garantia fundamental da publicidade impõe um regime procedimental formal capaz de ensejar a fiscalização, pelas partes ou por quaisquer interessados, quanto ao ato processual de distribuição, a fim de controlar a observância da garantia do juiz natural. Como leciona a doutrina, a publicidade dos atos processuais é o instrumento mais eficaz de controle da exação dos atos praticados pelo Judiciário, de modo a permitir que se crie o cenário de credibilidade e de confiança da sociedade na Justiça. (...) A alternatividade e o sorteio, mencionados também pelo art. 548 do CPC, traduzem vetor em prol da equitativa distribuição do volume de trabalho entre os órgãos jurisdicionais integrantes do Tribunal, sem descurar que o ato concreto de designação do membro e do órgão colegiado aos quais caberá a apreciação do recurso seja guiado pela aleatoriedade, afastando a definição prévia por ato voluntário das partes ou dos ocupantes dos altos cargos diretivos das Cortes".

12. Marinoni e Mitidiero defendem, inclusive, que a concessão de prazo para manifestação deve ocorrer também se o relator concluir que o caso é merecedor de tratamento jurídico diferente daquele até então debatido. MARINONI, Luiz Guilherme; MITIDIERO, Daniel. *Comentários ao Código de Processo Civil*. Ob. cit., v. XV, p. 931: "Ao analisar o caso, pode o relator concluir que esse – ou determinada questão sua – deve receber tratamento jurídico distinto daquele que encontrou até então pelo debate das partes. Não há dúvida de que o juiz pode qualificar juridicamente de modo diverso os fatos da causa, na medida em que ao juiz incumbe aplicar o direito (*Iura Novit Curia – Da Mihi Factum, Dado Tibo Ius*). Porém, é igualmente fora de dúvida que só poderá fazê-lo depois de ouvir as partes a respeito da nova visão jurídica que pretende imprimir à questão ou à causa, sob pena de violar o direito ao contraditório como direito de influência e prolatar uma decisão-surpresa, o que é sabidamente vedado em nossa ordem jurídica (arts. 5º, LV, CF/1988m e 10, CPC/2015). Aliás, essa é a mesma lógica que preside o art. 933, CPC/2015".

– prorrogável por mais trinta dias – para confecção de relatório e voto e não remeta os autos à secretaria, pode o presidente do órgão fracionário, de ofício ou mediante requerimento das partes, requisitar os autos para julgamento em sessão ordinária subsequente.[13]

Caso não se trate de situação que legitime o julgamento por meio de decisão unipessoal (art. 932, inc. III, IV e V, do CPC), o relator elaborará o relatório e seu voto, remetendo os autos à secretaria, com pedido de inclusão em pauta para julgamento. Os autos serão acompanhados tão somente do relatório, de modo que as partes não tenham acesso ao voto antes da sessão na qual será julgado o recurso.

Com efeito, a disposição do art. 931 contrapõe-se com o que dispõe o art. 937 do CPC. No dia do julgamento, recorrente e recorrido terão oportunidade de apresentar oralmente suas razões em inúmeras hipóteses, como na apelação, no agravo de instrumento que verse sobre tutela provisória, no recurso ordinário, no recurso especial, no recurso extraordinário etc. Se, nesse momento, o relator já tiver elaborado prematura e definitivamente seu voto, a sustentação servirá apenas à tentativa de convencimento dos demais membros da turma julgadora. E essa não é a intenção do legislador ao prever a possibilidade de sustentação oral. A exposição feita pelos advogados na tribuna tem a finalidade de destacar ou reforçar os principais argumentos e de, consequentemente, buscar a persuasão de todos os julgadores, e não apenas de parte deles. Ademais, o julgamento é, primordialmente, colegiado. Os votos, ainda que unipessoais, resultam do debate que se realiza em sessão. Caso assim não fosse, sequer seria necessário esse encontro, bastando a juntada aos autos dos votos de cada um dos julgadores.[14]

Para coadunar a redação do art. 931 com a previsão de sustentação oral e com a natureza colegiada do julgamento dos recursos, é preciso compreender "minuta ou projeto de voto" quando se lê "voto". O relator, nesse momento

---

13. Nesse sentido, ver OLIVEIRA JR., Zulmar Duarte de. In: GAJARDONI, Fernando da Fonseca; DELLORE, Luiz; ROQUE, André Vasconcelos; OLIVEIRA JR., Zulmar Duarte de. *Execução e Recursos*. Ob. cit., p. 616; MEDINA, José Miguel Garcia. *Novo Código de Processo Civil Comentado*. 4ª edição. São Paulo: Revista dos Tribunais, 2016, p. 1.330.

14. Guilherme Sokal vai além e expõe sua crítica a respeito da insuficiência da sustentação oral no que se refere aos demais julgadores, que têm acesso ao caso apenas na sessão de julgamento. SOKAL, Guilherme. *O Julgamento Colegiado nos Tribunais*. Ob. cit., p. 262: "Assim, na realidade o suposto direito fundamental à oralidade na segunda instância apenas pode ser sustentado, no atual sistema processual, como solução paliativa: enquanto perdurar o regime em que os demais julgadores somente têm contato com a causa através do debate oral na sessão, às partes têm de ser reconhecido o direito à sustentação oral em qualquer espécie de recurso como fruto da garantia do contraditório participativo (CF, art. 5º, LV), para que possam influir da única forma direta e eficaz possível sobre o convencimento dos demais julgadores que compõe o colegiado".

inicial antes da sessão, prepara o relatório e rascunha seu entendimento, mas deve permanecer aberto à mudança de posição até o momento da sessão, quando às partes será dada a oportunidade de sustentação oral e ocorrerá o debate com os demais magistrados.

## 3.2. DAS FUNÇÕES DO RELATOR

Não obstante a prevalência, ao menos em teoria, de julgamentos colegiados nos tribunais, algumas funções foram confiadas ao relator pelo legislador. O art. 932 do CPC concedeu-lhe poderes-deveres que lhe impõem a tomada de medidas sempre que a situação abstratamente prevista na lei se desenhe em concreto.[15] Alguns desses poderes são inerentes à figura do relator e outros são primordialmente exercidos pelo órgão do qual faz parte, mas a lei eventualmente os transfere para o rol de incumbências do relator. Tomando por base essa classificação, são examinadas a seguir as atribuições previstas no art. 932 do CPC.

### 3.2.1. Atos praticados prioritariamente por decisão unipessoal do relator

O relator é incumbido inicialmente pelo legislador de funções ordinatórias. Cabe a ele dirigir e ordenar o processo no tribunal, com a confecção de relatório e solicitação de inclusão do caso na pauta de julgamento.[16] Na sessão, anunciado pelo presidente da câmara ou turma o início do julgamento do recurso, é o relator quem começa as atividades com a exposição de seu relatório, sendo ele também o primeiro a votar, depois das sustentações orais ou logo após o relato, caso não tenham ocorrido sustentações. Caso as partes transacionem, compete ao relator a homologação do acordo, como também lhe toca a intimação do Ministério Público, nos casos de sua atuação como fiscal da lei, e das partes, para exercício do contraditório, quando for o caso.

15. ZANETI JÚNIOR, Hermes. In: CABRAL, Antonio do Passo; CRAMER, Ronaldo. *Comentários ao Código de Processo Civil*. 2. ed. Rio de Janeiro: Forense/Grupo GEN, 2017, p. 1354: "O correto, portanto, é adequar os poderes do relator à terminologia do 'modelo constitucional da justiça brasileira', não são meros poderes, mas direitos-função, logo, deveres-poderes. Portanto, presentes os requisitos de incidência, não há discricionariedade na decisão do relator, deve ele aplicar as normas deste artigo. Por exemplo, presentes os requisitos da antecipação de tutela recursal, esta deverá ser apreciada e deferida (art. 932, II)".

16. CARVALHO, Fabiano. *Comentários ao Código de Processo Civil*. Ob. cit., p. 93: "Com exceção da atividade decisória, os demais poderes (ordinatórios, sanativos, instrutórios) são de competência exclusiva do relator, sob a justificativa do alto custo financeiro e temporal que haveria para reunir os magistrados que compõem o órgão colegiado para deliberação daqueles poderes. No tribunal, compete ao relator o impulso oficial do processo no interesse da adequada prestação jurisdicional (art. 2º)".

Se requerida a concessão do benefício da gratuidade de justiça em grau de recurso, cabe ao relator apreciá-la (art. 99, § 7º, do CPC).

Ainda compete ao relator, no juízo *ad quem*, o filtro inicial a respeito da admissibilidade dos recursos, devendo, antes de eventual decisão de inadmissão, facultar ao recorrente a correção de algum vício sanável (p. ex., a falta de assinatura na petição de recurso, a falta ou insuficiência de preparo, etc.) ou a complementação de documentação exigível (p. ex., peças obrigatórias do agravo de instrumento), na forma do art. 932, parágrafo único do CPC. Essa função de saneamento relaciona-se diretamente com o princípio da instrumentalidade das formas e denota a percepção do legislador de que o julgamento que não enfrenta o mérito – seja na sentença ou em grau de recurso – consiste em atividade jurisdicional frustrada.[17]

Ainda que insanável o vício, o relator precisa intimar a parte para manifestação antes de deixar de conhecer do recurso. Isso porque a percepção inicial do relator pode estar equivocada e onde ele pensa existir vício insanável, pode não haver vício algum. Suponha-se, por exemplo, a hipótese de intempestividade recursal, defeito inequivocamente insanável, já que o recorrente não pode voltar no tempo para interpor novamente seu recurso, dessa vez dentro do prazo. Porém, pode ter ocorrido deficiência na intimação do recorrente, a contagem do prazo pode estar equivocada ou o relator não notou a ocorrência de feriado. Em todos esses casos, o recorrente pode, uma vez intimado, demonstrar que o recurso foi interposto tempestivamente.[18]

---

17. FARIA, Marcio Carvalho. O novo Código de Processo Civil e a jurisprudência defensiva. Ob. cit., p. 272: "Para o novo CPC, o juiz deve, incessantemente, privilegiar o direito material, deixando as filigranas processuais de lado para buscar a resolução do litígio e a tutela dos interesses juridicamente relevantes dos jurisdicionados. Assim, por exemplo, o futuro Código permitirá que o julgador afaste vícios que não se reputem graves até mesmo nas instâncias excepcionais (art. 983, § 2.º, do PLC 8.046/2010) ou, ainda, que seja concedido prazo razoável às partes a fim de sanar defeitos eventualmente existentes, evitando-se decisões terminativas (art. 291, do PLC 8.046/2010)"; OLIVEIRA JR., Zulmar Duarte de. In: GAJARDONI, Fernando da Fonseca; DELLORE, Luiz; ROQUE, André Vasconcelos; OLIVEIRA JR., Zulmar Duarte de. *Execução e Recursos*. Ob. cit., p. 620-621: "Decisão que nada resolve, quiçá devolvendo o problema para o futuro, não é produto a ser almejado por quem quer que seja, principalmente quando considerado o tempo e os recursos despendidos durante o andamento processual. Convenhamos, processo finalizado por sentença sem resolução de mérito, mormente quando passados anos de discussão processual, é um inútil exercício de retórica patrocinado pelo Poder Público. Pois bem, ao abandonar o culto ao formalismo, o Código elegeu o enfrentamento do mérito como objetivo maior, conferindo-lhe preponderância sobre os demais temas submetidos ao juiz no processo".

18. MEDINA, José Miguel Garcia. *Novo Código de Processo Civil Comentado*. Ob. cit., p. 1.333-1.334: "Não será o caso de se tomar a providência prevista no parágrafo único do art. 932 do CPC/2015, p. ex., em caso de intempestividade manifesta do recurso (pode, porém, haver dúvida quanto à tempestividade do recurso, hipótese em que deverá o relator intimar o recorrente, para que este se manifeste a respeito; v., a propósito, § 6º do art. 1.003 di CPC/2015, sobre comprovação de ocorrência de feriado local). Adotou o CPC/2015, por princípio, a ampla sanabilidade dos vícios recursais".

Conquanto o relator considere preenchidos os requisitos de admissibilidade do recurso, o órgão colegiado pode, quando de seu julgamento, vislumbrar algum vício não enxergado pelo relator. Nessa hipótese também incide o art. 932, parágrafo único, do CPC, devendo o julgamento ser suspenso para que o recorrente tenha a oportunidade de reparar o defeito que levaria à inadmissão do recurso.

Ao relator também se aplicam os poderes conferidos pelo art. 139 do CPC. Desse modo, deverá (i) assegurar às partes igualdade de tratamento; (ii) velar pela duração razoável do processo e pela conduta de boa-fé das partes; (iii) dilatar prazos processuais em caso de necessidade devidamente justificada; (iv) exercer poder de polícia; e (iv) comunicar o Ministério Público e a Defensoria Pública se perceber a multiplicidade de demandas individuais repetitivas, para possibilitar eventual ajuizamento de ação coletiva.

Em regra, as provas são produzidas em primeiro grau e só excepcionalmente são apresentadas na instância recursal. A atípica atividade instrutória no âmbito dos recursos é dirigida pelo relator e pode ocorrer primordialmente em três hipóteses. Em primeiro lugar, se determinada prova requerida perante o juízo *a quo* foi erroneamente indeferida, provocando alegação de cerceamento de defesa da parte prejudicada em recurso de apelação. O relator, em vez de anular a sentença para que a prova seja produzida e seja proferida nova sentença, deve, segundo dispõe o art. 938, § 3º, do CPC, converter o julgamento em diligência, para que seja colhida a prova e, posteriormente, reiniciado o julgamento do recurso.[19] Como já estudado, é preferível que a atividade instrutória se realize no próprio tribunal, por meio da gestão do relator. Caso, porém, seja inviável a produção da prova no tribunal – por falta de estrutura adequada, por exemplo –, deve ser expedida carta de ordem ao juízo de primeiro grau, para a colheita da prova e posterior reenvio dos autos ao tribunal.

A segunda hipótese refere-se aos casos em que a prova já foi produzida, mas dúvidas subsistem e motivam seu reforço. É o caso da complementação do laudo pericial com a resposta pelo perito a quesitos suplementares suscitados pelo relator, ou esclarecimentos necessários para a correta compreensão de depoimento da parte ou de testemunha, por exemplo. O complemento da instrução pode, ainda, utilizar outro meio de prova não pensada em primeiro grau. Suponha-se uma causa que discuta as condições de uma edificação depois de realizada uma obra. Em primeira instância, elaborou-se laudo pericial

19. O art. 938, § 4º, do CPC, confere competência subsidiária ao órgão colegiado para atividade saneadora e instrutória realizada pelo relator, caso este deixe de realizá-las.

de engenharia. Entretanto, ao receber o recurso, o relator sente-se inseguro com algumas conclusões da perícia e decide realizar inspeção judicial, na forma do art. 481 do CPC.

Também pode ocorrer a prática de atos instrutórios em grau de recurso na forma do art. 1.014 do Código, isto é, a apresentação de prova ou fato novos, em algumas das situações permitidas por lei.[20] Assim, como já examinado no item que trata do efeito devolutivo, a apresentação de fatos ou provas novos só é possível se se trata (i) de prova ou de fato novos, assim considerados os posteriores à decisão recorrida; (ii) de prova ou de fato anteriores à decisão, se a parte não pôde apresentá-los no momento adequado em razão de seu desconhecimento, impossibilidade de acesso ou outro motivo de força maior, desde que comprovada sua boa-fé.

O Código também incumbe o relator do exame acerca da concessão de efeito suspensivo ao recurso, se tal efeito não decorre automaticamente da lei. Para tanto, o recorrente deve requerer na própria petição do recurso ou em petição apartada, nas hipóteses dos art. 1.012, § 3º e art. 1.029, § 5º, ambos do CPC. Conforme dispõe o art. 995, parágrafo único, presentes os requisitos, o relator concederá efeito suspensivo ao recurso, obstando a eficácia da decisão recorrida. Trata-se de provimento de competência do relator, que pode ser revisto pelo órgão do qual faz parte mediante a interposição de agravo interno (art. 1.021, do CPC).

Ainda na esfera de provimentos próprios do relator, encontra-se a análise de pedido de antecipação dos efeitos da tutela recursal, consoante dispõe o art. 932, inc. II. Do mesmo modo que ocorre em primeiro grau, é lícito ao recorrente requerer a concessão de tutela provisória, a fim de que não tenha de esperar o julgamento do recurso para que seu direito seja tutelado. Se preenchidos os requisitos para a sua concessão, o relator adiantará os efeitos do provimento do recurso. Se, *v.g.*, o recorrente pleiteia a suspensão de uma assembleia de acionistas, pode requerer que esse óbice à realização do concílio já seja determinado inicialmente pelo relator, enquanto aguarda o julgamento do mérito recursal pelo órgão colegiado. A tutela provisória recursal pode ter natureza cautelar ou antecipatória e fundar-se na urgência ou na evidência, como dispõe o art. 294 do CPC. Em que pese se tratar de atribuição primacial do relator, nada impede que este leve o pleito de

20. MARINONI, Luiz Guilherme; MITIDIERO, Daniel. *Comentários ao Código de Processo Civil*. Ob. cit., v. XV, p. 221: "Em segundo lugar, porque sempre que for possível alegar fato novo perante o tribunal, deverá igualmente ser possível prová-lo (arts. 342, 493 e 1.014, CPC/2015). Cuida-se de desdobramento evidente do direito de ação e do direito de defesa, porque de nada adianta ser possível alegar, se não for possível provar".

concessão de tutela provisória ao conhecimento do colegiado, de modo a propiciar o debate prévio e conferir maior segurança à medida.[21] A apreciação do requerimento de tutela provisória deve ser antecedida do oferecimento de prazo para a manifestação da parte contrária. Porém, aplica-se na hipótese o parágrafo único do art. 9º, que permite a concessão da tutela provisória sem audiência da parte contrária caso a abertura ao contraditório prévio ponha em risco a tutela do direito. Nesse caso, o contraditório ocorrerá depois de deferida a medida, que, pela sua própria natureza precária, pode ser revogada a qualquer momento (art. 296).

Embora pouco comum, permite-se às partes o requerimento de instauração do incidente de desconsideração da personalidade jurídica perante a corte recursal (art. 134, do CPC). Isso pode ocorrer se o interessado somente se aperceber do abuso de personalidade (por exemplo, art. 50, do Código Civil), que motiva a desconsideração, quando o processo tramita no tribunal. Oferecido o requerimento de instauração, competirá ao relator do recurso examinar a admissibilidade de sua instauração, bem como dirigi-lo – com intimação do sócio para oferecimento de contestação e produção de provas – e proferir a decisão final de decretação ou não da desconsideração (art. 932, VI, do CPC). Da sua decisão cabe agravo interno, que propicia o reexame pelo órgão colegiado (art. 136, parágrafo único, do CPC).

O art. 932, VIII, do CPC ainda prevê a possibilidade de os regimentos internos disporem sobre atribuições adicionais dos relatores. O regimento do STF, por exemplo, contém rol de encargos do relator nos seus art. 21, 21-A e 22, nos quais lista funções tais como executar e fazer cumprir seus despachos, suscitar questões de ordem, requisitar os autos originais, apresentar em mesa para julgamento os feitos que independam de pauta, decidir, de forma irrecorrível, sobre a manifestação de terceiros e submeter o feito ao julgamento do Plenário, quando houver relevante arguição de

21. DIDIER JR., Fredie; CUNHA, Leonardo Carneiro da. *Curso de Direito Processual*. Ob. cit., 62: "Há, porém, uma observação importante: o relator pode optar por levar a questão ao colegiado, em vez de decidir sozinho o requerimento de tutela provisória. Ao fazê-lo, elimina o cabimento do agravo interno. Isso porque o agravo interno cabe da decisão do relator para que o colegiado a reveja – não cabe agravo interno contra acórdão. Se a tutela provisória já for examinada pelo colegiado, este já se manifestou, não sendo cabível o agravo interno. A decisão passa a ser do colegiado, e não do relator, não sendo mais cabível o agravo interno". Daniel Neves, por sua vez, entende que a concessão de tutela provisória e de efeito suspensivo é de competência do órgão colegiado, tendo o relator competência delegada. Cf. NEVES, Daniel Amorim Assumpção. *Novo CPC Comentado*. 2. ed. Salvador: Juspodivm, 2017, p. 1549: "Uma leitura mais apressada do dispositivo pode levar o intérprete a concluir que a competência para decidir pedidos de tutela provisória e efeito suspensivo é do relator, quando, na verdade, o relator atua com competência delegada pelo órgão colegiado. A competência, portanto, é do órgão colegiado, de forma que o relator poderá levar o pedido à sessão de julgamento para a prolação de decisão colegiada, não sendo seu dever a prolação de decisão monocrática".

inconstitucionalidade ainda não decidida. O art. 34 do regimento interno do STJ apresenta rol semelhante, incumbindo o relator de ordenar e dirigir o processo, remeter o processo ao Supremo Tribunal Federal após juízo positivo de admissibilidade quando entender versar o recurso especial sobre matéria constitucional, apresentar em mesa para julgamento os feitos que independem de pauta, propor à Seção ou à Turma seja o processo submetido à Corte Especial ou à Seção, delegar atribuições a autoridades judiciárias de instância inferior etc.

### 3.2.2. Incumbências do relator compartilhadas com o órgão colegiado

A partir da edição da Lei n. 9.139/1995, reforçada em 1998 pela Lei n. 9.756, o ordenamento processual passou a autorizar, em mais situações, o julgamento do mérito recursal pelos relatores, desacompanhados de seus pares.[22] Assim, nas amplas hipóteses previstas em lei, o julgamento deixava de ser colegiado e passava a ser unipessoal, oferecendo-se, no entanto, um remédio às partes – a interposição de agravo – para levar a questão ao conhecimento da turma ou câmara. As reformas legislativas resultaram na diminuição maciça do número de recursos resolvidos colegiadamente.[23]

O art. 557, do CPC/73, permitia que se rejeitasse monocraticamente "recurso manifestamente inadmissível, improcedente, prejudicado ou em confronto com súmula ou com jurisprudência dominante do respectivo tribunal, do Supremo Tribunal Federal, ou de Tribunal Superior". Do mesmo modo, autorizava-se o acolhimento de recurso, se a decisão recorrida estivesse "em manifesto confronto com súmula ou jurisprudência dominante do Supremo Tribunal Federal, ou de Tribunal Superior". O Código revogado permitia ampla discricionariedade ao relator, pois cabia a ele a interpretação

22. A redação original do CPC/73 já permitia juízos monocráticos de mérito pelo relator de agravo de instrumento, se o recurso fosse "manifestamente improcedente": "Art. 557. Se o agravo for manifestamente improcedente, o relator poderá indeferi-lo por despacho. Também por despacho poderá convertê-lo em diligência se estiver insuficientemente instruído. Parágrafo único. Do despacho de indeferimento caberá recurso para o órgão a que competiria julgar o agravo". O art. 38, da Lei n. 8.038/1990, revogado pelo CPC/2015, também já concedia poder ao relator, no STJ e no STF, para negar "seguimento a pedido ou recurso manifestamente intempestivo, incabível ou improcedente ou, ainda, que contrariar, nas questões predominantemente de direito, Súmula do respectivo Tribunal".

23. Em pesquisa empírica realizada no âmbito dos Tribunais de Justiça do Rio de Janeiro e do Rio Grande do Sul, Leslie Ferraz constatou que chegavam ao conhecimento do colegiado apenas cerca de 50% dos recursos, em virtude da solução monocrática dada pelo relator. FERRAZ, Leslie Shérida. *Decisão monocrática e agravo interno*: celeridade ou entrave processual? A Justiça no Estado do Rio de Janeiro. Rio de Janeiro: Escola de Direito da Fundação Getúlio Vargas, 2010; FERRAZ, Leslie Shérida. Decisão monocrática e agravo interno no Tribunal de Justiça do Rio Grande do Sul: uma análise empírica. *Revista da AJURIS* v. 41, n. 136, dez. 2014.

a respeito dos requisitos de "manifesta improcedência" e de "jurisprudência dominante". Os critérios estabelecidos em lei eram indiscutivelmente subjetivos, haja vista ser plenamente possível que um magistrado considerasse um recurso manifestamente improcedente, enquanto outro reputasse pertinentes as alegações recursais.[24]

O CPC/2015 manteve a possibilidade de o relator, sozinho, inadmitir recurso – desde que antes tenha conferido ao recorrente a oportunidade de reparo dos vícios existentes e de complementação da documentação exigida – e de julgá-lo prejudicado.[25] No entanto, o Código entabulou modificações substanciais no que respeita ao julgamento monocrático do *mérito* recursal. Agora, somente é possível o juízo unipessoal de desprovimento do recurso se a tese neste sustentada for contrária a (i) súmula do Supremo Tribunal Federal, do Superior Tribunal de Justiça ou do próprio tribunal; (ii) acórdão proferido pelo Supremo Tribunal Federal ou pelo Superior Tribunal de Justiça em julgamento de recursos repetitivos; (iii) entendimento firmado em incidente de resolução de demandas repetitivas ou de assunção de competência. Do mesmo modo, se a decisão recorrida apresentar-se contrária a esses entendimentos pretorianos, o relator deverá, depois de possibilitado o exercício de contraditório pela parte recorrida, dar provimento ao recurso, por decisão monocrática.

Muito embora ainda seja necessário o exercício de subsunção por parte do relator, que deverá cotejar a hipótese do caso concreto com a situação paradigmática para fins de incidência ou não do precedente, parece-me inquestionável a menor subjetividade dos critérios encontrados no CPC/2015, se comparados com seu antecessor, para fins de admissão de juízos unipessoais nos julgamentos dos recursos. O relator, de acordo com a norma vigente, não está autorizado a acolher ou a rejeitar recurso monocraticamente em razão de "manifesta improcedência" ou em virtude de a tese encontrar ou não respaldo em "jurisprudência dominante".[26] O CPC identificou objetivamente

---

24. ZANETI JÚNIOR, Hermes. In: CABRAL, Antonio do Passo; CRAMER, Ronaldo. *Comentários ao Código de Processo Civil*. Ob. cit., p. 1355: "O CPC anterior falava em jurisprudência dominante, no art. 557, CPC/73, que permitia o julgamento pelo relator de negativa de provimento ao recurso, isto é, utilizava conceito indeterminado, ruim, difícil de definir e foi objeto de muitas críticas, porque permitia absurdos, como a jurisprudência dominante da própria turma ou câmara e, em casos teratológicos, a jurisprudência dominante do relator".

25. Prejudicado é o recurso que perde seu objeto, como no caso em que o juízo *a quo* reconsidera sua decisão.

26. SOKAL, Guilherme Jales. A nova ordem dos processos no tribunal: colegialidade e garantias no CPC/2015. *Revista de Processo*. São Paulo: Revista dos Tribunais, v. 272, 2017, p. 239: "Outra característica marcante que ressai da leitura dos três incisos é a supressão do advérbio 'manifestamente' e do adjetivo 'manifesto', que constavam, respectivamente, dos casos de negativa de seguimento e de provimento

quais precedentes, quando incidentes no caso concreto, acarretam julgamento monocrático pelo relator. Conferiu-se mais relevância a mecanismos de coletivização de julgamento de demandas originalmente individuais.[27] Ainda que haja entendimento pacífico no STF a respeito de determinada matéria, se em relação a ela ainda não foi editada súmula e ela não foi objeto de julgamento em recurso repetitivo, em repercussão geral, em controle concentrado de constitucionalidade, ou em incidente de assunção de competência, não servirá para fins de assentimento de decisão monocrática.[28]

A competência para julgamento do mérito recursal é, destarte, repartida entre o relator e o órgão colegiado. Se presentes os requisitos autorizadores, o relator deve julgar o recurso por decisão unipessoal. Caso não seja a hipótese de juízo monocrático de mérito, a competência é do colegiado. Em todos os casos, porém, o colegiado poderá dar a última palavra, visto que contra as decisões unipessoais dos relatores cabe recurso de agravo interno a ser julgado pelo órgão ao qual faz parte o relator (art. 1.021, do CPC). Como assevera Barbosa Moreira, não se pode subtrair do colegiado a apreciação

---

monocrático do recurso no caput e no § 1º-A do art. 557 do CPC/73 (LGL\1973\5). A retirada dessas balizas, que ostentavam forte dose de indeterminação, não deve ser tida, no entanto, como sinal de alargamento do espaço de atuação singular do relator. É que, a bem da verdade, tais palavras nunca serviram, sob o Código de 1973, como um limite a quem quer que fosse na prática; o julgamento monocrático era realizado como verdadeira regra geral, sem que o 'manifestamente' ou o 'manifesto' fossem suficientes a incutir qualquer dose de prudência nos Tribunais para este fim. E, como se verá logo à frente, apesar de retirado esse dúctil limite textual, a previsão das hipóteses de julgamento monocrático de mérito ficou seguramente mais fechada no Novo Código, por ter de se conformar às alíneas que compõem os incisos IV e V do dispositivo".

27. GRECO, Leonardo. *Instituições de Processo Civil*. Ob. cit., p. 132: "Tanto no provimento quanto no desprovimento fortalecem-se as decisões nos mecanismos de coletivização de julgamentos, com os julgamentos de recursos repetitivos no Supremo Tribunal Federal e no Superior Tribunal de Justiça e nos incidentes de assunção de competência e de resolução de demandas repetitivas. Substitui-se a ideia tradicional na *civil law* da jurisprudência como tendência verificada em uma pluralidade de decisões, pela autoridade de uma única decisão proferida a respeito de um ou mais casos-modelo".

28. O STJ, um dia antes da vigência do CPC/2015, editou a súmula n. 568, que dispõe: "O relator, monocraticamente e no Superior Tribunal de Justiça, poderá dar ou negar provimento ao recurso quando houver entendimento dominante acerca do tema". Esse entendimento sumulado não pode, entretanto, servir de fonte aos juízos monocráticos perante o STJ, seja por vício de forma ou por representar posição *contra legem*. As súmulas são apenas o cume de uma posição pretoriana, que é exteriorizada e reduzida no verbete. Para se identificar a *ratio decidendi* é indispensável a consulta aos reiterados acórdãos no mesmo sentido que levaram à consolidação do entendimento e posterior edição de súmula. No caso da súmula n. 568, como não poderia ser diferente, em virtude da data de sua divulgação, todos os precedentes citados referem-se ao art. 557, do CPC revogado. Se a redação anterior fosse a mesma do atual art. 932, incisos IV e V, poder-se-ia admitir a aplicação da referida súmula na vigência do CPC/2015. Mas não é o caso. O legislador reformista alterou não só a redação, mas principalmente os princípios que orientaram a escolha dos critérios de autorização de juízos monocráticos em grau de recurso. Claramente, optou-se por critérios de feição objetiva, aos quais os magistrados estão vinculados, diferentemente dos parâmetros subjetivos do CPC/73, que permitiam ampla discricionariedade aos relatores.

do recurso, pois é este, como órgão fracionário do tribunal *ad quem*, o juiz natural, enquanto o relator é seu porta-voz. [29]

A redação do art. 932, incisos IV e V, utiliza-se dos verbos no infinitivo – "negar" e "dar provimento" ao recurso –, o que traduz o poder-dever do relator de julgar monocraticamente o recurso quando incidir no caso concreto algum dos precedentes destacados nos incisos.[30] No entanto, entendo que é preciso temperar esse dever nas hipóteses em que o relator não está convicto da incidência do precedente ao caso concreto. Em caso de dúvida, recomendável que se mantenha a colegialidade, levando o recurso para julgamento em sessão.[31]

Embora, depois de julgado o recurso por decisão monocrática, permita-se à parte prejudicada levar a matéria ao conhecimento do colegiado mediante agravo interno, não lhe será facultada a exposição oral no dia da sessão de julgamento. Diferentemente de outros recursos (art. 937 do CPC), como apelação, agravo de instrumento no qual se discute decisão acerca de tutela provisória, recursos ordinário, especial, extraordinário e embargos de divergência, o agravo interno não permite sustentação oral.[32] Assim, se o recurso julgado monocraticamente a permitia, como não foi levado em sessão pelo

---

29. BARBOSA MOREIRA, José Carlos. *Comentários ao Código de Processo Civil*. Ob. cit., p. 680: "Na verdade, não seria possível subtrair de forma definitiva a apreciação do recurso ao órgão *ad quem*, sem pôr em xeque a garantia do juiz natural. O relator atua como uma espécie de porta-voz do colegiado; cumpre, no entanto, abrir a quem se sinta injustamente agravado o ensejo de pleitear que também se ouçam os outros membros – que 'se complete', por assim dizer, o julgamento. A eficácia prática da inovação, bem se compreende, naturalmente variará de acordo com a disposição que tenha(m) o(s) prejudicado(s) para aceitar sem reação uma derrota imposta por ato exclusivo do relator".

30. MARINONI, Luiz Guilherme; MITIDIERO, Daniel. *Comentários ao Código de Processo Civil*. Ob. cit., v. XV, p. 28: "O relator tem o dever de julgar o recurso monocraticamente, preenchidos os requisitos inerentes à espécie, porque aí estará prestigiando a autoridade do precedente (art. 926 e 927, CPC/2015) e patrocinando sensível economia processual, promovendo por essa via um processo com duração razoável (arts. 5º, LXXVIII, CF/1988, e art. 4º, CPC/2015); ZANETI JÚNIOR, Hermes. In: CABRAL, Antonio do Passo; CRAMER, Ronaldo. *Comentários ao Código de Processo Civil*. Ob. cit., p. 1.355-1.358.

31. Leonardo Greco vai além e sustenta que, mesmo presente alguma das hipóteses do art. 932, incisos IV e V, do CPC, é facultativo o julgamento monocrático. *Instituições de Processo Civil*. Ob. cit., p. 132: "Assim como acentuei a respeito do § 1º do art. 518 do Código de 1973, o relator utilizará facultativamente o mecanismo do julgamento monocrático com esses fundamentos. A sua não utilização não constituirá qualquer nulidade, sendo conveniente que dele faça uso parcimoniosamente, apenas nos casos já definitiva e irreversivelmente pacificados ou em que o recorrente, o recorrido ou a decisão recorrida não tragam à baila nenhum novo argumento ou em que o caso concreto não apresente nenhuma nova particularidade, porque os próprios tribunais que elaboraram súmulas ou decidiram a matéria em recursos repetitivos ou incidentes de assunção de competência ou de resolução de demandas repetitivas podem mudar o seu entendimento em julgamentos futuros e o contraditório participativo (art. 7º) assegura a todos os litigantes o direito de influir eficazmente na decisão do seu caso concreto, de ter apreciados os seus argumentos e as suas provas, mesmo que a matéria já tenha sido apreciada em caso ou casos diversos pelo tribunal ou por um dos tribunais superiores".

32. Somente é cabível sustentação oral em agravo interno interposto contra decisão do relator que tenha julgado extinta ação de competência originária do tribunal, como dispõe o art. 937, § 3º, do CPC.

relator, as partes sofrerão relevante prejuízo no exercício do contraditório, já que não mais poderão expor seus argumentos no momento do julgamento.

## 3.3. PROCEDIMENTO

Depois do protocolo, do registro e da distribuição e de tomadas as medidas iniciais pelo relator, como o saneamento, se for o caso, apreciação de eventual pedido de efeito suspensivo ou de concessão de tutela provisória, intimação para complementação do contraditório etc., o recurso segue para julgamento colegiado. Não se configurando a hipótese de decisão monocrática, prevista no art. 932, incisos IV e V, o relator remeterá os autos à secretaria, acompanhados do relatório. Em seguida, os autos serão apresentados ao presidente do órgão colegiado, a quem compete a designação de dia para julgamento, com a publicação da pauta no órgão oficial de imprensa, de modo a intimar as partes (art. 934 do CPC).

A publicação conterá todos os dados de identificação do caso, como nome das partes, eventuais terceiros e dos advogados com respectivo registro na OAB, sob pena de nulidade (art. 272, §§ 2º, 4º e 5º, do CPC).[33] Para que as partes possam se preparar para o julgamento, entre as datas de publicação da pauta e da sessão decorrerá, pelo menos, o prazo de cinco dias (art. 935, *caput*, do CPC).[34] Depois de ocorrida a publicação da pauta, as partes têm direito de acessar os autos em cartório, caso se tratem de autos físicos (art. 935, § 1º, do CPC). De nada adiantaria, para fins de respeito ao contraditório, a publicação da pauta com alguma antecedência se as partes não pudessem examinar os autos do processo antes do julgamento.

Não haverá publicação da pauta em alguns casos. Se forem opostos embargos de declaração contra acórdão, o relator levará o recurso em mesa na sessão subsequente (art. 1.024, § 1º). Porém, caso os embargos não sejam julgados ou o relator não os tenha levado na sessão subsequente, o recurso deve ser incluído em pauta e constar da respectiva publicação.

Também não haverá publicação de pauta se, no decorrer do julgamento de um recurso, um dos membros da turma julgadora requisitar vista dos

33. RODRIGUES. Marco Antonio. *Manual dos Recursos*. Ob. cit., p. 119: "No entanto, por força do art. 238 do CPC, a decretação de nulidade somente ocorrerá caso demonstrado prejuízo. Do contrário, o ato será aproveitado".

34. Zulmar Duarte de Oliveira Jr. sustenta que se aplica o art. 219 na contagem de tal prazo, devendo-se considerar apenas os dias úteis. OLIVEIRA JR., Zulmar Duarte de. In: GAJARDONI, Fernando da Fonseca; DELLORE, Luiz; ROQUE, André Vasconcelos; OLIVEIRA JR., Zulmar Duarte de. *Execução e Recursos*. Ob. cit., p. 646.

autos. Com a retirada da sessão em razão da vista, o recurso retornará a julgamento na sessão subsequente (art. 940, *caput*, no CPC). Se, no entanto, o magistrado solicitante deixar de levar o processo para julgamento na sessão seguinte, nova publicação de pauta deve ocorrer.

Em todo caso, ainda que se leve o recurso em mesa, é altamente recomendável que as partes sempre sejam intimadas da data do julgamento, para que dele possam participar.[35] As dispensas legais de inclusão do recurso em pauta e de sua publicação devem ser interpretadas restritivamente e seguidas à risca, já que se encontram em uma linha tênue entre o respeito e a violação ao contraditório.

No dia do julgamento, a pauta deverá estar afixada na entrada da sala em que se realiza a sessão (art. 935, § 2º, do CPC). Os órgãos fracionários dos tribunais organizam suas pautas de modo que vários recursos são julgados no mesmo dia. Assim, quando chega o momento de julgamento de determinado caso, o presidente do órgão colegiado o anuncia, indicando os dados do processo e do recurso (nomes de recorrente e recorrido, número do processo, nome do relator e composição da turma julgadora). Em seguida, comumente se indaga dos presentes na sessão se alguma das partes ou de seus advogados está acompanhando o julgamento e se pretende realizar sustentação oral, se cabível. Caso haja advogado presente que queira participar oralmente dos debates, o presidente passará a palavra ao relator para que tão somente relate o caso. Em seguida, o julgamento continua com a sustentação oral dos advogados – e, eventualmente, do Ministério Público –, ouvindo-se primeiramente a exposição do recorrente e, ato contínuo, a do recorrido, independentemente

35. Guilherme Jales Sokal enaltece a redução de hipóteses nas quais é possível a inclusão "em mesa" de um recurso para julgamento e critica o déficit garantístico decorrente da falta de publicação da pauta de julgamento. SOKAL, Guilherme Jales. *A nova ordem dos processos no tribunal: colegialidade e garantias no CPC/2015*. Ob. cit., p. 241: "Em segundo lugar, o Novo Código reduz em muito os casos dos chamados julgamentos 'em mesa', um atentado cometido pelo Poder Judiciário ao direito 'a um dia na Corte' e, em última análise, ao contraditório como previsibilidade e vedação à surpresa. A tônica autoritária dessa prática é escancarada por um simples paralelo com a Audiência de Instrução e Julgamento em primeira instância: tal como seria impensável a realização desta última sem que antes fossem intimados autor e réu quanto ao dia e hora em que o órgão judicial pretende promovê-la, também assim deveria ser tida a tentativa de levar, silenciosa e sorrateiramente, um processo a julgamento colegiado nos Tribunais sem prévia comunicação às partes. Não obstante, tais julgamentos 'em mesa' ocorriam, sob o Código anterior, sobretudo nos Embargos de Declaração, no Agravo Interno e nos casos de adiamento, contribuindo para um cenário de absoluta insegurança para os jurisdicionados. E isso se passava sem nenhum apoio em justificativa racional, nem mesmo sob a bandeira da celeridade, porque, se é verdade que o julgamento 'em mesa' acelera a realização da sessão colegiada após a formação da convicção pelo relator, nenhum controle é dedicado ao tempo na etapa imediatamente anterior, isto é, entre os momentos em que o feito esteja apto a julgamento e o relator, após exame, dê-se por convencido. Era, em suma, um emblemático caso de celeridade no interesse exclusivo da administração da justiça e contra o jurisdicionado, em um grave resquício autoritário no procedimento nos Tribunais. Isso muda radicalmente com o art. 934 do Novo Código".

do polo processual em que se encontravam em primeiro grau. Feitas as exposições orais, o presidente mais uma vez franqueia a palavra ao relator, para que profira seu voto. Após, são colhidos os votos dos demais membros da turma julgadora e o presidente anuncia o resultado do julgamento e designa o relator para a redação do acórdão ou, se vencido este, o desembargador autor do primeiro voto vencedor (art. 941, do CPC). Depois de proclamado o resultado, os votos não podem ser alterados. O voto vencido será declarado e constará do acórdão, inclusive para fins de cumprimento do requisito do prequestionamento (art. 941, § 3º, do CPC).

Os votos e os acórdãos são assinados eletronicamente e, em seguida, são impressos para juntada aos autos do processo quando este não for eletrônico. Os acórdãos conterão, além de relatório, fundamentação e dispositivo, uma ementa (art. 943, § 1º, do CPC), que resume o acórdão e é formada pela descrição das questões apreciadas no caso, pelos fundamentos determinantes e pelo resultado. Lavrado o acórdão, a ementa será publicada no prazo de dez dias (art. 943, § 1º, do CPC). O legislador, preocupado com a duração razoável do processo e com os inconvenientes decorrentes da demora de publicação do acórdão, estabeleceu no art. 944 que, passado o prazo de 30 dias da data da sessão de julgamento sem que tenha ocorrido a lavratura e publicação do acórdão, "as notas taquigráficas o substituirão, para todos os fins legais, independentemente de revisão". Nessa hipótese, o presidente do tribunal mandará publicar o acórdão.[36]

Como vários recursos são apreciados na mesma sessão, o Código estabelece, em seu art. 936, a ordem de julgamento. Inicialmente, são julgados os casos e recursos aos quais a lei ou o regimento interno do tribunal atribuem preferência. Alguns exemplos de preferência são as causas em que haverá sustentação oral de advogada gestante, mãe de recém-nascido, lactante ou adotante (Lei 13.363/2016 e art. 158, § 1º, RISTJ), as causas que têm como parte ou interessados pessoas maiores de 60 anos ou portadores de doença grave (art. 1.048, do CPC) e determinados processos, como mandado de

---

36. ASSIS, Araken de. *Manual dos Recursos*. Ob. cit., p. 360: "O art. 944 resolveu combater diretamente problema que, na era da informática, é residual. Passados trinta dias sem a publicação do acórdão, contado o prazo da data da sessão, incumbe ao presidente do órgão fracionário lavrá-lo, indicando as conclusões, correspondentes ao estrato, e confeccionando a ementa (art. 944, parágrafo único), constando do seu corpo, a título de fundamentação, as notas taquigráficas, para todos efeitos os legais, 'independentemente de revisão' (art. 944, *caput*). Em seguida, o presidente mandará publicá-lo (art. 944, parágrafo único, *in fine*). Não é muito exata a redação da regra. O presidente não lavrará as conclusões, pois estas são conhecidas, mas redigirá a ementa e reproduzirá as conclusões, lavrando o próprio acórdão. O uso do verbo lavrar, nesse dispositivo, é o apropriado, revelando a riqueza intrínseca da língua portuguesa e dos seus verbos eruditos, demonstrando a impropriedade de certas passagens vultares do CPC de 2015 (*v.g.*, a palavra 'posturas' no sentido de atitude no art. 437, § 1.º)".

segurança, falência e recuperação judicial (art. 60, incisos II e III, RITJRJ). Não havendo preferência legal ou regimental, serão julgados inicialmente os casos cujos advogados presentes solicitaram preferência, sendo julgados primeiro aqueles nos quais haverá sustentação oral. Em seguida, serão julgados os casos cujo julgamento tenha iniciado em sessão anterior e, por fim, os demais casos. Se, em relação à mesma causa, constam da pauta de julgamento agravo de instrumento e apelação, aquele será julgado primeiro (art. 946, parágrafo único, do CPC).

O julgamento do recurso divide-se entre admissibilidade e mérito. Assim, pode haver discordância em relação ao conhecimento do recurso e consonância a respeito do mérito, por exemplo. Suponha-se recurso no qual haja discussão acerca de interesse recursal. Primeiro, a turma julgadora debruçar-se-á sobre essa questão que, uma vez superada pelo entendimento do cumprimento do requisito, possibilitará a apreciação do mérito recursal. Mesmo que um julgador tenha votado pela inadmissão do recurso, se a maioria optou pelo seu conhecimento, todos votarão a respeito do mérito (art. 939). Também é possível – e comumente observado nos tribunais – que um dos pedidos seja acolhido por unanimidade, enquanto outro seja rejeitado ou provido por maioria. Cada pedido, vale dizer, será objeto de votação em separado.

Por força da Emenda Regimental n. 53/2020, o julgamento de todos os processos de competência do STF pode ser realizado em ambiente eletrônico, a critério do relator ou do ministro vistor, desde que haja a concordância do relator (art. 21-B do RISTF). A previsão regimental foi uma resposta emergencial às limitações de convivência impostas pela pandemia do coronavírus. O distanciamento decorrente da crise sanitária levou à realização de sessões em ambiente virtual e a possibilidade de oferecimento de sustentações orais gravadas, encaminhadas por meio eletrônico até 48 horas antes do início do julgamento virtual (art. 21-B, § 2º do RISTF).

### 3.3.1. Sustentação oral

Durante a sessão de julgamento, em alguns recursos ou demandas de competência originária do tribunal, admite-se sustentação oral dos advogados das partes e do membro do Ministério Público, nos casos de sua intervenção, pelo prazo máximo de quinze minutos, para cada um (art. 937 do CPC). É permitido na apelação, em recurso ordinário, especial ou extraordinário e nos embargos de divergência. Autoriza-se ainda a sustentação na ação rescisória, no mandado de segurança, na reclamação e no incidente de resolução de demandas repetitivas (art. 984, do CPC). Não obstante a falta de previsão expressa, reputo altamente recomendável a possibilidade de sustentação oral no incidente de assunção de competência, mormente pela importância do precedente criado nesse instrumento processual.

Em regra, não é permitida a exposição oral nos agravos de instrumento e interno. No entanto, o art. 937, inc. VII, a admite nos agravos de instrumento interpostos em face de decisão que versar sobre tutela provisória, e o art. 937, § 3º, possibilita a sustentação em agravo interno interposto contra decisão do relator que extinguir ação de competência originária por decisão monocrática.

Embora não expressamente prevista em lei, parece-me inegável a possibilidade de sustentação oral em agravo de instrumento interposto em face de decisão interlocutória que julgou parcial e antecipadamente o mérito. Nessa hipótese, prevista no art. 356 do CPC, a decisão interlocutória se equivale a uma sentença parcial, porquanto julgou a questão de forma definitiva.[37] Assim, o agravo de instrumento corresponde a uma apelação, permitindo-se a sustentação oral de agravante e agravado.[38] Se não admitida a sustentação oral nesse caso, haverá evidente violação à isonomia, já que os demais pedidos julgados por sentença poderão ser discutidos oralmente quando do reexame em apelação. Além disso, o CPC permite a sustentação oral em agravos de instrumento que tratam do mérito em caráter *provisório* (art. 937, inc. VII). Mais uma razão para a possibilidade de sustentação oral em agravo de instrumento que trata do mérito de forma *definitiva* (art. 356).

Do mesmo modo, cabe exposição oral em agravo de instrumento contra sentença que decreta a falência (art. 100, da Lei n. 11.101/2005). Por razões práticas, o legislador estabeleceu dicotomia de tratamento recursal na falência, alternando o recurso cabível se a sentença decreta ou rejeita o pedido de quebra. No primeiro caso, como terá início a execução coletiva em primeiro grau, a apelação, que pode acarretar a remessa dos autos ao tribunal, não

37. QUARTIERI, Rita; LINHARES, Isabella. Decisão parcial de mérito conceitual e suas consequências recursais. In: NERY JR., Nelson; ALVIM, Teresa Arruda; OLIVEIRA, Pedro Miranda de (Org.). *Aspectos Polêmicos dos Recursos Cíveis e Assuntos Afins*. São Paulo: Revista dos Tribunais, 2018, v. 14, p. 497: "O agravo de instrumento contra decisão que decide antecipadamente o mérito não está catalogado entre os recursos que admitem sustentação oral. Contudo, por representar julgamento de uma parte do pedido, por antecipação, deve permitir à parte a realização de sustentação oral".

38. Nesse sentido, cf. MARINONI, Luiz Guilherme; MITIDIERO, Daniel. *Comentários ao Código de Processo Civil*. Vol. XV. Ob. cit., p. 231; DIDIER JR., Fredie; CUNHA, Leonardo Carneiro da. *Curso de Direito Processual*. Ob. cit., p. 78.

se adequa à peculiaridade do procedimento falimentar.[39] Previu-se, assim, a impugnação por meio de agravo de instrumento, o qual sobe para julgamento pelo órgão *ad quem* desacompanhado dos autos principais. Já na segunda hipótese, de rejeição do pedido de falência, caberá apelação. Em ambos os casos, porém, se está diante de um provimento judicial definitivo a respeito do pedido. Não pode haver uma distinção de tratamento no que ser refere à sustentação oral, sob pena de se pôr em risco a isonomia. Seja agravo ou apelação o remédio de impugnação, admite-se a sustentação.[40]

A sustentação oral afigura-se ferramenta de exercício do contraditório em grau de recurso, possibilitando um diálogo, ainda que limitado, entre as partes e os julgadores. O procedimento recursal não é composto de audiências antecedentes à sessão de julgamento e, em razão disso, existe uma distância entre partes e a corte. A sustentação oral é uma tentativa de encurtar essa distância, ainda que permita o contato apenas entre advogados e julgadores. É o advogado, que tem capacidade postulatória, quem está habilitado a apresentar oralmente os argumentos de seu cliente. Na minha experiência, poucas vezes a sustentação oral é bem aproveitada. Na maioria dos casos, serve a um protocolar monólogo do advogado, pouco absorvido pelos julgadores, absortos nos muitos casos que julgarão durante a sessão. O julgamento seria mais proveitoso se permitisse verdadeiro debate, servindo ao esclarecimento de dúvidas e enfrentamento das questões mais delicadas do caso.[41]

A redação do art. 937, § 2º, do CPC, não define com clareza o termo final para o requerimento de sustentação oral. Sua redação define que, se o advogado pretende fazer uso da palavra durante o julgamento, poderá requerer, até o início da sessão, que seu caso seja julgado preferencialmente. O § 4º do mesmo dispositivo prevê a possibilidade de sustentação oral por videoconferência, desde que o interessado requeira até o dia anterior à sessão.

---

39. A Lei n. 11.101/2005, que repetiu a regra do Decreto-Lei n. 7.661/1945, foi concebida em momento no qual os processos de falência tramitavam em autos físicos, o que acarretava a dificuldade relatada de remessa dos autos ao tribunal para julgamento do recurso. No futuro, com a totalidade dos processos tramitando em autos eletrônicos, a regra perderá o sentido, pois, enquanto a apelação é processada e julgada, os autos do processo permanecerão acessíveis ao juízo falimentar.

40. DIDIER JR., Fredie; CUNHA, Leonardo Carneiro da. *Curso de Direito Processual*. Ob. cit., p. 77: "Veja-se, por exemplo, a decisão que decreta a falência. A falência é decretada por uma sentença. Se bem que seja uma sentença, o recurso cabível, por expressa disposição legal, é o agravo de instrumento (Lei n. 11.101/2005, art. 100). Da sentença que indefere o pedido de falência cabe, diversamente, apelação. Não é razoável permitir que haja sustentação oral no caso do indeferimento da falência, mas não a admitir no caso de decretação da falência. Desatende à isonomia essa distinção, que não é razoável".

41. O art. 71, do RITJR traz disposição interessante, que, se bem utilizada, pode aprimorar a oralidade e resultar em decisões de maior qualidade: "Art.71 - Em qualquer fase do julgamento, posterior ao relatório e à sustentação oral, poderão os julgadores pedir esclarecimentos ao relator, ao revisor e aos advogados dos litigantes, quando presentes, sobre fatos e circunstâncias pertinentes à matéria em debate".

Em casos de sustentação presencial, deve-se extrair desses dois dispositivos a interpretação de que é possível invocar o direito a exposição oral até momentos antes do início do julgamento do caso. Até o anúncio do julgamento pelo presidente do órgão, o advogado pode demonstrar sua vontade em participar do debate oral, depois da leitura do relatório pelo relator. Observa-se, aliás, o hábito recorrente nas cortes de o presidente indagar dos advogados presentes acerca de sua intenção de realizar a sustentação oral antes de passar a palavra para o relator.[42]

Nas sustentações por videoconferência, nas quais o advogado pode expor suas razões à distância no dia do julgamento, contando com recursos tecnológicos de transmissão de imagem e som, é necessário que se comunique o interesse de sua realização com prazo de, pelo menos, um dia, a fim de que o órgão julgador possa se preparar. É elogiável a admissão de sustentação oral por videoconferência, pois permite a advogados com dificuldade de deslocamento para o tribunal, seja por razões pessoais ou financeiras, que exerçam esse direito atrelado ao contraditório.

A participação oral de advogados no dia do julgamento do recurso não se restringe à sustentação. O art. 7º, inciso X, da Lei n. 8.906/94 (Estatuto da Advocacia e da OAB) prevê, como direito do advogado, a intervenção sumária durante a sessão "para esclarecer equívoco ou dúvida surgida em relação a fatos, documentos ou afirmações que influam no julgamento, bem como para replicar acusação ou censura que lhe forem feitas".[43] A manifestação oral prevista no referido dispositivo pode ocorrer em qualquer momento enquanto não finalizado o julgamento do caso, mas se limita a esclarecimentos de fato, sendo vedada a sustentação de teses jurídicas, interferência nos votos e discordância no entendimento exteriorizado pelos magistrados.[44] De modo a evitar transtornos ao julgamento e como meio de manutenção de cordialidade entre advogados e magistrados, o advogado

42. Em dezembro de 2016, o STJ havia estabelecido o prazo de dois dias úteis, contados da publicação da pauta de julgamento, para o requerimento de sustentação oral. No entanto, em dezembro de 2017, o Pleno do STJ aprovou a emenda regimental n. 75/2017, pela qual se alterou a redação do art. 158 do regimento. Assim, admite-se sustentação oral requerida até o início da respectiva sessão de julgamento. Disponível em: http://www.stj.jus.br/sites/STJ/default/pt_BR/Comunica%C3%A7%C3%A3o/noticias/Not%C3%ADcias/Aprova%C3%A7%C3%A3o-de-emenda-regimental-garante-inscri%C3%A7%C3%A3o-para-sustenta%C3%A7%C3%A3o-oral-at%C3%A9-o-in%C3%ADcio-da-sess%C3%A3o. Acesso em: 24 jan. 2018.

43. Enunciado FPPC n. 595: "No curso do julgamento, o advogado poderá pedir a palavra, pela ordem, para indicar que determinada questão suscitada na sessão não foi submetida ao prévio contraditório, requerendo a aplicação do §1º do art. 933".

44. DIDIER JR., Fredie; CUNHA, Leonardo Carneiro da. *Curso de Direito Processual*. Ob. cit., p. 84.

que pretenda intervir, pela ordem, para elucidação de questão fática, deve indicar ao presidente sua intenção e aguardar a autorização.

Nos julgamentos virtuais, o RISTJ franqueia aos advogados das partes a remessa de sustentações orais e de memoriais por meio eletrônico, após a publicação da pauta em até 48 horas antes de iniciado o julgamento em ambiente virtual (art. 184-B, § 1º). Nesse formato, os advogados gravam vídeo contendo a sustentação oral e encaminham o arquivo digital aos membros da turma julgadora por correio eletrônico.

### 3.3.2. Técnica de ampliação da turma julgadora em caso de decisões não unânimes

Na vigência do CPC/73, em caso de julgamento por maioria em apelação ou ação rescisória contra o acórdão não unânime cabia outro recurso, ainda dirigido ao tribunal de segunda instância, chamado embargos infringentes. Com as alterações implementadas pela Lei n. 10.352/2001, restringiram-se as hipóteses de cabimento de tal recurso, tornando-o cabível somente em casos de julgamento não unânime que *reformasse* a sentença de mérito ou *acolhesse* o pedido constante da ação rescisória (art. 530 do CPC/73).

Com o escopo de simplificação do sistema recursal, consoante expressamente manifestado na exposição de motivos, o legislador retirou da redação do código vigente a possibilidade de interposição de embargos infringentes. Em seu lugar, porém, se estabeleceu um mecanismo de *majoração automática da turma julgadora* em caso de voto dissidente no julgamento de apelação pela composição originária do órgão colegiado (art. 942 do CPC).[45] Suponha-se que o relator tenha dado provimento à apelação, a fim de reformar a sentença, no que foi acompanhado pelo primeiro vogal. No entanto, o terceiro magistrado votante, discordando da posição de seus pares, vota no sentido da manutenção da sentença. Nessa hipótese, obrigatoriamente a composição da turma julgadora será ampliada a fim de que possa prevalecer o voto inicialmente vencido. No caso da apelação, mais dois desembargadores farão, pois, parte do grupo votante.

45. A nova sistemática, trazida pelo art. 942, do CPC, embora resulte em maior celeridade, se comparada com o rito dos embargos infringentes, nos processos que tramitam em tribunais de grande porte, cujas turmas ou câmaras têm normalmente cinco julgadores, certamente causa transtornos em cortes menores, nas quais os órgãos fracionários são formados por três julgadores. Isso porque cada vez que houver voto dissidente, nas hipóteses previstas no CPC, deverá ocorrer a suspensão do julgamento e a convocação de dois novos julgadores para a próxima sessão.

Percebe-se, inicialmente, que a nova sistemática independe do resultado do julgamento. Mantendo-se ou reformando-se a sentença *por maioria*, tem-se o gatilho que provoca o procedimento da majoração da turma julgadora.[46] Diferentemente dos embargos infringentes, que podiam ou não ser interpostos pela parte prejudicada pelo acórdão, a sistemática prevista no art. 942 do CPC é automática, não dependendo da prática de nenhum ato pelas partes.

O presidente do órgão, ao notar o resultado por maioria, convocará para compor a turma julgadora mais dois desembargadores presentes à sessão, conforme dispuserem as regras de competência prevista no regimento interno do tribunal.[47] Assim, o julgamento prosseguirá com a colheita de votos dos novos membros votantes (art. 942, § 1º). Embora tenha se iniciado o julgamento com resultado parcial de 2x1, é permitido que, convencido pelos novos argumentos trazidos, algum desembargador mude seu voto e o resultado final seja, inclusive, unânime. Isso porque o art. 942, § 2º, do CPC permite a revisão dos votos até a proclamação do resultado (também conforme art. 941, § 1º, do CPC). Se, porém, não for possível o imediato aumento do grupo de votantes, em virtude da ausência de desembargadores presentes capacitados a votar, o presidente do órgão suspenderá o julgamento, que terá prosseguimento em sessão a ser designada com a presença de outros dois julgadores. Nesse caso, como os magistrados adicionais não participaram da primeira sessão, abre-se a possibilidade de novas sustentações orais aos advogados.

Na falta de previsão legal expressa sobre a apresentação do caso em mesa, para continuidade do julgamento, na próxima sessão, deverá ocorrer a inclusão em pauta e sua devida publicação, a fim de que as partes sejam adequadamente cientificadas da nova data.

---

46. Nesse sentido, ASSIS, Araken de. *Manual dos Recursos*. Ob. cit., p. 335; DIDIER JR., Fredie; CUNHA, Leonardo Carneiro da. *Curso de Direito Processual*. Ob. cit., p. 95. Em sentido contrário, RODRIGUES. Marco Antonio. *Manual dos Recursos*. Ob. cit., p. 138: "Desse modo, entendemos que se deve aplicar o art. 942, *caput*, interpretando-o à luz do § 3º do mesmo dispositivo legal. Consequentemente, só há que falar em aplicação da técnica de ampliação de colegiado no julgamento de apelação quando a maioria se formar pela reforma da sentença"; MEDINA, José Miguel Garcia. *Novo Código de Processo Civil Comentado*. Ob. cit., p. 1348.

47. DIDIER JR., Fredie; CUNHA, Leonardo Carneiro da. *Curso de Direito Processual*. Ob. cit., p. 94: "Os outros dois julgadores devem ser convocados de acordo com definição prévia constante de regra do regimento interno. Em outras palavras, o regimento interno deve estabelecer critérios prévios e objetivos para a convocação dos julgadores que irão complementar o julgamento iniciado, mas ainda não concluído totalmente. Essa definição prévia é fundamental e atende às exigências do princípio do juiz natural"; ZANETI JR., Hermes. In: CABRAL, Antonio do Passo; CRAMER, Ronaldo. *Comentários ao Código de Processo Civil*. Ob. cit., p. 1373: "O julgamento não será casuístico ou *ad hoc*, não há, rigorosamente, nenhum prejuízo processual na ampliação do órgão colegiado. Com certeza os tribunais irão ter de se adequar a regra do CPC/2015, alterando seus regimentos internos, mas isto decorre do imperativo legal e do direito fundamental à organização e aos procedimentos".

Na esteira do que previa o CPC/73, o art. 942, § 3º, do CPC dispõe que o mecanismo de majoração também se aplica à ação rescisória, mas apenas se do resultado do julgamento não unânime decorrer a rescisão da sentença. Nessa hipótese, porém, haverá a transferência da competência para órgão de composição mais ampla, como previsto no regimento interno (transferência da turma para a seção, por exemplo).[48] Outrossim e coerentemente com o que se defende na presente obra, o mesmo parágrafo determina a ampliação da turma julgadora em caso de dissidência no julgamento de agravo de instrumento contra decisão interlocutória que julgou – de forma definitiva – parcial e antecipadamente o mérito, na forma do art. 356.[49] No entanto, o Código somente estabelece a majoração se houver reforma da decisão interlocutória, diferentemente do que ocorre na apelação, que não pressupõe a reforma para que ocorra a ampliação da turma. Como já dito aqui, não faz qualquer sentido a diferenciação da apelação interposta contra a sentença e o agravo de instrumento manejado em face de decisão que julga definitivamente parcela do mérito. Ambos são recursos cabíveis contra decisão final de mérito sobre o pedido apreciado. A solução conferida pelo Código dá tratamento distinto a duas situações idênticas, violando a garantia da isonomia.

De modo a evitar dúvidas, o legislador preferiu prever expressamente no texto legal a não incidência do *caput* do art. 942 nos julgamentos não unânimes em incidente de assunção de competência, incidente de resolução de demandas repetitivas, remessa necessária e nos casos de competência do plenário e da corte especial dos tribunais (art. 942, § 4º, do CPC). Pode ocorrer, porém, que determinado tribunal estabeleça, em seu regimento interno, que a ação rescisória seja julgada pelo plenário, por exemplo. Nesse caso, prevalece o disposto no art. 942, § 4º, do CPC, em detrimento do § 3º, inc. I, do mesmo artigo, isto é, não haverá ampliação da turma julgadora se for acolhido o pedido de rescisão em decisão não unânime, porquanto no plenário e no órgão especial não há colegiado de composição mais ampla.[50]

Embora não expressamente previsto em lei, não se aplica a técnica ora analisada no âmbito dos juizados especiais, uma vez que a Lei n. 9.099/95

48. CÂMARA, Alexandre Freitas. *O Novo Processo Civil brasileiro*. Ob. cit., p. 447-448: "Já no caso de ação rescisória, a necessidade de emprego da técnica de complementação do julgamento não unânime implica a transferência da competência para outro órgão, de composição mais ampla, previsto no regimento interno do tribunal. Neste caso, será preciso verificar se o órgão mais amplo é ou não formado pelos integrantes do órgão colegiado que deu início ao julgamento".

49. Nesse sentido, CARVALHO, Fabiano. *Comentários ao Código de Processo Civil*. Ob. cit., p. 144.

50. GRECO, Leonardo. *Instituições de Processo Civil*. Ob. cit., p. 139.

prevê contra a sentença um recurso diferente da apelação, que tem prazo e efeitos distintos.[51]

O mecanismo previsto no art. 942 não tem natureza de recurso; não se espera das partes a prática do ato de interposição para que o rito se desenvolva da forma prevista. Também não há que falar em recurso de ofício, já que não há acórdão referente aos primeiros votos e novo julgamento, com a nova composição, mas, sim, continuidade do julgamento anteriormente iniciado.[52]

Para que haja a ampliação do quórum de julgadores, a dissidência deve incidir sobre o resultado, e não sobre os fundamentos. Conquanto distintos os argumentos utilizados pelos julgadores, caso alcancem a mesma conclusão, o julgamento é unânime e não incide o mecanismo do art. 942, do CPC.[53] No entanto, se o resultado for por maioria, aplica-se a regra independentemente de versar a divergência sobre questões de direito material ou de direito processual.[54]

Questão relevante diz respeito à extensão da cognição da turma julgadora majorada se o desacordo inicial foi apenas sobre um dos pontos enfrentados no recurso, ou seja, sobre um dos pontos havia unanimidade e sobre outro, divergência de entendimento, que provocou a ampliação. A princípio, como não havia dissenso sobre a primeira questão julgada, o aumento do quórum não influenciaria na conclusão final desse tópico, já que se poderia alcançar apenas o resultado de 3 (magistrados originais) x 2 (magistrados convocados). Porém, como o CPC permite a alteração dos votos até o fim do julgamento, a questão ganha relevo.

Imagine-se uma apelação na qual se discutem pedidos de rescisão contratual e indenizatório. A respeito do primeiro pedido, há consenso, isto é, todos os três desembargadores o rejeitam. Já em relação ao segundo pedido, dois votam pelo provimento e o terceiro pelo desprovimento. Na composição

51. RODRIGUES. Marco Antonio. *Manual dos Recursos*. Ob. cit., p. 139.

52. Nesse sentido, MARINONI, Luiz Guilherme; MITIDIERO, Daniel. *Comentários ao Código de Processo Civil*. Ob. cit., v. XV, p. 242; DIDIER JR., Fredie; CUNHA, Leonardo Carneiro da. *Curso de Direito Processual*. Ob. cit., p. 93. Em sentido contrário, considerando recurso *ex officio*: COSTA, Eduardo José da Fonseca. Pequena história dos embargos infringentes no Brasil: uma viagem redonda. In: FREIRE, Alexandre; DANTAS; Bruno. NUNES, Dierle; DIDIER JR., Fredie; MEDINA, José Miguel Garcia; FUX, Luiz; CAMARGO, Luiz Henrique Volpe; OLIVEIRA, Pedro Miranda (Org.). Salvador: Juspodivm, v. 2, 2014, p. 399.

53. DIDIER JR., Fredie; CUNHA, Leonardo Carneiro da. *Curso de Direito Processual*. Ob. cit., p. 88: "Havendo unanimidade na conclusão, a despeito da divergência na fundamentação, não é caso de aplicar a técnica do art. 942 do CPC, que se restringe aos casos de divergência no comando normativo da decisão".

54. MARINONI, Luiz Guilherme; MITIDIERO, Daniel. *Comentários ao Código de Processo Civil*. Ob. cit., v. XV, p. 242. O STJ possui precedente que considera aplicável a técnica de ampliação do colegiado quando não há unanimidade no juízo de admissibilidade recursal (REsp 1.798.705-SC, Rel. Min. Paulo de Tarso Sanseverino, Terceira Turma, por unanimidade, julgado em 22/10/2019, DJe 28/10/2019).

ampliada, o quarto julgador a votar apresenta novos argumentos a respeito do pleito de rescisão contratual que fazem um dos julgadores da composição originária mudar de ideia. Assim, o pedido inicialmente rejeitado por unanimidade pode ser, ao final, provido. Forçoso admitir essa hipótese, uma vez que se trata de continuidade de julgamento, no qual novos julgadores passarão a ter competência para exercer a jurisdição sobre *todas* as questões passíveis de cognição pelo órgão colegiado.[55] Em outras palavras, o art. 942 não acarreta majoração da composição com competência restrita às questões objeto de dissidência; todos as questões serão julgadas pelos novos componentes e podem ser revisitadas pelos demais.[56]

A Lei n. 12.016/2009 dispõe, em seu art. 25, sobre o descabimento de embargos infringentes em mandado de segurança. Em virtude da maior agilidade do procedimento do *writ*, decorrente das suas limitações probatórias, o legislador considerou incompatível o cabimento de mais um recurso, que retardaria o fim do processo. No entanto, não me parece extensível a aplicação do aludido dispositivo à técnica de majoração da turma julgadora nas apelações interpostas no rito do *mandamus*.[57] Diferentemente dos embargos infringentes, como já colocado, o art. 942 do CPC não pressupõe o ato postulatório de interposição. É automática a ampliação do colegiado. Assim, a celeridade do rito previsto na Lei n. 12.016/2009 é conciliável com essa regra em casos de julgamento não unânime, até porque o procedimento da apelação para o procedimento comum é o mesmo para o rito do mandado de segurança.[58]

---

55. Nesse sentido, ver OLIVEIRA JR., Zulmar Duarte de. In: GAJARDONI, Fernando da Fonseca; DELLORE, Luiz; ROQUE, André Vasconcelos; OLIVEIRA JR., Zulmar Duarte de. *Execução e Recursos*. Ob. cit., p. 678; DIDIER JR., Fredie; CUNHA, Leonardo Carneiro da. *Curso de Direito Processual*. Ob. cit., p. 95; MARINONI, Luiz Guilherme; MITIDIERO, Daniel. *Comentários ao Código de Processo Civil*. Ob. cit., v. XV, p. 242. CARVALHO, Fabiano. *Comentários ao Código de Processo Civil*. Ob. cit., p. 141.

56. CARVALHO, Luciano Saboia Rinaldi de. *Código de Processo Civil de 2015*: recursos, tutelas provisórias, novos incidentes e temas relevantes. Rio de Janeiro: Lumen Juris, 2017. p. 130: "Entendo que os novos componentes, quando chamados a participar do julgamento (que teve prosseguimento, logo, ainda não encerrado), devem decidir todas as questões suscitadas no apelo, examinando a controvérsia na sua completude". Em sentido contrário, CÂMARA JR., José Maria. O art. 942 do CPC e a ampliação da colegialidade: questões e propostas de interpretação para dissipar dúvidas sobre a aplicação de regras. In: NERY JR., Nelson; ALVIM, Teresa Arruda; OLIVEIRA, Pedro Miranda de (Org.). *Aspectos Polêmicos dos Recursos Cíveis e Assuntos Afins*. São Paulo: Revista dos Tribunais, 2018, v. 14. p. 212: "Desse modo, se a apelação que reúne mais de um capítulo e a decisão, não unânime, reconhece a prescrição, sem deliberar sobre as demais matérias devolvidas para reexame pelo tribunal *ad quem*, a divergência versa apenas sobre a prescrição, que será o único tema a ser enfrentado pelo colegiado ampliado, na técnica do art. 942".

57. Enunciado CJF n. 62: "Aplica-se a técnica prevista no art. 942 do CPC no julgamento de recurso de apelação interposto em mandado de segurança".

58. Nesse sentido, cf. ZANETI JÚNIOR, Hermes. In: CABRAL, Antonio do Passo; CRAMER, Ronaldo. *Comentários ao Código de Processo Civil*. Ob. cit., p. 1373; CÂMARA JR., José Maria. *O art.942 do CPC e a ampliação*

Por fim, em caso de julgamento de embargos de declaração, opostos em face de acórdão de apelação ou contra acórdão nas demais hipóteses de aplicação do art. 942 do CPC, deve ocorrer a ampliação da turma julgadora se houver voto discrepante. Suponha-se que o órgão colegiado tenha julgado a apelação por unanimidade. Uma das partes, então, opõe embargos de declaração, apontando a omissão a respeito de um pleito. Ao julgar o recurso, a turma se divide. Dois julgadores votam pela rejeição dos embargos, enquanto outro considera existente o vício alegado, capaz de acarretar a alteração do resultado. Ocorrendo essa situação, deve-se seguir o procedimento do art. 942, haja vista a decisão proferida em sede de embargos de declaração servir à integração do acórdão anterior. Somam-se as duas e tem-se apenas um provimento jurisdicional.[59] No entanto, a incidência do art. 942 se dá apenas se houver alteração do julgamento anterior.[60] A discordância a respeito de mero esclarecimento ou correção de erro material não tem o condão de deflagrar o procedimento de ampliação da turma julgadora.[61]

## 3.4. HONORÁRIOS DE SUCUMBÊNCIA RECURSAL

O art. 85 do CPC imputa ao vencido a responsabilidade pelo pagamento dos honorários sucumbenciais destinados à remuneração do advogado do vencedor.[62] Desse modo, aquele que se saiu derrotado no processo será condenado a arcar com os honorários de sucumbência. Por trás dessa norma de penalização do sucumbente encontra-se o critério da causalidade, isto é, aquele que deu causa à demanda passa a ser responsável pelo pagamento das despesas e dos honorários de sucumbência. O réu, sucumbente ao final

---

*da colegialidade*. Ob. cit. p. 207: "O art. 25 da Lei de MS veda expressamente os embargos infringentes considerando, para tanto, o procedimento abreviado e célere da ação mandamental. Ora, se a técnica do art. 942 não assumiu o papel dos embargos infringentes, até porque o novo CPC aboliu referido recurso, ocorre a automática e obrigatória aplicação da técnica, ampliando o colegiado em ato único de julgamento, que independe da iniciativa da parte."

59. MEDINA, José Miguel Garcia. *Novo Código de Processo Civil Comentado*. Ob. cit., p. 1348.

60. CARVALHO, Luciano Saboia Rinaldi de. *Código de Processo Civil de 2015*: recursos, tutelas provisórias, novos incidentes e temas relevantes. Ob. cit., p. 131.

61. DIDIER JR., Fredie; CUNHA, Leonardo Carneiro da. *Curso de Direito Processual*. Ob. cit., p. 96: "O art. 942 do CPC somente incide se o julgamento dos embargos de declaração for não unânime e implicar alteração do resultado do julgamento anterior. Se o órgão julgador decidir, por maioria de votos, sobre a admissibilidade dos embargos de declaração, não se aplica o disposto no referido art. 942. De igual modo se o órgão julgador rejeitar os embargos por maior ou acolher apenas para esclarecer uma obscuridade, suprir uma omissão, eliminar uma contradição ou corrigir erro material, sem alterar o resultado anterior, ainda que por maioria de votos, não incide o art. 942 do CPC".

62. O legislador optou por conferir natureza remuneratória aos honorários de sucumbência (art. 85, § 14), destinando-os ao advogado do vencido, e não natureza ressarcitória, como meio de reposição dos gastos da parte.

da ação, deu causa ao processo ao resistir à pretensão do autor. Se improcedente o pedido, compete ao autor pagar os honorários de sucumbência, pois deu causa a uma demanda descabida. Do mesmo modo, se o autor provoca a instauração do processo e depois desiste dele ou o abandona, por exemplo, a sentença de extinção o condenará ao pagamento dos honorários sucumbenciais.[63]

Essa lógica é transferida à sistemática recursal. Se a parte não se satisfaz com o resultado da sentença e, destarte, interpõe apelação, o tribunal, por meio do poder-dever que lhe foi outorgado pelo art. 85, § 11, do CPC, majorará os honorários fixados anteriormente na sentença, caso o recurso seja desprovido ou inadmitido.[64] Independe, inclusive, de pedido da parte contrária.[65] Assim, se o recorrente não tem seu recurso acolhido e havia sido condenado ao pagamento de honorários sucumbenciais em dez por cento do valor da causa, o tribunal pode, no acórdão da apelação, majorar, por exemplo, para quinze por cento o montante da condenação em honorários. Porém, a norma não permite que o percentual de honorários seja ampliado em caso de acolhimento do recurso. Se o tribunal der provimento à apelação, ocorrerá a inversão da condenação acerca dos honorários, mas não haverá majoração.[66] Assim, se o réu perdeu em primeiro grau, sendo condenado a dez por cento de honorários sucumbenciais, e sua apelação é provida, o tribunal condenará o autor ao pagamento de honorários de dez por cento. O aumento da verba honorária somente ocorrerá em caso de desprovimento do recurso.

A majoração dos honorários em grau recursal apenas sucede se havia condenação anterior em honorários. Desse modo, se uma das partes interpõe, *v.g.*, agravo de instrumento contra uma decisão que tratou de tutela provisória e seu recurso é desprovido, não haverá majoração, pois essa decisão não resulta em condenação em honorários de sucumbência. Pode ocorrer, porém, de uma decisão interlocutória dar origem a tal condenação, como é o caso

63. MEDINA, José Miguel Garcia. *Novo Código de Processo Civil Comentado*. Ob. cit., p. 184.

64. RODRIGUES. Marco Antonio. *Manual dos Recursos*. Ob. cit. p. 102: "É preciso, outrossim, avaliar se a previsão do § 11 representa um poder ou um dever ao tribunal. Com efeito, o Código de Processo Civil trouxe uma verdadeira política legislativa de contenção a recursos excessivos. Por isso, cuida-se de imposição ao órgão julgador a definição de honorários recursais, não de mera escolha do Judiciário".

65. NEVES, Daniel Amorim Assumpção. *Novo CPC Comentado*. Ob. cit., p. 157: "Entendo que a previsão legal faz com que a readequação do valor dos honorários advocatícios passe a fazer parte da profundidade do efeito devolutivo dos recursos, de forma que mesmo não havendo qualquer pedido das partes quanto a essa matéria o tribunal poderá analisá-la para readequar os honorários conforme o trabalho desempenhado em grau recursal".

66. CAMBI, Eduardo; POMPÍLIO, Eduardo. Majoração dos honorários sucumbenciais no recurso de apelação. In: DIDIER Jr., Fredie (Coord.). *Processo nos Tribunais e Meios de Impugnação das Decisões Judiciais*. Salvador: Juspodivm, 2015, p. 542.

daquela que julga antecipadamente parcela do mérito ou a que exclui um dos litisconsortes passivos em razão de ilegitimidade. Nesses casos, havendo condenação em honorários sucumbenciais em primeiro grau e manutenção da decisão impugnada, ocorrerá ampliação da condenação referente aos honorários quando do julgamento do recurso.

Se o recorrente, depois de um insucesso com o primeiro recurso, segue recorrendo, o montante dos honorários sucumbenciais continuará sendo majorado. Assim, se o réu foi condenado em primeira instância ao percentual de dez por cento do valor atribuído à causa e decidiu apelar, o tribunal pode majorar para quinze por cento. Sendo interposto novo recurso – dessa vez destinado ao STJ –, em caso de novo desprovimento, o tribunal superior pode aumentar a condenação para vinte por cento, por exemplo. Contudo, o art. 85, § 11, do CPC limita a condenação aos percentuais previstos nos §§ 2º e 3º do mesmo dispositivo, isto é, entre dez e vinte por cento em demandas entre particulares e variando, conforme o valor discutido na ação, entre um e três por cento, três e cinco por cento, cinco e oito por cento, oito e dez por cento e dez e vinte por cento, nos casos envolvendo a Fazenda Pública.

Em virtude dessa restrição, se o juiz de primeiro grau fixa em vinte por cento a condenação em honorários de sucumbência, o percentual não poderá ser majorado em grau recursal. No entanto, essa limitação não se estende ao cumprimento da sentença, no qual serão fixados honorários para a remuneração do trabalho realizado pelo advogado do exequente nessa fase. Inicialmente, se não ocorrer o pagamento voluntário, serão fixados honorários sucumbenciais de dez por cento do valor cobrado, podendo chegar a vinte por cento na hipótese de rejeição da impugnação (art. 827, § 2º c/c art. 771, ambos do CPC).

A majoração dos honorários em grau de recurso tem dois escopos. O primeiro é a remuneração do advogado do vencedor pelo trabalho extra que desenvolveu na fase recursal, com a apresentação de contrarrazões e participação no julgamento. No entanto, o principal objetivo da norma que fomentou a reforma operada no CPC/2015 consiste no desencorajamento ao uso dos recursos. O legislador criou um sistema de desincentivo econômico à impugnação das decisões judiciais, a fim de que as partes deixem de recorrer quando não estiverem efetivamente convencidas de suas chances de sucesso em um reexame da causa.[67]

67. Nesse sentido, ver SOKAL, Guilherme Jales. A sucumbência recursal no novo CPC: razão, limites e algumas perplexidades. *Revista de Processo*. São Paulo: Revista dos Tribunais, v. 256, 2016, p. 182: "A ideia subjacente ao instituto, como já dito, é a de trabalhar com um regime de riscos e incentivos sob a lógica econômica, fazendo com que o acesso à instância recursal não seja mais um passo comum dado de forma automática ou irrefletida pelas partes, por ser capaz de incrementar os custos do processo e o peso da sucumbência. O NCPC quer, assim, que alguém pense mais antes de interpor um recurso contra uma

Assim, conquanto seja o recurso rejeitado ou inadmitido por decisão monocrática, ocorrerá a majoração dos honorários. Caso, porém, o advogado do recorrido deixe de apresentar contrarrazões ao recurso e não participe do julgamento – e não pratique qualquer ato na fase recursal – não lhe deve ser concedida verba adicional de honorários. A regra do art. 85, § 11, do CPC, embora tenha também como finalidade desestimular o manejo de recurso pelas partes, está atrelada à atividade exercida pelos advogados. Os honorários recursais não têm natureza de penalidade e, portanto, não cabe a majoração se não se percebe atividade adicional do advogado do recorrido. Caso contrário, haveria enriquecimento sem causa. A própria redação do dispositivo indica que o aumento do percentual de honorários levará "em conta o trabalho adicional realizado em grau recursal". Se não há trabalho suplementar, não deve ser fixada remuneração, pela falta de contrapartida.[68]

Se o recurso demonstrar-se protelatório, incidindo a norma prevista no art. 80, inc. VII, do CPC, aplicar-se-á a penalidade indicada no art. 81, qual seja, a condenação do recorrente, litigante de má-fé, ao pagamento de multa fixada entre um e dez por cento do valor corrigido da causa, além da indenização da parte contrária pelos prejuízos que sofreu. Essa penalidade será aplicada *cumulativamente* à majoração dos honorários (art. 85, § 12, do CPC), que, pela sua natureza remuneratória, serve à remuneração do trabalho realizado pelo advogado na fase recursal, e não como forma de penalização da parte que abusou do direito ao recurso.[69] E a condenação por litigância de má-fé

---

dada decisão, evitando que o faça apenas para atrasar o final do processo, eventualmente já sabedor de não ter razão"; ver também RODRIGUES, Marco Antonio. *Manual dos Recursos*. Ob. cit., p. 99: "A partir do dispositivo em tela, pode-se observar que os honorários recursais possuem duplo papel. De um lado, remuneram o advogado pelo trabalho realizado em grau recursal, e a natureza remuneratória de tal verba está expressamente consagrada no art. 85, § 14. De outro lado, procuram compelir o jurisdicionado a utilizar um recurso apenas quando entender que possui chances mínimas de êxito".

68. Nesse sentido, SOKAL, Guilherme Jales. *A sucumbência recursal no novo CPC*. Ob. cit., p. 189: "Além disso, a exigência de um 'trabalho adicional' é relevante para um caso especial: o do agravo de instrumento, interposto diretamente no Tribunal, que porventura venha a ser julgado monocraticamente pelo relator, negando-lhe seguimento antes do prazo para contrarrazões do recorrido. Imaginando que, como decisão recorrida, figure um dos casos de interlocutórias que admitem honorários e, por consequência, em tese a majoração, ela deveria ser feita pelo Tribunal? É razoável afirmar que não, afastando-se tal majoração por não haver ato algum praticado pelo recorrido, sem lastro para um 'trabalho adicional realizado em grau recursal'". Em sentido contrário, cf. DIDIER JR., Fredie; CUNHA, Leonardo Carneiro da. *Curso de Direito Processual*. Ob. cit., p. 185: "Mesmo que não sejam apresentadas contrarrazões, haverá sucumbência recursal se o recurso for inadmitido ou rejeitado, desde que o recorrido tenha advogado constituído e tenha sido intimado para apresentá-las. (...) Os honorários de sucumbência consistem em direito do advogado: se este atua no processo, ainda que não tenha praticado algum ato importante ou decisivo, terá direito aos honorários, desde que haja causalidade da parte contrária. A inércia ou falta da prática de algum ato contribui para a definição do percentual aplicável ou fixação do valor, mas não afasta a condenação em honorários, pois estes decorrem da causalidade".

69. REDONDO, Bruno Garcia. In: CABRAL, Antonio do Passo; CRAMER, Ronaldo. *Comentários ao Código de Processo Civil*. 2. ed. Rio de Janeiro: Forense/Grupo GEN, 2017, p. 153; CAMARGO, Luiz Henrique Volpe.

ou pela prática de ato atentatório à dignidade da justiça não está adstrita à limitação de percentual dos honorários. Ainda que já tenha ocorrido a fixação no patamar máximo de honorários, podem incidir as penalidades pecuniárias.[70]

Parece-me também ser o caso de majoração dos honorários em sede de agravo interno interposto contra decisão do relator que julga monocraticamente o recurso. Embora já tenha ocorrido o aumento do percentual dos honorários pelo relator, o agravo interno exige atividade adicional do advogado do agravado. Se ele efetivamente pratica atos, como o oferecimento de contrarrazões, a apresentação de memoriais, o acompanhamento do julgamento etc., deve ser adicionalmente remunerado. Essa conclusão também se aplica na hipótese de embargos de declaração se a parte busca, com o reconhecimento de obscuridade, contradição, omissão ou erro material a modificação substancial da decisão anterior. Nesse caso, o embargado será intimado para apresentação de suas contrarrazões, impondo-lhe trabalho suplementar.[71]

Há quem entenda que o órgão colegiado, ao julgar o agravo interno, apenas confirma o posicionamento exarado pelo relator que, por sua vez, teria adiantado o entendimento do colegiado, e, portanto, não deveria haver majoração dos honorários.[72] Do mesmo modo, sustenta-se possível configuração de *bis in idem* em caso de aumento dos honorários em sede de embargos de declaração, mesmo se a sua oposição exigir a elaboração de contrarrazões pelo embargado.[73]

No entanto, o critério utilizado pelo legislador contém dois requisitos, além da interposição do recurso em si, quais sejam, a existência (i) de condenação anterior em honorários, que permita a majoração, e não fixação originária de percentual, e (ii) de trabalho adicional do advogado da parte

---

Os honorários advocatícios pela sucumbência recursal no CPC/2015. In: *Doutrina selecionada – parte geral*. Salvador: Juspodivm, 2015, p. 748; SOKAL, Guilherme Jales. *A sucumbência recursal no novo CPC*. Ob. cit., p. 184.

70. DIDIER JR., Fredie; CUNHA, Leonardo Carneiro da. *Curso de Direito Processual*. Ob. cit., p. 187.

71. LOPES, Bruno Vasconcelos Carrilho. Os honorários recursais no novo Código de Processo Civil. In: *Honorários Advocatícios*. 2. ed. Salvador: Juspodivm, 2016, p. 605.

72. DIDIER JR., Fredie; CUNHA, Leonardo Carneiro da. *Curso de Direito Processual*. Ob.cit., p. 186-187.

73. SOKAL, Guilherme Jales. *A sucumbência recursal no novo CPC*. Ob. cit., p. 188: "A afirmação, porém, tem de ser entendida em termos, sem chegar ao extremo de se chancelar o cabimento da majoração em toda e qualquer espécie recursal. Despontam neste aspecto, em primeiro lugar, os embargos de declaração. Há quem entenda que tal recurso, como qualquer outro, enseja também a majoração dos honorários na hipótese de efetivo trabalho adicional, como a intimação do recorrido para contrarrazões diante do pretendido efeito modificativo (art. 1.023, § 2.º). Parece mais acertado sustentar, todavia, que a finalidade integrativa dos embargos, cujo julgamento se incorpora ao anterior apenas para o fim de corrigir vício de pronunciamento, revelando algo que lá já deveria estar, não autoriza outra majoração além da já feita na decisão embargada, sob pena de *bis in idem*".

contrária. Assim, presentes tais requisitos, incide a regra do art. 85, § 11, do CPC, sempre respeitando o teto de vinte por cento imposto pelo mesmo dispositivo. Tanto no agravo interno, como nos embargos de declaração com efeito modificativo (art. 1.023, § 2º, do CPC), ambos os requisitos podem restar preenchidos, atraindo, nessa hipótese, a incidência da norma que acarreta a majoração.

Em razão do não preenchimento do primeiro requisito – falta de condenação anterior –, não há majoração dos honorários de sucumbência em apelação interposta contra sentença proferida em mandado de segurança, porquanto dispõe o art. 25 da Lei n. 12.016/2009 que não cabe a condenação em honorários no rito especial do *writ*. E, em decorrência da ausência do segundo requisito – trabalho do advogado na fase recursal –, não haverá aumento dos honorários se não for praticado qualquer ato adicional pelo advogado do recorrido, seja pela rejeição do recurso antes da intimação para resposta, seja pela inércia do advogado que, intimado, deixou de oferecer contrarrazões e não praticou nenhum ato destinado à prevalência da tese de seu cliente, como apresentação de memoriais, sustentação oral na sessão de julgamento etc.

Também não me parece adequada a majoração dos honorários no julgamento de remessa necessária, já que não há, nesse caso, interposição de recurso. A Fazenda Pública não dá causa ao reexame, que decorre de imposição legislativa. Se não sucede o ato voluntário de interposição do recurso, não há fixação de verba honorária para a fase recursal.[74] Embora possivelmente haja trabalho adicional do advogado da parte contrária, não decorre de ato imputável à Fazenda Pública. Além disso, o art. 85, § 11, do CPC somente prevê a majoração em julgamento de recurso, e a remessa necessária, como já estudado, não tem tal natureza.

Havendo litisconsórcio, se apenas um dos litisconsortes recorre, ainda que a impugnação pudesse beneficiar a ambos, somente o recorrente será responsável pelo percentual adicional de honorários em caso de desprovimento do recurso. O litisconsorte não recorrente não deu causa à instauração da fase recursal.[75]

---

74. Nesse sentido, ver DIDIER JR., Fredie; CUNHA, Leonardo Carneiro da. *Curso de Direito Processual*. Ob. cit., p. 187; SOKAL, Guilherme Jales. *A sucumbência recursal no novo CPC*. Ob. cit., p. 188. Em sentido contrário, defendendo a majoração dos honorários em caso de manutenção da sentença em remessa necessária, cf. LOPES, Bruno Vasconcelos Carrilho. *Os honorários recursais no novo Código de Processo Civil*. Ob. cit., p. 606.

75. LOPES, Bruno Vasconcelos Carrilho. *Os honorários recursais no novo Código de Processo Civil*. Ob. cit., p. 606.

A lei não estabelece faixas estanques de ampliação dos honorários. Não se estabeleceu um percentual fixo por recurso interposto. Assim, pode haver majoração de cinco por cento na apelação, outros dois por cento no agravo interno, três por cento mais no recurso especial e daí por diante, desde que respeitado o patamar máximo de vinte por cento. Porém, a fixação de percentual não se dá ao bel-prazer do tribunal. O Código previu critérios para a fixação de honorários que devem ser levados em consideração pelo tribunal no momento de majorá-los (art. 85, § 2º): (i) o grau de zelo do profissional; (ii) o lugar de prestação do serviço; (iii) a natureza e a importância da causa; (iv) o trabalho realizado pelo advogado e o tempo exigido para o seu serviço. Destarte, a corte deverá considerar o "trabalho adicional realizado em grau recursal" (§ 11) e, com base exclusivamente nesse trabalho, aplicar os critérios indicados no § 2º.[76]

76. SOKAL, Guilherme Jales. *A sucumbência recursal no novo CPC*. Ob. cit., p. 188: "Definido quando cabe a majoração, é preciso delinear de que forma ela deve ser feita, respeitando-se, sempre, os limites dos §§ 2.º e 3.º como teto. Para este fim, o novo Código usa uma expressão crucial no § 11: 'Levando em conta o trabalho adicional realizado em grau recursal'. A rigor, portanto, o Tribunal só pode efetivamente considerar, na fundamentação da majoração, o trabalho realizado a partir da interposição do recurso. Para rediscutir os honorários fixados em primeiro grau, assim, se justos ou não à luz dos incisos do § 2.º e do trabalho até então desempenhado, deve haver recurso sobre o ponto pelas partes, sob pena de preclusão. Isso significa que, mesmo na hipótese de a sentença ter sido, suponha-se, generosa demais nos honorários de primeiro grau, se sobre este ponto não houver recurso, mas houver impugnação sobre outro capítulo da decisão, caberá ao Tribunal invariavelmente majorar os honorários em atenção ao trabalho em segundo grau".

# 4

# RECURSOS EM ESPÉCIE

## 4.1. APELAÇÃO

### 4.1.1. Conceito

A apelação é o principal recurso do sistema recursal brasileiro, seja pela vasta devolutividade de matérias que instaura, seja pelo seu amplo cabimento, alargado pelo CPC/2015. Com antecedentes que remontam a *appellatio* do direito romano,[1] a apelação constitui-se na principal forma de exercício do princípio do duplo grau de jurisdição, possibilitando o controle interno da sentença e, consequentemente, moderando possível arbítrio do julgador de primeiro grau.

Em sistema hierárquico como o nosso, no qual as partes podem levar suas pretensões aos graus superiores até atingir o Supremo Tribunal Federal, a apelação constitui a regra pela qual os sucumbentes, habitualmente inconformados, despejam suas insatisfações em uma nova oportunidade de julgamento, quando, com exceção da produção probatória, tudo será renovado. Garante novas postulações, novo exame dos fatos e dos fundamentos jurídicos e novo julgamento, dessa vez por turma julgadora composta por

1. GRECO, Leonardo. *Instituições de Processo Civil*. Rio de Janeiro: Editora Forense, 2015 v. III., p. 95: "A apelação é o mais antigo de todos os recursos, tendo surgido na Antiguidade romana, provavelmente entre os anos 30 a.C. e 50 d.C."; PANTOJA, Fernanda Medina. *Apelação*: novas perspectivas para um antigo recurso. Curitiba: Juruá, 2010, p. 28. "Ao que se tem notícia, o recurso de apelação, com as feições que se lhe atribuem hoje, surgiu inicialmente na civilização romana – e disseminou-se pelo mundo ocidental porque, como se sabe, foi esta a fonte principal para a construção dos sistemas jurídicos atuais. (...). Diz-se que foi a confusão entre a *provocatio* e a *intercessio* que deu origem à *appellatio*, esta sim verdadeira apelação, datada do começo do período imperial. Por meio da *appellatio*, a parte inconformada com a sentença podia invocar a autoridade de um juiz superior que, examinando de novo o caso, mantinha ou reformava a sentença. Enquanto o recurso estivesse pendente de julgamento, ficavam suspensos os efeitos da decisão recorrida".

três juízes mais experientes, que compõem os órgãos fracionários – câmaras ou turmas – dos tribunais. Processo sem apelação é exceção no direito brasileiro, no qual as partes não confiam e não se satisfazem com os julgamentos de primeiro grau e o ordenamento é moldado para a utilização das ferramentas recursais.

Tradicionalmente, a apelação é tratada como recurso padrão e sua disciplina é aplicada aos demais recursos no que com eles não for conflitante.[2] Em resumo, é possível conceituar a apelação como recurso ordinário, pois interposto, processado e julgado em instância ordinária, e de fundamentação livre, uma vez que admite a veiculação de toda espécie de argumento pelo apelante, seja ela de fato ou de direito. Do mesmo modo, é o instrumento adequado à suscitação de vício de forma (*error in procedendo*) ou de fundo (*error in iudicando*) contido no *decisum*, transferindo ao tribunal a análise da questão, que pode ocasionar a anulação ou a reforma do ato decisório.[3] E, como todo recurso, não configura o exercício de uma nova ação, mas tão somente o prolongamento do direito de ação já exercido. Trata-se, portanto, de impugnação dirigida a um órgão judicial hierarquicamente superior ao prolator do provimento jurisdicional recorrido dentro da mesma relação jurídica processual e que permite o reexame amplo das questões originalmente apreciadas em primeiro grau de jurisdição.

### 4.1.2. Cabimento

A apelação serve à impugnação da sentença e das decisões interlocutórias contra as quais não é cabível o recurso de agravo de instrumento. Porém, para se alcançar o devido significado dessa assertiva, afigura-se necessário descortinar ao leitor como o legislador definiu os atos decisórios.

Conforme já noticiado supra, o diploma processual brasileiro optou por classificar os provimentos judiciais pelo resultado decorrente do ato, em vez de ordená-los pelo critério do conteúdo.[4] Assim, sentença é o ato do juiz que encerra a sua atividade jurisdicional, pondo fim à fase cognitiva em

---

2. MARINONI, Luiz Guilherme; ARENHART, Sérgio Cruz *et* MITIDIERO, Daniel. *Novo curso de processo civil*: tutela dos direitos mediante procedimento comum. São Paulo: Revista dos Tribunais, 2015, v. II, p. 537.

3. JORGE, Flavio Cheim. *Apelação Cível*: teoria geral e admissibilidade. São Paulo: Revista dos Tribunais, 1999, p. 52.

4. "Art. 203. Os pronunciamentos do juiz consistirão em sentenças, decisões interlocutórias e despachos. § 1º Ressalvadas as disposições expressas dos procedimentos especiais, sentença é o pronunciamento por meio do qual o juiz, com fundamento nos arts. 485 e 487, põe fim à fase cognitiva do procedimento comum, bem como extingue a execução. (...)"

primeiro grau, ainda que se trate de sentença terminativa.[5] Por outro lado, os demais provimentos judicias de primeira instância, que tenham conteúdo decisório, são denominados decisões interlocutórias, pelo simples fato de não resultarem no encerramento da fase de conhecimento. Pouca importa se o ato decisório versa sobre o mérito (como é o caso do julgamento antecipado parcial de mérito, previsto no art. 356, do CPC). Se o processo segue em primeiro grau, trata-se de decisão interlocutória.

Pois bem. Cabe apelação, primeiramente, sempre que do ato decisório – nesse caso, uma sentença – resulte o término da fase de conhecimento em primeiro grau, sendo dispensável analisar se o provimento enfrenta ou não o mérito. Essa hipótese de cabimento está prevista no art. 1.009, *caput*, do CPC. Uma vez sucumbindo quando do resultado do julgamento, a parte pode veicular seu inconformismo acrescido do pedido de reforma ou invalidação por meio de apelação. Portanto, *contra a sentença cabe apelação.*

Essa regra comporta, porém, algumas exceções. A primeira e mais comum delas é a sentença proferida no âmbito dos juizados especiais. A Lei n. 9.099/95, em seu art. 41, menciona a possibilidade de utilização de um recurso contra a sentença, ao qual não confere um nome. Esse recurso inominado não se confunde com a apelação, pois tem prazo de interposição diferente, não goza de efeito suspensivo como regra e não é julgado por juízes de segundo grau da estrutura administrativa do tribunal, mas por turma recursal composta por juízes de primeira instância, incumbidos da apreciação e do julgamento de tais impugnações no sistema estabelecido pela lei que trata das demandas de menor complexidade. A Lei n. 10.259/2001, que regula os juizados especiais federais, e a Lei n. 12.153/2009, regramento dos juizados especiais fazendários no âmbito estadual, distrital e municipal, também se utilizam desse recurso inominado contra a sentença, não cabendo apelação.

5. Também nesse sentido, ver GRECO, Leonardo. *Instituições*. Ob. cit., p. 96: "Será sentença o ato decisório: 1) que extinguir o processo sem resolução do mérito, em uma das hipóteses dos artigos 267 e 485; 2) que encerrar o processo de execução, o cumprimento de sentença ou a fase executória do processo cautelar; 3) que encerrar o processo de conhecimento, acolhendo o rejeitando o pedido meramente declaratório ou constitutivo, ou rejeitando o pedido condenatório; 4) que encerrar a fase cognitiva do processo sincrético, julgando procedente o pedido condenatório, embora nesse caso o processo como um todo não se encerre, devendo prosseguir com a fase de cumprimento ou de execução de sentença; (...); 6) que, no regime do Código de 2015, encerra a fase cognitiva dos procedimentos cautelares antecedentes (art. 307, parágrafo único) e os procedimentos cautelares autônomos, como as notificações (art. 726 a 729), eis que as medidas cautelares incidentes não formam procedimento em separado". Ver também NETTO, Nelson Rodrigues. A Carta de Salvador e o recurso de apelação no projeto do Código de Processo Civil. *Revista de Processo*, v. 229, p. 245-268, mar. 2014: "A nossa sugestão é que sentença é o ato do juiz que, em 1.º Grau de jurisdição, põe fim à atividade cognitiva exercida para resolução do mérito da causa, resolvendo-o ou não, ressalvada a necessidade de sua liquidação, ou o que extingue a execução".

Outra exceção está prevista na Lei n. 11.101/2005, que regula os processos de recuperação judicial e falência. Embora o art. 99 indique que o provimento que decreta a quebra é uma sentença, dispõe o art. 100 da lei falimentar que o recurso cabível contra essa sentença é o agravo de instrumento. Por outro lado, comporta impugnação por meio de apelação a sentença que rejeite o requerimento de falência. A justificativa para tal distinção, ao que parece, é que, no caso de decretação da quebra, a atividade jurisdicional em primeiro grau está apenas se iniciando, não estando finalizado o processo, ao passo que a sentença que rejeita o pedido de falência, esta sim, encerra a fase de conhecimento em primeiro grau. Desse modo, ainda que a Lei n. 11.101/2005 denomine ambos os atos decisórios de sentença, aquele previsto no art. 99, levando-se em conta a classificação do art. 203 do CPC, consiste em verdadeira decisão interlocutória.

Uma terceira espécie de sentença, também formadora de título executivo judicial – desde que reconheça a exigibilidade de obrigação de pagar quantia, de fazer, de não fazer ou de entregar coisa – não comporta impugnação por nenhum meio recursal.[6] Trata-se da sentença arbitral, proferida fora dos quadros do Poder Judiciário, mas que o art. 31 da Lei n. 9.307/96 e o art. 515, inciso VII, do CPC conferem a mesma eficácia daquela proferida pelo juiz estatal. O legislador não previu um meio de impugnação das sentenças arbitrais, dentro da mesma relação jurídica processual. Embora o art. 21 da Lei n. 9.307/96 permita às partes envolvidas na arbitragem a ampla convencionalidade acerca do procedimento, caso nada prevejam nem adiram às normas procedimentais de câmara que permita algum meio de impugnação, são irrecorríveis as decisões proferidas pelo árbitro ou pelo painel de árbitros. Eventual controle jurisdicional estatal sobre a arbitragem deve ser realizado em ação anulatória própria, conforme prevê o art. 32 da Lei n. 9.307/96, mas como não é meio impugnativo exercido dentro do mesmo processo, não pode ser classificado como recurso. Tem natureza de ação autônoma de impugnação. Deste modo, outra exceção à regra de que contra sentença cabe apelação é a sentença arbitral.

Por fim, também excepcionando o disposto no art. 1.009, *caput*, do CPC, não cabe apelação contra as sentenças proferidas em execuções fiscais de valor inferior a cinquenta Obrigações Reajustáveis do Tesouro Nacional (ORTN). É cada vez mais rara a constatação empírica dessa hipótese, em razão do baixo valor em reais equivalente ao valor de alçada para configuração

6. Art. 18, Lei n. 9.307/96.

da espécie.[7] A Lei n. 6.830/80, em seu art. 34, oferece ao sucumbente o recurso de embargos infringentes de alçada, capazes de provocar o reexame da questão, mas pelo próprio juiz prolator da sentença. O prazo de interposição é menor (dez dias) e o STJ tem precedente não admitindo a aplicação do princípio da fungibilidade na hipótese de interposição equivocada de apelação, se configurar-se o cabimento dos embargos infringentes de alçada.[8]

Além da sentença, outra espécie de provimento judicial comporta impugnação por meio de apelação. Dispõe o art. 1.009, § 1º, do CPC que "as questões resolvidas na fase de conhecimento, se a decisão a seu respeito não comportar agravo de instrumento, não são cobertas pela preclusão e devem ser suscitadas em preliminar de apelação, eventualmente interposta contra a decisão final, ou nas contrarrazões". Destarte, a apelação é o meio adequado à impugnação das decisões interlocutórias contra as quais a lei não possibilitou a veiculação de inconformismo por meio de agravo de instrumento.[9] O CPC prevê no art. 1.015 as hipóteses de cabimento de agravo de instrumento. Em seu inciso XIII, o legislador elucida que o rol do dispositivo não é taxativo. Outros artigos do próprio CPC – como é o caso, por exemplo, do art. 1.037, § 13º, inciso II – e de leis especiais – como o art. 100 da Lei n. 11.101/2005 – preveem hipóteses de cabimento de agravo de instrumento não contidas no art. 1.015. Ademais, o parágrafo único do art. 1.015 limita a extensão dessa irrecorribilidade imediata das interlocutórias às decisões sem previsão de cabimento de agravo de instrumento proferidas em fase de conhecimento. As decisões tomadas em liquidação de sentença, fase de cumprimento de sentença, execução de título executivo extrajudicial e inventário são impugnáveis por meio de agravo.

---

7. DIDIER JR., Fredie; CUNHA, Leonardo Carneiro da. *Curso de Direito Processual*. Ob. cit., v. 3, 2016, p. 162.

8. Idem, p. 163.

9. FLEXA, Alexandre; MACEDO, Daniel; BASTOS, Fabrício. *Novo Código de Processo Civil*: o que é inédito. O que mudou. O que foi suprimido. Salvador: Jus Podivm, 2015, p. 662. "O CPC/2015 mantém a regra segundo a qual a sentença desafia apelação. O § 1°, art. 1.009, por sua vez, traz regra inédita, considerada uma das maiores inovações do sistema recursal, ao afastar o fenômeno da preclusão de grande parcela das decisões interlocutórias proferidas no processo de conhecimento. Neste sentido, a novel legislação passa a adotar o sistema da irrecorribilidade em separado das decisões interlocutórias, deixando para apelação a oportunidade de insurgência dos provimentos interlocutórios, salvo as decisões que deverão ser alvejadas pelo recurso de agravo de instrumento, consoante aquelas com previsão no art. 1.015, CPC/2015. Segundo o novo código, as decisões deverão ser suscitadas ao final da etapa cognitiva, em preliminar da apelação eventualmente interposta contra a sentença, ou das contrarrazões; caso contrário, serão alcançadas pelo fenômeno da preclusão. O dispositivo está em linha com a finalidade de simplificação do procedimento, pois, sem a necessidade de prévia interposição de agravo retido, agora suprimido com o novo código, evitam-se os apartes sucessivos no curso do processo, bem como se desoneram as partes, mediante a concentração de suas impugnações em um único ato final".

Compete, portanto, à parte desfavorecida por uma decisão judicial de primeiro grau em fase de conhecimento extrair de seu conteúdo se o provimento encontra enquadramento em algum dos permissivos legais de interposição de agravo de instrumento. Se não se configura hipótese de cabimento do agravo, significa dizer que (i) não há previsão legal de instrumento recursal que possibilite o imediato reexame da decisão;[10] (ii) a questão decidida não precluirá nesse primeiro momento; e (iii) cabível a impugnação da decisão por meio de apelação, quando da prolatação da sentença.

Assim, a apelação serve também para possibilitar o reexame de decisões proferidas em primeiro grau, na fase de conhecimento, cuja possibilidade de contestação por meio de agravo de instrumento a lei não previu.

Mas não é só. O legislador optou pela recorribilidade por meio de apelação de todas as questões enfrentadas na sentença (art. 1.009, § 3º, CPC). Assim, conquanto o julgador tenha decidido na sentença, em seus capítulos, questões indicadas no rol do art. 1.015 como matérias recorríveis por agravo – como tutela provisória, exclusão de litisconsorte, inadmissão de intervenção de terceiro etc. –, a insatisfação deverá ser veiculada na apelação. Se, por exemplo, o juiz exclui do processo um litisconsorte por decisão interlocutória e depois profere a sentença, o primeiro ato deve ser impugnado por agravo de instrumento, ao passo que o segundo será objeto de apelação. No entanto, se a decisão de exclusão do litisconsorte encontra-se alocada dentro da sentença, como um de seus capítulos, deve ser impugnada por apelação. Com isso, o legislador evitou que esse mesmo *decisum* comportasse mais de um recurso, o que poderia levar a confusões acerca da admissibilidade.

Aliás, são comuns decisões complexas, que enfrentam mais de um pedido ou, ainda, questões preliminares ou de mérito relativas a parte do objeto litigioso. É possível, portanto, que um capítulo da decisão seja impugnável por agravo de instrumento e outro, por apelação. Veja-se a seguinte situação. Na fase de saneamento e organização do processo, o juiz profere decisão na qual prepara o feito para sua adequada continuidade nas fases que estão por vir (art. 357, CPC). Nesse momento, cabe ao magistrado determinar a correção de eventuais vícios que ainda subsistam, além de decidir sobre matérias como intervenção de terceiro, redistribuição do ônus da prova, admissibilidade de provas, fixação das questões de fato e de direito que serão objeto das fases seguintes etc. Trata-se, pois, de uma decisão complexa,

---

10. CÂMARA, Alexandre Freitas. *O Novo Processo Civil brasileiro*. São Paulo: Atlas, 2015, p. 508-509: "As decisões interlocutórias não agraváveis, pois, não são irrecorríveis. Elas são, isto sim, irrecorríveis em separado, ou seja, não se admite um recurso separado, autônomo, de interposição imediata com o objetivo de impugná-las. São elas, porém, impugnáveis na apelação (ou em contrarrazões de apelação)".

formada por mais de um capítulo. Conforme dispõe o art. 1.015 do CPC, admissão ou inadmissão de intervenção de terceiros e redistribuição de ônus da prova são matérias que admitem interposição de agravo de instrumento, enquanto a análise de admissibilidade das provas requeridas pelas partes é impugnável somente na apelação. Destarte, ainda que seja formalmente uma única decisão, seus diversos capítulos podem comportar interposição de mais de um recurso.

Em resumo, se constantes da sentença, as decisões divididas nos diversos capítulos desafiam apelação, independentemente de sua natureza. Porém, se as questões são decididas em capítulos de uma decisão interlocutória, possivelmente os meios recursais de impugnação dividir-se-ão em agravo de instrumento e apelação, dependendo das matérias que foram objeto de apreciação judicial.

Perceba-se, ainda, que o código menciona a possibilidade de impugnação das decisões interlocutórias não agraváveis em "preliminar de apelação, eventualmente interposta contra a decisão final, ou nas contrarrazões". Ao mencionar "preliminar", o legislador objetivou dispor que a fundamentação a respeito da decisão interlocutória deve ser inserida em momento anterior na estrutura da petição de apelação, simplesmente por tratar-se de questão cronológica e logicamente antecedente às razões deduzidas na peça sobre a sentença. Porém, isso não significa que basta exclusivamente suscitá-la em preliminar de apelação. Para que seja efetivamente devolvida a matéria ao tribunal, o recorrente deve demonstrar seus fundamentos para o novo exame da decisão interlocutória, em respeito ao princípio da dialeticidade, e veicular pedido de invalidação ou de reforma da sentença, de forma a efetivamente provocar o órgão *ad quem*. A apelação passa a comportar, portanto, uma impugnação à decisão interlocutória e outra à sentença, cabendo ao recorrente estruturar sua petição de modo a facilitar a distinção das razões e pleitos.

Na maioria dos casos, o pedido atinente à questão decidida no curso da fase cognitiva, por meio de decisão interlocutória não agravável, objetivará a invalidação da sentença, com fundamento em *error in procedendo* (*v.g.*, indeferimento de perícia e pedido de anulação da sentença por cerceamento de defesa). Porém, pode-se vislumbrar ao menos uma hipótese de pedido de reforma da própria sentença, decorrente da nova análise da questão decidida no curso do procedimento. Se o juízo *a quo* deixou de considerar prova efetivamente produzida pela parte por considerá-la violadora de garantia constitucional e, portanto, ilícita, o entendimento em sentido contrário em grau de recurso resultará no provimento do pedido de reexame da decisão interlocutória, com a consequente admissibilidade da prova anteriormente rejeitada. E, caso o tribunal considere tal elemento probatório suficiente por si só para alterar o julgamento, a provocação da parte para a revisão da decisão interlocutória levará à reforma da própria sentença. Em caso de indeferimento de prova em primeiro grau, o apelante também pode requerer que a prova seja produzida em grau de recurso, conforme autoriza o art. 938, § 3º, do CPC, e, com base nesse novo elemento instrutório, pleitear a reforma da sentença, e não sua invalidação.

O art. 1.009, § 1º, do CPC ainda abre a possibilidade de o *apelado* recorrer ao tribunal contra decisão interlocutória não agravável que lhe tenha sido desfavorável. Nesse ponto, parece-me que se buscou possibilitar o reexame da questão, ainda que a sentença tenha sido favorável à parte ou, tendo ambas sucumbido parcialmente, uma delas deixou de interpor o recurso principal e suscitou seu inconformismo nas contrarrazões, que deixam de configurar uma peça exclusiva de defesa e passam a conter pedido recursal contraposto, como analogicamente acontece em primeiro grau com a contestação e a reconvenção na mesma peça (art. 343, CPC). Assim, o apelado – que se transforma também em apelante – deve cumprir os requisitos de admissibilidade da apelação, como tempestividade, regularidade formal, preparo, interesse recursal e legitimidade, para que seja admitido seu recurso.

Se vencedora na totalidade de pedidos enfrentados na sentença, a parte carece de interesse recursal para a interposição de apelação. Do mesmo modo, não me parece haver interesse para a impugnação de questão objeto de decisão interlocutória não agravável que tenha sido desfavorável à parte vencedora. Se a sentença lhe aproveita *in totum*, a reapreciação da questão interlocutória não lhe acarretará nenhuma vantagem.[11] A decisão do juiz anterior à sentença não influenciou nas conclusões referentes ao mérito. Não cabe, pois, apelação pela parte a quem aproveita a totalidade da sentença para provocar o reexame de decisão interlocutória não agravável. Porém, se a parte contrária interpõe o recurso, nasce para o vencedor o interesse de ver reapreciada a decisão que lhe foi desfavorável, na eventualidade de ser acolhido o pleito recursal do litigante sucumbente.[12] Para essa hipótese, o CPC

11. É possível, porém, a apelação da parte vencedora para a impugnação de decisão interlocutória independente, como aquela que lhe condenou ao pagamento de multa por litigância de má-fé, por exemplo. Nessa hipótese, ainda que não se revele interesse recursal para objeção da sentença, a parte tem interesse em impugnar a decisão interlocutória, que permanece eficaz, mesmo tendo-lhe sido totalmente favorável o resultado final do processo.

12. ALVIM, Arruda. Os desafios da apelação no Código de Processo Civil de 2015. In: MARX NETO, Edgard Audomar et al. (Org.). *Processo Civil Contemporâneo*: homenagem aos 80 anos do professor Humberto Theodoro Júnior. Rio de Janeiro: Forense, 2018, p. 700: "Aparentemente, só haverá interesse do vencedor da causa em impugnar uma decisão interlocutória pela via da apelação se, a partir de um raciocínio hipotético, puder se cogitar do provimento da apelação interposta pelo vencido contra a sentença. O

prevê o uso das contrarrazões de apelação como instrumento recursal, e não apenas como meio de defesa. Ao apreciar os recursos, o tribunal enfrentará inicialmente a apelação. Se não conhecida ou desprovida, restará prejudicado o conhecimento do pleito recursal contido nas contrarrazões, pela perda de seu objeto. Não será útil ao apelado a análise desse ponto, haja vista ter se saído vencedor no mérito.

Caso, porém, seja provido o pedido contido na apelação, sua eficácia dependerá do resultado do julgamento da pretensão da parte contrária (vitoriosa em primeiro grau). Se rejeitado o pedido recursal do apelado acerca da decisão interlocutória não agravável, prevalece o resultado da apelação; se acolhido, contudo, o processo será invalidado até o momento em que o ato foi praticado em desrespeito às exigências legais, não surtindo efeito a decisão respeitante à apelação, ressalvada a possibilidade de correção do vício perante o tribunal, com a aplicação do art. 938, § 1º, do CPC.[13] Exemplifico: o apelado, no curso do processo em primeiro grau, teve seu requerimento de prova testemunhal indeferido. No entanto, saiu-se inteiramente vencedor da sentença. A parte contrária, inconformada, interpõe apelação. Em suas contrarrazões, o apelado sustenta a manutenção da sentença, mas, caso esta seja reformada em razão da interposição de apelação pela parte contrária, busca que seja reconhecido o cerceamento de defesa e que o processo seja anulado para a produção da prova testemunhal anteriormente indeferida. Se a apelação for desprovida, seu pedido de invalidação perde o objeto. Caso a apelação seja acolhida, o tribunal apreciará seu pleito.

Uma hipótese pode, no entanto, alterar esse resultado de julgamento em segundo grau. Imagine-se que a apelação do perdedor se baseie na ocorrência de uma invalidade de intimação para oferecimento de réplica, o que o leva a pleitear a decretação de nulidade do processo até esse ponto. Nas contrarrazões, por sua vez, a parte vencedora pede a reforma de decisão que indeferiu a produção de prova testemunhal. Caso ambas as pretensões recursais sejam providas, a sentença será anulada e o processo retornará ao momento de apresentação da réplica, com a devolução de prazo ao apelante. Como a

---

raciocínio adotado parece ser o de que, tendo obtido completo êxito na sentença, não teria o vencedor interesse em recorrer das decisões interlocutórias, ressalvada a perspectiva de um interesse eventual decorrente da possível sucumbência no recurso de apelação. Daí, provavelmente, a exclusão de apelação independente e autônoma das decisões interlocutórias pelo vencedor, independentemente da apelação da contraparte".

13. DIDIER JR., Fredie; CUNHA, Leonardo Carneiro da. *Curso de Direito Processual*. Ob. cit., p. 174: "Uma observação importante. Aplica-se à apelação do vencedor a regra do § 1º do art. 938 do CPC, que autoriza a correção de defeitos processuais no procedimento da apelação. Assim, caso seja possível, o tribunal pode, em vez de dar provimento à apelação do vencedor e invalidar a decisão interlocutória, proceder à correção do defeito e evitar, com isso, o retrocesso processual".

nulidade indicada pelo apelante é anterior àquela alvitrada pelo apelado, o acolhimento das contrarrazões não torna sem efeito o julgamento da apelação.

Um panorama diverso apresenta-se na prolação de sentença de parcial procedência. Ambas as partes têm interesse recursal nos pontos em que sucumbiram. Destarte, podem interpor recurso de apelação capaz de provocar o reexame da sentença e de decisões interlocutórias não agraváveis. Nessa hipótese, alguns possíveis cenários e dúvidas se descortinam: (i) se somente uma das partes interpõe recurso de apelação, permite-se ao outro litigante a impugnação da sentença por meio de recurso adesivo ou nas contrarrazões?; (ii) se ambas as partes recorrem, atacando a sentença, podem, nas contrarrazões, suscitar o reexame de decisão interlocutória não agravável?

A respeito do primeiro cenário apresentado, parece que o legislador pretendeu estabelecer duas técnicas recursais subordinadas a fim de possibilitar a reapreciação das decisões interlocutórias não agraváveis e da sentença. Para as primeiras, reservaram-se as contrarrazões, e para a segunda, o recurso adesivo de apelação. O art. 997, § 1º, do CPC, permite a adesão do apelado ao recurso interposto pelo apelante, em caso de sucumbência recíproca. O texto da lei sugere que o recurso adesivo serve para refutar a sentença quando dispõe que "sendo vencidos autor e réu, ao recurso interposto por qualquer deles poderá aderir o outro". A menção legal é claramente à sucumbência oriunda da sentença. Desse modo, a técnica adequada de veiculação de pretensões recursais na ausência de recurso principal por uma das partes é (i) o oferecimento de contrarrazões por parte do apelado, a fim de, primeiramente, defender-se e, em seguida, atacar eventual *decisão interlocutória* que lhe tenha sido desfavorável, e (ii) a interposição de recurso adesivo de apelação, contendo a objeção à *sentença*.

Porém, se o apelado faz uso do recurso adesivo para impugnar a decisão interlocutória, entendo ser o caso de aplicação do princípio da fungibilidade recursal, impondo-se a apreciação de seu pedido pelo órgão *ad quem*. O código estabelece a possibilidade de impugnação das decisões interlocutórias não agraváveis nas contrarrazões de apelação e na própria apelação e o recurso adesivo nada mais é do que uma apelação. Por outro lado, em razão da literalidade do art. 1.009, § 1º, não considero, contudo, erro escusável o *pedido de reforma da sentença* veiculado em contrarrazões de apelação, visto que o aludido dispositivo do CPC faz expressa menção às decisões interlocutórias não agraváveis. Assim, não incide o princípio da fungibilidade se o apelado se utiliza das contrarrazões para oferecer irresignação contra a sentença.

No segundo cenário, o mesmo racional que serve à sistemática do recurso adesivo aplica-se ao pedido recursal inserido nas contrarrazões. Se a parte interpôs recurso principal de apelação, deveria ter levado todas as matérias que pretende ver devolvidas ao órgão *ad quem*. Não pode desmembrar sua pretensão recursal em apelação e contrarrazões. Uma vez interposto o recurso principal, dá-se a preclusão consumativa, que impede a renovação ou complementação das razões ou pretensões recursais em momento posterior, sejam em recurso adesivo ou em contrarrazões de apelação.[14] Dessa forma, se inicialmente interposto recurso principal de apelação, seja atacando a sentença, seja tratando de decisão interlocutória, não cabem contrarrazões englobando pedido de reexame de questão enfrentada em decisão não agravável, que deveria ter sido suscitado quando da interposição da apelação.

### 4.1.3. Demais requisitos de admissibilidade

Definido o cabimento da apelação, o apelante passará a se preocupar com o preenchimento dos demais requisitos de admissibilidade. A legitimidade é demonstrada pela posição do recorrente na relação jurídica processual, isto é, se é parte, terceiro prejudicado ou o Ministério Público, nos casos de sua intervenção como fiscal da lei. Como estudado no capítulo sobre a admissibilidade recursal, outros sujeitos processuais podem, eventualmente, ter legitimidade para recorrer, como o advogado, o perito e até o juiz.[15] Em seguida, compete ao apelante demonstrar seu interesse, descortinado pelo prejuízo que a sentença ou alguma decisão interlocutória não agravável lhe causou.

A apelação deve ser interposta no prazo de quinze dias (art. 1.003, § 5º, do CPC), contados da intimação das partes a respeito da sentença. Consideram-se apenas os dias úteis, por tratar-se de prazo processual (art. 219 do CPC), e nos recursos interpostos pela Fazenda Pública (art. 183 do CPC), pelo Ministério Público (art. 180 do CPC) e pela Defensoria Pública (art. 186, do CPC), o prazo é contado em dobro. Se os autos do processo forem físicos, os litisconsortes que tiverem advogados distintos, de diferentes escritórios de advocacia, também gozarão de prazos dobrados para recorrer (art. 229, *caput* e § 2º, do CPC).

---

14. CUNHA, Leonardo Carneiro da. Apelação contra decisão interlocutória não agravável: a apelação do vencido e a apelação subordinada do vencedor. Duas novidades do CPC/2015. *Revista de Processo*, v. 241, mar. 2015, p. 231-242: "A parte vencida poderá optar, entretanto, por recorrer apenas contra a sentença. Se isso acontecer, haverá *preclusão* da decisão interlocutória não agravável, *independentemente do respectivo conteúdo* – mesmo se se tratar de decisão sobre a admissibilidade do processo".

15. Remeto o leitor ao tópico sobre legitimidade, no capítulo 2, subtítulo 2.5: "Juízo de admissibilidade recursal".

Para a interposição de apelação, o apelante deve utilizar-se de petição escrita, direcionada ao juízo *a quo* e necessariamente contendo o nome das partes e a sua qualificação, caso não tenha havido qualificação anterior no processo, a exposição de fato e os fundamentos de direito, os motivos que justificam a reforma ou a invalidação da sentença e, por fim, o pedido de reforma ou de invalidação (art. 1.010 do CPC). Convém que conste também o número do processo e a indicação expressa de que se trata de recurso de apelação. A peça deve ser datada e assinada pelo advogado do apelante. Presentes tais elementos na petição de recurso, restará preenchido o requisito da regularidade formal.

Ao apelante é lícito cumular pedidos de invalidação e de reforma da decisão, por meio de cumulação imprópria subsidiária, ou seja, veiculam-se dois pedidos, mas somente um pode ser provido e o apelante afirma qual dos dois prefere ver acolhido. Suponha-se sentença de improcedência do pedido do autor com base em insuficiência probatória. O autor, em sua apelação, pode alegar *error in procedendo*, decorrente do indeferimento injustificado de produção de uma prova, e, por conseguinte, pleitear a anulação da sentença. Porém, na mesma peça recursal, pode haver pedido subsidiário de reforma da sentença, caso o tribunal não concorde com o fundamento de cerceamento de defesa, mas considere provados os fatos constitutivos do direito do autor pelas demais provas produzidas. Considero possível, outrossim, que o pedido de reforma venha antes, na cumulação imprópria subsidiária de pedidos, isto é, o apelante pede, em primeiro lugar, a reforma da sentença para se julgar procedente seu pedido exordial e, se o tribunal não entender dessa forma, analisa o pedido de invalidação da sentença com fulcro no indeferimento indevido da prova.

Por fim, o apelante deverá demonstrar o recolhimento das custas processuais referentes ao preparo do recurso. O CPC não dispensa de preparo a apelação. Desse modo, em regra o seu conhecimento dependerá do cumprimento desse requisito. Porém, pela sua natureza de taxa, o preparo precisa ser instituído por lei tributária própria, a qual aprova o regimento de custas aplicável aos serviços judiciários. Assim, ainda que a lei processual preveja ou não dispense o preparo, este não será exigido se a lei tributária deixa de institui-lo.[16]

### 4.1.4. Procedimento

Direciona-se a apelação ao juízo *a quo*. Ao recebê-la, o juiz prolator da sentença intimará de imediato o apelado para oferecimento de suas

16. Cf. GRECO, Leonardo. *Instituições*. Ob. cit., p. 72; KOZIKSKI, Sandro Marcelo. *Sistema Recursal*. Ob. cit., p. 136.

contrarrazões de recurso. Apresentadas as contrarrazões ou decorrido o prazo sem manifestação do apelado, o juízo *a quo* remeterá os autos – por malote, em processos físicos, ou pelo sistema do processo eletrônico, no caso de autos virtuais – ao tribunal. Se o apelado interpuser recurso adesivo de apelação (art. 1.010, § 2º, do CPC) ou veicular pedido recursal em suas contrarrazões (art. 1.009, § 1º, do CPC), antes do envio do apelo ao tribunal *ad quem*, é indispensável a concessão de prazo para a resposta do apelante.

Consoante dispõe o art. 1.010, § 3º, do CPC,[17] o juiz de primeiro grau não está autorizado a exercer juízo de admissibilidade da apelação. Conquanto perceba a presença de algum vício que impeça o conhecimento do recurso, deverá encaminhá-lo ao tribunal. Se o órgão *a quo* deixar de dar seguimento ao recurso por considerá-lo inadmissível, usurpará a competência do tribunal. O remédio disponibilizado à parte nessa hipótese é a reclamação, apresentada diretamente ao órgão jurisdicional cuja competência se busca preservar. Conforme prevê o art. 988, inciso I, do CPC, tal medida é o instrumento cabível para a preservação da competência do tribunal. O sistema adotado pelo Código ocasiona alguns inconvenientes, por não permitir, por exemplo, que o juiz de primeiro grau deixe de dar seguimento a apelação manifestamente intempestiva ou intime o apelante para a correção de vício sanável ou complemente o preparo, de modo que o recurso já chegasse ao tribunal pronto para ser julgado. O legislador preferiu transferir toda essa análise para o relator da apelação.

No tribunal, ocorrerá, como vimos, o protocolo, o registro e a distribuição da apelação a um dos órgãos fracionários – câmaras ou turmas – potencialmente competentes (uma das câmaras cíveis, por exemplo) e a um dos integrantes desse órgão, que funcionará como relator (art. 1.011, *caput*).[18] Inicialmente, cabe a este a verificação acerca do cumprimento dos requisitos de admissibilidade. Caso vislumbre a ausência de algum requisito, deverá conceder prazo de cinco dias ao recorrente (art. 932, parágrafo único, do CPC) para a correção do vício ou a prestação de algum esclarecimento (como a existência de feriado não computado, por exemplo). Corrigido o vício ou não estando presentes os requisitos de admissibilidade, o relator

---

17. ASSIS, Araken de. *Manual dos Recursos*. Ob. cit., p. 93: "Essa inovação economiza atividade processual, de um lado, porque torna desnecessário eventual agravo de instrumento contra o juízo negativo de admissibilidade proferido pelo órgão *a quo*, mas implica grave desperdício da atividade processual desenvolvida pelo recorrido. E não é isenta de gravíssimo inconveniente: a apelação (ou o recurso ordinário) inadmissível, porque intempestiva ou descabida contra o ato, tramitará inutilmente, apesar de o apelado arguir o defeito nas contrarrazões, até ulterior pronunciamento do órgão *ad quem*".

18. O exame mais detalhado do procedimento encontra-se no capítulo "Do procedimento perante o tribunal".

deverá avaliar se (i) encontra-se presente alguma das hipóteses de cabimento do julgamento monocrático do mérito recursal (art. 932, inc. IV e V, do CPC); (ii) o processo deve ser convertido em diligência, para a produção de prova; (iii) a intimação do Ministério Público se faz necessária, para apresentação de parecer; (iv) as partes precisam ser intimadas para exercício do contraditório sobre a ocorrência de fato superveniente à sentença ou a existência de questão apreciável de ofício ainda não examinada. Também compete ao relator a apreciação de eventual pedido de tutela provisória ou de requerimento de concessão de efeito suspensivo à apelação, caso esteja presente hipótese na qual a lei não tenha concedido tal efeito de forma automática (art. 1.012, § 1º, do CPC).

Cumpridas as providências necessárias, o relator elaborará o relatório e remeterá os autos à secretaria (art. 931 do CPC). Em seguida, os autos serão apresentados ao presidente do órgão, que designará dia para julgamento do recurso e ordenará a publicação da pauta no órgão oficial (art. 934). No dia do julgamento, depois de anunciado o caso pelo presidente, o relator relatará o processo e, em seguida, a palavra será concedida aos advogados de apelante e apelado para sustentação oral por quinze minutos cada. Realizadas as defesas orais – inclusive do Ministério Público, nos casos de sua intervenção –, o relator anunciará seu voto, sendo seguido pela comunicação do voto dos demais membros da turma julgadora. Havendo divergência, aplica-se o disposto no art. 942, do CPC, majorando-se automaticamente o número de magistrados.[19] Ao final dos debates e da votação, o presidente anunciará o resultado do julgamento (art. 941 do CPC).

### 4.1.5. Efeitos

Embora a petição de apelação seja dirigida e protocolada perante o juízo *a quo*, não cabe ao magistrado prolator da sentença a decisão sobre como a apelação é recebida. Como visto, o juízo de primeiro grau tem papel limitado no rito da apelação, uma vez que deve remeter os autos ao tribunal logo após o término do prazo concedido para oferecimento de contrarrazões pelo apelado.

O Código estabelece com precisão os efeitos da apelação. O art. 1.012, *caput*, prevê efeito suspensivo automático à apelação, independentemente de requerimento do apelante. Como regra, portanto, o recurso de apelação tem efeito suspensivo *ope legis*, isto é, decorrente de lei. O mesmo dispositivo,

19. Remeto o leitor ao tópico que versa sobre o art. 942.

porém, em seu § 1º, elenca as sentenças que, mesmo atacadas por apelação, continuam a produzir efeito, vale dizer, o recurso, nesses casos, não terá efeito suspensivo automático. Tratam-se das sentenças que homologam a divisão ou demarcação de terras, que condenam à prestação de alimentos, extinguem sem resolução de mérito ou rejeitam os embargos à execução, julgam procedente o pedido de instituição de arbitragem, proferidas em processos nos quais houve o deferimento de tutela provisória[20] e que decretam interdição. Em todas essas situações, para desfrutar do efeito suspensivo, o apelante deve dirigir ao relator do recurso requerimento nesse sentido.

O art. 1.012, § 3º, do CPC dispõe que o recorrente, por meio de simples petição, apresentará seu requerimento de outorga de efeito suspensivo, o qual será dirigido ao (i) tribunal, se o requerimento for apresentado entre a interposição da apelação e sua distribuição, ficando preventos o relator designado para seu exame e o órgão julgador do qual faz parte; (ii) relator, se já distribuída a apelação ou se já havia prevenção, na forma do art. 930, parágrafo único, do CPC.

O relator, então, examinará o requerimento a fim de verificar o preenchimento dos requisitos previstos no art. 1.012, § 4º, vale dizer, demonstração da probabilidade de provimento do apelo ou se, sendo relevante a fundamentação, da presença de risco de dano grave ou de difícil reparação.[21]

Em razão da aplicação do princípio dispositivo, devolve-se ao juízo *ad quem* a matéria impugnada pelo apelante, somente sendo objeto de reexame o que foi apresentado no recurso. Trata-se do desdobramento do efeito devolutivo da apelação. A parte sucumbente decide o que pretende levar à reapreciação do Poder Judiciário. Ao órgão *ad quem* não é lícito conhecer de questões que não foram veiculadas no recurso, como confirma o brocardo latino: *tantum devolutum quantum appellatum*. Caso o sucumbente se conforme parcialmente com a sentença, lhe é autorizada a interposição de apelo parcial, que não abranja todas as questões recorríveis. As que foram objeto da apelação serão apreciadas pelo tribunal, ao passo que as não impugnadas não poderão ser reexaminadas.

Assim, extensão da impugnação é definida pelo apelante. Definidas as questões que podem ser apreciadas pelo órgão *ad quem*, resta saber qual a profundidade de sua cognição. A apelação do vencido devolve ao tribunal

---

20. Enunciado CJF n. 144: "No caso de apelação, o deferimento de tutela provisória em sentença retira-lhe o efeito suspensivo referente ao capítulo atingido pela tutela".

21. Sobre os requisitos para a concessão de efeito suspensivo e demais discussões a respeito do tema, remeto o leitor ao capítulo acerca dos efeitos dos recursos.

todos os fundamentos apresentados no processo, desde que atinentes ao capítulo impugnado (art. 1.013, § 1º, do CPC). Estabelecida pelo apelante a extensão da impugnação, o tribunal servir-se-á, em seu reexame, de todo material de que dispunha o juízo de primeira instância. Todos os fatos, provas e fundamentos estão à disposição do novo órgão julgador.[22]

## 4.2. AGRAVO DE INSTRUMENTO

### 4.2.1. Conceito

No direito português do século XIV, vedou-se a utilização do recurso de apelação contra as decisões interlocutórias, que se tornaram, então, irrecorríveis. No século XV, as Ordenações Afonsinas (1446), embora impedissem a interposição de recurso contra quase todas as decisões interlocutórias, permitiam a apelação em separado em face de decisões que causassem mal irreparável. A experiência demonstra, no entanto, que a falta de um meio formal capaz de levar ao reexame da decisão faz com que as partes inconformadas busquem remédios alternativos. Em resposta à proibição constante do diploma afonsino, as partes passaram a pleitear a reforma ou a reconsideração da decisão por meio de querimas ou querimônias, isto é, reclamações dirigidas ao magistrado superior ou ao próprio prolator da decisão.[23] Se procedentes

---

22. Remeto o leitor ao capítulo dos efeitos da apelação, no qual o efeito devolutivo é estudado com mais detalhes, inclusive no que se refere à teoria da causa madura (art. 1.013, § 3º, do CPC) e à inovação fática-probatória em grau de apelação (art. 1.014 do CPC).

23. REZENDE FILHO, Gabriel José Rodrigues de. *Curso de Direito Processual Civil*. 3. ed. São Paulo: Saraiva, 1953. p. 128-129: "Os Reis, ao visitarem periodicamente as suas cidades e vilas, ouviam as queixas – *querimas* ou *querimônias* – de seus súditos contra despachos e sentenças dos juízes locais, decidindo-as *incontinenti*, aconselhados de seus ouvidos. Estas decisões, proferidas pessoalmente pelos Reis ou pelas autoridades de sua comitiva, bem como as sentenças dos corregedores da Corte, dos juízes das Índias, dos alemães, dos ingleses, dos franceses, dos espanhóis e dos italianos, dos conservadores da Universidade de Coimbra e outras altas autoridades, eram irrecorríveis. A praxe, entretanto, admitiu mais tarde uma espécie de *supplicatio romana*, o chamado *agravo ordinário*, por meio do qual o vencido implorava a autoridade da Casa da Suplicação para a reforma do julgamento, reparando a injustiça ou abrandando o rigor da decisão. Dividiu-se, então, a Casa da Suplicação de Lisboa em 2 quadros: o dos *sobrejuízes*, com competência para conhecer das apelações, e o dos *juízes agravistas*, com competência para conhecer dos agravos ordinários". Cf. LOPES DA COSTA, Alfredo de Araújo. *Direito Processual Civil Brasileiro*. 2. ed. Rio de Janeiro: José Konfino Editor, 1948, v. 3. p. 176: "No direito português, ao tempo das Ordenações Filipinas, duas espécies havia de agravo: a) o agravo ordinário; b) o agravo das interlocutórias. A origem do primeiro foi a irrecorribilidade das sentenças dos juízes de alta graduação. Os que por elas se julgavam lesados, recorriam então à soberania do monarca, pela forma de queixas (querimas, querimônias, querelas), providas pelas cartas de justiça (VAMPRÉ – Agravo, 8). Semelhante à *suplicatio* romana, dirigida ao imperador, contra as decisões dos prefeitos do precatório (*Cuq-Inst.*, 908). O julgamento passou depois aos desembargadores dos agravos da Casa de Suplicação (*Ords.*, III, 84, 2). Cabia, como a apelação, das sentenças finais. A outra espécie abrangia as interlocutórias, que não punham termo ao processo, pois as mistas só admitiam o recurso de apelação (*Ords., III, 69* – MELO

tais queixas, expedia-se carta de justiça ao juiz inferior, contendo o novo entendimento.[24]

O surgimento do agravo teve como motivação, portanto, a coibição do uso de tais sucedâneos recursais. As Ordenações Manoelinas (1521) e as Filipinas (1603) previram o agravo como meio impugnativo de diversas decisões interlocutórias. A formação do instrumento fazia-se necessária quando o órgão *ad quem* tinha sede em local distinto do órgão *a quo*. Se coincidissem os locais das sedes, cabia agravo por petição, sem a formação do instrumento.[25] Do direito português até sua adoção no Brasil, muitas mutações sobrevieram, com alterações de cabimento e com criação e extinção de modalidades de agravo.

O Código de Processo Civil brasileiro de 1939 previa o agravo de instrumento, além do agravo no auto do processo e do agravo de petição. De modo semelhante ao que ocorre no Código vigente, o legislador de 1939 objetivava restringir a recorribilidade das decisões interlocutórias e, para tanto, estabeleceu um rol taxativo (mas extenso, contendo dezessete hipóteses de cabimento) de decisões agraváveis. As decisões irrecorríveis de imediato podiam ser atacadas posteriormente na apelação, como sucede no CPC/2015. Buscava-se nos ideais de Chiovenda, que defendia o predomínio da oralidade no processo, a criação de procedimento em primeiro grau sem paralisações. No entanto, os anseios de oralidade preconizados pelo mestre italiano não funcionavam se o sistema de irrecorribilidade das interlocutórias não se fizesse acompanhar de um rito concentrado e curto. A previsão legal de um procedimento fragmentado, dividido em fases e longo acarreta a necessidade de proferimento de inúmeras decisões interlocutórias, capazes de causar prejuízos imediatos às partes, que não podem aguardar até o momento de interposição da apelação para oferecimento de sua irresignação.[26] Nesse

---

FREIRE – *Inst.*, IV, §XXV). E subdividia-se: a) agravo de petição; b) agravo de instrumento; c) agravo no auto do processo".

24. GRECO, Leonardo. *Instituições de Processo Civil*. Ob. cit., v. III, p. 143-144; BUZAID, Alfredo. *Do agravo de petição no Sistema do Código de Processo Civil*. São Paulo: Revista dos Tribunais, 1945, p. 36-40; ASSIS, Araken de. *Manual dos Recursos*. Ob. cit., p. 448.

25. BARBOSA MOREIRA, José Carlos. *Comentários ao Código de Processo Civil*. Ob. cit., p. 483.

26. GRECO, Leonardo. *Instituições de Processo Civil*. Ob. cit., p. 145: "Essa ideia, originária do pensamento de Chiovenda, de um processo sem preclusões e sem recursos a não ser contra a sentença final, era razoável se o processo no juízo de primeiro grau fosse efetivamente concentrado, com poucas decisões intermediárias, e chegasse rapidamente ao seu momento culminante, que é a audiência de instrução e julgamento, à qual se seguisse a sentença final, na qual o juiz estaria em condições ideais para rever tudo o que fora decidido anteriormente. Ocorre que o processo civil brasileiro, apesar de todas as proclamações doutrinárias e políticas em favor da oralidade, seguiu sendo predominantemente escrito e fragmentado, intercalando, entre a petição inicial e a sentença, um número incontrolável de decisões interlocutórias que o distanciam do seu desfecho e que podem causar situações irreversíveis e danos

ambiente, mais uma vez serviram-se as partes de sucedâneos recursais se sua necessidade de reexame imediato da questão pelo tribunal não encontrava acolhida nas hipóteses de cabimento do agravo de instrumento.

O Código de 1973, em sua primeira versão, previa o agravo, nas modalidades de instrumento e retido, como o único remédio impugnativo cabível contra todas as decisões interlocutórias. Embora Alfredo Buzaid, redator do anteprojeto que viria a se tornar o novo Código, estivesse reconhecidamente influenciado pela ideologia chiovendiana da oralidade, o CPC/1973 previu, de modo pragmático, a recorribilidade imediata, porquanto a forma concebida para o procedimento – extenso, fragmentado e recheado de decisões anteriores ao julgamento final – não permitia, sem prejuízo às partes, a postergação do reexame das decisões interlocutórias para momento posterior à sentença.[27] A primeira reforma legislativa que modificou a sistemática do agravo decorreu da edição da Lei n. 9.139/1995. Antes dessa lei, o agravante interpunha o agravo de instrumento perante o juízo *a quo*, o que retardava o processamento e o julgamento do recurso pelo tribunal. A alteração legislativa de 1995 transferiu o direcionamento do agravo de instrumento para o juízo *ad quem*, tornando o recurso mais atrativo em virtude do rápido reexame que propiciava. Como consequência, o número de agravos de instrumento cresceu rapidamente.

Essa enxurrada de novos agravos decorrente da facilitação procedimental fomentou a realização de novas alterações no cabimento do recurso. Consequentemente, as reformas seguintes, em sentido oposto, fizeram o CPC/1973 caminhar para a limitação da recorribilidade plena das interlocutórias. Com a edição das Leis n. 10.352/2001 e 11.187/2005, o agravo retido, que somente era examinado quando do julgamento da apelação, tornou-se a regra, permitindo aos relatores dos agravos de instrumento a conversão para a modalidade retida, se não ficasse demonstrada a urgência na reapreciação da questão.

---

irreparáveis à real obtenção de um resultado justo, mas que não podem ficar insuscetíveis de imediato reexame por uma instância superior".

27. Exposição de motivos do CPC/1973: "O ideal seria atingir a oralidade em toda a sua pureza. Os elementos que a caracterizam são: a) a identidade da pessoa física do juiz, de modo que este dirija o processo desde o seu início até o julgamento; b) a concentração, isto é, que em uma ou em poucas audiências próximas se realize a produção das provas; c) a irrecorribilidade das decisões interlocutórias, evitando a cisão do processo ou a sua interrupção contínua, mediante recursos; que devolvem ao Tribunal o julgamento da decisão impugnada. (...) Outro ponto é o da irrecorribilidade, em separado, das decisões interlocutórias. A aplicação deste princípio entre nós provou que os litigantes, impacientes de qualquer demora no julgamento do recurso, acabaram por engendrar esdrúxulas formas de impugnação. Podem ser lembradas, a título de exemplo, a correição parcial e o mandado de segurança. Não sendo possível modificar a natureza das coisas, o projeto preferiu admitir agravo de instrumento de todas as decisões interlocutórias. É mais uma exceção. O projeto a introduziu para ser fiel à realidade da prática nacional".

Seguindo essa tendência restritiva e optando pelo modelo do CPC/1939, o CPC/2015 limitou o cabimento do agravo de instrumento a determinadas decisões interlocutórias. As demais decisões proferidas em primeiro grau, não arroladas nos dispositivos de lei, deixaram de ser recorríveis de imediato e passaram a ser impugnadas, como vimos, por meio de apelação ou de contrarrazões de apelação. O Código também deixou de prever o agravo retido: a parte inconformada com a decisão utiliza-se do agravo de instrumento, se cabível, ou aguarda a sentença, sem ter que praticar qualquer ato, para, caso ainda lhe seja útil, ofereça sua impugnação contida no recurso de apelação.[28] A opção do legislador de 2015, repetindo a história, é convidativa ao emprego de sucedâneos recursais, como pedidos de reconsideração e mandado de segurança, e à interpretação extensiva das hipóteses de agravo de instrumento, de modo a englobar outras decisões não expressamente contidas no rol legal de decisões agraváveis.[29]

---

28. Nesse sentido, ver JOBIM, Marco Félix; CARVALHO, Fabrício de Farias. A Disciplina dos Agravos no Novo Código de Processo Civil. In: DIDIER Jr., Fredie (Coord.). *Processo nos Tribunais e Meios de Impugnação das Decisões Judiciais*. Salvador: Juspodivm, 2015, p. 634-635: "Ocorre, entretanto, que no Senado a proposta do citado protesto antipreclusivo, contido no texto substitutivo, não vingou e o texto definitivo do NCPC sancionado não incorporou a novidade, mantendo a extinção do agravo retido, mas dispensando a necessidade de protesto, assentando que as decisões que não comportam agravo de instrumento 'não são cobertas pela preclusão e devem ser suscitadas em preliminar de apelação', como se infere do já citado art. 1.009, § 1°, do NCPC". Em sentido contrário, entendendo necessário demonstrar de imediato a irresignação para possibilitar a apelação posterior, veja-se DIDIER JR., Fredie; CUNHA, Leonardo Carneiro da. *Curso de Direito Processual*. Ob. cit., p. 263: "Assim, proferida uma interlocutória não agravável que contenha algum vício, cabe à parte suscitá-lo na primeira oportunidade que tiver para falar nos autos, sob pena de preclusão (art. 278, CPC). Se suscitar, poderá impugná-la na apelação. Se não suscitar, a matéria estará preclusa, não podendo constar da apelação".

29. MEDINA, José Miguel Garcia. *Novo Código de Processo Civil Comentado*. Ob. cit., p. 1504: "Deve-se admitir o mandado de segurança como sucedâneo do agravo de instrumento contra decisões interlocutórias proferidas em 1º grau de jurisdição, à luz do Código de Processo Civil de 2015, sempre que se demonstrar a inutilidade do exame do ato acoimado de ilegal apenas por ocasião do julgamento da apelação. O pedido de reconsideração, tal como organizada a recorribilidade das decisões interlocutórias no Código de Processo Civil de 2015, tende a ser, também, largamente utilizado". Ver também MARINS, Graciela. O mandado de segurança como sucedâneo recursal nas hipóteses não previstas no art. 1.015 do CPC/2015. In: NERY JR., Nelson; ALVIM, Teresa Arruda; OLIVEIRA, Pedro Miranda de (Org.). *Aspectos Polêmicos dos Recursos Cíveis e Assuntos Afins*. São Paulo: Revista dos Tribunais, 2018, v. 14, p. 168-169: "Pode-se concluir, assim, que é cabível o mandado de segurança em face das decisões não elencadas no rol do art. 1.015 do CPC, desde que não se afigure possível a interpretação ampliativa e haja: flagrante prejuízo à parte pela espera até a fase do recurso de apelação ou contrarrazões; ou decisão manifestamente ilegal ou teratológica"; MAZZOLA, Marcelo. Agravo de instrumento e suas restritas hipóteses de cabimento: necessidade de flexibilização. In: JATAHY, Carlos Roberto; ALMEIDA, Diogo Assumpção Rezende de; AYOUB, Luiz Roberto (Org.). *Reflexões sobre o novo Código de Processo Civil*. Rio de Janeiro: FGV Editora, 2016, p. 420: "A preocupação é que essa tarifação proposta pelo NCPC estimule um aumento considerável do número de mandados de segurança impetrados contra decisões interlocutórias não agraváveis, já que, a princípio, sempre que a parte entender que uma decisão interlocutória (fora das hipóteses agraváveis) é capaz de lhe causar prejuízos irreparáveis, lançará mão do expediente. Todavia, parece evidente que não foi essa a intenção do legislador: substituir o agravo retido pelo sucedâneo recursal, mas não podemos fechar os olhos para a realidade".

Destarte, pode-se conceituar o agravo de instrumento, na sistemática do CPC/2015, como o recurso cabível em face de determinadas decisões interlocutórias de primeiro grau, contra as quais o legislador expressamente previu a impugnação antes da sentença, capaz de ocasionar o reexame imediato pelo tribunal.

### 4.2.2. Cabimento

Para se descortinar o cabimento do agravo de instrumento, são necessárias três indagações. Inicialmente, indispensável descobrir se o provimento jurisdicional de primeiro grau tem conteúdo decisório. Caso a resposta seja negativa, está-se diante de despacho, irrecorrível, portanto. Em seguida, necessário averiguar-se se o ato decisório resulta no encerramento da fase de conhecimento de primeiro grau ou na extinção da execução. Nos ditames do art. 203, § 1º, a extinção da fase cognitiva ou da execução caracterizam a sentença, que comporta impugnação por meio de apelação. Como já estudado, se determinada questão normalmente resolvida por decisão interlocutória for incluída na sentença, mesmo que haja previsão do cabimento de agravo de instrumento, deve ser atacada pela apelação (art. 1.009, § 3º). Por fim, caso consista em decisão interlocutória – por exclusão, tem conteúdo decisório e não é sentença –, cabe ao interessado investigar se há algum dispositivo de lei que defina o cabimento do agravo contra tal decisão.[30]

Em resumo, caberá agravo de instrumento em face das decisões interlocutórias previstas em lei como agraváveis. A maior parte dessas decisões está contida no art. 1.015 do CPC. Porém, o inciso XIII do referido dispositivo deixa claro que o rol ali previsto não é exaustivo, porquanto cabível agravo de instrumento em "outros casos expressamente referidos em lei".

A redação dos dispositivos do Código que tratam do agravo de instrumento, em especial a do art. 1.015, permite mais de uma interpretação acerca do cabimento do recurso. Como o *caput* do art. 1.015 utiliza a expressão "versarem sobre", seria possível sustentar que tanto a decisão que rejeita como a que acolhe o pleito relacionado às matérias listadas nos incisos

30. A Lei n. 9.099/1995, que regula o procedimento nos juizados especiais, não prevê a recorribilidade imediata de decisões interlocutórias, permitindo a impugnação apenas por meio do recurso previsto em seu art. 41, depois de proferida a sentença. O rito concentrado dos juizados não deixa margem para que o juiz profira muitas decisões interlocutórias e viabiliza, por conseguinte, a opção legislativa de prestígio à oralidade. Por outro lado, a falta de previsão de recurso imediato contra as decisões que versam sobre tutela provisória acarreta a utilização de mandado de segurança como meio de impugnação. Antevendo o uso indiscriminado desse sucedâneo recursal, a lei dos juizados especiais federais (Lei n. 10.259/2001) e a lei dos Juizados Especiais da Fazenda Pública (Lei n. 12.153/2009) preveem o cabimento de recurso contra decisões que versarem sobre tutela provisória.

seriam agraváveis. E é o que acontece na maioria dos casos, como meio de garantir tratamento isonômico às partes.

No entanto, alguns incisos (III, V e VIII) dispõem que apenas a decisão de rejeição do pleito origina o cabimento do agravo de instrumento, ao passo que a de acolhimento é impugnável apenas na apelação. O legislador previu que, nesses casos, somente o indeferimento seria capaz de ocasionar prejuízo à parte, não justificando o reexame imediato nas hipóteses em que fosse possível aguardar o trâmite do processo até a sentença. Outros dispositivos, como o art. 138, que regula a intervenção de *amicus curiae*, e o art. 354, parágrafo único, que versa sobre extinção parcial do processo, também reduzem o cabimento do agravo de instrumento previsto no art. 1.015.

Desse modo, nos tópicos seguintes, nos quais cuido das hipóteses de interposição do agravo de instrumento, utilizo como premissa o cabimento amplo do recurso decorrente da inclusão da expressão "versarem sobre", mas com as restrições decorrentes da redação de dispositivos específicos do Código.

#### *4.2.2.1. Decisão sobre tutela provisória*

Da análise do rol de decisões agraváveis contido no art. 1.015 do CPC percebe-se que o legislador teve a preocupação de autorizar o reexame imediato das decisões capazes de ocasionar prejuízo à parte, que não poderia esperar pelo decurso de todo procedimento para só então lhe ser permitida a impugnação na apelação.

O inciso I do art. 1.015 bem representa essa escolha do Código. Cabe agravo de instrumento contra as decisões que versarem sobre tutela provisória. O ato decisório de primeiro grau que defere, indefere ou revoga a tutela provisória, seja de natureza cautelar ou antecipada, com fulcro na urgência ou na evidência, antecedente ou incidental, pode ser impugnado por meio de agravo de instrumento, submetendo a decisão ao imediato crivo do tribunal. Decisões posteriores à concessão da tutela provisória que estabeleçam ou alterem o meio executivo anteriormente fixado, que majorem ou diminuam a multa cominatória, que determinem a prestação de caução como contracautela (art. 300, § 1º, do CPC) ou, de qualquer forma, modifiquem ou complementem a decisão inicial acerca do pedido de tutela provisória também são impugnáveis por meio de agravo.[31]

31 Nesse sentido, REsp 1.752.049-PR, Rel. Min. Nancy Andrighi, por unanimidade, julgado em 12/03/2019, DJe 15/03/2019.

Outras medidas de natureza cautelar ou antecipatória previstas no Código fora do Livro V (arts. 294 a 311), como as medidas possessórias liminares (art. 562 do CPC), por exemplo, ou fora do CPC, como no caso do deferimento ou indeferimento de liminar em mandado de segurança (art. 7º, § 1º, da Lei n. 12.016/2009), também são impugnáveis por meio de agravo de instrumento.[32] Aliás, mesmo que a decisão não denomine expressamente de tutela provisória a matéria enfrentada, é cabível agravo se o conteúdo do ato revelar tal natureza.

O cabimento do agravo também abrange as decisões que postergam o exame da tutela provisória para momento posterior ao contraditório, especialmente se o requerente indicou que pretendia ver seu pedido apreciado *inaudita altera parte*. Assim, ao adiar o enfrentamento do pedido, o juiz está indeferindo o pedido de apreciação imediata, comportando ataque por meio de agravo de instrumento.[33]

Não são agraváveis de instrumento, porém, as decisões a respeito de tutela provisória se (i) inseridas como capítulos da sentença, cabendo apelação (art. 1.009, § 3º, do CPC); e (ii) proferidas pelo relator, em grau de recurso, atraindo o cabimento de agravo interno (art. 1.021 do CPC).

### *4.2.2.2. Decisão de mérito*

Decisão de mérito é aquela que analisa e enfrenta questões relativas ao direito material das partes. No decurso do processo, espera-se que o mérito seja examinado de forma definitiva na sentença. Se isso ocorrer, a parte insatisfeita com o resultado pode veicular seu inconformismo em apelação (art. 1.009, *caput*, do CPC). No entanto, afigura-se lícito ao magistrado, em determinadas situações, o enfrentamento de questões de mérito sem que daí resulte a extinção da fase de conhecimento de primeiro grau. E, de acordo

---

32. GRECO, Leonardo. *Instituições de Processo Civil*. Ob. cit., p. 156; MEDINA, José Miguel Garcia. *Novo Código de Processo Civil Comentado*. Ob. cit., p. 1503.

33. DIDIER JR., Fredie; CUNHA, Leonardo Carneiro da. *Curso de Direito Processual*. Ob. cit., p. 246: "A decisão do juiz de, sem justificativa, postergar a análise do pedido de tutela provisória para após a contestação ou outro momento equivale a uma decisão que indefere o pedido de tutela provisória, dele cabendo agravo de instrumento"; ASSIS, Araken de. *Manual dos Recursos*. Ob. cit., p. 464: "Acontece de o órgão judiciário, na tutela provisória antecedente ou incidente (art. 294, parágrafo único), pleiteada liminar em capítulo destacado e específico da petição inicial, demonstrando os pressupostos do art. 300, *caput*, *inaudita altera parte*, postergar seu exame para oportunidade posterior à audiência do réu, por óbvio após a realização da audiência de conciliação e de mediação (art. 334), se houver, e da contestação. Ora, das omissões do órgão judiciário não cabe agravo de instrumento (*infra*, 49.14), mas embargos de declaração (art. 1.022, II). Mas, na prática, a postergação equivale ao indeferimento da medida *inaudita altera parte*. Razoável o entendimento, portanto, que sustenta o cabimento da medida nesse caso".

com o que dispõem os § § 1º e 2º, do art. 203 do Código, está-se diante de uma decisão interlocutória, e não de uma sentença.

Para remediar essa situação, o CPC prevê, no art. 1.015, II, que decisões interlocutórias – e, portanto, incapazes de pôr fim à fase cognitiva em primeiro grau – que versarem sobre mérito podem ser impugnadas por meio de agravo de instrumento. O inciso I do mesmo dispositivo abrange parcela das decisões de mérito agraváveis, porquanto a decisão que trata de tutela antecipada enfrenta, em caráter ainda provisório, questões de mérito. Outras decisões, porém, atraem a incidência do inciso II.

Caso o autor opte pela cumulação própria de pedidos, apresentando mais de um pedido e pretendendo o reconhecimento de procedência de todos, ou, no prazo de resposta, o réu ofereça reconvenção, é possível que uma dessas demandas cumuladas (pedidos distintos do autor ou pleito reconvencional) amadureça para julgamento de mérito antes das demais. Desse modo, se, por exemplo, os pedidos do autor podem ser julgados imediatamente, pois não dependem da produção adicional de provas, mas a reconvenção ainda cobra atividade instrutória, o juiz, aplicando o art. 356, II, do CPC, julgará definitiva e antecipadamente os pedidos do autor, *não encerrando o procedimento em primeiro grau*, que seguirá para julgamento posterior do pleito reconvencional. Os pedidos do autor devem ser apreciados por decisão interlocutória de mérito, a qual desafia o recurso de agravo de instrumento (art. 1.015, II e art. 356, § 5º, ambos do CPC), enquanto se julga a reconvenção por sentença, contra a qual caberá apelação.[34]

Outros exemplos de exame parcial do mérito são as decisões de homologação de reconhecimento parcial da procedência do pedido (art. 487, III, a), de transação parcial (art. 487, III, b) e de renúncia parcial à pretensão (art. 487, III, c). Como, nessas hipóteses, o processo deve prosseguir a respeito da parcela do mérito que não foi objeto do ato dispositivo, o provimento homologatório tem natureza de decisão interlocutória, passível de agravo de instrumento.

Em resumo, cabe agravo de instrumento contra atos decisórios relativos ao mérito, desde que não ponham fim à fase de conhecimento em primeiro grau.

34 Não cabe, porém, agravo de instrumento contra a decisão que rejeita o pleito de julgamento antecipado parcial de mérito, em razão da necessidade de produção de prova. Nesse sentido, AgInt no AREsp 1.411.485-SP, Rel. Min. Marco Aurélio Bellizze, Terceira Turma, por unanimidade, julgado em 01/07/2019, DJe 06/08/2019.

#### *4.2.2.3. Decisão que rejeita alegação de convenção de arbitragem*

Se as partes forem capazes e o litígio versar sobre direito patrimonial disponível, pode-se optar pela solução do conflito por meio de arbitragem (art. 1º da Lei n. 9.307/96), deslocando-se o conhecimento do litígio do Poder Judiciário para a corte arbitral eleita pelas partes. Se esse for o desejo dos litigantes, o tribunal arbitral passa a ser o órgão exclusivamente competente para o deslinde da controvérsia.

Um dos envolvidos, porém, pode mudar de ideia e levar sua pretensão à jurisdição estatal, ajuizando ação perante o órgão do Poder Judiciário que seria competente na hipótese de inexistência de convenção de arbitragem. Ao agir dessa forma, o autor renuncia ao direito de resolução do conflito pela via arbitral. Porém, a renúncia unilateral não é suficiente. Se o réu suscitar a existência de convenção de arbitragem (cláusula compromissória ou compromisso arbitral, conforme art. 3º da Lei n. 9.307/96), o juízo estatal deverá reconhecer sua incompetência, julgar extinto o processo sem exame do mérito e remeter as partes à arbitragem. Em face desse ato decisório, que ocasiona a extinção da fase cognitiva em primeiro grau e, portanto, tem natureza de sentença, cabe apelação.

Se, contudo, o magistrado reputar inexistente ou inválido o compromisso de solução arbitral do conflito, rejeitará a preliminar e o processo seguirá. Contra essa decisão, cabe agravo de instrumento, consoante dispõe o art. 1.015, III, do CPC.

A alegação de existência de convenção de arbitragem pode se dar, como já visto, pela prática de ato do réu, mas também pode decorrer de ato do árbitro, que reconhece a sua própria competência, consoante a regra da competência-competência,[35] e avisa ao juízo estatal. Imagine-se a existência de conflito tendo como pano de fundo negócio jurídico no qual se inseriu cláusula compromissória. Um dos contratantes ajuíza ação perante o Poder Judiciário e o outro, concomitantemente, provoca a instauração de

---

35. CARMONA, Carlos Alberto. *Arbitragem e Processo*. 3. ed. São Paulo: Atlas, 2009, p. 175: "Consequência da autonomia da cláusula compromissória é a possibilidade de o próprio árbitro decidir acerca de qualquer controvérsia que diga respeito à convenção de arbitragem. Note-se: o parágrafo único do art. 8º, situado estrategicamente ao término dos dispositivos que tratam da cláusula arbitral e antes dos dispositivos que tratarão do compromisso, traz norma que interessa a ambos (cláusula e compromisso). Significa dizer que o dispositivo legal comentado trata de duas questões distintas, o *caput* disciplinando a autonomia da cláusula e o parágrafo estabelecendo o princípio da *Kompetenz-Kompetenz* (competência do árbitro para decidir sobre sua própria competência, resolvendo as impugnações que surjam acerca de sua capacidade de julgar, da extensão de seus poderes, da arbitrabilidade da controvérsia, enfim, avaliando a eficácia e a extensão dos poderes que as partes lhe conferiram tanto por via de cláusula compromissória, quanto por meio de compromisso arbitral)". STJ, REsp 1550260/RS, Rel. Ministro Paulo de Tarso Sanseverino, Rel. p/ Acórdão Ministro Ricardo Villas Bôas Cueva, 3ª Turma, j. 12/12/2017.

procedimento arbitral. Ao tomar ciência da ação judicial, o segundo contratante avisa ao árbitro da violação dos termos da convenção arbitral. O árbitro, então, profere decisão reconhecendo sua competência e comunica ao juízo estatal. Na forma do art. 485, VII, do CPC, o juiz deverá proferir sentença terminativa, extinguindo o processo sem exame de mérito. O referido dispositivo determina a extinção do processo em decorrência da alegação do réu ou do reconhecimento de competência pelo árbitro.

Se o juiz, ciente da assunção de competência pelo árbitro, não extingue o processo, sua decisão é também passível de agravo de instrumento. No entanto, caso a rejeição da convenção de arbitragem decorra de conflito positivo de competência, isto é, tanto o árbitro como o juízo estatal reconhecem sua própria competência, qualquer dos dois, o Ministério Público ou as partes podem suscitar o conflito (art. 951 do CPC). O Superior Tribunal de Justiça, em reiterados julgados,[36] declarou-se competente para julgar conflito de competência envolvendo juízos estatal e arbitral.

Destarte, cabe apelação contra a sentença que extingue o processo pelo reconhecimento de existência de pacto arbitral e cabe agravo de instrumento contra decisão que rejeita a alegação de convenção de arbitragem. No entanto, se a decisão judicial deixa de dar eficácia à convenção de arbitragem sob o fundamento de competência da jurisdição estatal para a resolução do conflito, desloca-se a competência para o STJ, órgão responsável pelo julgamento do conflito de competência entre juízo ou tribunal estatal e corte arbitral.

#### 4.2.2.4. *Decisão que versa sobre incidente de desconsideração da personalidade jurídica*

O art. 1.015, IV, do CPC prevê hipótese de cabimento de agravo de instrumento também inserida no inciso IX do mesmo dispositivo, o qual trata de forma mais ampla do agravo contra decisão de admissão ou inadmissão de intervenção de terceiros. O ingresso do sócio – ou da sociedade, na desconsideração inversa – é modalidade de intervenção provocada de terceiro e é assim disciplinado pelo Código nos arts. 133 a 137.

O incidente de desconsideração da personalidade jurídica consiste em ambiente propício ao exercício do contraditório pelo sócio antes de se decidir pelo seu ingresso na relação jurídica processual como litisconsorte da sociedade. Antes de desconsiderar a personalidade jurídica, a fim de atingir o patrimônio de sócio de responsabilidade limitada, o magistrado precisa

36. Por todos, STJ, CC 148.932/RJ, Rel. Ministro Ricardo Villas Bôas Cueva, 2ª Seção, julgado em 13/12/2017.

ouvi-lo, e no incidente a defesa poderá ser oferecida e as provas produzidas, a fim de se evitar a desconsideração. Conforme dispõe o art. 133, a instauração do incidente pode ser requerida pela parte ou pelo Ministério Público, nos casos em que deva intervir.

Ao receber o requerimento, o juiz pode rejeitá-lo de plano, se considerá-lo descabido pela falta do preenchimento dos requisitos legais para a desconsideração (art. 50 do Código Civil e art. 28 do Código de Defesa do Consumidor). Contra essa decisão cabe agravo de instrumento. Se considerar, ao menos em tese, possível a constatação de abuso da personalidade jurídica, o magistrado instaurará o incidente e determinará a citação do sócio. Depois de oferecidas resposta e, eventual, réplica, e de produzidas as provas, o incidente será resolvido por decisão interlocutória, contra a qual cabe agravo de instrumento.[37]

Pode ocorrer, porém, de a resolução do incidente decorrer de outra espécie de provimento decisório. Se o autor pleiteou a desconsideração na própria petição inicial (art. 134, § 2º, do CPC), não haverá instauração de incidente e a questão será resolvida na sentença, impugnável por apelação. Outrossim, é possível a instauração do incidente perante o tribunal e, nessa hipótese, competirá ao relator do recurso decidir o incidente (art. 932, VI, do CPC). Contra essa decisão monocrática caberá agravo interno (art. 136, parágrafo único, e art. 1.021, ambos do CPC).

#### *4.2.2.5. Decisão que rejeita pedido de gratuidade de justiça ou acolhe pedido de sua revogação*

A parte que não tenha recursos para o custeio das despesas processuais e dos honorários advocatícios tem direito ao benefício da gratuidade de justiça (art. 98 do CPC), que engloba a isenção de pagamento das despesas arroladas no art. 98, § 1º, do CPC (custas e taxa judiciária, honorários advocatícios e periciais, as despesas com realização do exame de DNA etc.). A possibilidade de isenção do pagamento das custas denota o interesse do Estado de propiciar o amplo e irrestrito acesso à justiça, embora essa opção possa acarretar reflexos no custeamento do Poder Judiciário. Se o montante arrecadado dos jurisdicionados por meio do recolhimento das custas judiciais

---

37. Nesse sentido, ver CÂMARA, Alexandre Freitas. *O Novo Processo Civil brasileiro*. Ob. cit., p. 103: "É agravável não só a decisão de meritis proferida no incidente, mas também a que o declara inadmissível (liminarmente ou após a manifestação do requerido). Eventuais outras decisões interlocutórias proferidas no curso do incidente, porém (como seria o caso de alguma decisão que indeferisse a produção de certa prova), serão irrecorríveis, só podendo ser impugnadas juntamente com a decisão final do incidente (aplicando-se, por analogia, o disposto nos §§ 1- e 2- do art. 1.009 do CPC)".

não é suficiente para arcar com custeio da atividade jurisdicional, o excedente é sustentado pelos tributos pagos pelo contribuinte geral, os quais deixam de ser destinados a outras importantes atividades exercidas pelo Estado.

Compete à parte interessada na concessão do benefício da gratuidade de justiça a demonstração de que não dispõe dos recursos necessários ao custeio das despesas atreladas ao litígio. Na hipótese de ausência dessa comprovação, o juiz, antes de indeferir o pedido, deve intimar o requerente para a produção de prova dos pressupostos legais para a concessão (art. 99, § 2º). Se, porém, a parte pleiteante for pessoa natural, presume-se a alegada insuficiência de recursos (art. 99, § 3º),[38] mas a parte contrária pode produzir provas, demonstrando a possibilidade do pagamento das custas pelo requerente do benefício.

Convencido da ausência dos pressupostos para a concessão, o juiz indeferirá o pedido de gratuidade de justiça. O entendimento do juiz nesse sentido pode surgir no início do processo, antes mesmo da citação do réu, ou depois de oferecida a contestação que contenha preliminar de impugnação ao pedido de gratuidade (art. 337, XIII, do CPC). Em qualquer caso, tendo sido indeferido o requerimento ou posteriormente revogado o benefício anteriormente concedido, cabe agravo de instrumento (art. 101, *caput*, e art. 1.015, V, ambos do CPC). Esse agravo foge à regra geral, porquanto o legislador previu efeito suspensivo *ope legis*, isto é, a eficácia da decisão de indeferimento da gratuidade fica automaticamente suspensa.[39] Porém, o efeito suspensivo perdura até a decisão do relator do agravo de instrumento (art. 101, § 1º, do CPC), e não necessariamente até o julgamento pelo órgão colegiado. Confirmada a denegação ou revogação pelo relator ou pelo órgão colegiado, se o relator não tiver decidido antes, o agravante será intimado para recolher as custas em cinco dias (art. 101, § 2º, do CPC).

O art. 98, § 5º, do CPC permite que o juiz isente a parte do adiantamento das custas relativas a um ato específico ou a mais de um ato. Possível,

---

38. MARANHÃO, Clayton. Agravo de instrumento no Código de Processo Civil de 2015: entre a taxatividade do rol e um indesejado retorno do mandado de segurança contra ato judicial. *Revista de Processo*, v. 256, 2016, p. 157: "Presume-se verdadeira a alegação de insuficiência deduzida exclusivamente por pessoa física (art. 99, § 3.º), ao passo que a pessoa jurídica, com ou sem fins lucrativos, deverá desde logo demonstrar documentalmente tal condição junto ao requerimento do benefício (Súmula 481 (MIX\2012\488) do STJ)".

39. CORREA, Rafael Motta e; RAMOS, Fabiana de Souza. O pedido da justiça gratuita no CPC/15 e suas discussões na esfera recursal. In: JUNIOR, Nelson Nery; ALVIM, Teresa Arruda; OLIVEIRA, Pedro Miranda de (Org.). *Aspectos Polêmicos dos Recursos Cíveis e Assuntos Afins*. Ob. cit., p. 444: "Nos termos do referido artigo, quando interposto o agravo de instrumento pelo requerente da justiça gratuita contra decisão que a indeferiu, a modulou ou a revogou, não será necessário o recolhimento das despesas judiciais incidentes após o pedido, inclusive o preparo, até a apreciação preliminar do relator (...)".

outrossim, que seja autorizado o parcelamento das custas (art. 98, § 6º, do CPC) ou o seu recolhimento apenas ao final do processo. Se a parte requereu o benefício integral e lhe foi concedido tão somente o parcelamento ou a isenção do recolhimento de custas referente a um ato, ou, ainda, se a parte pleiteou o parcelamento das custas ou o recolhimento ao final, mas tais benefícios foram negados, também é cabível a impugnação por agravo de instrumento.[40] Vale dizer, qualquer decisão que indefira, ainda que parcialmente, o requerimento da parte a respeito da gratuidade de justiça comporta objeção por meio de agravo de instrumento.

A decisão de *deferimento* do benefício não é, entretanto, atacável por agravo de instrumento e, portanto, desafia apelação, depois de proferida a sentença. Também é impugnável por apelação a concessão de gratuidade ocorrida na própria sentença (art. 1.009, § 3º). Se, ainda, o requerimento somente constar da petição de recurso, compete ao relator examiná-lo. Nessa hipótese, fica dispensado o recorrente da comprovação do preparo até a decisão acerca da gratuidade.[41] Se o pleito for rejeitado, o recorrente será intimado para recolhimento das custas recursais em prazo fixado pelo relator (art. 99, § 7º). Contra a decisão de deferimento ou de indeferimento do benefício pelo relator cabe agravo interno (art. 1.021).

#### *4.2.2.6. Decisão que versa sobre exibição ou posse de documento ou coisa*

No art. 1.015, VI, o CPC dispõe que cabe agravo de instrumento contra a decisão que verse sobre exibição ou posse de documento ou coisa. O referido dispositivo é amplo e incide em diversos procedimentos. O pedido de exibição de documento ou coisa pode ser pleiteado por meio de (i) tutela provisória cautelar de antecipação de provas (arts. 301 e 305 a 310, do CPC), atraindo também a incidência do art. 1.015, I; (ii) procedimento de produção antecipada de provas (arts. 381 a 383, do CPC); (iii) incidente de

---

40. DIDIER JR., Fredie; CUNHA, Leonardo Carneiro da. *Curso de Direito Processual*. Ob. cit., p. 254; MARANHÃO, Clayton. *Agravo de instrumento no Código de Processo Civil de 2015*. Ob. cit., p. 157: "À medida que o deferimento parcial do benefício implica um indeferimento parcial, nessa parte revela-se cabível o recurso de agravo de instrumento. Da mesma forma, se a parte postulou isenção total e o juiz apenas reduziu o percentual ou apenas concedeu o parcelamento das despesas processuais. Portanto, sempre que a decisão conceder menos do que foi postulado, haverá um indeferimento ainda que parcial do pedido de gratuidade, admitindo-se, nessa extensão, o recurso de agravo de instrumento que vier a ser interposto". Enunciado FPPC n. 612: "Cabe agravo de instrumento contra decisão interlocutória que, apreciando pedido de concessão integral da gratuidade da Justiça, defere a redução percentual ou o parcelamento de despesas processuais".

41. Enunciado FPPC n. 613: "A interposição do agravo interno prolonga a dispensa provisória de adiantamento de despesa processual de que trata o §7º do art. 99, sendo desnecessário postular a tutela provisória recursal".

exibição de documento ou coisa contra a parte ou terceiro (arts. 396 a 404, do CPC); (iv) ação condenatória de obrigação de fazer ou de entregar coisa.

Em quase todos esses casos, o magistrado decidirá o pleito do interessado por meio de decisão interlocutória, impugnável por agravo de instrumento. Porém, em três hipóteses a resolução da questão ocorrerá na sentença. Em primeiro lugar, se o pleito de exibição de documento for veiculado em procedimento de produção antecipada de provas, sem que nenhuma outra prova seja requerida, e o juiz rejeitar a pretensão do requerente, deverá proferir sentença, extinguindo o processo. Contra essa sentença, caberá apelação. Em segundo lugar, a ação condenatória de obrigação de fazer ou de entregar coisa será decidida, ao final, por sentença, também impugnável por apelação. E, por fim, excepcionalmente, se os documentos cuja exibição se pretende servirem à prova necessária à liquidação, o juiz pode determinar a exibição na própria sentença, incidindo a regra do art. 1.009, § 3º, e, portanto, cabendo apelação.[42]

O inciso VI do art. 1.015 não se restringe, porém, à exibição, abrangendo também decisões sobre posse de documento ou coisa. Desse modo, decisões que versarem sobre manutenção, reintegração ou inibição à turbação da posse, se não puserem fim à fase cognitiva em primeiro grau, também são agraváveis de instrumento. No entanto, não é toda e qualquer decisão proferida em ação possessória que se aproveita do regime de recorribilidade imediata; somente as decisões que tratarem dessas matérias comportam impugnação por agravo de instrumento. A hipótese de cabimento ora em comento não se aplica às demais decisões interlocutórias, de outra natureza, proferidas em ações possessórias.[43]

### 4.2.2.7. *Decisão que versa sobre exclusão de litisconsorte*

A decisão sobre pedido de exclusão de litisconsorte é passível de contestação por agravo de instrumento. Como o *caput* do art. 1.015 do CPC dispõe que são agraváveis as "decisões interlocutórias que versarem sobre" os temas arrolados nos incisos, parecem-me recorríveis por agravo de instrumento tanto a decisão que *acolhe* como a que *rejeita* o pleito de exclusão de

---

42. Fredie Didier Jr. e Leonardo Carneiro da Cunha entendem que se o pleito de exibição de documento por dirigido a terceiro, haverá a formação de um novo processo, que será resolvido por sentença, e não por decisão interlocutória, cabendo apelação, e não agravo de instrumento. Cf. DIDIER JR., Fredie; CUNHA, Leonardo Carneiro da. *Curso de Direito Processual*. Ob. cit., 255.

43. Em sentido diverso, sustentando que nas ações possessórias todas as decisões interlocutórias estão sujeitas a agravo de instrumento, ver GRECO, Leonardo. *Instituições de Processo Civil*. Ob. cit., p. 158.

litisconsorte.[44] No entanto, se a parte alega ilegitimidade e o magistrado deixa de excluir o litisconsorte sob o fundamento de que a questão se confunde com o mérito, entendo que não cabe agravo de instrumento, pois o juiz transferiu o exame da questão da esfera de admissibilidade para o mérito. Futuramente, com o enfrentamento da questão pelo juiz na sentença, caberá impugnação por apelação.

A exclusão de litisconsorte em decorrência de sua ilegitimidade *ad causam* pode resultar na extinção do processo se todos os litisconsortes forem excluídos. Imagine-se demanda contra dois réus que alegam ilegitimidade passiva. Se o juiz reconhecer a dupla ilegitimidade e o autor não concordar com a aplicação do disposto no art. 338 do CPC (substituição da parte), o processo deverá ser julgado extinto, sem exame do mérito, por sentença, o que atrai o cabimento de apelação.

O disposto no art. 1.015, VII, do CPC diz respeito ao reconhecimento de ilegitimidade de apenas um dos litisconsortes, prosseguindo o processo em relação aos demais. Nessa hipótese de extinção parcial do processo, cabe agravo de instrumento, também incidindo a norma prevista no art. 354,[45] porquanto a extinção do processo por ilegitimidade é hipótese de sentença terminativa prevista no art. 485, VI.

Possível, outrossim, que o juiz aplique o art. 488, do CPC, e, em vez de acolher a alegação de ilegitimidade, julgue improcedente o pedido em relação a um dos réus, seguindo o processo em relação aos demais. Nessa hipótese, também será cabível agravo de instrumento, mas com fundamento no art. 1.015, II, do CPC (decisão parcial de mérito).

#### *4.2.2.8. Decisão de rejeição do pedido de limitação do litisconsórcio*

A hipótese de cabimento de agravo de instrumento listada no inciso VIII do art. 1.015 do CPC está atrelada à decisão interlocutória prevista no art. 113, § 1º, que prevê a limitação do chamado litisconsórcio multitudinário. A cumulação subjetiva de demandas em virtude das hipóteses previstas nos

---

44. Nesse sentido, GRECO, Leonardo. *Instituições de Processo Civil*. Ob. cit., p. 158. Em sentido contrário, entendendo que somente a decisão que exclui o litisconsorte é impugnável por agravo de instrumento, CÂMARA, Alexandre Freitas. In: CABRAL, Antonio do Passo; CRAMER, Ronaldo. *Comentários ao Código de Processo Civil*. Ob. cit., p. 1.518. O STJ possui precedente considerando inadmissível o agravo de instrumento contra decisão de indeferimento do pedido de exclusão de litisconsorte (REsp 1.724.453-SP, Rel. Min. Nancy Andrighi, por unanimidade, julgado em 19/03/2019, DJe 22/03/2019).

45. "Art. 354. Ocorrendo qualquer das hipóteses previstas nos arts. 485 e 487, incisos II e III, o juiz proferirá sentença. Parágrafo único. A decisão a que se refere o *caput* pode dizer respeito a apenas parcela do processo, caso em que será impugnável por agravo de instrumento."

incisos do art. 113 (comunhão de direitos ou de obrigação relativamente à lide, conexão ou afinidade de questões por ponto comum de fato ou de direito) tem o escopo de resolver com apenas uma relação jurídica processual várias pretensões e de, eventualmente, evitar decisões conflitantes. Desse modo, o litisconsórcio é um modo de privilegiar a duração razoável do processo e a economia processual.

No entanto, o acúmulo excessivo de partes no mesmo processo pode resultar em demora, em vez de celeridade, e em confusão, em vez de simplicidade. Se for constatada tal situação, o juiz limitará o número de litisconsortes. Porém, não se trata de exclusão dos litisconsortes; não há extinção do processo. Haverá, em contrapartida, desmembramento das demandas cumuladas em mais de um processo. Suponha-se que, vinculados por uma afinidade de questão de fato, cem pessoas decidem ajuizar em uma mesma relação jurídica processual – em litisconsórcio ativo, portanto – demandas contra a União. Notando que o litisconsórcio multitudinário causará confusão e comprometerá a rápida solução do litígio, o juiz desmembra aquele único processo em dez, cada um passando a conter dez pessoas no polo ativo.

Só é possível a limitação se o litisconsórcio for facultativo e simples. Litisconsórcios necessário e unitário não permitem a cisão.[46] Todos os litisconsortes deverão se manter na mesma relação jurídica processual (ex. ação de usucapião, com inúmeros possuidores ou inúmeros proprietários).

A decisão que rejeita a limitação do litisconsórcio e consequente fragmentação da relação processual é impugnável por meio de agravo de instrumento, porque se fosse necessário aguardar a sentença, o prejuízo à celeridade ou ao exercício da defesa já estaria consumado.[47] A decisão que acolhe não é agravável – exceto se ocasionar exclusão de litisconsorte (art. 1.015, VII) –, já que o inciso VIII limita o cabimento à decisão de rejeição. O legislador entendeu, com razão, que o acolhimento não gera prejuízo à parte.

#### *4.2.2.9. Decisão de admissão ou inadmissão de intervenção de terceiros*

A decisão que admite ou inadmite a participação do terceiro é capaz de acarretar prejuízo imediato. A inadmissão frustra a possibilidade de o terceiro influenciar a decisão de primeiro grau, nas modalidades voluntárias de intervenção (*amicus curiae* e assistência, por exemplo), e impede a

46. DIDIER JR., Fredie; CUNHA, Leonardo Carneiro da. *Curso de Direito Processual*. Ob. cit., p. 256.

47. Ibidem: "Não seria razoável vedar o agravo de instrumento nesse caso, pois de nada adiantaria deixar a impugnação para a sentença, quando já ultimados todos os atos processuais, com o prejuízo para a defesa ou para a duração do processo".

ampliação da responsabilização do terceiro pela parte interessada, nos casos de denunciação da lide, de chamamento ao processo e de desconsideração da personalidade jurídica. A admissão indevida também pode ocasionar prejuízos à duração do processo, em decorrência da ampliação do contraditório gerada pela intervenção.

Por tais motivos, o legislador permitiu a impugnação imediata, por meio de agravo de instrumento, da decisão que verse sobre a admissão ou inadmissão de terceiro. Excepcionando essa regra, o art. 138 taxou de irrecorrível a decisão de *admissão* da participação do *amicus curiae*, mas não veda a possibilidade de agravo de instrumento contra a decisão que *inadmite* a intervenção. Desse modo, em relação a essa última decisão incide o inciso IX, do art. 1.015, do CPC, cabendo refutação imediata por meio de agravo de instrumento.[48]

O art. 138, § 2º, do CPC dispõe que "caberá ao juiz ou ao relator, na decisão que solicitar ou admitir a intervenção, definir os poderes do *amicus curiae*". Essa decisão está diretamente ligada à própria participação do *amicus curiae*. Se, a despeito da sua admissão, o juiz restringe seus poderes de modo a impossibilitar a sua adequada participação, também considero cabível agravo de instrumento, porquanto a admissão se revela apenas formal. Imagine-se hipótese na qual a entidade especializada pretendente ao ingresso no processo pleiteia sua participação por meio de apresentação de estudo científico profundo sobre as questões debatidas na causa, mas o juiz somente autoriza sua participação da audiência de instrução e julgamento para alegações finais orais de quinze minutos. No pequeno período concedido, não será possível expor todos os meandros da tese científica. A decisão de admissão com poderes tão limitados esconde, com efeito, a inadmissão da intervenção e, portanto, é agravável de instrumento.

#### *4.2.2.10. Decisão de concessão, modificação ou revogação do efeito suspensivo aos embargos à execução*

O exercício da defesa na execução varia de acordo com a natureza do título executivo. Se judicial, a execução processa-se pelo rito da fase de cumprimento de sentença e o executado pode defender-se por impugnação, veiculada nos autos da execução (art. 525 do CPC). Se extrajudicial o título,

48. Nesse sentido, defendendo o cabimento de agravo contra a decisão de inadmissão da intervenção do *amicus curiae*, ver GRECO, Leonardo. *Instituições de Processo Civil*. Ob. cit., p. 159; CÂMARA, Alexandre Freitas. In: CABRAL, Antonio do Passo; CRAMER, Ronaldo. *Comentários ao Código de Processo Civil*. Ob. cit., p. 1518.

a execução segue o procedimento do processo de execução e as exceções do executado são apresentadas em ação autônoma, denominada embargos à execução (art. 914, do CPC).

O Código não prevê efeito suspensivo automático às peças de defesa do executado. Desse modo, para a suspensão da execução ou de parte de seu objeto (art. 525, § 8º), não basta a apresentação de impugnação ou embargos à execução. O executado precisa veicular requerimento de concessão de efeito suspensivo e (i) garantir o juízo por meio de penhora, caução ou depósito suficientes; (ii) oferecer fundamentos relevantes; e (iii) demonstrar que o prosseguimento da execução é manifestamente suscetível de lhe causar grave dano de difícil ou incerta reparação (arts. 525, § 6º, e 919, § 1º, ambos do CPC).

O art. 1.015, X, do CPC prevê a hipótese de cabimento de agravo de instrumento contra a decisão que versar sobre a concessão, a modificação ou a revogação do efeito suspensivo aos embargos à execução.[49] Em relação ao cumprimento de sentença, todas as decisões interlocutórias lá proferidas são impugnáveis por agravo de instrumento, por força do que dispõe o parágrafo único, do art. 1.015. Por esse motivo, o inciso X menciona apenas as decisões proferidas nos embargos à execução.

No entanto, como expressamente dispõe o art. 919, § 1º, a decisão que enfrenta o requerimento de efeito suspensivo aos embargos tem natureza de tutela provisória, uma vez que, ao suspender a execução, antecipa o efeito final pretendido pelo executado com a apresentação de sua defesa. Sendo assim, o cabimento do agravo contra as decisões que concedem, modificam, revogam, e também contra a que indefere o pedido de efeito suspensivo aos embargos, não prevista no inciso X, está abrangido pela hipótese de cabimento do inciso I, do mesmo dispositivo, isto é, decisão que versa sobre tutela provisória.[50] O legislador, porém, teve a intenção de deixar clara a hipótese de cabimento e evitar eventuais dúvidas que pudessem surgir da aplicação da norma.

### *4.2.2.11. Decisão sobre redistribuição do ônus da prova*

O art. 373 do Código estabeleceu três parâmetros para a distribuição do ônus da prova. Em primeiro lugar, encontra-se a regra contida em lei,

---

49. Enunciado CJF n. 71: "É cabível o recurso de agravo de instrumento contra a decisão que indefere o pedido de atribuição de efeito suspensivo a Embargos à Execução, nos termos do art. 1.015, X, do CPC".

50. DIDIER JR., Fredie; CUNHA, Leonardo Carneiro da. *Curso de Direito Processual*. Ob. cit., p. 259.

na qual se previram estaticamente os encargos do autor, da demonstração do fato constitutivo de seu direito, e do réu, da prova dos fatos extintivos, modificativos e impeditivos do direito do autor. A segunda fonte de regramento da divisão do ônus é de natureza convencional. As partes podem, de comum acordo, repartir o ônus da prova de modo diverso da previsão legal, desde que o arranjo não afete a defesa de direito indisponível das partes nem torne excessivamente difícil a uma parte a demonstração de seu direito (art. 373, § 3º, do CPC).

Por fim, adotando a teoria do ônus dinâmico da prova, igualmente prevista no art. 6º, inciso VIII, do Código de Defesa do Consumidor para as causas que versem sobre relação de consumo, o CPC assente, também para as demandas cujo objeto não seja uma relação consumerista, que a distribuição ou inversão do ônus da prova se dê por decisão judicial. No exame do caso concreto e na avaliação do acesso de cada parte às provas relevantes ao deslinde da controvérsia, o juiz pode concluir pela necessidade de redefinição do encargo de revelação dos fatos, estabelecendo que uma das partes, inicialmente desonerada, passe a ter que produzir prova contrária de fato cuja comprovação competia originalmente à outra parte. A redistribuição judicial do ônus da prova é possível (i) se ficar evidenciada a impossibilidade ou a excessiva dificuldade da parte em se desincumbir do encargo ou a maior facilidade de obtenção da prova do fato contrário (art. 373, § 1º) e (ii) se a prova do fato contrário pela outra parte não se demonstre impossível ou excessivamente difícil (art. 373, § 2º).

A necessidade de redistribuição do ônus habitualmente torna-se reconhecível somente depois de apresentadas as postulações das partes e especificados os meios de provas que pretendem se utilizar para se desincumbirem do encargo. Por tal razão, o CPC estabeleceu que, em regra, a decisão judicial que versa sobre ônus da prova é tomada na fase de saneamento e de organização do processo (art. 357, III), momento exatamente anterior ao início da fase instrutória. De todo modo, não há qualquer irregularidade na definição judicial da divisão do encargo em momento distinto, desde que se conceda à parte posteriormente onerada a oportunidade de se desincumbir do ônus (art. 373, § 1º) pela produção de todo meio de prova admissível. O juiz também deve ter a preocupação de indicar em sua decisão, além dos fundamentos que lastreiam sua conclusão, qual o fato ou os fatos que são objeto de redivisão do ônus da prova, já que a dificuldade de acesso à prova não abrange necessariamente todos os fatos sobre os quais a parte detinha o encargo de prova.

A decisão que defere – total ou parcialmente – ou indefere a redistribuição do ônus da prova é agravável de instrumento, conforme art. 1.015, XI, do CPC. Porém, o legislador achou por bem circunscrever o cabimento do agravo aos casos em que a redefinição do encargo advier de decisão judicial, ao mencionar que a decisão agravável é aquela prevista no art. 373, § 1º, do CPC. Assim, se a decisão versar sobre validade ou eficácia de redistribuição convencional (art. 373, § 3º e art. 190), não será impugnável por agravo de instrumento, mas por apelação.[51]

### *4.2.2.12. Outras hipóteses de cabimento previstas em lei*

Embora taxativo, o rol legal de hipóteses de cabimento do agravo de instrumento não se resume aos incisos do art. 1.015 do CPC, como o próprio inciso XIII denuncia. Outros dispositivos do CPC e normas contidas em outros diplomas legislativos disciplinam o cabimento de agravo de instrumento em face de decisões interlocutórias não listadas no art. 1.015.

O *caput* do art. 354, inicialmente, prevê a extinção do procedimento em primeiro grau por sentença se sobrevierem quaisquer das hipóteses previstas nos arts. 485 e 487, II e III. Pode suceder, no entanto, que a extinção em virtude de tais situações não seja integral. Suponha-se que o autor formule petição inicial contendo mais de um pedido. Porém, em relação a apenas um deles, o juiz acolhe preliminar do réu de coisa julgada. Não obstante a incidência do art. 485, V, do CPC, não haverá extinção integral da fase cognitiva, prosseguindo o processo para o julgamento do pedido não atingido pela coisa julgada. Para essa e outras hipóteses de extinção *parcial* da fase de conhecimento, com ou sem exame de mérito, o parágrafo único do art. 354 permite a interposição de agravo de instrumento.

Destarte, cabe agravo de instrumento se o juiz (i) indefere *parcialmente* a petição inicial (art. 485, I); (ii) verifica a ausência de pressupostos processuais referentes a um dos autores ou a um dos pedidos (art. 485, IV); (iii) reconhece a existência de perempção, de litispendência ou de coisa julgada de apenas *parte* dos pedidos (art. 485, V); (iv) verifica a ilegitimidade de *apenas um* dos litisconsortes ou identifica a falta de interesse de agir adstrita a *parte* dos pedidos (art. 485, VI); (v) homologa desistência *parcial* da ação (art. 485, VIII); (vi) extingue *parcialmente* o processo pelo falecimento de um dos litisconsortes ativos (art. 485, IX); (vii) decide sobre prescrição ou decadência de apenas *parcela* do mérito (art. 487, II); (viii) homologa

---

51. Em sentido contrário, considerando cabível o agravo de instrumento contra decisão que trata de convenção das partes sobre ônus da prova, ver. GRECO, Leonardo. *Instituições de Processo Civil*. Ob. cit., p. 159.

reconhecimento de procedência de *parte* dos pedidos, homologa transação *parcial* ou homologa renúncia *parcial* da pretensão (art. 487, III),[52]

Em todas essas hipóteses, como não há extinção total da fase de conhecimento, o provimento jurisdicional tem natureza de decisão interlocutória, impugnável por meio de agravo de instrumento.

Algumas das hipóteses contidas no art. 354 já fazem parte do rol do art. 1.015, como (i) a homologação parcial de transação, de reconhecimento parcial dos pedidos e de renúncia parcial da pretensão (agravo de instrumento contra decisão de mérito, previsto no art. 1.015, II, e no art. 487, III c/c art. 354, parágrafo único); (ii) a rejeição de alegação de convenção de arbitragem (agravo de instrumento previsto no art. 1.015, III, e no art. 485, VII c/c art. 354, parágrafo único); (iii) a exclusão de litisconsorte (agravo de instrumento contra decisão de reconhecimento de ilegitimidade *ad causam* de parte dos litisconsortes, previsto no art. 1.015, VII, e no art. 485, VI c/c art. 354, parágrafo único).

Em caso, por exemplo, de reconhecimento de ilegitimidade de parte dos litisconsortes ou de decretação de prescrição de parcela do objeto discutido no processo, a decisão interlocutória que os decide será impugnável por agravo de instrumento. Por outro lado, se o réu alega sua ilegitimidade passiva e a existência de prescrição que, se acolhidas, resultariam na extinção do processo por sentença, *o indeferimento de tais pleitos não autoriza a interposição de agravo de instrumento.*[53]

Explico. Parece-me evidente que a intenção do legislador, ao prever a possibilidade de agravo contra decisões interlocutórias que tenham como objeto alguma das situações previstas no art. 485 e no art. 487, II e III, era evitar a irrecorribilidade imediata de decisões de extinção parcial do processo. O art. 354, *caput*, dispõe que será proferida sentença em qualquer das hipóteses dos arts. 485 e 487, II e III. Só é proferida a sentença nesses casos se o juiz considera presente a hipótese prevista em cada inciso, e não no caso

---

52. Os casos de abandono do processo pelo autor ou por ambas as partes (art. 485, incisos II e III), por não resultarem em extinção parcial, não foram citados acima. No entanto, caso ocorra, por exemplo, a extinção por abandono apenas da reconvenção, aplica-se o art. 354, parágrafo único, sendo impugnável por agravo de instrumento a decisão.

53. Em sentido contrário, admitindo a interposição de agravo de instrumento, SICA, Heitor Vitor Mendonça. Art. 1.015. In: STRECK, Lenio Luiz; NUNES, Dierle; CUNHA, Leonardo Carneiro da (orgs.). *Comentários ao Código de Processo Civil.* 2ª Ed. São Paulo: Saraiva, 2017, p. 1.374: "Assim, é forçoso inferir que são agraváveis também as decisões que, embora sem julgar procedente ou improcedente parte(s) do(s) pedidos(s) – ou seja, sem julgar o mérito propriamente dito –, enfrenta alguma 'questão de mérito'. Exemplo corriqueiro é o da decisão proferida no curso do processo e que rejeita a alegação de prescrição ou decadência: embora aprecie matéria de mérito, não julga o mérito (apenas remove um obstáculo ao exame da procedência ou improcedência do pedido)".

de o juiz considerá-la ausente. Assim, por exemplo, o reconhecimento de inépcia da inicial gera a extinção do processo, mas o indeferimento do pleito de inépcia não leva ao mesmo resultado; o processo segue. Outrossim, a rejeição de alegação de prescrição não tem o condão de extinguir o processo.[54]

O mesmo critério deve ser utilizado para a extinção parcial. Só é impugnável de imediato por agravo de instrumento se a decisão interlocutória aplicar o disposto nos arts. 485 e 487, II e III, do CPC, e *puser fim parcialmente* à fase cognitiva. Se a decisão é no sentido de rejeição do argumento que poria fim parcial ao processo, não cabe agravo de instrumento.

Outra hipótese de cabimento de agravo de instrumento consta do art. 1.037, § 13, do CPC. Em caso de suspensão do processo em razão da afetação da questão nele discutida para solução pelo regime dos recursos especial e extraordinário repetitivos, as partes podem requerer o prosseguimento do processo, desde que demonstrem a distinção entre a questão discutida no caso concreto e a questão paradigma afetada. Contra essa decisão interlocutória que acolhe ou rejeita o pleito de prosseguimento do processo cabe agravo de instrumento, se o processo tiver sido sobrestado ainda em primeira instância. Se o sobrestamento se deu no tribunal, compete ao relator resolver o requerimento e sua decisão desafiará agravo interno.

Outras leis preveem a possibilidade de interposição de agravo de instrumento. A Lei n.º 11.101/2005, por exemplo, estabelece, em seu art. 100, que a sentença que decreta a falência é impugnável por agravo. Ainda, a decisão que recebe a petição inicial da ação de improbidade administrativa também é atacável por agravo de instrumento, como dispõe o art. 17, § 10, da Lei n.º 8.429/1992.

O art. 1.015, parágrafo único, do CPC ressalva que todas as decisões interlocutórias proferidas na fase de liquidação de sentença ou de cumprimento de sentença, no processo de execução e no processo de inventário, mesmo que não façam parte das hipóteses de cabimento previstas nos incisos

54. Em sentido contrário, considerando agravável a decisão que rejeita alegação de prescrição, ASSIS, Araken de. Cabimento de agravo de instrumento contra decisão sobre prescrição e decadência proferida no saneamento do processo. In: NERY JR., Nelson; ALVIM, Teresa Arruda; OLIVEIRA, Pedro Miranda de (Org.). *Aspectos Polêmicos dos Recursos Cíveis e Assuntos Afins*. Ob. cit., v. 14, p. 84: "Tampouco subsiste qualquer dúvida quanto à natureza das questões relativas à prescrição e à decadência. Elas integram o mérito; por isso, são prévias apenas no plano lógico, no itinerário racional do julgamento. Essas questões, uma vez acolhidas, ensejariam sentença definitiva (art. 487, II); rejeitadas, constituem decisões interlocutórias. No primeiro caso, cabe apelação; no segundo, agravo de instrumento. O regime recursal não tem maior relevo. Com efeito, o conteúdo da decisão nada tem a ver com o sentido (acolhimento ou rejeição) e o recurso porventura cabível (apelação ou agravo)".

do mesmo artigo ou em outros dispositivos, são impugnáveis por meio de agravo de instrumento. Esse tema é objeto de exame no tópico a seguir.

#### *4.2.2.13. Cabimento do agravo de instrumento pela incompatibilidade procedimental da impugnação em apelação*

A opção do legislador, ao deixar de fora da restrição do cabimento do agravo de instrumento as decisões proferidas na fase de cumprimento de sentença, no processo de execução e no processo de inventário (art. 1.015, parágrafo único), tem estreita relação com a dificuldade de adequação desses procedimentos ao regime de impugnação das decisões interlocutórias em sede de apelação. Nesses procedimentos, todas as decisões interlocutórias são, portanto, agraváveis.

Os ritos executivos (cumprimento de sentença e processo de execução) visam ao cumprimento da prestação constante do título executivo. A sentença final na execução tem por finalidade somente a declaração da satisfação da obrigação ou de sua inexigibilidade (arts. 924 e 925 do CPC).[55] Suponha-se que o requerimento de penhora veiculado pelo exequente seja indeferido. Se o pleito de constrição tinha como objeto o único bem penhorável do devedor, jamais haverá sentença declarando a satisfação do crédito e, portanto, não nascerá a possibilidade de interposição de apelação. Se o regime de recorribilidade na execução fosse o mesmo daquele previsto para a fase de conhecimento, a decisão que rejeitou o requerimento de penhora restaria, na prática, irrecorrível. Há, portanto, uma incompatibilidade entre o procedimento executivo e o sistema de impugnação das interlocutórias na apelação. O mesmo ocorre no processo de inventário, voltado ao arrolamento de bens e posterior partilha entre os herdeiros.[56]

---

55. FERREIRA, William Santos. *Cabimento do agravo de instrumento e a ótica prospectiva da utilidade*. Ob. cit., p. 196: "Vejamos os três tipos de cabimento do art. 1.015, agrupados por suas características: (...) ii. não haver recurso de apelação em relação a uma sentença de mérito o que impossibilitaria a interposição de apelação para questionamento de interlocutórias (ex. casos do parágrafo único do art. 1.015, como de 'agravabilidade' de interlocutórias proferidas em execução ou cumprimento de sentença) – um ponto importante é que em outros procedimentos que guardem identidade com esta característica das hipóteses do parágrafo único, será admissível a incidência do inc. XIII do art. 1.015, combinando o parágrafo único do art. 1.015 e com o inc. XXXV do art. 5.º, da CF; (...)".

56. Ibidem, p. 196, nota 6: "Verdadeiramente, as interlocutórias em inventário, execução, cumprimento de sentença, etc. foram ressalvadas porque representam procedimento no qual as interlocutórias não são voltadas à sentença de mérito e, portanto, comumente reúnem matérias que resolvem questão isolada e causadora de situação permanente". Greco justifica o regime diferente previsto no parágrafo único, em virtude do preponderante interesse prático presente nesses ritos em *Instituições de Processo Civil*. Ob. cit., p. 160: "O preponderante interesse prático que se apresenta nesses procedimentos torna mais próximos e sensíveis os reflexos das decisões relativas às questões processuais sobre a tutela ou a satisfação da própria pretensão de direito material, o que justifica essa amplitude".

Igualmente, o processo de falência, que nada mais é do que uma execução coletiva, na qual concorrem os credores do mesmo devedor na mesma relação jurídica processual, também não permite a aplicação da recorribilidade das interlocutórias na apelação. A sentença lá proferida tem o escopo de encerrar a falência (art. 156, da Lei n. 11.101/2005) ou de extinguir as obrigações do falido (art. 159, § 3º, da Lei n. 11.101/2005). Inúmeras decisões, como aquelas acerca de arrecadação de bens, de avaliação, de escolha do administrador judicial, de ineficácia de atos praticados antes da quebra etc. não podem aguardar a sentença de encerramento da falência para que só então possam ser reexaminadas.

Do mesmo modo, o processo de recuperação judicial tem características próprias que o afastam do sistema de recorribilidade das decisões interlocutórias destinado à fase de conhecimento.[57] Contra algumas decisões específicas, a Lei n. 11.101/2005 já permitiu expressamente a interposição de agravo, como ocorre nas decisões sobre a impugnação (art. 17) e sobre concessão da recuperação judicial (art. 59, § 2º). A redação do art. 189, § 1º, II da Lei n. 11.101/2005, alterada pela Lei n. 14.112/2020, prevê expressamente o cabimento de agravo de instrumento contra todas as decisões interlocutórias proferidas no âmbito da recuperação judicial, recuperação extrajudicial e falência, exceto nos casos que a lei prever de forma diversa.

Destarte, a recorribilidade imediata de uma decisão interlocutória por meio de agravo de instrumento pode verificar-se desde que a impugnação da decisão seja inconciliável com o reexame apenas depois de proferida a sentença, em sede de apelação.

Em contrapartida, a fase de liquidação, também mencionada pelo art. 1.015, parágrafo único, do CPC, tem natureza cognitiva – a liquidação do *quantum debeatur*, em regra, ocorre na fase de conhecimento – e poderia sujeitar-se ao regime de restrição de recorribilidade imediata das decisões interlocutórias. Por opção legislativa, porém, todas as decisões interlocutórias proferidas na liquidação são agraváveis de instrumento.

#### *4.2.2.14. A questão da preclusão*

Dispõe o art. 1.009, § 1º, do CPC que as questões decididas na fase de conhecimento, contra as quais não caiba agravo de instrumento, "não são cobertas pela preclusão", podendo ser impugnadas em razões ou contrarrazões

57. Nesse sentido, ASSIS, Araken. *Manual dos Recursos*. Ob. cit., p. 473.

de apelação. A preclusão somente será observada, portanto, na ausência de impugnação em sede de apelação. Ao examinar o dispositivo, a doutrina, por meio de intepretação *contrario sensu*, conclui que as decisões passíveis de impugnação por meio de agravo de instrumento são acobertadas *imediatamente* pela preclusão se o agravo não for interposto e, portanto, não são impugnáveis na apelação.[58]

Assim, por exemplo, se o autor deixa de agravar da decisão que redistribui o ônus da prova, não poderá levar tal questão ao conhecimento do tribunal quando da interposição da apelação.

A opinião que vem sendo sustentada de forma predominante[59] pela doutrina merece reflexão mais aprofundada, porquanto a sua aplicação, com a devida vênia aos seus defensores, tem o potencial de desvirtuar o escopo preconizado pelo legislador e de ocasionar prejuízo aos litigantes.

58. BARIONI, Rodrigo. Preclusão diferida, o fim do Agravo Retido e a ampliação do objeto da Apelação no novo Código de Processo Civil. Ob. cit., p. 273: "Nessa ordem de ideias, é imprescindível identificar as hipóteses de cabimento do agravo de instrumento. Nos casos especificados no novo Código de Processo Civil, caberá ao interessado impugnar a decisão interlocutória por meio do agravo de instrumento. Haverá preclusão temporal, imediata, se não houver a interposição do agravo de instrumento. Não relacionada a decisão como sujeita a agravo de instrumento, incide o regime da preclusão diferida previsto no § 1.º do art. 1.009 do CPC/2015, e permite-se o requerimento para que seja reexaminada no julgamento da apelação"; MARINONI, Luiz Guilherme; MITIDIERO, Daniel. *Comentários ao Código de Processo Civil*. Ob. cit., v. XVI, p. [195]: "Todas as decisões interlocutórias não passíveis de imediata recorribilidade mediante agravo de instrumento (art. 1.015, CPC/2015) são infensas à preclusão imediata e podem ser debatidas como preliminar de apelação ou de contrarrazões (art. 1.015, §§ 1.º e 2.º, CPC/2015). Em outras palavras, quando há previsão de agravo de instrumento contra a decisão interlocutória, há preclusão imediata, acaso não tenha sido interposto o recurso; quando não há, dá-se a preclusão diferida, isto é, condicionada à não impugnação da questão como preliminar da apelação ou nas suas contrarrazões"; DIDIER JR., Fredie; CUNHA, Leonardo Carneiro da. Apelação contra decisão interlocutória não agravável: a apelação do vencido e a apelação subordinada do vencedor. *Revista de Processo*, São Paulo, v. 241, p. 231-242, mar. 2015: "Na fase de conhecimento, as decisões agraváveis são sujeitas à preclusão, caso não se interponha o recurso. Aquelas não agraváveis, por sua vez, não se sujeitam à imediata preclusão. Não é, porém, correto dizer que elas não precluem. Elas são impugnadas na apelação (ou nas contrarrazões de apelação, como se verá), sob pena de preclusão. Quando o § 1.º do art. 1.009 diz que estas decisões não precluem, o que se está a afirmar é que não cabe agravo de instrumento contra elas. Sua impugnação há de ser feita na apelação (ou nas contrarrazões); se não for feita neste momento, haverá, evidentemente, preclusão".

59. Apenas Leonardo Greco, em estudo sobre o saneamento do processo, demonstra seu entendimento de que a parte prejudicada por uma decisão agravável de instrumento pode optar por impugnar a decisão somente na apelação. Cf. GRECO, Leonardo. Saneamento do processo, estabilidade e coisa julgada. In: *Processo Civil Contemporâneo*: Homenagem aos 80 anos do Professor Humberto Theodoro Júnior. Rio de Janeiro: Grupo Gen, 2018, p. 420: "Discordo também do entendimento de que a não interposição de recurso, nos casos que admitem agravo imediato, impediria a parte de pedir a revisão da decisão. O § 1° do artigo 1.009 trata da ausência de preclusão das decisões não sujeitas a recurso imediato. Parece-me incabível extrair dessa norma a ilação de que ela estabelece preclusão das sujeitas a recurso imediato, caso não interposto o agravo. Destas o dispositivo não trata. Também não colhe o argumento de que a ausência de recurso implicaria concordância da parte com a decisão, nas matérias que sejam disponíveis. Parece-me um erro extrair da omissão do recurso qualquer manifestação de vontade da parte no sentido da aprovação da decisão".

Na exposição de motivos do CPC, a Comissão de Juristas responsável pela redação do anteprojeto manifestou o posicionamento contrário à interpretação que tem sido conferida pela doutrina. Lá, esclareceu-se que "todas as decisões anteriores à sentença podem ser impugnadas na apelação".[60] A estruturação inicial do diploma de 2015 foi concebida com os objetivos de "simplificação do sistema recursal" e de irrecorribilidade imediata, como regra, das decisões interlocutórias, os quais, indubitavelmente, são mais facilmente alcançados pela concentração de irresignações em apenas um recurso, em vez de vários agravos e uma apelação.

A redação original do anteprojeto sofreu, entretanto, alterações. O art. 923, parágrafo único, explicitava que "as questões resolvidas na fase cognitiva não ficam cobertas pela preclusão". Porém, na tramitação legislativa perante a Câmara dos Deputados (Projeto de Lei n.º 8.046 de 2010), sobreveio a ideia de preclusão imediata das decisões interlocutórias agraváveis, mas não agravadas.[61]

Se, por um lado, a preclusão imediata evita rediscussões da mesma matéria muito tempo depois de examinada inicialmente em primeiro grau, por outro lado, as partes sentir-se-ão compelidas a agravar de tudo, mesmo que não convictas do real prejuízo produzido pela decisão, porquanto não terão outra chance de encaminhar a questão ao tribunal. Prevalecendo esse entendimento, melhor seria a manutenção do agravo retido, que servia às partes como ferramenta de impedimento da preclusão, sem que levasse instantaneamente a questão ao reexame do tribunal.

Não há dúvida de que o legislador reformista intencionava evitar uma multiplicidade de impugnações recursais no mesmo processo. Optou-se, diversamente, pela redução do número de recursos e pela restrição do rejulgamento imediato das decisões. A preclusão imediata das decisões interlocutórias contra as quais a lei previu o cabimento de agravo de instrumento está na contramão do que foi preconizado pelo CPC/2015. De nada adianta a restrição das hipóteses de cabimento do agravo se as partes são estimuladas

60. "Desapareceu o agravo retido, tendo, correlatamente, alterando-se o regime das preclusões. Todas as decisões anteriores à sentença podem ser impugnadas na apelação. Ressalte-se que, na verdade, o que se modificou, nesse particular, foi exclusivamente o momento da impugnação, pois essas decisões, de que se recorria, no sistema anterior, por meio de agravo retido, só eram mesmo alteradas ou mantidas quando o agravo era julgado, como preliminar de apelação. Com o novo regime, o momento de julgamento será o mesmo; não o da impugnação. O agravo de instrumento ficou mantido para as hipóteses de concessão, ou não, de tutela de urgência; para as interlocutórias de mérito, para as interlocutórias proferidas na execução (e no cumprimento de sentença) e para todos os demais casos a respeito dos quais houver previsão legal expressa".

61. Art. 963, substituído no processo legislativo pelo art. 1.022 e, posteriormente, renumerado para art. 1.009 e desmembrado em dois parágrafos na redação final.

a utilizá-lo sempre que cabível. Ademais, essa tese, a respeito da possível preclusão das decisões agraváveis, é extraída de interpretação *contrario sensu* de norma que trata das *decisões não agraváveis* (art. 1.009, § 1º).

E não é só.

O problema se acentua ao se adicionar o posicionamento externado por renomada doutrina de que é possível extrair do restrito rol legal de cabimento do agravo de instrumento outras decisões agraváveis, não expressamente previstas, mas que decorrem de interpretação extensiva de alguns incisos do art. 1.015. Assim, por exemplo, as decisões que versam sobre competência e sobre a aplicação de convenção processual seriam agraváveis, com fulcro no art. 1.015, inciso III, do CPC, uma vez que a convenção de arbitragem nada mais é do que acordo sobre competência, entabulado em negócio jurídico processual.[62]

Essa e outras interpretações – que não me parecem extensivas, mas sim analógicas –, embora astutas e engenhosas, ocasionam graves problemas práticos. Se o agravo de instrumento é o único meio de se evitar a preclusão das questões enfrentadas em decisões interlocutórias agraváveis e, a qualquer momento, os tribunais podem acolher a tese da interpretação extensiva e considerar impugnável por agravo de instrumento outras decisões não expressamente previstas em lei, as partes serão forçadas a agravar de toda e qualquer decisão interlocutória, pois nada lhes garante que, no futuro, outras decisões não serão também consideradas agraváveis pela jurisprudência.

Essa situação já se verificou na prática. A Quarta Turma do Superior Tribunal de Justiça, em recurso especial,[63] considerou cabível agravo de instrumento em face de decisão que versa sobre competência. Em seguida, a Corte Especial afetou para julgamento no regime de recurso especial repetitivo a seguinte questão: "definir a natureza do rol do artigo 1.015 do CPC/15 e verificar possibilidade de sua interpretação extensiva, para se admitir a interposição de agravo de instrumento contra decisão interlocutória que verse sobre hipóteses não expressamente versadas nos incisos de referido dispositivo do novo CPC".[64] Em seguida, no julgamento do repetitivo de tema n. 988, a Corte Especial fixou a tese de que "o rol do art. 1.015 do CPC é de taxatividade mitigada, por isso admite a interposição de agravo

62. DIDIER JR., Fredie; CUNHA, Leonardo Carneiro da. *Curso de Direito Processual*. Ob. cit., p. 250-251.

63. REsp 1679909/RS, Quarta Turma, Rel. Min. Luis Felipe Salomão, DJe 01 fev. 2018.

64. REsp 1704520/MT, Corte Especial, Rel. Min. Nancy Andrighi, DJe 28 fev. 2018.

de instrumento quando verificada a urgência decorrente da inutilidade do julgamento da questão no recurso de apelação".[65]

As duas teses cumuladas – da preclusão imediata na ausência de recurso e do cabimento de agravo em situações não expressamente previstas em lei – são capazes de gerar grande insegurança jurídica e, por conseguinte, de estimular a interposição de agravos de instrumento contra todas as decisões proferidas em primeiro grau.

O art. 278 do CPC, em contrapartida, exige que "a nulidade dos atos deve ser alegada na primeira oportunidade em que couber à parte falar nos autos, sob pena de preclusão". No entanto, a *alegação* de que trata o dispositivo não se confunde com *interposição de recurso*. Assim, se a parte não se conforma com uma decisão proferida em primeiro grau passível de ataque por agravo de instrumento, bastaria demonstrar por petição seu inconformismo e alertar que se reserva o direito de impugná-la posteriormente em grau de apelação.

Desse modo, parece-me mais adequada a interpretação condizente com os escopos inicialmente alvitrados pelo legislador, a fim de se retirar o incentivo às impugnações recursais fragmentadas, permitindo-se às partes a impugnação de todas as decisões interlocutórias em sede de apelação, mesmo se não tiverem sido objeto de agravo de instrumento anteriormente interposto.

#### 4.2.2.15. *O julgamento antecipado parcial de mérito e as decisões interlocutórias anteriores não agraváveis*

Suponha-se que o autor veicule dois pedidos em sua petição inicial. Pleiteia a condenação do réu ao pagamento de indenização decorrente de danos moral e material. O réu requer a produção de prova pericial com vistas à comprovação da inexistência do dano material, mas seu requerimento é indeferido. Em seguida, considerando que a pretensão referente ao dano material se encontra apta para julgamento de mérito, o magistrado, por meio de decisão interlocutória, julga antecipada e parcialmente o pedido do

65. Contra a interpretação ampliativa realizada pelo STJ, ALVIM, Teresa Arruda. *Os Agravos no CPC de 2015*. 5ª edição. Curitiba: EDC Editora, 2021, p. 159: "Há, em nosso entender, no sistema, uma válvula de escape, que cria um caminho para a impugnabilidade das interlocutórias não abrangidas pelo art. 1.015, que são capazes de gerar prejuízo para a parte, de molde a não poderem aguardar o julgamento da apelação para serem reformadas, consistente no mandado de segurança contra atos do juiz. A Constituição Federal o permite e a Lei Ordinária (art. 5º, II, da Lei 12.016/2009) faz referência expressa à possibilidade de se impugnar ato judicial por meio do mandado de segurança. Logo, o argumento consiste na *inconstitucionalidade* de se deixar à margem da impugnabilidade decisão que pode causar prejuízo à parte, porque sujeito a recurso diferido, e, portanto, incapaz de obstar o prejuízo, não tem o respaldo no ordenamento jurídico positivo. Não cabe recurso, mas cabe mandado de segurança".

autor (art. 356, II, do CPC), condenando o réu a indenizá-lo pelos danos materiais que considerou existentes. Como o acertamento dos fatos atinentes ao pedido de dano moral ainda depende de prova testemunhal, o processo segue em primeiro grau. O réu, inconformado com a solução dada ao pedido reparatório de dano material, interpõe agravo de instrumento (art. 356, § 5º, do CPC). Como também está descontente com o indeferimento da prova pericial, pode o réu acrescer em seu agravo de instrumento a impugnação contra essa decisão interlocutória não agravável?

Embora o indeferimento de provas não comporte impugnação por agravo de instrumento, em relação ao capítulo atacado não haverá momento futuro destinado à impugnação. No exemplo citado, a decisão interlocutória decidiu de forma *definitiva* a questão do dano material e sobre ela o juiz não voltará a se debruçar na sentença. E o requerimento de produção de prova pericial diz respeito exclusivamente à prova de inexistência do dano material. Seria possível o réu aguardar a sentença (versando apenas sobre o pedido de dano moral) para só então apelar contra a decisão interlocutória que indeferiu a prova que serviria à sua defesa referente ao outro pedido? Não me parece possível tal solução.

A decisão interlocutória prevista no art. 356, de julgamento antecipado parcial do mérito, assemelha-se a uma sentença, porquanto julga de forma definitiva um dos pedidos cumulados. E o agravo de instrumento interposto contra essa decisão faz as vezes de uma apelação, pois não será possível impugnar essa decisão posteriormente, quando sobrevier a sentença.[66] Dessa forma, não há dúvida de que todas as decisões interlocutórias não agraváveis anteriores ao julgamento antecipado parcial de mérito e que tenham relação com o pedido resolvido pelo juiz na decisão interlocutória devem ser impugnadas no agravo de instrumento interposto contra essa decisão, e não na apelação.[67]

---

66. DIDIER JR., Fredie; CUNHA, Leonardo Carneiro da. *Curso de Direito Processual*. Ob. cit., p. 265: "O agravo de instrumento, nesses casos, cumpre um papel semelhante ao da apelação. Isso porque a decisão interlocutória, aqui, tem aptidão para encerrar o processo em relação à parcela do objeto litigioso a que se refere. Se não houver agravo de instrumento, por exemplo, a decisão interlocutória se torna indiscutível, não sendo permitido ao órgão julgador que volte a examinar aquilo que fora decidido".

67. ALVIM, Arruda. Os desafios da apelação no Código de Processo Civil de 2015. In: MARX NETO, Edgard Audomar et al. (Org.). *Processo Civil Contemporâneo*: homenagem aos 80 anos do professor Humberto Theodoro Júnior. Ob. cit., p. 697: "Mais complexo ainda é o exemplo da decisão interlocutória que contenha um capítulo impugnável por apelação (*v.g.* rejeição de preliminar de ilegitimidade) e outro por agravo, quando este último contiver o julgamento parcial do mérito da causa (art. 356, II, do CPC/2015). Em tal caso, poderá ocorrer de a decisão sobre a preliminar ter o potencial de ocasionar a resolução de todo o mérito da causa, o que, certamente, tornaria inócuo o recurso de apelação quanto à parcela do mérito julgada antecipadamente. Estar-se-ia, aqui, diante de incongruência: no momento do recurso de apelação, cabível contra a rejeição preliminar de ilegitimidade, a decisão parcial de mérito já teria,

Mais complexa é a solução quando a decisão interlocutória não agravável diz respeito a todos os pedidos (no meu exemplo, afetaria tanto o pedido de indenização por dano moral, como a pretensão referente aos danos materiais). Um bom exemplo seria a alegação do réu de ilegitimidade passiva, que abrangeria todos os pedidos. Nesse caso, também considero que o momento adequado para alegar em grau recursal a ilegitimidade é o agravo de instrumento contra a decisão de julgamento antecipado parcial do mérito. Embora ainda fosse possível suscitar a ilegitimidade em grau de apelação, uma vez acolhida aproveitaria apenas o pedido referente aos danos morais, julgado na sentença, já que o outro pleito já teria sido acobertado pela imutabilidade da coisa julgada.

Desse modo, ocorrendo a cisão do julgamento de mérito pela aplicação do art. 356, do CPC, a parte prejudicada pela decisão interlocutória que decidiu parcialmente o mérito deverá impugnar por meio de agravo de instrumento não apenas tal decisão, como também as demais decisões interlocutórias não agraváveis proferidas anteriormente, desde que versem, mesmo que não exclusivamente, sobre o capítulo julgado antecipadamente.

### 4.2.3. Demais requisitos de admissibilidade

#### *4.2.3.1. Regularidade formal: a formação do instrumento*

O agravo de instrumento deve ser veiculado em petição escrita, dirigida ao tribunal hierarquicamente superior ao juízo prolator da decisão agravada, ou seja, o recurso é interposto diretamente na corte *ad quem*, sem passar pelo órgão *a quo*. A petição deve conter o nome das partes, a exposição de fato e de direito, as razões que fundamentam o pedido, o próprio pedido de invalidação ou de reforma, o nome e o endereço dos advogados constituídos no processo (art. 1.016 do CPC).

Com o evidente intuito de facilitar o acesso às cortes recursais, o Código permitiu outras formas de interposição do agravo, além do tradicional protocolo da petição perante o tribunal competente para julgá-lo. O art. 1.017, § 2º, permite que o agravo seja interposto também (i) por protocolo

---

provavelmente, transitado em julgado e produzido coisa julgada material (art. 356, §3º). Diante disso, parece-nos, em princípio, inevitável admitir o aproveitamento do agravo de instrumento, interposto com a finalidade de impugnar a decisão parcial de mérito, para o fim de, também, impugnar previamente a solução relativa à ilegitimidade". Enunciado FPPC n. 611: "Na hipótese de decisão parcial com fundamento no art. 485 ou no art. 487, as questões exclusivamente a ela relacionadas e resolvidas anteriormente, quando não recorríveis de imediato, devem ser impugnadas em preliminar do agravo de instrumento ou nas contrarrazões".

realizado na própria comarca, seção ou subseção judiciárias; (ii) pela via postal, sob registro, com aviso de recebimento; (iii) por fac-símile; ou (iv) por outras formas previstas em lei. A forma mais comum, em virtude do crescimento da utilização do processo eletrônico, é o *upload* da petição de agravo no sistema de peticionamento eletrônico do tribunal (art. 10 da Lei n. 11.419/2006).

Como o recurso tem o tribunal como destinatário final e segue desacompanhado dos autos principais, torna-se necessária a formação do instrumento, isto é, a inclusão, na petição do agravo, de cópia de algumas peças dos autos que tramitam em primeira instância, de modo que o tribunal consiga entender a controvérsia e possa reexaminar e decidir a questão que lhe é apresentada pelo agravante. As cópias não precisam ser autenticadas, bastando a declaração de autenticidade assinada pelo advogado (art. 425, IV, do CPC).

Para o entendimento das questões a serem enfrentadas no agravo de instrumento, o Código presumiu a importância de algumas peças dos autos principais, cujas cópias, obrigatoriamente, devem fazer parte do instrumento (art. 1.017, I, do CPC). São elas a petição inicial, a contestação, a petição que ensejou a decisão agravada, a própria decisão agravada, a certidão da respectiva intimação ou outro documento oficial que comprove a tempestividade e as procurações outorgadas aos advogados do agravante e do agravado. Cópias dessas peças deverão ser anexadas à petição de agravo de instrumento, sob pena de não conhecimento do recurso, em virtude do não preenchimento do requisito da regularidade formal.

Porém, antes de inadmitir o agravo de instrumento, o relator intimará o agravante para que, no prazo de cinco dias, complemente a documentação exigida (art. 1.017, § 3º c/c art. 932, parágrafo único, ambos do CPC). Somente em caso de inércia do agravante ou de complementação insuficiente das peças autoriza-se a inadmissão do recurso pelo relator.

Além das peças obrigatórias, o agravante pode juntar outras peças que julgue relevantes para o conhecimento da controvérsia (a réplica ou outra decisão proferida em primeiro grau, por exemplo). Como dito acima, o rol de peças obrigatórias previsto no art. 1.017, I, do Código apenas reflete o entendimento do legislador a respeito da importância comumente observada em relação a algumas peças processuais. No entanto, o caso concreto pode demonstrar que uma petição posteriormente apresentada é muito mais relevante para o entendimento da questão do que a petição inicial, por exemplo. O agravado também pode acostar nas suas contrarrazões de agravo outras peças cuja apresentação vislumbre indispensável e que não foram juntadas pelo agravante.

O relator pode, inclusive, determinar que o agravante traga aos autos do agravo de instrumento peças não previstas como obrigatórias, se considerar insuficientes as peças apresentadas para o julgamento do recurso. O descumprimento dessa ordem, a meu ver, não pode ocasionar a inadmissão do agravo de instrumento, mas provavelmente prejudicará o agravante no exame do mérito recursal, visto que a turma julgadora terá dificuldades na tentativa de compreensão do caso e, consequentemente, no acolhimento de seu pedido de reforma ou invalidação da decisão recorrida.[68]

Possivelmente, algumas das peças listadas como obrigatórias pelo Código podem ainda não constar dos autos em primeira instância. Suponha-se que tenha sido proferida decisão interlocutória versando sobre tutela provisória antes do término do prazo de contestação. O agravante não poderia incluir no instrumento cópia da defesa ainda não apresentada. Para essas hipóteses, o art. 1.017, II, do CPC autoriza que, em substituição à peça faltante, seja juntada uma declaração de inexistência de qualquer dos documentos indisponíveis, feita pelo advogado do agravante, que responde pessoalmente pela veracidade da informação.

A tempestividade do agravo de instrumento é comprovada pela certidão de intimação do agravante acerca da decisão recorrida. No entanto, é possível comprová-la de outros modos, especialmente se a mencionada certidão não se encontrar acessível no momento de interposição do agravo. Com a divulgação das informações processuais nas páginas da internet dos tribunais ou por meio do envio de e-mails contendo andamentos processuais dos casos cadastrados em uma conta, tornou-se comum o conhecimento do teor de decisões antes da intimação. E a parte prejudicada pela decisão não encontra nenhum óbice à interposição do recurso antes de ocorrida a comunicação formal (art. 218, § 4º, do Código). Se não ocorreu ainda a intimação, também não estará disponível, por óbvio, a respectiva certidão. Nesse caso, a prova da tempestividade poderá se dar por outros meios, como pela juntada da publicação da decisão na imprensa oficial ou até mesmo do andamento processual constante do site do tribunal.[69]

---

68. Em sentido contrário, sustentando que o descumprimento da ordem de juntada de tais peças permite a inadmissão do agravo, cf. CÂMARA, Alexandre Freitas. In: CABRAL, Antonio do Passo; CRAMER, Ronaldo. *Comentários ao Código de Processo Civil*. Ob. cit., p. 1521.

69. REsp 1.409.357/SC, Rel. Ministro Sidnei Beneti, Segunda Seção, julgado em 14/05/2014, DJe 22/05/2014: "A ausência da cópia da certidão de intimação da decisão agravada não é óbice ao conhecimento do

A formação do instrumento só encontra utilidade na hipótese de serem físicos os autos. Se o órgão responsável pelo julgamento do agravo tem acesso aos autos do processo pelo sistema do processo eletrônico, o instrumento torna-se desnecessário. Não há necessidade de cópias se os autos integrais são acessíveis na tela de computador dos julgadores. Assim, o CPC diferencia os regimes. Se os autos em primeiro grau forem físicos, compete ao agravante anexar cópia das peças referidas acima (art. 1.017, I, II e III); caso sejam eletrônicos os autos do processo, dispensa-se a formação do instrumento, embora se faculte ao agravante a juntada de outros documentos reputados úteis para a compreensão da controvérsia (art. 1.017, § 5º). Se forem juntados documentos não constantes dos autos principais, ao agravado precisa ser concedido prazo para manifestação.

Se por alguma incompatibilidade ou ineficiência do sistema não for possível aos julgadores ter acesso aos autos eletrônicos do processo que tramita em primeira instância, o agravante não pode de modo algum ser prejudicado. Compete ao tribunal solucionar o problema sem qualquer interferência na admissibilidade do recurso.

#### *4.2.3.2. A comunicação da interposição do agravo de instrumento perante o juízo de primeira instância*

Em virtude da possibilidade de protocolo da petição de agravo de instrumento diretamente no tribunal, o juízo de primeira instância não toma conhecimento do recurso, exceto se houver pedido de informações oriundo do relator ou comunicação realizada por algum dos interessados. Além disso, o agravado somente obtém acesso às razões recursais ao se deslocar à sede do tribunal, localizada na capital do estado ou, nas ações que se processam na Justiça Federal, nas capitais que acolham tribunais regionais federais. Caso o processo em primeiro grau tramite em comarca ou seção judiciária do interior, o acesso aos autos do agravo pelo agravado torna-se muito oneroso.

Para remediar essa situação, se forem físicos os autos do agravo de instrumento, exige-se do agravante (art. 1.018, § 2º, do CPC) que, no prazo de três dias contados da interposição do recurso, informe tal fato ao juízo prolator da decisão agravada, juntando aos autos principais cópia do agravo de instrumento e da prova da sua interposição e indicando as peças que fizeram parte do instrumento. Desse modo, com a ciência da interposição do recurso, o juízo poderá exercer o juízo de retratação, caso considere

---

Agravo de Instrumento quando, por outros meios inequívocos, for possível aferir a tempestividade do recurso, em atendimento ao princípio da instrumentalidade das formas".

relevante a fundamentação do agravante, e ao agravado será viável formular suas contrarrazões recursais ao ter acesso à petição de agravo e às peças já acostadas pelo agravante.

A ausência de comunicação da interposição do recurso pode ocasionar o seu não conhecimento. Porém, diferentemente dos demais requisitos de admissibilidade, que são reconhecidos de ofício, a inadmissão do agravo de instrumento pelo descumprimento do requisito ora em comento somente acontece se arguido e comprovado pelo agravado.[70] Do mesmo modo que acontece com os demais pressupostos de admissibilidade, aplica-se o art. 932, parágrafo único, do CPC ao requisito de comunicação de interposição do agravo ao juízo *a quo*.[71]

Deixa de ser obrigatória a comunicação da interposição do agravo ao juízo de primeira instância se o recurso tramitar no tribunal em autos eletrônicos. Isso porque o agravado terá acesso aos autos pelo sistema do processo eletrônico, sem que precise se deslocar até a sede do tribunal (art. 1.018, do CPC).[72] Faculta-se, entretanto, ao agravante a juntada do agravo de instrumento em primeiro grau, a fim de viabilizar eventual juízo de retratação.

Em que pese o CPC não deixar claro, a obrigatoriedade do cumprimento desse requisito só tem espaço se *os autos do agravo de instrumento forem físicos*. O processamento da demanda em autos físicos no juízo *a quo*

---

70. RODRIGUES, Marco Antonio. *Manual dos Recursos*. Ob. cit., p. 181: "O agravado arguirá e provará tal ausência em qual momento processual? O art. 1.018 não esclarece quando isso deve acontecer, porém, é regra basilar da teoria das nulidades processuais que os vícios processuais devem ser alegados na primeira oportunidade, consoante estabelece o art. 278 do CPC. O agravado tem como primeira oportunidade para falar no agravo de instrumento as suas contrarrazões. Diante disso, o agravado deverá arguir e provar o descumprimento do art. 1.018 nas suas contrarrazões, sob pena de preclusão".

71. MEDINA, José Miguel Garcia. *Novo Código de Processo Civil Comentado*. Ob. cit., p. 1511-1512: "Segundo pensamos, deve-se observar, também neste caso, o que dispõe o parágrafo único do art. 932 do CPC/2015: caso o agravado alegue a não observância do disposto no art. 1.018, *caput* do CPC/2015, deverá o relator intimar o agravante para suprir o requisito. Trata-se de interpretação consentânea com princípio que serve de base ao parágrafo único do art. 932 do Código e, também, que mais amolda à finalidade da regra prevista no art. 1.018: propiciar a realização de juízo de retratação, se for o caso (cf. § 1º, do mesmo artigo; a respeito, cf. comentário a seguir)". Em sentido contrário, ver ASSIS, Araken. *Manual dos Recursos*. Ob. cit., p. 484: "Em consequência, o remendo constante do art. 1.018, § 3.º, quebrou o princípio de o órgão judiciário, *ex officio*, controlar as condições de admissibilidade dos recursos. Lícito concluir, à luz desse dispositivo, não comportar o defeito o saneamento do art. 1.017, § 3.º, c/c art. 932, parágrafo único".

72. CÂMARA, Alexandre Freitas. In: CABRAL, Antonio do Passo; CRAMER, Ronaldo. *Comentários ao Código de Processo Civil*. Ob. cit., p. 1522: "É que assim se viabiliza o exercício, pelo agravado, do direito de defesa (que não teria qualquer prejuízo no caso de autos eletrônicos, já que nessa hipótese todas as peças estariam disponíveis para o agravado), facilitando-se seu acesso à petição de interposição e aos demais dados necessários para a elaboração de suas contrarrazões".

em nada influencia na ciência a respeito da interposição do recurso, uma vez que o intuito primordial da norma é permitir ao juízo e ao agravado o conhecimento da impugnação recursal sem grandes dificuldades. Se os autos do agravo forem eletrônicos, estarão acessíveis pela internet, possibilitando a consulta a distância.[73]

#### *4.2.3.3. Tempestividade e preparo*

Como ocorre com os demais recursos previstos no Código, à exceção dos embargos de declaração, o prazo para interposição do agravo de instrumento é de quinze dias (art. 1.003, § 5º), contados em dias úteis (art. 219) da intimação das partes acerca da decisão interlocutória agravável (art. 1.003, *caput*). Da mesma forma, o prazo para contrarrazões é de quinze dias que correm a partir da intimação do agravado.

Em uma situação, porém, o CPC não deixou claro o termo inicial do prazo para a interposição do agravo de instrumento. O art. 357 dispõe sobre a decisão de saneamento e organização do processo, momento no qual o juiz, se não for o caso de extinção do processo sem exame do mérito (art. 354) nem de julgamento antecipado total do mérito (art. 355), deverá tomar uma série de medidas com o propósito de preparar o processo para as atividades instrutórias e decisórias subsequentes. O art. 357 prevê o exame dos seguintes tópicos: (i) questões processuais pendentes; (ii) delimitação das questões de fato sobre as quais recairá a atividade probatória e admissão das provas a serem produzidas; (iii) definição da distribuição do ônus da prova; (iv) delimitação das questões de direito relevantes para a decisão do mérito; (v) designação, se necessário, de audiência de instrução e julgamento.

O enfrentamento de algumas dessas questões pelo magistrado nesse momento processual resulta em decisão interlocutória impugnável apenas na apelação, como é o caso da admissibilidade de prova. Porém, parte da decisão de saneamento e organização do processo é agravável. Alguns exemplos são a exclusão de parte ilegítima, a admissão ou inadmissão de intervenção de terceiro (ambos são questões processuais, resolvidas no saneamento conforme art. 357, I) e, ainda, a redistribuição do ônus da prova.

---

73. Leonardo Greco sustenta que a dispensa somente ocorre se eletrônicos os autos em primeiro grau e do agravo de instrumento. Sua preocupação, no entanto, é a mesma aqui citada, isto é, possibilidade de acesso pelo juiz de primeira instância. GRECO, Leonardo. *Instituições de Processo Civil*. Ob. cit., p. 165: "O Código de 2015 dispensa a referida comunicação nos autos eletrônicos (art. 1.018, § 2º), com tal devendo entender-se aqueles em que o processo tramita eletronicamente na primeira e na segunda instâncias, num sistema integrado em que os atos praticados nesta última sejam visíveis ao juiz e ao escrivão na primeira".

O saneamento pode se dar por meio de audiência, se a causa apresentar complexidade em matéria de fato ou de direito (art. 357, § 3º, do CPC), ou por decisão escrita, nos demais casos. Nessa última hipótese, o art. 357, § 1º, dispõe que, "realizado o saneamento, as partes têm o direito de pedir esclarecimentos ou solicitar ajustes, no prazo comum de 5 (cinco) dias, findo o qual a decisão se torna estável". Pode-se concluir, pois, que o juiz inicialmente submete às partes um *projeto de decisão*, para que possam com ele dialogar e solicitar esclarecimentos ou ajustes. Somente depois de realizado esse diálogo é proferida a decisão definitiva. Parece-me que o escopo da norma foi a criação de um espaço dialético antes da instrução a fim de que as partes possam compreender o que se passa na cabeça do juiz a respeito da controvérsia dos fatos e do direito e sobre as provas já produzidas. Desse modo, por meio dessa comunicação, evitam-se surpresas e a atividade instrutória pode se desenvolver de modo mais eficaz e produtivo, dispensando-se a prova e as questões incontroversas ou já devidamente comprovadas.

Por tais motivos, considero que a primeira manifestação do magistrado a respeito da organização e saneamento do processo – o *projeto de decisão* – ainda não é um ato decisório, mas um convite ao diálogo com as partes, em benefício do contraditório e da cooperação.[74] Somente depois de ouvidas as partes e realizados os eventuais ajustes e/ou esclarecimentos ter-se-á uma decisão de saneamento. Portanto, o prazo para agravo de instrumento, interposto em face dos capítulos decisórios agraváveis constantes da decisão prevista no art. 357 do CPC, conta-se a partir (i) da intimação do ato decisório propriamente dito, isto é, da *decisão estável* tomada após a oitiva dos litigantes conforme previsto no art. 357, § 1º, ou (ii) do término do prazo de cinco dias para manifestação das partes, caso nenhuma delas pleiteie ajustes ou esclarecimentos.

74. Leonardo Greco sustenta que o art. 357, § 1º tenta minimizar o déficit garantístico decorrente da falta de audiência, permitindo diálogo e colaboração dos sujeitos do processo. Cf. GRECO, Leonardo. Saneamento do processo, estabilidade e coisa julgada. In: *Processo Civil Contemporâneo*: Homenagem aos 80 anos do Professor Humberto Theodoro Júnior. Ob. cit., p. 432: "Parece-me que o objetivo deste § 1º é remediar esse déficit garantístico a que se sujeita o saneamento escrito e que, à falta de uma audiência preliminar, somente poderia ser suprido de modo mais completo se o juiz elaborasse um verdadeiro projeto de saneador, submetendo-o à prévia audiência das partes para em seguida proferi-lo. Ainda assim, se alguma observação feita sugerisse alterações no projeto, deveria novamente ouvir as partes antes de editá-lo. Vê-se que a solução do pedido de esclarecimento ou ajuste *a posteriori* pode remediar as deficiências de diálogo prévio e que o seu sentido é francamente positivo, se as partes e o juiz o encararem de boa-fé como um instrumento de cooperação, aquelas na busca da adequação do saneador às necessidades de regularização e organização eficiente do processo e este na disposição de aperfeiçoá-lo, se necessário, para atender com mais plenitude às expectativas daquelas e à busca dos melhores caminhos para uma decisão final justa".

Embora essa solução tenha o potencial de ocasionar alguma confusão acerca do termo inicial do prazo de agravo de instrumento na hipótese de as partes não utilizarem da prerrogativa do requerimento de ajustes ou esclarecimentos, considero a melhor forma de se estimular o diálogo entre os sujeitos do processo sem a necessidade de impugnações precipitadas. Suponha-se que o juiz tenha, no projeto de decisão, indicado sua intenção de indeferir determinada prova, pois considera já devidamente comprovado o fato. Em sua manifestação, a parte pode esclarecer que a prova serviria à demonstração de outro fato. Ou, ainda, se o juiz inicialmente tem dúvida acerca do acesso à prova pelas partes e não sabe como distribuir o ônus entre elas. A manifestação prévia à decisão consiste em meio eficaz de esclarecimento de tais dúvidas.

O primeiro provimento do juiz acerca do saneamento e da organização do processo deve ser enxergado, pois, como mero despacho de convocação das partes ao diálogo e à cooperação, a fim de que possam contribuir com o juiz nessa etapa e se ganhem tempo e qualidade nas etapas seguintes. Assim, somente é impugnável por recurso a decisão estável, prevista no art. 357, § 1º.

O agravo de instrumento depende de preparo (art. 1.017, § 1º, do CPC). A petição do recurso deve vir acompanhada do respectivo comprovante do recolhimento das custas devidas e do porte de retorno (se forem físicos os autos do agravo). Em caso de ausência de preparo, antes de julgar o recurso deserto, o relator intimará o agravante para comprovação do recolhimento em dobro das custas no prazo de cinco dias (art. 1.007, § 4º, do CPC). Na hipótese de insuficiência de preparo, o relator determinará o recolhimento da quantia faltante (art. 1.007, § 2º, do CPC). Não cumpridas as determinações de recolhimento em dobro ou de complementação do preparo insuficiente, o recurso será inadmitido em razão da deserção.

### 4.2.4. Procedimento

O agravo de instrumento, como visto, deve ser dirigido ao tribunal e será imediatamente distribuído a um dos órgãos fracionários – turma ou câmara – potencialmente competentes e a um relator, exceto na hipótese de já existir órgão e relator preventos.[75] Ao receber o recurso, o relator, antes de determinar a intimação do agravado para contrarrazões, avaliará o cumprimento dos requisitos de admissibilidade. Na falta de algum requisito, será concedido prazo ao agravante para correção do vício ou complementação

75. O exame mais detalhado do procedimento encontra-se no capítulo 3 deste livro, "Do procedimento perante o tribunal".

da documentação exigida (art. 932, parágrafo único, do CPC). Não sendo cumprida a determinação ou sendo insanável o vício, o relator deixará de conhecer do agravo de instrumento por decisão unipessoal (art. 932, III, do CPC). Se presentes os pressupostos de admissibilidade, cabe ainda ao relator, antes de possibilitar o contraditório, a verificação da possibilidade de imediato desprovimento do agravo (art. 932, IV, do CPC). Desse modo, se, por exemplo, a pretensão defendida pelo agravante for contrária a súmula do Superior Tribunal de Justiça ou a decisão agravada fundar-se em acórdão proferido no julgamento de recurso extraordinário repetitivo, o relator está autorizado a decidir monocraticamente o mérito recursal.

Outrossim, nesse momento inicial, o relator decidirá eventual pleito de concessão de efeito suspensivo ao agravo de instrumento, que, excetuada a hipótese prevista no art. 101, § 1º, do CPC, não tem efeito suspensivo *ope legis*. Também examinará requerimento de antecipação dos efeitos da tutela recursal. Embora o art. 1.019, I, do CPC disponha que a análise de tal pedido seja realizada antes do prazo de manifestação do agravado, a postergação do contraditório somente é possível nas hipóteses previstas no art. 9º, parágrafo único, do CPC.

Finalmente, o relator ordenará a intimação do agravado, concedendo-lhe prazo de quinze dias para oferecimento de contrarrazões e facultando-lhe a juntada da documentação – ainda não acostada pelo agravante – que entender necessária ao julgamento do recurso (art. 1.019, II, do CPC). Se o agravado não tem ainda procurador constituído nos autos, será intimado preferencialmente por carta, com aviso de recebimento. Na mesma decisão que determinar a intimação do agravado, deve ser ordenada a intimação do Ministério Público, se for o caso, para sua intervenção no prazo de quinze dias (art. 1.019, II, do CPC). Permite-se, ainda, que o relator oficie ao juízo de primeiro grau para a obtenção de informações acerca da decisão tomada e das circunstâncias que a envolveram.

O julgamento do mérito do agravo de instrumento pode deixar de ocorrer caso o juiz de primeiro grau, ao tomar conhecimento da interposição do recurso, exerça o juízo de retratação.[76] Nessa hipótese, o recurso será considerado prejudicado (art. 1.018, § 1º, do CPC), desde que a retratação seja integral. Se o magistrado de primeira instância se retratar parcialmente, parte do que fora impugnado perderá o objeto e o restante, que não foi objeto

76. A decisão proferida pelo juiz de primeiro grau, retratando-se do posicionamento anterior, é uma nova decisão, possivelmente impugnável por agravo de instrumento pela parte contrária, que passará a ter interesse recursal em decorrência do prejuízo ocasionado pela retratação.

da mudança de entendimento, será apreciado pelo órgão competente para julgamento do recurso. Depois do exercício do contraditório pelo agravado, permite-se ao relator acolher monocraticamente o recurso, se a decisão agravada for contrária a súmula do STF, do STJ ou do próprio tribunal, a acórdão proferido pelo STF ou pelo STJ em julgamento de recursos repetitivos ou a entendimento firmado em incidente de resolução de demandas repetitivas ou de assunção de competência. Porém, diferentemente da *rejeição* liminar do agravo pelo relator (art. 932, IV, do CPC), o *acolhimento* por decisão monocrática pressupõe a concessão de prazo para resposta do agravado, já que ele será prejudicado pela decisão (art. 932, V, do CPC).

Cumpridas as providências necessárias e não sendo o caso de decisão unipessoal, o relator elaborará o relatório e remeterá os autos à secretaria (art. 931, do CPC). Em seguida, os autos serão apresentados ao presidente do órgão, que designará dia para julgamento do recurso e ordenará a publicação da pauta no órgão oficial (art. 934). No dia do julgamento, depois de anunciado o caso pelo presidente, o relator relatará o processo e a palavra será concedida aos advogados de agravante e agravado para sustentação oral por quinze minutos cada, sempre que possível a participação oral no agravo (recurso que versa sobre tutela provisória, art. 937, VIII, do CPC). Realizadas as defesas orais – inclusive do Ministério Público, nos casos de sua intervenção –, o relator anunciará seu voto, sendo seguido pelo voto dos demais membros da turma julgadora (três desembargadores, no total, conforme art. 941, § 2º). Se o agravo de instrumento versar sobre julgamento antecipado parcial do mérito (art. 356, do CPC), havendo divergência e prevalecendo o resultado de reforma da decisão, aplica-se o disposto no art. 942, do CPC, majorando-se automaticamente o número de magistrados (art. 942, § 3º, II).[77] Ao final dos debates e da votação, o presidente anunciará o resultado do julgamento.

Se na pendência do julgamento do agravo de instrumento perante o tribunal sobrevém a sentença e contra ela é interposta apelação, o agravo deve ser julgado antes, ainda que na mesma sessão ocorra o julgamento de ambos os recursos (art. 946, do CPC). O legislador deixou claro que a superveniência de apelação não retira necessariamente a utilidade do julgamento do agravo.[78] *In concreto*, porém, possível se perceber a perda do objeto

77. Remeto o leitor ao tópico que versa sobre o art. 942.

78. DIDIER JR., Fredie; CUNHA, Leonardo Carneiro da. *Curso de Direito Processual*. Ob. cit., p. 283: "Em suma, a questão deve ser analisada sob a ótica do interesse recursal do agravante: se, a despeito da sentença superveniente, ainda lhe for útil, de algum modo, o julgamento do agravo – é dizer, se a sua posição no processo puder ser, de alguma forma, melhorada com aquele julgamento –, não se pode ter por

do agravo que impeça o seu julgamento (p. ex. agravo contra decisão que deferiu tutela provisória posteriormente confirmada na sentença). Também pode acontecer de o interesse do agravante no provimento do agravo surgir apenas depois de julgada a apelação. Pense-se na decisão que redistribuiu o ônus da prova em prejuízo do réu. Contra essa decisão, é interposto agravo de instrumento. No entanto, a sentença rejeita os pedidos do autor, que apela antes de julgado o agravo. O réu, vencedor em primeiro grau, somente terá interesse de ver julgado seu agravo se reformada a sentença, devendo ser invertida a ordem de julgamento prevista no art. 946 do CPC.

### 4.2.5. Efeitos

O agravo de instrumento, por força do art. 995, do CPC, não tem efeito suspensivo automático. Sua interposição não impede, pois, a eficácia da decisão agravada. No entanto, como já estudado supra, o Código confere ferramentas às partes e ao relator para a atribuição de efeito suspensivo por meio de decisão judicial. Assim, se demonstrada a incidência do art. 995, parágrafo único, do CPC – risco de dano grave, de difícil ou impossível reparação, e a probabilidade de provimento do recurso –, o agravante pleiteará na própria petição de agravo a concessão de efeito suspensivo.[79] Concordando com os argumentos do recorrente, compete ao relator acolher o pleito e suspender a eficácia da decisão (art. 1.019, I, do CPC).

Nada impede que o agravante peça a atribuição de efeito suspensivo em momento posterior à interposição do agravo, desde que o faça antes do julgamento do recurso.

Em razão da aplicação do princípio dispositivo, devolve-se ao juízo *ad quem* a matéria impugnada pelo agravante, somente sendo objeto de reexame o que foi apresentado no recurso. A parte prejudicada tem a liberdade de escolher o que pretende levar à reapreciação do Poder Judiciário. Ao órgão *ad quem* não é lícito conhecer de questões que não foram veiculadas no recurso. Caso a parte se conforme parcialmente com a decisão interlocutória, é-lhe autorizada a interposição de recurso parcial, que não abranja todas as questões recorríveis.

---

prejudicado aquele recurso; se, ao contrário, a partir da prolação da sentença, o provimento ou desprovimento do agravo não tiver o condão de influenciar em sua situação processual, outro caminho não restará senão o de tê-lo por prejudicado".

79. Sobre os requisitos para a concessão de efeito suspensivo e demais discussões a respeito do tema, remeto o leitor ao capítulo acerca dos efeitos dos recursos.

Assim, extensão da impugnação é definida pelo agravante. Definidas as questões que podem ser apreciadas pelo órgão *ad quem*, resta saber qual a profundidade de sua cognição. O agravo de instrumento devolve ao tribunal todos os fundamentos apresentados a respeito do capítulo impugnado (art. 1.013, § 1º, do CPC). Estabelecida pelo agravante a extensão da impugnação, o tribunal servir-se-á, em seu reexame, de todo material de que dispunha o juízo de primeira instância. Todos os fatos, provas e fundamentos estão à disposição do novo julgador.[80]

Parece-me possível a aplicação da teoria da causa madura (art. 1.013, § 3º, do CPC) ao agravo de instrumento sempre que presentes seus requisitos.[81] Assim, se a decisão interlocutória agravada, aplicando o art. 354, parágrafo único, extingue o processo em relação a apenas um dos pedidos (acolhendo preliminar de coisa julgada ou de falta de interesse de agir, por exemplo) e o tribunal considera inexistente a causa de inadmissibilidade do pedido, pode adentrar no mérito e julgar o pedido com base no que dispõe o art. 356 do CPC (julgamento antecipado parcial de mérito). Para tanto, é indispensável que, em relação ao pedido objeto do agravo, a causa esteja madura para julgamento.[82] Da mesma forma, aplica-se o art. 1.013, § 3º, IV, possibilitando ao tribunal, em vez de invalidar a decisão interlocutória em virtude da insuficiência de motivação, a complementação da fundamentação ou até a reforma da decisão.

Outro exemplo comum da aplicação da teoria da causa madura no regime do agravo de instrumento é encontrado nas situações nas quais o juízo de primeira instância omite-se a respeito de determinado pedido. Imagine-se petição inicial contendo pleito de concessão liminar de tutela antecipada. O juiz, no entanto, deixa de analisá-lo ou informa que avaliará a tutela provisória pretendida somente depois do contraditório. O tribunal, em grau de agravo de instrumento, pode, com fulcro no art. 1.013, § 3º, III do CPC, examinar e julgar diretamente o pleito de tutela antecipada ainda não enfrentado em primeira instância.

---

80. Remeto o leitor ao capítulo dos efeitos dos recursos, onde o efeito devolutivo é estudado com mais detalhes.

81. Nesse sentido, ver RODRIGUES. Marco Antonio. *Manual dos Recursos*. Ob. cit., p. 171: "Parece-me possível tal extensão desde que presentes os requisitos previstos no art. 1.013, § 3º, do CPC, especialmente por conta da possibilidade prevista na novel legislação de julgamento antecipado parcial de mérito (art. 356), a qual é atacável pela via do agravo de instrumento (art. 356, § 5º, c/c o art. 1.015, II)". Ver também DIDIER JR., Fredie; CUNHA, Leonardo Carneiro da. *Curso de Direito Processual*. Ob. cit., 280.

82. Sobre o estudo da teoria da causa madura, remeto o leitor ao capítulo que versa sobre os efeitos dos recursos.

Por fim, não obstante seja incomum, é possível que o julgamento do agravo de instrumento ocasione a extinção do processo. Em virtude do efeito devolutivo, o tribunal apreciará todas as questões suscitadas e discutidas no processo, desde que referentes ao capítulo impugnado (art. 1.013, § 1º). Imagine-se que, depois de deferida tutela provisória requerida pelo autor, o réu interponha agravo de instrumento sustentando sua ilegitimidade *ad causam*. Caso o tribunal concorde com a alegação, não se limitará à reforma da decisão sobre tutela provisória, mas extinguirá o processo em sua plenitude, em decorrência da carência de ação.

Seria possível, ainda, que o tribunal reconhecesse outra causa de extinção do processo, mesmo que não suscitada pelas partes. Em razão do que dispõe o art. 485, § 3º, do CPC – fonte normativa do efeito translativo –, compete ao juiz e ao tribunal conhecerem de ofício determinadas matérias. Suponha-se que o réu interpõe agravo de instrumento em face de decisão que tenha redistribuído o ônus da prova. Ao apreciar o recurso, o tribunal percebe que outra demanda idêntica já foi julgada, configurando coisa julgada. Antes, porém, de extinguir o processo sem exame de mérito (art. 485, V, do CPC), o tribunal deve abrir prazo para que o autor possa exercer o contraditório sobre essa questão (arts. 10 e 933 do CPC). Findo o prazo, com ou sem manifestação do autor, e mantido o entendimento sobre a existência de coisa julgada, compete ao tribunal extinguir o processo em exame de agravo de instrumento.

## 4.3. EMBARGOS DE DECLARAÇÃO

### 4.3.1. Conceito

Não obstante a existência de discussão pretérita acerca de sua natureza jurídica,[83] atualmente não há dúvida de que os embargos de declaração são uma espécie de recurso,[84] expressamente disciplinada no Código, nos arts. 1.022 a 1.026. No entanto, diferentemente dos demais recursos previstos,

83. LIMA, Alcides de Mendonça. *Introdução aos recursos cíveis*. Ob. cit., p. 209-210.

84. NEVES, Daniel Amorim Assumpção. Manual de Direito Processual. 8. ed. Salvador: Juspodivm, 2016, p. 2807: Por outro lado, os embargos de declaração preenchem os requisitos essenciais para que um meio de impugnação seja considerado recurso: (i) permitem a revisão da decisão; (ii) exigem o preenchimento dos pressupostos de admissibilidade; (iii) obstam a preclusão da decisão; (iv) permitem a modificação da decisão, não se limitando ao esclarecimento ou integração da decisão, ao menos nos casos de omissão e contradição.

não servem – ao menos em regra – à reforma e à invalidação da decisão embargada.

Os atos das partes devem revestir-se de clareza, capaz de propiciar a precisa compreensão dos demais sujeitos processuais. Demonstra-se ainda mais relevante que os provimentos jurisdicionais também gozem dessa característica. Assim, as decisões judiciais devem ser inteligíveis e coerentes, de modo a garantir a assimilação de seu conteúdo pelo leitor e a percepção do encadeamento lógico empreendido pelo julgador. É igualmente indispensável que a decisão judicial seja o reflexo das questões cuja cognição é levada ao magistrado por meio de requerimento das partes ou de imposição legal. Sem se olvidar de nada, a decisão deve enfrentar todos os pedidos e requerimentos das partes e os seus fundamentos, além das demais questões indicadas em lei como suscetíveis de apreciação *ex officio*.

Antevendo a superveniência de provimentos jurisdicionais que não atendam aos requisitos de clareza, coerência e completude, o legislador previu remédio recursal para a provocação de seu aperfeiçoamento, a fim de que ocorra o esclarecimento, a correção ou a integração da decisão. Destarte, os embargos de declaração são o recurso cabível para a alegação de existência de contradição, obscuridade, omissão ou erro material contido no *decisum*, dirigido ao próprio juízo prolator da decisão.

### 4.3.2. Cabimento

Dispõe o art. 1.022 que são cabíveis os embargos de declaração contra qualquer decisão judicial. Decisões interlocutórias, sentenças, acórdãos e decisões unipessoais, em razão de seu conteúdo decisório, são provimentos embargáveis. Despachos, em regra irrecorríveis, podem, eventualmente, ser objeto de embargos de declaração. Caso apresentem erro material (ex. despacho que designa audiência para dia anterior à data do provimento) obscuridade (ex. despacho que determina a intimação de testemunha sem indicar com clareza a qual testemunha se refere), contradição (ex. despacho que determina ao réu a manifestação em réplica sobre a contestação) ou omissão (ex. despacho que determina a intimação do réu e deixa de apreciar o pedido do autor de intimação do Ministério Público), também podem ser impugnados por embargos de declaração.[85]

---

85. PINHO, Humberto Dalla Bernadina. *Direito Processual Civil Contemporâneo*. Ob. cit., p. 903: "Por outro lado, despacho que venham a gerar tumulto no processo ou que se qualifiquem como teratológicos podem, a nosso ver, ser objeto de embargos de declaração".

Os embargos servem à suscitação de esclarecimento, correção ou integração presentes em qualquer provimento jurisdicional, inclusive despachos e decisões irrecorríveis.[86] O descabimento do referido recurso contra despachos poderia resultar em obstáculo ao andamento do processo, pois a falta de clareza, a omissão e o erro podem tornar dúbio o caminho a ser seguido pelas partes, na ausência de um remédio capaz de permitir a provocação da elucidação.

Se a parte deixa de opô-los no prazo, opera-se à preclusão para veiculação desses vícios em sede de embargos, mas não impede que a parte interessada suscite omissão, contradição ou obscuridade em outro recurso. Se, por exemplo, não obstante considerar contraditória a sentença, o réu deixa de apresentar aclaratórios no prazo de cinco dias, poderá alegar tal vício em recurso de apelação.[87] Na hipótese, porém, de recursos especial ou extraordinário, os embargos de declaração devem ser manejados previamente, para fins de prequestionamento. O erro material, por sua vez, como examinado no tópico seguinte, pode ser corrigido mesmo depois do trânsito em julgado.

Os embargos de declaração são um recurso de fundamentação vinculada, porquanto constam arrolados em lei as hipóteses específicas nas quais são cabíveis. Assim, somente afigura-se possível por meio de embargos de declaração veicular as alegações de erro material, contradição, obscuridade e contradição (art. 1.022 do CPC). Tais hipóteses de cabimento são examinadas a seguir.

### 4.3.2.1. *Erro material*

As decisões judiciais podem apresentar erros, tanto relacionados à forma (*error in procedendo*), quanto referentes ao conteúdo (*error in judicando*). Além desses defeitos, mais graves, invariavelmente, as decisões contêm imprecisões menos relevantes, mas que também demandam reparo. Essas imperfeições podem consistir em erros materiais ou de cálculo. Como exemplo dos primeiros, pode-se citar a sentença que julga procedente o pedido do *réu*, em vez do pedido do *autor*, ou a decisão que concede a *segurança*, quando havia

---

86. Nesse sentido, ver BARBOSA MOREIRA, José Carlos. *Comentários ao Código de Processo Civil*. Ob. cit., p. 546-547: "Não tem a mínima relevância que se trate de decisão de grau inferior ou superior, proferida em processo de cognição (de procedimento comum ou especial), de execução ou cautelar. Tampouco importa que a decisão seja definitiva ou não, final ou interlocutória. Ainda quando o texto legal, *expressis verbis*, a qualifique de "irrecorrível", há de entender-se que o faz com a ressalva implícita concernente aos embargos de declaração (...)"; DIDIER JR., Fredie; CUNHA, Leonardo Carneiro da. *Curso de Direito Processual*. Ob. cit., p. 298; STRECK, Lenio Luiz; FREIRE, Alexandre. In: *Comentários ao Código de Processo Civil*. São Paulo: Saraiva, 2016. Em sentido contrário, sustentando o descabimento de embargos de declaração em face de despachos, cf. RODRIGUES. Marco Antonio. *Manual dos Recursos*. Ob. cit., p. 198.

87. DIDIER JR., Fredie; CUNHA, Leonardo Carneiro da. *Curso de Direito Processual*. Ob. cit., p. 302.

sido requerida a *antecipação de tutela*, ou, ainda, a sentença que condena o réu ao pagamento de indenização no valor de *R$ 10.000,00*, mas faz constar por extenso a quantia de *oito mil reais*. Os erros de cálculo, como a própria denominação denuncia, caracterizam-se pela imprecisão de cálculos realizada na decisão, que indica resultado diverso do pretendido pelo julgador (ex. condenação do réu ao pagamento de R$ 10.000,00, abatido o valor já pago de R$ 2.000,00, totalizando a quantia de R$ 7.000,00).

Identificando o erro material ou de cálculo, qualquer das partes pode, pela oposição de embargos de declaração, solicitar a retificação da decisão.[88] Ao enfrenar o recurso, não cabe ao juiz proferir nova decisão, mas tão somente reparar as inexatidões suscitadas, que devem ser evidentes, facilmente perceptíveis. Aliás, sequer é necessária a oposição de embargos, visto que a correção de tais erros pode ocorrer de ofício.[89]

Não há preclusão na ausência de oposição de embargos de declaração com o propósito de correção de erro material ou de cálculo.[90] O juiz, de ofício, ou mediante requerimento veiculado em simples petição, pode corrigi-los, inclusive depois do trânsito em julgado.[91]

### 4.3.2.2. *Obscuridade*

O art. 1.022, I, do CPC, indica que as decisões judiciais devem ser claras. Na hipótese de falta de clareza da decisão ou de algum de seus trechos, cabem embargos de declaração com a finalidade de demandar esclarecimento acerca do ponto obscuro. A falta de clareza pode advir da redação sem o correto uso das regras gramaticais, da ausência de encadeamento lógico do raciocínio constante da decisão, da existência de trecho apagado, da

---

88. ALVIM, Teresa Arruda. *Embargos de Declaração*. 3. ed. São Paulo: Revista de Tribunais, 2017, p. 45: "Erro material é gênero de que o erro de fato é espécie. O *erro material* é: (i) perceptível por qualquer *homo medius*; (ii) e que não tenha, evidentemente, correspondido à intenção do juiz. Quanto esse erro for detectado no âmbito das provas será erro de fato (quanto aos fatos da causa). (...) Portanto, a nova lei aparentemente teria criado um paradoxo: diz que erros materiais não transitam em julgado, já que podem ser corrigidos a qualquer tempo, por simples petição (art. 494), mas também que consistem num dos fundamentos dos embargos, como se, uma vez se tendo a parte omitido quanto à impugnação deste erro, pudesse haver preclusão. Mas não há: o erro material pode *também* ser utilizado como fundamento dos embargos, mas não só e muito menos sob pena de preclusão".

89. MEDINA, José Miguel Garcia. *Novo Código de Processo Civil Comentado*. Ob. cit., p. 1521.

90. Enunciado FPPC n. 654: "Erro material identificado na ementa, inclusive decorrente de divergência com o acórdão, é corrigível a qualquer tempo, de ofício ou mediante requerimento".

91. DIDIER JR., Fredie; CUNHA, Leonardo Carneiro da. *Curso de Direito Processual*. Ob. cit., 288. No STJ, AgInt no REsp 1.571.408/PR, Rel. Ministro Humberto Martins, Segunda Turma, DJe 18/8/2016.

ambiguidade resultante do texto e até do uso de linguagem excessivamente erudita.[92] E pouco importa se a ininteligibilidade está presente na fundamentação ou no dispositivo.

Em todas essas hipóteses, porém, a obscuridade deve impedir a correta compreensão da decisão. Uma pequena passagem confusa ou termo imperfeito constante do texto, que não impeça o entendimento do leitor daquilo que o juiz pretendia transmitir, não atrai o cabimento dos embargos.[93]

### *4.3.2.3. Contradição*

Além de claros e precisos, os provimentos judiciais devem ser logicamente coerentes, com o desenvolvimento de um raciocínio encadeado que resulte na conclusão externada pelo julgador. Se constam argumentos contrários entre si ou se há incongruência entre a motivação e o dispositivo, a decisão é contraditória e desafia, pois, embargos de declaração (art. 1.022, I, do CPC). É o caso, por exemplo, da decisão que apresenta motivos para a improcedência do pedido, mas ao final o acolhe, ou do acórdão, cuja ementa indica resultado diverso daquele encontrado no dispositivo.

Não se afigura contraditória, porém, a decisão na qual o juiz, apesar de manifestar seu entendimento contrário na fundamentação, aplica jurisprudência dominante de tribunal superior em desconformidade com sua posição. Agindo dessa forma o juiz já antecipa o resultado final que será obtido pelas vias recursais.

A contradição mencionada pelo Código é aquela retirada dos termos da própria decisão e, portanto, *interna*. Não é possível, por exemplo, a correção por meio de embargos de declaração de contradição entre a decisão e as provas

---

92. BARBOSA MOREIRA, José Carlos. *Comentários ao Código de Processo Civil.* Ob. cit., p. 550: "Não é fora de propósito ressaltar que, na redação das decisões judiciais, convém evitar linguagem hermética, desnecessariamente complicada, expressões laboriosamente exumadas de dicionários, modos de dizer em tudo estranhos à prática habitual. Decerto, não há como renunciar ao emprego de denominações técnicas, em regra insubstituíveis, conquanto não raro inacessíveis aos leigos. Uma ou outra palavra ou locução estrangeira, consagrada pelo uso e particularmente expressiva, às vezes vem a calhar. O ideal, que consistiria em poder qualquer pessoa comum compreender o texto de sentenças e acórdãos, parece difícil de atingir, sobretudo em país, como o nosso, de modesto nível cultural. Mas os juízes devem ter em mente que não se dirigem só a iniciados. Em qualquer caso, a simplicidade – que não exclui a elegância – será preferível ao rebuscamento pedante".

93. Márcio Carvalho Faria explica que o dever de esclarecimento representa exigência decorrente do dever de lealdade do juiz, FARIA, Márcio Carvalho. *A Lealdade processual na prestação jurisdicional*: em busca de modelo de juiz leal. São Paulo: Revista dos Tribunais, 2017, p. 234: "O dever de esclarecimento terá de ser entendido, portanto, como recíproco e inter-relacional, numa inescapável via de mão-dupla: por um sentido, o juiz, ao verificar que certo ponto, sobre determinada matéria de fato ou de direito, mostre-se obscuro, incongruente ou até mesmo ininteligível, deve ouvir a parte interessada, seu representante ou mandatário, 'convidando-os a fornecer os esclarecimentos (...) que se afigurem pertinentes e dado-se conhecimento à outra parte dos resultados da diligência'".

ou entre duas decisões do mesmo juízo.[94] Essa possível contradição *externa* é impugnável por meio de recurso que permita a reforma ou invalidação da decisão, como a apelação ou o agravo de instrumento.[95] No entanto, embora aparentemente externa a contradição, uma vez "internalizada" pelo juiz, cabe impugnação por embargos de declaração. Suponha-se que o juiz em sua decisão relate a prova testemunhal produzida em audiência e demonstre tê-la considerado capaz de demonstrar a existência do fato constitutivo. Porém, julga improcedente o pedido por falta de provas. Nesse caso, embora haja uma contradição externa, entre a prova e o resultado, o juiz a transportou para a sentença ao valorar a prova positivamente.

Também é possível a utilização de embargos de declaração na hipótese de julgamento contrário à prova produzida, se a sentença deixa de se manifestar sobre a prova ou não indica os motivos pelos quais deixou de considerá-la eficaz para a comprovação dos fatos (art. 371 do CPC). No entanto, nesse caso em que o juiz ignora a prova ou deixa de motivar adequadamente sua decisão a respeito da atividade instrutória, os embargos de declaração fundar-se-ão em omissão (art. 1.022, II, do CPC).[96]

### 4.3.2.4. *Omissão*

Os provimentos judiciais devem ser completos, isto é, incumbe ao julgador se debruçar sobre todas as questões sobre as quais deva recair sua

---

94. BARBOSA MOREIRA, José Carlos. *Comentários ao Código de Processo Civil*. Ob. cit., p. 554-555: Não há que cogitar de contradição entre o acórdão e outra decisão porventura anteriormente proferida no mesmo processo, pelo tribunal, pelo relator do feito ou pelo órgão de grau inferior. Se a questão estava preclusa, e já não se podia voltar atrás do que fora decidido, houve sem dúvida *error in procedendo*, mas o remédio de que agora se trata é incabível. Também o é na hipótese de contradição entre o acórdão e o que conste de alguma peça dos autos (caso de *error in iudicando*)"; OLIVEIRA JR., Zulmar Duarte de. In: GAJARDONI, Fernando da Fonseca; DELLORE, Luiz; ROQUE, André Vasconcelos; OLIVEIRA JR., Zulmar Duarte de. *Execução e Recursos*. Ob. cit., p. 1132.

95. Ticiano Alves e Silva defende a possibilidade de oposição de embargos de declaração na hipótese de ser constatada contradição entre a decisão embargada e o posicionamento do juízo externado em outros casos idênticos. Ver SILVA, Ticiano Alves e. Embargos de declaração e contradição externa. *Revista de Processo*, v. 238, 2014, p. 202: "Embora a doutrina e a jurisprudência sempre tenham entendido que a única contradição que permite o cabimento dos embargos de declaração seja a interna, deve-se admitir a interposição deste recurso também quando houver contradição externa, vale dizer, quando houver contradição entre decisões proferidas por um mesmo órgão julgador. Imagine-se que dois consumidores, dois contribuintes ou dois candidatos a cargo público tenham suas demandas distribuídas para o mesmo juízo e que, ao julgar, o mesmo magistrado, sem justificação, conceda a tutela para um e não para o outro, embora a questão jurídica submetida a julgamento seja a mesma. Ambos discutem a legalidade de uma mesma cláusula do contrato de adesão com a companhia telefônica; a constitucionalidade de um mesmo tributo ou a mesma disposição editalícia de um concurso público, mas obtêm, perante o mesmíssimo órgão julgador, decisões diversas, uma concedendo a tutela, a outra a negando, mas, em todo caso, assumindo interpretações diametralmente opostas sobre igual tese jurídica".

96. MEDINA, José Miguel Garcia. *Novo Código de Processo Civil Comentado*. Ob. cit., p. 1520.

cognição. A ausência de análise de algum ponto caracteriza a omissão. Os embargos de declaração, nessa hipótese, servem à provocação da integração da decisão, de modo que o julgador se manifeste sobre os pontos faltantes.

Configura-se a omissão se o órgão julgador: (i) não examina um pedido ou um requerimento apresentado pelas partes no momento processualmente indicado para apreciá-lo; (ii) deixa de apreciar os pedidos implícitos que, embora não constantes da petição inicial, são considerados veiculados pela lei (arts. 322, § 1º, e 323, do CPC, por exemplo); (iii) não enfrenta todos os argumentos oferecidos pelas partes (art. 489, § 1º, inc. IV, do CPC); (iv) não motiva apropriadamente a decisão (art. 489, § 1º, inc. I, II, III e V); (v) não realiza a adequada valoração da prova produzida, indicando os motivos pelos quais considerou uma prova capaz de persuadi-lo da verdade do fato, enquanto outras provas não geraram seu convencimento; (vi) deixa de reconhecer questões cognoscíveis de ofício (ex. existência de coisa julgada, ainda que não suscitada pela parte); (vii) não manifesta o entendimento do órgão sobre determinada questão de direito controvertida, para fins de prequestionamento.

#### 4.3.2.4.1. Decisão motivada sobre pedidos e requerimentos

A sentença que deixa de enfrentar um pedido é *citra* ou *extra petita*. Nesta última, o julgador não examina o pedido oferecido pelo autor e julga outro, não suscitado.[97] Outrossim, é omissa a sentença que não condena o sucumbente ao pagamento dos honorários sucumbenciais ao advogado do vencedor, a despeito de haver ou não pedido expresso nesse sentido, porque, embora implícito o pedido (art. 322, § 1º, do CPC), a condenação deve ser expressa. A omissão pode resultar de outros provimentos jurisdicionais se o órgão judicial deixa de apreciar requerimento apresentado. Imagine-se a decisão interlocutória que defere a produção de provas, mas não examina o pleito do autor de redistribuição do ônus probatório; ou, ainda, a decisão

97. Daniel Amorim Assumpção Neves lembra, porém, que em caso de cumulação de pedidos, a ausência de enfrentamento de algum deles nem sempre configura omissão. Cf. NEVES, Daniel Amorim Assumpção. *Manual de Direito Processual*. Ob. cit., p. 2811-2812: "Na cumulação de pedidos o acolhimento ou a rejeição de um deles pode tornar os demais prejudicados, não havendo nenhum sentido exigir do juiz o enfrentamento e solução de tais pedidos em sua decisão: (a) na cumulação sucessiva prejudicial, rejeitado o pedido anterior, o pedido posterior perde o objeto; (b) na cumulação subsidiária, o acolhimento do pedido anterior torna o pedido posterior prejudicado; (c) na cumulação alternativa, o acolhimento de qualquer um dos pedidos torna os demais prejudicados. Nessas circunstâncias, é incorreto apontar omissão na decisão do juiz que deixa de enfrentar pedidos prejudicados".

inicial que determina a citação do réu, mas silencia a respeito do pedido de concessão liminar de tutela provisória.[98]

Não basta, por óbvio, o enfrentamento de todos os pedidos – implícitos e explícitos – e requerimentos. Os atos judiciais decisórios precisam ser sempre motivados. E a motivação passa necessariamente pelo exame dos argumentos trazidos pelas partes.[99] O art. 489, § 1º, IV, do CPC incumbe o julgador de analisar "todos os argumentos deduzidos no processo capazes de, em tese, infirmar a conclusão adotada pelo julgador". Se o autor cobra judicialmente determinada quantia e o réu, em sua defesa, alega transcurso do prazo prescricional, pagamento e nulidade do contrato no qual se baseia a cobrança, para prover o pedido do autor o magistrado deve enfrentar os três fundamentos de defesa do réu. No entanto, caso rejeite o pedido, basta acolher uma das alegações, não sendo necessário o exame dos demais argumentos suscitados na contestação.[100] Não é omissa, portanto, a sentença que, no exemplo supra, acolhe o argumento de prescrição e deixa de se

---

98. Essa situação distingue-se daquela na qual o juiz informa na decisão que analisará a tutela provisória depois do exercício do contraditório pelo réu. Nesse caso, não há omissão, mas indeferimento da medida urgente, comportando impugnação por agravo de instrumento.

99. OLIVEIRA JR., Zulmar Duarte de. In: GAJARDONI, Fernando da Fonseca; DELLORE, Luiz; ROQUE, André Vasconcelos; OLIVEIRA JR., Zulmar Duarte de. *Processo de conhecimento e cumprimento de sentença*. Ob. cit., p. 564: "Ademais, destituído de motivação o provimento jurisdicional que não tenha cotejado os argumentos oportunamente apresentados pelas partes (consideração), isto é, que não tenha considerado a reação resultante da informação (art. 7º). O Código conecta o princípio da motivação ao contraditório em sua tríplice configuração (informação, reação e consideração), atrelando a validez daquela à observância do último. De fato, o contraditório sozinho pouco faz quando não correlacionado com as demais garantias processuais, entre elas, a motivação. O contraditório tem estreita relação com a motivação do provimento, emancipando-se da mera condição de ato prévio a sua emanação, para passar a participar ativamente na construção do provimento jurisdicional. A manifestação das partes, enquanto expressiva da realização do contraditório, não é mais simplesmente um ato procedimental, compondo também a motivação do provimento, transmudando-se num dos itens do epílogo jurisdicional. Precisamente, o Código predispôs o contraditório e a fundamentação numa relação circular de complementaridade, em que o contraditório aparece como força motriz da fundamentação, passando posteriormente esta fundamentação, além de permitir e induzir o seu exercício, a ser controlada pelo contraditório (recurso)".; MARINONI, Luiz Guilherme; MITIDIERO, Daniel. *Comentários ao Código de Processo Civil*. Ob. cit., v. 16, p. 223: "O parâmetro a partir do qual se deve aferir a completude da fundamentação das decisões judiciais passa longe da simples constância na decisão do esquema lógico-jurídico mediante o qual o juiz chegou à sua conclusão. Partindo-se da compreensão do direito fundamental ao contraditório como direito à participação, como direito a influenciar e convencer o órgão jurisdicional (arts. 5º, LV, CF/1988, 9º e 10º, CPC/2015), a completude da fundamentação só pode ser aferida em função dos fundamentos arguidos pelas partes (aí entendidos como todos os argumentos capazes de infirmar, em tese, a conclusão adotada no julgado, art. 489, § 1º, IV, CPC/2015), na medida em que o direito fundamental ao contraditório impõe o dever de o órgão jurisdicional considerar seriamente as razões apresentadas pelas partes em seus arrazoados".

100. TUCCI, José Rogério Cruz. *Comentários ao Código de Processo Civil*. São Paulo: Revista dos Tribunais, 2016, v. VIII, p. 111: "Assim, para que a motivação atenda às exigências legais, deverá abordar toda a matéria suscitada pelos litigantes, desde que juridicamente relevante para justificar a decisão. É evidente que, pela perspectiva lógica, não será necessário enfrentar os argumentos cuja apreciação estiver prejudicada pelo acolhimento de determinada preliminar. Desse modo, se, por exemplo, for acolhida a

manifestar sobre as alegações de pagamento e de nulidade contratual. Em outras palavras, suficiente a apreciação de um dos argumentos vencedores, que, por si só, é capaz de gerar o resultado favorável à parte, mas devem ser refutados por completo os argumentos da tese derrotada, sob pena de restar caracterizada a omissão e o consequente vício na decisão.

Porém, em virtude de expressa previsão legal, todos os argumentos, sejam favoráveis ou contrários à tese vencedora, devem ser enfrentados quando do julgamento do incidente de resolução de demandas repetitivas (art. 984, § 2º, do CPC), procedimento este que se estende ao julgamento dos recursos especial e extraordinário repetitivos, por força do art. 928 do Código.

O mesmo art. 489, § 1º, em seus demais incisos, considera inadequada a motivação que tão somente invoca um dispositivo legal, um conceito jurídico indeterminado ou um precedente sem realizar a correlação da fonte de direito com o caso concreto (incisos I, II e V, respectivamente).[101] Pense-se na hipótese de decisão que defira pedido de desconsideração da personalidade jurídica sob a alegação de que estão presentes os requisitos do art. 50 do Código Civil, sem demonstrar quais fatos denotam abuso de personalidade. Em virtude da decisão inadequadamente motivada, o sócio não saberá qual ato praticado ocasionou sua inclusão no polo passivo e, por conseguinte, terá dificuldade de impugnar a decisão em sede de agravo de instrumento.

Igualmente, se a decisão se utiliza de fundamento chavão, lugar-comum, que seria capaz de justificar qualquer outra decisão, também é tida como imotivada (art. 489, § 1º, III, do CPC). Exemplo habitualmente observado desse tipo de vício é a decisão que usa do seguinte modelo para o não acolhimento de embargos de declaração: "conheço do recurso, mas, no mérito, não vislumbro presente omissão, contradição ou obscuridade". Tal dispositivo, isoladamente considerado, serve à rejeição de quaisquer embargos de declaração.

Presente qualquer das hipóteses mencionadas, o legislador presumiu insuficiente a fundamentação. Seria hipótese de *motivação simulada*. A decisão

---

arguição de prescrição, o juiz não estará obrigado a examinar e decidir outras questões controvertidas que foram deduzidas pelas partes. Nesta hipótese, a sentença não poderá ser considerada viciada".

101. OLIVEIRA JR., Zulmar Duarte de. In: GAJARDONI, Fernando da Fonseca; DELLORE, Luiz; ROQUE, André Vasconcelos; OLIVEIRA JR., Zulmar Duarte de. *Execução e Recursos*: comentários ao CPC de 2015. Ob. cit., p. 1129/1130: "O mero alinhamento de precedentes ou enunciados de súmula, sem a demonstração de sua relação com a situação objeto do processo, vicia pela omissão a decisão. Não cabe igualmente a motivação no atacado (art. 489, § 1º, III). A apresentação de motivação genérica e abstrata, sem a conexão com o caso apreciado, cujos fundamentos poderiam ser utilizados para outras situações, bastando somente trocar o relatório. Decisão cujos fundamentos não estão amarrados ao caso são omissas. Imprescindível o estabelecimento na decisão do diálogo entre o texto normativo e o caso".

está preenchida com frases e parágrafos, mas que nada fundamentam a respeito da conclusão sobre o caso em julgamento. Assim, embora subsista uma aparência de fundamentação, o ato decisório afigura-se omisso, porquanto deixa de oferecer a motivação adequada. Consequentemente, para a correção do vício, cabem embargos de declaração, como expressamente prevê o CPC, em seu art. 1.022, parágrafo único, II.

Não se deve confundir, porém, o emprego de fundamentos que serviriam indistintamente a qualquer decisão com o uso de arquivos anteriores realizados pelo juiz para a facilitação do trabalho em processos posteriores. Não há nada de errado, a meu ver, em se utilizar como modelo decisões e sentenças anteriores para casos semelhantes no futuro, desde que se façam as adaptações necessárias e a indispensável correlação dos fundamentos aplicados às circunstâncias do caso em exame. Aliás, num cenário cada vez maior de massificação das relações e de inúmeros processos contendo as mesmas teses repetitivas, comumente se observa o uso de petição inicial padrão, seguida de contestação e sentença modelos. Se forem realizados os ajustes necessários à adequação da peça ao caso concreto, não há incidência do art. 489, § 1º, III, do CPC.

Outro vício de fundamentação previsto explicitamente no Código é a ausência de manifestação sobre precedente criado em julgamento de casos repetitivos – IRDR e recursos especial e extraordinário repetitivos, conforme art. 928, do CPC – ou em incidente de assunção de competência, quando aplicável ao caso sob julgamento (art. 1.022, parágrafo único, I). Parece-me que, aqui, o legislador teve a preocupação de considerar insuficiente a fundamentação que deixa enfrentar fonte normativa teoricamente incidente no caso concreto. Desse modo, não apenas os precedentes que o CPC reputou expressamente mais relevantes – e com eficácia normativa superior aos demais – devem ser objeto de exame do julgador, mas toda fonte obrigatória de direito, aparentemente aplicável, precisa ser enfrentada na decisão. Caso o órgão julgador entenda que a fonte não deva ser aplicada, seja por não ter relação com o caso concreto (*distinguishig*) ou por não fazer mais parte do ordenamento jurídico (precedente superado ou lei revogada, por exemplo), cabe ao juiz assim esclarecer em sua decisão. Se não proceder dessa forma, ignorando simplesmente a fonte normativa vinculante, a decisão é omissa e contra ela caberá a oposição de embargos de declaração.[102]

102. Fredie Didier Jr. e Leonardo Carneiro da Cunha mencionam ainda o dever de "autorreferência", isto é, os tribunais devem respeitar e aplicar a própria jurisprudência, no *Curso de Direito Processual*. Ob. cit., p. 291: "Quando julgar qualquer caso, o tribunal deve dialogar com outros precedentes que proferiu, a fim de segui-los ou de realizar uma distinção. Esse diálogo com decisões anteriores é fundamental, servindo para que se cumpram os deveres de integridade e coerência. Impõe-se, em um ordenamento jurídico que almeja a introdução da doutrina dos precedentes, a necessidade de autorreferência, no sentido de que é necessário o estabelecimento do diálogo. Esse tipo de postura do tribunal facilita a

#### 4.3.2.4.2. Valoração da prova

Sempre que o processo contiver controvérsia fática, as partes precisarão produzir provas com o propósito de demonstração da existência dos fatos que confirmam suas teses e daqueles que infirmam a tese do adversário. Como não mais vivemos em tempos de prova tarifária, sistema no qual a prova recebia pesos preestabelecidos em lei e ao juiz competia apenas a soma dos elementos instrutórios produzidos pelas partes, o magistrado deve, pelo vigente sistema da persuasão racional (art. 371 do CPC), valorar a prova apresentada pelas partes e fundamentar suas escolhas. Assim, se considerou uma prova mais consistente do que a outra, é preciso que justifique na decisão o porquê dessa conclusão. Esse dever de motivação delineia-se ainda mais relevante se as provas apresentam resultados conflitantes entre si. A opção do juiz por uma prova resulta automaticamente no desprezo da outra. A falta de motivação de suas escolhas a respeito da prova também configura omissão e faz nascer a possibilidade de oposição de embargos de declaração.

Especificamente em relação à prova pericial, o CPC, em seu art. 479, além de fazer referência ao art. 371 e, destarte, demonstrar a necessidade de adequada fundamentação, também exige que o juiz exerça um controle sobre a perícia, "indicando na sentença os motivos que o levaram a considerar ou a deixar de considerar as conclusões do laudo, levando em conta o método utilizado pelo perito". Como existe uma barreira natural entre o juiz e a perícia, em virtude do conhecimento técnico-científico introduzido no processo pelo perito, o legislador optou por evidenciar a necessidade de controle do juiz sobre a perícia, a fim de se evitar uma delegação indevida da jurisdição ao perito. Se o julgador somente concorda com o laudo e deixa de verificar se foi utilizada a melhor ciência, se o percentual de erro do método influi ou não no resultado, se foi efetivamente aplicada a técnica da perícia ao caso concreto etc., a sentença se resumirá a uma homologação da perícia, o que não é aceitável.[103] Para tanto, compete ao juiz controlar a atividade do perito e às partes nos embargos de declaração encontram meio hábil de instar o juiz ao exercício do controle, se não foi devidamente realizado na sentença.

---

necessária previsibilidade, inerente a qualquer sistema baseado em precedentes. É uma postura que conspira em favor da segurança jurídica, fomentando a previsibilidade e a estabilidade".

103. Sobre o tema, cf. ALMEIDA, Diogo Assumpção Rezende de Almeida. *A prova pericial no processo civil*: o controle da ciência e a escolha do perito. Rio de Janeiro: Renovar, 2011.

#### 4.3.2.4.3. Exame das questões apreciáveis de ofício

A omissão ainda se caracteriza pela falta de enfrentamento na decisão de questões cognoscíveis de ofício pelo magistrado, tenham sido ou não suscitadas pelas partes. Se a lei prevê que determinadas questões serão apreciadas de ofício, como é o caso, por exemplo, do art. 485, § 3º, do CPC, compete ao julgador enfrentá-las ainda que as partes não as tenham mencionado. Inúmeros exemplos podem ser mencionados: incompetência absoluta, ilegitimidade *ad causam*, coisa julgada e litispendência, prescrição, capacidade de ser parte, capacidade de estar em juízo, capacidade postulatória, preparo, tempestividade, clareza da petição inicial, correção do valor da causa etc.

Como dispõe o art. 10, do CPC, o juiz não pode decidir com base em fundamento a respeito do qual não se tenha dado às partes oportunidade de se manifestar, mesmo que se trate de matéria cognoscível de ofício. Assim, se, por exemplo, o juiz perceber a existência de outra ação idêntica àquela que está sob seus cuidados, antes de proferir sentença reconhecendo a litispendência, precisa intimar o autor para se manifestar sobre esse ponto, caso essa questão não tenha ainda sido objeto de contraditório.

#### 4.3.2.4.4. Exame para fins de prequestionamento

Por fim, é omisso o *decisum* que deixa de se manifestar sobre a questão federal ou constitucional suscitada pela parte para fins de prequestionamento. Traduz-se o prequestionamento como o requisito específico de admissibilidade dos recursos especial e extraordinário relacionado com a impossibilidade de inovação perante os tribunais superiores, ou seja, todas as questões levadas ao STF e ao STJ devem ter sido objeto de decisão do tribunal local, vedado o ineditismo nesse estágio.

Para o cumprimento de tal requisito, incumbe à parte interessada em levar a discussão aos tribunais superiores a menção da questão federal e/ou constitucional em sua manifestação perante o tribunal local. Se o órgão julgador deixa de enfrentar a questão trazida, impossibilitando, portanto, a interposição de recurso especial e/ou extraordinário pela falta de prequestionamento, cabem embargos de declaração com a finalidade de integração de tal omissão. O embargante pleiteará que a questão seja enfrentada, mas nada lhe garante que o tribunal efetivamente se debruçará sobre ela no julgamento dos embargos. Para se evitar que, em tais situações, a parte fosse compelida à oposição de sucessivos embargos de declaração até que a omissão se esvaísse, o legislador previu, no art. 1.025, do Código: "consideram-se incluídos no acórdão os elementos que o embargante suscitou, para fins de prequestionamento, ainda que os embargos de declaração sejam inadmitidos ou rejeitados, caso o tribunal superior considere existentes erro, omissão, contradição ou obscuridade".

Assim, não tendo sido ventilada a questão federal e/ou constitucional no acórdão, basta à parte a oposição de embargos de declaração contendo a provocação do tribunal local a respeito da questão para restar cumprido o requisito do prequestionamento, mesmo que após o julgamento dos embargos persista a omissão. Sobre esse requisito específico de admissibilidade, remeto o leitor ao capítulo que versa sobre os recursos especial e extraordinário.

### 4.3.3. Demais requisitos de admissibilidade

Diferentemente dos demais recursos previstos no Código, os embargos de declaração devem ser opostos no prazo de cinco dias (art. 1.023), contados em dias úteis da intimação da decisão. A oposição se dá por meio de petição escrita, dirigida ao órgão prolator do provimento embargado, contendo a indicação expressa do vício – erro, obscuridade, contradição ou omissão – e o pedido de esclarecimento (nos casos de obscuridade e de contradição), correção (na hipótese de erro) ou integração (em caso de omissão). Nos juizados especiais, os embargos de declaração podem servir-se da forma oral (art. 49, da Lei n. 9.099/1995). Assim, a parte interessada em opô-los oralmente, comparecerá à secretaria do juizado e manifestará suas razões perante o serventuário, que as reduzirá a termo e as encaminhará ao conhecimento do juiz.

O art. 1.023, do CPC dispensa de preparo os embargos de declaração. Desnecessário, portanto, o recolhimento de custas.

O interesse recursal do embargante está desassociado da sucumbência e até do prejuízo. Delineia-se o interesse pela simples ocorrência de alguma das hipóteses de cabimento, conquanto o embargante tenha se saído integralmente vencedor. Pense-se na hipótese de sentença que julga procedente o pedido do autor de condenação do réu ao pagamento de quantia de R$ 10.000,00. Porém, por extenso, o juiz faz constar "onze mil reais" na sentença. O pedido foi integralmente acolhido, tendo ocorrido apenas um pequeno erro. Ainda assim, há interesse recursal do autor para a oposição de embargos de declaração.

Como já estudado, falta interesse recursal à parte que teve seu pleito acolhido, mas algum de seus argumentos não foi enfrentado na decisão. O julgador está incumbido de examinar todos os argumentos da tese derrotada, mas pode analisar apenas um da tese vencedora, se este for suficiente para o seu acolhimento. Não há omissão que denote interesse da parte vencedora.

### 4.3.4. Procedimento

Os embargos de declaração são dirigidos ao órgão prolator da decisão embargada.[104] Confundem-se, nesse recurso, os juízos *a quo* e *ad quem*: o mesmo órgão que proferiu a decisão embargada tem competência para o julgamento dos embargos. Em regra, não se abre prazo para manifestação do embargado. Recebido o recurso, compete ao órgão prolator da decisão julgá-lo imediatamente, independentemente de exercício do contraditório. A ausência de participação do embargado se explica pelo fato de que os embargos não têm o condão de levar à reforma ou à invalidação da decisão, servindo tão somente à realização de correções, esclarecimentos e integrações. Nessa última hipótese, ocorrerá o exame dos pontos omitidos no provimento embargado, mas que foram objeto de contraditório anteriormente.

Porém, eventualmente, os embargos de declaração têm o potencial de ocasionar a reforma de decisão. Imagine-se sentença proferida que deixou de considerar o principal fundamento do réu. Em sede de aclaratórios, ao apreciar o referido argumento, o juiz pode se ver obrigado a alterar o resultado do julgamento originário, caso considere pertinente a alegação do réu não percebida anteriormente. Nesses casos em que os embargos de declaração podem receber efeito modificativo ou infringente,[105] antes de julgá-los, o magistrado deverá conceder prazo para manifestação do embargado em contrarrazões, uma vez que o recurso, concebido inicialmente para outra finalidade, passa a ter a capacidade de levar à reforma ou à invalidação da decisão (art. 1.023, § 2º, do CPC).

O art. 1.024 do CPC dispõe que, se opostos em primeira instância, os embargos serão julgados em cinco dias, por meio de decisão interlocutória. Tal prazo, como os demais prazos destinados aos magistrados, não é preclusivo.[106] Nos tribunais, preferencialmente, os embargos são levados em mesa pelo relator na sessão subsequente à sua oposição. Se, no entanto, o relator não os tiver levado à sessão ou caso não tenha ocorrido o julgamento por qualquer motivo, os embargos deverão ser incluídos em pauta, com a respectiva publicação, para que possam ser julgados em alguma sessão subsequente (art. 1.024, § 1º).

---

104. BARBOSA MOREIRA, José Carlos. *Comentários ao Código de Processo Civil*. Ob. cit., p. 556: "Oferecem-se os embargos por meio de petição dirigida, conforme o caso, ao juiz que proferiu a decisão ou ao relator do acórdão embargado. Se porventura o relator já não integrar o órgão colegiado, dirigir-se-á a petição a quem o haja ali substituído, salvo disposição em contrário de alguma norma de organização judiciária ou do regimento interno".

105. Sobre o tema, ver tópico infra a respeito dos efeitos dos embargos.

106. STRECK, Lenio Luiz; FREIRE, Alexandre. In: *Comentários ao Código de Processo Civil*. Ob. cit., p. 1397.

O relator, nos tribunais, tem competência para o julgamento dos embargos se o recurso foi oposto em face de sua decisão unipessoal. Também serão decididos monocraticamente os embargos de declaração quando opostos contra decisão unipessoal de outro magistrado do tribunal, como o presidente ou o vice-presidente (art. 1.024, § 2º, do CPC). Caso, porém, o provimento embargado seja um acórdão, colhido do voto de órgão colegiado, esse mesmo órgão receberá competência para julgamento dos aclaratórios. Em outras palavras, se a decisão embargada é unipessoal, os embargos são decididos monocraticamente; se o provimento é colegiado, colegiadamente serão julgados os embargos.[107]

Se, em face da decisão monocrática do relator, a parte opõe embargos de declaração, mas, efetivamente, pretende a reforma da decisão, e não esclarecimento, integração ou correção, haverá a conversão dos embargos em agravo interno, que é o recurso apropriado para se veicular pedido de reforma de tal provimento judicial.[108] O Código permitiu expressamente a adoção do princípio da fungibilidade nesses casos (art. 1.024, § 3º). Desse modo, sendo o caso da referida conversão, o relator intimará o embargante a fim de conceder-lhe a oportunidade de adequar sua peça de embargos às exigências do agravo interno (art. 1.021, § 1º), no prazo de cinco dias. Depois de realizadas as modificações, o agravado será obrigatoriamente intimado para manifestação em contrarrazões, antes da inclusão do agravo interno em pauta para julgamento.

No julgamento colegiado dos embargos de declaração, o presidente do órgão julgador anunciará o início das deliberações, indicando número do processo, nome das partes, relator e demais componentes da turma julgadora. Ao relator será concedida a palavra para relatório e voto e, em seguida, serão colhidos os demais votos. Ao final, o presidente do órgão apregoará o resultado. Não há possibilidade de sustentação oral dos advogados no julgamento dos embargos de declaração. Entretanto, o art. 7º, inciso X, da Lei n. 8.906/94 (Estatuto da Advocacia e da OAB) prevê, como direito do advogado, a intervenção sumária durante a sessão "para esclarecer equívoco

107. Zulmar Duarte de Oliveira Jr. entende que o relator pode levar ao julgamento do colegiado os embargos de declaração opostos contra decisão unipessoal. Cf. OLIVEIRA JR., Zulmar Duarte de. *Execução e Recursos*: comentários ao CPC de 2015. Ob. cit., p. 1140.

108. STRECK, Lenio Luiz; FREIRE, Alexandre. In: *Comentários ao Código de Processo Civil*. Ob. cit., p. 1397: "Naturalmente que isso não quer significar o descabimento dos embargos de declaração contra decisões unipessoais dos relatores. Significa, isto sim, espécie de aproveitamento do esforço recursal quando equivocado o manejo dos declaratórios, em especial atenção ao comando fundamental que impõe a prevalência do julgamento de mérito".

ou dúvida surgida em relação a fatos, documentos ou afirmações que influam no julgamento, bem como para replicar acusação ou censura que lhe forem feitas". Como já examinado no capítulo sobre a ordem dos processos no tribunal, a manifestação oral prevista no referido dispositivo pode ocorrer em qualquer momento enquanto não finalizado o julgamento do caso, mas se limita a esclarecimentos de fato.

Desde 2016, o STF e o STJ passaram a permitir o julgamento colegiado dos embargos de declaração em *sessão virtual*, na qual são colhidos os votos dos ministros de modo eletrônico, sem a presença física dos magistrados. Dispõe o art. 337, § 3º, do Regimento Interno do STF que "os embargos de declaração poderão, a critério do relator, ser submetidos a julgamento por meio eletrônico, observada a respectiva competência da Turma ou do Plenário". O Regimento Interno do STJ trata do julgamento em plataforma eletrônica de forma mais detalhada. O art. 184-A, parágrafo único, prevê a possibilidade de julgamento não presencial, em plataforma virtual, dos embargos de declaração, do agravo interno e do agravo regimental. Às partes, aos seus advogados e ao Ministério Público deve ser disponibilizado o acesso às sessões virtuais, mediante identificação por certificado digital (art. 184-B).[109] Depois de publicada a pauta, os integrantes do órgão julgador podem externar a discordância com o julgamento de modo virtual (art. 184-D, parágrafo único), o que ocasiona a automática exclusão do processo da pauta de julgamento virtual (art. 184-F, § 2º). Se a discordância for apresentada pela parte ou pelo *parquet*, deverá vir acompanhada dos motivos pelos quais o requerente dissente da inclusão do recurso na sessão virtual.

Não sendo a hipótese de transferência ao julgamento presencial, o relator incluirá o caso na sessão virtual, seguindo-se com a publicação em pauta. Deverão constar os dados do processo na plataforma eletrônica do STJ, com a indicação do órgão julgador, acompanhados do relatório e do voto do processo (art. 184-D). As sessões terão duração de sete dias corridos (art. 184-C). Se nenhum outro ministro se manifestar no período, prevalecerá o voto do relator (art. 184-F, *caput*). Findo o prazo de sete dias corridos, o sistema contará os votos e lançará, de forma automatizada, na plataforma eletrônica, o resultado do julgamento (art. 184-G).

---

109. A limitação de acesso das partes à sessão de julgamento somente se justifica nas hipóteses de proteção ao sigilo (art. 189 do CPC). Se o sistema do processo eletrônico não contiver meio de conferir acesso a terceiros, presente está a violação à garantia da publicidade.

## 4.3.5. Efeitos

### *4.3.5.1. Efeito devolutivo*

Não obstante, como já visto, autorizada doutrina não enxergar a presença de efeito devolutivo nos embargos de declaração,[110] em decorrência de o recurso ser examinado pelo mesmo órgão prolator da decisão, entendo que o efeito devolutivo se caracteriza pela possibilidade de nova apreciação das questões decididas na decisão recorrida. Muito embora os embargos de declaração não sirvam à reforma da decisão, essa limitação não subtrai do recurso seu efeito devolutivo, mas tão somente restringe a devolução às questões expressamente previstas em lei. Se não houvesse efeito devolutivo, ainda que limitado, o julgador não poderia sequer fazer as correções e esclarecimentos como estabelecido no Código.[111]

Os embargos de declaração têm, pois, efeito devolutivo, permitindo-se que o órgão reexamine a questão anteriormente decidida. No entanto, em virtude da restrição legal, os embargos são recurso de fundamentação vinculada, adstritos à alegação de erro, omissão, contradição e obscuridade. Por conseguinte, a nova análise que a oposição dos aclaratórios proporciona restringe-se à correção, à integração e ao esclarecimento dos pontos suscitados.

### *4.3.5.2. Efeito suspensivo*

Dispõe o art. 995 do CPC que os recursos não têm efeito suspensivo, exceto se houver dispositivo legal em sentido contrário. O art. 1.026, em

---

110. BARBOSA MOREIRA, José Carlos. *Comentários*. Ob. cit., p. 261: "Quando a lei, a título de exceção, atribui competência ao próprio órgão *a quo* para reexaminar a matéria impugnada, o efeito devolutivo ou não existe (como nos embargos de declaração), ou fica diferido, produzindo-se unicamente após o juízo de retratação: assim no agravo retido (art. 523, § 2°, na redação da Lei n° 10.352). Fora dessas hipóteses, ao órgão *a quo* é vedado praticar qualquer ato que importe modificação, total ou parcial, do julgamento, ressalvada a possibilidade de corrigir *ex officio* ou a requerimento da parte, inexatidões materiais ou erros de cálculo (art. 463, rf I)"; CÂMARA, Alexandre Freitas. *O Novo Processo Civil brasileiro*. Ob. cit., p. 532: "A interposição dos embargos de declaração não produz efeito devolutivo. É que, como visto anteriormente, este efeito só se produz quando a apreciação do recurso cabe a órgão distinto daquele que tenha proferido a decisão recorrida e, no caso dos embargos de declaração, seu julgamento sempre caberá ao próprio órgão prolator da decisão embargada".

111. GRECO, Leonardo. *Instituições de Processo Civil*. Ob. cit., p. 207: "O conceito de efeito devolutivo no nosso sistema é mais amplo do que o adotado em outros sistemas, significando o poder de reexaminar a decisão e voltar a pronunciar-se sobre a causa ou sobre determinada questão, não necessariamente por órgão diverso e não necessariamente com o poder de alterar a decisão. Os embargos de declaração também devolvem ao juízo *ad quem*, que é o próprio juízo *a quo*, o reexame da decisão, com a peculiaridade de ser nesse caso um reexame limitado, porque, em princípio, não deve acarretar a reforma ou a modificação do conteúdo da decisão, restringindo-se ao seu esclarecimento, complementação ou correção exclusivamente intrínseca".

vez de infirmá-la, confirma a regra prevista no art. 995, dispondo que os embargos de declaração não têm efeito suspensivo. Ou seja, a mera possibilidade de oposição de embargos isoladamente não tem o efeito de obstar a eficácia da decisão recorrida sem que haja decisão judicial nesse sentido.

Desse modo, caso o embargante pretenda a suspensão dos efeitos da decisão embargada, deve incluir na sua petição de recurso o requerimento de concessão de efeito suspensivo *ope judicis*, acompanhado da demonstração dos requisitos autorizadores da concessão (art. 995, parágrafo único, e art. 1.026, § 1º, ambos do CPC).

No entanto, pode ocorrer de a oposição de embargos de declaração ampliar o prazo de ineficácia da decisão em decorrência do efeito suspensivo de *outro recurso*. Como já visto no capítulo dos princípios e das diretrizes recursais, algumas decisões podem comportar impugnação por mais de um recurso, excepcionando o princípio da singularidade recursal. Assim, por exemplo, em face da mesma sentença, pode-se conceber a oposição de embargos de declaração e a interposição de apelação.

Nessa hipótese, suponha-se que, depois de proferida a sentença, o réu, antes de pleitear a sua reforma, oponha embargos de declaração com a finalidade de obtenção de algum esclarecimento. Apesar de os embargos não terem efeito suspensivo automático, a apelação, também cabível, comporta tal efeito como regra (art. 1.012, *caput*). Em virtude do efeito interruptivo dos embargos, examinado no tópico seguinte, enquanto não forem julgados os aclaratórios, o prazo para interposição da apelação fica interrompido. Como o efeito suspensivo da apelação se opera até o fim do prazo de sua interposição, caso não seja interposta, ou até o seu julgamento pelo órgão *ad quem*, a oposição de embargos de declaração retarda a ocorrência de tais marcos, pois antes de ser devolvido integralmente o prazo de apelação devem ser julgados os embargos. Conseguintemente, o seu efeito interruptivo estende o alcance temporal do efeito suspensivo da apelação.[112]

Se, todavia, o *decisum* comportar impugnação por embargos de declaração e por outro recurso desprovido de efeito suspensivo, a oposição de embargos de declaração por si só não ocasiona a ineficácia da decisão. Imprescindível, para esse fim, veicular, na própria petição de embargos, requerimento destinado à concessão de efeito suspensivo por decisão judicial.

112. Ibidem, p. 208.

#### 4.3.5.3. *Efeito interruptivo*

Proferida determinada decisão e intimadas as partes, inicia-se o prazo para a interposição do recurso cabível, se o provimento puder ser imediatamente impugnado (por exemplo, as decisões interlocutórias agraváveis, a sentença, o acórdão de julgamento da apelação etc.). Como se trata de prazo processual, contam-se apenas os dias úteis, suspendendo-se o prazo nos dias em que não há expediente forense.

Se, porém, qualquer das partes opuser embargos de declaração, interrompe-se o prazo de interposição dos demais recursos cabíveis contra a mesma decisão. A interrupção faz com que o prazo deixe de correr até o julgamento dos embargos e, depois de intimadas as partes da decisão, *volte a correr do início*. Imagine-se que no terceiro dia do prazo para interposição de apelação em face da sentença, o autor oponha embargos de declaração. Julgados os embargos dez dias depois e ocorrida a intimação acerca da decisão, é devolvido integralmente o prazo de quinze dias da apelação.

O efeito interruptivo dos embargos de declaração, aliado ao efeito expansivo subjetivo, já examinado, ocasiona a interrupção do prazo recursal de todas as partes, inclusive daquela que não opôs os aclaratórios. Assim, se o réu opõe embargos de declaração em face da sentença, o prazo de apelação do autor também é interrompido. Também se interrompe o prazo para a interposição de recurso pelo Ministério Público e por terceiro.

Tem prevalecido, porém, o entendimento pretoriano[113] e doutrinário[114] no sentido de que o efeito interruptivo não se opera se os embargos de declaração forem *intempestivos* ou *manifestamente inadmissíveis*. A ausência do efeito em caso de intempestividade é facilmente justificada, porquanto poderia o embargante se beneficiar da interrupção do prazo e opor embargos de declaração fora do prazo somente para ganhar mais tempo para a elaboração de seu recurso. Contudo, parece-me que somente a *intempestividade inequívoca* pode resultar na perda do efeito interruptivo. Isso porque pode subsistir dúvida razoável acerca do respeito ao prazo legal pelo embargante. Suponha-se, por exemplo, que os autos do processo sejam eletrônicos e quando a parte tentou peticionar o sistema estava indisponível, levando-a a protocolizar sua petição de embargos de declaração no dia seguinte, com

113. STJ, AgInt no AREsp 760576/RS, Segunda Turma, Rel. Min. Og Fernandes, DJe 29/9/2017.

114. MEDINA, José Miguel Garcia. *Novo Código de Processo Civil Comentado*. Ob. cit., p. 1530. Barbosa Moreira entende dessa forma, mas com uma ressalva importante: a inadmissibilidade dos embargos não permite que seja considerado interrompido o prazo para outro recurso do próprio embargante. Ver BARBOSA MOREIRA, José Carlos. *Comentários ao Código de Processo Civil*. Ob. cit., p. 564; DIDIER JR., Fredie; CUNHA, Leonardo Carneiro da. *Curso de Direito Processual*. Ob. cit., p. 318.

fulcro no art. 10, § 2º, da Lei n. 11.419/2006.[115] No entanto, o julgador entende que o sistema retornou a tempo da realização do protocolo virtual pela parte, não se operando a suspensão prevista no referido dispositivo. Dessa forma, considera o recurso intempestivo. Perceba-se que, nesse exemplo, embora os embargos não sejam conhecidos, há razoável dúvida acerca do prazo recursal. A intempestividade não é flagrante.

Se, no mesmo exemplo, os embargos forem julgados, reconhecendo-se sua inadmissibilidade, em momento posterior ao término do prazo do recurso, a parte que havia confiado de boa-fé na interrupção do prazo recursal será surpreendida com o trânsito em julgado. Para evitar tal situação, parece-me que o efeito interruptivo deixa de sobrevir somente se a intempestividade for indubitável.[116]

Também se considera incapaz de interromper o prazo recursal a oposição de embargos de declaração *manifestamente incabíveis*. Essa expressão, demasiadamente genérica, vem recebendo interpretação mais restritiva. Embargos manifestamente incabíveis são aqueles pelos quais o embargante sequer suscita a existência de erro, omissão, contradição ou obscuridade e concentra sua fundamentação e seu pedido na tentativa de reconsideração da decisão. Para o exame do cabimento dos embargos de declaração, o julgador deve analisá-los *in status assertionis*, isto é, avaliar se, a despeito de existirem ou não de fato, consta da petição de embargos a *alegação* de existência de erro, omissão, contradição ou obscuridade na decisão agravada. Se o embargante suscitar um desses vícios, os embargos são cabíveis e devem ser conhecidos, independentemente de, no mérito, serem rejeitados.[117] Porém, se o embargante sequer indica um dos defeitos que permitem o manejo dos embargos,

---

115. Art. 10 (...). § 2º No caso do § 1º deste artigo, se o Sistema do Poder Judiciário se tornar indisponível por motivo técnico, o prazo fica automaticamente prorrogado para o primeiro dia útil seguinte à resolução do problema.

116. Nesse sentido, ver NEVES, Daniel Amorim Assumpção. *Manual de Direito Processual*. Ob. cit., p. 2820: "Tratando-se de intempestividade discutível, na qual se evidencie que não houve má-fé do embargante, acredito que o prazo para a interposição de outros recursos deveria ser interrompido, o que só não deveria ocorrer na hipótese de manifesta intempestividade, quando o erro grosseiro permita presumir-se que a interposição decorre da má-fé do embargante para ganhar mais prazo para a interposição de outro recurso".

117. BARBOSA MOREIRA, José Carlos. *Comentários ao Código de Processo Civil*. Ob. cit., p. 558: "Os embargos são apreciados no mérito assim quando o órgão judicial diz que não existe a apontada obscuridade, contradição ou omissão, como quando reconhece o defeito e o supre. Em qualquer dessas hipóteses, o tribunal admitiu (ainda que implicitamente) os embargos, provendo-os ou não. A distinção é relevantíssima: quando não se conhece dos embargos de declaração, não se lhes pode atribuir o efeito previsto no art. 538 em proveito do embargante (cf., infra, o comentário nº 306 a esse dispositivo)"; MARINONI, Luiz Guilherme; MITIDIERO, Daniel. *Comentários ao Código de Processo Civil*. Ob. cit., p. 222: "Cabem embargos de declaração quando a parte *narra* obscuridade, contradição ou omissão em qualquer espécie de decisão judicial – decisões interlocutórias, sentenças, acórdãos ou decisões monocráticas

o recurso não deve ser conhecido e não produzirá, pois, o efeito interruptivo.[118] A lei processual contém, ainda, uma hipótese na qual se presume o manifesto descabimento dos embargos (art. 1.026, § 4º, do CPC): não cabe a oposição de embargos quando dois outros já foram opostos em relação à mesma decisão e foram reputados protelatórios.

Outra situação que merece exame é o caso de interposição de recurso pela parte na pendência de julgamento dos embargos pela parte contrária. Suponha-se que a sentença tenha julgado parcialmente procedente os pedidos do autor, configurando sucumbência recíproca e revelando interesse recursal de ambas as partes. No prazo de interposição da apelação, o autor opõe embargos de declaração e o réu, sem perceber a prática do ato recursal pelo autor que interrompeu o prazo, interpõe apelação. Se os embargos forem rejeitados no mérito ou, embora acolhidos, não alterarem a conclusão do julgamento anterior, dispõe o art. 1.024, § 5º, do CPC que o recorrente, réu nesse exemplo, não necessita ratificar as razões de apelação anteriormente interposta. O recurso será processado e julgado independentemente da prática de qualquer ato pelo apelante.

No entanto, se o acolhimento dos embargos resultar na modificação da sentença embargada, ao réu será concedido o direito de complementação ou alteração de suas razões, *nos exatos limites da modificação*, no prazo de quinze dias, contado da intimação da decisão dos embargos de declaração (art. 1.024, § 4º).[119] Assim, a procedência dos embargos que ocasione mudança da decisão embargada autoriza automaticamente a retificação das razões recursais contidas no recurso prematuramente interposto pela parte contrária, limitada à parte alterada pela decisão dos embargos, no prazo em que teria para o protocolo de seu recurso, caso não o tivesse interposto antes.

#### *4.3.5.4. Efeito modificativo*

Os embargos de declaração não foram concebidos como meio impugnativo de reforma ou de invalidação da decisão. Como examinado, servem à obtenção de esclarecimentos, cuja necessidade advém da falta de clareza

---

de relator. Se a obscuridade, contradição ou omissão de fato *existe* é uma questão de mérito do recurso de embargos".

118. DIDIER JR., Fredie; CUNHA, Leonardo Carneiro da. *Curso de Direito Processual*. Ob. cit., p. 309.

119. OLIVEIRA JR., Zulmar Duarte de. In: GAJARDONI, Fernando da Fonseca; DELLORE, Luiz; ROQUE, André Vasconcelos; OLIVEIRA JR., Zulmar Duarte de. *Execução e Recursos*: comentários ao CPC de 2015. Ob. cit., p. 1141: "Quem avaliará a necessidade de alteração do recurso, pós decisão dos aclaratórios, será o próprio recorrente, que verificará o prejuízo ao recurso interposto derivado da decisão proferida em sede de declaratórios".

da decisão ou da existência de ponto contraditório, à integração de uma omissão e à correção de um erro material.[120] Em regra, o esclarecimento, a integração e a correção não têm o condão de modificar a substância da decisão, mas apenas de proporcionar os reparos necessários ao seu aprimoramento formal.

Não obstante, ocasionalmente, dependendo do defeito, a sua correção leva à modificação do julgamento. Exemplifico. Suponha-se uma sentença que contenha contradição entre sua fundamentação e seu dispositivo; a motivação leva a crer que os pedidos serão acolhidos, mas, ao final, são rejeitados. No julgamento de embargos de declaração opostos pelo autor, a sentença pode esclarecer a contradição, corrigindo a parte da fundamentação e adequando-a ao dispositivo de improcedência. Não há, nesse caso, alteração do resultado. Porém, se o julgador agir do modo oposto, corrigindo o dispositivo para constar a procedência do pedido, os embargos resultarão na reforma da decisão.

Pense-se, ainda, na decisão na qual o julgador deixa de apreciar o principal argumento do autor e indefere seu requerimento. Opostos embargos de declaração, o exame do fundamento não enfrentado anteriormente poderá levar à modificação do provimento anterior, com o consequente deferimento do pleito previamente rejeitado. Em ambos os casos, os embargos de declaração exercem função mais abrangente do que a mera atividade de correção de erros, prestação de esclarecimentos e integração. Os provimentos mencionados tiveram seu conteúdo substancialmente alterado.

Quando esse fenômeno ocorre, aos embargos de declaração foi concedida eficácia modificativa ou infringente[121] e, assim, o recurso exerce função

---

120. BARBOSA MOREIRA, José Carlos. *Comentários ao Código de Processo Civil*. Ob. cit., p. 558: "Na hipótese de obscuridade, realmente, o que faz o novo pronunciamento é só esclarecer o teor do primeiro, dando-lhe a interpretação autêntica. Havendo contradição, ao adaptar ou eliminar alguma das proposições constantes da parte decisória, já a nova decisão altera, em certo aspecto, a anterior. E, quando se trata de suprir omissão, não pode sofrer dúvida que a decisão que acolheu os embargos inova abertamente: é claro, claríssimo, que ela diz aí mais que a outra. O que parece mais exato é afirmar, como fazia O Código baiano (art. 1.341), que o provimento dos embargos se dá 'sem outra mudança no julgado', além daquela consistente no esclarecimento, na solução da contradição ou no suprimento da omissão".

121. Daniel Amorim Assumpção Neves distingue os embargos de declaração com efeito modificativo daqueles com efeito infringente. Para o autor, os primeiros valem-se de algum dos defeitos indicados no art. 1.022 do CPC para ocasionar a alteração da decisão. Já os segundos, mesmo não presente obscuridade, contradição, omissão ou erro material, são cabíveis em razão da teratologia do provimento judicial. Cf. NEVES, Daniel Amorim Assumpção. *Manual de Direito Processual*. Ob. cit., p. 2828-2829: "Diferentes dos embargos de declaração com efeitos modificativos, os embargos de declaração com efeitos infringentes são consideravelmente atípicos, não se limitando à atipicidade aos efeitos do julgamento dos embargos de declaração. Nesse caso, já são atípicas as hipóteses de cabimento, que não guardam relação com o art. 1.022 do Novo CPC, já que não se tratam de defeitos formais da decisão, mas sim de decisões teratológicas geradas por vícios absurdos, referentes ao seu conteúdo ou gerados pela falsa percepção da realidade pelo órgão prolator da decisão impugnada, tais como o erro manifesto

que extrapola àquela imaginada pelo legislador. Como já mencionado, nessa hipótese em que o juiz percebe a possibilidade de o julgamento do recurso ocasionar a reforma da decisão, deve, antes de julgá-los, dar a oportunidade ao embargado para oferecimento de contrarrazões no prazo de cinco dias (art. 1.023, § 2º, do CPC), sob pena de nulidade pela violação ao princípio do contraditório.[122]

## 4.3.6. Natureza da decisão que julga os embargos de declaração

Como examinado, os embargos de declaração são apreciados e julgados pelo mesmo órgão que proferiu a decisão embargada e visam tão somente à prestação de esclarecimento, à integração e à correção de erro material. Desse modo, o provimento judicial de julgamento dos embargos tem a mesma natureza da decisão embargada, pois somente a torna mais clara ou a integra. Assim, a decisão que julga embargos de declaração opostos contra sentença tem natureza de sentença. Para se alcançar o inteiro teor da sentença, é necessário o exame dos dois provimentos em conjunto. O mesmo exercício deve ser feito em caso de decisão interlocutória, de decisão unipessoal proferida no tramite do processo perante o tribunal e de acórdão. A decisão embargada é acrescida da decisão que julga os embargos e dessa soma resulta uma única decisão.[123]

No entanto, se os embargos de declaração são rejeitados, em nada é alterada a decisão embargada.[124]

---

de contagem de prazo, ausência de intimação de uma das partes, revelia decretada em razão de a contestação estar perdida no cartório e não ter sido juntada aos autos, etc. Prossegue a atipicidade no pedido do embargante, que não será caso de esclarecimento nem de integração, mas de reforma ou anulação".

122. Enunciado FPPC n. 614: "Não tendo havido prévia intimação do embargado para apresentar contrarrazões aos embargos de declaração, se surgir divergência capaz de acarretar o acolhimento com atribuição de efeito modificativo do recurso durante a sessão de julgamento, esse será imediatamente suspenso para que seja o embargado intimado a manifestar-se no prazo do §2º do art. 1.023".

123. DIDIER JR., Fredie; CUNHA, Leonardo Carneiro da. *Curso de Direito Processual*. Ob. cit., p. 304: "Não custa repetir que o ato judicial que decide os embargos de declaração ostenta a *mesma* natureza daquele que foi objeto dos embargos. Assim, opostos os embargos, por exemplo, de uma sentença, eles serão decididos por *nova* sentença. Na verdade, as duas sentenças devem ser *somadas*, perfazendo-se *uma só*, justamente porque os embargos de declaração têm, como se viu, aquele efeito de integrar ou complementar o julgado anterior".

124. CARNEIRO, Athos Gusmão. Embargos de declaração não conhecidos: a decisão dos embargos, neste caso, 'integra-se' na decisão embargada? *Revista de Processo*, v. 106, 2002, p 277: "Busquemos exemplo: se uma petição inicial contém os pedidos a), b) e c), e a decisão de mérito julga apenas os pedidos a) e b), omitindo-se quanto ao pedido c), claro está que os embargos declaratórios, se providos (por unanimidade ou por maioria de votos) e, pois, operado o julgamento deste último pedido, terão alterado o *decisum* inicial. O acórdão dos embargos 'integra-se' substancialmente ao acórdão embargado. Todavia, se os embargos forem à unanimidade rejeitados (o terceiro pedido, *v.g.*, terá sido considerado

### 4.3.7. Embargos de declaração protelatórios

O efeito interruptivo dos embargos de declaração, como visto, alarga o prazo de interposição dos outros recursos, que fica interrompido aguardando a intimação acerca da decisão de julgamento dos embargos. Dessa forma, por exemplo, a parte interessada em interpor a apelação, mas que enxerga a existência de erro, obscuridade, omissão ou contradição na sentença, pode retardar o protocolo de sua apelação para momento posterior à correção desses vícios pela via prévia dos embargos de declaração.

A possibilidade de obtenção de mais prazo para o manejo do recurso é, porém, atraente mesmo à parte que não vislumbra a ocorrência dos vícios sanáveis por meio de embargos declaratórios. A parte prejudicada pela decisão e desalentada com suas chances de sucesso recursal pode, também, se servir dos embargos para procrastinar o andamento processual e retardar o trânsito em julgado.

Obviamente, os embargos não foram concebidos para tais fins e o legislador muniu os magistrados com um meio de coibição desse uso torto do recurso. Assim, se o órgão julgador os considerar manifestamente protelatórios, condenará o embargante ao pagamento de multa não excedente a dois por cento sobre o valor atualizado da causa (art. 1.026, § 2º, do CPC). O valor da multa recolhido será destinado ao embargado.

Recurso protelatório não se confunde com recurso inadmissível. Perfeitamente possível que os embargos sejam conhecidos – porque tempestivos e por conterem alegação de algum dos vícios previstos no art. 1.022 do Código –, mas reúnam as características da procrastinação. Nesse caso, a despeito da intenção do embargante, o recurso serve à interrupção do prazo recursal se não for manifestamente incabível ou intempestivo, mas o recorrente será sancionado com a multa. São protelatórios os embargos de declaração que não apresentam fundamentação consistente,[125] que apontam ambiguidade em trecho claro da decisão, que sustentem omissão a respeito de pedido efetivamente julgado etc.[126]

---

de natureza sucessiva eventual e, assim, logicamente prejudicado), negando-se portanto a existência de qualquer omissão, então a decisão dos embargos não altera em nada a decisão embargada, que remanesce íntegra e intocada".

125. OLIVEIRA JR., Zulmar Duarte de. In: *Execução e Recursos*: comentários ao CPC de 2015. Ob. cit., p. 1148.

126. STRECK, Lenio Luiz; FREIRE, Alexandre. In: *Comentários ao Código de Processo Civil*. Ob. cit., p. 1399: "Deve-se lembrar, aqui, que a possibilidade de punição ao embargante que manejar o recurso de forma inconveniente/inadequada não deve se tornar uma espada de Dâmocles na cabeça do advogado. O CPC tem a função de proteger direitos e não a de causar intimidação à parte. Nesse sentido, a interpretação

Se a decisão que julga os embargos enfrenta, ainda que de forma considerada equivocada pelo embargante, a questão suscitada nos embargos, não cabem segundos embargos de declaração e, portanto, o manejo reiterado do recurso configura a procrastinação.[127] No entanto, não podem ser considerados protelatórios os segundos embargos de declaração quando (i) o defeito surgir na decisão que julgou os primeiros embargos; ou (ii) se tal provimento deixou de examinar o erro e/ou o ponto omisso, obscuro ou contraditório suscitado nos primeiros embargos. Essa omissão presente na decisão que julga os presentes embargos é comumente observada nos casos em que o julgador se vale de texto padrão de rejeição do recurso, em desconformidade com o que dispõe o art. 489, § 1º, III, do CPC, sem adentrar devidamente na análise do vício suscitado. Também não são considerados protelatórios os embargos de declaração com declarado propósito de provocação do prequestionamento da questão para fins de interposição futura de recurso especial ou extraordinário.[128]

Embora o art. 80, inc. VII, e o art. 81, ambos do CPC, prevejam a aplicação de multa à parte que tenha interposto recurso com intuito protelatório, aplica-se aos embargos a norma própria contida no art. 1.026, § 2º, do Código. No entanto, incidem, subsidiariamente, aquelas normas destinadas à coibição de postura desleal no processo. Assim, se o valor da multa prevista nas disposições específicas sobre embargos de declaração – "multa não excedente a dois por cento sobre o valor atualizado da causa" – demonstrar-se irrisória, o juiz pode alterar seu valor com fulcro no art. 81, § 2º, majorando-a até o montante equivalente a dez vezes o valor do salário-mínimo.

Se, apesar de já terem sido considerados procrastinatórios os primeiros embargos opostos, o embargante renova seu pleito por meio de novos aclaratórios, o CPC prevê que "a multa será elevada a até dez por cento sobre o valor atualizado da causa, e a interposição de qualquer recurso ficará

---

desse 'poder punitivo' do judiciário deve ser feita em conformidade com os demais dispositivos do CPC, como os arts. 10, 371, 489 e 926".

127. BARBOSA MOREIRA, José Carlos. *Comentários ao Código de Processo Civil*. Ob. cit., p. 561: "O que na verdade não se admite é a tentativa de reproduzir, nos segundos embargos, crítica feita nos primeiros à decisão contra a qual haviam estes sido interpostos. Se, por exemplo, o embargante alegara omissão, e o órgão julgador, ferindo o ponto, negou que ela existisse, não há como pretender, mediante novos embargos, insistir na mesma censura: trata-se de matéria vencida. O acórdão dos primeiros embargos seria omisso – e embargável nos termos do art. 535, nº II – se tivesse silenciado ao propósito; rejeitando a alegação, certa ou erradamente, pronunciou-se, e com isso pôs-se fora do âmbito de incidência do art. 535, nº II.

128. STJ, súmula n. 98: "Embargos de declaração manifestados com notório propósito de prequestionamento não têm caráter protelatório".

condicionada ao depósito prévio do valor da multa". Para que seja possível a elevação da multa, é indispensável que (i) os embargos versem sobre a primeira decisão, e não sobre a decisão que julgou os primeiros embargos; e (ii) sejam considerados novamente "manifestamente protelatórios". Imagine-se sentença proferida na qual o magistrado deixa de apreciar fundamento do réu. Este opõe embargos de declaração, que são rejeitados e considerados protelatórios, levando à condenação ao pagamento da multa prevista no art. 1.026, § 2º. A decisão que julgou os embargos, porém, contém contradição. Se o réu renovar seus embargos para novamente suscitar vício da sentença, a multa poderá ser majorada, se o novo recurso também for considerado protelatório. No entanto, se seus segundos embargos versarem sobre a contradição existente na decisão que julgou os primeiros embargos, não é possível a majoração da multa prevista no art. 1.026, § 3º.

Com o evidente propósito de limitação do uso dos embargos, além da multa e de sua majoração, o legislador ainda condicionou a interposição de outro recurso ao depósito prévio do valor da multa, na hipótese de terem sido apresentados dois embargos de declaração considerados manifestamente protelatórios. Desse modo, no exemplo acima, o réu, depois de ter oposto dois aclaratórios contra a sentença e ter sido condenado ao pagamento da multa, posteriormente elevada, somente poderá interpor recurso de apelação depois de depositar o valor integral da multa. A exigência de depósito prévio é dispensada em relação à Fazenda Pública e ao beneficiário da gratuidade de justiça, que efetuarão o depósito ao final.[129]

Não me parece correta a criação do óbice financeiro à interposição de recurso. É inconstitucional, a meu ver, a exigência de depósito prévio do valor da multa, porquanto dificulta o uso do recurso, que nada mais é do que um prolongamento do exercício do direito de ação.[130] E, ao dispensar a Fazenda Pública do depósito prévio, a norma ainda cria uma clara situação de desigualdade, concedendo mais uma vantagem à Fazenda Pública em detrimento do litigante particular.[131]

---

129. Art. 98, § 4º, do CPC: "A concessão de gratuidade não afasta o dever de o beneficiário pagar, ao final, as multas processuais que lhe sejam impostas".

130. Nesse sentido, ver GRECO, Leonardo. *Instituições de Processo Civil*. Ob. cit., p. 209: "Em minha opinião, condicionar a interposição de qualquer outro recurso ao depósito da multa é inconstitucional, porque assim se institui um obstáculo econômico ao exercício do direito de recorrer, que nada mais é do que uma das expressões do direito de ação, constitucionalmente assegurado". Em sentido contrário, cf. DIDIER JR., Fredie; CUNHA, Leonardo Carneiro da. *Curso de Direito Processual*. Ob., p. 321.

131. MARINONI, Luiz Guilherme; MITIDIERO, Daniel. *Comentários ao Código de Processo Civil*. Ob. cit., p. 230: "No entanto, o próprio art. 1.026, § 3ºm CPC/2015, refere que o depósito do recurso da multa não constitui requisito de admissibilidade de qualquer outro recurso para Fazenda Pública. Todavia, há aí flagrante violação do direito fundamental à paridade de armas no processo civil (arts. 5º, I, CF/1988,

De modo a sepultar a tentativa reiterada de protelação por meio de embargos de declaração, o art. 1.026, § 4º, do CPC dispõe que "não serão admitidos novos embargos de declaração se os 2 (dois) anteriores houverem sido considerados protelatórios". Destarte, os terceiros embargos são considerados inadmissíveis por expressa disposição de lei e não servirão à interrupção do prazo para outros recursos, o que retira seu principal atrativo ao recorrente desleal. Para que isso ocorra, porém, os dois embargos anteriores devem versar sobre a mesma decisão e serem considerados protelatórios.

## 4.4. AGRAVO INTERNO

Consoante examinado em capítulos precedentes, nem sempre as cortes brasileiras julgam por meio de decisões colegiadas. A legislação processual permite, em variadas hipóteses, que sejam tomadas decisões nos tribunais por apenas um magistrado. Tais casos podem ser divididos em três classes: (i) questões enfrentadas por meio de decisões exclusivamente individuais, que não passam ordinariamente pelo colegiado, como a decisão do presidente ou do vice-presidente do tribunal local acerca da admissibilidade de recurso especial ou extraordinário (art. 1.030 do CPC) ou a homologação de autocomposição realizada pelo relator (art. 932, I, do CPC); (ii) questões resolvidas por provimentos preferencialmente individuais, que, usualmente, são enfrentadas em juízos singulares, como as decisões que analisam requerimento de tutela provisória (art. 932, II, do CPC) ou que rejeitam de plano recursos que não preencham os requisitos de admissibilidade recursal (art. 932, III, do CPC); (iii) questões resolvidas residualmente por decisões unipessoais, como o mérito dos recursos, na forma prevista no art. 932, incisos IV e V do CPC.

Em regra, excetuadas as hipóteses de cabimento de outro recurso (ex. art. 1.030, § 1º, do CPC) ou de decisão unipessoal irrecorrível (ex. art. 950, § 3º, art. 1.007, § 6º e art. 1.031, §§ 1º e 2º) o legislador estabeleceu o agravo interno, previsto no art. 1.021 do CPC, como o meio impugnativo recursal próprio contra as decisões monocráticas proferidas nos tribunais. Esse recurso traduz a importância do colegiado, porquanto permite que a parte leve ao seu conhecimento as questões decididas monocraticamente, seja na hipótese de usurpação de competência (a decisão não poderia ter sido tomada individualmente), seja no caso de possível defeito que demande

e 7º, CPC/2015). Há diferenciação indevida, porque não fundada em critérios que permitem aferir a racionalidade da distinção: assim, a dispensa de depósito pressupõe vantagem destituída de causa. O fato de a Fazenda Pública ter que recolher ao final a multa não mitiga a violação à igualdade no processo civil".

correção pelo colegiado (decisão unipessoal que contenha *error in procedendo* ou *error in judicando*).[132]

Nos tópicos seguintes, cuidarei dos requisitos de admissibilidade, do procedimento e dos efeitos do agravo interno.

### 4.4.1. Cabimento

Dispõe o art. 1.021 do CPC que cabe agravo interno contra decisão do relator. Desse modo, são passíveis de impugnação por esse mecanismo recursal as decisões unipessoais do relator proferidas no âmbito dos recursos ou das ações de competência originária, em trâmite nos tribunais estaduais, regionais federais e superiores. Para fins de cabimento, independe se a questão examinada pelo relator é de sua competência exclusiva ou não, isto é, mesmo nas hipóteses em que cabia inicialmente ao relator analisar a questão, é possível o reexame da decisão pelo órgão colegiado do qual ele faz parte. Se, por exemplo, o relator decidir incidente de desconsideração da personalidade jurídica instaurado no tribunal, questão cuja resolução é de sua competência exclusiva, autoriza-se à parte prejudicada a interposição de agravo interno, de modo que o órgão colegiado analise a questão e decida por manter ou reformar o pronunciamento do relator.

Na legislação anterior, esse recurso recebia tratamento pulverizado em dispositivos espalhados no CPC/73 e em outras leis. O seu regramento estava atrelado às normas referentes ao agravo de instrumento, cujo cabimento e demais particularidades são distintos. A própria denominação era equívoca.[133] Para diferenciá-lo dos demais agravos, a doutrina e a jurisprudência apelidaram-no de agravo *inominado*, *agravinho*, *agravo regimental* – em virtude da sua previsão originalmente encontrada nos regimentos internos de tribunais – e, finalmente, de *agravo interno.*[134] A disseminação da previsão de decisões unipessoais em sede de recursos e de ações de competência originária dos tribunais[135] e a falta de um recurso cabível contra todas essas hipóteses

132. BARBOSA MOREIRA, José Carlos. *Comentários ao Código de Processo Civil.* Ob. cit., p. 680: "O relator atua como uma espécie de porta-voz do colegiado; cumpre, no entanto, abrir a quem se sinta injustamente agravado o ensejo de pleitear que também se ouçam os outros membros – que 'se complete', por assim dizer, o julgamento".

133. CARNEIRO, Athos Gusmão. *Recurso Especial, Agravos e Agravo Interno.* 2. ed. Rio de Janeiro: Forense, 2002, p. 255.

134. O primeiro a denominá-lo de agravo interno foi CARREIRA ALVIM, José Eduardo. *Novo Agravo.* 2ª edição. Belo Horizonte: Del Rey, 1996, p. 125, nota 3.

135. PANTOJA, Fernanda Medina; FERRAZ, Leslie. Julgamento singular e agravo interno: uma análise empírica. *Revista de Processo.* São Paulo: Revista dos Tribunais, vol. 211/2012, p. 212-213: "Na redação original do Código de Processo Civil de 1973, o art. 557 já autorizava que o relator julgasse, em decisão singular, o

previstas em lei fez com que os tribunais dispusessem em seus regimentos internos a possibilidade de interposição de agravo, de modo que a questão decidida monocraticamente fosse levada ao colegiado e se evitasse discussão acerca da constitucionalidade dos provimentos individuais nos tribunais.[136] Esses agravos regimentais, inicialmente, supriram lacunas deixadas pela lei, mas foram paulatinamente perdendo espaço com a evolução da previsão legal do agravo interno.

O CPC/2015 aprimorou seu regramento, dedicando o art. 1.021 e seus parágrafos para regulamentá-lo. No entanto, ainda deixou algumas brechas, porquanto previu nesse dispositivo o cabimento do agravo interno apenas

---

mérito do agravo de instrumento, isto é, poderia indeferir monocraticamente a peça recursal quando o agravo fosse manifestamente improcedente. No mais, os poderes do relator resumiam-se em relatar e preparar o recurso para a decisão coletiva, podendo convertê-lo em diligência, se insuficientemente instruído. Assim, em sua versão inicial, a monocrática estava restrita aos casos de agravo de instrumento inadmissíveis e manifestamente improcedentes. Contra essa decisão, já se previa o cabimento de recurso inominado ao órgão colegiado, cujo prazo para interposição, embora omissa a lei a respeito, foi estabelecido em cinco dias pela doutrina e pela jurisprudência. Coube à Lei 9.139/1995 generalizar a possibilidade do julgamento singular, estendendo-a também a todas as espécies de recursos, inclusive à apelação, e diversificando as hipóteses de negativa de seguimento pelo relator, que passaram a abarcar, além do recurso manifestamente improcedente e inadmissível, também o prejudicado ou contrário à súmula do próprio Tribunal ou de Tribunal Superior. Ao recurso cabível para atacar a decisão denegatória, nomeou-se agravo interno, com a fixação expressa do prazo de cinco dias para a sua interposição. A par de consagrar definitivamente a monocratização do julgamento de mérito, a modificação também já indicava a crescente valorização da jurisprudência dos Tribunais Superiores, que viria a atingir seu ápice com a admissão das súmulas vinculantes, por intermédio da EC 45, de 30 dez. 2004. A Lei 9.756, de 17 dez. 1998, por sua vez, além de manter as prerrogativas existentes, alterou o art. 557 do CPC no sentido de permitir ao relator negar seguimento não somente ao recurso manifestamente improcedente, inadmissível, prejudicado e contrário à súmula, mas ainda àquele que confronte a jurisprudência dominante do tribunal, do STF ou do STJ. No ensejo, previu-se ainda a recíproca possibilidade de o relator dar provimento ao recurso, caso a decisão recorrida contrarie súmula ou jurisprudência dominante dos Tribunais Superiores. Manteve-se a previsão do agravo interno como recurso cabível contra a decisão singular do relator, mas pretendeu-se desencorajar sua interposição, face à cominação de multa de 1% a 10% do valor da causa, a ser revertida ao recorrido, em caso de recurso manifestamente inadmissível ou infundado. Ademais, condicionou-se ao pagamento da multa a interposição de qualquer outra ferramenta recursal. Finalmente, foi inserida a possibilidade de retratação pelo relator e, ainda, a apresentação do processo em mesa para julgamento, em substituição ao 'pedido de dia' exigido na reforma anterior".

136. GRECO, Leonardo. *Instituições de Processo Civil*. Ob. cit., p. 308: "Embora a sua instituição constituísse matéria tipicamente de direito processual, da competência legislativa privativa da União, sempre se admitiu a sua constitucionalidade pela própria natureza colegiada dos tribunais, como meio de exigir a devolução do exercício da jurisdição ao seu juiz natural, que era o colegiado, exercida por delegação deste pelo presidente ou pelo relator"; RODRIGUES. Marco Antonio. *Manual dos Recursos*. Ob. cit., p. 186: "Desde a reforma empreendida pela Lei 9756/1998 sobre o CPC/1973, alterando o art. 557 e instituindo o julgamento monocrático de recursos, surgiu a discussão se tais decisões monocráticas ferem as regras constitucionais sobre a formação dos tribunais ou a garantia do juiz natural, posto que estariam retirando o julgamento do recurso do colegiado competente na estrutura do tribunal para apreciá-lo. Sob a égide do CPC/1973, o Supremo Tribunal Federal teve de apreciar tal questão em sede de controle incidental, entendimento esse que é plenamente aplicável ao CPC/2015. Reconheceu o Supremo Tribunal Federal a constitucionalidade de tais julgamentos, desde que seja possível levar a questão decidida pelo relator ao colegiado".

contra as decisões unipessoais de relatores, não dispondo de modo semelhante quanto ao cabimento como forma de impugnação de decisões monocráticas proferidas por outros membros dos tribunais. Assim, se de um lado não há mais dúvida quanto ao cabimento do agravo interno contra decisões dos relatores, de outro lado nem sempre é simples constatar o cabimento desse recurso contra decisões proferidas pelo presidente ou vice-presidente do tribunal, por exemplo.

O Código prevê o cabimento do agravo interno contra decisões do presidente ou vice-presidente nas seguintes hipóteses: (i) inadmissão de recurso extraordinário com fulcro na ausência de reconhecimento de repercussão geral pelo STF da questão discutida no recurso (art. 1.030, I, a); (ii) inadmissão de recurso extraordinário em razão da desconformidade da pretensão recursal com o entendimento do STF fixado no regime da repercussão geral (art. 1.030, I, a); (iii) inadmissão de recursos especial ou extraordinário sob o fundamento de que o acórdão recorrido sustentou posição em conformidade com entendimento do STJ ou do STF, exarado no regime do julgamento de recursos repetitivos (art. 1.030, I, b); (iv) sobrestamento de recurso especial ou extraordinário em virtude de a questão discutida ser objeto de julgamento de recurso repetitivo e o tribunal superior ainda não ter fixado o entendimento a ser seguido (art. 1.030, III) (v) decisão sobre a inadmissão de recurso extraordinário ou recurso especial sobrestado, em razão de intempestividade (art. 1.035, § 7º e art. 1.036, § 3º).

Porém, outras decisões proferidas pelo presidente ou vice-presidente de tribunal não contam com previsão legal de cabimento de agravo interno. A decisão de inadmissão de recursos especial ou extraordinário em razão da falta de preenchimento de algum requisito de admissibilidade, por exemplo, é impugnável pela interposição de outro agravo (agravo em recurso especial ou extraordinário), previsto no art. 1.042 do Código. A avocação dos autos pelo presidente do tribunal em casos de previsão de remessa necessária e omissão do juízo de primeiro grau (art. 496, § 1º, do CPC), a decisão de atribuição de efeito suspensivo a recursos especial ou extraordinário (art. 1.029, § 5º, III, do CPC), a seleção de recursos representativos da controvérsia para fins de afetação da questão e julgamento no regime dos recursos repetitivos (art. 1.036, § 1º, do CPC) são hipóteses nas quais o Código atribui competência ao presidente ou vice-presidente do tribunal mas não previu o cabimento do agravo interno em face de sua decisão.

Em contrapartida, o art. 39 da Lei n. 8.038/1990 autoriza a interposição de agravo interno contra a "decisão do Presidente do Tribunal, de Seção, de Turma ou de Relator que causar gravame à parte". Porém, a referida lei é aplicada apenas no âmbito do STF e do STJ. Embora o dispositivo estabeleça prazo de cinco dias, o art. 1.070 uniformizou o prazo para a interposição de agravos internos e regimentais, previstos em qualquer lei ou regimento interno de tribunais. Desse modo, o prazo do agravo da Lei n. 8.038/1990 passou a ser de quinze dias. A previsão desse agravo contra provimentos do presidente ou vice-presidente soluciona em parte a falta de previsão de agravo interno contra algumas decisões previstas no CPC.

Ainda, o Código considera irrecorríveis algumas decisões monocráticas, o que impossibilita o manejo do agravo interno para atacá-las. É o caso da decisão do relator de admissão da intervenção do *amicus curiae* (art. 138 e art. 949, § 3º), da decisão que releva a pena de deserção (art. 1.007, § 6º) e das decisões previstas no art. 1.031, §§ 2º e 3º, sobre a ordem de julgamento dos recursos especial e extraordinário quando interpostos simultaneamente.

Em resumo, é possível concluir que, exceto quando a lei considera irrecorrível o provimento jurisdicional, cabe agravo interno contra (i) toda e qualquer decisão de relator; (ii) toda e qualquer decisão do presidente ou vice-presidente do STF e do STJ no âmbito de processo judicial, por força da Lei n. 8.038/1990; (iii) as decisões dos presidentes e vice-presidentes dos tribunais locais quando a lei assim previr.

A utilidade do agravo previsto em regimento interno de tribunal subsiste para os casos nos quais a lei não preveja o cabimento de agravo interno contra decisão monocrática.[137] Por exemplo, o art. 200 do RITJRJ trata da possibilidade de interposição de agravo regimental em face de decisão "do Presidente ou dos Vice-Presidentes do Tribunal, Presidente do Grupo de Câmaras Criminais das Seções de Câmaras Cíveis ou Especializadas (Consumidor), ou das Câmaras, ou ainda do Relator, da qual não caiba outro recurso". Do mesmo modo, prevê o art. 253 do RITJSP que, "salvo disposição em contrário, cabe agravo, sem efeito suspensivo, no prazo de quinze dias, das decisões monocráticas que possam causar prejuízo ao direito da parte".

### 4.4.2. Demais requisitos de admissibilidade

O agravo interno deve ser interposto por petição escrita, dirigida ao órgão *a quo* – relator, presidente ou vice-presidente do tribunal –, no prazo de quinze dias (art. 1.003, § 5º c/c art. 1.070, ambos do CPC), contados

137. Cf. GRECO, Leonardo. *Instituições de Processo Civil*. Ob. cit., p. 312.

apenas os dias úteis.[138] Como o CPC não dispensa o preparo, cabe ao recorrente o recolhimento de custas, exceto nas hipóteses em que não houver previsão na legislação tributária aplicável.[139]

No art. 1.021, § 1º, o CPC reforça a exigência de fundamentação do recurso e do cumprimento do princípio da dialeticidade ao impor que o recorrente impugne especificamente os fundamentos da decisão agravada.[140] Em outras palavras, não basta que a peça de agravo interno seja mera repetição do pleito já decidido monocraticamente. Assim, se, por exemplo, o relator rejeitou a apelação, o apelante não pode se limitar a repetir as razões constantes de sua peça recursal; necessita, de outro lado, impugnar os fundamentos que levaram o relator a desprover o recurso ou, ao menos, demonstrar com argumentos específicos que não era a hipótese de decisão unipessoal.[141]

### 4.4.3. Procedimento

O agravo interno é dirigido ao órgão prolator da decisão recorrida, isto é, ao relator ou ao presidente ou vice-presidente do tribunal. Inicialmente, deve ser conferida oportunidade ao agravado para oferecimento de contrarrazões no prazo de quinze dias (art. 1.021, § 2º, do CPC).[142] Em

---

138. Em lei especial e posterior, porém, previu-se o prazo de cinco dias para interposição de agravo interno. Trata-se do art. 6º, parágrafo único, da Lei n. 13.300/2016, que regula a decisão unipessoal do relator que indefere a petição inicial do mandado de injunção. Como essa lei é posterior ao CPC/2015, prevalece em relação ao prazo de quinze dias previsto no art. 1.070 do CPC.

139. Nesse sentido, ROQUE, André Vasconcelos. In: GAJARDONI, Fernando da Fonseca; DELLORE, Luiz; ROQUE, André Vasconcelos; OLIVEIRA JR., Zulmar Duarte de. *Execução e Recursos*. Ob. cit., p. 1111; precedente do STJ: AgRg no AREsp n. 656.802, Rel. Min. Assusete Magalhães, j. 17 set. 2015). Em sentido contrário, DIDIER JR., Fredie; CUNHA, Leonardo Carneiro da. *Curso de Direito Processual*. Ob. cit., p. 333.

140. MACÊDO, Lucas Buril. Agravo interno: análise das modificações legais e de sua recepção no Superior Tribunal de Justiça. *Revista de Processo*. São Paulo: Revista dos Tribunais, vol. 269/2017, p. 315: "Cria-se, com isso, um sistema de recorribilidade interna nos tribunais que é essencialmente dialético, pretendendo que apenas novos debates judiciais sejam travados, com respostas específicas a cada nova manifestação. Com isso, busca-se afastar a mera repetição acrítica de argumentos e fundamentos já enfrentados, tão trivial nos tribunais, quanto, também, enfadonha e perniciosa, simplesmente levando à custosa repetição de trabalho, dos já muito caros e abarrotados órgãos judiciais".

141. Nesse sentido, consultar a Súmula STJ n. 182: É inviável o agravo do art. 545 do CPC que deixa de atacar especificamente os fundamentos da decisão agravada.

142. O CPC/2015 introduziu a obrigatoriedade de observância do contraditório no agravo interno. Na vigência do CPC/1973, grande parte da doutrina considerava essencial a concessão de prazo para resposta do agravo, mesmo na falta de previsão legal. Cf. CARVALHO, Fabiano. Princípios do contraditório e da publicidade no agravo interno. In: *Aspectos Polêmicos e atuais dos Recursos Cíveis*. V. 8. São Paulo: Revista dos Tribunais, 205, p. 108-109: "A resposta do agravado amplia a atividade cognitiva do órgão colegiado competente para o julgamento do recurso, de maneira que, numa escala de valores, o contraditório permite um julgamento colegiado de melhor qualidade a ensejar indubitavelmente uma decisão mais segura a inspirar maior confiança aos jurisdicionados. Em outras palavras: o que legitima a decisão do colegiado é o contraditório no agravo interno".

seguida, o relator poderá retratar-se, acolhendo os argumentos do agravante e modificando a decisão recorrida. Caso não haja retratação ou esta seja apenas parcial, o recurso será incluído em pauta para julgamento, devendo ocorrer a respectiva publicação (art. 934 do CPC). Embora o *caput* do art. 1.021 disponha que o recurso será processado de acordo com as regras previstas nos regimentos internos dos tribunais, o CPC é bastante minucioso quanto ao seu rito. Sobra pouco espaço para os tribunais regulamentarem o procedimento do agravo interno.[143]

O recurso não pode ser decidido por nova decisão monocrática, devendo ser levado à apreciação do órgão colegiado, exceto se o relator, presidente ou vice-presidente se retratar.[144]

Na sessão, depois de anunciado o início do julgamento do agravo interno pelo presidente do órgão colegiado, passe-se diretamente à colheita do voto do relator (que também vota, mesmo sendo a impugnação de sua decisão o objeto do recurso) e dos vogais. Embora a redação original do CPC previsse a possibilidade de sustentação oral, o dispositivo que a permitia foi vetado (art. 937, VII). Somente é possível a exposição oral nos agravos internos interpostos contra a decisão unipessoal do relator que tenha julgado extinta ação de competência originária do tribunal (art. 937, § 3º). Assim, se o relator de ação rescisória a rejeitar liminar e monocraticamente, caberá agravo interno que, por sua vez, abrirá a oportunidade de sustentação oral às partes.

Colhidos os votos, se o recurso tiver sido julgado em sessão presencial, o resultado é revelado em seguida pelo presidente do órgão colegiado. Da

143. ASSIS, Araken. *Manual dos Recursos*. Ob. cit., p. 516: "O art. 1.021, caput, remete o 'processamento' do agravo interno às disposições do regimento interno do respectivo tribunal. O espaço reservado para o regimento interno, todavia, revela-se muito limitado. Os ajustes feitos no Capítulo II – Da Ordem dos Processos no Tribunal do Título I do Livro III da Parte Especial do CPC de 2015, sob o viés de garantir os direitos fundamentais processuais das partes, pré-exclui a maior parte das soluções tradicionais dos regimentos. Dois exemplos expressivos ilustram esse alvitre. Em primeiro lugar, costumam os regimentos internos dispensar a inclusão do agravo interno na pauta, e, a fortiori, a publicação dessa pauta no órgão oficial, providências que demandam atividade da secretaria, e, portanto, tempo, inibindo seu julgamento na primeira sessão disponível. Ora, o art. 934 estabelece que o presidente do órgão fracionário publicará a pauta 'em todas as hipóteses previstas neste Livro' e, para espancar hesitação, o art. 1.021, § 2.º, in fine, reclama a inclusão em pauta do agravo interno (infra, 56.8). Também se costuma excluir a sustentação oral. Mas, tendo por objeto a decisão do relator extinguindo causa de competência originária do tribunal, já caberá debate oral, a teor do art. 937, § 2.º".

144. ROQUE, André Vasconcelos. In: GAJARDONI, Fernando da Fonseca; DELLORE, Luiz; ROQUE, André Vasconcelos; OLIVEIRA JR., Zulmar Duarte de. *Execução e Recursos*. Ob. cit., p. 1113: "Mesmo que considere incabível ou intempestivo o agravo interno, não pode o relator julgá-lo mediante nova decisão unipessoal. Deverá, em qualquer caso, encaminhar o recurso para exame pelo colegiado, o qual, se for o caso, imporá contra o agravante a multa prevista no § 4º, desde que por votação unânime. Caso contrário, estará o relator negando acesso do agravante ao colegiado, o que é necessário inclusive para que, se for o caso, seja interposto recurso para os tribunais superiores".

mesma forma que é vedado ao agravante limitar-se na petição de agravo interno à repetição dos argumentos anteriormente utilizados, sem enfrentar os motivos expostos na decisão agravada, o relator também não está autorizado a tão somente repetir os mesmos fundamentos da decisão para fins de rejeição ao agravo interno. Em seu voto devem constar motivos que infirmem as razões apresentadas pelo recorrente (art. 1.021, § 3º c/c art. 489, § 1º, IV, ambos do CPC).

Se a decisão atacada mediante agravo interno versa sobre questão resolvida exclusiva ou preferencialmente por decisão monocrática (p. ex. antecipação dos efeitos da tutela recursal ou atribuição de efeito suspensivo ao recurso), o julgamento do agravo interno versará, provavelmente, apenas sobre a decisão recorrida, isto é, se deve ser mantida a tutela provisória ou o efeito suspensivo, por exemplo. No entanto, em outras hipóteses, pode afigurar-se desejável que o colegiado vá além. Suponha-se a apelação que tenha sido rejeitada liminarmente pelo relator (art. 932, IV). Interposto agravo interno, é possível que o órgão *ad quem* dê provimento ao recurso não só para invalidar a decisão do relator e possibilitar o processamento da apelação para futura apreciação do colegiado, como também para *reformar* a decisão do relator e, consequentemente, dar provimento à apelação.

Para que isso ocorra, entendo que, no exemplo acima, a apelação deva estar apta ao julgamento imediato de mérito, isto é, já foi concedido prazo para contraditório, o Ministério Público já se manifestou, se for a hipótese de sua intervenção, já foi oferecida a oportunidade para correção de vício (art. 932, parágrafo único, do CPC) etc.[145] Ademais, deve haver pedido nesse sentido, em respeito ao princípio da congruência. Se o agravante requer

145. GRECO, Leonardo. *Instituições de Processo Civil*. Ob. cit., p. 310: "Entretanto, muitos agravos regimentais são interpostos contra decisões que julgam monocraticamente ações ou recursos, como nos casos em que o recurso para o colegiado é decidido singularmente pelo relator nas hipóteses dos incisos IV e V do art. 932. Nessas situações, o agravo não se destina apenas a reexaminar a decisão do relator, mas deste reexame e da sua modificação, resultará necessariamente o julgamento definitivo do próprio recurso ou do próprio processo. Para isso, é necessário, entretanto, que a causa esteja madura para julgamento, tanto do ponto de vista da instrução probatória, como da observância de todo o procedimento instituído pela lei para o julgamento definitivo do processo ou do recurso"; MACÊDO, Lucas Buril. Agravo interno: análise das modificações legais e de sua recepção no Superior Tribunal de Justiça. Ob. cit., p. 314: "Em síntese, nada obstante o objeto do agravo interno seja o conteúdo da decisão monocrática do relator – que pode se limitar à admissibilidade do recurso anteriormente interposto –, o procedimento recursal permite, após o julgamento do agravo interno e em caso de seu provimento, ingressar diretamente no mérito do recurso anteriormente interposto. Trata-se de uma simplificação procedimental permitida por força da duração razoável do processo"; ROQUE, André Vasconcelos. In: GAJARDONI, Fernando da Fonseca; DELLORE, Luiz; ROQUE, André Vasconcelos; OLIVEIRA JR., Zulmar Duarte de. *Execução e Recursos*. Ob. cit., p. 1116. Em sentido contrário, ASSIS, Araken. *Manual dos Recursos*. Ob. cit., p. 524: "Em princípio, não há o menor cabimento na fusão do julgamento de recursos diferentes. Não é possível o órgão fracionário do tribunal, provido o agravo interno, ato contínuo, encetar o julgamento da apelação ou do agravo de instrumento, cujo processamento o ato de relator impedira.82 Tratando-se de apelação,

apenas a invalidação da decisão do relator, não é lícito ao órgão colegiado, considerando inadequado o provimento recorrido, prover a própria apelação. Caso contrário, o agravado seria surpreendido por uma decisão que extrapolou os limites do pedido, não tendo exercido o contraditório sobre o mérito da apelação.

O agravo interno pode restar prejudicado e não ter seu mérito julgado em virtude do julgamento de outro recurso. Imagine-se, por exemplo, a decisão do relator que concede a tutela provisória pretendida pela parte que interpôs agravo de instrumento. Inconformada, a parte contrária interpõe agravo interno. No entanto, antes do julgamento desse recurso, o próprio agravo de instrumento é objeto de decisão do órgão colegiado. Assim, o agravo interno, que versava sobre a solução provisória dada pelo relator à questão, perdeu o objeto em virtude da solução definitiva conferida pelo colegiado.

Alguns tribunais contêm previsão em seus regimentos internos acerca da possibilidade de julgamento do agravo interno em sessão virtual. STF e STJ passaram a permitir o julgamento colegiado do agravo interno nessa plataforma, na qual são colhidos os votos dos ministros de modo eletrônico, sem a presença física dos magistrados. Dispõe o art. 317, § 5º, do RISTF que "o agravo interno poderá, a critério do Relator, ser submetido a julgamento por meio eletrônico, observada a respectiva competência da Turma ou do Plenário". O RISTJ trata do julgamento em plataforma eletrônica de forma mais detalhada. O art. 184-A cria "órgãos julgadores virtuais correspondentes à Corte Especial, às Seções e às Turmas do Superior Tribunal de Justiça, com a finalidade de julgamento eletrônico de recursos". O parágrafo único do mesmo dispositivo, prevê a possibilidade de julgamento não presencial, em sessão virtual, nos embargos de declaração, no agravo interno e no agravo regimental. Às partes, aos seus advogados e ao Ministério Público deve ser disponibilizado o acesso às sessões virtuais, mediante identificação por certificado digital (art. 184-B).[146] Depois de publicada a pauta, as partes, o Ministério Público e algum integrante do órgão julgador podem externar a discordância com o julgamento de modo virtual (art. 184-D, parágrafo único). Se a discordância for apresentada pela parte ou pelo *parquet*, deverá vir acompanhada dos motivos pelos quais o requerente dissente da inclusão do recurso na sessão virtual.

---

aliás, óbvios motivos impõem o atendimento do art. 937, I. E cumpre não olvidar, num caso e noutro, o parecer do Ministério Público em segundo grau. Essas razões pré-excluem a pretendida fusão".

146. A limitação de acesso das partes à sessão de julgamento somente se justifica nas hipóteses de proteção ao sigilo (art. 189 do CPC). Se o sistema do processo eletrônico não contiver meio de conferir acesso a terceiros, presente está a violação à garantia da publicidade.

Parece-me aplicável, no julgamento de agravo interno, o procedimento de majoração da turma julgadora em caso de divergência, previsto no art. 942 do Código, desde que a decisão agravada tenha sido tomada em sede de apelação (art. 942, *caput*), ação rescisória (art. 942, § 3º, I) ou agravo de instrumento interposto contra julgamento antecipado parcial do mérito (art. 942, § 3º, II). O agravo interno, nessas hipóteses, serve apenas para levar ao conhecimento do colegiado a questão que este órgão tinha competência para apreciar originariamente. Em prol da isonomia, entendo que deve ser conferido o mesmo tratamento ao agravo interno interposto contra decisão que rejeitou a apelação que se dá ao julgamento originariamente colegiado da apelação.[147]

#### *4.4.3.1. Imposição de multa*

O art. 1.021, § 4º, do CPC, prevê a possibilidade de aplicação de multa ao agravante em caso de utilização procrastinatória ou desleal do agravo interno. O escopo da norma é a coibição do uso indevido do recurso, quando se apresenta, por exemplo, intempestivo ou veicula pretensão manifestamente contrária a entendimento pretoriano dominante, sem demonstrar os motivos que justificam a alteração do posicionamento. A veiculação de pretensão recursal contrária a precedente vinculante, sem a indicação de distinção do caso concreto com o julgado paradigma, é hipótese de interposição do agravo interno considerada passível de aplicação de multa.[148]

No entanto, a redação do dispositivo deixa margem para dúvida. Dispõe o § 4º que se "o agravo interno for declarado manifestamente inadmissível ou improcedente em votação unânime, o órgão colegiado, em decisão fundamentada, condenará o agravante a pagar ao agravado multa fixada entre um e cinco por cento do valor atualizado da causa". O § 5º, por sua vez, condiciona a interposição de qualquer outro recurso ao depósito prévio do valor da multa.

Imagine-se a situação comumente observada na prática forense na qual o relator rejeita a apelação por decisão monocrática e o apelante, considerando existente violação a uma norma federal, pretende levar a questão ao conhecimento do STJ. No entanto, para que isso seja possível, por expressa imposição constitucional, está obrigado a interpor inicialmente agravo interno.

---

147. Nesse sentido, LEMOS, Vinicius Silva. *Recursos e Processos nos Tribunais*. 3. ed. Salvador: Juspodivm, 2018, p. 352. Em sentido contrário, ROQUE, André Vasconcelos. In: GAJARDONI, Fernando da Fonseca; DELLORE, Luiz; ROQUE, André Vasconcelos; OLIVEIRA JR., Zulmar Duarte de. *Execução e Recursos*. Ob. cit., p. 1.120.

148. Nesse sentido, no âmbito do STJ, REsp 2.043.826/SC, Resp 2.043.887/SC, Resp 2.044.143/SC e Resp 2.006.910/PA.

Perceba-se, porém, que a redação da norma prevista no § 4º do art. 1.021 prevê que, desprovido o agravo por decisão unânime do órgão colegiado, a consequência automática é a condenação do recorrente ao pagamento de multa. O dispositivo mencionado utiliza-se do adjetivo "manifestamente", mas a redação não deixa claro se se refere apenas à *inadmissibilidade* ou se também se estende aos casos de *improcedência*. Em outras palavras, o legislador previu que a fixação da multa decorre da interposição de agravo interno *manifestamente* improcedente ou basta o mero desprovimento do recurso em votação unânime para que a multa seja aplicada?

A primeira opção não se sustenta em uma interpretação sistemática, visto que o recorrente, ainda que não quisesse interpor agravo interno, está obrigado a assim proceder caso tenha interesse em fazer uso do recurso especial ou do recurso extraordinário posteriormente. Melhor exegese, portanto, é a de que somente a *manifesta improcedência* caracteriza o fato gerador da multa. E a interposição de agravo interno com a finalidade de esgotamento das instâncias ordinárias jamais pode ser considerada abusiva para fins de aplicação da multa.[149]

#### 4.4.3.2. *Fungibilidade entre embargos de declaração e agravo interno*

Se, em face da decisão unipessoal, a parte opõe embargos de declaração, mas, efetivamente, pretende a reforma da decisão, e não esclarecimento, integração ou correção, deverá ocorrer a conversão dos embargos em agravo interno, que é o recurso apropriado para se veicular pedido de reforma de tal provimento judicial.[150] O Código permitiu expressamente a adoção do princípio da fungibilidade nesses casos (art. 1.024, § 3º). Desse modo, sendo o caso da referida conversão, o relator intimará o embargante a fim de conceder-lhe a oportunidade de adequar sua peça de embargos às exigências do agravo interno (art. 1.021, § 1º), no prazo de cinco dias. Depois de realizadas as modificações, o agravado será obrigatoriamente intimado

149. Nesse sentido já tinha se posicionado o STJ, na vigência do CPC/1973, quando do julgamento do REsp 1198108/RJ, pelo regime de recursos repetitivos (tema 434). Já na vigência do CPC/2015, também com esse entendimento, foi estabelecido o enunciado n. 74, da I Jornada de Direito Processual Civil, do Conselho da Justiça Federal: "O termo 'manifestamente' previsto no § 4º do art. 1.021 do CPC se refere tanto à improcedência quanto à inadmissibilidade do agravo".

150. STRECK, Lenio Luiz; FREIRE, Alexandre. In: STRECK, Lenio Luiz; NUNES, Dierle; CUNHA, Leonardo Carneiro da; FREIRE, Alexandre. *Comentários ao Código de Processo Civil*. Ob. cit., p. 1397: "Naturalmente que isso não quer significar o descabimento dos embargos de declaração contra decisões unipessoais dos relatores. Significa, isto sim, espécie de aproveitamento do esforço recursal quando equivocado o manejo dos declaratórios, em especial atenção ao comando fundamental que impõe a prevalência do julgamento de mérito".

para manifestação em contrarrazões, antes da inclusão do agravo interno em pauta para julgamento.

### 4.4.4. Efeitos

O agravo interno não tem efeito suspensivo automático, consoante prevê o art. 995 do CPC. Sua interposição não impede, pois, a eficácia da decisão agravada. No entanto, o Código confere meios às partes e ao relator para a atribuição de efeito suspensivo por meio de decisão judicial – efeito suspensivo *ope judicis*. Assim, se demonstrado o preenchimento dos requisitos estipulados no art. 995, parágrafo único, do CPC – risco de dano grave, de difícil ou impossível reparação, e a probabilidade de provimento do recurso –, o agravante pleiteará na própria petição de agravo a concessão de efeito suspensivo.[151] Concordando com os argumentos do recorrente, compete ao relator acolher o pleito e suspender a eficácia da decisão.

Nada impede que o agravante peça a atribuição de efeito suspensivo em momento posterior à interposição do agravo, desde que o faça antes do julgamento do recurso.

Como já mencionado, está presente no agravo interno o efeito de retratação, podendo o órgão *a quo* – relator, presidente ou vice-presidente – rever sua decisão (art. 1.021, § 2º, do CPC). Essa é a única hipótese de análise individual do mérito do recurso. Não havendo retratação, o relator levará o recurso ao conhecimento do colegiado, mediante inclusão em pauta.

É amplo o efeito devolutivo do agravo interno, autorizando-se, inclusive, a cognição a respeito de questões de ordem pública ainda não ventiladas no processo, desde que concedida a oportunidade de exercício de contraditório prévio (art. 933 do CPC). Se o agravante veicular pedido relacionado ao recurso julgado monocraticamente pelo relator (ex. decisão unipessoal que nega provimento a apelação), a matéria é devolvida ao órgão colegiado, podendo acolher o agravo interno não apenas para invalidar a decisão agravada, mas também para modificar a decisão relativa ao recurso anteriormente julgado pelo relator (ex. dar provimento ao agravo interno para prover a apelação que havia sido rejeitada monocraticamente), desde que todo o procedimento desse recurso já tenha sido devidamente observado.

151. Sobre os requisitos para a concessão de efeito suspensivo e demais discussões a respeito do tema, remeto o leitor ao capítulo acerca dos efeitos dos recursos.

## 4.5. RECURSO ORDINÁRIO

Embora habitualmente as demandas se iniciem perante juízos de primeiro grau de jurisdição, a Constituição e a legislação preveem hipóteses nas quais os tribunais têm competência originária, isto é, a demanda principia-se perante um tribunal. É o caso, por exemplo, da ação rescisória, da reclamação, do mandado de segurança em face de ato de governador de estado, da ação de homologação de sentença estrangeira e da ação direta de inconstitucionalidade. Todas essas relações jurídicas processuais são instauradas perante um tribunal.

Em alguns casos, como na ação rescisória por exemplo, se ajuizada perante tribunal estadual ou regional federal, a parte inconformada com o resultado pode valer-se de recurso especial ou extraordinário, dependendo da natureza da norma cuja violação foi suscitada, para impugnar o acórdão proferido. Nessa hipótese, invocar-se-á a competência recursal extraordinária do STF e do STJ, prevista nos arts. 102, III, e 105, III, da Constituição, respectivamente.

Em outras situações, porém, a Constituição e a lei processual preferiram dispor que contra o acórdão exarado por tribunal, antes de se abrir a via recursal extraordinária, às partes é disponibilizado um recurso ordinário, o que amplia sobremaneira a cognição do órgão *ad quem* e faz as vezes do recurso de apelação.[152] Tal ferramenta impugnativa denomina-se *recurso ordinário* e está previsto na Constituição nos arts. 102, II, e 105, II, e no CPC, nos arts. 1.027 e 1.028.

Nos tópicos subsequentes, são examinadas suas hipóteses de cabimento, os demais requisitos de admissibilidade aplicáveis, o procedimento e seus efeitos.

### 4.5.1. Cabimento

O recurso ordinário tem cabimento limitado. Em virtude da mencionada divisão realizada pelo legislador, nem todo acórdão proferido em sede de ação de competência originária dos tribunais permite a interposição do recurso, porquanto, na maioria dos casos os meios impugnativos cabíveis

152. GRECO, Leonardo. *Instituições de Processo Civil*. Ob. cit., p. 301: "O recurso ordinário constitucional, nesta hipótese, é uma verdadeira apelação, com a única diferença de que o juízo *a quo*, é um tribunal superior e não um juiz de primeiro grau, seguindo as mesmas regras que disciplinam a admissão, os efeitos e o processamento daquele recurso. Pode considerar-se o recurso ordinário aqui tratado como uma espécie de apelação constitucional, que, entretanto, não cabe da decisão de um juiz singular, mas de certas decisões colegiadas proferidas pelos tribunais superiores da União para o Supremo Tribunal Federal".

são os recursos especial e extraordinário. A Constituição prevê o cabimento do recurso ordinário dirigido ao STF em *habeas corpus*, mandado de segurança, *habeas data* e mandado de injunção decididos em única instância pelos tribunais superiores, se denegatória a decisão (art. 102, II). A redação do art. 1.027, I, do CPC é mais restrita, pois não engloba o *habeas corpus*, destinado ao processo penal.

O art. 105, I da Constituição elenca as ações de competência originária do STJ. O recurso ordinário dirigido ao STF, nos casos previstos em lei, serve para garantir o duplo grau de jurisdição da demanda originada no STJ. Por exemplo, a alínea *b* do art. 105, I, da Constituição prevê a competência originária do STJ para o julgamento de "mandados de segurança e os *habeas data* contra ato de Ministro de Estado, dos Comandantes da Marinha, do Exército e da Aeronáutica ou do próprio Tribunal". Nessas hipóteses, contra a decisão do STJ que denegue a ordem pretendida pelo autor caberá recurso ordinário dirigido ao STF.

O STJ também recebe competência para julgar recurso ordinário contra acórdãos proferidos em *habeas corpus* e mandado de segurança decididos em única instância pelos tribunais regionais federais ou pelos tribunais dos Estados, do Distrito Federal e Territórios, quando denegatória a decisão (art. 105, II, da Constituição). Do mesmo modo, o CPC prevê apenas o cabimento do recurso no âmbito do mandado de segurança, não se mencionando o *habeas corpus*, instrumento do processo penal.

O art. 108, *c*, da Constituição prevê a competência originária dos tribunais regionais federais para "os mandados de segurança e os *habeas data* contra ato do próprio Tribunal ou de juiz federal". O art. 125 da Constituição, por sua vez, transfere às constituições estaduais a competência legislativa para fixação de competência dos tribunais dos estados. O art. 74, III, da Constituição do Estado de São Paulo, por exemplo, dispõe que compete ao Tribunal de Justiça do Estado de São Paulo "processar e julgar originariamente os mandados de segurança e os *habeas data* contra atos do Governador, da Mesa e da Presidência da Assembleia, do próprio Tribunal ou de algum de seus membros, dos Presidentes dos Tribunais de Contas do Estado e do Município de São Paulo, do Procurador-Geral de Justiça, do Prefeito e do Presidente da Câmara Municipal da Capital".

Nessas demandas iniciadas nos tribunais regionais federais e nos tribunais estaduais – mandados de segurança e *habeas data* – caberá recurso ordinário dirigido ao STJ contra o acórdão que, de algum modo, deixar de atender a pretensão do autor.

Não cabe recurso ordinário contra decisão monocrática do relator.[153] Antes de buscar essa via, a parte deve interpor agravo interno, a fim de provocar a manifestação do órgão colegiado ao qual o relator está vinculado. Da decisão colegiada, se observadas as demais condições, caberá recurso ordinário.

A principal vantagem do recurso ordinário se comparado aos recursos especial e extraordinária é a profundidade da cognição que sua interposição propicia aos tribunais superiores. Enquanto nos recursos extraordinários é exigido o prequestionamento da questão federal ou constitucional e estão alijadas da cognição do tribunal *ad quem* as questões de fato, o recurso ordinário recebe tratamento semelhante ao da apelação, com ampla devolutividade.

O legislador constitucional considerou adequada a previsão de recurso nesses moldes para a hipótese de denegação da pretensão no âmbito de mandado de segurança, *habeas data*, e mandado de injunção, o que denota a preocupação com os direitos fundamentais cuja tutela é invocada nessas demandas. Evidencia-se o cuidado com tais direitos em virtude de o cabimento do recurso ordinário estar restrito ao caso de denegação da ordem, o que significa que a pretensão do cidadão frente ao estado foi rejeitada.[154]

Possível concluir, pois, que o recurso ordinário é cabível contra acórdãos proferidos em ações de competência originária do tribunal – decisões de única instância, portanto –, apenas se rejeitada a pretensão do autor, o que engloba, além do julgamento de improcedência do pedido, a extinção sem exame de mérito.[155]

---

153. KOZIKSKI, Sandro Marcelo. *Sistema Recursal*. Ob. cit., p. 210: "As decisões monocráticas não comportam impugnação pela via do recurso ordinário constitucional, somente os acórdãos finais (CPC, art. 204)"; LEMOS, Vinicius Silva. *Recursos e Processos nos Tribunais*. Ob. cit., p. 400: "A decisão impugnável no âmbito dos Tribunais, pelo recurso ordinário, deve sempre ser do colegiado, não possibilitando a interposição quando ocorrer a decisão monocrática. Nessa hipótese, quando o relator decidir monocraticamente, o recorrente não pode intentar o recurso ordinário, mas, sim, o agravo interno para forçar a análise pelo colegiado, julgado, de forma colegiada, a ação, com o resultado pela denegação. Após o cumprimento desse trâmite até a prolação do acórdão, o recurso ordinário será cabível".

154. Cf. GRECO, Leonardo. *Instituições de Processo Civil*. Ob. cit., p. 301: "Note-se que o constituinte criou uma disparidade de tratamento em benefício do cidadão, contra o Estado. Tal situação, porém, não pode ser tida como inconstitucional, já que o tratamento privilegiado foi estabelecido pela própria Constituição originária em favor do cidadão, em face do Estado. A vantagem para o cidadão nesses casos é justamente a de dispor de um recurso com maior efeito devolutivo, que permitirá ao juízo *ad quem* reexaminar a decisão recorrida em todos os seus aspectos".

155. Ver BARBOSA MOREIRA, José Carlos. *Comentários ao Código de Processo Civil*. Ob. cit., p. 573. Ver também LEMOS, Vinicius Silva. *Recursos e Processos nos Tribunais*. Ob. cit., p. 399: "Uma decisão denegatória, pela interpretação em caráter amplo, pode ser aquela que enfrenta o mérito da ação, com o resultado de improcedência, denegando a segurança, a informação ou a injunção. Por outro lado, pode-se entender também como denegatória uma decisão de inadmissibilidade ou indeferimento da petição inicial da ação de competência originária, que, de certo modo, não denega, mas indefere".

A Constituição e o CPC preveem ainda o cabimento do recurso ordinário dirigido ao STJ em caso iniciado em primeira instância. Essa hipótese excepcional consiste nas causas, de competência da justiça federal (art. 109, II da Constituição), em que forem partes Estado estrangeiro ou organismo internacional, de um lado, e, do outro, município ou pessoa residente ou domiciliada no país (art. 105, II, *c*, da Constituição e art. 1.027, II, *b*, do CPC).[156] Nessa situação incomum, independentemente da matéria discutida na ação, o STJ funciona como grau de apelação em recurso interposto contra sentença de primeiro grau da justiça federal.[157]

Em face das decisões interlocutórias proferidas nessas causas, dispostas no rol do art. 1.015 do CPC, será cabível agravo de instrumento, igualmente dirigido ao STJ, não passando, assim, pelo tribunal regional federal respectivo (art. 1.027, § 1º, do CPC).

### 4.5.2. Demais requisitos de admissibilidade

O recurso ordinário, elaborado mediante petição escrita, tem prazo de quinze dias úteis para interposição e resposta (art. 1.003, § 5º, e art. 219, ambos do CPC). A lei processual não dispensa o preparo nessa via recursal, o que acarreta a imposição de recolhimento de custas para sua interposição. No entanto, pode haver dispensa em virtude da demanda da qual está sendo tirado o recurso. Se, por exemplo, tratar-se de recurso ordinário em *habeas corpus*, não haverá exigência de preparo.

Como visto, o cabimento do recurso ordinário em algumas hipóteses é *secundum eventum litis*, ou seja, cabível somente se denegada a pretensão. A legitimidade é, consequentemente, limitada ao autor das ações, não sendo cabível a interposição pelo réu em caso de concessão da medida pretendida.

---

156. GRECO, Leonardo. *Instituições de Processo Civil*. Ob. cit., p. 302: "No ponto, cabe ressaltar que a pacífica jurisprudência do Supremo Tribunal Federal, tendo por base a Convenção de Viena, reconhece aos Estados estrangeiros imunidade de jurisdição quanto aos atos de império, ou seja, em relação aos atos que praticam na condição de Estados soberanos, utilizando-se do seu poder de império, e que, regidos por um regime jurídico de direito público, colocam certos interesses em posição privilegiada em relação aos demais. Ainda conforme a jurisprudência citada, a imunidade de jurisdição, todavia, não se aplica aos atos negociais, vale dizer, àqueles que os Estados praticam como se particulares fossem e que, portanto, estão regidos por normas preponderantemente de direito privado, como, por exemplo, a contratação de obras ou serviços".

157. LEMOS, Vinicius Silva. *Recursos e Processos nos Tribunais*. Ob. cit., p. 396: "Desse modo, não há limitação material, tampouco de espécie de ação, somente pelo fato de enquadramento dessas partes determinadas legalmente, não atraindo a competência originária para nenhum Tribunal, com a continuidade da competência da Justiça Federal de primeiro grau, mas com uma alteração quanto à espécie e ao trâmite recursal impugnativo da decisão definitiva".

Nessa última hipótese, é possível a interposição de recurso especial ou extraordinário, se presente alguma violação normativa.

Por diferir-se dos recursos extraordinários destinados aos tribunais superiores e comportar um meio ordinário de impugnação, não se exige o prequestionamento no recurso ordinário.

### 4.5.3. Procedimento

O CPC regula em parte o rito do recurso ordinário e transfere ao STJ e ao STF, por meio de seus regimentos internos, a responsabilidade de regramento das demais questões procedimentais, não englobadas no Código.

O recurso é interposto perante o tribunal *a quo* e dirigido ao seu presidente ou vice-presidente, a quem caberá a intimação do recorrido para oferecimento de contrarrazões (art. 1.028, § 2º, do CPC). Apresentadas as contrarrazões ou transcorrido o prazo sem que o recorrido tenha se manifestado, os autos serão encaminhados ao tribunal superior independentemente do exercício de juízo de admissibilidade no tribunal *a quo* (art. 1.028, § 3º, do CPC). Nas ações internacionais (art. 1.027, II, *b*, do CPC), que se processam perante a primeira instância, esse processamento inicial para exercício de contraditório é realizado pelo juízo de primeiro grau, a quem compete a remessa posterior ao STJ.

Tão logo o recurso chegue ao STJ ou ao STF, conforme o caso, ocorre a distribuição para o relator. O RISTJ prevê que, *ab initio*, o relator deve intimar o Ministério Público para manifestação no prazo de cinco dias (arts. 248 e 250). Após, pedirá dia para julgamento e o recurso será incluído em pauta.

Como prevê o art. 937, II do CPC, o recurso ordinário comporta sustentação oral na sessão de julgamento, pelo prazo de quinze minutos. Assim, iniciado o julgamento e apresentado o relatório pelo relator, os patronos das partes exporão oralmente suas razões e, logo após, serão colhidos os votos e anunciado o julgamento. Desprovido o recurso, incide a norma prevista no art. 85, § 11, do CPC, majorando-se os honorários de sucumbência anteriormente fixados, mas respeitando-se o limite previsto nos §§ 2º e 3º do art. 85.

Não obstante o CPC preveja que ao recurso ordinário "aplicam-se, quanto aos requisitos de admissibilidade e ao procedimento, as disposições relativas à apelação", não me parece que, na hipótese de divergência, deva iniciar a técnica de majoração da turma julgadora, consoante dispõe o art.

942 do Código. Diferentemente do que ocorre na apelação, que é examinada em regra por três magistrados (art. 941, § 2º, do CPC), o recurso ordinário é julgado pelos cinco ministros que compõem as turmas no STJ e no STF, já antecipando a própria ampliação da composição.[158]

### 4.5.4. Efeitos

O recurso ordinário devolve ao tribunal *ad quem* todas as matérias discutidas perante o juízo *a quo*, nos limites da extensão dada pelo recorrente. A devolutividade é ampla, porquanto o tribunal *ad quem* está autorizado a se imiscuir nas questões de fato e de direito, dentro dos capítulos impugnados (art. 1.013, *caput*, do CPC), e poderá apreciar e julgar as questões suscitadas e discutidas no processo, ainda que não tenham sido solucionadas, incluindo todos os fundamentos do pedido e da defesa (art. 1.013, §§ 1º e 2º, do CPC).

As questões cognoscíveis de ofício, ainda que não tenham sido objeto de exame pelo juízo *a quo*, são devolvidas ao juízo *ad quem* pela interposição do recurso ordinário (art. 485, § 3º, do CPC).

O art. 1.027, § 2º, do CPC prevê, ainda, a incidência no recurso ordinário do art. 1.013, § 3º, do CPC, que dispõe acerca da já estudada teoria da causa madura, pela qual o tribunal, em determinadas situações, está autorizado a julgar matérias não apreciadas pelo juízo de primeiro grau. É o caso da sentença que extinguiu o processo sem, contudo, apreciar o mérito. O ordenamento permite ao tribunal competente para julgar o recurso que, ao considerar incorreta a conclusão do juízo *a quo*, não apenas anule a sentença. Se o processo já está apto para o julgamento de mérito, isto é, o contraditório já foi integralmente garantido e não há prova pendente de produção, cabe ao tribunal enfrentar o mérito e reformar a sentença. Suponha-se, por exemplo, que a petição inicial do mandado de segurança tenha sido indeferida. No julgamento do recurso ordinário, se o tribunal *ad quem* considerar preenchidos os requisitos de admissibilidade do *writ* e estando a causa madura para julgamento, poderá seguir com o exame do mérito, inclusive para conceder a segurança, se for o caso.

Como não há previsão expressa de efeito suspensivo, decorrente da mera possibilidade de interposição, o recurso ordinário não impede automaticamente a produção de efeitos do provimento recorrido. Esse entendimento é reforçado pela norma contida no art. 1.027, § 2º, do CPC, que determina a

158. DIDIER JR., Fredie; CUNHA, Leonardo Carneiro da. *Curso de Direito Processual*. Ob. cit., p. 345.

aplicação do art. 1.029, § 5º, do CPC ao recurso ordinário. Tal dispositivo regula a forma de requerimento de efeito suspensivo para os recursos especial e extraordinário, exatamente por dependerem da atribuição de tal efeito por decisão judicial. Ora, se o legislador indica o caminho para se buscar a concessão de efeito suspensivo ao recurso ordinário é porque tal recurso não suspende instantaneamente a eficácia da decisão recorrida.[159]

Desse modo, caso o recorrente pretenda a suspensão dos efeitos, deve incluir na sua petição de recurso o requerimento de atribuição de efeito suspensivo *ope judicis*, acompanhado da demonstração dos requisitos autorizadores da concessão (art. 995, parágrafo único, do CPC).

## 4.6. RECURSO EXTRAORDINÁRIO E RECURSO ESPECIAL

### 4.6.1. Conceito

Os chamados recursos extraordinários correspondem ao gênero do qual são espécies o recurso extraordinário (art. 102, III, da CF), o recurso especial (art. 105, III, da CF) e os embargos de divergência (arts. 1.043 e 1.044 do CPC). De longa tradição histórica,[160] esse meio de impugnação de competência de cortes nacionais habitualmente tem propósito distinto dos chamados recursos ordinários. Enquanto estes têm como finalidade imediata a proteção do direito subjetivo das partes contra eventual erro ou injustiça da decisão recorrida, os recursos extraordinários visam primordialmente à tutela do direito objetivo, e apenas de modo mediato do direito subjetivo das partes, ou seja, objetivam alcançar a correta aplicação da norma e a uniformização de sua interpretação.

No século XIX, estabeleceram-se dois sistemas de controle de legalidade por tribunais nacionais. O primeiro deles, a cassação francesa, tinha como resultado de seus julgamentos a invalidação, pela Corte de Cassação, da decisão proferida pelo tribunal inferior.[161] Depois do exame realizado

159. Em sentido contrário, considerando que os efeitos do recurso ordinário são os mesmos da apelação, GRECO, Leonardo. *Instituições de Processo Civil*. Ob. cit., p. 303.

160. Remeto o leitor ao longo estudo sobre a cassação civil, obra clássica de Piero Calamandrei. *La Cassazione Civile*. Turim: Fratelle Bocca Editori, 1920, v. 1.

161. BUZAID, Alfredo. A Crise do Supremo Tribunal Federal. *Revista de Direito Processual Civil.*. São Paulo: Saraiva, 1967, v. 6, p. 27: "De acordo com a concepção dominante no seio da Assembleia e que resulta das discussões parlamentares, a Corte de Cassação não é um órgão judiciário, antes um órgão de controle constitucional, destinado a impedir que os juízes invadissem a esfera do legislativo e se subtraíssem de tal modo à observância da lei: 'une sentinelle', assim dizia Prieur na sessão de 11 de novembro de 1790, 'établie pour le maintien des lois'".

pela corte nacional, o tribunal inferior recebia o processo para rejulgá-lo, mas devia aplicar as diretrizes indicadas pela Corte de Cassação. Pelo outro sistema, concebido no direito norte-americano (por meio de *writ of error*, posteriormente *appeal*, e *writ of certiorari*), os tribunais de superposição julgam a causa, podendo, eles próprios, reformar a decisão sem a necessidade de encaminhar o processo ao órgão *a quo*.[162]

O sistema brasileiro, embora adote predominantemente o sistema norte-americano, porquanto o STF e o STJ não se limitam a cassar a decisão recorrida, também absorveu características do modelo francês, já que não é possível o reexame de questões de fato em grau de recursos extraordinário e especial e as questões de direito não podem ser apreciadas de forma inédita pelos tribunais superiores; indispensável a ocorrência do chamado prequestionamento.[163]

Por ser um país grande, com uma constituição escrita e extensa e que concentra em grande escala a competência legislativa na União, o que deixa pouco espaço às iniciativas legislativas de estados e municípios, a norma brasileira é aplicada por inúmeros juízes e tribunais em todo o território nacional. Esse quadro faz com que surjam divergências de aplicação da norma, permitindo que situações conflituosas idênticas ou semelhantes sejam solucionadas de forma diversa, por juízes e tribunais diferentes. A função dos tribunais superiores consiste, pois, na garantia do correto e equânime emprego da norma federal e da constituição, assegurando tratamento isonômico entre os jurisdicionados. Nesse aspecto, o escopo dos recursos extraordinários é o de tutelar o próprio direito objetivo, assegurando a autoridade da norma.[164] Porém, por detrás das demandas e recursos, encontram-se pessoas, empresas e o próprio Estado, que esperam do Judiciário a utilização correta

---

162. Cf. GRECO, Leonardo. *Instituições de Processo Civil*. Ob. cit., p. 220. BARBOSA MOREIRA, José Carlos. *Comentários ao Código de Processo Civil*. Ob. cit., p. 577-578: "Foi o Judiciary Act de 1789 que permitiu a revisão pela Corte Suprema de decisões finais dos mais altos tribunais dos Estados, mediante *writ of error*, em diversas hipóteses relacionadas com a constitucionalidade de leis e com a legitimidade de normas estaduais, bem como de títulos, direitos, privilégios e isenções à luz da Constituição, dos tratados e das leis da União. Acoimou-se de inconstitucional, mais de uma vez, essa própria atribuição de competência, feita por lei ordinária; mas a Corte, através de duas decisões famosas, nos casos Martin v. Hunter s Lessee e Cohens v. Virgínia, deu por válida a norma. Legislação posterior orientou-se no sentido de conferir à Corte Suprema, de modo explícito e em termos de crescente amplitude, o poder de reexaminar decisões dos Estados, quer por meio do *appeal* (denominação dada ao *writ of error* pelo novo Judiciary Act de 1925), quer do *writ of certiorari*".

163. GRECO, Leonardo. *Instituições de Processo Civil*. Ob. cit., p. 221.

164. CALAMANDREI, Piero. *La Cassazione Civile*. Ob. cit., p. 38-39: "Il carattere costituzionale del principio della 'fedeltà del giudice ala legge' serve a spiegare come l'ordinamento pubblico abbia sentito il bisogno di istituire un apposito organo di controllo incaricato di verificarne la osservanza".

da norma e que seus direitos, se efetivamente existentes, sejam tutelados.[165] Assim, os recursos extraordinários, não podem ter a finalidade exclusiva de provocar a preservação da autoridade da lei; devem ser, outrossim, meio hábil disponibilizado às partes de busca da aplicação correta da norma, que lhes assegure a adequada tutela de seus direitos e se concretize o tratamento isonômico conferido pelo Poder Judiciário a todos aqueles que se encontrem na mesma situação litigiosa.

Dessa forma, os recursos extraordinários são os remédios impugnativos que visam à reforma ou invalidação de uma decisão, com vistas à tutela dos direitos das partes, por meio da aplicação adequada da norma federal ou constitucional ao caso concreto, e à concretização da isonomia, pela uniformização do entendimento a respeito da questão de direito debatida no processo.

### 4.6.2. Requisitos de admissibilidade dos recursos extraordinário e especial

Para a melhor sistematização do estudo dos requisitos de admissibilidade dos recursos extraordinário e especial, não serão abordadas de início as suas hipóteses de cabimento, como realizado com os demais recursos até aqui examinados. Analisam-se a seguir os requisitos de admissibilidade comuns aos dois recursos, extraídos das normas constitucionais contidas no art. 102, III (recurso extraordinário), e no art. 105, III (recurso especial). Esses dispositivos constitucionais, além de versarem sobre o cabimento dos recursos em suas alíneas, dispõem sobre a competência recursal extraordinária do STF e do STJ, respectivamente, enquanto o inciso I trata da competência originária e o inciso II da competência recursal ordinária.

Nos tópicos seguintes são examinados, portanto, os requisitos específicos e comuns de admissibilidade dos recursos extraordinário e especial e, posteriormente neste capítulo, serão estudados os requisitos individuais de cada um dos recursos, incluindo o cabimento.

165. LIMA, Alcides de Mendonça. *Introdução aos Recursos Cíveis*. Ob. cit., p. 314: "Na verdade, tais recursos – dos quais agora temos apenas o extraordinário – não visam, tão somente, aos interesses das partes, tendo alvo mais alto. Nem por isso deixam de resguardar os interesses privados, porquanto, em última análise, a parte lesada pelo desprezo ou pelas afrontas ao direito objetivo, invocado na espécie, tem interesse na preservação". Ver também GRECO, Leonardo. *Instituições de Processo Civil*. Ob. cit., p. 219: "Assim, a jurisdição não pode mais ser concebida como a boca da lei, mas como a função de tutela dos interesses dos particulares agasalhados pela lei por um órgão imparcial, dele sejam titulares quaisquer indivíduos ou entes com personalidade jurídica ou ainda o próprio Estado".

#### *4.6.2.1. O conceito de causa*

Tanto o art. 102, inciso III, como o art. 105, inciso III, da Constituição mencionam, para o cabimento do recurso extraordinário e do recurso especial, respectivamente, a indispensabilidade de existência de uma "causa". Para que seja possível a interposição de tais recursos, a decisão recorrida deve ter sido proferida em uma causa. Mas a Constituição não explicita a definição do termo sob a perspectiva de cabimento dos recursos.

*Causa*, para fins de interposição de recursos extraordinário ou especial, é todo processo de natureza jurisdicional, que se processa perante o Poder Judiciário.[166] Pouco importa se de jurisdição voluntária ou contenciosa e se o provimento examinou ou não o mérito.[167] Nessa definição, estão afastados o processo administrativo e o procedimento arbitral.[168] As decisões proferidas no primeiro podem ser objeto de revisão do Judiciário, mas não por meio da interposição de recursos especial e extraordinário. As decisões e sentenças arbitrais, por outro lado, embora de natureza jurisdicional, não servem à configuração de *causa* para a finalidade estabelecida na Constituição, porquanto não se originam de atos do Poder Judiciário.

Assim, o abrangente conceito contém todos os processos que tramitam perante o Poder Judiciário em que foi proferida decisão de natureza jurisdicional.

Não é apenas a decisão final do processo que abre o caminho dos recursos extraordinários.[169] Não há dúvida de que o acórdão que julga apelação é passível de impugnação por recursos especial e extraordinário. Mas

---

166. CARNEIRO, Athos Gusmão. *Recurso Especial, Agravos e Agravo Interno*. Ob. cit., p. 9-10: "O conceito de causa, quer em tema de recurso extraordinário *stricto sensu*, como de recurso especial, é o mais amplo: abrange a totalidade dos processos em que tenha sido proferida decisão jurisdicional, tanto em jurisdição contenciosa como na denominada jurisdição voluntária".

167. BARBOSA MOREIRA, José Carlos. *Comentários ao Código de Processo Civil*. Ob. cit., p. 587.

168. CARNEIRO, Athos Gusmão. *Recurso Especial, Agravos e Agravo Interno*. Ob. cit., p. 11: "À evidência, não cabe recurso extremo das decisões tipicamente administrativas, ainda que exaradas em procedimentos censórios proferidos pelos tribunais no exercício de sua atividade de autogoverno do Poder Judiciário e da magistratura".

169. DIDIER JR., Fredie; CUNHA, Leonardo Carneiro da. *Curso de Direito Processual*. Ob. cit. 361: "Enfim, assentou-se o entendimento segundo o qual o termo *causa* constante do texto constitucional abrange não somente o julgamento final da demanda, como também a resolução de qualquer incidente no processo, de sorte que se afigura cabível o recurso extraordinário ou o recurso especial contra qualquer decisão".

também são cabíveis esses recursos contra acórdão resultante de julgamento de agravo de instrumento.[170]

O STF, no entanto, fixou entendimento no sentido de que "não cabe recurso extraordinário contra acórdão que defere medida liminar".[171] Esse posicionamento leva à conclusão de que é final a análise subjetiva do tribunal local acerca do preenchimento dos requisitos de concessão da tutela provisória. Em outras palavras, caso haja violação de norma que verse sobre o deferimento do pedido liminar, os tribunais superiores estariam impossibilitados de apreciá-la.

Não me parece a interpretação mais adequada. Se o acórdão que aprecia a tutela provisória apresenta alguma infração a norma federal ou constitucional, é cabível recurso especial ou extraordinário. STJ e STF, porém, não podem adentrar nas questões de fato, para averiguar se estão preenchidos os requisitos, nem estão autorizados a revalorar a prova produzida pelas partes com a finalidade de demonstrar a existência de urgência e probabilidade do direito.[172]

#### 4.6.2.2. *Questões de fato e de direito: limitação cognitiva nos recursos extraordinários*

A função jurisdicional debruça-se tanto sobre os fatos como sobre o direito. Autor e réu deduzem em juízo suas versões sobre os fatos da causa e a atividade probatória desenvolve-se visando à revelação da verdade no processo. Estabelecidos os fatos, as discussões entre os litigantes podem, ainda, ter como objeto as consequências jurídicas a serem extraídas da situação fática ocorrida. Imagine-se o caso no qual as partes divergem sobre existência de permissão para ocupação de um imóvel. Uma vez estabelecida, por meio da produção de provas, a verdade de que a autorização de fato existiu, pode haver divergência se estava circunscrita à mera detenção ou se ocorreu a transferência da posse direta.

---

170. Súmula n. 86 do STJ: "Cabe recurso especial contra acórdão proferido no julgamento de agravo de instrumento".

171. Súmula n. 735 do STF.

172. Nesse sentido, ver RODRIGUES. Marco Antonio. *Manual dos Recursos*. Ob. cit., p. 254. Ver também DIDIER JR., Fredie; CUNHA, Leonardo Carneiro da. *Curso de Direito Processual*. Ob. cit. 363: "Não se pode, porém, afastar, de modo absoluto, o cabimento do recurso especial contra provimentos de urgência, sendo cabível quando impossível a medida ou em razão da violação a alguma regra que vede ou restrinja sua concessão".

A primeira espécie de controvérsia sobre os fatos resulta numa *questão de fato* – ponto discordante ou duvidoso de fato.[173] Já a segunda, que versa sobre as consequências jurídicas extraídas dos fatos ou sobre a interpretação de uma norma, é uma *questão de direito*, ou seja, existe um ponto de direito sobre o qual as partes controvertem.[174] A verificação de existência dos fatos e o seu consequente acertamento são realizados em primeiro grau de jurisdição, por meio da atividade probatória. O juiz, na sentença, estabelece a verdade que extraiu das provas produzidas (ou a verdade presumida quando a inércia das partes lhe impõe a aplicação das regras de ônus da prova). No julgamento dos recursos ordinários (apelação, agravo de instrumento e recurso ordinário), o tribunal está autorizado a rever a verdade fática fixada na sentença, podendo interpretar as provas de maneira diversa daquela realizada em primeiro grau e considerar existente fato reputado inexistente pelo juízo *a quo* e vice-versa.

Essa ampla liberdade cognitiva não é encontrada no julgamento dos recursos extraordinários. Não é recente a discussão acerca da definição do que seria questão de fato e questão de direito,[175] mas convencionou-se, em decorrência da intepretação do texto constitucional, que aos recursos extraordinário e especial reservam-se exclusivamente às questões de direito, não cabendo aos tribunais superiores a renovação da cognição sobre os fatos da causa. Consolida-se a versão fática definitiva da causa nos tribunais locais, enquanto os tribunais de superposição, em sua competência recursal extraordinária, estão adstritos às questões de direito, conforme as hipóteses de cabimento dispostas na Constituição.

173. A acepção do termo "questão", como é utilizada aqui e na maior parte da doutrina, advém dos ensinamentos de Francesco Carnelutti. Para o mestre italiano, "in quanto una affermazione, compressa nella ragione (dela pretesa o dela contestazione), possa generare un dubbio e così debba essere verificata, diventa uma *questione*. Perciò, la questione si può definire un punto dubbio, di fatto o di diritto, e la sua nozione è correlativa a quella di affermazione". CARNELUTTI, Francesco. *Sistema di Diritto Processuale Civile*. Padova: Cedam, 1936, v. 1, p. 353.

174. MEDINA, José Miguel Garcia. *O prequestionamento nos recursos extraordinário e especial*. 3. ed. São Paulo: Revista dos Tribunais, 2002, p. 241: "Entende-se, destarte, em suma, como questão de fato a respeitante à reconstituição dos acontecimentos relevantes para o julgamento do litígio, sendo questão de direito a pertinente averiguação da qualificação jurídica do fato apurado, mediante o respectivo enquadramento em determinado conceito legal".

175. REZENDE FILHO, Gabriel. *Curso de Direito Processual Civil*. São Paulo: Saraiva, 1953, v. 3, p. 169-170; BENTHAM, Jeremias. *Tratado de las pruebas judiciales*. Buenos Aires: Ediciones Jurídicas Europa-América, 1971, v. 1, p. 25: "A fin de assegurar se de que actúa conforme a la ley, el juez, en todas las ocasiones, tiene que considerar dos puntos: el uno es la custión de hecho; el outro es la cuestión de derecho. El primero consiste en cercionarse de que tal hecho ha existido en un determinado lugar y tiempo cierto. El segundo consiste en asegurarse de que la ley contiene una disposición de esta o de aquella naturaleza, aplicable a esse hecho individual".

Se há controvérsia quanto aos fatos e, para julgar o recurso, seria indispensável examinar se o tribunal local agiu bem no acertamento dos fatos da causa, está-se diante de uma questão fática, cujo conhecimento é vedado aos tribunais superiores. Mas não se diga que tais cortes não possam analisar fatos.[176] Para conhecer das questões de direito que serão apreciadas no julgamento dos recursos, STJ e STF não escapam do exame dos fatos.[177] Não é possível desassociar integralmente as questões de fato das questões de direito, já que estas têm como objeto a incidência da norma sobre o objeto daquelas. No caso concreto, a norma abstrata é aplicada sobre situação real, existente, da qual não se desvincula totalmente.[178]

Desse modo, pode-se afirmar que os tribunais superiores examinam os fatos da causa no julgamento dos recursos especial e extraordinário, mas não estão autorizados, em razão da limitação cognitiva imposta pela Constituição, a rever

---

176. LEMOS, Vinicius Silva. *Recursos e Processos nos Tribunais*. Ob. cit., p. 415: "Obviamente que, mesmo com a definição fática, a aplicação do direito deve voltar-se ao caso em concreto, com a análise sobre os fatos e suas consequências jurídicas, afinal, como pensar na questão de direito, sem olhar para as questões fáticas? A resposta passa pela não reanálise da questão fática quanto à sua definição, mas somente de modo a utilizar-se dos fatos postos como definidos, para alcançar-se a melhor aplicabilidade do direito como consequência jurídica destes fatos".

177. CARNEIRO, Athos Gusmão. *Recurso Especial, Agravos e Agravo Interno*. Ob. cit., p. 24: "Cumpre anotar que não constitui reexame da prova, a ponto de não permitir o conhecimento do recurso especial, a mera aferição da ocorrência de um determinado fato incontroverso e necessário ao julgamento da demanda, e que seja constatado pelo simples cotejo entre documentos, como, *v.g.*, a aferição da data em que ocorreu determinado evento"; MARINONI, Luiz Guilherme; MITIDIERO, Daniel. *Comentários ao Código de Processo Civil*. Ob. cit., p. 253: "Em recurso extraordinário e em recurso especial a parte não apenas pode, mas na verdade tem o ônus de caracterizar os fatos do caso – ou melhor, de delinear o caso em todos os seus aspectos fático-jurídicos (art. 1.029, I, CPC/2015). Daí que é tecnicamente incorreto afirmar que não se pode conhecer de fatos em recurso extraordinário e em recurso especial: o Supremo Tribunal Federal e o Superior Tribunal de Justiça podem conhecer de fatos, porque do contrário não teriam como conhecer do próprio caso levado à consideração mediante recurso extraordinário e recurso especial. (...). O que não é possível é rediscutir a existência ou inexistência dos fatos em recurso extraordinário e em recurso especial (Súmula 279, STF, e Súmula, 7, STJ)"; BARIONI, Rodrigo. O exame de questões de fato nos Recursos Extraordinário e Especial. *Ação Rescisória e Recursos para os Tribunais Superiores*. 2. ed. São Paulo: Revista dos Tribunais, 2013, p. 221 "O conhecimento do fato não está excluído quando se trata de saber se determinado fato descrito na decisão recorrida enquadra-se na normal invocada. O que não se permite é que os Tribunais de superposição distanciem-se das premissas fáticas firmadas pelo órgão *a quo*. Em outras palavras, a premissa do raciocínio a ser desenvolvido no julgamento deve ser tomada a partir do relato fático realizado pela decisão recorrida".

178. WAMBIER, Teresa Arruda Alvim. Distinção entre questão de fato e questão de direito para fins de cabimento de recurso especial. *Revista de Processo*. São Paulo: Revista dos Tribunais, v. 92, 1998, p. 582: "Mas, no que diz respeito especificamente ao tema central dessas nossas breves considerações, tem-se dito, com acerto, que, rigorosamente, seria impossível fazer-se a distinção integral entre questão de direto e questão de fato, pelo menos no plano ontológico, já que o fenômeno direito ocorre, efetivamente, no momento de incidência da norma, no mundo real, no universo empírico. Assim, na verdade, o direito acontece quando se encontram o mundo dos fatos com o mundo das normas. As decisões jurídicas são proferidas depois do que se pode ver como um movimento 'pendular', que se dá entre o mundo dos fatos e o das normas, até que o aplicador da lei consiga enxergar com clareza a subsunção, qualificando os fatos e determinando-lhes as consequências no plano normativo".

a verdade fática estabelecida nas instâncias ordinárias.[179] Se as partes, por exemplo, debatem se uma mercadoria foi ou não entregue em determinada data e o tribunal local, por meio da valoração das provas, considerou como verdadeira a afirmação do autor de que a mercadoria foi entregue no dia por ele indicado, os tribunais superiores não podem considerar que a entrega se deu em data diversa.

O entendimento sumulado a respeito do tema – súmula 7 do STJ e súmula 279 do STF – fixou-se no sentido de que não cabem recursos extraordinário e especial para simples reexame de prova. Mas a questão, aparentemente simples, é sibilina. O que significa reexame de prova? E qual a definição de valoração da prova? Para a prática desses atos, o raciocínio do juiz se concentra em uma questão de fato ou sobre a possível ilegalidade da decisão?

Se os fatos são incontroversos – não há questão de fato, portanto –, o exame da consequência jurídica que deles decorre é, inequivocamente, uma questão de direito. Havendo, entretanto, controvérsia sobre os fatos, mas tendo sido definida nas instâncias ordinárias uma versão considerada verdadeira, os tribunais superiores podem examinar essa versão, não para sua revisão, mas com o intuito de avaliar se a consequência jurídica extraída – a aplicação da norma ao caso concreto – se deu de modo adequado.[180]

Se, porém, o (re)exame das provas é capaz de alterar a versão fática estabelecida, está-se diante de uma questão de fato, porquanto o raciocínio

---

179. BARIONI, Rodrigo. O exame de questões de fato nos Recursos Extraordinário e Especial. Ob. cit., p. 221: "O conhecimento do fato não está excluído quando se trata de saber se determinado fato descrito na decisão recorrida enquadra-se na normal invocada. O que não se permite é que os Tribunais de superposição distanciem-se das premissas fáticas firmadas pelo órgão *a quo*. Em outras palavras, a premissa do raciocínio a ser desenvolvido no julgamento deve ser tomada a partir do relato fático realizado pela decisão recorrida".

180. Barbosa Moreira, José Carlos. *Comentários ao Código de Processo Civil.* Ob. cit., p. 598-599: "Impende registrar que em geral se considera de direito a questão relativa à qualificação jurídica do(s) fato(s), de modo que o tribunal *ad quem*, embora não lhe seja lícito repelir como inverídica a versão dos acontecimentos aceita pelo juízo inferior, sem dúvida pode qualificá-los com total liberdade, eventualmente de maneira diversa daquela por que o fizera o órgão *a quo*, em ordem a extrair deles consequências jurídicas também diferentes"; LEMOS, Vinicius Silva. *Recursos e Processos nos Tribunais.* Ob. cit., p. 417: "No tocante aos recursos excepcionais, os fatos estão definidos pelo acórdão recorrido, não cabendo mais rediscussão sobre a situação fática, somente cabível impugnação recursal superior sobre a interpretação jurídica esposada pelo Tribunal sobre os fatos ali expostos. O reexame superior recai em fatos definidos, porém somente com base na aplicação jurídica que se chegou naquele acórdão. Qual a interpretação jurídica? Essa interpretação respeita a Lei Federal ou a Constituição? A questão de direito ali decidida adequa-se à interpretação do Tribunal Superior daquela norma? São perguntas pertinentes do cabimento de um recurso excepcional, todas elas sobre questão de direito"; BARIONI, Rodrigo. O exame de questões de fato nos Recursos Extraordinário e Especial. Ob. cit., p. 225-226: "Quando se passa à *qualificação jurídica*, o raciocínio do juiz fica voltado ao processo subsuntivo, de encaixe dos fatos à previsão normativa. Pode-se dizer que não se trata propriamente de *examinar os fatos*, mas de *determinar o direito aplicável aos fatos.* Por isso mesmo, tem-se considerado, com acerto, que o problema da qualificação jurídica, para fins de cabimento dos recursos extraordinário e especial, é questão de direito".

do julgador deverá ser direcionado ao exame dos fatos, e não à aplicação da norma.[181]

Por outro lado, se os julgadores, nas instâncias ordinárias, examinaram todas as provas produzidas e optaram por conferir, em decisão regularmente fundamentada, mais força probatória a uma prova do que a outra para a fixação da versão fática a ser considerada verdadeira, não é lícito aos tribunais superiores a análise do material probatório produzido com o escopo de realização de uma nova valoração das provas. Se a valoração empreendida no tribunal local não violou nenhuma norma e se deu em decisão devidamente motivada, não cabe reparo a ser realizado pelos tribunais superiores. Nesse caso, outrossim, o raciocínio do magistrado, para uma nova valoração das provas, concentrar-se-ia no exame dos fatos e das provas, configurando questão de fato.

Outras situações, no entanto, embora tratem de fatos e da instrução do processo, podem resultar em questões de direito. Imagine-se que o autor de uma ação comprova a propriedade imobiliária apenas por meio de prova testemunhal e o juiz, ainda assim, na valoração da prova, considere, em decisão fundamentada, suficiente o material probatório constante dos autos para a comprovação do domínio. Nesse caso, não obstante tratar-se de valoração da prova pelo julgador, há violação à norma contida no art. 1.245, § 1º, do Código Civil, pois para a prova da propriedade sobre imóveis é necessária a apresentação do registro perante o ofício registral competente.[182] Em que pese aparentemente a questão recaia sobre os fatos – existência ou não do domínio sobre o imóvel –, há violação da norma que dispõe sobre a forma de prova do fato, configurando questão de direito.

---

181. WAMBIER, Teresa Arruda Alvim. *Distinção entre questão de fato e questão de direito para fins de cabimento de recurso especial*. Ob. cit, p. 586: "Parece-nos que a questão será predominantemente fática, do ponto de vista técnico, se, para que se redecida a matéria, houver necessidade de se reexaminarem provas, ou seja, de se reavaliar como os fatos teriam ocorrido, em função da análise do material probatório produzido".

182. BARIONI, Rodrigo. O exame de questões de fato nos Recursos Extraordinário e Especial. Ob. cit., p. 241: "Observe-se que a *valoração jurídica da prova*, que constitui questão de direito, não diz respeito ao *conteúdo* da prova, mas sim ao *meio de prova* utilizado para a demonstração de determinado fato. Voltando ao exemplo antes mencionado: não se discute se as testemunhas realmente confirmaram ou negaram a existência do negócio; o debate se coloca a partir da norma jurídica que veda o uso de determinado meio probatório. No recurso que visa a corrigir a errônea valoração jurídica da prova, os argumentos hão de confinar-se à impossibilidade de se provar determinado fato pelo meio de prova aceito pelo magistrado, em razão da proibição legal. Não há, portanto, reexame de fatos, mas verificação se o juiz fez uso do meio indicado por lei, para a comprovação dos fatos. Por isso mesmo, a jurisprudência tem admitido o cabimento do recurso especial para discutir a valoração jurídica da prova, para afastar meio de prova ilegítimo utilizado como fundamento da decisão ou para aceitar meio de prova adequado que fora rejeitado pelo órgão *a quo*".

Igualmente, pode-se extrair uma questão de direito se o juiz simplesmente ignora uma prova produzida, que corroborava a versão contrária daquela estabelecida como verdadeira na sentença. Nessa hipótese, há violação à norma prevista no art. 371 do CPC, uma vez que ao julgador é lícita a apreciação livre das provas desde que fundamente suas escolhas na decisão.[183] Também se configura questão de direito se a decisão deixa de observar uma norma que verse sobre o procedimento probatório (por exemplo, a falta de intimação para as partes se manifestarem sobre o laudo pericial ou indeferimento indevido de uma pergunta destinada à testemunha). Caberá aos tribunais superiores, pelo exame dos fatos, a avaliação sobre possível infração ao procedimento probatório previsto em lei. Considera-se, ainda, questão de direito a discussão acerca da licitude da prova. Imagine-se, por exemplo, a utilização como meio de prova da troca de mensagens eletrônicas entre as partes. Podem os tribunais superiores, levando em consideração o fato incontroverso (troca de mensagens), verificar se o emprego da prova constitui violação a uma norma infraconstitucional ou constitucional.[184] Por derradeiro, a correta aplicação das regras de ônus da prova também consiste em questão de direito, embora, para sua verificação, haja a necessidade de se imiscuir nas alegações de fato e nas provas produzidas no processo. A revaloração que se exige aqui não recai sobre a força probante de um meio de prova, mas se, com base no material probatório constante dos autos, respeitou-se a regra de repartição do encargo prevista no art. 373 do CPC – distribuição estática, dinâmica ou convencional.[185]

---

183. MARINONI, Luiz Guilherme. Reexame da prova diante dos recursos especial e extraordinário. *Revista de Processo*, São Paulo: Revista dos Tribunais, n. 130, 2005, p. 1.306: "A ausência de motivação constitui, por si só, violação do Código de Processo Civil e da Constituição Federal, pouco importando o conteúdo da decisão que deixou de ser motivada. Uma decisão que, além de não motivada, violou critério jurídico ao estabelecer uma presunção, por exemplo, é, antes de tudo, violadora do dever de motivar. A motivação, por ser necessária à aferição do uso adequado da prova, configura razão suficiente para a impugnação da decisão.

184. BARBOSA MOREIRA, José Carlos. *Comentários ao Código de Processo Civil*. Ob. cit., p. 600: "É também *quaestio iuris* a que se suscite acerca da observância de regra de direito probatório – inserta na Constituição, se se trata de recurso extraordinário; na legislação ordinária, se de especial. Por exemplo: a decisão impugnada reconheceu eficácia a certa prova, supostamente obtida por meio ilícito (e, portanto, com violação do art. 5°, nº LVI, da Carta da República); a questão é controlável, no aspecto jurídico, por meio de recurso extraordinário".

185. MARINONI, Luiz Guilherme. *Reexame da prova diante dos recursos especial e extraordinário*. Ob. cit., p. 1.306: "O conceito de reexame de prova deve ser atrelado ao de convicção, pois o que não se deseja permitir, quando se fala em impossibilidade de reexame de prova, é a formação de nova convicção sobre os fatos. Não se quer, em outras palavras, que os recursos extraordinário e especial viabilizem um juízo que resulte da análise dos fatos a partir das provas. Acontece que esse juízo não se confunde com aquele que diz respeito à valoração dos critérios jurídicos respeitantes à utilização da prova e à formação da convicção. É preciso distinguir reexame de prova de aferição: i) da licitude da prova; ii) da qualidade da prova necessária para a validade do ato jurídico ou iii) para o uso de certo procedimento, iv) do objeto da convicção, v) da convicção suficiente diante da lei processual e vi) do direito material;

Em resumo, não constitui questão de fato, capaz de impedir o exame pelos tribunais superiores, a mera verificação dos fatos incontroversos ou da versão fática estabelecida na decisão para fins de compreensão da controvérsia e enfrentamento da questão de direito. E, embora aparentemente possam se assemelhar a uma questão atinente aos fatos, constituem questões de direito: (i) a violação de uma norma sobre a força probatória de determinado meio de prova; (ii) a desconsideração de uma prova produzida, no momento de valoração do material probatório, que comprova a versão fática contrária à estabelecida pelo julgador como verdadeira; (iii) a infração de norma que verse sobre a produção da prova, seu ônus e sobre o procedimento probatório; (iv) a discussão sobre a licitude da prova.

#### *4.6.2.3. Recursos extraordinários e interpretação contratual*

De modo semelhante ao desafio imposto pela necessidade de definição da abrangência das questões de fato e de direito, para fins de cabimento de recursos extraordinário e especial, também merecem exame as violações às disposições contratuais, as quais eventualmente possam resultar em controvérsia jurídica e, assim, abrir caminho à cognição das cortes superiores.

As súmulas 454 do STF e 5 do STJ revelam o entendimento das cortes superiores de que não cabem recurso extraordinário e recurso especial para "a simples interpretação de cláusula contratual". A redação dos enunciados, à primeira vista, indica que pode haver interpretações contratuais "simples" e outras, "complexas", e apenas as últimas ensejariam a interposição de recursos extraordinários. Porém, o que importa ao cabimento de tais recursos é, com efeito, se a controvérsia envolvendo o contrato tem o condão de originar uma questão de direito ou uma mera questão de fato.

Se a controvérsia versa sobre qual seria a vontade das partes, exteriorizada na cláusula contratual, estar-se-ia diante de uma questão de fato, cuja descoberta dependeria de produção de provas e, obviamente, não permitiria à parte prejudicada a interposição de recurso especial ou extraordinário. Da mesma forma, se o provimento judicial viola a cláusula ou deixa de aplicá-la na solução do caso, embora fosse possível sustentar a ofensa a uma fonte normativa (o contrato é lei entre os contratantes), não há infração a uma norma federal ou constitucional e, destarte, não se descortina a jurisdição extraordinária.

---

vii) do ônus da prova; viii) da idoneidade das regras de experiência e das presunções, ix) além de outras questões que antecedem a imediata relação entre o conjunto das provas e os fatos, por dizerem respeito ao valor abstrato de cada uma das provas e dos critérios que guiaram os raciocínios presuntivo, probatório e decisório".

No entanto, duas situações envolvendo a verificação do contrato constituem efetiva questão de direito. Se os fatos são incontroversos ou, apesar de controvertidos, foi fixada uma versão reputada verdadeira na decisão, os tribunais superiores podem, como já estudado, examiná-los e avaliar se a consequência jurídica extraída pelo acórdão recorrido é ou não adequada. Imagine-se um contrato entabulado entre as partes, no qual está disposto que um dos contratantes cede a posse de um imóvel ao outro contratante mediante o pagamento de determinada quantia mensal, mas o julgador extrai dessa redação um contrato de comodato, e não de locação. A consequência jurídica dos fatos – demonstrados por meio da prova documental consubstanciada no instrumento contratual – pode ser objeto de conhecimento das cortes superiores.[186]

Também é possível conceber o manejo de recursos extraordinários para nova interpretação contratual se a exegese realizada pelo tribunal local violou alguma norma que verse exatamente sobre interpretação contratual. O art. 47 do CDC, por exemplo, dispõe que "as cláusulas contratuais serão interpretadas de maneira mais favorável ao consumidor". Se um contrato, envolvendo relação de consumo, for interpretado de forma mais favorável ao fornecedor, está configurada a ofensa à norma federal e, portanto, é possível a interposição de recurso especial. Os art. 112 e 113 do Código Civil também estipulam a forma como deve ser empregada na interpretação contratual.[187] Se o julgador utiliza outro método, em confronto com o que dispõe a lei, haverá contrariedade à norma federal, também ensejando recurso especial.[188]

---

186. DIDIER JR., Fredie; CUNHA, Leonardo Carneiro da. *Curso de Direito Processual*. Ob. cit., p. 357: "Perceba: quando a interpretação da cláusula contratual determinar o tipo do contrato (se aluguel ou comodato, p. ex.) de que trata a causa, é possível submetê-la ao controle jurisdicional por meio de recurso especial".

187. "Art. 112. Nas declarações de vontade se atenderá mais à intenção nelas consubstanciada do que ao sentido literal da linguagem". "Art. 113. Os negócios jurídicos devem ser interpretados conforme a boa-fé e os usos do lugar de sua celebração".

188. CUNHA, Leonardo Carneiro da; TERCEIRO NETO, João Octávio. Recurso Especial e interpretação do contrato. *Revista de Processo*, São Paulo: Revista dos Tribunais, v. 275, 2018, p. 281: "Em suma, a interpretação do negócio jurídico não é simples juízo de fato, pois envolve a aplicação de normas de interpretação. Aliás, cumpre destacar que, hoje, diferentemente do que ocorria quando da aprovação dos Enunciados sumulares 5 do STJ e 454 do STF, a legislação federal contempla diversas disposições normativas sobre interpretação negocial. Além do art. 112 do CC/2002 (uma versão 'melhorada' do art. 85 do CC/1916, há agora previsão expressa de outras normas gerais: o princípio da boa-fé e a regra da interpretação do negócio conforme os usos do lugar da sua celebração (art. 113). Além disso, o Código Civil de 2002 determina a interpretação restritiva dos negócios benéficos e da renúncia (art. 114), da fiança (art. 819) e da transação (art. 843), bem como a interpretação em favor do aderente nos contratos de adesão (art. 423). Cabe citar, ainda, o art. 47 do Código de Defesa do Consumidor, segundo o qual as cláusulas do contrato de consumo devem ser interpretadas de maneira mais favorável ao consumidor. Não se objetiva aqui examinar cada uma dessas disposições, mas apenas ressaltar que, atualmente, há um regramento bem mais exaustivo da interpretação dos contratos, de modo que a violação de qualquer dessas normas pode motivar a interposição de recurso especial".

A violação à norma que versa sobre a exegese dos contratos caracteriza uma questão de direito.

Outrossim, se o contrato viola uma norma federal ou constitucional e, ainda assim, é aplicado para a solução do caso, configura-se uma questão de direito (ofensa à norma), que franqueia o manejo de recurso especial ou extraordinário, dependendo da natureza da norma infringida.

Em suma, do posicionamento sumulado do STJ e do STF deve-se extrair o cabimento dos recursos especial e extraordinário se o acórdão recorrido retira dos fatos firmados como verdadeiros uma consequência jurídica equivocada, se o método de interpretação contratual empregado pelo tribunal local fere alguma norma federal ou se a incidência do contrato na solução do caso tem como consequência a violação a uma norma federal ou constitucional. Em todos os casos, está-se diante de uma questão de direito. Por outro lado, não compete aos tribunais superiores conhecer de recurso que discuta a versão fática a respeito da vontade dos contratantes e que contenha alegação de violação de cláusula contratual.

#### *4.6.2.4. "Causas decididas": o prequestionamento*

O texto constitucional, em seus arts. 102, III e 105, III, dispõe que compete ao STF e ao STJ julgar as "causas decididas" advindas dos tribunais locais. É lícito afirmar, pois, que os tribunais superiores não podem analisar, em recursos extraordinário e especial, "causas não decididas" ou, em outras palavras, questões inéditas, ainda não enfrentadas nas instâncias ordinárias.[189]

Convencionou-se chamar esse requisito de *prequestionamento* da questão federal ou constitucional objeto do recurso,[190] isto é, antes de levá-la

---

189. ALVIM, Teresa Arruda; DANTAS, Bruno. *Recurso Especial, Recurso Extraordinário e a nova função dos Tribunais Superiores*. 5. ed. São Paulo: Revista dos Tribunais, 2018: p. 355. "Comungamos, pois, do entendimento de que, ao exigir o prequestionamento da *questão constitucional* que se pretende ver apreciada em recurso extraordinário, ou da questão *infraconstitucional*, que se quer ver analisada em recurso especial, o STF e o STJ limitam-se a definir o sentido e o alcance da expressão 'causas decididas', interpretando-a, sem 'criar' qualquer requisito adicional, e sem visualizar qualquer requisito *implícito*, dotado de autonomia".

190. MEDINA, José Miguel Garcia. *O prequestionamento nos recursos extraordinário e especial*. Ob. cit., p. 310-311: "O prequestionamento, de acordo com o exposto nos itens precedentes, tem por objeto a questão constitucional ou a questão federal, conforme o caso, de modo a levá-las ao conhecimento do juiz ou Tribunal, para que estes sobre ela se manifestem. Manifestando-se o juiz ou o Tribunal a respeito da questão constitucional ou da questão federal, caberá o recurso extraordinário ou o recurso especial, porque só então estarão presentes os requisitos estipulados pela Constituição".

ao conhecimento dos tribunais superiores cabe ao recorrente provocar o exame da questão pelo tribunal local.[191] Na vigência do CPC/1973, STJ e STF detinham posicionamentos distintos acerca do procedimento necessário ao cumprimento desse pressuposto de admissibilidade recursal. Segundo entendimento do STF, se o acórdão recorrido não tratasse da questão suscitada, bastaria ao recorrente instar o tribunal a apreciá-la por meio da oposição de embargos de declaração. Ainda que subsistisse a omissão, já se considerava cumprido o requisito, pois a questão era tida como incluída no acórdão, mesmo sem sua expressa menção (súmula n. 356). Para o STJ, por outro lado, não era suficiente a mera oposição de embargos de declaração, sendo indispensável que o tribunal local efetivamente examinasse a questão federal para que o requisito do prequestionamento restasse cumprido (súmula n. 211). Assim, se o tribunal local, instado a se manifestar sobre a questão, continuasse inerte, cabia ao recorrente a oposição de novos embargos de declaração ou a invocação em recurso especial, além da violação à questão de fundo não apreciada, de infração à norma que dispunha sobre o cabimento dos embargos de declaração (antigo art. 535, do CPC/1973), porquanto o acórdão a teria descumprido, ao deixar de integrar a omissão existente.

O CPC/2015 pôs fim a essa dicotomia ao positivar o posicionamento pretoriano sustentado pelo STF. Conforme dispõe o art. 1.025, "consideram-se incluídos no acórdão os elementos que o embargante suscitou, para fins de prequestionamento, ainda que os embargos de declaração sejam inadmitidos ou rejeitados, caso o tribunal superior considere existentes erro, omissão, contradição ou obscuridade". Desse modo, afigura-se suficiente o pedido de apreciação da questão veiculado em embargos de declaração para caracterização do cumprimento do

191. DIDIER JR., Fredie; CUNHA, Leonardo Carneiro da. *Curso de Direito Processual*. Ob. cit., p. 357: "O prequestionamento é uma exigência que compõe a análise do cabimento dos recursos extraordinários e decorre da interpretação que se deu, historicamente, à expressão "causas decididas", constantes dos arts. 102, III, e 105, III, da CF/1988"; MANCUSO, Rodolfo de Camargo. *A Resolução dos Conflitos e a Função Judicial no Contemporâneo*. São Paulo: Revistas dos Tribunais, 2009. p. 495: "Em verdade, tratar-se-ia de um *silencio eloquente* – passe o oximoro – do ordenamento a respeito desse quesito, porque ele é de intuitiva percepção, sendo extraído sem esforço do próprio ambiente recursal dos Tribunais da Federação: sendo encarregados de dar a *ultima ratio* nas suas respectivas áreas, compreende-se que, ao atuarem sua competência recursal (recorrer – *correr de novo*), é curial que só possam prover sobre decisões que, no Tribunal a quo, foram cumpridamente analisadas, em modo de *objetiva e derradeira* manifestação local ou regional sobre a *vexata quaestio* (constitucional ou federal, comum ou especial, conforme o caso), porque do contrário estariam as Cortes Superiores pronunciando-se em modo originário".

requisito,[192] mesmo que o tribunal local não a enfrente de fato.[193] Há, nessa hipótese, *prequestionamento ficto*.[194]

Em razão da indispensabilidade do uso dos embargos declaratórios para cumprimento do requisito, caso o acórdão não tenha enfrentado a questão, o recurso interposto especificamente com o propósito de alcançar o prequestionamento, não será considerado procrastinatório, e ao recorrente não poderá ser imposta qualquer sanção.[195]

Pode-se conceituar, assim, o prequestionamento como o exame prévio, realizado pelo tribunal local, da questão federal ou constitucional objeto dos recursos extraordinário ou especial ou a mera provocação de sua análise, por meio da oposição de embargos de declaração.

Para que seja possível, porém, suprir a inércia do tribunal local com o manejo dos embargos de declaração, deve restar configurada uma omissão. Se o recorrente jamais suscitou a questão no decorrer do processo e não se trata de questão cognoscível de ofício, não é lícita a inovação, nesse estágio processual, com a apresentação de questão até então desconhecida.[196]

---

192. Não obstante a redação do art. 1.025 do CPC, o STJ possui precedentes exigindo do recorrente a veiculação no recurso especial de violação ao art. 1.022, II, do CPC, quando o tribunal local deixa de enfrentar a questão federal a despeito da oposição de embargos de declaração (AgInt no AREsp 1158372/AL, Rel. Ministro LUIS FELIPE SALOMÃO, QUARTA TURMA, julgado em 05/12/2019, DJe 10/12/2019). Retorna-se assim, ao entendimento consolidado pela súmula 211 do STJ, embora dissonante da redação da norma contida no art. 1.025 do CPC/2015.

193. Considerando inconstitucional a redação do art. 1.025 do CPC, diz OLIVEIRA, Eduardo Ribeiro de. O Prequestionamento e o novo CPC. *Revista de Processo*. São Paulo: Revista dos Tribunais, v. 256, 2016, p. 175: "Sendo certo que o cabimento de extraordinário e especial acha-se previsto na Constituição e que, como já frisado, a exigência do prequestionamento resulta exatamente do que nela se acha prescrito, não há como dispensá-lo. Como seria possível, por exemplo, pretender-se que a decisão impugnada haja contrariado preceito da Constituição, se a matéria de que trata esse dispositivo (art. 102, III, a) não foi objeto do acórdão recorrido? Ou, tratando-se de recurso especial, que tenha sido contrariada lei federal, se o tema jurídico a que ela se refere não foi considerado no acórdão?".

194. FARIA, Marcio Carvalho. Ainda há motivos para se ter medo do prequestionamento? *Revista de Processo*. São Paulo: Revista dos Tribunais, v. 211, 2012, p. 149: "O prequestionamento ficto, assim, tem especial relação com o recurso de embargos de declaração, especificamente aqueles definidos, por alguns, como prequestionadores. Eventualmente, pode ocorrer de o órgão inferior, no julgamento de um recurso, ou até mesmo de uma ação de sua própria competência (*v.g.*, uma ação rescisória), deixar de se manifestar sobre determinada tese a ele submetida pelas partes e/ou interessados ou, ainda, que a lei exige apreciação *ex officio*. Nesse sentido, e antes de se interpor os apelos extremos, deve o interessado, sob pena de inadmissão, manejar os embargos de declaração, demonstrando a existência de omissão (art. 535, II, do CPC), a qual, se sanada, por consequência, acabará dando ensejo, por consequência, ao prequestionamento".

195. Nesse sentido, ver a súmula n. 98 do STJ.

196. MEDINA, José Miguel Garcia. *O prequestionamento nos recursos extraordinário e especial*. Ob. cit., p. 311: "A postulação da parte, em sede ordinária, contudo, será obrigatória para que a questão constitucional ou federal possa ser objeto de julgamento. Não havendo tal postulação, não poderá o juiz *a quo* ou o Tribunal *a quo* manifestar-se acerca da questão constitucional ou federal, a não ser que se trate de

A questão federal ou constitucional, que será tema de recurso especial ou extraordinário, respectivamente, é matéria que deve estar sendo debatida no processo e que já tenha sido objeto de cognição nas instâncias inferiores. Não pode o recorrente tentar surpreender a parte contrária trazendo em grau de recurso extraordinário uma questão absolutamente nova, ainda não discutida no processo.

Exceção a essa regra surge se a violação à norma federal ou constitucional ocorrer em momento posterior. Suponha-se um julgamento de recurso especial pelo STJ no qual ocorra a reforma do acórdão proferido pelo tribunal local e que, apenas nesse momento, tenha incorrido o órgão julgador em violação a uma norma constitucional. Conquanto a questão não tenha passado pelo crivo do contraditório em estágio processual anterior, nasce a hipótese de cabimento de recurso extraordinário em razão da ofensa à Constituição ocorrida no STJ.

Para restar configurado o requisito do prequestionamento não é necessário que o acórdão mencione especificamente o dispositivo legal violado; basta que, implicitamente, a questão seja ventilada mesmo sem menção expressa ao artigo.[197] Também não há necessidade de que conste do voto vencedor o tratamento da questão. Se o voto vencido a enfrentou está cumprido o requisito, consoante dispõe o art. 941, § 3º, contrariando a súmula n. 320 do STJ, revogada a partir da vigência do CPC/2015.

A matéria a ser prequestionada deve fazer parte do fundamento relevante do acórdão ou do voto vencido, isto é, da *ratio decidendi* encontrada na manifestação do julgador. Não é suficiente, para fins de prequestionamento, a extração do enfrentamento da questão de trechos irrelevantes do acórdão, de *obter dictum*.[198]

Por fim, merece exame a discussão acerca da dispensa de prequestionamento se a questão constitucional ou federal representa uma questão cognoscível de ofício. Dispõe o art. 485, § 3º, do CPC que o juiz conhecerá de ofício de matérias relacionadas aos pressupostos processuais, às condições da ação e à morte da parte em caso de intransmissibilidade do direito "em qualquer tempo e grau de jurisdição, enquanto não ocorrer o trânsito em julgado". Assim, é possível extrair do dispositivo a desnecessidade de prequestionamento, porquanto, na hipótese específica das questões de ordem

matéria conhecível *ex officio* ou que, em virtude de lei, fique devolvida ao Tribunal ou a juiz apesar de não haver manifestação expressa do recorrente a respeito".

197. DIDIER JR., Fredie; CUNHA, Leonardo Carneiro da. *Curso de Direito Processual*. Ob. cit., p. 358.

198. Ibidem.

pública,[199] os tribunais superiores poderiam conhecê-las ainda que inéditas, isto é, conquanto não debatidas em graus inferiores, desde que antes do trânsito em julgado.

No STJ, é possível identificar em sua jurisprudência a aplicação de três diferentes abordagens sobre o tema: (i) a questão de ordem pública não prequestionada não pode ser conhecida; (ii) a questão de ordem pública pode ser conhecida independentemente de prequestionamento e de ter sido o recurso especial conhecido por outro fundamento; (iii) a questão de ordem pública que não foi objeto de prequestionamento pode ser conhecida, desde que o recurso seja conhecido por outro fundamento e o órgão *ad quem* tenha que enfrentar o mérito.[200]

Em decisões recentes, porém, o STJ tem se posicionado de acordo com a terceira corrente, isto é, uma vez conhecido o recurso especial em razão de outro fundamento, o conhecimento da corte é amplo, abrangendo inclusive as questões de ordem pública que não foram objeto de prequestionamento.[201] O STF já vinha sustentando essa posição, tendo inclusive editado o enunciado da súmula n. 456.[202] Esse entendimento reflete o disposto no art. 1.034, parágrafo único, do CPC. Conforme prevê o dispositivo, "admitido o recurso extraordinário ou o recurso especial por um fundamento, devolve-se ao tribunal superior o conhecimento dos demais fundamentos para a solução do capítulo impugnado".[203]

---

199. AGUIAR JR., Ruy Rosado de. Recurso Especial: questão de ordem pública. Prequestionamento. *Revista de Processo*. São Paulo: Revista dos Tribunais, v. 132, 2006, p. 283: "Em resumo, é de ordem pública a questão que versa sobre matéria inderrogável e inafastável pelas partes, em razão do interesse público prevalente que nela se expressa, sendo que, no âmbito do Recurso Especial, são de ordem pública as questões enumeradas nos arts. 267, § 3.º, e 301, § 4.º, do CPC, as que versam sobre nulidade absoluta e relativa (art. 245, parágrafo único, do CPC) e as presentes em outras situações que também não precluem para o juiz (*v.g.* inconstitucionalidade da lei, intempestividade do recurso), apreciáveis de ofício em qualquer tempo e grau de jurisdição".

200. Idem, p. 284-288.

201. Por exemplo, AgInt nos EREsp 1134461/SP, Rel. Ministro SÉRGIO KUKINA, PRIMEIRA SEÇÃO, julgado em 22/2/2018, DJe 2/3/2018.

202. "O Supremo Tribunal Federal, conhecendo do recurso extraordinário, julgará a causa aplicando o direito à espécie".

203. Nesse sentido, ver MELLO, Rogério Licastro Torres de. Recurso especial e matéria de ordem pública: desnecessidade de prequestionamento. São Paulo: Revista dos Tribunais, v. 151, 2007, p. 341: "Forte na premissa de que o processo é instrumento a serviço da realização do direito material, o entendimento sumulado em referência significa que, em se instaurando a competência jurisdicional do STJ mediante admissão do recurso especial, questões cognoscíveis de ofício e que não tenham sido decididas nas instâncias ordinárias comportarão avaliação na seara do apelo especial". MARINONI, Luiz Guilherme; MITIDIERO, Daniel. *Comentários ao Código de Processo Civil*. Ob. cit., v. 16, p. 268: "Vale dizer: além dos fundamentos efetivamente arguidos pelo recorrente, os demais fundamentos eventualmente existentes para solução da questão impugnada poderão ser igualmente conhecidos, sendo aí transladados ao conhecimento da Corte Suprema". Em sentido contrário, sustentando a necessidade de preques-

Parece-me adequada a posição adotada por STJ e STF, porquanto coerente com o sistema de devolutividade dos recursos adotado pelo ordenamento jurídico brasileiro. Se o recurso é conhecido, aberta está a possibilidade de exame de todas as questões envolvendo o capítulo impugnado, inclusive as matérias que, a despeito da ausência de enfrentamento anterior, são cognoscíveis de ofício. No entanto, para que seja possível a utilização de uma questão de ordem pública inédita no processo, é indispensável conceder prazo às partes para exercício do contraditório (arts. 10 e 933 do CPC).

#### *4.6.2.5. Exaurimento das instâncias ordinárias*

Outro requisito de admissibilidade dos recursos extraordinário e especial contido na Constituição impõe ao recorrente o esgotamento das vias impugnativas recursais perante as instâncias ordinárias. Caso ainda seja cabível algum recurso dirigido à corte local, não está aberta ainda a possibilidade de interposição dos recursos destinados aos tribunais superiores. Os arts. 102, III e 105, III, da Constituição dispõem que cabe recurso extraordinário e recurso especial contra as decisões de única – ações de competência originária de tribunal cujas decisões não são passíveis de ataque por meio de recurso ordinário – ou última instância – ações iniciadas em primeiro grau e cujas decisões foram objeto de recurso para o tribunal local.

A parte que foi desfavorecida pela sentença não pode interpor diretamente recurso especial, sob a justificativa de que o juízo de primeiro grau infringiu norma infraconstitucional, sem antes buscar a reforma por meio de apelação perante o tribunal ao qual está vinculado o juiz prolator da sentença. Da mesma forma, se a apelação é julgada em decisão monocrática proferida pelo relator, compete ao recorrente a interposição imediata de agravo interno – recurso ordinário cabível – e, se mantida pelo colegiado a decisão unipessoal do relator, servir-se posteriormente de recurso especial e/ou extraordinário. O recurso interposto sem o cumprimento dessa regra não será conhecido.[204]

Em virtude da indispensabilidade do exaurimento das instâncias ordinárias, causa preocupação a redação do art. 1.021, §§ 4º e 5º, do CPC. Dispõe

tionamento da questão de ordem pública em todo caso, cf. LEMOS, Vinicius Silva. *Recursos e Processos nos Tribunais*. Ob. cit., p. 458: "As questões de ordem pública podem ser apreciadas pelos Tribunais Superiores, somente não em caráter *ex officio*, necessitando a matéria de ser ventilada no acórdão impugnado, ou estar prequestionada via embargos de declaração, nos moldes do atual art. 1.025, e com impugnação específica, com pedidos expressos de devolução da matéria nos seus recursos, seja ele especial ou extraordinário".

204. Súmula 281 do STF: "É inadmissível o recurso extraordinário, quando couber na justiça de origem, recurso ordinário da decisão impugnada".

o § 4º que se "o agravo interno for declarado manifestamente inadmissível ou improcedente em votação unânime, o órgão colegiado, em decisão fundamentada, condenará o agravante a pagar ao agravado multa fixada entre um e cinco por cento do valor atualizado da causa". O § 5º, por sua vez, condiciona a interposição de qualquer outro recurso ao depósito prévio do valor da multa.

Imagine-se a situação comumente observada na prática forense na qual o relator rejeita a apelação por decisão monocrática e o apelante, considerando existente violação a uma norma federal, pretende levar a questão ao conhecimento do STJ. No entanto, para que isso seja possível, por expressa imposição constitucional, está obrigado a interpor inicialmente agravo interno. Perceba-se, porém, que a redação da norma prevista no § 4º do art. 1.021 prevê que desprovido o agravo por decisão unânime do órgão colegiado a consequência automática é a condenação do recorrente ao pagamento de multa. O dispositivo mencionado utiliza-se do adjetivo "manifestamente", mas a redação não deixa claro se se refere apenas à *inadmissibilidade* ou se também se estende aos casos de *improcedência.* Em outras palavras, o legislador previu que a fixação da multa decorre da interposição de agravo interno *manifestamente* improcedente ou basta o mero desprovimento do recurso em votação unânime para que a multa seja aplicada?

A primeira opção não se sustenta em uma interpretação sistemática, visto que o recorrente, ainda que não quisesse interpor agravo interno, está obrigado a assim proceder caso tenha interesse em fazer uso do recurso especial ou do recurso extraordinário posteriormente. Melhor exegese, portanto, é a de que somente a *manifesta improcedência* caracteriza o fato gerador da multa. E a interposição de agravo interno com a finalidade de esgotamento das instâncias ordinárias jamais pode ser considerada abusiva para fins de aplicação da multa.[205]

### 4.6.2.6. *Demais requisitos comuns de admissibilidade*

Tanto o recurso especial como o recurso extraordinário devem ser interpostos no prazo de quinze dias, contados, em dias úteis, a partir da intimação do acórdão (art. 1.003 do CPC). Os recursos devem ser interpostos

205. Nesse sentido já tinha se posicionado o STJ, na vigência do CPC/1973, quando do julgamento do REsp 1198108/RJ, pelo regime de recursos repetitivos (tema 434). Já na vigência do CPC/2015, também com esse entendimento, foi estabelecido o enunciado n. 74, da I Jornada de Direito Processual Civil, do Conselho da Justiça Federal: "O termo 'manifestamente' previsto no § 4º do art. 1.021 do CPC se refere tanto à improcedência quanto à inadmissibilidade do agravo".

por meio de petição escrita, dirigida ao presidente ou ao vice-presidente do tribunal local, contendo a exposição dos fatos e do direito, a demonstração do cabimento do recurso interposto e as razões do pedido de reforma ou de invalidação da decisão recorrida (art. 1.029 do CPC).

Indispensável que o recorrente aponte em qual hipótese de cabimento prevista da Constituição se baseia seu recurso, uma vez que a verificação de admissibilidade será apreciada de acordo com a hipótese invocada. Assim, se a parte recorre sob o fundamento de existência de divergência jurisprudencial (art. 105, III, alínea *c*), será verificado o preenchimento dos requisitos de admissibilidade referentes a essa hipótese. Não há, porém, necessidade de indicação expressa do dispositivo no qual está contido o cabimento do recurso, desde que se informe qual o vício que o recorrente considera presente no *decisum* (ex. contrariedade à lei ou à Constituição, dissídio jurisprudencial etc.).

Os recursos especial e extraordinário dependem de preparo.[206] Assim, o recorrente deve comprovar o recolhimento das custas no momento de interposição do recurso.

Na verificação da admissibilidade recursal, podem ser desconsiderados vícios formais ou determinada sua correção, desde que o recurso seja tempestivo. É o que dispõe o art. 1.029, § 3º, do Código, nos mesmos moldes do que dispõe o art. 932, parágrafo único. A diferença entre os dois dispositivos é que o art. 932, parágrafo único, que regula a admissibilidade recursal de todo e qualquer recurso, *impõe* ao relator a concessão de oportunidade ao recorrente para correção do defeito antes de deixar de inadmitir o recurso, ao passo que o art. 1.029, § 3º, ao que parece, cria um juízo discricionário que permite ao STJ e o STF relevarem erro formal, "desde que não o repute grave".

Pela aplicação dos princípios que norteiam a lei processual, a interpretação adequada, a meu ver, obriga a intimação do recorrente em todos os recursos, inclusive nos recursos especial e extraordinário, para lhe possibilitar o reparo do erro que levaria à inadmissibilidade recursal.[207] Vício grave é

206. A Lei n. 11.636/2007, em seu art. 10, regula o tema do que se refere ao recurso especial.

207. MACHADO SEGUNDO, Hugo de Brito. Os Recursos no Novo CPC e a 'jurisprudência defensiva'. In: DIDIER Jr., Fredie (Coord.). *Processo nos Tribunais e Meios de Impugnação das Decisões Judiciais*. Ob. cit., p. 391: "Julgador relutante em abandonar a jurisprudência defensiva, nesse particular, poderia se prender na palavra 'poderá', e na expressão 'desde que não o repute grave' para manter toda a sistemática de excesso formal na apreciação de Recursos Especiais e Extraordinários. Tal interpretação é equivocada, por certo, não apenas a partir de uma visão sistêmica do próprio Código no qual a disposição está inserida, mas especialmente a partir dos valores, consagrados no texto constitucional, que devem ins-

aquele insanável. Se for sanável o defeito, *deve* ser concedida nova chance ao recorrente para preenchimento do requisito faltante.[208]

### 4.6.3. Efeitos dos recursos extraordinário e especial

Embora muito do que já foi estudado no capítulo referentes aos efeitos dos recursos se aplique aos recursos extraordinário e especial, algumas peculiaridades merecem exame específico. Esse é o conteúdo dos tópicos seguintes.

#### *4.6.3.1. Efeito Suspensivo*

Os recursos especial e extraordinário seguem a regra do art. 995, *caput*, do CPC e, portanto, não têm efeito suspensivo automático. No entanto, ao recorrente é lícito pleitear a concessão de tal efeito mediante requerimento expresso no qual contenha a demonstração do preenchimento dos requisitos para a concessão (art. 995, parágrafo único, do CPC).[209]

Caso opte por buscar a atribuição de efeito suspensivo *ope judicis*, o recorrente deverá veicular seu pleito na própria petição do recurso ou em requerimento apartado, formulado em petição simples. Nessa última hipótese, consoante prevê o art. 1.029, § 5º, do CPC, o requerimento será dirigido (i) ao respectivo tribunal superior, se o pleito for protocolado entre a publicação da decisão de admissão do recurso e sua distribuição, ficando preventos o relator designado para seu exame e o órgão julgador do qual faz parte; (ii) ao relator, se já distribuído o recurso ou se já havia prevenção; e

---

pirar a condução do processo, os quais se refletem nas mais diversas partes do Código, como se está vendo, por amostragem, neste trabalho. Mas esse é o problema de uma visão literalista e formalista do Direito, não orientada pelos valores que inspiram a edição das normas correspondentes: exige-se disposição expressa para tudo, e a mera falta de uma disposição, ou a presença de uma que veicula aparente faculdade, pode ser vista como uma válvula de escape para deitar por terra tudo que se pretendeu construir. Daí por que o melhor teria sido a substituição da palavra 'poderá' pelo termo 'deverá', e tornar mais específica a expressão 'desde que não o repute grave', alterando-a para algo como 'desde que a falta não prejudique a compreensão da controvérsia ou a manifestação da parte contrária". Ver também ALVIM, Teresa Arruda; DANTAS, Bruno. *Recurso Especial, Recurso Extraordinário e a nova função dos Tribunais Superiores*. Ob. cit., p. 399 "É no contexto dos recursos de estrito direito que esse dispositivo faz mais sentido, já que são justamente os Tribunais Superiores, como se sabe, os que mais tendem a proferir decisões não admitindo recursos por razões de ordem formal (carimbos borrados ou guias mal preenchidas) que, a rigor, nem mesmo deveriam ensejar decisões de inadmissibilidade. Esse dispositivo pretende desencorajar a chamada jurisprudência defensiva, construída pelos Tribunais Superiores, principalmente nas últimas décadas".

208. Enunciado FPPC n. 593: "Antes de inadmitir o recurso especial ou recurso extraordinário, cabe ao presidente ou vice-presidente do tribunal recorrido conceder o prazo de cinco dias ao recorrente para que seja sanado o vício ou complementada a documentação exigível, nos termos do parágrafo único do art. 932".

209. Sobre os requisitos para a concessão de efeito suspensivo, ver capítulo sobre os efeitos dos recursos.

(iii) ao presidente ou vice-presidente do tribunal local, se o requerimento for formulado entre a interposição do recurso e a publicação da decisão de admissão do recurso, assim como no caso de o recurso ter sido sobrestado, nos termos do art. 1.037.

Esse procedimento de protocolo separado de petição contendo simples requerimento também pode ser utilizado para o pedido de antecipação dos efeitos da tutela recursal. Se o recorrente não puder, em razão da urgência, aguardar a distribuição do recurso perante STJ ou STF para veicular seu pedido, pode apresentá-lo em petição simples, direcionada segundo as diretrizes previstas no art. 1.029, § 5º, do CPC.[210]

Em um caso, porém, o legislador concedeu efeito suspensivo *ope legis* aos recursos especial e extraordinário. Trata-se da hipótese prevista no art. 987, § 1º, do CPC. Contra o acórdão proferido em julgamento de incidente de resolução de demandas repetitivas, cabe recurso aos tribunais superiores, que gozarão de efeito suspensivo automático.

#### *4.6.3.2. Efeito Devolutivo*

Os recursos especial e extraordinário não são apenas recursos de cassação, como em outros ordenamentos. Ao apreciarem a pretensão recursal, STJ e STF podem reexaminar a causa e reformar o acórdão recorrido, e não apenas invalidá-lo para que outra decisão seja tomada pelo órgão *a quo*.[211] Porém, como examinado, têm efeito devolutivo limitado, pois a Constituição não transfere aos tribunais superiores a cognição a respeito das questões de fato.

---

210. ALVIM, Teresa Arruda; DANTAS, Bruno. *Recurso Especial, Recurso Extraordinário e a nova função dos Tribunais Superiores*. Ob. cit., p. 370. DIDIER JR., Fredie; CUNHA, Leonardo Carneiro da. *Curso de Direito Processual*. Ob. cit., p. 370.

211. BARBOSA MOREIRA, José Carlos. *Comentários ao Código de Processo Civil*. Ob. cit., p. 601: "Note-se que o Supremo Tribunal Federal ou o Superior Tribunal de Justiça, em conhecendo do recurso, não se limita a censurar a decisão recorrida à luz da solução que dê à *quaestio iuris*, eventualmente cassando tal decisão e restituindo os autos ao órgão *a quo*, para novo julgamento. Fixada a tese jurídica a seu ver correta, o tribunal aplica-a à espécie, isto é, julga 'a causa' (*rectius*: a matéria objeto da impugnação). Nisso se distinguem os nossos recursos extraordinário e especial não apenas dos 'recursos de cassação' de tipo francês, mas também do seu equivalente argentino, tal como tem funcionado na prática"; ASSIS, Araken. *Manual dos Recursos*. Ob. cit., p. 689: "Vencido o juízo de admissibilidade, o STF não se limita a censurar a solução outorgada nas instâncias ordinárias à questão constitucional, mas fixa a tese correta e, desde logo, sendo possível, julga a espécie (art. 1.034, caput). O STF só não proferirá acórdão substitutivo do impugnado, ao julgar o mérito do extraordinário, na hipótese de a parte alegar vício do procedimento (*error in procedendo*) – por exemplo, o acórdão impugnado não observou a cláusula da reserva do plenário, prevista no art. 97 da CF/1988 – ou a resolução da questão constitucional não esgotar o vício de juízo (*error in iudicando*)".

No entanto, em razão da redação da súmula 456 do STF, cujo teor é replicado e estendido ao recurso especial pelo art. 1.034 do CPC, permite-se mais de uma interpretação acerca da devolutividade dos recursos extraordinários. Uma primeira exegese distingue o exame do efeito devolutivo em dois momentos. Inicialmente, quando da verificação de admissibilidade, as cortes superiores estariam adstritas às questões de direito devidamente prequestionadas, não lhes sendo lícito o conhecimento dos recursos se o recorrente invocasse questão meramente fática ou deixasse de realizar o prequestionamento da questão federal ou constitucional. No entanto, se admitido o recurso, no mérito seria possível apreciar todo e qualquer tipo de questão envolvendo o capítulo impugnado, excluindo-se do exame apenas os capítulos não impugnados, em virtude da limitação decorrente da extensão dada ao recurso pela parte recorrente. Não se encontraria, destarte, restrição na profundidade da análise. STF e STJ, depois de conhecerem do recurso com base em questão de direito prequestionada, passariam à apreciação de todas as questões – de direito ou de fato, prequestionadas ou não – para o julgamento do caso.[212]

De acordo com uma segunda interpretação da súmula 456 do STF e do art. 1.034 do CPC, a restrição cognitiva presente nos recursos especial e extraordinário permaneceria mesmo depois de conhecidos os recursos. Desse modo, se o recurso foi admitido com fulcro em uma questão de direito prequestionada, também no exame do mérito a atenção das cortes superiores deveria se limitar às questões de direito que foram objeto de prequestionamento.[213]

212. Nesse sentido, cf. GRECO, Leonardo. *Instituições de Processo Civil.* Ob. cit., p. 249-250: "Há dois entendimentos a respeito dessa súmula. O primeiro, ao qual me filio, defende que se o recurso especial for conhecido, a barreira de que o defeito devolutivo só pode abranger a questão de direito relativa à lei federal é ultrapassada e o STJ poderá rever a decisão como um todo e julgar novamente a causa. Segundo esse entendimento, o efeito devolutivo no recurso especial deve ser examinado em dois momentos. Primeiro, no juízo de admissibilidade, para verificar se o recorrente assenta seu recurso em questão de direito relativa à vigência, aplicação ou interpretação da lei federal enfrentada pelo acórdão recorrido. Num segundo momento, conhecido o recurso, o STJ deverá julgar a causa por inteiro, não estando mais sujeito ao limite de apreciar apenas o julgamento da questão de direito relativa à lei federal"; DIDIER JR., Fredie; CUNHA, Leonardo Carneiro da. *Curso de Direito Processual.* Ob. cit., p. 370: "Sucede que, se o recurso extraordinário ou especial foi interposto por outro motivo, e for conhecido, poderá o STF ou STJ, ao julgá-lo, conhecer *ex officio* ou por provocação de todas as matérias que podem ser alegadas a qualquer tempo (aquelas previstas no § 3º do art. 485, além da prescrição e da decadência), bem como de todas as questões suscitadas e discutidas no processo, relacionadas ao capítulo decisório objeto do recurso extraordinário (art. 1.034, pár. ún., CPC), mesmo que não tenham sido enfrentadas no acórdão recorrido".

213. BARBOSA MOREIRA, José Carlos. Mandado de segurança. Recurso especial, *Direito aplicado.* Rio de Janeiro: Forense, 2000, v. II, p. 350.

Parece-me que a melhor interpretação, levando em consideração o que dispõe a Constituição e a lei processual, é a de que, no mérito, os tribunais superiores só podem reexaminar as questões de direito e as questões de ordem pública, mesmo que não tenham ainda sido ventiladas no processo. Embora o art. 1.034, parágrafo único, disponha que "admitido o recurso extraordinário ou o recurso especial por um fundamento, devolve-se ao tribunal superior o conhecimento dos demais", não há menção de que os "demais fundamentos" possam ser relacionados aos fatos.[214] Ademais, a proibição de conhecimento das questões fáticas advém do texto constitucional, e a lei processual não poderia, portanto, dispor de modo contrário.[215]

Se conhecido o recurso especial ou o recurso extraordinário a respeito de um fundamento, as cortes superiores examinarão os demais fundamentos referentes ao capítulo impugnado, desde que configurem questão de direito.

### 4.6.4. Requisitos específicos de admissibilidade do Recurso Especial

Além dos requisitos de admissibilidade compartilhados com o recurso extraordinário, a Constituição e o CPC preveem requisitos específicos a serem preenchidos pelo interessado na interposição de recurso especial. Em primeiro lugar, as hipóteses de cabimento dos dois recursos são, obviamente, distintas, estando elencadas as do recurso especial nas alíneas do art. 105, III, da Constituição. O mesmo dispositivo também prevê outro pressuposto de admissibilidade relacionado à natureza do órgão prolator do acórdão recorrido.

Dedicar-me-ei a tais requisitos nos tópicos seguintes.

---

214. Nesse sentido, ver ALVIM, Teresa Arruda; DANTAS, Bruno. *Recurso Especial, Recurso Extraordinário e a nova função dos Tribunais Superiores*. Ob. cit., p. 422: "Em nosso entender, mesmo na fase de rejulgamento, não podem os Tribunais Superiores examinar fatos. Não é essa a função de Cortes Superiores, ainda que não sejam Cortes de Cassação. Até porque – e a lei tem que ser interpretada no contexto em que será aplicada – essa opção interpretativa inviabilizaria por completo o funcionamento dos Tribunais Superiores, frustrando inteiramente um dos objetivos do novo código, que é o de melhorar, para o bem da sociedade, a *performance* do Poder Judiciário".

215. FONSECA, João Francisco Naves da. A profundidade do efeito devolutivo nos recursos extraordinário e especial: o que significa a expressão "julgará o processo, aplicando o direito" (CPC, art. 1.034)?. In: LUCON, Paulo Henrique dos Santos et al. (Org.). *Processo em jornadas: XI Jornadas Brasileiras de Direito Processual; XXV Jornadas Ibero – Americanas de Direito Processual*. Salvador: Juspodivm, 2016, p. 480: "Em síntese, se o julgamento da causa em recurso extraordinário ou especial depender de prova ainda não produzida, o tribunal de superposição – após fixar a tese jurídica correta – deve remeter os autos à primeira instância para providências de instrução e novo julgamento. Entretanto, se a causa estiver madura, o tribunal deve julgá-la integralmente – obviamente nos limites horizontais do provimento da impugnação –, respeitando os pontos fáticos já decididos pelo tribunal de origem, bem como as garantias de contraditório e da ampla defesa. Eis o significado e a real extensão do art. 1.034 do novo Código de Processo Civil".

#### 4.6.4.1. *Cabimento do Recurso Especial*

Como examinado nas linhas acima, o STJ é o guardião da lei federal e da sua correta interpretação. As hipóteses de cabimento do recurso especial refletem esses escopos, de modo que o recurso seja o meio de provocação da jurisdição da corte superior para o exercício de sua função.

O cabimento do recurso especial está previsto nas alíneas do art. 105, III, da Constituição. Para afigurar-se cabível o recurso, basta ao recorrente a *alegação* no recurso de alguma situação correspondente a uma das hipóteses, ou seja, é suficiente que na peça recursal conste a assertiva de que o acórdão recorrido violou lei federal ou deu-lhe interpretação distinta daquela conferida por outro tribunal para que o recurso especial seja conhecido. A conferência acerca da efetiva existência da violação alegada é uma tarefa atrelada ao exame do mérito, e não ao juízo de admissibilidade.[216]

Destarte, se presente a mera alegação de ofensa à norma federal, o recorrente terá preenchido o requisito do cabimento e o tribunal, se presentes os demais pressupostos de admissibilidade, poderá adentrar na análise do mérito. Se a violação de fato ocorreu, o recurso será conhecido e provido; se a alegada ofensa não se verificou, o recurso deverá ser conhecido e desprovido.[217]

##### 4.6.4.1.1. Alínea *a*: "contrariar tratado ou lei federal, ou negar-lhes vigência"

A primeira hipótese de cabimento do recurso especial prevista na Constituição é a existência no acórdão recorrido de violação à lei federal ou a tratado. Dispõe a alínea *a* do art. 105, III, que cabe recurso especial quando o acórdão recorrido "contrariar tratado ou lei federal, ou negar-lhes vigência".

É consenso na doutrina que a *contrariedade à lei federal ou ao tratado* é prática abrangente, que engloba a hipótese de *negativa de vigência*.[218] Ao deixar de aplicar a norma federal por considerá-la erroneamente revogada

216. BARBOSA MOREIRA, José Carlos. *Comentários ao Código de Processo Civil*. Ob. cit., p. 589: "A rigor, só com o julgamento do recurso especial é que se verifica se a decisão recorrida contrariou ou não tratado ou lei federal: isso respeita ao mérito do recurso, não à sua admissibilidade. Do ponto de vista do cabimento, o recurso especial é admissível desde que o recorrente alegue a contrariedade. Tal alegação bastará para que se conheça do recurso; em etapa posterior, conforme seja ela procedente ou não, o resultado será o provimento ou o desprovimento".

217. O STJ e os tribunais locais, no exercício do juízo de admissibilidade, nem sempre agem dessa maneira. Observa-se, com frequência, o não conhecimento do recurso sob o fundamento de que, embora alegada, a ofensa à lei federal inexiste. No entanto, apesar de o tribunal rotular esse tipo de ato de decisão e inadmissão do recurso, trata-se, com efeito, de decisão que rejeitou *no mérito* o recurso especial.

218. PINTO, Nelson Luiz. *Manual de Recursos Cíveis*. Ob. cit., p. 179-180; MEDINA, José Miguel Garcia. *O prequestionamento nos recursos extraordinário e especial*. Ob. cit., p. 131.

ou ainda não vigente, o julgador estará, por conseguinte, a contrariando. Essa primeira hipótese de cabimento do recurso especial abarca, pois, toda e qualquer violação à lei federal, seja por deixar de aplicá-la quando deveria incidir no caso concreto, seja por empregá-la de forma equivocada.

Cabe recurso especial, portanto, sempre que o acórdão proferido pelos tribunais estaduais, do distrito federal e territórios ou pelos tribunais regionais federais violar de qualquer modo a lei federal, por deixar de empregá-la quando aplicável na espécie ou quando considerá-la equivocadamente alijada do ordenamento jurídico.

Editada em 1964, a súmula n. 400 do STF, que versava sobre o cabimento do recurso extraordinário em virtude de violação da lei federal em momento anterior à criação do recurso especial, foi objeto de reiteradas críticas da doutrina.[219] O tribunal exarou o entendimento de que a "decisão que deu razoável interpretação à lei, ainda que não seja a melhor, não autoriza recurso extraordinário pela letra a do art. 101, III, da C.F". Dessa forma, se de um lado o STF admitia mais de uma interpretação da lei, de outro restringia sua própria competência ao permitir que os tribunais locais pudessem ter a última palavra na interpretação da lei federal, ainda que externassem exegese diferente daquela sustentada pelo STF.

Sob o enfoque do ordenamento constitucional vigente, não é possível admitir que haja mais de uma interpretação possível da lei federal e da Constituição. Múltiplas interpretações ocasionam insegurança, pois dificultam que cidadãos, empresas e o próprio Estado sigam uma única linha de conduta baseada no entendimento único exarado pelos tribunais sobre determinada matéria.[220] Ademais, se em cada demanda a lei fosse potencialmente interpretada de forma diferente, desde que de modo razoável, haveria flagrante desrespeito à isonomia, um dos pilares da Constituição protegido pelo STJ, corte competente para a definição da adequada interpretação da norma infraconstitucional.

Assim, depois da promulgação da atual Constituição, o próprio STF alterou seu entendimento e deixou de aplicar a súmula 400.[221] Só há, por-

219. GRECO FILHO, Vicente. *Direito Processual Civil Brasileiro*. 18. ed. São Paulo: Saraiva, v. 2, p. 373: "Mesmo quando o permissivo era, apenas, negar vigência, no plano científico-jurídico, a Súmula 400 era inaceitável, justificada apenas pela tendência restritiva do cabimento do extraordinário e pela ideia de que a expressão significa menos que a contrariedade. Ainda assim, sempre entendemos que aplicar erradamente a lei também seria uma forma de negar-lhes vigência".

220. A instabilidade da jurisprudência é outro problema, mas que não é objeto de análise nesse estudo.

221. AI 145680 AgR, rel. min. Celso de Mello, 1ª Turma, j. 13.4.1993, *DJ* de 30/4/1993.

tanto, uma interpretação possível da lei federal e, em caso de divergência, incumbe ao STJ dirimi-la.

Para fins de cabimento do recurso especial pela alínea *a*, lei federal "é todo ato normativo infraconstitucional, decorrente do processo legislativo do Congresso Nacional, nos termos do art. 59 da Constituição, bem como as medidas provisórias e os decretos regulamentadores de leis, expedidos pelo Poder Executivo. A noção de *lei federal* abrange ainda os tratados internacionais a que o Brasil tenha aderido, desde que não tenham hierarquia constitucional (v. art. 5º, § 3º, da Constituição)".[222]

Outros atos normativos possivelmente violados, como leis estaduais e/ ou municipais, regimentos internos,[223] portarias, instruções normativas etc., se não emanarem do Congresso Nacional não constituirão *lei federal* e, consequentemente, eventual ofensa não propiciará a interposição de recurso especial.[224]

#### 4.6.4.1.2. Alínea *b*: "julgar válido ato de governo local contestado em face de lei federal"

A alínea *b* do art. 105, III, da Constituição também prevê o cabimento do recurso especial contra mais uma forma de violação à lei federal, mas o legislador constituinte preferiu separá-la da hipótese mais genérica contida na alínea *a* em virtude de sua especificidade. A alínea *b* prevê o cabimento do recurso especial contra acórdão que julgue válido ato de governo local contestado em face de lei federal.

Se na verificação da legalidade de ato administrativo[225] o órgão julgador considerá-lo válido em detrimento do que prega a lei federal, o acórdão conterá contrariedade à lei, o que atrairia a hipótese de cabimento da alínea *a*. Assim, a alínea *b* está contida na alínea *a*.[226]

---

222. GRECO, Leonardo. *Instituições de Processo Civil*. Ob. cit., p. 234.

223. Súmula n. 399, STF: "Não cabe recurso extraordinário, por violação de lei federal, quando a ofensa alegada for a regimento de tribunal".

224. DIDIER JR., Fredie; CUNHA, Leonardo Carneiro da. *Curso de Direito Processual*. Ob. cit., p. 397.

225. LEMOS, Vinicius Silva. *Recursos e Processos nos Tribunais*. Ob. cit., p. 503: "São atos regulatórios sobre matérias internas de cada órgão da administração, como portarias, resoluções, instruções normativas, dentre outras hipóteses, todas essas, ao regulamentar alguma situação, podem, consequentemente, contrariar algum ponto de lei federal, ocasionando um conflito de normas, não de leis, pelo fato de que esses atos não são revestidos do processo legislativo, mas têm uma base normativa, e sua aplicabilidade pode trazer tal conflito, com a possibilidade de o Judiciário intervir, judicialmente, para a verificação da validade de tal norma administrativa".

226. GRECO, Leonardo. *Instituições de Processo Civil*. Ob. cit., p. 240.

A hipótese prevista na alínea *b* está relacionada aos casos em que se discute a validade e a eficácia de um ato administrativo e sua conformidade com a lei federal. Se o acórdão recorrido considera o ato administrativo consonante com a lei e declara-o aplicável, cabe ao recorrente demonstrar em recurso especial a sua ilegalidade e que o tribunal local ainda assim o considerou válido.

#### 4.6.4.1.3. Alínea *c*: "dar a lei federal interpretação divergente da que lhe haja atribuído outro tribunal"

A atividade jurisdicional estatal no Brasil se organiza em um modelo hierárquico, no qual as decisões de juízes de primeiro grau são revistas por tribunais de segundo grau, cujos julgamentos podem ser submetidos ao crivo dos tribunais superiores. Esse arranjo, estabelecido com ferramentas recursais em sequência, tem, em primeiro lugar, os escopos de correção de erros e injustiças contidos nas decisões e de inibição do arbítrio dos julgadores, com o propósito final de melhoria da qualidade do resultado.

No entanto, o sistema recursal, da forma como foi concebido, também desempenha outro papel fundamental para a concretização de valores constitucionalmente previstos. Tradicionalmente, como acontece nos demais países de *civil law*, os precedentes judiciais não são encarados como fontes formais de direito, e, por conseguinte, os juízes podem ou não os adotar como modelos de julgamento em casos concretos futuros. Em países nos quais é seguida essa tradição, os juízes têm ampla liberdade decisória para, inclusive, julgarem os casos sob sua jurisdição de modo diverso daquele sustentado pelos tribunais. Em outras palavras, nada impede que o juiz de primeiro grau decida contra o posicionamento do STF.

Essa liberdade decisória, porém, impõe um preço. Como cada juiz pode decidir casos semelhantes ou idênticos de formas distintas, dependendo da interpretação que cada um concede à lei, jurisdicionados que ingressam com pleitos idênticos podem receber decisões diametralmente opostas, em decorrência da distribuição de suas demandas. A superveniência de resultados diferentes para situações iguais inegavelmente afeta o direito à isonomia do qual o Poder Judiciário é guardião.

O ordenamento jurídico brasileiro soluciona esse problema por meio dos recursos. Se dois juízes de primeira instância decidem de modo diverso a mesma questão, caberá ao tribunal do qual fazem parte uniformizar o entendimento quando do julgamento das apelações. Se a divergência for observada entre órgãos fracionários do mesmo tribunal, o CPC oferece a solução por meio do incidente de assunção de competência (art. 947, § 4º) ou pelo incidente de resolução de demandas repetitivas (art. 976, II), dependendo da existência ou não da multiplicidade de ações e recursos versando sobre a mesma questão.

Por outro lado, na busca pela isonomia, se presente divergência de entendimento pretoriano entre cortes distintas (entre dois tribunais estaduais, entre um tribunal estadual e um tribunal regional federal ou entre estes e o STJ), a solução disponibilizada pelo ordenamento é o recurso especial, remédio cabível quando presente dissídio jurisprudencial entre tribunais diferentes.

Pode-se afirmar, portanto, que o recurso especial representa importante instrumento de preservação de isonomia do sistema. Por meio dele, a parte prejudicada provoca o STJ, a quem foi conferida a responsabilidade de dar a interpretação final à norma federal e, assim, propiciar que todos que estejam na mesma situação recebam o mesmo tratamento pelo Poder Judiciário.

A nova modelagem que o CPC/2015 busca conferir à eficácia dos precedentes judiciais (art. 927), criando, na visão de parte da doutrina, precedentes de observância obrigatória em toda a cadeia de julgadores,[227] tem como um de seus escopos colaborar com o alcance do tratamento isonômico. Isso porque a eficácia vinculante que se confere a algumas decisões judiciais retira a liberdade decisória dos juízes e os obriga a seguir o entendimento de cortes hierarquicamente superiores. Desse modo, a parte não precisa trilhar todo o caminho recursal para obter o julgamento dispensado a casos similares nas instâncias mais elevadas. O sistema de precedentes vinculantes, tal como concebido no Brasil, é aliado da isonomia, embora esteja muito longe de assegurar o adequado exercício do contraditório.[228]

Essa hipótese de cabimento do recurso especial, visando à demonstração de divergência de entendimento entre distintos tribunais, está prevista no art. 105, III, alínea *c*, da Constituição. Se o acórdão do tribunal local decide o caso de modo diferente do modelo de julgamento utilizado por outra corte em caso congênere, subsistindo divergência de entendimento entre tribunais distintos, cabe recurso especial destinado à provocação do STJ, que firmará a interpretação da lei federal a ser seguida.[229]

227. Nesse sentido, ver, por exemplo, ZANETI JR., Hermes. *Precedentes normativos formalmente vinculantes*. Ob. cit., p. 422. Em sentido contrário, não vislumbrando a possibilidade de concessão pelo CPC de efeito vinculante aos precedentes, ver TUCCI, José Rogério Cruz e. *O regime do precedente judicial no novo CPC*. Ob. cit., p. 454.

228. Sobre o tema, ver tópico sobre a legitimidade recursal inserido no capítulo que trata da admissibilidade dos recursos.

229. Súmula n. 13, STJ: "A divergência entre julgados do mesmo tribunal não enseja recurso especial".

Em sua petição de recurso, além da comprovação do preenchimento dos demais requisitos de admissibilidade, o art. 1.029, § 1º, do CPC impõe ao recorrente que demonstre a existência do dissídio jurisprudencial. Para tanto, é necessário que faça prova da divergência com a juntada do acórdão paradigma, que contém o modelo de julgamento distinto do acórdão recorrido, e da certidão, da cópia ou da citação do repositório de jurisprudência, oficial ou credenciado em que houver sido publicado.

Também é permitido fazer prova da divergência com a reprodução do julgado disponível na internet, com indicação da respectiva fonte, isto é, a juntada do acórdão paradigma extraído do site do tribunal na rede mundial de computadores, contendo o link de acesso. Essa possibilidade facilitou muito o cumprimento do requisito, pois os sites dos tribunais estão cada vez mais modernos e acessíveis e contam com extenso banco de dados. Basta consultá-los para pesquisar eventual divergência e acostar aos autos o julgado acompanhado do link da página da internet em que está publicado.

Não basta, porém, a juntada do acórdão paradigma e da prova de sua publicação. O § 1º do art. 1.029 exige que o recorrente, em sua petição de recurso, mencione "as circunstâncias que identifiquem ou assemelhem os casos confrontados". Essa tarefa demanda do recorrente a comparação dos dois acórdãos de modo que se evidencie a semelhança dos casos e a diferença dos resultados alcançados pelos tribunais. Assim, um tópico da redação do recurso deve ser destinado a essa comparação que seja capaz de comprovar a existência de divergência.

Para que seja possível a utilização de um acórdão de outro tribunal como meio de demonstração da divergência, o julgado tem de ser recente ou, ao menos, não ter sofrido mudança de entendimento naquele tribunal. Em outras palavras, somente a divergência atual merece ser dirimida pelo STJ. Se, posteriormente, o tribunal cujo acórdão servia de paradigma alterou seu entendimento, não é mais possível mencioná-lo para fazer prova do dissídio jurisprudencial.

#### *4.6.4.2. Decisões emanadas de tribunais*

Diferentemente do recurso extraordinário, que pode ser interposto contra decisão proferida por órgão que não seja tribunal, desde que seja de única ou última instância,[230] o recurso especial é cabível somente em face de acórdãos emanados de tribunais. Isso porque, embora semelhantes as

230. Súmula n. 640, STF: "É cabível recurso extraordinário contra decisão proferida por juiz de primeiro grau nas causas de alçada, ou por turma recursal de juizado especial cível e criminal".

redações dos incisos III dos arts. 102 e 105 da Constituição, nesse ponto se diferenciam, porque o art. 105, que versa sobre o recurso especial, apresenta essa exigência extra.

Assim, um requisito de admissibilidade adicional do recurso especial é ter sido o acórdão recorrido oriundo de um tribunal (Tribunais Federais Regionais Federais ou Tribunais estaduais, do Distrito Federal e Territórios). Na prática, esse requisito impede que sejam interpostos recursos especiais contra acórdãos proferidos por turmas recursais de juizados especiais. No procedimento previsto na Lei n. 9.099/1995, contra sentença proferida pelo juízo de primeiro grau caberá recurso dirigido a uma turma composta por três juízes togados, em exercício no primeiro grau de jurisdição, reunidos na sede do juizado (art. 41, § 1º). O recurso é julgado, pois, por juízes de primeira instância, deslocados para a turma recursal, a qual não constitui tribunal.

Contra o acórdão decorrente do julgamento realizado pelas turmas recursais dos juizados especiais não cabe recurso especial, sendo cabível somente a interposição de recurso extraordinário caso presente violação a uma norma constitucional. A distinção realizada pelo legislador parece-me equivocada, uma vez que retira do manto de proteção do STJ todas as decisões proferidas nos juizados e impede, por conseguinte, a parte prejudicada de buscar a revisão de acórdão que tenha deixado de aplicar a lei federal pertinente. A opção do legislador marginaliza parte do sistema ao impedir que: (i) sobre as decisões advindas de juizados seja exercido controle pelo STJ a respeito da correta aplicação do direito federal e (ii) haja a uniformização dos entendimentos.

Embora no âmbito dos juizados especiais federais funcione a Turma Nacional de Uniformização, que permite a provocação do interessado em caso de divergência entre decisões de turmas de diferentes regiões ou de decisão proferida em contrariedade a súmula ou jurisprudência dominante do STJ (art. 14, § 2º, da Lei n. 10.259/2001), e nos juizados fazendários a Lei n. 12.153/2009 também disponibilize meio de uniformização de jurisprudência,[231] nos juizados estaduais, a Lei n. 9.099/1995 não prevê um remédio processual para hipótese semelhante.

231. "Art. 18. Caberá pedido de uniformização de interpretação de lei quando houver divergência entre decisões proferidas por Turmas Recursais sobre questões de direito material. § 1º O pedido fundado em divergência entre Turmas do mesmo Estado será julgado em reunião conjunta das Turmas em conflito, sob a presidência de desembargador indicado pelo Tribunal de Justiça. § 2º No caso do § 1º, a reunião de juízes domiciliados em cidades diversas poderá ser feita por meio eletrônico. § 3º Quando as Turmas de diferentes Estados derem a lei federal interpretações divergentes, ou quando a decisão proferida estiver em contrariedade com súmula do Superior Tribunal de Justiça, o pedido será por este julgado".

Dessa forma, em consequência da prática desse desamparo da parte, que não tem nos juizados estaduais um meio de levar ao STJ seu inconformismo decorrente da violação de lei federal, observou-se a utilização indevida do recurso extraordinário. Como lhe está vedada a via do recurso especial, o litigante prejudicado pelo acórdão de turma recursal, busca na Constituição uma norma genérica, indiretamente violada em razão da contrariedade à lei federal, para servir de fundamento ao seu recurso extraordinário.

No entanto, como será examinado mais à frente, o STF considera inadmissível recurso extraordinário com base em ofensa apenas reflexa ou indireta à Constituição e inadmite os recursos advindos dos juizados que tentam transformar a ofensa a lei federal existente no acórdão em suposta violação a um dispositivo constitucional. Assim, em 2009, o STF sustentou a tese de que, na falta de um órgão uniformizador de jurisprudência dos juizados estaduais, cabe reclamação dirigida ao STJ contra acórdão de turma recursal, com fulcro no art. 105, I, alínea *f*, da Constituição, para a garantia da autoridade das decisões da corte superior, isto é, para assegurar o respeito aos seus principais entendimentos consolidados.[232] Ato contínuo, o STJ editou a Resolução n. 12/2009, na qual previa o cabimento e o procedimento de reclamação interposta em face de decisões emanadas das turmas recursais dos juizados especiais que contivessem posicionamento divergente daquele exarado pelo STJ em suas súmulas e no julgamento de recursos especiais repetitivos.[233]

Nos anos que se passaram, como não era possível o manejo do recurso especial, as partes inconformadas com acórdãos de turmas recursais de juizados estaduais despejaram suas irresignações no STJ por meio de ajuizamento de reclamações. Com efeito, esse remédio processual passou a ser usado indiscriminadamente como se recurso fosse, em razão do vácuo recursal presente no sistema. Em resposta a essa enxurrada de novas demandas – "fluxo volumoso de Reclamações no STJ envolvendo Juizados Especiais" –, a corte editou nova resolução (Resolução n. 3/2016) na qual delega aos tribunais estaduais a competência para apreciar e julgar as reclamações advindas dos juizados estaduais.[234]

232. ED em RE n. 571572/BA, Pleno, Rel. Min. Ellen Gracie, DJU 27 nov. 2009.

233. "Art. 1º. As reclamações destinadas a dirimir divergência entre acórdão prolatado por turma recursal estadual e a jurisprudência do Superior Tribunal de Justiça, suas súmulas ou orientações decorrentes do julgamento de recursos especiais processados na forma do art. 543-C do Código de Processo Civil serão oferecidas no prazo de quinze dias, contados da ciência, pela parte, da decisão impugnada, independentemente de preparo."

234. "Art. 1º Caberá às Câmaras Reunidas ou à Seção Especializada dos Tribunais de Justiça a competência para processar e julgar as Reclamações destinadas a dirimir divergência entre acórdão prolatado

A iniciativa do STJ, embora encontre explicação na quantidade exorbitante de reclamações ajuizadas desde a edição da Resolução n. 12/2009, parece-me inadequada por três motivos: (i) a jurisdição é indelegável, isto é, se a Constituição (art. 105, I, alínea *f*) e a lei federal (CPC, art. 988) deram competência ao STJ para julgar as reclamações, não pode o tribunal delegá-la aos tribunais estaduais; (ii) uma resolução não pode ampliar a competência dos tribunais estaduais, competindo à Constituição de cada estado estabelecê-la, como previsto no art. 125, § 1º, da Constituição Federal; e (iii) a Resolução n. 03/2016 denota tentativa do STJ de legislar sobre direito processual, o que lhe é vedado.[235]

De toda sorte, com a aplicação da Resolução n. 3/2016, o caminho a ser seguido pela parte descontente com a decisão dada pela turma recursal de juizado pode variar da seguinte forma: (i) se o acórdão apresenta divergência com entendimento fixado em súmula do STJ, súmula do tribunal estadual, julgamento de recurso especial repetitivo, incidente de resolução de demanda repetitiva ou incidente de assunção de competência, cabe reclamação dirigida ao tribunal do estado no qual se encontra sediado o juizado; (ii) se o entendimento da turma recursal contém ofensa direta à Constituição, cabe recurso extraordinário; (iii) se a decisão é manifestamente teratológica por violar lei federal, mas não contraria algum dos precedentes indicados na Resolução n. 3/2016, é possível impetrar mandado de segurança, direcionado à própria turma recursal.[236]

### *4.6.4.3. A relevância da questão de direito*

A Constituição de 1988 previu a criação do Superior Tribunal de Justiça, para que fosse repartida a competência entre duas cortes de cúpula, de modo a permitir que o Supremo Tribunal Federal fosse desafogado da atribuição de exame de todos os recursos extraordinários e ações de competência originária que lá desaguavam até 1988. Assim, em 1989, instituiu-se o STJ, com a

---

por Turma Recursal Estadual e do Distrito Federal e a jurisprudência do Superior Tribunal de Justiça, consolidada em incidente de assunção de competência e de resolução de demandas repetitivas, em julgamento de recurso especial repetitivo e em enunciados das Súmulas do STJ, bem como para garantir a observância de precedentes."

235. MONTE, Douglas Anderson Dal. Reclamação e a polêmica Resolução 3/2016 do STJ. In: NERY JR, Nelson; ALVIM, Teresa Arruda; OLIVEIRA, Pedro Miranda de. *Aspectos Polêmicos dos Recursos Cíveis*. São Paulo: Editora Revista dos Tribunais, 2018, v. 14, p. 123-124.

236. MARANHÃO, Clayton. Limites de cabimento da reclamação contra decisão de turma recursal dos juizados especiais estaduais para garantia da autoridade dos precedentes do Superior Tribunal de Justiça. In: NERY JR, Nelson; ALVIM, Teresa Arruda; OLIVEIRA, Pedro Miranda de. *Aspectos Polêmicos dos Recursos Cíveis*. São Paulo: Editora Revista dos Tribunais, 2018, v. 14, p. 94.

competência para enfrentar predominantemente as questões infraconstitucionais, reservando-se ao STF a análise das questões constitucionais.

Além disso, conforme art. 104 da Constituição, o STJ é formado por, no mínimo, 33 ministros, ao passo que o STF manteve a composição de 11 juízes que, até 1989, julgavam todas as demandas destinadas ao tribunal de cúpula.

O crescimento exponencial do número de ações e recursos demonstrou que a criação de uma nova corte, composta por mais de 33 julgadores, não foi suficiente para evitar o abarrotamento das prateleiras – físicas e virtuais – dos tribunais superiores. Para se ter uma ideia da dimensão dos números, apenas no primeiro semestre de 2022, o STJ recebeu 208.119 casos novos e julgou 296.224 processos.

Comumente se escuta a comparação – equivocada, a meu ver – entre o número de casos julgados no STF e no STJ com a Suprema Corte americana ou o BVerfG alemão. A quantidade de casos examinados pelas cortes superiores brasileiras decorre de uma opção eminentemente legislativa. Diferentemente do que ocorre em outros países, a competência do STF e do STJ, estabelecida pelo legislador constituinte, é vastíssima. Os arts. 102 e 105 da Constituição elencam nada mais nada menos que 37 alíneas contendo mais de 50 hipóteses que permitem acessar STF e STJ, seja por ações de competência originária, seja por recursos ordinários ou por recursos extraordinários. A sobrecarga que atinge e aflige os tribunais superiores e põe em risco a adequada prestação jurisdicional decorre, principalmente, dessa extensa competência prevista na Constituição.

A excessiva quantidade de processos que chegam aos tribunais superiores vem sendo combatida há muitos anos. Depois da noticiada criação do STJ, em 1989, foram instituídos o filtro da "repercussão geral" em 2004, o método de julgamento de recursos repetitivos em 2006 (aprimorada pelo CPC de 2015) e o sistema de precedentes vinculantes em 2015.

Pela EC 125 de 2022, exige-se da parte que almeja levar ao STJ uma pretensão pela via do recurso especial a demonstração da relevância da questão federal discutida. A exemplo do que aconteceu no Supremo, com a imposição de comprovação da repercussão geral, a EC 125 reduz a competência do STJ, impedindo-o de examinar causas "não relevantes", e cria uma hierarquia entre as questões infraconstitucionais, dividindo-as entre aquelas que merecem ser amparadas pelo STJ e aquelas que, embora violadas, não poderão ser levadas à corte para o oferecimento da devida proteção.

O requisito da demonstração de relevância não é inédito. Entre 1969 até a década de 1980, exigia-se a comprovação da relevância da questão federal para a interposição do recurso extraordinário, que, à época, era o recurso cabível para a impugnação de violações à constituição e à norma infraconstitucional. Com a Constituição de 1988, suprimiu-se o requisito, ora ressuscitado pela EC 125 de 2022.[237]

O STJ passou a ter competência apenas para examinar as questões federais tidas como "relevantes", não sendo qualquer infração à norma infraconstitucional capaz de permitir a interposição de recurso especial. Diferentemente da regra esculpida para o recurso extraordinário, a relevância da questão federal não significa necessariamente o seu potencial de repercussão *ultra partes*. Uma questão pode ser relevante para fins de admissão do recurso especial sem que ecoe na sociedade.[238]

---

237. PINHO, Humberto Dalla Bernardina de; SALOMÃO, Rodrigo Cunha Mello. A arguição de relevância das questões de direito federal infraconstitucional: passado, presente e futuro. *Revista de Processo*, vol. 346/2023. São Paulo: RT, 2023, p. 115: "Na Carta de 1967, em sua concepção original, a alínea c do parágrafo único do art. 115 da Carta de 1967 delegava ao STF o poder de estabelecer, em seu regimento interno, "o processo e o julgamento dos feitos de sua competência originária ou de recurso". Com a Emenda Constitucional 1, de 1969, o STF passou a impor a limitação da abrangência dos recursos extraordinários. Isso porque o parágrafo único do art. 119 estabelecia que, nas hipóteses de recurso extraordinário fundado nas alíneas a e d, caberia ao STF, em seu regimento interno, indicar as causas que atendessem à "natureza, espécie ou valor pecuniário". Em 1970, foi editado o novo regimento interno do STF. No ano de 1975, foi editada a Emenda Regimental 3, pela qual foi introduzida a figura da arguição de relevância, alterando-se o art. 308 de seu Regimento Interno. O dispositivo contemplava oito incisos nos quais, salvo nos casos de ofensa à Constituição ou relevância da questão federal, não seria cabível a interposição de recurso extraordinário, na forma do art. 119, com redação dada pela EC 1/1969. No ano de 1977, a Emenda Constitucional 7 passou a exigir a "relevância da questão federal" no plano constitucional. Com isso, a redação do art. 119 da Carta passou novamente por ajustes. O parágrafo único se torna § 1º e o novo § 3º menciona expressamente a figura da arguição de relevância da questão federal. Em 27 de outubro de 1980, é editado o novo Regimento Interno do STF. Cinco anos mais tarde, vem a lume a Emenda Regimental 2/1985, alterando a redação do art. 325 do RISTF. Com isso, a relevância, agora contemplada no inciso XI, deixou de ser tratada como ressalva ou exceção ao não cabimento do recurso, para ser tida como fundamento autônomo e suficiente para o apelo extremo, ganhando, assim, importância e identidade. Na Carta de 1988, o requisito é eliminado sob o argumento de se tratar de instrumento incompatível com a nova ordem instituída.

238. THAMAY, Rennan. SEIXAS, Bernardo Silva. A arguição de relevância do recurso especial. *Revista de Processo*. São Paulo: Editora RT, vol. 334/2022: "Parece-nos, entretanto, que, para o perfil constitucional do STJ, o resgate do instituto da arguição de relevância, tal como desenhado antes da Constituição Federal de 1988, é mais adequado do que a repercussão geral. Isso porque o instituto jurídico da repercussão geral trabalha muito mais com a ideia de matéria (quaestio iuris) que ultrapassa o mero interesse das partes, é dizer, que tenha repercussão social, ultrapartes. Assim, esse instituto pode ser adequado a matérias constitucionais, mais adequado, portanto, ao perfil institucional do STF, como guardião da Constituição Federal. Para o STJ, contudo, na qualidade de guardião da norma federal, dada sua vastidão, situações podem surgir que não se enquadrem nessa ideia de repercussão geral, mas, mesmo assim, dada a relevância da matéria, mereçam o enfrentamento por parte deste. Nesse contexto, temos que, para esse perfil do STJ, o instituo da arguição de relevância, tal como delineado antes da CF/1988, afigura-se mais adequado, justamente, por ser mais aberto e permitir um maior controle político da Corte das questões federais que devem ser admitidas".

A EC 125 apresenta contradição a respeito da eficácia temporal da norma. A nova redação do art. 105, *caput*, indica que caberá ao recorrente demonstrar a relevância da questão federal "nos termos da lei", o que demonstra possível eficácia limitada da norma constitucional, condicionando a exigência do requisito à criação de lei que o regulamente. Por outro lado, o art. 2º da EC 125 estabelece que "a relevância de que trata o § 2º do art. 105 da Constituição Federal será exigida nos recursos especiais interpostos após a entrada em vigor desta Emenda Constitucional". Parece-me, portanto, que a relevância da questão federal objeto do recurso especial já deve ser demonstrada pelo recorrente desde a vigência da EC 125. Lei posterior, ainda não editada, poderá regrar a forma e outras particularidades não conflitantes com o texto constitucional, mas não será a sua edição a condição para se exigir do recorrente a comprovação da relevância.

A redação do recém-criado § 2º do art. 105 da Constituição traz elevada carga de subjetividade, não indicando o que caracterizaria a relevância da questão federal. Por outro lado, no § 3º do mesmo dispositivo, o legislador cuidou de arrolar objetivamente hipóteses em que há presunção de relevância: ações penais, ações de improbidade administrativa,[239] ações cujo valor da causa ultrapasse 500 salários-mínimos, ações que possam gerar inelegibilidade, hipóteses em que o acórdão recorrido contrariar jurisprudência dominante do STJ e outras hipóteses previstas em lei.

A expressão "valor da causa" utilizada pelo legislador como critério de relevância deve ser entendida de forma mais abrangente, pois a condenação e o benefício econômico perseguido na demanda podem representar valor diverso do valor atribuído à causa. Assim, valor da causa deve ser entendido como o benefício econômico atualizado da causa.[240]

---

239. Teresa Arruda Alvim, Carolina Uzeda e Ernani Meyer defendem que apenas há presunção de relevância quando o recurso é do acusado. Não considero possível essa interpretação restritiva. Mais um filtro, agora para o STJ: uma análise da EC 125/2022. Revista de Processo. São Paulo: Editora RT, vol. 330/2022: "No ponto, parece-nos que a melhor interpretação do dispositivo é a de que tanto para as ações penais e de improbidade, quanto para as que possam gerar a inelegibilidade do cidadão, para que haja relevância presumida, é necessário que o recurso tenha sido interposto pelo sujeito prejudicado por eventual decisão condenatória".

240. ALVIM, Teresa Arruda; UZEDA, Carolina; MEYER, Ernani. Ob. Cit.: "Por valor da causa, deve-se compreender apenas o valor da causa em sentido estrito, ou a esta expressão se deveria dar um sentido mais abrangente, para encampar também a vantagem econômica em jogo? A nosso ver, a interpretação do dispositivo deve ser extensiva: não são raros os casos em que o valor econômico de uma determinada causa não é refletido no "valor da causa", muitas vezes atribuído de forma simbólica pela parte (talvez sob o receio de vir a suportar honorários sucumbenciais exorbitantes, por exemplo). (...). Em nosso sentir, o termo "valor da causa", mencionado tanto no inciso III, do § 3º, quanto no art. 2º da Emenda Constitucional 125, deve abranger o valor econômico da causa ou o benefício econômico efetivamente obtido ou pretendido, amplamente considerados".

Não obstante a EC 125 tenha aberto a brecha para que o legislador infraconstitucional preveja outras hipóteses em que se presumirá a relevância da questão federal, parece-me possível, pela redação do art. 105, § 2º da Constituição, que o recorrente demonstre casuisticamente a relevância da questão discutida em seu recurso, conquanto seu processo não se enquadre em nenhuma das situações previstas no § 3º. Em outras palavras, a EC 125 previu uma exigência geral de relevância a ser demonstrada pelo recorrente e aferível subjetivamente em cada caso, e uma lista de hipóteses em que a relevância é presumida, de modo objetivo.[241]

Em ambos os casos, compete ao recorrente demonstrar na sua peça de recurso a existência de relevância, seja pela indicação de hipótese de relevância presumida, seja pela comprovação de que a questão federal submetida à apreciação do STJ merece ser objeto de julgamento. Como a EC 125 não fixou critérios para a constatação da relevância no caso do § 2º, entendo que um parâmetro utilizável são as situações que a Constituição e o CPC consideram presente a repercussão geral que autoriza o manejo do recurso extraordinário: (i) questões relevantes do ponto de vista econômico, político, social ou jurídico que ultrapassem os interesses subjetivos do processo e (ii) acórdão que contrarie súmula ou entendimento dominante do STJ. Além desses casos, considero pertinente que o STJ se pronuncie no mérito sobre interpretações inéditas da norma infraconstitucional, especialmente quando se tratar de leis novas, e sobre potenciais revogações de precedentes que não estejam mais adequados à nova realidade social.[242]

A relevância da questão federal é um requisito de admissibilidade recursal que só pode ser conhecido pelo próprio STJ. Não cabe ao tribunal local impedir o seguimento do recurso especial pela falta desse requisito, exceto na hipótese em que o recorrente sequer o mencione na sua petição recurso. Se a relevância foi justificada na peça, somente o STJ poderá avaliar sua presença. O art. 105, § 3º, da Constituição dispõe que o recurso somente não será conhecido pelo não preenchimento desse requisito "pela manifestação

241. ALVIM, Teresa Arruda; UZEDA, Carolina; MEYER, Ernani. Ob. Cit.: "É importante consignar, desde logo, que os §§ 2º e 3º não apresentam requisitos cumulativos. Ou seja, é possível que seja reconhecida a relevância da discussão, mesmo que o recurso especial não esteja situado em qualquer das hipóteses de presunção de relevância previstas no § 3º".

242. Nesse sentido, KOEHLER, Frederico Augusto Leopoldino; BONIZZI, Marcelo José Magalhães. A Relevância da questão de direito federal infraconstitucional no recurso especial. Revista de Processo. São Paulo: Editora RT, vol. 333/2022: "Registre-se que a relevância jurídica tem a ver com a função nomofilácica do STJ, isto é, com a necessidade de se dotar o direito federal infraconstitucional de coerência e previsibilidade. Denotarão relevância jurídica, portanto, as questões afeitas ao direito federal infraconstitucional que tragam em si múltiplas possibilidades hermenêuticas (complexidade) e as ainda não enfrentadas pelo STJ (ineditismo). Também integra esse conceito a atuação do STJ para dissipação do dissenso jurisprudencial e estabelecimento de uniformidade interpretativa".

de 2/3 (dois terços) dos membros do órgão competente para o julgamento". O Regimento Interno do STJ ainda não regula o procedimento de votação e a competência para exame da relevância.

### 4.6.5. Requisitos específicos de admissibilidade do Recurso Extraordinário

O recurso extraordinário representa a ferramenta processual disponibilizada às partes para se dirigirem ao STF na tentativa de demonstração da existência de violação a uma norma constitucional constante do acórdão recorrido. É, em outras palavras, o meio de provocação capaz de instar o STF a se manifestar sobre possível ofensa presente no julgado. Desse modo, as hipóteses de cabimento do recurso extraordinário, previstas no art. 102, III da Constituição estão relacionadas à defesa do texto constitucional contra sua não observância pelo tribunal local ou pelos tribunais superiores.

Além de específicas hipóteses de cabimento, a admissibilidade do recurso extraordinário diferencia-se daquela prevista para o recurso especial em virtude de um requisito adicional que visa à restrição do número de recursos passíveis de exame pelo STF. Trata-se da exigência de demonstração da repercussão geral da matéria discutida na demanda, a qual exerce um filtro de admissibilidade e reduz a quantidade de recursos analisados pela Corte Constitucional.

Sobre tais requisitos específicos de admissibilidade do recurso extraordinário versam os tópicos seguintes.

#### *4.6.5.1. Cabimento do Recurso Extraordinário*

As mesmas ressalvas feitas sobre o cabimento do recurso especial têm aplicação aqui: para o preenchimento do requisito do cabimento do recurso extraordinário, basta que o recorrente *alegue* a existência de violação à Constituição, indicando em qual das hipóteses previstas no art. 102, III se insere seu recurso.

A verificação da ocorrência da alegada ofensa é objeto do exame de mérito do recurso, e não da admissibilidade. Se o recorrente a alegou, mas não a demonstrou de fato na sua peça recursal, o recurso será conhecido e, no mérito, desprovido.

##### 4.6.5.1.1. Alínea *a*: "contrariar dispositivo desta Constituição"

A hipótese prevista na alínea *a* do art. 102, III, da Constituição representa a principal função do recurso extraordinário, ou seja, propiciar às partes a demonstração de contrariedade à Constituição e o endereçamento do pedido de reforma ao Supremo. Assim, vislumbrando a ocorrência de ofensa à norma constitucional, o recorrente pode dirigir sua insatisfação ao STF.

No entanto, como muitas vezes as regras e os princípios constitucionais contêm elevada carga de generalidade e existe uma norma infraconstitucional mais específica regulando o tema, a jurisprudência do STF desenvolveu-se no sentido de negar cabimento a recurso extraordinário que indicasse ofensa "reflexa" ou "indireta" à Constituição, de modo a evitar que se utilize de tal recurso quando, com efeito, a norma violada tem natureza infraconstitucional.

Como as demais normas existentes no ordenamento se espelham ou ao menos respeitam os ditames constitucionais, quase sempre a violação a uma norma infraconstitucional caracteriza, ainda que de modo distante, uma ofensa indireta à Constituição. Em última análise, sempre que a lei for desrespeitada, está-se diante de contrariedade ao princípio constitucional da legalidade. Por tais motivos, o STF exige que a ofensa à Constituição seja específica, direta.[243] O próprio CPC anteviu essa hipótese no art. 1.033, o qual prevê, em caso de ofensa apenas reflexa ao texto constitucional, a conversão do recurso extraordinário em especial. Sobre a fungibilidade entre tais recursos retornarei mais à frente.

Com o propósito de evitar que seu recurso seja considerado demasiadamente genérico e que se repute indireta a violação à Constituição, compete ao recorrente indicar precisamente o dispositivo constitucional violado ou, ao menos, a norma infringida que esteja representada em um artigo da Constituição, ainda que o recorrente não indique expressamente o dispositivo na peça recursal. Embora o texto constitucional mencione a contrariedade a "dispositivo dessa Constituição", não me parece correta a inadmissão de recurso extraordinário se, a despeito de ter apontado a norma constitucional violada, o recorrente não tenha consignado o dispositivo correspondente.[244] A exigência de citação expressa do dispositivo, a meu ver, está em desacordo com o atual estágio de evolução da ciência processual, menos formalista e mais preocupada com a concretização de direitos.[245]

---

243. Segundo a súmula n. 636 do STF, "não cabe recurso extraordinário por contrariedade ao princípio constitucional da legalidade, quando a sua verificação pressuponha rever a interpretação dada a normas infraconstitucionais pela decisão recorrida".

244. Defendendo a necessidade de indicação expressa do dispositivo violado, ver LEMOS, Vinicius Silva. *Recursos e Processos nos Tribunais*. Ob. cit., p. 553; DIDIER JR., Fredie; CUNHA, Leonardo Carneiro da. *Curso de Direito Processual*. Ob. cit., p. 408.

245. Nesse sentido, cf. BARBOSA MOREIRA, José Carlos. *Comentários ao Código de Processo Civil*. Ob. cit., p. 592-593: "É irrelevante o erro na designação do dispositivo constitucional pertinente; mas o Supremo Tribunal Federal tem negado conhecimento ao recurso, quando o recorrente omite por completo

#### 4.6.5.1.2. Alínea *b*: "declarar a inconstitucionalidade de tratado ou lei federal"

O ordenamento jurídico brasileiro permite duas formas de controle da constitucionalidade das leis. No controle concentrado, o STF é provocado por meio de ação de competência originária e verifica a adequação da lei à norma constitucional em abstrato (p.ex. ação direta de inconstitucionalidade, ação declaratória de constitucionalidade). Porém, no exame de casos concretos, também é lícito a juízes e tribunais a análise de constitucionalidade da lei que incidirá sobre os fatos da causa. Nesse controle difuso e concreto, é possível que seja afastada a aplicação da lei somente para a solução do caso em julgamento.

Quando realizado pelos tribunais, o controle de constitucionalidade acontece perante o plenário ou órgão especial, em razão da previsão contida no art. 97 da Constituição, seguindo-se, para tanto, o rito do "incidente de arguição de inconstitucionalidade" previsto nos arts. 948 a 950 do CPC. Nessa hipótese, se um tribunal local ou superior declarar a inconstitucionalidade de uma lei federal ou de um tratado no julgamento de um caso concreto, contra o acórdão caberá recurso extraordinário com fulcro na alínea *b* do art. 102, III, da Constituição.

Se, no entanto, o tribunal, por um de seus órgãos fracionários, deixar de aplicar uma lei federal ou um tratado por considerá-los inconstitucionais sem levar formalmente a questão ao conhecimento do órgão competente (plenário ou órgão especial), incorrerá em violação à norma prevista no art. 97, atraindo a hipótese de cabimento do recurso extraordinário prevista na alínea *a*.[246]

Dessa forma, a hipótese estabelecida na alínea *b* é específica e tem aplicabilidade somente nos casos em que há discussão de constitucionalidade da lei aplicável ao caso e, por esse motivo, remetem-se os autos ao órgão competente para exame do incidente de arguição de inconstitucionalidade – em verdadeira cisão de competência – e lá se decide pela declaração de desconformidade da lei ou do tratado com a Constituição. Depois do retorno dos autos ao órgão fracionário originalmente competente, o caso concreto é julgado sem a utilização da lei declarada inconstitucional como fonte

---

qualquer indicação a respeito, o que se nos afigura excesso de formalismo (consagrado, assinale-se, no art. 321 do Regimento Interno), em desarmonia, além de tudo, com o princípio *iura novit curia*".

246. Súmula vinculante n. 10: "Viola a cláusula de reserva de plenário (CF, artigo 97) a decisão de órgão fracionário de tribunal que, embora não declare expressamente a inconstitucionalidade de lei ou ato normativo do Poder Público, afasta sua incidência, no todo ou em parte".

normativa. Do acórdão extraído desse julgamento realizado pela câmara ou turma é que cabe recurso extraordinário.

Se a lei é declarada constitucional pelo plenário ou pelo órgão especial, não cabe recurso extraordinário alicerçado na alínea *b*.[247] Nada impede, porém, que a parte que arguiu a inconstitucionalidade da lei, por afronta a determinado dispositivo constitucional, interponha recurso extraordinário lastreado na hipótese de cabimento prevista na alínea *a*, sob o fundamento de que o acórdão recorrido, que se serviu da lei reputada inconstitucional pelo recorrente, contém ofensa a dispositivo da Constituição, ou com base na alínea *c*, comentada mais adiante.

A remessa ao plenário é dispensada se este já se pronunciou sobre a constitucionalidade da norma federal ou se o próprio plenário do STF já enfrentou a questão (art. 949, parágrafo único, do CPC).

Excepcionalmente, cabe recurso extraordinário contra acórdão proferido em controle concentrado de constitucionalidade realizado por tribunal estadual. Se a corte estadual declarar, em controle concentrado e abstrato, a inconstitucionalidade de uma *lei estadual* em face da *Constituição do Estado*, caberá recurso extraordinário se a norma contida na Constituição estadual for mera repetição de dispositivo da Constituição Federal.[248]

#### 4.6.5.1.3. Alínea *c*: "julgar válida lei ou ato de governo local contestado em face desta Constituição"

Se a parte considera inadequada a aplicação de lei federal na solução do caso concreto por reputá-la dissonante do texto constitucional, poderá arguir sua inconstitucionalidade no decorrer do processo e em sede de recurso. Ao receber essa alegação, a câmara ou turma competente para julgamento do recurso pode concordar com as ponderações do recorrente e remeter o caso para verificação de constitucionalidade pelo órgão especial ou plenário (art. 97 da Constituição) ou rejeitar a alegação por considerar a lei condizente com a Constituição. O plenário ou órgão especial pode, igualmente, rejeitar

---

247. LEMOS, Vinicius Silva. *Recursos e Processos nos Tribunais*. Ob. cit., p. 554: "Qual o motivo dessa diferença de cabimento pelo resultado do acórdão? Quando for inconstitucional, cabe extraordinário, e quando for constitucional a lei, não? Exatamente. A lei nasce com presunção de constitucionalidade e, teoricamente, com recepção e sintonia com o texto constitucional. Desse modo, quando o acórdão do Tribunal anterior, simplesmente, declara a constitucionalidade da lei ou de dispositivo – artigo, parágrafo ou inciso – da lei, somente corrobora com uma presunção consequente da própria existência da norma, não ensejando uma necessidade de manifestação do STF sobre uma norma que se declarou constitucional. Afinal, em regra, toda norma é constitucional até que se declare o contrário".

248. STF, AGRRCL n. 596/MA, Pleno, rel. Min. Néri da Silveira, j. 30.5.1996, DJ 14 nov. 1996.

a alegação de inconstitucionalidade da lei no julgamento do incidente de arguição de inconstitucionalidade (arts. 948 a 950 do CPC).

Nessas hipóteses em que a desarmonia da lei com a Constituição é suscitada e rejeitada – pelo órgão fracionário de plano ou pelo plenário no julgamento do incidente – cabe recurso extraordinário com fundamento na alínea *c* do art. 102, III, da Constituição.

A segunda situação que atrai a incidência da alínea *c* é a opção do tribunal local por aplicar ao caso concreto o ato administrativo praticado por governo local em detrimento de alguma norma constitucional. Assim, se o recorrente considerar que o ato administrativo infringe a Constituição de algum modo, pode levar a questão à apreciação do STF por meio de recurso extraordinário com base na alínea *c*. Imagine-se, por exemplo, um decreto do Poder Executivo estadual que determine diferenciação da remuneração de servidores que exerçam a mesma função. Se o tribunal estadual, provocado por algum servidor prejudicado pelo decreto, considera válido o ato administrativo, abre-se a possibilidade de recurso extraordinário ao STF.

#### 4.6.5.1.4. Alínea *d*: "julgar válida lei local contestada em face de lei federal"

Até a emenda constitucional 45/2004, a hipótese de cabimento do recurso extraordinário prevista atualmente na alínea *d* do art. 102, III, fazia parte do rol de cabimento do recurso especial.[249]

Embora a alínea *d* preveja uma possível violação à lei federal, quando o acórdão privilegia a lei local (estadual ou municipal) em detrimento da norma federal, essa situação revela, com efeito, uma ofensa às normas constitucionais que tratam de competência legislativa.

Se o tribunal estadual considera válida lei estadual e deixa de aplicar a lei federal para a solução da controvérsia, pode estar potencialmente desrespeitando os dispositivos constitucionais que dispõem sobre a competência legislativa da União. Se, por exemplo, a lei estadual dispõe que determinado recurso previsto no CPC não é cabível naquele estado e o tribunal local reputa válida a lei estadual, violará o art. 22, I, da Constituição, que dispõe ser de competência privativa da União legislar sobre direito processual. Nessa hipótese, cabe recurso extraordinário com fulcro na alínea *d*.

---

249. MEDINA, José Miguel Garcia. *O prequestionamento nos recursos extraordinário e especial*. Ob. cit., p. 138: "Discute a doutrina, nesse caso, se a decisão que julgou válida norma ou ato de governo local em face da lei federal deve ser entendida como *questão federal*, cabendo, então, o recurso especial, ou *questão constitucional*, ensejador do recurso extraordinário. Isso porque, a rigor, a ordem hierárquica existente entre as normas federais, estaduais, distritais e municipais é instituída pela Constituição Federal".

### *4.6.5.2. Repercussão Geral*

Em resposta à quantidade crescente de recursos extraordinários que desembocava no STF todos os anos e que cada vez mais exigia do tribunal enorme esforço para processamento e julgamento em período razoável, a EC n. 45/2004 diminuiu a competência recursal do STF ao introduzir novo requisito de admissibilidade para o recurso extraordinário, previsto no art. 102, § 3º, da Constituição.[250]

Desse modo, o recorrente passou a ter de demonstrar "a repercussão geral das questões constitucionais discutidas no caso, nos termos da lei, a fim de que o Tribunal examine a admissão do recurso, somente podendo recusá-lo pela manifestação de dois terços de seus membros". A demonstração da relevância do caso criou filtro adicional de admissibilidade, capaz de impedir o julgamento do mérito recursal. Mas, visto por outro ângulo, o novo requisito também ocasionou a diminuição de competência do STF, pois a corte constitucional deixou de ser competente para o julgamento de recursos extraordinários cuja repercussão alcance apenas as partes.[251]

Esse pressuposto de admissibilidade não é novidade entre nós. A Constituição de 1967 previa a necessidade de comprovação da relevância da questão objeto do recurso extraordinário de modo que o Supremo pudesse examinar o mérito.[252] Também não se afigura estranha aos olhos estrangeiros a previsão de mecanismo semelhante, já que alguns países concedem poderes

250. Desde a edição da EC n. 45/2004, o número de recursos extraordinários distribuídos declinou consideravelmente. Em 2003, foram distribuídos 44.456 recursos extraordinários, enquanto em 2017 apenas 9.227. Disponível em: http://portal.stf.jus.br/textos/verTexto.asp?servico=estatistica &pagina=REAIProcessoDistribuido. Acesso em: 4 set. 2018.

251. LEAL, Victor Nunes. O requisito da "relevância" para redução dos encargos do Supremo Tribunal. In: BUZAID, Alfredo et al. (Org.). *Revista de Direito Processual Civil*. São Paulo: Saraiva, 1967, p. 12: "Redução da competência tem sido a solução geralmente preconizada para o problema da sobrecarga do Supremo Tribunal. Chegou a tornar-se um verdadeiro mito, excluindo soluções alternativas. Mas aquela fórmula significa, ao pé da letra, impedir que determinadas causas cheguem até ao Tribunal. Em outras palavras, significa desatender à conveniência pública do seu pronunciamento – que define, em última instância, o direito federal – ou frustrar a expectativa dos interessados".

252. CÔRTES, Osmar Mendes Paixão. A evolução da repercussão geral. In: NERY JR, Nelson; ALVIM, Teresa Arruda; OLIVEIRA, Pedro Miranda de (Org.). *Aspectos Polêmicos dos Recursos Cíveis*. São Paulo: Editora Revista dos Tribunais, 2018, v. 14, p. 301: "Há, de fato, semelhanças técnicas, como a demonstração prévia ao preenchimento dos requisitos, da importância da questão que justificaria a apreciação pelo Supremo Tribunal Federal. Mas há, todavia, diferenças. A 'arguição' inseria-se em um sistema em que a regra seria o não exame pelo Supremo Tribunal Federal (§ 1º do art. 119), nas hipóteses das alíneas 'a' (violação) e 'd' (divergência). Na atual 'repercussão', criou-se apenas um pré-requisito (a demonstração da repercussão geral das questões constitucionais), sem nenhuma disposição no sentido de que o Tribunal indicará as causas excepcionais que serão apreciadas e sem referência a uma ou outra alínea específica".

discricionários à corte constitucional para a seleção dos recursos que serão admitidos para julgamento de mérito.[253]

De outro lado, não há dúvida de que a criação do filtro da repercussão geral cria uma hierarquia entre as questões constitucionais, dividindo-as entre aquelas que merecem ser amparadas pelo STF e aquelas que, não obstante violadas, não poderão ser levadas à corte para o oferecimento da devida proteção.[254] A exigência de aferição do amplo impacto do caso na sociedade também denota a transformação do Supremo, em virtude do processo de objetivação do recurso extraordinário e a consequente atrofia das funções de

---

253. BARBOSA MOREIRA, José Carlos. *Comentários ao Código de Processo Civil*. Ob. cit., p. 614: "Diversamente ocorre nos Estados Unidos, onde o texto constitucional (art. III) sempre foi e é muito mais sintético no tocante à competência da *Supreme Court*, a qual tem sido alterada pelo Congresso, notadamente quanto aos meios de acesso colocados à disposição dos litigantes. Dentre esses meios, o mais importante na prática é a *petition for certiorari*, sujeita à apreciação discricionária da Corte, que decide em sessão secreta, sem divulgação dos votos e dos motivos que os inspiraram, em que casos conhecerá da matéria e em que casos se absterá de fazê-lo. Para que se tenha uma idéia da extensão do corte, basta referir que, em 2004, das 7.496 *petitions* apresentadas, a *Supreme Court* admitiu e decidiu com '*full consideration*' apenas 80"; FERRAND, Frédérique. La sélection des pourvois en cassation à l'étranger: L'objectif d'une jurisprudence unitaire. In: MEKKI, Soraya Amrani; CADIET, Loïc. *La Sélection des Pourvois à la Cour de Cassation*. Paris: Economica, 2005, p. 69: "La doctrine autrichienne considére que, dès lors que l'arrêt d'appel s'écarte de la jurisprudence de la Cour suprême, ou dès lors qu'une jurisprudence de cette dernière fait défaut, le pourvoi doit être autorisé, même si aucune question juridique d'importance considérable n'est mise en cause dans le litige; il faut toutefois que la question juridique présente une importance allant au-delà du cas concret à trancher"; TENORIO, Pedro. *El recurso de amparo ante el Tribunal Constitucional. Perspectivas de reforma*. Madri: Fundación Wolters Kluwer, 2014. p. 95-96: "A partir de la reforma operada por la Ley Orgánica 6/2007, para que un recurso de amparo sea admitido a trámite, no basta que haya lesión de un derecho fundamental, sino que es imprescindible que el asunto tenga 'especial trascendencia constitucional', como se deriva de los arts. 49.1 y 50.1.b) LOTC. (...) Como acabamos de ver, dice el art. 50.1.b) LOTC que la 'especial trascendencia constitucional' se decide atendiendo: 'a su aplicación o para su general eficacia y para la determinación del contenido y alcance de los derechos fundamentales'".

254. TUCCI, José Rogério Cruz e. A Repercussão Geral como pressuposto de admissibilidade do Recurso Extraordinário. *Doutrinas Essenciais de Direito Constitucional*. São Paulo: Revista dos Tribunais, v. 10, 2015, p. 1225. Criticando a arguição de relevância, sustentava PASSOS, José Joaquim Calmon de. Da arguição de relevância no recurso extraordinário. *Revista Forense*: edição comemorativa dos 100 anos. Rio de Janeiro: Forense, 2005, t. 1, p. 563-594: "A lei, por natureza e por definição, é norma geral e abstrata. Ela alcança, necessariamente, a muitos e sua aplicação jamais pode configurar ofensa ou ameaça de ofensa a um só ou a poucos, salvo situações excepcionais e aberrantes. A inexata aplicação da lei que se faz coisa julgada material e passa a constituir precedente influi muito mais do que se pode imaginar, pela força da inércia que o precedente traz em si mesmo, força esta que a cada dia que passa, com a precariedade da formação dos novos sabedores do Direito, mais poderosa se torna e mais ameaçadora. Na verdade, perquirir-se da relevância da questão para admitir-se o recurso é consequência da irrelevância do indivíduo aos olhos do poder instituído. Considerar-se de pouca valia a lesão que se haja ilegitimidade infligida à honra, à vida, à liberdade ou ao patrimônio de alguém, ou a outros bens que lhe sejam necessários ou essenciais, é desqualificar-se a pessoa humana. Não há injustiça irrelevante! Salvo quando o sentimento de Justiça deixou de ser exigência fundamental na sociedade política. E quando isso ocorre, foi o Direito mesmo que deixou de ser importante para os homens. Ou quando nada para alguns homens – os poderosos".

solução de conflitos e de proteção de interesses subjetivos até então exercidas pela corte. O STF passou a ser um tribunal originador de teses.[255]

Para que a questão seja considerada capaz de atender ao requisito, deve ter repercussão *ultra partes* – ou, como dispõe o art. 1.035, § 1º, do CPC, eficácia que ultrapasse o interesse subjetivo do processo –, tendo a capacidade de atingir grande número de pessoas.[256] Para tanto, a interpretação da norma constitucional pelo Supremo influenciará significativo número de processos em trâmite e de relações jurídicas, sociais, econômicas ou políticas ainda que não judicializadas.[257]

Em algumas hipóteses, o legislador presumiu a repercussão geral. Assim, desnecessário demonstrar o impacto *ultra partes* do provimento recorrido se lá contém contrariedade a súmula ou a jurisprudência dominante do STF (art. 1.035, § 3º, I, do CPC). Obviamente, para que a questão goze dessa presunção, é indispensável que o recorrente demonstre em sua peça recursal a não aplicação do entendimento sumulado ou dominante e que no caso concreto tal posicionamento pretoriano deveria ter incidido para a solução

---

255. MELLO, Patrícia Perrone Campos; CUNHA, Leonardo. Transformação do recurso extraordinário e impactos sobre o processo colegiado de decisão do Supremo Tribunal Federal: O que mudou? O que precisa mudar? In: NERY JR, Nelson; ALVIM, Teresa Arruda; OLIVEIRA, Pedro Miranda de (Org.). *Aspectos Polêmicos dos Recursos Cíveis*. São Paulo: Revista dos Tribunais, 2018, v. 14, p. 318-319: "Estava positivada, portanto, a exigência de que a apreciação do recurso extraordinário fosse relevante para um conjunto amplo de jurisdicionados, a fim de que o recurso fosse admitido. A exigência marcava o início do *processo de objetivação* do recurso extraordinário. O Instituto deixava de ser principalmente um veículo de solução de conflitos e interesses subjetivos e passava a exercer a função de dirimir objetivamente questões relevantes para a comunidade. O Supremo Tribunal Federal, de igual modo, começava a migrar da posição de corte solucionadora de casos para a função de corte produtora de teses. Tratava-se de mudança absolutamente coerente com o nosso cenário: se não era possível julgar toda e qualquer demanda em matéria constitucional, era preciso oferecer ao Supremo Tribunal Federal um mecanismo pelo qual pudesse julgar o que havia de mais importante e produzir uma tese orientadora da atuação das demais instâncias, às quais competiria dar conta do volume de casos".

256. RODRIGUES. Marco Antonio. *Manual dos Recursos*. Ob. cit., p. 266: "Podem ser encontradas duas espécies de transcendência: a) transcendência quantitativa: ocorre quando a questão ultrapassa os interesses subjetivos da causa, por ter um efeito multiplicador sobre outras demandas. Por exemplo, numa demanda relativa a um serviço público, com centenas de milhares de ações com o mesmo objeto pelo País, a decisão de eventual recurso extraordinário possui impacto para a cognição das ações em curso; b) transcendência qualitativa: a questão ultrapassa os interesses subjetivos da causa porque tem uma fundamentalidade para a coletividade. Exemplifique-se com um recurso extraordinário que discute o direito de alguém ser candidato a uma eleição (sua capacidade eleitoral passiva)".

257. BARBOSA MOREIRA, José Carlos. *Comentários ao Código de Processo Civil*. Ob. cit., p. 616: "Figuremos alguns exemplos. É sem dúvida relevante, do ponto de vista econômico, a dúvida sobre a constitucionalidade de determinado tributo; do ponto de vista político, questão que interfira de modo profundo na atuação dos partidos, ou que diga respeito às relações do Brasil com outros Estados ou com organismos internacionais; do ponto de vista social, questão relativa à proteção de direitos ou interesses de vastas camadas da população, sobretudo das mais carentes, e notadamente em processos coletivos; do ponto de vista jurídico, questão concernente à definição de instituto fundamental do ordenamento brasileiro, ou à divisão de competência entre a União e os Estados-membros para legislar sobre certa matéria".

do litígio. O recurso extraordinário interposto em face de acórdão proferido em incidente de resolução de demandas repetitivas também está dispensado da demonstração da repercussão geral (art. 987, § 1º, do CPC), visto que se o incidente foi admitido para processamento é porque se reconheceu a existência de multiplicidade de casos versando sobre determinada questão jurídica, o que denota a eficácia subjetiva exorbitante. Do mesmo modo e pelas mesmas razões, a questão decidida no regime de recurso especial repetitivo também sobrepuja os interesses das partes envolvidas nos recursos afetados, e seria incoerente aceitar seu processamento em decorrência da repetição de casos versando sobre o mesmo tema e, ao mesmo tempo, exigir do recorrente a demonstração da repercussão geral.[258] Presume-se, portanto, a eficácia *ultra partes* da questão capaz de assegurar o reconhecimento da presença do requisito. Inexplicavelmente, a Lei n. 13.256/2016 revogou o inciso II do art. 1.035, § 3º, do CPC, que previa a presunção da repercussão geral nessa hipótese, mas manteve a disposição estabelecida no art. 987, § 1º, sobre o incidente de resolução de demandas repetitivas. Por força da norma contida no art. 928, parece-me aplicável a previsão do art. 987, § 1º, ao recurso especial repetitivo.

Por fim, o art. 1.035, § 3º, III, do CPC dispõe que o recurso extraordinário previsto na alínea *b* do art. 102, III, da Constituição – cabível em caso de declaração pelo tribunal local da inconstitucionalidade de tratado ou lei federal – também goza dessa presunção.

Para os demais casos, em que a lei não presumiu a ampla repercussão, o recorrente está incumbido de suscitá-la e demonstrá-la em sua peça de recurso (art. 1.035, § 2º, do CPC), sob pena de inadmissão. A ausência de tópico ou trecho da petição destinado a tratar do requisito autoriza, inclusive, a inadmissão excepcional do recurso no próprio tribunal local, pelo Presidente ou Vice-Presidente.

Se, contudo, o recorrente desenvolve em seu recurso argumentos para demonstrar a repercussão geral da controvérsia, o tribunal local não tem competência para averiguar o preenchimento do requisito. Consoante dispõe a Constituição (art. 102, § 3º), compete exclusivamente ao Pleno do STF a

258. Defendendo a presunção da repercussão geral nos recursos extraordinários tirados de processos coletivos, tese com a qual concordamos, ver WAMBIER, Luiz Rodrigues; VASCONCELOS, Rita de Cássia Corrêa de. Sobre a repercussão geral e os recursos especiais repetitivos, e seus reflexos nos processos coletivos. *Revista dos Tribunais*. São Paulo: Revista dos Tribunais, v. 882, 2009, p. 29: "A nosso ver, tal pressuposição do legislador, se efetivamente ocorreu, não foi de todo equivocada. Mas a melhor solução, certamente, seria deixar claro – até para que a lacuna nas regras legais e constitucionais não gere entendimento diverso – que as questões veiculadas nos processos coletivos ultrapassam os interesses subjetivos da causa, caracterizando-se como questões constitucionais de repercussão geral".

análise da existência da repercussão *ultra partes*, somente podendo considerá-la inexistente por decisão de dois terços de seus membros. Desse modo, para que a questão seja considerada de impacto limitado às partes, é necessário que no mínimo oito dos onze ministros do Supremo entendam assim.

Recebido o recurso extraordinário no STF e distribuído ao relator, inicia-se o procedimento de verificação da repercussão geral, se a questão objeto do recurso é inédita no tribunal. Antes, porém, devem ser examinados os demais requisitos de admissibilidade do recurso pelo relator (art. 932, III, do CPC). Se, por exemplo, o recurso for intempestivo, a questão nele debatida não corresponda a uma das hipóteses de cabimento ou não tenha sido realizado o prequestionamento, o relator deve inadmiti-lo sem remetê-lo ao crivo do Pleno para aferição da repercussão geral.[259] Somente será analisada a repercussão geral da questão se a maioria absoluta dos ministros reconhecerem a existência de matéria constitucional, como dispõe o art. 324, § 1º, do RISTF.

Dispõe o Regimento Interno do STF, em seu art. 323, que o relator ou o presidente da corte submeterá, por meio eletrônico, aos demais ministros, cópia de sua manifestação sobre a existência, ou não, de repercussão geral, exceto se o recurso versar sobre questão cuja repercussão já foi reconhecida anteriormente.

Como a declaração de inexistência de repercussão geral afetará todos as causas que versam sobre a mesma matéria, é indispensável que se disponibilize aos interessados meios de manifestação para exercício do contraditório. O art. 1.035, § 4º estabelece que o relator do recurso "poderá admitir, na análise da repercussão geral, a manifestação de terceiros, subscrita por procurador habilitado, nos termos do Regimento Interno do Supremo Tribunal Federal". A inadmissão da participação de terceiros somente pode ocorrer, a meu ver, na hipótese de absoluta falta de demonstração de interesse a respeito da questão em debate ou se os argumentos apresentados pelo terceiro já foram trazidos aos autos pela parte ou por outro interessado. A restrição fora desses limites é indevida e vicia o julgamento do Pleno sobre a presença de repercussão geral, uma vez que mitiga o exercício adequado do contraditório. Para garantir a legitimidade democrática da decisão, a qual influenciará centenas ou milhares de outras demandas, afigura-se imprescindível a possibilidade de amplo debate entre interessados que terão seus processos e suas relações afetadas pela opção do STF a respeito da repercussão geral. Destarte, toda

259. DIDIER JR., Fredie; CUNHA, Leonardo Carneiro da. *Curso de Direito Processual*. Ob. cit., p. 426.

participação relevante – por meio de petições, manifestações em audiências públicas ou no próprio julgamento – é bem-vinda, inclusive de *amici curiae*.

Negada a repercussão geral por decisão irrecorrível, todos os recursos extraordinários que versarem sobre a mesma matéria serão inadmitidos pelo presidente ou vice-presidente do tribunal local (art. 1.035, § 8º, do CPC). No entanto, é possível que o relator negue a repercussão geral apenas em relação ao caso em julgamento (art. 326, § 1º, do RISTF).[260] Se, por outro lado, o Pleno do STF reconhecer a existência do impacto *ultra partes* da questão, o relator do recurso determinará a suspensão, pelo prazo de um ano, do processamento de todos os casos pendentes em trâmite no país que tratarem da questão afetada (art. 1.035, § 5º, do CPC). Enquanto não julgado o mérito, o relator poderá propor, por meio eletrônico, a revisão do reconhecimento da repercussão geral, conforme dispõe o art. 323-B do RISTF. O julgamento do caso que provocou o exame da repercussão geral tem preferência em relação aos demais, ressalvados os que envolvam réu preso e os pedidos de *habeas corpus* (art. 1.035, § 9º, do CPC). A redação original do Código previa que, na ausência de julgamento do recurso no prazo de um ano, cessaria a suspensão dos processos. Porém, essa disposição foi revogada pela Lei n. 13.256/2016. De toda sorte, se, excepcionalmente, não ocorrer o julgamento nesse prazo, o que tem o potencial de prejudicar milhares de litigantes envolvidos nas causas suspensas, um período adicional de suspensão depende de nova decisão do relator, contendo os motivos que tornam necessária a continuidade da paralisação dos processos.

Depois de determinada a suspensão dos processos, os tribunais locais, em primeiro e segundo graus, passam por uma fase de seleção de processos que contenham discussão acerca da questão afetada. Feita essa seleção, os juízes de primeiro grau e relatores de recursos e ações de competência originária dos tribunais proferem decisão em cada um dos processos, concretizando a suspensão.

Por óbvio, essa seleção pode conter erros, isto é, podem ser suspensas causas que não versem sobre a questão discutida no STF. Antevendo essa hipótese de suspensão indevida, o legislador previu um mecanismo de demonstração da distinção entre o caso paradigma, no qual a repercussão geral foi reconhecida, e o caso concreto, isto é, a causa incorretamente sobrestada. Embora essa ferramenta processual de apontamento da distinção

260 Se houver recurso, a decisão do relator de restringir a eficácia da ausência de repercussão geral ao caso concreto deverá ser confirmada por dois terços dos ministros para prevalecer, como determina o art. 326, § 2º, do RISTF.

esteja prevista topograficamente na subseção que dispõe sobre os recursos extraordinário e especial repetitivos, também serve, a meu ver, à suspensão decorrente do reconhecimento da repercussão geral, uma vez que ambas as hipóteses versam sobre a paralisação dos processos enquanto se aguarda decisão orientadora advinda dos tribunais superiores.

Dessa forma, a parte cujo processo foi suspenso pode, por simples petição, veicular pedido de prosseguimento do seu caso, desde que demonstre a distinção entre as questões discutidas em sua demanda e aquela objeto de análise pelo Supremo (art. 1.037, § 9º). O requerimento será dirigido ao juiz da causa, se a ação ainda tramita em primeiro grau, ou ao relator, se o processo sobrestado estiver no tribunal local ou no tribunal superior (art. 1.037, § 10). Ouvida a parte contrária no prazo de cinco dias (art. 1.037, § 11), será proferida decisão de manutenção ou revogação da decisão que suspendeu o processo. Contra esse provimento cabe agravo de instrumento, se a decisão foi proferida pelo juiz de primeiro grau, ou agravo interno, se a decisão for de relator (art. 1.037, § 13). Reputada indevida a suspensão inicialmente determinada, o processo retomará seu curso normal (art. 1.037, § 12).

Ao final do procedimento da repercussão geral, se esta for reconhecida pelo Pleno do STF, o recurso extraordinário é examinado pela turma, que julgará o caso concreto e estabelecerá entendimento da corte sobre o tema. Disposições do CPC indicam que o precedente criado pelo STF no julgamento de recurso extraordinário, em razão da repercussão geral reconhecida, deve ser observado pelos demais tribunais e juízes do país. O art. 1.030, I, alínea *a*, do CPC determina ao presidente ou vice-presidente do tribunal local ou de tribunal superior que negue seguimento ao recurso extraordinário interposto "contra acórdão que esteja em conformidade com entendimento do Supremo Tribunal Federal exarado no regime de repercussão geral". Na hipótese de interposição de recurso extraordinário em face de acórdão que tenha deixado de aplicar o entendimento do STF, compete ao presidente ou vice-presidente do tribunal recorrido a remessa dos autos ao órgão fracionário, a fim de possibilitar-lhe o exercício do juízo de retratação (art. 1.030, II, do CPC). Adicionalmente, se não aplicado o precedente originado no sistema da repercussão geral, além das vias recursais próprias, a parte prejudicada pode servir-se de reclamação dirigida ao Supremo, desde que já esgotadas as vias recursais ordinárias (art. 988, § 5º, II, do CPC).

Por outro lado, se não houver retratação do órgão que deixou de aplicar o precedente do STF exarado no regime da repercussão geral, o processo seguirá à corte constitucional para julgamento do recurso extraordinário (art. 1.030, V, alínea *c*, do CPC).

Parece-me que, se não é possível defender a obrigatoriedade de observância do precedente, porquanto o próprio CPC prevê a hipótese de recusa de retratação pelo órgão fracionário que deixou de aplicá-lo, é inegável que se trata de precedente com eficácia preponderante, em razão dos mecanismos processuais concebidos para forçar sua aplicação. O escopo traçado com a exigência de demonstração da repercussão geral era, confessadamente, a diminuição do número de recursos extraordinários. Se, de um lado, esse objetivo é parcialmente alcançado com a inadmissão dos recursos perante os tribunais locais quando não é reconhecida a repercussão, de outro lado, somente a aplicação da tese fixada pelo Supremo no julgamento do caso no regime da repercussão geral em todos os tribunais do país é capaz de concretizar integralmente o escopo da norma. Ademais, se a parte prejudicada por julgamento contrário ao entendimento do STF pode se valer de recurso extraordinário – e reclamação – para que o precedente seja aplicado, melhor seria que desde logo fosse utilizado na solução do caso.

O respeito pelas demais cortes do país ao precedente criado no regime da repercussão geral é uma forma de obtenção mais célere de um tratamento isonômico entre os jurisdicionados que se encontram na mesma situação, sem que as partes precisem trilhar o desgastante e custoso caminho recursal até chegar ao Supremo. A isonomia será alcançada invariavelmente – pela aplicação do precedente ou por meio dos recursos – e a utilização do entendimento do STF desde o primeiro grau tão somente torna mais rápida, eficiente e menos custosa a prestação jurisdicional.[261]

### 4.6.6. Procedimento

Os recursos extraordinário e especial são interpostos perante o tribunal local e dirigidos ao presidente ou vice-presidente, conforme determine o regimento interno. Depois do protocolo da peça recursal, o recorrido será intimado para oferecimento de contrarrazões (art. 1.030 do CPC), sendo-lhe lícita a interposição de recurso adesivo (art. 997, § 2º, II, do CPC). Em seguida, os autos do processo retornam ao presidente ou vice-presidente do tribunal para exercício do juízo de admissibilidade.

261. ALVIM, Teresa Arruda; DANTAS, Bruno. *Recurso Especial, Recurso Extraordinário e a nova função dos Tribunais Superiores*. Ob. cit., p. 176: "Estão na base da necessidade de que se respeitem os precedentes de *civil law* o princípio da legalidade e o da igualdade, ambos conaturais à ideia de Estado de Direito, cuja característica mais visível é a de que a sociedade precisa 'saber as regras do jogo antes de começar a jogar. A prática do respeito aos precedentes, como regra geral, produz até mesmo economia. Ou seja, o malefício que representa, para a sociedade, a jurisprudência dividida e instável se reflete também, e talvez principalmente, no campo econômico".

Se admitido o recurso, os autos serão encaminhados eletronicamente ao tribunal superior competente. No STF, tão logo recebido e antes da distribuição, o recurso extraordinário passa pelo crivo do presidente do tribunal, que poderá rejeitar monocraticamente os recursos "ineptos ou manifestamente inadmissíveis, inclusive por incompetência, intempestividade, deserção, prejuízo ou ausência de preliminar formal e fundamentada de repercussão geral, bem como aqueles cujo tema seja destituído de repercussão geral, conforme jurisprudência do Tribunal" (art. 13, inc. V, c do RISTF). No STJ, o recurso especial é distribuído livremente a um relator ou direcionado ao relator prevento, se for o caso. Inicialmente, compete ao relator examinar eventual pedido de atribuição de efeito suspensivo e/ou antecipação dos efeitos da tutela recursal (e, no STF, antes da distribuição essa tarefa cabe ao presidente, conforme prevê o art. 13, V, d do RISTF). Em seguida, verificará se é o caso de julgamento unipessoal, seja para inadmiti-lo (art. 932, III, do CPC), já que o relator no tribunal superior não está vinculado à decisão de admissão proferida pelo presidente ou vice-presidente do tribunal local, seja para dar ou negar provimento ao recurso, nos casos previstos no art. 932, incisos IV e V, do CPC.

Se o recurso for objeto de decisão monocrática do relator, caberá agravo interno a ser julgado pelo órgão originalmente competente para conhecer dos recursos especial ou extraordinário. Caso não esteja presente nenhuma das hipóteses de decisão unipessoal, o relator remeterá os autos à secretaria, acompanhados do relatório. Em seguida, os autos serão apresentados ao presidente do órgão colegiado, a quem compete a designação de dia para julgamento, com a publicação da pauta no órgão oficial de imprensa, para a intimação das partes, (art. 934, do CPC).

No STJ, o regimento interno prevê algumas regras procedimentais específicas do processamento do recurso especial. Ao receber o recurso, o relator dará vista ao Ministério Público, se necessário, pelo prazo de vinte dias (art. 255, § 4º, do RISTJ). O julgamento do recurso compete às turmas especializadas (art. 13, IV, do RISTJ). No entanto, é possível que haja deslocamento de competência para a seção (art. 14 do RISTJ) (i) se algum dos ministros propuser revisão de entendimento assentado em súmula pela seção; (ii) se se reputar conveniente o pronunciamento da seção, em razão da relevância da matéria ou como meio de prevenção de divergência entre turmas da mesma seção; (iii) se instaurado incidente de assunção de competência, na forma do art. 947 do CPC.

O regimento do STJ ainda estabelece as hipóteses nas quais os recursos especiais podem ser julgados pela Corte Especial (art. 16). Assim, as seções e as turmas remeterão os feitos de sua competência à Corte Especial (i) se algum dos ministros propuser revisão da jurisprudência assentada em súmula pela Corte Especial; (ii) se reputar-se conveniente o pronunciamento da Corte Especial, em razão da relevância da matéria ou para prevenir divergência entre as seções.

As turmas especializadas são compostas por cinco ministros cada (art. 2º, § 4º, do RISTJ) e suas sessões, para que se iniciem, necessitam da presença de ao menos três magistrados (art. 179 do RISTJ). No julgamento do recurso especial, são tomados os votos de todos os ministros presentes. Se, por exemplo, estão presentes três ministros e todos votam no mesmo sentido, será encerrado o julgamento e declarado o resultado pelo presidente da turma. Contudo, se dois votam pelo provimento do recurso e o terceiro pelo desprovimento, será suspenso o julgamento, que será retomado na presença dos ministros ausentes da sessão (art. 181, § 2º, do RISTJ), pois as decisões das turmas especializadas são tomadas pelo voto da maioria absoluta dos seus membros (art. 181 do RISTJ). Persistindo a ausência, ou havendo vaga, impedimento ou licença, por mais de um mês, convocar-se-á ministro de outra turma (art. 181, § 3º, do RISTJ). O presidente também vota, conforme prevê o art. 181, § 1º do RISTJ.

Em relação ao recurso extraordinário, prevê o regimento interno do STF que compete às turmas o seu julgamento (art. 9º, III). As turmas são compostas por cinco ministros cada (art. 4º, do RISTF), e suas sessões, para que se iniciem, necessitam da presença de ao menos três magistrados (art. 147 do RISTF). No julgamento do recurso extraordinário, são tomados os votos de todos os ministros presentes. Em caso de ausência de algum ministro que ocasione o empate entre os votos dos presentes, será suspenso o julgamento, que será retomado na presença dos ministros ausentes da sessão (art. 150, § 1º, do RISTF). Persistindo a ausência, ou havendo vaga, impedimento ou licença, por mais de um mês, convocar-se-á ministro de outra turma, na ordem decrescente de antiguidade (art. 150, § 2º, do RISTF). O presidente também vota, conforme prevê o art. 150 do RISTF. Em caso de pedido de vista por algum dos ministros, o art. 134 do RISTF estabelece um prazo de 90 dias para devolução. Caso não ocorra a devolução nesse prazo, os autos estarão automaticamente liberados para a continuação do julgamento (§ 5º).

Além da remessa para decisão de eventual arguição de inconstitucionalidade ainda não julgada, a turma pode remeter o recurso extraordinário para julgamento do Plenário quando algum Ministro propuser revisão da jurisprudência sumulada (art. 11, III, do RISTF).

No julgamento colegiado de ambos os recursos, os procuradores de recorrente e recorrido podem expor oralmente suas razões pelo prazo de quinze minutos (art. 937 do CPC), logo após o relator ter apresentado seu relatório. Em seguida, serão proferidos os votos e, ao final, anunciado o resultado pelo presidente do órgão.

#### 4.6.6.1. *Interposição simultânea dos recursos especial e extraordinário*

O provimento judicial de segundo grau pode conter violação a alguma norma que autorize a interposição de recurso especial ou de recurso extraordinário, dependendo da natureza da norma infringida. No entanto, é possível que a decisão contrarie, ao mesmo tempo, lei federal e dispositivo da Constituição. Para essa hipótese, o Código previu a possibilidade de interposição conjunta – mas em petições separadas – de ambos os recursos (art. 1.031). Desse modo, contra o acórdão do tribunal local, a parte prejudicada pode impugnar pela via do recurso especial, dirigido ao STJ, e por meio do recurso extraordinário, direcionado ao STF.

Nem sempre a parte sucumbente pode optar pela interposição de um ou outro recurso. Se o acórdão recorrido se assenta em dois fundamentos, um legal e o outro constitucional, mas ambos são suficientes para, sozinhos, sustentarem a conclusão obtida, a parte deve interpor os recursos especial e extraordinário conjuntamente, sob pena de inadmissão do recurso interposto isoladamente. Isso porque será inútil a apreciação do recurso utilizado, pois, ainda que provido, continuará de pé a conclusão alcançada no acórdão recorrido, com alicerce no fundamento não atacado.[262]

Interpostos conjuntamente ambos os recursos e realizado juízo positivo de admissibilidade perante o tribunal local, os autos serão inicialmente remetidos ao STJ para julgamento do recurso especial. Em seguida, o processo seguirá para julgamento no STF, exceto se o recurso especial tiver sido inadmitido ou desprovido e o provimento do recurso extraordinário, com a declaração de existência de contrariedade à Constituição, não for suficiente para alteração do resultado. Nesse caso, o recurso extraordinário será julgado prejudicado (art. 1.031, § 1º, do CPC).

262. Nesse sentido, consultar a Súmula STF n. 283: "É inadmissível o recurso extraordinário, quando a decisão recorrida assenta em mais de um fundamento suficiente e o recurso não abrange todos eles". Ver também a Súmula STJ n. 126: "É inadmissível recurso especial, quando o acórdão recorrido assenta em fundamentos constitucional e infraconstitucional, qualquer deles suficiente, por si só, para mantê-lo, e a parte vencida não manifesta recurso extraordinário".

Esse rito que leva preliminarmente o processo ao conhecimento do STJ para, após, seguir para exame no STF será alterado se a questão constitucional suscitada no recurso extraordinário for prejudicial e, portanto, deva ser apreciada em primeiro lugar. Ao perceber essa situação, o relator do recurso especial, antes do julgamento no STJ, remeterá os autos ao STF, a fim de que o recurso extraordinário seja julgado em primeiro lugar (art. 1.031, § 2º, do CPC). Ao receber os autos, o relator do recurso extraordinário não está vinculado à percepção do STJ e pode, destarte, devolver o processo ao tribunal superior, caso não vislumbre a prejudicialidade da questão constitucional. A decisão do relator no STF é irrecorrível (art. 1.031, § 3º, do CPC).

#### *4.6.6.2. Recursos especial e extraordinário e o princípio da fungibilidade*

Nem sempre é simples identificar a natureza da norma violada por uma decisão judicial. Um único provimento pode ocasionar ofensa a vários dispositivos, cabendo ao recorrente apontá-los em sua peça recursal. No âmbito dos recursos ordinários, essa diferenciação da natureza da norma transgredida não é relevante para fins de admissibilidade. Se uma sentença ou uma decisão interlocutória deixam de aplicar normas constitucionais, federais e estaduais, a parte prejudicada pode, em sede de apelação ou agravo de instrumento, tratar da decisão como um todo, identificando a ofensa às diferentes normas.

No entanto, desde a criação do STJ pela Constituição de 1988, a parte que deseja levar sua irresignação aos tribunais superiores precisa diferenciar as possíveis violações. Se a norma infringida é constitucional, o acórdão deve ser impugnado por meio de recurso extraordinário; se federal, pela interposição de recurso especial.

Como já examinado em tópico anterior, não é incomum se observar a hipótese em que se observe infração a lei federal e, também, a dispositivo da Constituição. Se a ofensa a este último for apenas reflexa, o recurso cabível é o especial, dirigido ao STJ. Se, porém, se trata de violação direta ao texto constitucional, cabe recurso extraordinário. Na prática, essa diferenciação muitas vezes não é fácil, podendo levar a parte a interpor recurso especial quando o meio cabível era o recurso extraordinário e vice-versa. O receio de não conhecimento estimula, inclusive, a interposição de ambos os recursos, quando apenas um é cabível.[263]

---

263. CEZARE, Luiz Henrique. Ofensa reflexa à constituição e o redirecionamento dos recursos especial e extraordinário previsto nos arts. 1.032 e 1.033 do NCPC. *Revista de Processo*. São Paulo: Revista dos

O legislador de 2015, sensível a essa situação, previu expressamente, nos arts. 1.032 e 1.033, uma forma de remediá-la. Se a parte optou pelo recurso especial, mas o relator, no STJ, considerar eminentemente constitucional a questão deduzida na peça recursal, intimará a parte para que, no prazo de quinze dias, adéque seu recurso às exigências do recurso extraordinário – a fim de que enfrente a questão constitucional e demonstre a existência de repercussão geral – e, em seguida, remeterá os autos ao STF (art. 1.032 do CPC). Se o relator, no STF, discordar do entendimento exarado no STJ, devolverá os autos à corte superior (art. 1.032, parágrafo único, do CPC).

Igualmente, se a parte escolheu servir-se do recurso extraordinário quando, com efeito, a causa versava sobre questão federal, e não constitucional, o relator do recurso, no STF, remetê-lo-á ao STJ para julgamento como recurso especial (art. 1.033 do CPC).

O Código pressupõe a existência de dúvida objetiva na definição entre o cabimento dos recursos especial e extraordinário e autoriza expressamente a adoção do princípio da fungibilidade recursal nesses casos, independentemente de qualquer outra exigência.[264]

---

Tribunais, v. 255, 2016, p. 374: "Ocorre que a delimitação do que está no plano constitucional ou infraconstitucional e, por conseguinte, qual o Tribunal competente para a apreciação da matéria, nem sempre foi tarefa fácil; principalmente nas situações em que, em razão da Constituição Federal de 1988 ser extremamente analítica, normas constitucionais são reproduzidas pelo legislador infraconstitucional, o que dificulta sobremaneira a identificação da natureza da norma. Por óbvio, esse cenário de dúvida reflete na jurisprudência do STF e do STJ, que, não raras vezes, aplicando a teoria da ofensa reflexa, não decidem a matéria nem sob a ótica constitucional, tampouco sob a ótica infraconstitucional; ou, quando avocam a competência para julgamento de determinada matéria, o fazem concomitantemente e decidem em sentidos diametralmente opostos. É evidente, nessa perspectiva, que tanto o conflito negativo – negativa de jurisdição –, quanto o conflito positivo – decisões conflitantes – são nocivos ao sistema jurídico e, principalmente, ao jurisdicionado, que, em muitas vezes, se vê obrigado a interpor dois recursos – extraordinário e especial – para lançar a sorte de algum ser julgado pelo mérito".

264. Nesse sentido, cf. MARINONI, Luiz Guilherme; MITIDIERO, Daniel. *Comentários ao Código de Processo Civil*. Ob. cit., v. 16, p. 266: "Esse novo dimensionamento da função dessas Cortes Supremas levou à instituição de livre trânsito de recursos entre essas duas cortes (arts. 1.032 e 1.033, CPC/2015). Se a pronúncia das Cortes Supremas somente se justifica a fim de que se outorgue unidade ao direito, com o que a sua legitimidade está coarctada ao exercício da função de adequada interpretação do direito constitucional ou do direito federal, não há sentido algum em se deixar de conhecer recurso que efetivamente veicula questão que merece ser resolvida, apenas porque foi endereçado equivocadamente". Considerando que outros requisitos devem ser observados para a aplicação do princípio da fungibilidade, cf. CAMARGO, Luiz Henrique Volpe. A fungibilidade de mão dupla entre recursos excepcionais no CPC/2015. In: DIDIER Jr., Fredie (Coord.). *Processo nos Tribunais e Meios de Impugnação das Decisões Judiciais*. Ob. cit., p. 819; NEVES, Daniel Amorim Assumpção. *Manual de Direito Processual Civil*. Ob. cit., p. 2.665-2.667: "A regra é o não conhecimento do recurso por não ser o cabível e a exceção é receber o recurso incabível por aquele que seria o cabível. Sendo a exceção, o princípio da fungibilidade somente será aplicado se preenchidos alguns requisitos formais, que serão analisados a seguir". Defendendo que não se trata de aplicação do princípio da fungibilidade e, portanto, não é necessário verificar a existência de dúvida objetiva e ausência de erro grosseiro, ver CEZARE, Luiz Henrique. *Ofensa reflexa à constituição e o redirecionamento dos recursos especial e extraordinário previsto nos arts. 1.032 e 1.033 do NCPC*. Ob. cit., p. 383: "Por essas razões, a diferenciação entre fungibilidade recursal e o instituto do

A redação dos arts. 1.032 e 1.033 do CPC, contudo, deixa de prever etapas essenciais ao adequado exercício do contraditório. Em primeiro lugar, não só a conversão do recurso especial em recurso extraordinário demanda a concessão de prazo ao recorrente para adaptação da peça recursal. Do mesmo modo, se o recorrente, na visão do relator do STF, utilizou do recurso extraordinário quando o correto seria a interposição de recurso especial, antes da remessa dos autos ao STJ, o recorrente deverá ser intimado para emendar sua petição a fim de enfrentar a questão federal e para o cumprimento de outros requisitos que se façam necessários ao conhecimento do recurso especial (ex. demonstração de dissídio jurisprudencial).[265]

Em ambos os casos de conversão do recurso em respeito ao princípio da fungibilidade, depois de realizadas as adaptações na peça recursal pelo recorrente, ao recorrido também deve ser concedida a oportunidade de alteração das suas contrarrazões nos limites da modificação da petição de recurso. A concessão de prazo somente ao recorrente evidentemente mitiga o direito ao contraditório do recorrido.

Como compete ao relator dos recursos especial e extraordinário a avaliação da necessidade de conversão ao meio impugnativo adequado, o presidente ou o vice-presidente do tribunal local não estão autorizados a (i) realizar a aludida conversão; (ii) inadmitir recurso especial sob o fundamento de que é constitucional a questão objeto da causa; (iii) inadmitir recurso extraordinário sob a alegação de que a ofensa à Constituição é apenas reflexa. Nesses casos, presentes os demais requisitos de admissibilidade, o recurso deve ser admitido e encaminhado ao tribunal indicado pela parte. Lá, o relator poderá realizar a conversão, se for o caso.

A inadmissão recursal realizada, nessas hipóteses, pelo tribunal local é passível de impugnação por meio de reclamação, consoante prevê o art. 988, I, do CPC, uma vez que configurada estará a usurpação da competência

---

redirecionamento nos recursos especial e extraordinário mostra-se premissa necessária para preservar a aplicação das regras previstas nos arts. 1.032 e 1.033, na medida em que qualquer obrigação imposta ao recorrente de demonstrar dúvida objetiva ou ausência de erro grosseiro certamente devolverá aos tribunais superiores o fundamento atualmente usado para convenientemente manejar as pautas de julgamentos".

265. Enunciado CJF n. 80: "Quando o Supremo Tribunal Federal considerar como reflexa a ofensa à Constituição afirmada no recurso extraordinário, deverá, antes de remetê-lo ao Superior Tribunal de Justiça para julgamento como recurso especial, conceder prazo de quinze dias para que as partes complementem suas razões e contrarrazões de recurso".

do STJ ou do STF pelo presidente ou pelo vice-presidente no exercício do filtro de admissibilidade.[266]

### 4.6.7. Exame da admissibilidade dos recursos especial e extraordinário pelo tribunal local e formas de impugnação

O exame de admissibilidade dos recursos especial e extraordinário é dúplice, vale dizer, realizado inicialmente no tribunal local e, posteriormente, pelo tribunal superior competente para julgamento de mérito. Nessa primeira análise, de incumbência do presidente ou vice-presidente do tribunal local, como prevê o art. 1.030 do CPC, são possíveis diferentes decisões, sempre fundamentadas,[267] que serão estudadas a seguir.

#### *4.6.7.1. Possíveis decisões do presidente ou vice-presidente do tribunal quando do recebimento do recurso: art. 1.030 do CPC*

Depois de decorrido o prazo de oferta das contrarrazões de recurso, os autos do processo serão conclusos ao presidente ou ao vice-presidente do tribunal local a fim de que seja realizado exame, que vai muito além da verificação do preenchimento dos requisitos de admissibilidade recursal. O Código estabelece um diálogo entre a admissibilidade recursal e os regimes da repercussão geral e do julgamento dos recursos repetitivos. Destarte, são seis as possíveis atitudes do presidente ou vice-presidente nesse estágio processual:

(i) caso a questão debatida no recurso a) tenha tido a repercussão geral rejeitada pelo STF, ou b) embora reconhecida, o acórdão recorrido está em conformidade com o entendimento do Supremo exarado no regime da repercussão geral, ou, ainda, c) se o acórdão recorrido está em consonância com a posição do STJ ou do STF consignada no regime de julgamento de recursos repetitivos, o recurso extraordinário ou o recurso especial será *inadmitido* (art. 1.030, I, do CPC);

266. ARAÚJO, José Henrique Mouta. Algumas variáveis em torno da fungibilidade entre os recursos especial e extraordinário. In: NERY JR, Nelson; ALVIM, Teresa Arruda; OLIVEIRA, Pedro Miranda de (Org.). *Aspectos Polêmicos dos Recursos Cíveis*. São Paulo: Editora Revista dos Tribunais, 2018, v. 14, p. 185-186: "Uma coisa é clara: o retorno da dupla admissibilidade não foi previsto na origem do Código e merece algumas críticas. Contudo, não há razão para o TJ ou o TRF negar seguimento (juízo constitutivo negativo), nos casos em que o legislador permite a fungibilidade entre os recursos, tendo em vista a clara invasão da competência constitucional das Cortes Superiores. Destarte, mesmo com o retorno da dupla admissibilidade recursal, o tribunal local não pode negar seguimento ao REsp, sob o fundamento de que a questão é constitucional, e nem ao RE, a pretexto de que o tema diz respeito a lei federal".

267. Súmula n. 123, STJ: "A decisão que admite, ou não, o recurso especial deve ser fundamentada, com o exame dos seus pressupostos gerais e constitucionais".

(ii) se, por outro lado, o acórdão recorrido tiver manifestado entendimento em desacordo com a posição explicitada pelo STF no exame de repercussão geral ou com aquela exarada pelo STF ou pelo STJ em julgamento de recursos repetitivos, o presidente ou vice-presidente encaminhará os autos ao órgão fracionário que proferiu o acórdão, conferindo-lhe a oportunidade de *retratação*, de modo que a decisão do tribunal local se alinhe ao posicionamento do tribunal superior (art. 1.030, II, do CPC);

(iii) se a questão discutida no recurso estiver afetada para julgamento em regime de recurso repetitivo e ainda não há decisão do STF ou do STJ sobre o mérito, o recurso terá seu processamento *sobrestado* (art. 1.030, III, do CPC);

(iv) se o recurso preencher os requisitos de admissibilidade, se não for o caso de sobrestamento e, se concedida a oportunidade de retratação, o órgão julgador manteve inalterado o acórdão recorrido, o recurso especial ou extraordinário será *admitido* e os autos serão remetidos ao STJ ou ao STF, conforme o caso (art. 1.030, V, do CPC);

(v) se o recurso preencher os requisitos de admissibilidade e o presidente ou vice-presidente do tribunal local a) considerar relevante a questão nele discutida para fins de afetação ao regime do julgamento dos recursos repetitivos e b) reputar a peça recursal bem fundamentada para servir como representativa da controvérsia constitucional ou federal, o recurso será selecionado e encaminhado ao STJ ou ao STF, conforme o caso, com a sugestão de afetação da questão discutida para julgamento repetitivo, e será determinada a suspensão de todos os processos pendentes que versem sobre a mesma questão (art. 1.030, IV c/c art. 1.036, § 1º, ambos do CPC);

(vi) se, embora não seja caso de afetação, sobrestamento ou aplicação de precedente do STF obtido em regime de repercussão geral ou do STJ ou do STF exarado no sistema de julgamento de repetitivos, o recurso não preencher algum dos demais requisitos de admissibilidade (cabimento, interesse recursal, legitimidade, prequestionamento, etc.), deverá ser *inadmitido* (art. 1.030, V e § 2º, do CPC).

O roteiro traçado pelo art. 1.030 do CPC, em sintonia com os sistemas de julgamento previstos para a repercussão geral e para os recursos repetitivos, simboliza a tentativa de transformar STJ e STF em tribunais de consolidação de entendimentos e de produção de teses, afastando-os do julgamento do caso concreto individualizado. A regra estabelecida pelo Código é de julgamento macro das questões jurídicas e a aplicação do entendimento obtido nas cortes superiores aos casos represados nos tribunais locais.

O caminho que levou ao quadro atual – potencializado no CPC/2015 – passou pelo acréscimo exponencial de recursos e a natural dificuldade de julgá-los em tempo razoável. Privilegia-se, assim, a eficiência em detrimento do contraditório, já que a parte que tem seu caso sobrestado está distante das discussões ocorridas nos tribunais superiores e, para a maior parte dos litigantes, seu recurso ou petição de contrarrazões não foi selecionado como aquele que representará a controvérsia.

Como defendido nesse estudo em mais de um capítulo, os mecanismos de coletivização de julgamento de demandas originalmente individuais necessitam abrir espaço para uma ampla possibilidade de manifestação de interessados, sempre permitindo o ingresso de novos argumentos, sob pena de, a despeito da maior eficiência obtida, faltar-lhes legitimidade democrática.

### *4.6.7.2. Agravo em Recurso Especial e em Recurso Extraordinário*

Se o presidente ou o vice-presidente do tribunal local inadmite o recurso especial ou o recurso extraordinário sob o fundamento de que não se observa o cumprimento de algum requisito de admissibilidade, como cabimento, tempestividade, prequestionamento, etc., ao recorrente é disponibilizada a interposição de agravo em recurso especial ou em recurso extraordinário, conforme o caso, previsto no art. 1.042 do CPC.

Esse recurso tem a função de "destrancar" o recurso especial ou extraordinário inadmitido na origem, para que seja encaminhado ao tribunal superior para julgamento de mérito, competindo ao recorrente a demonstração de que preencheu todos os requisitos de admissibilidade recursal e que, consequentemente, equivocou-se o presidente ou vice-presidente do tribunal local no exercício de juízo de admissibilidade negativo. Dessa forma, por exemplo, se a decisão de inadmissão considerou ausente o prequestionamento da questão federal, a parte deverá demonstrar em sede de agravo em recurso especial que a questão foi enfrentada no acórdão recorrido ou que ocorreu o prequestionamento ficto (art. 1.025 do CPC).

Ciente da decisão de inadmissão, o recorrente tem o prazo de quinze dias úteis, contados da sua intimação, para interpor o agravo em recurso especial ou em recurso extraordinário por meio de petição escrita, dirigida ao presidente ou ao vice-presidente do tribunal local, dispensado o preparo (art. 1.042, § 2º, do CPC). Se o litigante havia interposto ambos os recursos, deverá interpor dois agravos, isto é, um agravo em recurso especial a ser julgado pelo STJ e um agravo em recurso extraordinário, que será examinado pelo STF (art. 1.042, § 6º). Em seguida, o agravado será intimado, podendo, no mesmo prazo, oferecer suas contrarrazões (art. 1.042, § 3º).

Em seguida, os autos retornam à conclusão do presidente ou vice-presidente, que poderá (i) tomar as mesmas medidas elencadas no art. 1.030, incisos I, II e III, isto é, aplicar o precedente do STJ ou do STF, formado no regime da repercussão geral ou dos recursos repetitivos, remeter os autos ao órgão fracionário para fins de eventual exercício do juízo de retratação ou sobrestar o agravo, caso a matéria tenha sido afetada para julgamento repetitivo e o tribunal superior competente ainda não tenha se posicionado acerca do mérito; (ii) retratar-se da decisão de inadmissão, caso perceba que o recurso especial ou o recurso extraordinário inicialmente inadmitido preencha, com efeito, todos os requisitos de admissibilidade, e determinar a sua remessa ao STJ ou ao STF, conforme o caso; (iii) se não ocorrer a aplicação de alguma das hipóteses dispostas no art. 1.030 do CPC e não for exercido o juízo de retratação, o agravo será encaminhado ao tribunal superior competente para julgamento (art. 1.042, § 4º, do CPC).

No tribunal superior competente, o agravo em recurso especial ou em recurso extraordinário será distribuído a um dos ministros. Inicialmente, o relator realiza o exame de admissibilidade do agravo e, uma vez presentes os requisitos, elaborará o relatório e pedirá dia para julgamento perante a turma. O art. 1.042, § 5º, do CPC permite que o relator determine ao tribunal de origem o encaminhamento do recurso extraordinário ou especial para julgamento conjunto com o agravo. Assim, se o agravo for provido, o recurso que havia sido travado no tribunal local já é imediatamente julgado, sem necessidade de aguardar envio futuro e nova inclusão em pauta de julgamento.

O mesmo dispositivo ainda permite que os regimentos internos de STJ e STF estabeleçam regras procedimentais para o julgamento do agravo em recurso especial ou em recurso extraordinário. O Regimento Interno do STJ prevê, em seu art. 253, parágrafo único, II, que o relator do agravo, se admiti-lo, poderá: (i) não conhecer do recurso especial inadmissível, prejudicado ou daquele que não tenha impugnado especificamente todos os fundamentos da decisão recorrida; (ii) negar provimento ao recurso especial que for contrário a tese fixada em julgamento de recurso repetitivo ou de repercussão geral, a entendimento firmado em incidente de assunção de competência, a súmula do STF ou do STJ ou, ainda, a jurisprudência dominante acerca do tema; (iii) dar provimento ao recurso especial se o acórdão recorrido for contrário a tese fixada em julgamento de recurso repetitivo ou de repercussão geral, a entendimento firmado em incidente de assunção de competência, a súmula do STF ou do STJ ou, ainda, a jurisprudência dominante acerca do tema; (iv) determinar sua autuação como recurso especial quando não for o caso de julgamento unipessoal do agravo.

Em primeiro lugar, percebe-se que se o agravo em recurso especial preencher os requisitos de admissibilidade e não estiver presente hipótese de julgamento monocrático do relator, *será automaticamente convertido em recurso especial*, seguindo, daí em diante, o rito desse recurso perante o STJ, inclusive para fins de realização de sustentação oral na sessão de julgamento (art. 937, III c/c art. 1.042, § 5º, ambos do CPC).

Além disso, constata-se da análise do regimento interno do STJ a possibilidade de julgamento monocrático do recurso especial quando sobre a matéria nele debatida já se observe "jurisprudência dominante" no âmbito do STJ. No entanto, o art. 932 do CPC, dispositivo que elenca as incumbências do relator, não autoriza o julgamento monocrático com base na existência de "jurisprudência dominante". A redação do CPC/2015 alterou a previsão existente no art. 557 do CPC/1973, que previa a possibilidade de julgamento monocrático em caso de jurisprudência dominante do tribunal, seja para prover o recurso (se a decisão recorrida sustentasse posição contrária ao entendimento dominante), seja para rejeitá-lo, caso a pretensão recursal estivesse em desacordo com o posicionamento preponderante da corte.[268]

A intenção do legislador de 2015, ao elencar especificamente os precedentes que podem servir de fundamento ao relator para julgamento unipessoal do mérito do recurso, objetivou a redução de discricionariedade do exame, que estava presente no texto do CPC/1973, o qual previa motivação fundada em "jurisprudência dominante" e em "manifesta improcedência" do recurso. Assim, parece-me que a possibilidade de julgamento monocrático do recurso especial prevista no regimento interno do STJ está em desconformidade com o disposto no CPC e com o objetivo almejado pelo legislador reformista.[269]

---

268. Enunciado FPPC n. 648: "Viola o disposto no art. 932 a previsão em regimento interno de tribunal que estabeleça a possibilidade de julgamento monocrático de recurso ou ação de competência originária com base em 'jurisprudência dominante' ou 'entendimento dominante'".

269. O STJ, um dia antes da vigência do CPC/2015, editou a súmula n. 568, que dispõe: "O relator, monocraticamente e no Superior Tribunal de Justiça, poderá dar ou negar provimento ao recurso quando houver entendimento dominante acerca do tema". Esse entendimento sumulado não pode, entretanto, servir de fonte aos juízos monocráticos perante o STJ, seja por vício de forma ou por representar posição *contra legem*. As súmulas são apenas o ápice de uma posição pretoriana dominante, que é exteriorizada e reduzida no verbete. Para se identificar a *ratio decidendi* é indispensável a consulta aos reiterados acórdãos no mesmo sentido que levaram à consolidação do entendimento e posterior edição de súmula. No caso da súmula n. 568, como não poderia ser diferente, em virtude da data de sua divulgação, todos os precedentes citados referem-se ao art. 557 do CPC revogado. Se a redação anterior fosse a mesma do atual art. 932, incisos, IV e V, poder-se-ia admitir a aplicação da referida súmula na vigência do CPC/2015. Mas não é o caso. O legislador reformista alterou não só a redação, mas principalmente os princípios que orientaram a escolha dos critérios de autorização de juízos monocráticos em grau de recurso. Claramente, optou-se por critérios de feição objetiva, aos quais os magistrados estão vinculados, diferentemente dos parâmetros subjetivos do CPC/73, que permitiam ampla discricionariedade aos relatores".

O Regimento Interno do STF não prevê a conversão automática do agravo em recurso extraordinário em recurso extraordinário se cumpridos os requisitos de admissibilidade do agravo, como dispõe o Regimento Interno do STJ. Dessa forma, julgado e provido no mérito o agravo, o recurso extraordinário será encaminhado ao STF para julgamento em data posterior (art. 316, § 2º, do RISTF). No entanto, como o art. 1.042, § 5º, do CPC autoriza o julgamento conjunto do agravo e do recurso especial ou do recurso extraordinário, embora não haja previsão regimental, o relator no STF pode determinar a remessa do recurso extraordinário de modo que ambos os recursos sejam julgados na mesma sessão. Se provido o agravo, o recurso extraordinário é imediatamente julgado.

Caso tenha sido necessária a interposição de agravo em recurso especial e de agravo em recurso extraordinário, em virtude da inadmissibilidade de ambos os recursos anteriormente interpostos, os autos serão inicialmente remetidos ao STJ e, em seguida, ao STF, exceto se em razão do resultado do julgamento no STJ o agravo em recurso extraordinário tenha ficado prejudicado (art. 1.042, § 8º, do CPC).[270]

### *4.6.7.3. Agravo interno*

O CPC restringiu a possibilidade de impugnação dirigida aos tribunais superiores ao considerar incabível a interposição de agravo em recurso especial ou em recurso extraordinário contra determinadas decisões do presidente ou vice-presidente do tribunal local, previstas no art. 1.030 do CPC. Dividiu-se, portanto, a competência de reexame do filtro de admissibilidade exercido nas cortes de origem. Dependendo do motivo da negativa de encaminhamento do recurso ao tribunal superior, caberá (i) agravo em recurso especial ou em recurso extraordinário, a ser julgado por STJ e STF, respectivamente (art. 1.030, § 1º, do CPC), ou (ii) agravo interno, cujo julgamento competirá a órgão dentro da hierarquia do tribunal local, indicado no regimento interno (art. 1.030, § 2º, do CPC).[271]

270. Sobre a questão, remeto o leitor ao tópico que examina a interposição simultânea dos recursos especial e extraordinário.

271. Os regimentos internos dos tribunais indicam qual o órgão competente para julgamento do agravo interno nesses casos. Os Tribunal de Justiça de Pernambuco (art. 29, XXIV, RITJPE) e do Rio de Janeiro (art. 3º, II, *i*, RITJRJ), por exemplo, conferem competência ao Órgão Especial. Em São Paulo, por outro lado, compete à Câmara Especial de Presidentes o julgamento do recurso (art. 33-A, § 1º, RITJSP). No STJ, o agravo interno contra decisão de inadmissão de recurso extraordinário com base no art. 1.030, § 2º, do CPC, será da Primeira, Segunda ou Terceira Seção, dependendo da matéria objeto do recurso (arts. 21-E, § 2º e 9º, do RISTJ).

Dispõe o art. 1.030 do CPC que caberá agravo interno contra as seguintes decisões do presidente ou vice-presidente em verificação de admissibilidade de recursos especial ou extraordinário: (i) inadmissão com fulcro na ausência de reconhecimento de repercussão geral pelo STF da questão discutida no recurso extraordinário (art. 1.030, I, *a*, do CPC); (ii) inadmissão em razão da desconformidade da pretensão presente em recurso extraordinário com o entendimento do STF fixado no regime da repercussão geral (art. 1.030, I, *a*, do CPC); (iii) inadmissão sob o fundamento de que o acórdão recorrido sustentou posição em conformidade com entendimento do STJ ou do STF, exarado no regime do julgamento de recursos repetitivos; (iv) sobrestamento do recurso especial ou extraordinário em virtude de a questão discutida no recurso ser objeto de julgamento de recurso repetitivo e o tribunal superior não ter ainda fixado o entendimento a ser seguido (art. 1.030, III, do CPC).

A sistemática introduzida pelo CPC represa no tribunal local irresignações apresentadas contra a inadmissibilidade de recursos especiais e extraordinários, não permitindo que os fundamentos contrários à decisão do presidente ou vice-presidente cheguem ao conhecimento dos tribunais superiores. Assim, se, por exemplo, o recorrente considera equivocada a decisão de inadmissão que enxerga relação entre a questão discutida no recurso e aquela objeto de julgamento pelo STF no regime de repercussão geral, a lei não lhe disponibiliza recurso direto ao tribunal superior para a demonstração da distinção entre as questões. Necessário buscar a reforma da decisão do presidente ou vice-presidente por meio da interposição de agravo interno. Seria possível, em alguns casos, alcançar o STJ ou STF pela via da reclamação, se o acórdão recorrido violou entendimento exarado pelo STF, no regime da repercussão geral, e pelo STF e pelo STJ, no julgamento de recurso repetitivo (art. 988, § 5º, II, do CPC).[272]

Se o recorrente, irresignado com a inadmissão de seu recurso, demonstra em seu agravo interno que o presidente ou vice-presidente se equivocou, o recurso será provido para determinar a remessa dos autos ao tribunal superior

272. MACEDO, Lucas Buril. A análise dos recursos excepcionais pelos tribunais intermediários – o pernicioso art. 1.030 do CPC e sua inadequação técnica como fruto de uma compreensão equivocada do sistema de precedentes vinculantes. *Revista de Processo*, São Paulo: Revista dos Tribunais, v. 262, 2016, p. 196: "Os únicos meios disponibilizados pelo sistema processual para que a Corte Superior avalie uma distinção são a reclamação, consoante previsto no art. 988, § 5.º, II, como meio de defender que o precedente foi mal aplicado (art. 988, § 4.º), ou a ação rescisória (art. 966, V), que pode ensejar a rescisão da decisão judicial quando houver aplicação do precedente em desconsideração de uma distinção, que deve ser demonstrada na petição inicial (art. 966, §§ 5.º e 6.º). Todavia, a distinção é uma operação que possui certa criatividade, pelo que o manejo da reclamação não parece uma medida adequada para todas as hipóteses de distinção, diante de sua fundamentação vinculada, isto é, do necessário apontamento de quebra do paradigma que envolve a propositura da reclamação".

respectivo. Caso seja mantida a decisão monocrática no julgamento do agravo interno, pode-se pensar no cabimento de recurso especial ou extraordinário se presente alguma violação à lei federal ou à Constituição.[273] Suponha-se que o presidente do tribunal local tenha inadmitido o recurso sob a justificativa de que o STF deixou de reconhecer repercussão geral à matéria, mas, com efeito, a questão ainda não foi objeto de exame pelo Supremo. Se o órgão competente para julgar o agravo interno mantiver a decisão unipessoal do presidente, haverá violação ao art. 1.030, I, *a*, que não permite a inadmissibilidade nessa hipótese, e ao art. 102, § 3º da Constituição, já que o exame de repercussão geral é de competência do Supremo.[274]

A bifurcação de recorribilidade das decisões de inadmissibilidade dos recursos especial e extraordinário também dificulta alterações de entendimento jurisprudencial. Se não é possível alcançar os tribunais superiores e se o tribunal local está apenas mantendo e ratificando as posições fixadas em Brasília, torna-se inviável a tentativa de demonstração pelo recorrente de que estão presentes os pressupostos de revisão do precedente (nova conjuntura social, econômica, política ou cultural, entendimento ultrapassado ou impraticável, posição manifestamente *contra legem* etc.).

Parece-me, nessa hipótese, que, se o recorrente demonstrar no recurso especial ou extraordinário que, ciente da posição do tribunal superior, busca pela via recursal a revisão do entendimento e apresenta justificativa relevante

---

273. Nesse sentido, cf. NUNES, Dierle; BAHIA, Alexandre; PEDRON, Flávio Quinaud. Art. 1.030. In: STRECK, Lenio Luiz; CUNHA, Leonardo Carneiro da (Org.). *Comentários ao Código de Processo Civil*. 2. ed. São Paulo: Saraiva, 2017. p. 1.416: "Ademais, além dos EDs, em face de tudo anteriormente explicado, a única interpretação conforme a Constituição nas hipóteses de inadmissibilidade dos recursos pela decisão atacada estar em conformidade com o precedente (incisos I, II e IV) será aquela que aceitar, contra a decisão que julga o agravo interno (que busque a superação de entendimento), o cabimento de novo recurso especial embasado em negativa de vigência e contrariedade ao disposto no art. 927, §§2º a 4º, que prevê a superação, técnica essencial num sistema de precedentes para evitar o engessamento do direito, e novo recurso extraordinário embasado na norma de seu cabimento (art. 102, III, a)". Em sentido contrário, considerando inadmissível recursos especial e extraordinário nessa hipótese, mas admitindo o uso da reclamação, ver DELLORE, Luiz. In: GAJARDONI, Fernando da Fonseca; DELLORE, Luiz; ROQUE, André Vasconcelos; OLIVEIRA JR., Zulmar Duarte de. *Execução e Recursos*: comentários ao CPC de 2015. Ob. cit., p. 1.177-1.178.

274. MATTA, Darilê Marques da. A recorribilidade da decisão que inadmite o recurso especial ou extraordinário fundamentada no art. 1.030, i, do CPC/2015, diante da necessidade de superação do precedente. *Revista de Processo*. São Paulo: Revista dos Tribunais, v. 271, 2017, p. 288: "Desse acórdão, proferido em razão do julgamento do agravo interno, que mantiver a decisão do presidente ou vice-presidente de inadmissibilidade do recurso excepcional caberá: a) em caso de recurso especial, nova interposição de recurso especial; e, b) em caso de recurso extraordinário, a interposição conjunta de recurso especial e extraordinário. Frisa-se que esses novos recursos excepcionais impugnam o julgamento do agravo interno que confirma a inadmissão procedida pelo presidente ou vice-presidente do tribunal de origem do recurso previamente interposto, não se tratando, portanto, de nova impugnação sobre o mérito do acórdão que aplicou a tese fixada pelos Tribunais Superiores".

à superação do precedente, o tribunal local deve, pois, admitir o recurso, não obstante esteja presente uma das hipóteses de inadmissão previstas no art. 1.030 do CPC e que desafiam apenas agravo interno, de modo a evitar o engessamento da jurisprudência.[275]

### 4.6.7.4. *Requerimento de processamento de recurso sobrestado*

Se uma determinada questão é afetada para o regime de julgamento repetitivo, os recursos especiais e extraordinário interpostos que versarem sobre a mesma questão e estiverem aguardando exame de admissibilidade, perante o tribunal local, ou inclusão em pauta de julgamento, nos tribunais superiores, serão sobrestados até o julgamento pelo STJ ou pelo STF do mérito do recurso repetitivo.

Nessa hipótese, o presidente ou vice-presidente do tribunal local deverá proferir decisão de sobrestamento, impugnável, como estudado, por agravo interno (art. 1.030, II c/c § 2º, do CPC). No entanto, o Código prevê forma específica de demonstração da distinção entre a questão afetada e aquela discutida no processo sobrestado. O art. 1.037, § 9º, do CPC permite que o recorrente suscite a ausência de correlação entre as questões e peça o prosseguimento de seu processo mediante oferecimento de requerimento veiculado em simples petição. Assim, se o recorrente entender equivocada a decisão de sobrestamento do presidente do tribunal local em virtude de serem distintas as questões debatidas no seu processo e no recurso repetitivo, além do manejo

275. Demonstrando essa preocupação, ver MACÊDO, Lucas Buril. *A análise dos recursos excepcionais pelos tribunais intermediários*: o pernicioso art. 1.030 do CPC e sua inadequação técnica como fruto de uma compreensão equivocada do sistema de precedentes vinculantes. Ob. cit., p. 197: "Mais problemática ainda é a situação da superação de precedentes. O recorrente pode, de fato, ter elaborado uma tese relevante que demonstre uma mudança contextual a exigir a revogação do precedente aplicável – nesse caso, portanto, pressupõe-se a incidência do precedente na espécie, mas se diz que ela não deve gerar efeitos, diante da necessidade de revogação –, mas, ainda assim, a nova sistemática não deixaria que seu recurso subisse, tendo o inexorável destino de ser "inadmitido" no tribunal *a quo*. Portanto, pela leitura do art. 1.030 do CPC, simplesmente não há possibilidade de se superarem precedentes mediante recursos excepcionais. Decidida a questão uma única vez, o STF e o STJ não mais conheceriam dela, sendo avaliada com ares de finalidade pelo tribunal recorrido. Aliás, neste caso não cabe sequer a reclamação, ficando a parte sem qualquer meio para levar a tese no sentido da superação para a Corte Superior". Ver também MATTA, Darilê Marques da. A recorribilidade da decisão que inadmite o recurso especial ou extraordinário fundamentada no art. 1.030, I, do CPC/2015, diante da necessidade de superação do precedente. Ob. cit., p. 289: "A relativização da regra prevista no artigo 1.030, I, do CPC/2015, não estaria em contrariedade ao sistema jurídico processual, quando presente um forte indício para superação do precedente fixado pelo STF ou pelo STJ por meio das técnicas de julgamento descritas no dispositivo. Nesse sentido, poderia o presidente ou vice-presidente do tribunal recorrido relativizar a norma admitindo o recurso excepcional diante da convincente argumentação sobre a necessidade de superação da tese. Se assim não procedeu, interpretou o dispositivo, no caso específico, inadequadamente, razão pela qual o Pleno ou o órgão especial do tribunal recorrido poderá reformar a decisão por meio do agravo interno que a impugna".

do agravo interno, pode pleitear, perante o relator do acórdão recorrido (art. 1.037, § 10, III, do CPC), o prosseguimento de seu processo por petição simples. Antes de decidir, deve ser ouvido o recorrido no prazo de cinco dias. Concluindo-se pela ausência de correlação entre os temas discutidos no recurso afetado e no caso concreto, o relator comunicará ao presidente do tribunal local sua decisão, de modo que o recurso seja encaminhado ao respectivo tribunal superior.[276] Contra essa decisão do relator, cabe agravo interno (art. 1.037, § 13, do CPC).

### 4.6.8. Julgamento de recursos especial e extraordinário repetitivos

Com a massificação das relações jurídicas observada nas últimas décadas e a opção brasileira de propiciar o amplo acesso aos tribunais, especialmente por meio de subsídios ao custeio da atividade jurisdicional, concessão do benefício de gratuidade de justiça e de assessoramento jurídico gratuito aos hipossuficientes e pela criação de fóruns regionais, juizados especiais e "justiça itinerante", as cortes brasileiras viram aumentar exponencialmente o número de novos litígios cuja solução é direcionada ao Poder Judiciário.

Esse cenário de demandismo exigiu uma quantidade maior de servidores da justiça, fóruns mais bem equipados e aumento da estrutura física do Poder Judiciário. Por óbvio, o incremento de pessoal e de infraestrutura é acompanhado do aumento do custo. As taxas cobradas dos jurisdicionados pode não ser suficiente para fazer frente a todo esse gasto, o que leva à necessidade de se destinarem verbas advindas do recolhimento dos demais tributos para atender o serviço de prestação jurisdicional. No entanto, os recursos arrecadados com os tributos são repartidos com as demais funções estatais, tão ou mais importantes do que a atividade exercida pelo Poder Judiciário, como serviços de saúde, educação, segurança etc.

Como são finitos os recursos do Estado, o acréscimo dos gastos com a resolução de conflitos não pode ser indefinidamente acompanhado do aumento da verba estatal destinada ao Poder Judiciário. Em virtude desse aparente impasse, é necessário buscar meios de utilização mais inteligente e eficiente do dinheiro público na resolução de conflitos. Não é viável o aumento indiscriminado de servidores e tribunais em decorrência da maior quantidade de processos.

---

276. NEVES, Daniel Amorim Assumpção. *Manual de Direito Processual Civil*. Ob. cit., p. 2938: "No caso de recurso sobrestado, o órgão jurisdicional comunicará a decisão ao presidente ou ao vice-presidente que houver determinado o sobrestamento, para que o recurso especial ou o recurso extraordinário sejam encaminhados ao respectivo tribunal superior".

Uma solução possível[277] e já pensada para atacar eficientemente esse problema é o emprego de demandas coletivas que atendam à grande gama de pessoas com a judicialização de apenas um processo. A ação coletiva que objetiva a proteção dos chamados direitos individuais homogêneos, especialmente, tem o potencial de eliminar inúmeras demandas isoladamente ajuizadas, pela extensão de seus efeitos aos titulares dos direitos individuais. Contudo, no Brasil, as ações coletivas jamais conseguiram concretizar esse escopo, mormente em razão da possibilidade de convívio (leia-se, litispendência) entre a ação coletiva e as ações individuais que contêm o mesmo pedido.[278]

O modelo de julgamento repetitivo de recursos foi concebido com a mesma finalidade das ações coletivas destinadas à proteção de direitos individuais homogêneos e maior eficiência da justiça.[279] Como uma técnica de *coletivização do julgamento de demandas originalmente individuais*, os recursos repetitivos servem ao agrupamento de processos iniciados como ações individuais para julgamento único, cujos efeitos são aplicados a todos os processos que versem sobre a questão lá decidida. Desse modo, como não

---

277. Barbosa Moreira, ao listar medidas já utilizadas para a diminuição do trabalho das cortes superiores, lembra dos filtros – lícitos ou ilícitos – de que se servem cortes constitucionais de diversos países para alcançar a racionalização do trabalho. BARBOSA MOREIRA, José Carlos. *Comentários ao Código de Processo Civil*. Ob. cit., p. 613-614: "O fenômeno tem sido objeto de providências destinadas a limitar a quantidade de casos sujeitos ao julgamento das mencionadas Cortes. Quanto ao tipo de 'filtragem', o expediente preferido é o de confiar, no todo ou em parte, à própria Corte Suprema a incumbência de estabelecer o critério segundo o qual se hão de selecionar os recursos considerados merecedores de conhecimento e julgamento. Pode surgir aí uma dificuldade, quando a Constituição prevê as hipóteses de cabimento do recurso e não se admitem restrições à lista. É o que se dá no Brasil, desde a primeira Carta republicana, que enumerava, no art. 59, § 1°, os casos do remédio a que se veio a chamar 'recurso extraordinário' (cf, supra, o comentário n° 316 ao art. 540). Foi necessário, mais de uma vez, reformar a Constituição, para possibilitar a consagração do expediente em foco. Diversamente ocorre nos Estados Unidos, onde o texto constitucional (art. III) sempre foi e é muito mais sintético no tocante à competência da *Supreme Court*, a qual tem sido alterada pelo Congresso, notadamente quanto aos meios de acesso colocados à disposição dos litigantes. Dentre esses meios, o mais importante na prática é a *petition for certiorari*, sujeita à apreciação discricionária da Corte, que decide em sessão secreta, sem divulgação dos votos e dos motivos que os inspiraram, em que casos conhecerá da matéria e em que casos se absterá de fazê-lo. Para que se tenha uma idéia da extensão do corte, basta referir que, em 2004, das 7.496 petitions apresentadas,a *Supreme Court* admitiu e decidiu com *'full consideration'* apenas 80".

278. CDC, art. 104. As ações coletivas, previstas nos incisos I e II e do parágrafo único do art. 81, não induzem litispendência para as ações individuais, mas os efeitos da coisa julgada *erga omnes* ou *ultra partes* a que aludem os incisos II e III do artigo anterior não beneficiarão os autores das ações individuais, se não for requerida sua suspensão no prazo de trinta dias, a contar da ciência nos autos do ajuizamento da ação coletiva.

279. DANTAS, Bruno. *Teoria dos Recursos Repetitivos*: tutela pluri-individual nos Recursos Dirigidos ao STF e ao STJ. São Paulo: Revistas dos Tribunais, 2015, p. 77: "Enquanto a tutela coletiva se justifica por razões de facilitação do acesso à Justiça, economia processual, preservação da isonomia processual, segurança jurídica ou dificuldade na formação do litisconsórcio, a tutela pluri-individual visa imediatamente a dois objetivos principais: eficiência do Poder Judiciário e preservação da igualdade perante a lei".

foi possível se evitar a multiplicidade de demandas – e, posteriormente, de recursos – sobre o mesmo tema por meio da ação coletiva, identificam-se os processos que versam sobre a mesma questão e que serão afetados pelo resultado do julgamento no regime dos repetitivos.

O sistema de julgamento dos recursos especial e extraordinário repetitivos foi introduzido pelas Leis n. 11.418/2006 e 11.678/2008 que alteraram a redação do CPC/1973 para incluir os arts. 543-B e 543-C. O CPC/2015, nos arts. 1.036 a 1.0141, manteve seu cabimento e aprimorou o procedimento, conectando o precedente criado no regime dos repetitivos ao sistema de precedentes concebido pelo Código.

Os tópicos seguintes destinam-se ao exame do rito de julgamento dos recursos repetitivos e da sua aplicação nos casos concretos existentes e futuros.

#### 4.6.8.1. *Afetação e suspensão*

O sistema de julgamento de recursos repetitivos foi moldado para a hipótese de uma mesma questão de direito se renovar em múltiplas demandas e, consequentemente, ocasionar número elevado de recursos dirigidos aos tribunais superiores.[280] Objetiva-se, assim, a consolidação de uma interpretação única para a questão jurídica a ser aplicada em todos os casos que se ocupem do tema.[281] Desse modo, não deve ocorrer a afetação se a questão repetida for meramente fática, uma vez que a Constituição não conferiu

---

280. O problema do acúmulo de recursos no STF não é recente. Em 1967, Alfredo Buzaid já alertava para a quantidade excessiva de processos pendentes de julgamento no Supremo e indicava como causa o amplo cabimento do recurso extraordinário. Cf. BUZAID, Alfredo. *A Crise do Supremo Tribunal Federal*. Ob. cit., p. 42-43: "A causa da crise é, a nosso ver, funcional, e o seu grande responsável é o legislador constituinte, que se alheou da realidade brasileira e dos princípios da ciência, no momento de estruturar o mais alto tribunal do país. (...) Todavia, revelou certa imprevisão e notória incoerência, quando teve de definir as atribuições do Supremo Tribunal Federal, porque, ao invés de prosseguir em sua tendência de equilíbrio e distribuição racional das funções, acabou por comprometer fatalmente a obra, não só mantendo o mesmo alcance do recurso extraordinário, tal como viera da Constituição de 1934, como ainda incluindo uma nova tarefa extremamente onerosa, qual a de julgar, em sessão plenária, os recursos ordinários de mandado de segurança".

281. DANTAS, Bruno. *Teoria dos Recursos Repetitivos: tutela pluri-individual nos Recursos Dirigidos ao STF e ao STJ*. Ob. cit., p. 83-84: "Pode-se definir a tutela pluri-individual como a atividade estatal voltada à justa composição das lides concernentes a direitos individuais homogêneos que se multiplicam, em diversas demandas judiciais nas quais haja controvérsia, preponderantemente, sobre as mesmas questões de direito, de modo a racionalizar e atribuir eficiência ao funcionamento do Poder Judiciário, por um lado, e, por outro, assegurar a igualdade e a razoável duração do processo. A partir desse conceito, conclui-se que as técnicas processuais voltadas à prestação da tutela pluri-individual devem observar: que os direitos substanciais subjacentes devem ser divisíveis e ter origem comum, de fato ou de direito, enquadrando-se na moldura conceitual dos direitos individuais homogêneos; a necessidade de dar solução a uma multiplicidade de demandas em curso no Poder Judiciário; que em todas as demandas a controvérsia comum deve girar em torno da mesma questão de direito; e que em todas as demandas a controvérsia predominante deve ser jurídica, sem maiores questionamentos sobre o suporte fático".

competência ao STF e ao STJ para exame de questões de fato em sede de recursos extraordinários. Outrossim, não é caso de afetação se a pluralidade de recursos ainda não se formou; é apenas potencial.

A excessiva quantidade de recursos versando sobre a mesma questão de direito pode ser constatada pelo presidente ou vice-presidente do tribunal local, competente para a realização do filtro de admissibilidade recursal (art. 1.030 do CPC), e que recebe, portanto, todos os recursos especiais e extraordinários interpostos nos limites territoriais de competência da corte. Caso somente a soma de recursos espalhados pelo país denote a quantidade exorbitante de recursos, esse fato será percebido apenas nos tribunais superiores e lá a questão será afetada pelo relator (art. 1.036, § 5º).

Se a multiplicidade de recursos for notada nos tribunais estaduais ou regionais federais, o respectivo presidente ou vice-presidente selecionará no mínimo dois recursos representativos da controvérsia e determinará a suspensão de todos os processos que versarem sobre a questão no âmbito do estado ou da região. Recurso "representativo da controvérsia" e que merece ser selecionado é aquele que preencha os requisitos de admissibilidade, contenha, juntamente com as contrarrazões do recorrido, o maior número de fundamentos sobre a questão (art. 1.036, § 6º, do CPC) e tenha o condão de propiciar debate mais profundo no julgamento realizado pelos tribunais superiores.

A suspensão deve ser comunicada aos demais órgãos judiciários subordinados, de modo que todos os processos que versem sobre o mesmo tema aguardem a solução dada pelo tribunal superior respectivo. No entanto, se apenas parcela do processo se identifica com a questão de direito afetada e não há uma relação de preliminariedade ou de prejudicialidade que impeça o exame das demais questões, a afetação e consequente suspensão não devem impedir que os processos continuem tramitando para julgamento acerca das demais questões e pedidos a elas relacionados.[282] O CPC permite, para esse mister, o julgamento antecipado parcial do mérito (art. 356), com a cisão da sentença.

Depois de afetada a questão, determinada a suspensão e selecionados os recursos, estes são encaminhados ao STJ ou ao STF, inicialmente, para a ratificação ou a revogação da decisão do presidente ou vice-presidente do

282. Enunciado CJF n. 78: "A suspensão do recurso prevista no art. 1.030, III, do CPC deve se dar apenas em relação ao capítulo da decisão afetada pelo repetitivo, devendo o recurso ter seguimento em relação ao remanescente da controvérsia, salvo se a questão repetitiva for prejudicial à solução das demais matérias".

tribunal local (art. 1.037, § 1º, do CPC). Mantendo a afetação, o relator, no tribunal superior, poderá selecionar outros recursos e respectivas contrarrazões para melhor instruir o julgamento (art. 1.036, § 4º, do CPC).

O recorrido cujo processo foi sobrestado em razão da afetação quando se aguardava o julgamento de recurso especial ou extraordinário da parte contrária, pode, demonstrando a intempestividade do recurso, requerer ao presidente ou ao vice-presidente que exclua da suspensão o seu processo e inadmita o recurso. Antes de se decidir, deve ser concedido prazo de cinco dias para a manifestação do recorrente. Contra essa decisão, cabe agravo interno (art. 1.036, § 3º).

No STJ ou no STF, depois de selecionados os recursos, compete ao relator proferir decisão na qual identifique com clareza e precisão a questão de direito afetada e que será submetida a julgamento. Muito relevante que assim se proceda, de modo a não ocasionar dúvidas no momento de suspensão realizada nos demais tribunais do país. Na mesma decisão, o relator estenderá os efeitos da suspensão anteriormente determinada a todos processos que tramitam no território nacional e que tenham como objeto a questão afetada e poderá solicitar a remessa de mais recursos que tratem da controvérsia (art. 1.037, *caput*), com o objetivo de tentar esgotar os argumentos relevantes à fixação da mais adequada intepretação da matéria.

Se mais de um ministro, no STJ ou no STF, tiver afetado idêntica questão para julgamento no regime dos recursos repetitivos, será prevento o relator que primeiro tiver proferido a decisão de identificação da questão e suspensão dos processos (art. 1.037, § 3º, do CPC).

#### *4.6.8.2. Participação dos interessados: contraditório mínimo para legitimidade da aplicação da decisão*

O procedimento principiado pela afetação da questão, antes de desembocar no julgamento de recurso repetitivo, passa por uma fase participativa, na qual todos aqueles que têm interesse na solução da controvérsia estão convidados a submeterem suas manifestações ao crivo do relator.

A coletivização do julgamento das demandas originalmente individuais, como técnica destinada à racionalização e à maior eficiência do sistema, apresenta benefícios ligados à celeridade e à economia processual, pois evita que uma mesma questão seja submetida indefinidas vezes ao julgamento perante os tribunais superiores. Discute-se e decide-se a melhor solução para a questão uma única vez.

Por outro lado, é inegável que esse rito afasta as partes integrantes de cada processo do trâmite do julgamento concentrado. Se, no procedimento individual de apreciação dos recursos especial e extraordinário, recorrente e recorrido expõem suas razões, que são consideradas no julgamento do recurso, no regime dos repetitivos, as partes que tiveram seus processos sobrestados não recebem a mesma atenção e suas postulações mantêm-se distantes dos olhos dos julgadores.

Como coadunar esse sistema confinante e o princípio do contraditório? Deve-se simplesmente aceitar, em prol da eficiência, um evidente déficit de participação dos envolvidos?[283] Para a solução desse grave dilema, parece-me que duas práticas devem ser adotadas.

Em primeiro lugar, a seleção dos recursos e das contrarrazões que servirão como representantes das posições defendidas deve ser cuidadosa e recair sobre peças que contenham o maior número de fundamentos relevantes, relativos às interpretações possíveis sobre a questão. As peças de recurso e contrarrazões eleitas devem ser claras, bem escritas e com fundamentação abrangente.[284] Não sendo encontrada uma só petição que preencha todos esses requisitos, devem ser selecionadas várias que atendam conjuntamente tais exigências. Ato contínuo a essa escolha, profere-se a decisão prevista no art. 1.037, I, do CPC, a qual deve conter, preferencialmente, um rol de argumentos utilizados nas peças representativas da controvérsia, de modo que todos os interessados tenham acesso e possam sugerir outros fundamentos a serem considerados no julgamento.

Em segundo lugar, o relator deve propiciar a ampla atuação de interessados, seja por meio de petições escritas ou manifestações orais em audiências

283. CABRAL, Antônio do Passo. O novo procedimento-modelo (*musterverfahren*) alemão: uma alternativa às ações coletivas. *Revista de Processo*. São Paulo: Revista dos Tribunais, vol. 147/2007: "Não obstante os interesses relevantes na efetividade da tutela coletiva, sistemas automaticamente inclusivos e as técnicas de legitimidade extraordinária, além de dificultarem o exercício de faculdades processuais, promovem um rompimento político-ideológico com o dissenso, o pluralismo e as iniciativas individuais. A condução do processo por um ente estranho à coletividade pode esconder dissidências dentro da classe, vilipendiando a liberdade individual de talvez milhares de pessoas com opiniões divergentes, que poderiam inclusive ter adotado estratégia processual diversa se tivessem ajuizado demandas individuais. Em suma, é uma disciplina discrepante do princípio dispositivo, o devido processo legal e o pluralismo que deve nortear o contraditório moderno, compreendido como a ampla capacidade de influir, condicionar a decisão estatal expressa na sentença. A recente percepção destes problemas vem levando a doutrina moderna a pregar a necessidade de equilibrar harmonicamente os interesses dos ausentes com as exigências da tutela coletiva".

284. CÂMARA, Alexandre Freitas. *O Novo Processo Civil brasileiro*. Ob. cit., p. 549: "Não basta, porém, que o recurso extraordinário ou especial seja admissível para poder ser selecionado. Impõe-se, também, que ele contenha 'abrangente argumentação e discussão a respeito da questão a ser decidida'. Em outras palavras, devem ser selecionados recursos (no mínimo dois, como visto) que permitam o exame aprofundado de todos os argumentos que podem ser invocados no exame daquelas questões de direito".

públicas ou na própria sessão de julgamento. O sistema dos recursos repetitivos serve para substituir o julgamento de centenas de casos individuais e, por tal razão, tem um rito mais complexo e mais demorado do que aquele previsto para exame de recurso individual. É necessária a alocação de mais tempo para o exercício do contraditório a fim de permitir que haja o salutar e desejável envolvimento daqueles que sofrerão as consequências da decisão. Sem a disponibilização de espaço ao contraditório apropriado, é difícil defender a constitucionalidade do regime dos recursos repetitivos.

Isso não significa que para o sistema alcançar a almejada legitimidade democrática todas as partes envolvidas em processos que versem sobre a questão afetada tenham de participar do julgamento do recurso repetitivo. Seria incongruente com o seu escopo e contraproducente ampliar o contraditório dessa forma. Só deve ser aceita, pois, a participação de interessados que tragam *argumentos novos*, não presentes nas peças inicialmente selecionadas, ou que apresentem *novos elementos para a demonstração de argumentos já trazidos.*[285] Suponha-se a situação na qual, embora já se tenha alegado a inconstitucionalidade de um dispositivo legal, algum interessado se manifeste para apontar outra norma constitucional violada, que não havia sido suscitada antes. Ou pense-se na apresentação de parecer técnico de *amicus curiae* que seja acostado aos autos para reforçar um dos argumentos anteriormente apresentado. Em ambos os casos, os novos elementos são bem-vindos e devem ser aceitos pelo relator.

O Código dispõe no art. 1.038 as formas pelas quais podem advir os subsídios para o julgamento. A primeira hipótese de contribuição é por meio da "manifestação de pessoas, órgãos ou entidades com interesse na controvérsia". Parcela da doutrina tem interpretado restritivamente esse dispositivo para permitir a intervenção apenas de *amicus curiae*, na forma do art. 138 do CPC.[286] Ademais, o STJ decidiu pela inadmissibilidade de

285. LUCON, Paulo Henrique dos Santos; RODRIGUES, Rafael Ribeiro. Recursos Extraordinário e Especial Repetitivos: Antecedentes e Novidades no CPC/2015. In: NERY JR, Nelson; ALVIM, Teresa Arruda; OLIVEIRA, Pedro Miranda de (Org.). *Aspectos Polêmicos dos Recursos Cíveis*. São Paulo: Editora Revista dos Tribunais, 2018, v. 14, p. 361: "Fato é que referidos intervenientes deverão trazer aos autos pontos ainda não abordados pelos recursos repetitivos a serem julgados, visando a ampliar o debate sobre a matéria, levando à Corte de vértice todos os possíveis elementos necessários para o julgamento do recurso repetitivo, que deverão ser considerados quando da prolação do acórdão paradigma".

286. NEVES, Daniel Amorim Assumpção. *Novo CPC Comentado*. Ob. cit., p. 1812; MARINONI, Luiz Guilherme; MITIDIERO, Daniel. *Comentários ao Código de Processo Civil*. Ob. cit., v. 16, p. 301; OLIVEIRA JR., Zulmar Duarte de. In: GAJARDONI, Fernando da Fonseca; DELLORE, Luiz; ROQUE, André Vasconcelos; OLIVEIRA JR., Zulmar Duarte de. *Execução e Recursos*: comentários ao CPC de 2015. Ob. cit., p. 1.223. Vincius Silva Lemos defende que, além do *amicus curiae*, as partes dos recursos selecionados como representativos da controvérsia podem intervir, bem como "a sociedade, via audiência pública"; cf. LEMOS, Vinicius Silva. *Recursos e Processos nos Tribunais*. Ob. cit., p. 535. Ver também MARINONI, Luiz Guilherme; MITIDIERO,

intervenção como assistente da parte que teve seu processo sobrestado em razão da afetação da questão.[287]

Esse não me parece o melhor entendimento.

A participação do *amicus curiae* é admitida e, muitas vezes, bastante proveitosa para a formação da convicção do órgão julgador. Mas a sua intervenção não é única permitida. Conforme prevê o art. 1.040 do CPC, os litigantes envolvidos em demandas que tenham como objeto a questão afetada pelo repetitivo serão diretamente afetadas pelo seu resultado.[288] Não é possível admitir que uma decisão judicial prejudique uma parte sem que ela tenha a possibilidade prévia e adequada de tentar influenciar o convencimento do julgador.[289]

---

Daniel. *Comentários ao Código de Processo Civil*. Ob. cit., v. 16, p. 286: "É certo que, em face do efeito obrigatório de um precedente, aqueles que não o discutiram estarão sujeitos a ele nos casos futuros. Porém, depois da afetação do recurso e da instituição do modelo de julgamento baseado na técnica do recurso repetitivo, as partes dos recursos que restam suspensos não têm alternativa a não ser assistir ao julgamento da questão que já impugnaram. Significa que a técnica dos recursos repetitivos não apenas submete casos em andamento a um precedente, mas exclui aqueles que impugnam a decisão da discussão perante a Corte".

287. Resp n. 1.418.593/MS, Rel. Min. Luis Felipe Salomão, j. 14 maio 2014, Dje 27 maio 2014).

288. BUENO, Cassio Scarpinella. *Manual de Direito Processual Civil*. 2. ed. São Paulo: Saraiva, 2016, p. 727: "Nada há que impeça, não obstante o silêncio das regras que acabei de destacar, que os próprios recorrentes, individualmente considerados, queiram se manifestar para os fins do art. 1.038. Sua intervenção, contudo, não os torna *amicus curiae*. Serão, sempre e invariavelmente, partes, interessadíssimas no desfecho da questão, e é nessa qualidade, e em nenhuma outra, que poderão pretender ser manifestar".

289. DIDIER JR., Fredie; TEMER, Sofia. A decisão de organização do incidente de resolução de demandas repetitivas: importância, conteúdo e o papel do Regimento Interno do Tribunal. In: *Grandes Temas do novo CPC*: julgamento de casos repetitivos. Salvador: Jus Podivm, 2017, v. 10, p. 239-240: "No que se refere à admissão dos sujeitos, parece ser possível destacar um filtro mínimo, que pode ser, para os sujeitos com interesse jurídico, a existência de processo pendente no qual se discuta a mencionada questão. É possível exigir, nesse particular, que o interveniente demonstre que houve a suspensão de seu processo por força da admissão do IRDR, o que valerá como uma espécie de certificação, em primeiro grau, da existência de interesse na formação do precedente"; DIDIER JR., Fredie; CUNHA, Leonardo Carneiro da. *Curso de Direito Processual*. Ob. cit., p. 696: "A todo sujeito interessado em determinada decisão jurisdicional deve ser concedida a possibilidade de participar no processo de sua formação, sendo-lhe reconhecido o direito de ser ouvido, a fim de poder influenciar o julgador e ajudá-lo na elaboração do conteúdo da decisão, contribuindo para a definição de sua *ratio decidendi*"; GRECO, Leonardo. *Instituições de Processo Civil*. Ob. cit., p. 276: "Mas o aspecto mais relevante a respeito da participação de interessados é a relativa ao exercício do direito de defesa, de postular, de propor e eventualmente produzir provas, de apresentar alegações inclusive em sustentação oral e de manifestar-se sobre todos os atos do procedimento do incidente, que não pode ser tolhido a todos aqueles que são partes nos recursos ou processos que não foram selecionados como representativos da controvérsia, mas que, suspensos, sofrerão diretamente os efeitos da decisão. Esses interessados, a meu ver, se encontram incluídos nas previsões dos artigos 543-C, § 4º, do Código de 1973, e 1.038, inciso I, do Código de 2015, que relegam a matéria à disciplina do Regimento Interno do STJ. As garantias constitucionais do contraditório e da ampla defesa e as normas infraconstitucionais que as implementam, em especial no Código de 2015 os artigos 7º, 9º e 10, impõem o respeito a essa plena participação em igualdade de condições com as partes nos recursos afetados. Por isso, a relevância da matéria, que informa a admissão da intervenção desses participantes, se caracteriza de pleno direito com o simples fato de

Além das partes dos processos sobrestados, parece-me indispensável a admissão da manifestação de outros interessados, que possam ser atingidos pela eficácia do precedente a ser formado no julgamento do recurso repetitivo. Imagine-se a discussão sobre a legalidade de cobrança de um tributo em determinada atividade empresarial. Conquanto não tenha ainda um litígio instaurado versando sobre a questão, uma sociedade empresária do setor tem o interesse jurídico na controvérsia, pois sobre sua atividade empresarial poderá incidir o tributo dependendo do resultado do julgamento concentrado. Da mesma forma, suponha-se que no STJ se discuta em recurso especial repetitivo a forma correta de instrumentalização de um crédito. Ainda que uma instituição bancária não tenha tido um processo sobrestado sobre o tema, a decisão afetará diretamente o modo pelo qual se relaciona com seus clientes.

E não me parece correto, nesses casos, permitir apenas a participação de *amicus curiae*, porquanto as associações de classe, cuja representatividade é mais evidente, podem optar por não intervir, enquanto o associado fica à deriva.

A limitação da participação, como já mencionado, relaciona-se com sua utilidade. Se a manifestação do interessado não oferece nada de novo que contribua com a cognição judicial, não deve ser admitida.[290] Esse filtro é realizado pelo relator do repetitivo. Entretanto, se o interessado oferece novo argumento ou relevante reforço a argumento já suscitado, sua manifestação deve ser deferida e seu argumento considerado no julgamento.

O art. 1.038 do CPC ainda prevê a realização de audiências públicas, nas quais é possível colher depoimentos de pessoas com experiência e conhecimento na matéria objeto da afetação,[291] a requisição de informações aos tribunais inferiores a respeito da controvérsia e a manifestação do Ministério Público. O escopo do legislador é a ampliação do debate, integrando o maior

---

ser parte em um dos recursos ou processos suspensos, não sendo necessária a sua avaliação com base em qualquer outra circunstância".

290. DIDIER JR., Fredie; CUNHA, Leonardo Carneiro da. *Curso de Direito Processual*. Ob. cit., p. 694: "E, para serem admitidos como intervenientes no incidente, é preciso que demonstrem a utilidade de sua intervenção. É preciso, em outras palavras, que demonstrem que têm novos argumentos para apresentar, podendo contribuir efetivamente (e com utilidade) da discussão e da formação do precedente".

291. FREIRE, Alexandre. O incidente de resolução de recursos extraordinários repetitivos e as audiências públicas no Supremo Tribunal Federal. In: NERY JR, Nelson; ALVIM, Teresa Arruda; OLIVEIRA, Pedro Miranda de. *Aspectos Polêmicos dos Recursos Cíveis*. V. 14. São Paulo: Editora Revista dos Tribunais, 2018, p. p. 43: "A audiência pública visa, entre outros propósitos, ampliar a legitimidade democrática das decisões do Supremo Tribunal Federal, em ações, recursos e incidentes, bem como dirimir questões técnicas e colher colaborações de especialistas a respeito de temáticas multidisciplinares que estão fora do campo de compreensão dos ministros e que, uma vez esclarecidas por especialistas, podem comprometer a qualidade das razões de decidir que constarão do precedente a ser formado pela Suprema Corte".

número de interessados na colaboração com a obtenção da melhor decisão possível, que será aplicada a um número substancial de demandas, como será analisado adiante.

### 4.6.8.3. *Julgamento e eficácia da decisão*

Depois de transcorrido o prazo de manifestação do Ministério Público, o relator enviará o relatório aos demais integrantes do órgão julgador e solicitará a inclusão do recurso em pauta de sessão de julgamento, que deve ocorrer com preferência sobre os demais feitos, ressalvados os que envolvam réu preso e os pedidos de *habeas corpus* (art. 1.038, § 2º, do CPC).

No julgamento, admite-se sustentação oral dos interessados. Segundo dispõe o art. 160, § 8º, do RISTJ, o terceiro que teve sua intervenção aceita poderá sustentar oralmente suas razões. Nada impede, a meu ver, que o requerimento e deferimento da participação ocorram no dia da sessão, desde que antes do início da colheita dos votos. O RISTF também permite a sustentação oral de interessados, que dividirão o prazo máximo de trinta minutos para manifestação na tribuna (art. 131, § 4º c/c 132, § 2º). Também se aplica, por força do art. 928 do CPC, o disposto no art. 984, isto é, aos interessados deve ser conferido prazo de trinta minutos para a sustentação oral, dissociado do prazo de exposição das partes do recurso afetado. E, dependendo do número de interessados admitidos, esse prazo de trinta minutos pode ser alargado (art. 984, § 1º).

No julgamento do recurso repetitivo, o tribunal tem duas atribuições. A primeira delas é a fixação da tese jurídica a ser aplicada aos demais processos que versem sobre a mesma questão. Para a maior facilidade de divulgação e de catalogação, a tese obtida pela maioria de votos deve ser reduzida em um verbete resumido, contendo uma síntese do entendimento alcançado no julgamento, mas são as razões constantes do acórdão que servirão de precedente.[292]

292. CÂMARA, Alexandre Freitas. *O Novo Processo Civil brasileiro*. Ob. cit., p. 553: "É fundamental, então, que em todos os votos haja expressa manifestação sobre todos os argumentos suscitados, de modo que se possa identificar quais foram os argumentos efetivamente acolhidos pela maioria dos integrantes do órgão julgador (e que serão, pois, os fundamentos determinantes, *rationes decidendi*, do acórdão, viabilizando assim sua futura aplicação como precedente vinculante). Em razão disso, é fundamental que na ementa – que o acórdão conterá (art. 943, § 1º) – haja a expressa indicação de quais foram os argumentos examinados, com menção de quais foram acolhidos e quais foram rejeitados, de modo a facilitar a correta pesquisa e aplicação do precedente vinculante".

Depois de estabelecida a tese, a corte passa ao julgamento do recurso afetado, decidindo as demais questões.[293] Essa segunda tarefa somente não ocorrerá em caso de desistência do recurso pelo recorrente, o que não impede a realização da primeira etapa de exame da questão afetada e de fixação da tese (art. 998, parágrafo único, do CPC).

No STJ, o julgamento de recurso repetitivo compete a uma das Seções (art. 12, X, do RISTJ). Porém, o recurso será remetido à Corte Especial se (i) acolhida arguição de inconstitucionalidade, desde que a matéria ainda não tenha sido decidida pela Corte Especial; (ii) algum dos ministros propuser revisão da jurisprudência assentada em súmula pela Corte Especial; (iii) convier pronunciamento da Corte Especial em razão da relevância da questão jurídica, ou da necessidade de prevenir divergência entre as Seções (arts. 11, XVI, c/c 16, ambos do RISTJ).

O CPC determina que, uma vez estabelecida a tese pelo STJ ou pelo STF no regime de recursos repetitivos, o entendimento será aplicado nos processos e recursos represados (arts. 1.039 e 1.040), da seguinte forma: (i) os recursos especiais e extraordinários sobrestados nos tribunais superiores seguirão para julgamento e aplicação da tese ou, caso o acórdão recorrido já tenha adotado o mesmo entendimento da tese paradigma, o recurso será julgado prejudicado; (ii) os recursos especiais e extraordinários sobrestados nos tribunais locais não serão admitidos se o posicionamento do acórdão recorrido coincidir com a tese fixada pelo tribunal superior; (iii) se o acórdão recorrido tiver sustentado posicionamento divergente daquele estabelecido no recurso repetitivo, o órgão fracionário que proferiu a decisão será instado ao reexame do caso, podendo retratar-se a fim de julgar em conformidade com o entendimento do tribunal superior; (iv) os processos suspensos em primeiro grau, antes de proferida a sentença, e em segundo grau, antes de julgado o recurso, retomarão o curso para julgamento e aplicação da tese firmada pelo tribunal superior.

Parece-me que a opção legislativa originou três situações distintas.

---

293. MEDINA, José Miguel Garcia. *Novo Código de Processo Civil Comentado*. Ob. cit., p. 1574; DIDIER JR., Fredie; CUNHA, Leonardo Carneiro da. *Curso de Direito Processual*. Ob. cit., p. 681. Ver também LEMOS, Vinicius Silva. *Recursos e Processos nos Tribunais*. Ob. cit., p. 541: "Uma vez pautado o processo para julgamento, o julgamento será bipartido, com a primeira análise sobre o mérito da questão – ou das questões – afetada como repetitiva, enfrentando cada ponto, tese ou argumentação, seja para acatá-las, rejeitá-las ou transformá-las, com a devida motivação em todas, mesmo as rejeitadas ou improvidas. O julgamento da questão meritória repetitiva e, consequentemente, esse acórdão devem abranger toda a discussão jurídica para a resolução da controvérsia. (...). Desse modo, após a definição da questão controversa repetitiva, o colegiado realiza o julgamento dos outros pedidos não repetitivos de cada recurso".

Na hipótese em que (i) o processo foi sobrestado antes da apreciação da questão nas instâncias ordinárias, a sua afetação para julgamento pelo tribunal superior ocasiona o *deslocamento parcial de competência*. O órgão no qual tramita o processo deixa de ser competente para exame (ou reexame, em caso de recurso suspenso em segunda instância) da questão objeto do recurso repetitivo, cuja análise passa a ser de atribuição exclusiva do STJ ou do STF, conforme o caso. Ao final do julgamento do repetitivo, o órgão originário recebe de volta a causa para decidir as demais questões, mas deve seguir o entendimento exarado pelo tribunal superior quanto à questão afetada. Da mesma forma se dá quando o processo foi atingido pela suspensão quando se encontrava na pendência de julgamento de recurso especial ou de recurso extraordinário já no STJ ou no STF. Assim, o órgão competente para o repetitivo – Seção ou Corte Especial (arts. 11, XVI, 12 e 16, do RISTJ) – receberá a competência exclusiva para apreciar a questão afetada, enquanto o órgão fracionário, originalmente competente para apreciar o recurso individual, julgará as demais questões, seguindo a tese paradigma no que for aplicável.

Não se trata, nessa primeira situação, de utilização obrigatória de precedente.[294] Aplica-se a tese firmada pelo tribunal superior, uma vez que, tal como ocorre no incidente de assunção de competência ou no incidente de arguição de inconstitucionalidade, há uma divisão de atribuições por meio da qual o tribunal superior passa a ser competente para processar e julgar a questão afetada, enquanto o órgão onde tramita o processo sobrestado permanece competente para apreciar as demais questões, aplicando, no que for cabível, a tese resultante do julgamento repetitivo. Afasta-se a aplicação apenas em casos de ausência de correlação entre o caso individual e a questão decidida no tribunal superior, o que pode ocorrer na hipótese em que o juízo originário se equivocou na seleção do caso no momento de suspender os processos que versavam sobre o tema discutido no repetitivo.

Se, por outro lado, (ii) já ocorreu o julgamento da questão afetada pelo tribunal local, mas o recurso especial ou extraordinário ainda não foi remetido ao tribunal superior competente, não houve deslocamento de competência e tampouco se impõe o precedente criado no regime dos recursos repetitivos.

294. A posição aqui defendida não é dominante na doutrina. Em sentido contrário, considerando que não há deslocamento de competência, mas incidência de precedente com eficácia vinculante. Ver NEVES, Daniel Amorim Assumpção. *Novo CPC Comentado*. Ob. cit., p. 1817; RODRIGUES. Marco Antonio. *Manual dos Recursos*. Ob. cit., p. 275-276; ALVIM, Teresa Arruda; DANTAS, Bruno. *Recurso Especial, Recurso Extraordinário e a nova função dos Tribunais Superiores*. Ob. cit., p. 559; DELLORE, Luiz. In: GAJARDONI, Fernando da Fonseca; DELLORE, Luiz; ROQUE, André Vasconcelos; OLIVEIRA JR., Zulmar Duarte de. *Execução e Recursos*: comentários ao CPC de 2015. Ob. cit., p. 1.233.

Se o acórdão recorrido está em consonância com o posicionamento do tribunal superior, por uma questão de eficiência, celeridade e de economia processual, não se remete o recurso para exame do STJ ou STF – exceto se outras questões ainda dependam de julgamento –, uma vez que seria mera ratificação da tese e resultaria em procedimento incompatível com o escopo do julgamento repetitivo, pois não bastaria ao tribunal superior julgar a questão uma única vez, tendo que examinar todos os recursos sobrestados. E caso o acórdão recorrido sustente posição contrária à tese fixada no repetitivo, também para fins de eficiência e celeridade da prestação jurisdicional, dá-se uma nova chance ao tribunal local, por meio do órgão fracionário prolator do *decisum* impugnado, de revisitar o julgado e, se assim entender conveniente, retratar-se para a aplicação do entendimento do tribunal superior. Se preferir manter inalterado o acórdão, sustentando a sua conclusão em posição oposta àquela firmada no repetitivo, o recurso anteriormente sobrestado será enviado para julgamento pelo tribunal superior (art. 1.041).

Em relação aos (iii) processos futuros, que não foram atingidos pelo sobrestamento decorrente da afetação da questão, porquanto ainda não tramitavam, o acórdão de julgamento do recurso repetitivo servirá de precedente, isto é, como modelo de julgamento a ser utilizado em casos que versem sobre a mesma controvérsia. Embora seja difícil sustentar a obrigatoriedade de aplicação, o Código traz vários indicativos de que se trata de precedente com eficácia mais abrangente.[295] Isso porque o CPC permite que da sua utilização decorra (a) o julgamento liminar de improcedência, (art. 332, II); (b) a concessão de tutela de evidência (art. 311, II); (c) o julgamento monocrático do mérito recursal pelo relator (art. 932, IV e V); (d) a utilização da reclamação, como forma de garantir a aplicação do precedente, desde que já esgotadas as vias recursais ordinárias (art. 988, II e § 5º).

Conforme dispõe o art. 1.040, IV, do CPC, "se os recursos versarem sobre questão relativa a prestação de serviço público objeto de concessão, permissão ou autorização, o resultado do julgamento será comunicado ao órgão, ao ente ou à agência reguladora competente para fiscalização da efetiva aplicação, por parte dos entes sujeitos a regulação, da tese adotada". Desse modo, a utilização extrajudicial do precedente tem o condão de evitar que se levem contendas envolvendo a questão já decidida pelos tribunais superiores,

295. GRECO, Leonardo. *Instituições de Processo Civil*. Ob. cit., p. 277: "Trata-se de precedente persuasivo, não vinculante, mas que obrigará o julgador da nova causa a considerá-lo na fundamentação da sua decisão (art. 489, § 1º, incs. V e VI) e que, se servir de fundamento à sentença liminar de improcedência (art. 332, inc. VI), constituirá de fato mera extinção do processo sem resolução do mérito, por falta de interesse de agir, como procurei demonstrar no 2º volume desta obra (item 1.3.1)".

porque a judicialização da disputa não levará a resultado distinto daquele indicado no julgamento do recurso repetitivo, exceto na hipótese – que se pressupõe rara, consoante art. 926 do CPC – de revisão da tese.

De modo semelhante, se o entendimento exarado no regime dos repetitivos apresentar-se contrário à pretensão contida em demanda que ainda tramite em primeiro grau, o autor poderá desistir da ação antes da sentença, independentemente de consentimento do réu, mesmo que este já tenha oferecido sua contestação (art. 1.040, §, 3º, do CPC) – o que representa exceção à regra prevista no art. 485, § 4º, do CPC. Isenta-se o autor do pagamento de custas e de honorários de sucumbência se a desistência ocorrer antes da contestação (art. 1.040, § 2º, do CPC). O objetivo da facilitação de desistência nesses casos é evitar o processamento inútil de demanda, já que o resultado futuro – aplicação da tese firmada pelo STJ ou pelo STF – já se conhece.

Na hipótese contrária, de a pretensão autoral estar em consonância com o entendimento estabelecido no repetitivo, o Código permite a antecipação dos efeitos da sentença com base na evidência do direito (art. 311, II), desde que as alegações de fato possam ser comprovadas apenas documentalmente ou se discutam em juízo apenas pontos de direito, revelando-se incontroversos os fatos.

## 4.7. EMBARGOS DE DIVERGÊNCIA

A inconsistência da jurisprudência, decorrente de posicionamentos divergentes, embora possa resultar na evolução dos entendimentos pretorianos de acordo com mudanças sociais, culturais, econômicas e políticas, é nociva sob a perspectiva de isonomia e de segurança jurídica. Espera-se do sistema judiciário que todos aqueles que se encontram na mesma situação recebam idêntico tratamento dos tribunais, sem que casos iguais obtenham resultados processuais diferentes. A organização hierárquica das cortes brasileiras permite que as divergências de entendimento sejam dirimidas por meio da interposição de recursos. Se dois juízes de primeiro grau têm perspectivas diferentes para a solução de uma mesma questão jurídica, às partes são disponibilizados recursos – apelação e agravo de instrumento – capazes de devolver a questão ao conhecimento do tribunal de segundo grau para que, ao final dos julgamentos, prevaleça um dos entendimentos.

Como os tribunais estaduais e regionais federais se dividem internamente em órgãos fracionários, a divergência de posicionamento pode originar-se em tais órgãos, isto é, distintas percepção entre turmas, entre turma e seção ou entre seções, por exemplo. Com o objetivo de padronização de posicionamentos *interna corporis*, o CPC disponibiliza o incidente de assunção de competência (art. 947, § 4º). Em que pese não exerçam precipuamente essa função, outros institutos processuais também se prestam ao papel uniformizador de entendimentos. Trata-se do incidente de resolução de demandas repetitivas e do regime de julgamento de recursos repetitivos, que buscam resolver o problema da massificação de conflitos sobre um mesmo tema, mas, indiretamente, pacificam possíveis divergências de posicionamento encontradas em um mesmo tribunal (ou em vários tribunais, no caso dos recursos repetitivos).

Se as posições discrepantes advêm da comparação entre precedentes de cortes distintas, a via adequada de uniformização é a interposição de recurso especial, conforme hipótese de cabimento prevista no art. 105, III, *c*, da Constituição. O STJ executa esse importante papel de aglutinação dos entendimentos dos tribunais estaduais e regionais federais, resolvendo eventuais desarmonias. O STF, ao dar a última palavra sobre as questões constitucionais debatidas nos tribunais do país, também desempenha essa incumbência de padronização da jurisprudência, em prol da isonomia e da segurança jurídica.

No entanto, STJ e STF, para melhor desempenho de suas atribuições, igualmente se organizam e se dividem em órgãos fracionários. Tais órgãos, com composições distintas, naturalmente alcançam posicionamentos conflitantes.[296] Nesse cenário, o problema de insegurança persiste, já que as divergências de interpretação somente são transferidas para as cortes superiores. Com a finalidade de equacionar esse problema, o legislador concebeu recurso capaz de ocasionar a uniformização de entendimentos no âmbito de STJ e STF.[297]

296. ASSIS, Araken de. *Manual dos Recursos*. Ob. cit., p. 752: "Divididos os tribunais em corpos menores, sem embargo da competência concorrente, frequentemente os respectivos julgadores se desentendem, porque homens e mulheres de formação heterogênea e convicções individuais. Lavrando dissídio interno no tribunal, os resultados díspares dos processos similares, quiçá repetitivos, provocam desconforto, senão estarrecem os destinatários das resoluções judiciais, comprometendo a função precípua do direito e o prestígio do tribunal"

297. Márcio Carvalho Faria noticia as origens do recurso em FARIA, Márcio Carvalho. *Embargos de divergência em agravo interno*: (in)aplicabilidade da Súmula nº 599 do STF. Disponível em: https://jus.com.br/artigos/6419/embargos-de-divergencia-em-agravo-interno/2. Acesso em: 14 jan. 2019: "A origem desses embargos remonta ao CPC de 1939, embora àquela época o Supremo Tribunal Federal relutasse em admitir que as decisões de suas turmas comportassem impugnação mediante revista. Argumentava o STF que o art. 833 daquele instituto tinha âmbito de incidência restrito aos tribunais estaduais, na medida em que somente naqueles existiam as 'Câmaras Cíveis Reunidas', termo referido pela lei então vigente. A solução encontrada pelo legislador para sanar essa 'dúvida' foi a de acrescentar, por meio da lei n.º 623, de 19.1.1949, o parágrafo único do art. 833, o qual ficou assim redigido: 'Além de outros

Os embargos de divergência têm o escopo, pois, de compor o dissenso interno observado entre órgãos fracionários de STJ e STF, de evitar a interposição de novos recursos,[298] e representam o último estágio recursal antes do fim do processo.[299] Neste capítulo, serão analisados seus requisitos de admissibilidade, procedimento e efeitos.

---

casos admitidos em lei, serão embargáveis, no Supremo Tribunal Federal, as decisões das Turmas, quando divirjam entre si, ou de decisão tomada pelo Tribunal Pleno'. Estava plantada a semente do que a prática convencionou chamar, desde então, de 'embargos de divergência'. Apesar disso, nem o anteprojeto Buzaid, nem o projeto definitivo contemplavam o recurso ora em comento – apenas o Regimento Interno do Supremo Tribunal Federal (RISTF) então vigente (capítulo XII-A, de 28.8.1963) trazia tal previsão –, tendo sido necessária a apresentação de emenda ao projeto já no Senado Federal (CPC, art. 546, parágrafo único). A fim de dar guarida à regra daquele art. 546, o STF modificou seu Regimento Interno em 1/12/1980, passando a prever, no art. 330, que 'cabem embargos de divergência à decisão de Turma que, em recurso extraordinário ou em agravo de instrumento, divergir de julgado de outra Turma ou Plenário, na interpretação do direito federal'. Com a promulgação da CF/88 e a repartição de competência do STF com o STJ, coube a este a função precípua de unificar o direito federal, razão pela qual nova lei precisou ser editada para disciplinar o processamento dos recursos excepcionais. Assim, em 28/5/1990, o art. 44 da lei 8038 acabou por revogar o art. 546 do código vigente, considerando em seu art. 29 que 'é embargável, no prazo de quinze dias, a decisão da Turma que, em recurso especial, divergir do julgamento de outra Turma, da seção ou do órgão especial, observando-se o procedimento estabelecido no regimento interno'. Firmada estava a possibilidade da interposição desse recurso no âmbito do STJ, apesar de a lei ter deixado de se referir aos recursos de competência do Pretório Excelso (embora, nessa época, esse tribunal tenha considerado que, à ausência de previsão legal, seu Regimento Interno supriria tal omissão, em que pese à ofensa a taxatividade, já que, como dito, ao regimento não é dado o condão de criar espécies recursais). Colocando pá de cal nessa aparente celeuma, o legislador, com a lei 8.950, de 13/12/1994, estendeu em termos expressos (CPC, arts. 496 VIII; e 546, II [30]), o cabimento dos embargos de divergência aos acórdãos da Corte Suprema".

298. WAMBLER, Teresa Arruda Alvim. O CPC Projetado, os recursos e o maior rendimento do processo. In: OLIVEIRA, Bruno Silveira de et al. (Org.). *Recursos e a Duração Razoável do Processo*. Brasília: Gazeta Jurídica, 2013, p. 484: "Os embargos de divergência são um recurso cuja admissão e provimento podem ter o condão de evitar que cheguem muitos outros recursos ao tribunal que os julgou. Certamente, quando já há jurisprudência monoliticamente firmada no tribunal a respeito de uma certa questão de direito, é natural que haja um desestimulo ao ato de recorrer, tendo em vista a perspectiva quase certa de que ao recurso não se dê provimento".

299. Idem, p. 755-756: "O fim a que visam os embargos de divergência é o de provocar a extinção da divergência intestina que eventualmente grassar no STF e no STJ. A Constituição outorgou a tais tribunais superiores, ao primeiro em matéria constitucional, ao segundo no tocante ao direito federal, a função de uniformizar a interpretação e a aplicação do direito, sobrevalorizadas pela vinculação dos órgãos judiciários inferiores contemplada no art. 927. Instituiu, para atender a essa finalidade, respectivamente, o recurso extraordinário e o recurso especial, do ponto de vista do quadro recursal. Dentre as hipóteses de cabimento do especial figura, justamente, o caso de dissídio entre diferentes tribunais de segundo grau (art. 105, III, c, da CF/1988). É óbvio que a missão constitucional nem sequer se iniciaria na hipótese de os respectivos órgãos fracionários, perante casos similares, se desentendessem internamente na formulação das teses jurídicas. Em outras palavras, o fiel desempenho da ingrata tarefa atribuída aos tribunais superiores pressupõe a condição de eles próprios uniformizarem a respectiva jurisprudência"; FARIA, Márcio Carvalho. *Embargos de divergência em agravo interno*. Ob. cit.: "Há que se ressaltar que, no Supremo Tribunal Federal, o acórdão proferido em sede de embargos de divergência não comporta mais recursos (a não ser, por óbvio, os embargos de declaração, pertinentes em todos as decisões que se encontrem obscuras, omissas, contraditórias ou maculadas de erro material [39]). No Superior Tribunal de Justiça, por sua vez, se presentes os requisitos constitucionais (art. 105, III da CF/88), pode eventualmente ser cabível, ainda, o recurso extraordinário".

### 4.7.1. Cabimento

O alicerce do cabimento dos embargos de divergência é existência de divergência interna no STJ e no STF. Assim, se o acórdão apresentar entendimento discrepante daquele exarado em acórdão proferido por outro órgão fracionário do tribunal, está-se diante de possível hipótese de cabimento do recurso.[300] Os acórdãos recorrido e paradigma podem ter sido resultado de julgamentos unânimes ou não. Pouco importa. Se traduzem o dissenso interno da corte, são cabíveis os embargos de divergência.

O regramento dos embargos de divergência encontra-se previsto nos arts. 1.043 e 1.044 do CPC e nos regimentos internos de STJ e STF por força do que dispõe o art. 1.044, *caput*, o qual transfere aos tribunais o estabelecimento das regras procedimentais.

No art. 1.043, o legislador indicou as hipóteses de cabimento. Comportam impugnação por embargos de divergência os acórdãos proferidos em sede de recursos extraordinário e especial que manifestarem entendimento contrário do julgamento de qualquer outro órgão do mesmo tribunal.[301] Assim, se, por exemplo, a Terceira Turma do STJ oferece solução distinta daquela conferida pela Quarta Turma em relação a uma mesma questão, a parte prejudicada poderá levar, por meio de embargos de divergência, ao conhecimento da Segunda Seção, que fixará o entendimento a ser seguido.

O CPC circunscreve o cabimento dos embargos de divergência a (i) acórdãos extraídos do julgamento de recurso especial e de recurso extraordinário; e (ii) casos em que tanto o acórdão recorrido como o acórdão

---

300. DIDIER JR., Fredie; CUNHA, Leonardo Carneiro da. *Curso de Direito Processual*. Ob. cit., p. 444-445: "Composto de onze ministros, o Supremo Tribunal Federal tem, além do plenário, 2 (duas) turmas. Os julgamentos são, então, proferidos, ou por 1 (uma) turma, ou pelo plenário. Significa que, no STF, os órgãos fracionários sãos as 2 (duas) turmas. Logo, não houve, no tocante ao STF, mudança nesse ponto: os embargos de divergência cabem do julgamento de turma. Por sua vez, o Superior Tribunal de Justiça mantém, em sua organização, turmas, seções e uma corte especial. A corte especial desempenha as funções que seriam do plenário. É que, tendo o STJ trinta e três ministros, ou seja, mais de vinte e cinco membros, está autorizado, pelo art. 93, XI, da Constituição Federal, a criar um órgão especial, que desempenha as funções do plenário. Sendo assim, não deve a corte especial ser considerada órgão fracionário, mas órgão pleno. Quer isso dizer que, no STJ, os embargos de divergência são cabíveis de acórdãos proferidos por turmas ou seções"; ASSIS, Araken de. *Manual dos Recursos*. Ob. cit., p. 758: "Do art. 1.043, *caput*, logo se extrai uma conclusão inicial: rejeitam embargos de divergência os acórdãos da Corte Especial do STJ e do Pleno do STF, porque órgãos naturalmente uniformizadores, presumivelmente vergando à autoridade dos seus julgados o entendimento das turmas quanto à matéria, e, no STJ, os acórdãos das Seções".

301. GRECO, Leonardo. *Instituições de Processo Civil*. Ob. cit., p. 294: "O recurso de embargos é contra uma decisão em um processo civil, isto é, não penal. Mas o acórdão paradigma pode ter sido proferido em qualquer decisão jurisdicional do tribunal, em matéria civil ou criminal".

paradigma tenham enfrentado o mérito, não sendo lícita a interposição de embargos de divergência se um dos dois não tenha sido conhecido em virtude da ausência de algum requisito de admissibilidade ou por ter sido considerado prejudicado.

No entanto, essas restrições são flexibilizadas em algumas hipóteses. Em primeiro lugar, o STF, em 2008, reviu entendimento antigo sobre o descabimento de embargos de divergência contra acórdão exarado em sede de agravo regimental (o que serve, *mutatis mutandis*, para o agravo interno).[302] A posição anterior do STF encontrava fulcro no fato de que as decisões dos relatores se restringiam à admissibilidade recursal. Com a evolução legislativa e o incremento dos poderes do relator, os agravos regimentais (e internos) passaram a ter como objeto corriqueiro o mérito do recurso extraordinário, que havia sido decidido por decisão singular do relator.[303] O atual entendimento do Supremo autoriza, pois, o manejo dos embargos de divergência em face de acórdão proferido em julgamento de agravo interno nos casos em que o relator, em decisão singular, *deu provimento* ao recurso extraordinário.[304] Parece-me adequada a solução dada pelo STF, pois preserva a isonomia de tratamento entre as partes que têm seu processo apreciado diretamente pelo colegiado e aquelas que somente lá chegam pela via do agravo interno. O STJ já tinha trilhado esse caminho, antes mesmo do cancelamento da súmula n. 599 pelo STF, tendo inclusive editado a súmula n. 316.[305]

A segunda extensão de cabimento está prevista no próprio CPC, no art. 1.043, III. Não é incomum que o acórdão exarado em sede de recurso especial ou extraordinário conclua pelo não conhecimento do recurso, mas a fundamentação revele que, com efeito, o mérito recursal foi apreciado. Suponha-se motivação de acórdão contendo a assertiva de que "inexiste a alegada violação à norma federal e, portanto, não deve ser conhecido o recurso especial". Embora haja menção à inadmissibilidade recursal, o STJ, nesse exemplo, efetivamente adentrou no mérito para considerar não violada

---

302. Súmula n. 599 (cancelada): São incabíveis embargos de divergência de decisão de Turma, em Agravo Regimental.

303. FARIA, Márcio Carvalho. *Embargos de divergência em agravo interno*. Ob. cit., "Quanto ao objetivo, cumpre afirmar que, como o agravo interno não tem – ou melhor, não tinha – o condão de suscitar questão meritória, a súmula 599/STF tinha sua razão de ser na celeridade e economia processual, na medida em que impedia, já em um juízo prévio, que os embargos de divergência tivessem seguimento, uma vez que invariavelmente seriam estes infrutíferos para a uniformização de jurisprudência, pois versavam apenas sobre questões meramente burocráticas".

304. ARE 732116 AgR-ED-EDv-AgR, Relator Ministro Edson Fachin, Tribunal Pleno, julgamento em 19/8/2015, DJe de 14/10/2015.

305. Súmula n. 316, STJ: "Cabem embargos de divergência contra acórdão que, em agravo regimental, decide recurso especial".

a norma. Como já examinamos, para o cabimento do recurso especial basta a alegação de ofensa à lei federal. Se a infração ocorreu ou não é uma questão a ser resolvida na análise de mérito. Desse modo, cabem embargos de divergência nos casos em que o acórdão, embora tenha externado conclusão pela inadmissibilidade, tenha de fato se embrenhado no exame do mérito. Não é possível, porém, a interposição de embargos de divergência contra decisão monocrática do relator.[306]

Por fim, dispõe o art. 1.043, § 2º, que "a divergência que autoriza a interposição de embargos de divergência pode verificar-se na aplicação do direito material ou do direito processual". Assim, embora não seja possível o manejo dos embargos contra acórdão que inadmitiu o recurso especial ou extraordinário, a questão de mérito discutida pode ter natureza processual, inclusive de admissibilidade recursal. Imagine-se a hipótese na qual uma apelação é julgada deserta. A parte sucumbente interpõe recurso especial, pretendendo demonstrar violação da norma contida no art. 1.007 do CPC. O mérito do recurso especial é, destarte, o preenchimento das exigências relativas ao preparo. Julgado o mérito do recurso, a turma diverge da posição de outro órgão fracionário do tribunal, permitindo a interposição de embargos de divergência a respeito de questão processual sobre admissibilidade da apelação, mas que constitui o mérito do recurso especial.

Outrossim, é lícita a interposição do recurso mesmo se a divergência se apresentar entre precedentes do *mesmo* órgão fracionário, desde que sua composição tenha sofrido alteração em mais da metade de seus membros, como prevê o art. 1.043, § 3º, do CPC.[307] Com efeito, se os magistrados que compunham o órgão dele não fazem mais parte, sendo substituídos por outros, a divergência surgida nas diferentes composições equivale à desarmonia de entendimento entre diferentes órgãos. É possível, ainda, a utilização, como precedentes paradigmas, de julgamentos proferidos em ações de competência originária (art. 1.043, § 1º, do CPC).

Apenas divergências sobre questões de direito propiciam o uso dos embargos. Assim, pode ser tomado como paradigma acórdão que não apresente

306. Nesse sentido, ver GRECO, Leonardo. *Instituições de Processo Civil.* Ob. cit., p. 294; LEMOS, Vinicius Silva. *Recursos e Processos nos Tribunais.* Ob. cit., p. 621.

307. A redação dada pelo CPC/2015 acabou por revogar o entendimento sumulado do STF (súmula n. 353), que vedava a utilização de acórdão paradigma do mesmo órgão que proferiu o acórdão recorrido. O próprio STF, antes da vigência do CPC, já vinha deixando de aplicar o teor da súmula n. 353.

identidade fática com o acórdão recorrido, desde que ambos tenham enfrentado a mesma questão jurídica.[308]

Por fim, o STF não admite a utilização de paradigmas que foram enfrentados e rechaçados pelo acórdão recorrido, sob a justificativa de não configurarem dissidência.[309] Parece-me, todavia, inadequada a posição do tribunal, uma vez que o acórdão recorrido pode ter se equivocado e os embargos de divergência servirão à exata comprovação da existência de divergência. A única exigência adicional nesse caso é a demonstração pelo embargante do erro de interpretação constante do acórdão embargado, que considerou inexistente a dissonância.

### 4.7.2. Demais requisitos de admissibilidade

Os embargos de divergência, da mesma forma que os demais recursos previstos no CPC, têm prazo de quinze dias para interposição e resposta (art. 1.003, § 5º), contados apenas os dias úteis (art. 219). O embargante deve valer-se de petição escrita, dirigida à Secretaria do órgão competente para julgá-lo, conforme dispõe o art. 334 do RISTF. O CPC não dispensa o preparo nos embargos de divergência e a Lei n. 11.636/2007 exige o recolhimento de custas pelo embargante no âmbito do STJ. No STF, o art. 57 do RISTF reforça a necessidade de preparo ao prever que, "salvo os casos de isenção, compete às partes antecipar o pagamento do respectivo preparo".

Em sua petição de recurso, além da comprovação do preenchimento dos demais requisitos de admissibilidade, o art. 1.043, § 4º, do CPC impõe ao embargante a demonstração da existência do dissídio jurisprudencial. Para tanto, é necessário que faça prova da divergência com a juntada do acórdão paradigma, que contém o modelo de julgamento distinto do acórdão recorrido, e da certidão, da cópia ou da citação do repositório de jurisprudência, oficial ou credenciado, em que houver sido publicado.

---

308. ALVIM, Teresa Arruda; DANTAS, Bruno. *Recurso Especial, Recurso Extraordinário e a nova função dos Tribunais Superiores*. Ob. cit., p. 608: "Nesse dispositivo fica claro o que uma das autoras deste ensaio tem sustentado: essa ferramenta de uniformização da jurisprudência não se presta exclusivamente a corrigir discrepâncias de decisões sobre casos absolutamente idênticos. Há necessidade, isto sim, de que exista identidade jurídica estrutural, de essência, embora, às vezes, os fatos sejam diferentes. É que nem sempre a desarmonia se revela quando são decididos de modos diferentes casos iguais: por exemplo, a incidência de um tributo sobre certa operação jurídica. Às vezes, os fatos não são idênticos, mas o fenômeno jurídico é o mesmo".

309. Súmula n. 598, STF: "Nos embargos de divergência não servem como padrão de discordância os mesmos paradigmas invocados para demonstrá-la mas repelidos como não dissidentes no julgamento do recurso extraordinário".

Permite-se, ainda, provar a divergência com a reprodução do julgado disponível na internet, com indicação da respectiva fonte, isto é, a juntada do acórdão paradigma extraído do site do STF ou do STJ na rede mundial de computadores, contendo o link de acesso. Essa possibilidade facilitou muito o cumprimento do requisito, pois os sites dos tribunais estão cada vez mais modernos e acessíveis e contam com extenso banco de dados. Basta consultá-los para pesquisar eventual divergência e acostar aos autos o julgado acompanhado do link da página em que está publicado.

Não é suficiente, entretanto, a juntada do acórdão paradigma e da prova de sua publicação. O § 4º, do art. 1.043, exige que o embargante, em sua petição de recurso, mencione "as circunstâncias que identificam ou assemelham os casos confrontados". Essa tarefa demanda do recorrente a comparação dos dois acórdãos de modo que se evidencie a semelhança dos casos e a diferença dos resultados alcançados pelos órgãos fracionários. Assim, um tópico da redação do recurso deve ser destinado a essa comparação a fim de comprovar que há divergência.

Para que seja possível a utilização de um acórdão como meio de demonstração da divergência, o julgado tem que ser recente ou, ao menos, não ter ocorrido mudança de entendimento naquele tribunal. Em outras palavras, somente a divergência atual merece ser dirimida mediante embargos de divergência.[310] Se, posteriormente, o órgão fracionário cujo acórdão servia de paradigma alterou seu entendimento, não é mais possível mencioná-lo para fazer prova do dissídio jurisprudencial.

O STJ tinha entendimento pelo qual considerava igualmente necessário que o acórdão utilizado como paradigma tivesse sido proferido por órgão que ainda mantivesse competência para análise da matéria discutida no recurso. Assim, por exemplo, se determinada turma tinha competência para julgar questões relativas ao direito marítimo e, posteriormente, deixou de ter essa atribuição, os acórdãos versando sobre esse ramo do direito não serviriam de paradigma para fins de interposição de embargos de divergência.[311] No entanto, o CPC/2015 não estabeleceu essa restrição. Pelo contrário, o Código dispõe que se configura a divergência se existente entendimento diverso oriundo de "de qualquer outro órgão do mesmo tribunal". Desse modo,

310. Súmula n. 168, STJ: "Não cabem embargos de divergência, quando a jurisprudência do Tribunal se firmou no mesmo sentido do acórdão embargado". Súmula n. 247, STF: "O relator não admitirá os embargos da Lei 623, de 19-2-1949, nem deles conhecerá o Supremo Tribunal Federal, quando houver jurisprudência firme do Plenário no mesmo sentido da decisão embargada".

311. Súmula n. 158, STJ: "Não se presta a justificar embargos de divergência o dissídio com acórdão de Turma ou Seção que não mais tenha competência para a matéria neles versada".

parece-me não mais se sustentar o entendimento representado pela súmula n. 158 do STJ, isto é, desde que atual o posicionamento dissonante, conquanto originado de órgão que perdeu a competência para apreciar a matéria, é lícita a utilização do seu acórdão como fonte paradigma da divergência.[312]

### 4.7.3. Procedimento

O procedimento dos embargos de divergência é regulado pelo CPC, em especial pelos artigos 929 a 946, que versam sobre a ordem dos processos nos tribunais, e pelos regimentos internos de STJ e STF, como determina o art. 1.044 do CPC.

Interpostos os embargos perante a secretaria do órgão *ad quem*, o rito inicial previsto nos regimentos internos de STJ e STF diferem. No STF, o art. 335 do RISTF prevê que, preliminarmente, será concedido prazo ao embargado para contrarrazões. Ato contínuo, o relator do acórdão embargado – e não o relator dos embargos de divergência – exercerá um juízo prévio de admissibilidade (art. 335, § 1º, do RISTF). O RISTF criou, pois, um filtro a ser desempenhado pelo relator do acórdão recorrido, o que não acontece perante o STJ. Se o recurso é admitido, segue-se com a distribuição para um novo relator, que compõe o órgão *ad quem*. Como prevê o art. 76 do RISTF, "se a decisão embargada for de uma Turma, far-se-á a distribuição dos embargos dentre os Ministros da outra; se do Plenário, serão excluídos da distribuição o Relator e o Revisor".

No entanto, se inadmitidos os embargos no filtro inicial, dispõe o art.335, § 2º, que caberá agravo. O RISTF estipula prazo de cinco dias para interposição desse recurso. Contudo, como se trata de agravo interno, por força das disposições contidas nos arts. 1.021, 1.003, § 5º, e 1.070 do CPC, prevalece o prazo de quinze dias.

O RISTJ concebeu procedimento inicial distinto. Logo após a interposição do recurso, dá-se a sua distribuição para um novo relator (art. 266-C). Em juízo singular, o relator exercerá prévio juízo de inadmissibilidade, podendo negar seguimento ao recurso se ausente algum requisito de admissibilidade ou "se não comprovada ou não configurada a divergência jurisprudencial atual".

---

312. Nesse sentido, ver FREIRE, Alexandre. Dos embargos de divergência. In: WAMBIER, Teresa Arruda Alvim; DIDIER JR., Fredie; TALAMINI, Eduardo; DANTAS, Bruno (coord.). *Breves comentários ao Código de Processo Civil*. Ob. cit., p. 2350; DIDIER JR., Fredie; CUNHA, Leonardo Carneiro da. *Curso de Direito Processual*. Ob. cit., p. 448.

Conforme impõe o art. 932, parágrafo único do CPC, antes de inadmitir o recurso, compete ao relator conferir ao embargante a oportunidade de correção do vício, desde que sanável, e de complementação da documentação exigida. Desse modo, se o recorrente deixou de acostar aos autos a prova da divergência, poderá suprir a falta no prazo de cinco dias contados da intimação da decisão do relator que assim determinar. Outrossim, constatando-se a hipótese de enfrentamento unipessoal do mérito (art. 932, IV e V, do CPC), o relator julgará desde logo o recurso. Caso contrário, antes de encaminhar o recurso para julgamento pelo colegiado, o relator dará vista ao embargado para contrarrazões no prazo de quinze dias e, se for o caso, intimará o Ministério Público para pronunciamento no prazo de vinte dias (art. 266-D do RISTJ).

No STF, a competência para julgamento colegiado dos embargos de divergência é sempre do Plenário (art. 336, parágrafo único, do RISTF). No STJ, porém, a competência varia de acordo com o órgão prolator do acórdão embargado. Se a divergência for entre turmas ou entre uma turma e a seção à qual está subordinada, caberá a esta o julgamento do recurso (art. 12, parágrafo único, I, do RISTJ). Competirá à Corte Especial, por sua vez, se a divergência for (i) entre turmas de seções distintas; (ii) entre seções; (iii) entre turma e seção que não integre; (iv) ou entre turma e seção com a própria Corte Especial (art. 11, XIII do RISTJ).

Cumprido esse rito inicial de juízo de admissibilidade prévio e de disponibilização para o exercício do contraditório, em ambos os tribunais o recurso segue para julgamento colegiado, com inclusão em pauta e devida publicação (art. 934 do CPC). Iniciada a sessão e anunciado o início do julgamento pelo presidente do órgão colegiado, é concedida a palavra ao relator para apresentação de seu relatório. Em seguida, se os patronos das partes assim desejarem, ser-lhes-á dada a palavra para sustentação oral pelo prazo de quinze minutos, cada (art. 937 do CPC). Finalizadas as exposições dos advogados, são colhidos os votos e declarado o resultado.

### 4.7.4. Efeitos

#### 4.7.4.1. *Efeito devolutivo e eficácia* ultra partes

Os embargos de divergência devolvem ao órgão *ad quem* o conhecimento do processo, limitado à questão jurídica objeto da dissonância de entendimentos, permitindo a reforma ou invalidação do acórdão recorrido. Porém, seu principal escopo é a uniformização da jurisprudência dos tribunais superiores. Assim, antes do julgamento do caso em si, o órgão competente para apreciação dos embargos estudará a questão jurídica objeto do recurso e que suscita a discordância *interna corporis*. O primeiro passo consiste, portanto, na fixação da posição a ser seguida, de modo que, em prol da isonomia e da segurança jurídica, apenas uma interpretação prevaleça.

Esse primeiro objetivo é alcançado sempre que o recurso preencha os requisitos de admissibilidade e mesmo nos casos de desprovimento.[313] Isso porque, ao reconhecer presente o requisito do cabimento, o tribunal considerou existente a divergência e, destarte, a pacificação ocorrerá independentemente do predomínio da tese do embargante.[314] Suponha-se que uma das turmas do STJ considere a insolvência da sociedade empresária requisito essencial para a desconsideração da personalidade jurídica, enquanto outra turma vislumbre suficiente a demonstração de confusão patrimonial entre o patrimônio do sócio e da sociedade. O embargante, que foi atingido pela desconsideração sem que tenha sido comprovada a insolvência, invoca o precedente da outra turma para atestar a divergência. No julgamento dos embargos, a seção considera dispensável a prova da insolvência e fixa tese no sentido do entendimento dado pelo acórdão recorrido. Por conseguinte, mesmo tendo sido cumprido o escopo primordial de alinhamento da jurisprudência, o recurso foi desprovido, haja vista ter prevalecido a tese firmada no acórdão embargado.

A solução da divergência caracteriza-se como questão prejudicial ao pedido de reforma ou invalidação do embargante. Se a desarmonia de entendimentos é resolvida aplicando-se a tese presente no acórdão recorrido, os embargos serão improvidos. Se prevalece a interpretação dada no acórdão paradigma, ao recurso será dado provimento. Nada impede, contudo, que o órgão *ad quem* fixe uma terceira tese, oferecendo solução diversa daquelas concedidas pelos acórdãos paradigma e recorrido.

---

313. LEMOS, Vinicius Silva. *Recursos e Processos nos Tribunais*. Ob. cit., p. 632: "Com a interposição dos embargos de divergência e todo o trâmite recursal, o julgamento tem, por sua própria característica, a consequência de alcançar-se, sempre, a uniformização da jurisprudência, caso julgado em seu mérito, independentemente do resultado a ser proferido. O ato judicante dos embargos de divergência, após a admissibilidade positiva, é dividido em duas fases: a análise para dirimir a divergência e o resultado do próprio recurso – provimento, parcial provimento e improvimento".

314. GRECO, Leonardo. *Instituições de Processo Civil*. Ob. cit., p. 296: "Constatada pelo confronto dos acórdãos que há divergência entre os acórdãos embargado e paradigma, o tribunal conhecerá do recurso. Se entender que a tese jurídica que deva prevalecer é a do primeiro, negará provimento ao recurso. Se entender que deva prevalecer a tese jurídica do paradigma, dará provimento ao recurso, reformando a decisão proferida no recurso extraordinário ou especial e renovando o seu julgamento, o que poderá levar o tribunal a reexaminar outras questões de fato e de direito decorrentes da nova solução da questão de direito que fundamentou os embargos (Súmula 456 do STF)".

Por óbvio, a solução conferida ao caso concreto, segunda parte do julgamento dos embargos de divergência, circunscreve-se às partes do processo, não estendendo seus efeitos a terceiros. Em relação à primeira parte, porém, de uniformização de jurisprudência interna de STF e STJ, seus efeitos também se confinam aos litigantes que compõem a relação jurídica processual ou sua eficácia ultrapassa os limites do processo para atingir terceiros?

Seria no mínimo incoerente e contraproducente que, depois de utilizados esforços do tribunal para a eliminação do dissídio jurisprudencial, os órgãos fracionários pudessem julgar de modo contrário ao entendimento fixado em sede de embargos de divergência. Uma vez prevalecida uma tese/interpretação sobre determinada questão jurídica, o tribunal superior deve passar a aplicá-la nas futuras decisões de seus órgãos.[315] Reforça esse entendimento o disposto no art. 927, V do CPC. No entanto, se a posição do tribunal deixar de ser aplicada em caso futuro perante órgãos fracionários, à parte prejudicada restará a interposição de embargos de divergência, pelo qual demonstrará a existência de acórdão paradigma (exarado em sede de embargos de divergência), no qual foi fixado o entendimento da corte sobre o tema. Embora represente precedente fortemente persuasivo, por refletir a interpretação uniformizada dos tribunais de cúpula do país, pode acontecer de as instâncias ordinárias deixarem de aplicar a tese firmada no julgamento dos embargos.[316] Essa hipótese, porém, não se amolda em nenhum dos incisos do art. 988 do CPC, que tratam do cabimento da reclamação.[317] Desse modo, a parte deverá trilhar o caminho recursal para que o entendimento do tribunal superior seja aplicado.

### *4.7.4.2. Efeito suspensivo*

Dispõe o art. 995 do CPC que os recursos não têm efeito suspensivo, exceto se houver dispositivo legal em sentido contrário. Os artigos que regulam os embargos de divergência no Código não preveem efeito suspensivo *ope legis*, ou seja, a mera possibilidade de interposição de embargos

---

315. Nesse sentido, cf. RODRIGUES, Luiza Silva. Eficácia dos acórdãos proferidos em sede de embargos de divergência. *Aspectos Polêmicos dos Recursos Cíveis*. V. 14. São Paulo: Editora Revista dos Tribunais, 2018, p. 229; LEMOS, Vinicius Silva. *Recursos e Processos nos Tribunais*. Ob. cit., p. 635.

316. Parte da doutrina sugere que a questão jurídica uniformizada em sede de embargos de divergência seja reduzida a verbete de súmula. Nesse sentido, cf. ASSIS, Araken. *Manual dos Recursos*. Ob. cit., p. 776: "A natureza dos embargos de divergência propicia o surgimento de um efeito peculiar de máxima relevância: formulada a tese jurídica correta, e erradicado o dissídio intestino que grassava no tribunal superior, convém que o resultado seja incorporado à súmula de jurisprudência dominante, orientando os tribunais inferiores na mesma direção".

317. Em sentido contrário, considerando possível o manejo da reclamação, ver RODRIGUES, Luiza Silva. *Eficácia dos acórdãos proferidos em sede de embargos de divergência*. Ob. cit., p. 244-245.

isoladamente não tem o efeito de obstar a eficácia da decisão recorrida sem que haja decisão judicial nesse sentido.

Desse modo, caso o embargante pretenda a suspensão dos efeitos da decisão embargada, deve incluir na sua petição de recurso o requerimento de concessão de efeito suspensivo *ope judicis*, acompanhado da demonstração dos requisitos autorizadores da concessão (art. 995, parágrafo único, do CPC).

#### *4.7.4.3. Efeito interruptivo*

Proferido o acórdão em sede de recurso especial, inicia-se o prazo para a interposição de recurso extraordinário, caso presente no *decisum* alguma violação à Constituição. Se, porém, qualquer das partes interpuser embargos de divergência, interrompe-se o prazo de interposição de recurso extraordinário contra o mesmo acórdão. A interrupção faz com que o prazo deixe de correr até o julgamento dos embargos e, depois de intimadas as partes da decisão, *volte a correr do início*.

O efeito interruptivo dos embargos de divergência, previsto no art. 1.044, § 1º, do CPC, aliado ao efeito expansivo subjetivo, ocasiona a interrupção do prazo recursal de todas as partes, inclusive daquela que não se utilizou do recurso. Assim, se o autor interpõe embargos de divergência, o prazo de interposição de recurso extraordinário do réu também é interrompido. Igualmente se interrompe o prazo para a interposição de recurso pelo Ministério Público e por terceiro.

Se, uma vez intimadas as partes a respeito do acórdão do recurso especial, uma delas interpõe recurso extraordinário e a outra, embargos de divergência, estes serão inicialmente julgados no STJ. Se os embargos forem rejeitados no mérito ou, embora acolhidos, não alterarem a conclusão do julgamento anterior, dispõe o art. 1.044, § 2º, do CPC que a parte que interpôs prematuramente seu recurso extraordinário não necessita ratificar as sus razões. O recurso será processado e julgado independentemente da prática de qualquer ato pelo recorrente.

No entanto, se o acolhimento dos embargos resultar na modificação do acórdão embargado, ao recorrente deve ser concedido o direito de complementação ou alteração de suas razões, nos exatos limites da modificação, no prazo de quinze dias, contado da intimação da decisão dos embargos de divergência. Embora não haja previsão expressa nesse sentido nos arts. 1.043 e 1.044, aplica-se por analogia o art. 1.024, § 4º, que regula a mesma situação no julgamento de embargos de declaração.[318] Assim, a procedência dos embargos que ocasione mudança da decisão embargada autoriza automaticamente a retificação das razões recursais contidas no recurso prematuramente interposto pela parte contrária, limitada à parte alterada pela decisão dos embargos, no prazo que teria para o protocolo de seu recurso, caso não o tivesse interposto antes.[319]

318. Enunciado CJF n. 83: "Caso os embargos de divergência impliquem alteração das conclusões do julgamento anterior, o recorrido que já tiver interposto o recurso extraordinário terá o direito de complementar ou alterar suas razões, nos exatos limites da modificação, no prazo de quinze dias, contados da intimação da decisão dos embargos de divergência".

319. Nesse sentido, ver RODRIGUES. Marco Antonio. *Manual dos Recursos*. Ob. cit., p. 294; LEMOS, Vinicius Silva. *Recursos e Processos nos Tribunais*. Ob. cit., p. 642.

# 5

# AÇÃO RESCISÓRIA

## 5.1. CONCEITO

Do dilema da escolha entre a segurança jurídica obtida pelo trânsito em julgado da sentença e a possibilidade de correção de injustiças e/ou de graves irregularidades processuais, o direito brasileiro optou pela criação de mecanismo processual capaz de ocasionar a desconstituição da coisa julgada em casos reputados críticos pelo sistema. Concebeu-se, assim, a ação rescisória, destinada à rescisão de decisões transitadas em julgado com fulcro em uma das específicas hipóteses de cabimento previstas, predominantemente, no art. 966 do CPC.

Embora desejável a ideia de perenidade das decisões judiciais proferidas em processos capazes de propiciar ampla cognição do julgador e contra as quais não cabem ou não foram interpostos recursos, a maioria dos sistemas processuais modernos prevê algum meio capaz de revisitar julgados obtidos em processos viciados ou manifestamente injustos.[1] No direito brasileiro, a ação rescisória, ao lado da *querela nullitatis*, serve a esse propósito e permite à parte prejudicada a tentativa de rescisão em casos extremos.

1. ALVIM, Teresa Arruda; CONCEIÇÃO, Maria Lúcia Lins. *Ação Rescisória e Querela Nullitatis*. São Paulo: RT, 2019, p. 23-24: "Não se pode, jamais, perder de vista que o processo foi concebido para dar direitos a quem os têm: não para criar direitos e atribuí-los a quem não os tenha, ou para subtrair direitos de seus titulares. Não deve haver, pensamos, um fosso entre a realidade criada como resultado do processo e a realidade disciplinada pelo direito material. Ambos os planos devem caminhar de modo absolutamente rente. Toda a atividade do Poder Judiciário deve obedecer a regras que levem à aproximação desses dois planos, sob pena de se ter que admitir que o processo pode atribuir direitos a quem não os tenha, ou tirar de quem os tinha. A existência da ação rescisória é uma forma de atenuar eventual descompasso entre os planos da realidade criada como resultado do processo e aquela decorrente do direito material, e tanto mais o será quanto mais harmônica com este objetivo for a interpretação que se der ao art. 966, V, do CPC/15, que prevê a hipótese de se rescindir sentença de mérito em que tenha havido violação manifesta à norma jurídica".

Se, por um lado, a balança está desequilibrada em favor da rescindibilidade, em decorrência dos oito incisos – que, com efeito, dispõem sobre quatorze hipóteses de cabimento - previstos no art. 966, o prazo de dois anos para ajuizamento da ação rescisória estabelece um limite temporal à insegurança do vencedor do processo originário. Desse modo, embora nosso sistema considere pertinente deixar de lado em algumas hipóteses a estabilidade trazida pela aparente imutabilidade da coisa julgada, a possibilidade de postular a rescisão é temporária. Transcorrido o prazo decadencial previsto no art. 975 do CPC, a decisão torna-se indiscutível, seja no âmbito do processo em que foi proferida, seja em outros processos.

A ação rescisória é, portanto, um meio de impugnação das decisões judiciais transitadas em julgado e proferidas em processos nos quais se permitiu exauriente cognição, pelo qual se busca, em uma nova relação jurídica processual, a desconstituição da coisa julgada e de seus efeitos e, em alguns casos, o rejulgamento do caso concreto pelo mesmo órgão competente para a rescisão da decisão.

Desse conceito, conclui-se, inicialmente, que a ação rescisória não se confunde com um recurso;[2] não serve à impugnação no mesmo processo em que foi proferida a decisão rescindenda. Sua utilização instaura uma nova relação jurídica processual. Para que a parte prejudicada pela decisão possa ajuizar a ação rescisória, é indispensável que não lhe estejam mais disponíveis os caminhos recursais, porquanto já esgotados os recursos cabíveis ou porque não interposto no prazo o recurso previsto em lei para a hipótese. Sem trânsito em julgado da decisão rescindenda não há interesse de agir que permita o emprego da rescisória.

A imutabilidade da coisa julgada não decorre apenas do trânsito em julgado. Para que se observe esse efeito, indispensável que a decisão tenha sido

2. GRECO, Leonardo. *Instituições*. Ob. cit., p. 331: "No Brasil, o instituto tem natureza jurídica de ação, não unicamente em razão do nome - ação rescisória. Também se considera uma ação por ter prazo dilatado (de dois anos - CPC 1973, art. 495; CPC de 2015, art. 975) e pela possibilidade de ser proposta mais de uma vez por fundamentos diferentes contra a mesma decisão. Outra característica definidora da ação rescisória como ação, e não como um recurso, é o fato de este ser, em regra, interposto nos mesmos autos da decisão que se impugna, ao passo que aquela gera um novo processo, uma ação autônoma"; FARIA, Márcio Carvalho. A ação rescisória no projeto de novo Código de Processo Civil e uma sugestão de lege ferenda. *Revista de Processo* vol. 225/2013, p. 245: "Tem-se, aí, a principal diferença entre os recursos stricto sensu e a ação rescisória. Enquanto aqueles são reconhecidos, pela doutrina amplamente majoritária, como uma extensão do exercício do direito de ação (tendo em vista que não inauguram relação jurídica nova, apenas levando, a um grau superior de jurisdição, a matéria anteriormente examinada pelo Judiciário), esta, a ação rescisória, afigura-se como uma ação autônoma de impugnação, porquanto distinta daquela na qual foi proferida a decisão objurgada".

proferida em ambiente processual acolhedor de argumentos e provas, capaz de propiciar ao julgador um amplo conhecimento das questões aplicáveis ao caso concreto e que lhe permita a tomada segura de decisão. Questão decidida com base em cognição superficial, ainda carente da apreciação de alegações e de provas, não está apta a formar coisa julgada e, destarte, não será objeto de ação rescisória.

Exemplifico, para tornar mais fácil a compreensão do leitor. Ao proferir a sentença, ao final do procedimento comum, o juiz já teve acesso a todos os fundamentos apresentados por ambas as partes, presidiu a instrução e teve acesso às provas produzidas, recebeu, eventualmente, a contribuição do Ministério Público e ouviu das partes suas manifestações orais em audiência. Nesse momento, o juiz, pelo menos em tese, tem segurança para decidir, pois formou sua convicção com amparo em todos os elementos argumentativos e probatórios trazidos aos autos. Sua decisão estará apta à formação da coisa julgada. Por outro lado, ao analisar o pedido de tutela provisória liminar do autor, o magistrado tem poucos elementos para decidir, pois sequer o contraditório terá sido exercido pelo réu (art. 9º, parágrafo único, inciso I do CPC). Em razão da urgência, o juiz deve decidir mesmo com base em cognição tão limitada. Essa decisão não goza de imutabilidade; pode ser alterada futuramente quando o juiz possuir mais elementos sobre a questão.[3]

Os dois exemplos que utilizei são extremos – tutela provisória decidida em caráter liminar e sentença proferida depois da fase instrutória. O grau de conhecimento e, consequentemente, de convicção do juiz vai aumentando no decorrer do processo, com as manifestações das partes e de eventuais terceiros – perito, testemunha, contador judicial etc. – que intervenham para cooperar com a cognição judicial. A convicção do juiz alcançará a segurança necessária para que seja decidido o pedido de forma definitiva quando todas as etapas do procedimento tenham sido cumpridas com ampla oportunidade do exercício do contraditório ou quando os pedidos possam ser resolvidos sem extensas dilações probatórias (julgamento antecipado do mérito, arts. 355 e 356 do CPC) ou até mesmo liminarmente, se a pretensão do autor se afigura manifestamente contrária ao ordenamento jurídico (julgamento liminar de improcedência, art. 332 do CPC).

3. Na hipótese prevista no art. 304, preenchidos os requisitos legais, a tutela provisória se estabiliza, não podendo mais ser impugnada no mesmo processo no qual foi concedida. No entanto, as partes podem impugná-la por meio de ação autônoma, prevista no art. 304, § 2º, do CPC, durante o prazo de dois anos. Transcorrido esse prazo sem que a ação tenha sido proposta, a tutela provisória estabilizada não pode mais ser objeto de revisão.

Decisões proferidas em alguns procedimentos, por não permitirem às partes a veiculação de todo tipo de argumento ou por limitarem a produção probatória, não se tornam imutáveis, podendo ser rediscutidas em outros processos, com mais amplo espaço para a cognição judicial.[4]

Por fim, a ação rescisória instaura um novo processo no qual se postula a rescisão da decisão rescindenda e, eventualmente, a realização de novo julgamento da causa pelo próprio órgão que apreciou o pedido rescindente. Em algumas hipóteses, como estudaremos adiante, é possível apenas o juízo rescindente, ocorrendo o rejulgamento perante outro juízo (como ocorre com a ação rescisória por alegação de incompetência absoluta) ou sequer havendo novo exame da matéria (como é o caso da rescisória com base em violação à coisa julgada).

## 5.2. NATUREZA JURÍDICA DA AÇÃO RESCISÓRIA

A ação rescisória tem como objetivo inicial a rescisão da decisão transitada em julgado e que, portanto, gozava até esse momento dos efeitos preclusivos da coisa julgada.[5] Desse modo, é uma ação de natureza desconstitutiva, que pretende o desfazimento da coisa julgada formada no processo originário.

---

4. BARBOSA MOREIRA, José Carlos. *Comentários*. Ob. cit., p. 109: "Bem ao contrário: o critério decisivo para aferir-se a rescindibilidade é, no sistema atual, o que se baseia na aptidão da sentença para adquirir a *auctoritas rei iudicatae* na significação antes indicada; nem é por outra razão que se tem entendido incabível ação rescisória contra decisão de jurisdição voluntária"; ARAÚJO, José Aurélio. *Cognição Sumária, cognição exaustiva e coisa julgada*. São Paulo: RT, 2017, p. 217-218: "O processo de conhecimento é materialmente sumário quando a lei veda determinada pretensão ou defesa, produzindo limitação de objeto litigioso, conforme visto na Seção 3.2. Essa limitação importa em mitigação de coisa julgada material, pois aquele elemento do objeto litigioso suprimido da cognição do juiz e das partes poderá ser rediscutido em processo posterior".

5. NEVES, Daniel Amorim Assumpção. *Novo CPC Comentado*. Ob. cit., p. 2433: "É natural que, para ser desconstituída por meio da ação rescisória, a decisão deve existir juridicamente, uma vez que aquilo que não existe não precisa ser desconstituído, bastando uma mera declaração da inexistência jurídica. Dessa forma, sentença proferida em processo juridicamente inexistente (p. ex., tramitado perante órgão sem jurisdição), ou que tenha vício in procedendo intrínseco que a torne juridicamente inexistente (p. ex., ausência de dispositivo), não é objeto de ação rescisória. Por outro lado, todas as nulidades se convalidam com o trânsito em julgado, de forma que não é correta a afirmação de que as nulidades absolutas permitem o ingresso de ação rescisória. Aquilo que antes do trânsito em julgado era considerado uma nulidade absoluta, após esse momento procedimental pode tornar-se, por vontade do legislador, um vício de rescindibilidade, sendo esse o vício que legitima a ação rescisória. Ademais, é importante notar que mesmo as sentenças válidas poderão ser desconstituídas pela ação rescisória, como ocorre, por exemplo, na hipótese de rescisória com fundamento em documento novo. O vício de rescindibilidade, portanto, não se confunde com a inexistência jurídica nem com a nulidade absoluta, sendo o resultado de uma opção de política legislativa em prever determinadas situações aptas a afastar a segurança jurídica gerada pela coisa julgada material".

Porém, como examinaremos nos tópicos seguintes, a ação rescisória não se limita, na maioria dos casos, ao pedido rescindente.

Há, normalmente, uma cumulação de pedidos, pela qual o autor da ação rescisória pleiteia, em primeiro lugar, a desconstituição do julgado rescindente – que acarreta o *iudicium rescindens* – e, se procedente o pedido, pede o rejulgamento da causa originária (*iudicium rescissorium*). Nessa cumulação própria e sucessiva de pedidos, o segundo pedido, de novo julgamento, pode ter natureza declaratória, desconstitutiva ou condenatória, dependendo da pretensão do autor.[6]

Imaginemos que o autor da ação originária tenha pedido a condenação do réu a uma prestação pecuniária. Julgado improcedente o pedido e transitada em julgado a sentença, o autor ajuíza, em seguida, ação rescisória na qual alega que o juiz foi ludibriado pelo dolo da parte adversária (art. 966, III, CPC) e, portanto, deve ser objeto de rescisão. Porém, o que o autor pretende não é somente a desconstituição da coisa julgada formada na demanda originária (*iudicium rescindens*). Também pretende ver o réu condenado ao cumprimento da obrigação pecuniária (*iudicium rescissorium*). Logo, ao ajuizar a ação rescisória, o autor pede a rescisão da sentença e, caso acolhido esse primeiro pedido, almeja também o rejulgamento da causa, com a condenação do réu ao pagamento da quantia que entende fazer jus. Plenamente possível, destarte, que o autor tenha seu pedido rescindente acolhido, mas seu pedido relacionado ao rejulgamento da causa – pleito declaratório, constitutivo ou condenatório – seja rejeitado.

## 5.3. OBJETO DA AÇÃO RESCISÓRIA

A ação rescisória, como examinado, visa à rescisão de decisão transitada em julgado. Mas que decisão é essa? Primeiramente, o termo decisão é usado aqui de forma ampla, como pronunciamento judicial decisório, envolvendo toda e qualquer decisão judicial de primeira instância ou proferida no âmbito dos tribunais, em grau de recurso ou no exame de ações de competência originária. Engloba, portanto, decisões interlocutórias, sentenças, decisões unipessoais de membros dos tribunais e acórdãos, que podem ser objeto de ação rescisória, caso se encaixem em alguma de suas hipóteses de cabimento.

6. DIDIER JR., Fredie; CUNHA, Leonardo Carneiro da. *Curso de Direito Processual*. Ob. cit., p. 528: "O pedido de rescisão é sempre desconstitutivo; o pedido de rejulgamento assume a natureza que a causa originária, que se pretende rejulgada, tiver: declaratório, constitutivo, condenatório".

O Código também não faz distinção entre decisões que tenham violado norma de direito material ou processual. Algumas hipóteses de cabimento, aliás, são destinadas a coibir violações a normas processuais, como é o caso de rescisória com base em incompetência absoluta, por exemplo. Por mais acertada que tenha sido a decisão no aspecto substancial, foi proferida por órgão que a lei considerou inadequado para apreciar a pretensão.

Todavia, nem toda decisão é rescindível. O art. 966 do CPC prevê a rescindibilidade das decisões de mérito.[7] Algumas considerações são relevantes para a compreensão do dispositivo.

Decisão de mérito é aquela que, ultrapassada a verificação do preenchimento dos requisitos de admissibilidade – condições da ação e pressupostos processuais -, examina a pretensão do autor ou deixa de examiná-la em razão da sua veiculação extemporânea, causada pela prescrição ou decadência. No entanto, a pretensão do autor pode ser objeto de análise do magistrado de forma provisória ou definitiva. Na primeira hipótese, o juiz apura apenas superficialmente a necessidade de atender momentaneamente a pretensão do autor, a fim de evitar perecimento de direito ou risco à utilidade do processo. A proteção concedida nesse caso é precária e pode ser revogada a qualquer momento.[8] Já no enfrentamento definitivo da pretensão, o juiz decide com base em cognição exauriente, já tendo sido conferida às partes ampla possibilidade de apresentação de argumentos e provas, como meio do efetivo exercício do contraditório.

Como visto, uma decisão interlocutória ou um acórdão que verse sobre tutela provisória não pode ser objeto de ação rescisória, ainda que haja preclusão, pois não forma coisa julgada. A tutela jurisdicional provisória será reexaminada no curso do processo, podendo ser confirmada ou revogada quando da decisão final. Conquanto a tutela provisória verse sobre o mérito – atende provisoriamente a pretensão do autor -, como o examina de forma não definitiva, não serve de objeto à ação rescisória.

Desse modo, o primeiro critério que podemos estabelecer é que cabe ação rescisória para a rescisão de *decisão que enfrente o mérito de forma definitiva*.

---

7. DELLORE, Luiz. In: GAJARDONI, Fernando da Fonseca; DELLORE, Luiz; ROQUE, André Vasconcelos; OLIVEIRA JR, Zulmar Duarte de. *Execução e Recursos*. Ob. cit., p. 769: "Sendo assim, toda decisão que aprecie o mérito pode, em abstrato, ser impugnada por AR: (i) sentença de mérito; (ii) decisão interlocutória, desde que tenha apreciado o mérito da causa; (iii) acórdão, proferido por tribunal de 2º grau ou tribunal Superior e (iv) decisão monocrática, proferida por relator no Tribunal e que tenha julgado o mérito".

8. A tutela provisória que preenche os requisitos do art. 304, porém, se estabiliza, podendo ser atacada apenas por meio de ação autônoma de impugnação, prevista no art. 304, § 2º, do CPC.

Por esse critério, abrangem-se tanto as sentenças que decidam integralmente os pedidos formulados pelo autor, como as decisões interlocutórias que julgam antecipada e parcialmente o mérito (art. 356 do CPC), vale dizer, apreciam e decidem de forma definitiva um ou mais dos pedidos veiculados na petição inicial ou na reconvenção, mas não todos, deixando ainda parcela do mérito para ser examinada posteriormente na sentença.

Decisões que não enfrentem o mérito, em regra não são objeto de ação rescisória, pois não gozam da imutabilidade da coisa julgada material, podendo a questão ser suscitada em novo processo. Se a sentença, por exemplo, extingue o processo por reconhecer falta de interesse de agir, uma vez que o autor pleiteou a cobrança da dívida antes do vencimento, é possível que esse mesmo autor ajuíze novamente idêntica demanda – mesma causa de pedir, mesmo pedido e em face do mesmo réu – tão logo ocorra o vencimento da dívida e seja superada a causa de extinção da primeira ação.

No entanto, essa regra não é absoluta. Embora o *caput* do art. 966 do CPC mencione o cabimento da ação rescisória apenas contra decisões de mérito, algumas decisões, que não examinam o mérito, criam óbice à repropositura da mesma demanda, com os mesmos elementos da ação originária.[9] Essas decisões ficam num limbo: não obstante não tenham enfrentado a pretensão – a "coisa" deduzida em juízo não foi, de fato, julgada -, possuem eficácia semelhante à das decisões de mérito, pois impedem que a questão seja rediscutida em outro processo.[10]

Explico melhor.

Dispõe o art. 486, § 1º, do CPC que "no caso de extinção em razão de litispendência e nos casos dos incisos I, IV, VI e VII do art. 485, a propositura da nova ação depende da correção do vício que levou à sentença

9. TESHEINER, José Maria. A ação rescisória no novo Código de Processo Civil. *Revista de Processo*, vol. 244/2015, p. 218: "Assim, para admitir-se ação rescisória, deve-se indagar, não tanto se é de mérito a decisão, mas se é decisão cujos efeitos não podem ser afastados senão por sua rescisão. Em outras palavras, o critério decisivo é o do interesse, compreendido este como necessidade da tutela rescisória, para afastar dano doutro modo irreparável e por ela reparável. Esse interesse apresenta-se evidente, no caso de decisão que haja produzido coisa julgada material. Precisa ser demonstrado, nos demais".

10. DIDIER JR. Fredie; CUNHA, Leonardo Carneiro da. *Curso de Direito Processual*. Ob. cit., p. 533: "O órgão julgador faz dois juízos: um sobre o processo e outro sobre a situação jurídica discutida, sendo o primeiro preliminar ao segundo. A imutabilidade somente pode recair sobre aquilo que foi decidido – obviamente, na extinção do processo sem exame de mérito, não pode haver preclusão sobre a questão de mérito, que não foi apreciada; mas pode haver preclusão quanto à admissibilidade do processo, que foi apreciada. Não há resolução de mérito, mas há resolução sobre o processo; há decisão, que estabelece um preceito, que precisa ser respeitado". P. 533

sem resolução do mérito". Pense-se na hipótese em que o autor ajuíza ação contra determinado réu, mas o juiz o considera parte ilegítima para compor a relação jurídica processual (art. 485, VI, do CPC). Transitada em julgado a decisão de extinção do processo sem exame de mérito, o autor somente poderia ajuizar novamente idêntica demanda se, de acordo com o art. 486, § 1º, do CPC, corrigisse o vício que levou à decisão terminativa. No entanto, no meu exemplo, para a correção do vício, o autor teria que alterar o polo passivo, já que foi constatada, na ação originária, a ilegitimidade do réu daquela demanda. Ao substituir o réu, na segunda ação, o autor estaria, com efeito, *ajuizando nova demanda, e não repropondo a primeira*, já que alterou um de seus elementos (a parte ré).

O próprio código soluciona a questão e cria exceção à regra prevista no *caput* do art. 966. O § 2º, inciso I, do mesmo dispositivo permite o manejo da ação rescisória tendo como objeto decisão "que, embora não seja de mérito, impeça nova propositura da demanda". Dessa norma podemos extrair o segundo critério para identificação das decisões passíveis de rescisória: *decisões terminativas que impeçam a repropositura da demanda originária.*

Do mesmo modo, o art. 966, § 2º, II, excepciona a regra do *caput*, ao prever o cabimento da rescisória contra decisão de inadmissibilidade recursal. Interposto o recurso pelo sucumbente, o órgão competente pela verificação da admissibilidade pode considerar ausente algum dos seus requisitos e deixar de conhecer o recurso – isto é, exercício de juízo de admissibilidade negativo. Esse provimento, que pode ser uma decisão unipessoal do relator ou do presidente do tribunal ou ainda acórdão do órgão *ad quem*, não está isento de apresentar algum dos vícios autorizadores da desconstituição da coisa julgada.

Pense-se em sentença que tenha julgado improcedente o pedido. Inconformado, o autor interpõe apelação, mas o tribunal *ad quem* inadmite o recurso sob o argumento de que não houve prequestionamento da questão federal. Porém, como se sabe, esse não é um requisito de admissibilidade da apelação. Transitada em julgado a decisão, cabe rescisória para desconstituir a eficácia da decisão de inadmissão do recurso da apelação – e não para desconstituir a sentença. Uma vez acolhido o pedido rescindente, o processo originário volta a correr de onde parou, com o julgamento de mérito do recurso anteriormente não conhecido, sem que se exija o preenchimento do requisito de admissibilidade reputado indevido no julgamento da ação rescisória.

Assim, possível afirmar que cabe rescisória contra *decisões que equivocadamente inadmitem recurso.*

Tradicionalmente, no direito brasileiro, a coisa julgada extrai-se do dispositivo da decisão. As questões resolvidas na parte dispositiva, uma vez ocorrendo o trânsito em julgado, não podem mais ser discutidas em outras demandas. Se, porém, resolvida uma questão prejudicial apenas na fundamentação sem que o julgador declare o seu julgamento na parte dispositiva do *decisum*, a questão não estaria acobertada pela imutabilidade decorrente da coisa julgada e, portanto, podia ser rediscutida em outro processo. Na sistemática do Código de 1973, a parte que almejasse a resolução definitiva da questão prejudicial deveria trazê-la no rol de pedidos, isto é, naqueles constantes da petição inicial, da reconvenção ou da extinta "ação declaratória incidental", não prevista no CPC/2015.[11]

No entanto, o art. 503, §§ 1º e 2º, do Código de 2015 ampliou a eficácia objetiva da coisa julgada, tornando também indiscutíveis questões resolvidas apenas na fundamentação, se presentes os requisitos legais. Por exemplo, o autor ajuíza ação de alimentos em face de seu genitor, tendo como causa de pedir, destarte, a paternidade. A relação de paternidade entre as partes, resolvida na motivação da sentença, será acobertada pela eficácia objetiva da coisa julgada se, a despeito de não ter sido veiculada como pedido, a respeito dela as partes se manifestaram em contraditório, com ampla possibilidade de demonstração de seus argumentos por meio da produção de provas, e o juízo que examinou a questão tiver competência para declarar a paternidade como se tivesse sido objeto de pedido, isto é, como se se tratasse de questão principal.

Nessas hipóteses, em que é possível deduzir a ocorrência da coisa julgada a respeito de uma questão não resolvida no dispositivo da decisão, mas na sua fundamentação, caberá ação rescisória. Admissível, assim, ação rescisória com base em *questão prejudicial enfrentada na fundamentação, mas que recebe a imutabilidade da coisa julgada por força de lei.*

Hipótese não habitual, mas possível de se observar na prática, é a existência de algum vício rescindente no acórdão de julgamento da própria ação rescisória. Não é difícil de imaginar, por exemplo, uma rescisória que tenha sido julgada por órgão absolutamente incompetente ou que tenha violado manifestamente norma jurídica ao decidir o pedido. Cabível, por conseguinte, a ação rescisória contra *acórdão de julgamento de ação rescisória*, se presente alguma das hipóteses de cabimento previstas em lei.

---

11. A ação declaratória incidental ainda subsiste no âmbito do CPC/2015 para a declaração de falsidade de documento, como dispõe o art. 430, parágrafo único. Também pode ser veiculada por meio de reconvenção.

Em resumo, examinadas as questões supra, pode-se concluir que *cabe ação rescisória tendo como objeto decisão interlocutória, sentença, decisão unipessoal de magistrado do tribunal ou acórdão, que verse sobre direito material ou processual* e que: (i) *enfrente o mérito de forma definitiva*; (ii) *embora não examine o mérito, impeça a repropositura da demanda originária*; (iii) *equivocadamente inadmite recurso*; (iv) *enfrente a questão prejudicial apenas na fundamentação, mas, em razão da previsão contida no art. 503, §§ 1º e 2º, do CPC, impeça a rediscussão em outro processo.*

Obviamente, ao lado de uma dessas situações deve estar alguma das hipóteses de cabimento previstas na lei e que serão estudadas mais à frente. Fixados esses critérios, passo agora à sua aplicação em alguns casos específicos.

### 5.3.1. Ação rescisória contra decisão que fixa honorários de sucumbência

A ação rescisória pode ter como objeto todo o conteúdo – todos os capítulos – da decisão transitada em julgado ou apenas parte dele (art. 966, § 3º, do CPC). Isso porque parcela daquilo que fora decidido no processo originário pode não revelar violação nenhuma ao ordenamento jurídico ou, ao menos, não conter ofensa significativamente importante, que permita a utilização da rescisória. Além disso, a parte prejudicada pela decisão pode optar pelo ajuizamento da ação rescisória apenas para desconstituir um capítulo da decisão rescindenda, conquanto fosse possível a impugnação dos demais. Em outras palavras, a rescisória não precisa englobar todo o objeto da decisão rescindenda para ser admissível.

Desse modo, nada impede que a parte pretenda fazer uso da rescisória apenas para atacar a condenação ao pagamento de honorários de sucumbência, por exemplo. Essa condenação decorre de um pedido expresso da parte, que o incluiu na petição inicial, ou da previsão do art. 322, § 1º, do CPC, que considera o pleito condenatório relacionado às verbas sucumbenciais um pedido implícito, que deve ser apreciado na sentença independentemente de ter sido exteriorizado na petição inicial.[12]

---

12. DIDIER JR. Fredie; CUNHA, Leonardo Carneiro da. *Curso de Direito Processual*. Ob. cit., p. 536: "Também é cabível a ação rescisória apenas para modificar a decisão de mérito na parte concernente aos honorários advocatícios. A condenação ao pagamento de honorários de advogado constitui um pedido implícito, decorrendo da causalidade. Como pedido, ainda que implícito, qualifica-se como parte integrante do mérito, inserindo-se, até mesmo, nos limites objetivos do regime comum da coisa julgada".

Porém, embora o pedido possa ser implícito, a condenação ao pagamento de honorários de sucumbência deve ser explícita. Não se presume a condenação. A ação rescisória é cabível se a decisão rescindente de fato condenou a parte ao pagamento da verba de sucumbência e incorreu em algum dos vícios autorizadores do manejo da ação. Caso não tenha ocorrido a fixação de honorários de sucumbência e a decisão tenha transitado em julgado, o patrono da parte vencedora pode ajuizar a ação de arbitramento de honorários, prevista no art. 85, § 18, do CPC.[13]

Se a ação rescisória versar exclusivamente sobre os honorários de sucumbência, o legitimado passivo é o advogado – ou a sociedade de advogados – titular do direito aos honorários, consoante dispõe o art. 85, § 14, do CPC. A parte originária, que constituiu o patrono, não deve constar do polo passivo, porquanto não há direito seu em jogo.[14]

No entanto, se a ação rescisória versa sobre a condenação em honorários de sucumbência e sobre outras questões decididas na demanda originária, a parte beneficiada pela decisão é legitimada passiva, devendo ser citada na ação rescisória. A indagação nessa hipótese é se há litisconsórcio passivo necessário entre a parte e seu advogado.

Há quem entenda que não haveria necessidade de incluir o advogado no polo passivo da ação rescisória, porque, se acolhido a pretensão rescindente em relação ao pedido principal, naturalmente seria atingido o capítulo acessório que trata da sucumbência.[15] Embora essa situação ocorra quando a suscitação do vício se refira ao pedido principal, o autor da ação rescisória pode indicar vícios autônomos, um dirigido à impugnação do pleito principal e outro relacionado aos honorários de sucumbência. Exemplifico. Imagine-se sentença que tenha condenado o réu com base em lei não aplicável ao caso concreto e tenha fixado honorários de sucumbência no patamar de vinte

13. A redação dada pelo CPC/2015, permitindo a ação de arbitramento de honorários de sucumbência em caso de omissão da decisão transitada em julgado, revoga o entendimento estampado na Súmula n. 453, do STJ: "Os honorários sucumbenciais, quando omitidos em decisão transitada em julgado, não podem ser cobrados em execução ou em ação própria".

14. O STJ possui entendimento de que há litisconsórcio passivo necessário entre a parte e seu advogado na ação rescisória destinada à tentativa de rescisão exclusiva do capítulo que versa sobre honorários de sucumbência. REsp n. 1.651.957-CE, Terceira Turma, Rel. Min. Moura Ribeiro, Dje 26.5.2017.

15. DIDIER JR. Fredie; CUNHA, Leonardo Carneiro da. *Curso de Direito Processual*. Ob. cit., 561: "A legitimidade passiva do advogado refere-se apenas aos casos em que a ação rescisória dirige-se a desconstituir somente o capítulo da decisão que trata dos honorários de sucumbência. Se a rescisória combate o capítulo principal, sua procedência irá, consequentemente, atingir o capítulo acessório relativo aos honorários. Nesta última hipótese, não há necessidade de o advogado integral o polo passivo da rescisória".

por cento do valor da causa. Transitada em julgado a sentença, o réu da ação originária ajuíza ação rescisória alegando violação à norma que deveria ter sido aplicada para a solução do caso e que foi preterida e ofensa ao art. 85, § 2º, do CPC, sob o argumento de que não estariam presentes os requisitos para fixação dos honorários no limite máximo permitido por lei. Nesse caso, é possível que o primeiro pedido rescindente seja rejeitado e o segundo, referente à sucumbência, acolhido, prejudicando apenas o direito do advogado. Portanto, parece-me haver litisconsórcio passivo necessário entre a parte beneficiada pela decisão e seu advogado, quando a pretensão rescindente em relação aos honorários de sucumbência for autônoma e puder ser acolhida mesmo em caso de rejeição da pretensão relativa ao pedido principal. De toda forma, se o pedido de rescisão disser respeito apenas à pretensão decidida na ação originária, o advogado tem interesse jurídico que legitima seu ingresso como assistente, uma vez que, em caso de derrota de seu cliente, perderá o direito à verba honorária fixada na decisão rescindente.

### 5.3.2. Ação rescisória contra decisão de liquidação de sentença

A liquidação é a atividade cognitiva judicial que estabelece o *quantum debeatur*, isto é, quantifica o direito debatido no processo, em relação ao peso, à medida, ao valor, ao volume etc. Por meio da liquidação se revela o tamanho do dano, o valor correto e atualizado do crédito, o peso e a medida da coisa a ser entregue, a quantidade da prestação.

Em regra, a liquidação deve ocorrer na fase de conhecimento, permitindo ao juiz a prolação de sentença líquida, que indica o *an debeatur* (existência do direito), o *cui debeatur* (quem é o titular do direito), o *quis debeatur* (quem é o obrigado), o *quid debeatur* (o que é devido) e o *quantum debeatur* (a quantidade devida). Assim, a cognição judicial deve incidir sobre todos esses elementos, a fim de que, ao final do procedimento cognitivo, se saiba exatamente qual a prestação, os titulares de direitos e obrigações e a quantidade devida.

No entanto, o art. 491 do CPC estabelece duas hipóteses nas quais o juiz proferirá sentença ilíquida, transferindo a liquidação da obrigação para momento posterior à fase de conhecimento. Prevê o citado dispositivo que o julgador pode proferir sentença condenatória de pagar quantia sem que defina a quantidade quando (i) "não for possível determinar, de modo definitivo, o montante devido"; (ii) "a apuração do valor devido depender da produção de prova de realização demorada ou excessivamente dispendiosa, assim reconhecida na sentença". No entanto, na atividade jurisdicional condenatória, a prática de medidas executivas somente pode ser iniciada quando se tiver em mãos um título executivo contendo obrigação certa, exigível e *líquida* (art. 783 do CPC). Conquanto a sentença ilíquida defina uma obrigação certa e exigível, ainda não oferece a liquidez necessária ao início da fase de cumprimento de sentença.

Em outras palavras, ao proferir sentença ilíquida, o juiz não dispensa a atividade cognitiva de liquidação, somente a transfere para momento posterior, localizado entre a fase de conhecimento e a fase executiva.

A fase de liquidação se encerra por meio de decisão interlocutória, nos casos em que a liquidação se deu por arbitramento (art. 510 do CPC), e por sentença, quando realizada por procedimento comum (art. 511 do CPC).[16] Em ambas as hipóteses, é um provimento de mérito, que resolve mediante cognição exauriente a quantidade da prestação devida. Como decisão que examina o mérito de forma definitiva – ainda que limitada à definição do *quantum debeatur* -, faz coisa julgada e é passível de impugnação via ação rescisória depois do trânsito em julgado, se presente algum dos vícios que permitem a rescisão.

### 5.3.3. Ação rescisória contra decisão que resolve incidente

Nosso sistema processual é rico na previsão de incidentes processuais. É possível citar alguns exemplos, como a discussão incidental acerca da admissão de assistente (art. 120 do CPC), o incidente de desconsideração da personalidade jurídica (arts. 133 a 137 do CPC), o incidente de assunção de competência (art. 947 do CPC), o incidente de resolução de demandas repetitivas (arts. 976 a 987 do CPC), o conflito de competência (arts. 951 a 959 do CPC), entre outros.

Porém, nem todo incidente culmina com uma decisão passível de desconstituição por ação rescisória. Isso porque alguns deles têm como objeto questões acessórias ou não possuem procedimento capaz de conferir às partes ampla discussão em contraditório que ocasione suficiente cognição judicial. Desse modo, a rescisória somente se torna cabível se for possível extrair a imutabilidade da coisa julgada da decisão que resolve o incidente.[17] É o que o ocorre, por exemplo, no incidente de desconsideração da personalidade

---

16. Considerando sentença o provimento judicial que encerra a liquidação por arbitramento, DIDIER JR. Fredie; CUNHA, Leonardo Carneiro da. *Curso de Direito Processual*. 10ª edição. Volume 5: Execução. Salvador: Ed. Juspodivm, 2020, p.259.

17. DIDIER JR. Fredie; CUNHA, Leonardo Carneiro da. *Curso de Direito Processual*. Ob. cit., p. 547: "É possível cogitar coisa julgada decorrente de decisões proferidas em incidentes processuais.

jurídica, pelo qual a extensão da responsabilidade aos sócios de responsabilidade originariamente limitada é debatida em ambiente propício para o exercício do contraditório pleno. Como não pode ser rediscutida em outro processo, cabe ação rescisória contra a decisão que acolhe ou rejeita o pedido de desconsideração.

Por outro lado, os incidentes que tratam de admissão de terceiro ou de conflito de competência não culminam em uma decisão rescindível, pois a questão neles debatida se restringe à relação jurídica processual originária, não gerando efeitos para fora daquele processo no qual a decisão foi proferida. O terceiro pretende participar de um processo específico. Em demanda futura semelhante – ou até idêntica, se o primeiro processo foi extinto sem exame de mérito – é lícita a (re)discussão a respeito da participação do terceiro anteriormente rejeitada, não há preclusão sobre o que foi decidido no outro processo. Do mesmo modo, a competência é fixada para uma ação específica, não interferindo sua definição em um processo em ações futuras, a não ser nas causas em que há prevenção ou como precedente criador de critérios de fixação de competência para determinada hipótese. A decisão que define a competência para o julgamento de uma causa não é, destarte, passível de ação rescisória, pois a competência é o seu objeto, e não a pretensão de direito material. No entanto, a decisão de mérito que tiver sido proferida por juízo absolutamente incompetente pode ser objeto de ação rescisória exatamente por esse motivo (art. 966, II, do CPC), porquanto a decisão que resolveu a pretensão é viciada pelo descumprimento de regras de competência. A pretensão decidida, que poderia ser questão principal de outro processo, torna-se indiscutível por força da decisão de mérito transitada em julgado e, se exarada de órgão absolutamente incompetente, pode ser impugnada por ação rescisória.

### 5.3.4. Ação rescisória contra decisão homologatória de ato dispositivo

O art. 966, § 4º, do CPC prevê a possibilidade de impugnação de atos dispositivos das partes por meio de ação anulatória, tornando desnecessária a utilização da ação rescisória e, portanto, mais simples a sua desconstituição. A ação anulatória é processada e julgada em primeiro grau e não sofre as limitações de cabimento da rescisória. Qualquer causa de ilicitude pode fundamentar a ação anulatória, ao passo que a ação rescisória, como

O incidente processual é procedimento que também tem o seu objeto litigioso (mérito), que, uma vez resolvido em cognição exauriente, pode dar ensejo à coisa julgada".

estudaremos adiante, só pode ter como base algumas situações que o ordenamento jurídico considera mais graves.

No entanto, a redação pouco precisa do art. 966, § 4º, leva a algumas possíveis interpretações, como já acontecia com a disposição prevista no art. 486 do CPC/1973. Ambos os dispositivos – art. 966, § 4º, do CPC/2015 e art. 486 do CPC/1973 – mencionam o cabimento de ação anulatória para a desconstituição de atos de disposição das partes "homologados pelo juízo" ou que levem à sentença "meramente homologatória". Pela interpretação literal dos dispositivos, se as partes transacionam, por exemplo, e a transação é homologada pelo juízo (sentença de mérito, prevista no art. 487, III, b, do CPC), seria possível, após o trânsito em julgado, a sua impugnação via ação anulatória, sendo desnecessária a utilização da rescisória. No entanto, como decisão de mérito, seria também possível concluir que a decisão que homologa a transação não pode ser rediscutida em outro processo, inclusive em ação anulatória com a pretensão de sua desconstituição.

O CPC/1973 continha uma particularidade em relação ao CPC/2015. O Código revogado previa como hipótese de cabimento da ação rescisória quando houvesse "fundamento para invalidar confissão, desistência ou transação, em que se baseou a sentença". Desse modo, havia uma superposição de meios impugnativos. A sentença homologatória de transação poderia ser impugnada por meio de rescisória, com fundamento no art. 485, VIII, do CPC/1973, e via ação anulatória, como disposto no art. 486 do mesmo diploma.[18]

Alguns atos dispositivos necessitam, em decorrência de imposição legal, passar pela homologação judicial para surtirem efeito. Sem o ato do juiz, o ato dispositivo praticado pelas partes nesses casos é ineficaz. Assim, a homologação se dá quando a lei a exige para tornar eficaz ato emanado das partes. Em regra, os atos dispositivos independem de homologação para produzirem efeito, como dispõe o art. 200 do CPC. Se a parte desiste da apelação (art. 998 do CPC), por exemplo, ocorre de imediato o trânsito em julgado – se não há apelação da outra parte ou de litisconsorte -, não subsistindo a necessidade de anuência da parte contrária ou de homologação judicial para o ato dispositivo ser eficaz.

18. BARBOSA MOREIRA, José Carlos. *Comentários ao Código de Processo Civil*. Ob. cit., p. 158-159: "A admitir-se que, havendo em qualquer deles vício causador de invalidade, pudesse o ato homologado, em si, constituir objeto da ação anulatória do art. 486, mesmo após o trânsito em julgado da decisão que o homologou, ter-se-ia de concluir por uma injustificável superabundância de meios de impugnação: realmente, de um lado, caberia a ação rescisória contra a sentença de homologação, com suporte no art. 485, VIII; de outro, a ação anulatória do próprio ato homologado, nos termos do dispositivo ora sob exame".

Com a transação, renúncia ao direito sobre o qual se funda a ação ou reconhecimento do pedido do autor, funciona de forma semelhante. Uma vez celebrada, a transação passa a produzir efeitos, sem que seja necessária sua homologação. No entanto, para que se torne título executivo judicial, tendo força equivalente à da sentença que examina a pretensão do autor, o Código exige a homologação judicial por sentença[19] – ou por decisão interlocutória, se a transação não engloba a integralidade do objeto do processo. Essa sentença homologatória, por ficção legal, "resolve" o mérito (art. 487 do CPC).

Em resumo, os atos dispositivos das partes podem (i) ser plenamente eficazes tão logo realizados (ex. convenção processual de escolha do meio de comunicação processual)[20]; (ii) ser parcialmente eficazes quando praticados, restando algum efeito ainda dependendo da homologação judicial (ex. transação, que só se torna título executivo judicial depois de homologada por decisão de mérito); (iii) depender de homologação judicial para surtirem efeito (ex. desistência da ação, conforme dispõe art. 200, parágrafo único, do CPC).

O CPC/2015 não repetiu a hipótese de cabimento previsto no art. 485, VII do CPC/1973. Não há mais a superposição de vias impugnativas. Assim, é possível atacar as decisões homologatórias de atos dispositivos das partes por meio da ação anulatória prevista no art. 966, § 4º.[21]

19. BARBOSA MOREIRA, José Carlos. *Comentários ao Código de Processo Civil*. Ob. cit., p. 157-158: "Para nós, a sentença é homologatória quando se limita a imprimir a ato não oriundo do órgão judicial força igual à que ele teria se de órgão emanasse – isto é, a equiparar um ao outro, sem nada acrescentar à substância do primeiro".

20. Esses atos que independem de homologação judicial não estão, obviamente, isentos de avaliação do juiz a respeito de alguma causa de nulidade. Produzem efeitos enquanto não invalidados, mas sua eficácia está presente desde o início, quando praticados.

21. GRECO, Leonardo. *Instituições*. Ob. cit., p. 336: "São provimentos do juiz com efeito no direito material das partes ou de terceiros, mas com cognição restrita e superficial, como, por exemplo, a homologação da transação. Não estão sujeitos a ação rescisória, mas a ação anulatória de ato jurídico, na forma da lei civil". Em sentido contrário, considerando cabível a ação rescisória, DIDIER JR. Fredie; CUNHA, Leonardo Carneiro da. *Curso de Direito Processual*. Ob. cit., p. 551: "Atos processuais praticados pelas partes ou por auxiliares da justiça não são aptos a tornarem-se indiscutíveis pela coisa julgada. São, porém, atos jurídicos e, nessa qualidade, podem ser invalidados. A invalidação desses atos jurídicos costuma ser requerida e decretada nos próprios autos do processo em que o ato foi praticado, incidentalmente. Mas nada impede que se proponha ação com esse propósito. O § 4º do art. 996 do CPC cuida da invalidação dos atos processuais praticados pelas partes ou pelos auxiliares da justiça. Ele não cuida da invalidação de atos decisórios, que, conforme visto, será resultado de ação rescisória, *querela nullitatis* ou recurso".

A ação anulatória, quando cabível, deve ser ajuizada perante o juízo no qual foi praticado o ato de disposição.[22]

### 5.3.5. *Querela nullitatis*

A ação rescisória é um meio impugnativo eficiente para a desconstituição da coisa julgada, mas apresenta alguns inconvenientes, como o prazo decadencial para o seu ajuizamento e a exigência de depósito inicial (art. 968, II do CPC). Desse modo, concebeu-se outra via de desconstituição do julgado, mais simples e acessível, quando presente um vício reputado ainda mais crítico do que aqueles que autorizam o ajuizamento da rescisória.

Se o ato de comunicação processual não ocorreu ou apresentou alguma irregularidade e o réu, por conta disso, foi revel na demanda originária, lhe é permitido, depois do trânsito em julgado da decisão, invocar o vício para desconstituir a coisa julgada sem a necessidade de rescisória e sem ter que respeitar o prazo de dois anos previsto no art. 975 do CPC. Trata-se de vício transrescisório.

A essa impugnação, que se baseia em irregularidade ou inexistência da citação, cumulada com a revelia do réu, se dá o nome de *querela nullitatis*. Essa medida é despicienda se o réu consegue se defender no prazo, não obstante não tenha sido corretamente citado, ou consegue invocar o defeito da comunicação processual a tempo, isto é, antes do trânsito em julgado. Nessa última hipótese, demonstrado o vício, os atos processuais subsequentes a ele serão invalidados e será concedido prazo ao réu para oferecimento de sua contestação. Imagine-se a situação na qual o réu descobre a existência de uma demanda depois de passado o prazo para contestação. Para essa hipótese, o Código oferece uma sistemática própria. O demandado pode optar por comunicar ao juízo a irregularidade do ato citatório e ter o prazo de contestação restaurado (art. 239, § 1º) ou, desde logo, protocolizar sua defesa, suscitando a preliminar prevista no art. 337, I. Evidentemente, se restar demonstrada a regularidade da citação, a revelia subsistirá.

---

22. BARBOSA MOREIRA, José Carlos. *Comentários ao Código de Processo Civil*. Ob. cit., p. 163-164: "Dado o vínculo de acessoriedade entre ela e a ação em cujo curso se praticou o ato impugnado, incide a regra do art. 108: será competente para a ação anulatória o mesmo juízo que esteja processando, ou tenha processado, a outra causa Tal solução atende à *ratio legis* e afigura-se vantajosa do ponto de vista prático, já pela probabilidade de que o referido juízo se encontre em melhores condições para apreciar a matéria, já em atenção às repercussões que o processo da ação anulatória pode ter sobre o outro, no caso de pendência simultânea (vide, infra, o comentário nº 96), e que decerto gerariam maiores complicações procedimentais, se cada qual corresse perante um órgão distinto".

No entanto, o réu pode descobrir a tramitação do processo que correu à sua revelia somente após o trânsito em julgado da sentença. Nesse caso, o CPC permite que o réu, ora executado, invoque na fase de cumprimento de sentença mediante impugnação a inexistência ou a nulidade da citação na fase de conhecimento cumulada com a sua revelia (art. 525, § 1º, I e art. 535, I). Uma vez acolhida a alegação, desconstituir-se-á o título executivo – a sentença condenatória – sem a necessidade de ajuizamento da ação rescisória e o processo retornará ao início da fase cognitiva.

As sentenças declaratórias e constitutivas, por sua vez, não dependem da prática de atos executivos para tornarem-se eficazes. A certeza em relação ao direito e a (des)constituição de uma relação jurídica passam a ocorrer quando prolatada a sentença. Nesses casos, pois, o autor não provocará o início da fase de cumprimento de sentença, exigindo do réu o ajuizamento de ação própria para veicular a alegação do vício transrescisório. Trata-se, tal como a rescisória, de ação desconstitutiva,[23] mas dirigida ao juízo que proferiu a sentença no processo originário[24] – juízo de primeiro grau, portanto - e que pode ser ajuizada a qualquer momento, sem a limitação temporal imposta à ação rescisória.

Em suma, a decisão que examina o mérito de forma definitiva não será objeto de ação rescisória se o vício invocado pelo réu da ação originária for a irregularidade ou a inexistência de citação em processo que correu à revelia. Para esse caso, o ordenamento jurídico, excepcionalmente, destinou a *querela nullitatis* como meio desconstitutivo da coisa julgada.[25]

---

23. DIDIER JR. Fredie; CUNHA, Leonardo Carneiro da. *Curso de Direito Processual*. Ob. cit., p. 548: "No direito processual civil brasileiro, há duas hipóteses em que uma decisão judicial existente pode ser invalidada mesmo após o prazo da ação rescisória. É o caso da decisão proferida em desfavor do réu, em processo que correu à sua revelia, que porque não fora citado, quer porque o fora de maneira defeituosa (art. 525, § 1º, I, e art. 535, I, CPC). Nesses casos, a decisão judicial está contaminada por vício transrescisório. O meio de impugnação previsto para tais decisões é a ação de nulidade denominada *querela nullitatis*, que se distingue da ação rescisória não só pela hipótese de cabimento, mais restrita, mas também por não estar sujeita a prazo e deve ser proposta perante o juízo que proferiu a decisão (e não necessariamente em tribunal, como é o caso da ação rescisória). Ambas, porém, são ações constitutivas".

24. DIDIER JR. Fredie; CUNHA, Leonardo Carneiro da. *Curso de Direito Processual*. Ob. cit., p. 716.

25. O STJ possui precedente pelo qual determinou a conversão de ação rescisória equivocadamente ajuizada em *querela nullitatis*, aproveitando-se os atos processuais realizados e determinando-se a remessa ao juízo competente: EDcl nos Edcl na AR n. 569-PE, 1ª Seção, Rel. Min Campbell Marques, julgado em 24.08.2011.

## 5.4. LEGITIMIDADE

O art. 967 do CPC define quem possui legitimidade ativa *ad causam* para o ajuizamento da ação rescisória. As partes do processo originário estão legitimadas, uma vez que são diretamente afetadas pelos efeitos da decisão proferida naquela demanda e pela imutabilidade decorrente da coisa julgada. Para a verificação de legitimidade da parte originária, pouco importa se ela se saiu vencedora ou sucumbiu. Independentemente do resultado, terá legitimidade se figurou como parte na demanda na qual foi proferida a decisão que se pretende ver rescindida.

Se, porém, o autor da ação rescisória saiu-se inteiramente vencedor na ação originária, não subsistindo nenhum prejuízo a direito seu, faltar-lhe-á interesse de agir para a propositura da ação desconstitutiva. Legitimidade e interesse de agir, embora sejam ambos requisitos de admissibilidade e espécies de condições da ação, não se confundem. A condição de parte no processo originário confere legitimidade, sendo necessário descortinar ainda o interesse de agir por meio da verificação de prejuízo auferível da decisão rescindente.

A parte originária pode não mais existir, como ocorre no caso de falecimento da pessoa natural ou na cisão, fusão ou incorporação de pessoa jurídica, ou ter cedido o seu direito, como acontece na transferência de um crédito mediante endosso ou cessão de crédito. Assim, o art. 967, I, do CPC também confere legitimidade ao sucessor da parte a título universal ou singular. O espólio – ou os herdeiros e legatários, se já homologada a partilha -, a nova forma societária, o endossatário ou cessionário passarão a ter legitimidade para o ajuizamento da ação rescisória.

A legitimidade que o legislador confere ao sucessor da parte relaciona-se com a eficácia da coisa julgada. Os sucessores da parte, a título singular ou universal, também são atingidos pela a imutabilidade da decisão e, portanto, podem querer questioná-la mediante o ajuizamento da ação rescisória.

O inciso II do dispositivo permite ao "terceiro juridicamente interessado" o manejo da rescisória para a desconstituição de coisa julgada em processo do qual, exatamente pela qualidade de terceiro, não foi parte. A legitimidade, nesse caso, está diretamente ligada ao exame da eficácia subjetiva da coisa julgada, que eventualmente extrapola os limites subjetivos da demanda para atingir a esfera jurídica de sujeitos que não fizeram parte da relação jurídica processual originária.

Dispõe o art. 506 do CPC que "a sentença faz coisa julgada às partes entre as quais é dada, não prejudicando terceiros". Como então o art. 967 concede legitimidade ao "terceiro juridicamente interessado" se a coisa julgada não poderia prejudicá-lo? Na clássica definição de Liebman,[26] diferenciam-se os efeitos da sentença da autoridade da coisa julgada.[27] A decisão transitada em julgada produz efeitos em relação aos litigantes que faziam parte da relação jurídica processual, incluindo terceiros cuja intervenção foi admitida e se tornaram parte. No entanto, a decisão sobre determinada relação jurídica material pode ocasionar efeitos reflexos em terceiros, que fazem parte da mesma relação ou de outra que lhe é conexa.[28]

Portanto, possui legitimidade para propor a ação rescisória o terceiro - sujeito que não participou da demanda originária – que não foi atingido pela autoridade da coisa julgada, mas que sofreu consequências decorrentes da eficácia reflexa da decisão, que atingiu sua esfera de direitos.[29]

---

26. LIEBMAN, Enrico Tullio. *Eficácia e autoridade da sentença e outros escritos sobre a coisa julgada*. 4ª edição. Rio de Janeiro: Editora Forense, 2006, p. 123-126.

27. BARIONI, Rodrigo. Dos processos nos tribunais e dos meios de impugnação das decisões judiciais. In: *Breves comentários ao Novo Código de Processo Civil* - Edição 2016. São Paulo: Revista dos Tribunais. Disponível em https://proview.thomsonreuters.com/launchapp/title/rt/monografias/101497668/v3/document/116329549/anchor/a-116329549. Acesso em 15 set. 2020: "Ora, se terceiros não podem ser "prejudicados" pela coisa julgada, como são atingidos pelos efeitos das decisões processuais proferidas em processos entre outras partes? (...) Segundo Liebman, cuja tese é hoje prevalente no Brasil, não há óbice de que a sentença produza efeitos em relação aos terceiros. Sua justificativa baseia-se na diferenciação entre efeitos da sentença e autoridade de coisa julgada (já abordada no comentário ao art. 502). A coisa julgada, que é uma vinculação que proíbe a rediscussão, não decorre da sentença, e, portanto, é algo diferente dos efeitos das decisões judiciais.

28. MARINONI, Luiz Guilherme; ARENHART, Sérgio Cruz; MITIDIERO, Daniel. *Código de Processo Civil Comentado* - Ed. 2018. Revista dos Tribunais. Disponível em https://proview.thomsonreuters.com/launchapp/title/rt/codigos/100864097/v4/document/149303167_C.VII_TIT.I_L.III_PT.ES/anchor/a-A.966. Acesso em 15 set. 2020: "Os terceiros juridicamente interessados, que são aqueles que mantêm uma relação jurídica conexa àquela deduzida em juízo de modo principal, são atingidos pela eficácia reflexa da sentença. Se participarem do processo como assistentes (art. 119, CPC), não podem posteriormente discutir a justiça da decisão (art. 123, CPC). Essa justiça da decisão, contudo, de modo nenhum se confunde com a autoridade da coisa julgada. Os terceiros indiferentes, embora não tenham legitimação para participar do processo a qualquer título, são atingidos pela decisão judicial enquanto ato de Estado".

29. GRECO, Leonardo. *Instituições*. Ob. cit., p. 350: "A legitimidade desse terceiro é extraordinária porque, em verdade ele age em nome próprio na promoção da rescisão da decisão que prejudica a parte vencida, a cuja situação jurídica está vinculado o seu interesse". Em sentido contrário, considerando que o terceiro, por não ter participado da relação processual originária, não possui legitimidade ativa para a rescisória, YARSHELL, Flávio Luiz. *Ação Rescisória*: juízos rescindente e rescisório. São Paulo: Malheiros, 2005, p. 144: "Com efeito, ainda que o terceiro não seja indiferente à eficácia da sentença proferida em processo instaurado entre outras pessoas; ainda que o terceiro seja titular de relação jurídica (de direito material) conexa àquela relação que está posta em juízo e que, dessa forma, ostente interesse jurídico (e não meramente de fato) para intervir no processo de outra em, desde que não tenha ocorrido ingresso, não há - diante da regra do art. 472 do CPC - como sustentar a formação da coisa julgada em relação a quem não figurou como parte no processo. Sendo assim, não há interesse e não há legitimidade desse terceiro para propor ação rescisória,

Ao Ministério Público o legislador conferiu legitimidade para a propositura da rescisória em alguns casos. A primeira hipótese, prevista no art. 967, III, alínea *a*, do CPC, prevê a legitimidade do *parquet* quando deveria ter sido chamado para intervir no processo originário, por força de previsão normativa, e não o foi. Em outras palavras, o processo tramitou sem que fosse intimado o Ministério Público em caso na qual sua intervenção era obrigatória, segundo o ordenamento jurídico, o que atrairia a incidência do disposto no art. 966, V, do CPC. Assim, dá-se legitimidade ao Ministério Público para buscar a invalidação da decisão rescindente, por *error in procedendo*, justamente por não ter lhe sido dada a oportunidade de manifestação em processo no qual deveria ter sido chamado a intervir.

A segunda hipótese expressa de legitimidade ativa do Ministério Público, prevista no art. 967, III, alínea *b*, do CPC, configura-se com a constatação de fraude no processo originário, que serviu à prática de um ato simulado com o intuito de descumprir a lei ou de prejudicar terceiros, incidindo o caso previsto no art. 966, III, do CPC. Pense-se no conluio para ajuizamento de ação por um suposto credor contra o devedor comum de terceiro. O devedor deixa de se defender ou apresenta defesa pouco combativa com o único intuito de ver seu patrimônio supostamente transmitido para o autor, que, na verdade, é alguém próximo, que empresta o nome para receber a titularidade dos bens, os quais, com efeito, permanecem na posse do devedor. O terceiro é diretamente prejudicado pela colusão, pois deixa de poder perseguir bens anteriormente para a satisfação do seu crédito. Tanto o terceiro como o Ministério Público possuem legitimidade para a propositura da rescisória.

A alínea *c* do mesmo dispositivo retira a taxatividade do elenco de hipóteses de legitimidade do Ministério Público ao prever que é possível o ajuizamento da ação rescisória "em outros casos em que se imponha sua participação". Desse modo, conquanto tenha sido intimado para intervir no processo originário e não seja caso de simulação ou colusão entre as partes, o Ministério Público pode ajuizar a ação rescisória com base em alguma outra hipótese de cabimento, desde que se apresente a situação que autoriza a sua participação como fiscal da ordem jurídica (art. 178 do CPC).

Não é só o Ministério Público que o ordenamento jurídico exige a intimação para participação em alguns casos. Outros órgãos eventualmente podem ser chamados a intervir sob pena de nulidade do processo. É o caso, por exemplo, da Comissão de Valores Mobiliários, que deve ser intimada

---

na medida em que por outras vias adequadas poderá se opor ao comando que resultou do processo que não integrou".

para participar nos processos que discutem matéria de sua competência, como prevê o art. 31, da Lei n. 6.385/1976. Do mesmo modo, ao Conselho Administrativo de Defesa Econômica precisa ser dada a oportunidade de intervir em casos nos quais tem competência para regular, consoante dispõe o art. 118, da Lei n. 12.529/2011.

Se não forem comunicados do processo originário, podem, depois do trânsito em julgado, ajuizar ação rescisória com base na ausência de sua intimação em demanda na qual deveriam ter sido chamados a intervir, como dispõe o art. 967, IV, do CPC.

A ação rescisória deve ser movida em face das partes originárias que se se beneficiaram da decisão rescindente. Assim, se o réu da ação originária propõe a ação rescisória, cabe-lhe incluir o autor daquela demanda no polo passivo da rescisória. Havendo mais de um beneficiado pelo capítulo da decisão que se pretende rescindir, há litisconsórcio passivo necessário decorrente da unitariedade: não podem subsistir soluções distintas para a mesma questão, isto é, não pode prevalecer a decisão rescindente para a parte não incluída na rescisória e o resultado dessa ação para aqueles que constaram do seu polo passivo.

Se, porém, há mais de um capítulo na decisão rescindente e a rescisória ataca apenas um deles (art. 966, § 3º, do CPC), as partes beneficiadas exclusivamente pelo capítulo não impugnado não possuem legitimidade passiva na rescisória.

Do mesmo modo que ocorre com a legitimidade do autor da rescisória, a legitimidade passiva transfere-se aos sucessores da parte originária em caso de sucessão a título universal ou singular. Na ação rescisória movida pelo Ministério Público em virtude da prática de ato simulado ou de colusão entre as partes originárias, estas devem constar do polo passivo da rescisória, também configurando litisconsórcio necessário.[30]

## 5.5. COMPETÊNCIA

O processamento e julgamento da ação rescisória compete ao tribunal: (i) que proferiu o acórdão rescindente; ou (ii) do qual se originou decisão

30. DIDIER JR. Fredie; CUNHA, Leonardo Carneiro da. *Curso de Direito Processual*. Ob. cit., p. 559: "A regra é a seguinte: deve ser citado, na ação rescisória, todo aquele que se beneficia da decisão que se busca rescindir. Normalmente, cita-se a outra parte, ou o seu sucessor – note que, havendo sucessor, o réu da rescisória será alguém que não fez parte do processo originário. No caso de rescisória fundada em simulação ou colusão (art. 966, III, CPC), citam-se os simuladores ou fraudadores. Esse litisconsórcio é necessário e unitário (art. 114, CPC)".

unipessoal que se pretende rescindir ou, ainda, (iii) ao qual está vinculado o juiz de primeiro grau cuja decisão rescindente transitou em julgado sem ter sido objeto de recurso no processo originário. Em suma, compete ao tribunal julgar as ações rescisórias de seus próprios julgados e das decisões de primeira instância proferidas pelos juízos a ele vinculados.

Percebe-se, de plano, que se trata de ação de competência originária de tribunal. A regra encontra-se disciplina na Constituição, que confere ao STF (art. 102, I, alínea *j*) e ao STJ (art. 105, I, alínea *e*) a competência para a rescisão de seus próprios julgados; e aos Tribunais Regionais Federais (art. 108, I, alínea *b*) a competência para a rescisão de seus julgados e dos juízes federais da região. A Constituição da República ainda atribui às Constituições estaduais a definição de competência dos Tribunais dos Estados e Territórios (art. 125, § 1º). A Constituição do Estado do Rio de Janeiro atribui ao Tribunal de Justiça a competência para a rescisão de seus julgados e dos juízes, "no âmbito de sua competência recursal" (art. 161, IV, alínea *h*). Da mesma forma prevê a Constituição do Estado da Bahia (art. 123, I, alínea *c*), do Estado de Santa Catarina (art. 83, XI, alínea *e*) e do Estado de São Paulo (art. 74, VII), apenas para apresentarmos alguns exemplos.

A competência do tribunal apenas nasce se o julgado a ser impugnado mediante ação rescisória tiver adentrado no exame de mérito. Se, por exemplo, contra o acórdão proferido por tribunal de justiça em julgamento de apelação a parte interpõe recurso especial e seu recurso é inadmitido pelo STJ, ou seja, não é examinada a pretensão recursal, eventual rescisória será julgada pela corte estadual, não nascendo a competência do STJ, que, com efeito, não julgou o mérito da demanda. Assim, para aferição da competência para processamento da rescisória, é necessário verificar quem por último examinou o mérito, não sendo causa de atribuição de competência a decisão de inadmissão de recurso, exceto na hipótese prevista no art. 966, § 2º, II, do CPC, que se configura exatamente em caso de violação de norma relacionada à admissibilidade recursal.

O art. 968, § 5º, do CPC esclarece indiretamente essa questão ao prever a possibilidade de emenda da petição inicial e redirecionamento da ação rescisória quando o autor tiver apontado como rescindenda decisão que não apreciou o mérito nem tampouco se enquadra na situação prevista no art. 966, § 2º.

Uma ressalva, no entanto, afigura-se fundamental. Nem sempre o rótulo utilizado pelo órgão julgador revela corretamente o conteúdo da decisão. Não são raras as decisões proferidas no âmbito dos tribunais superiores que formalmente apresentam-se como decisões de inadmissibilidade recursal, mas que, na verdade, rejeitaram o recurso no mérito. Como estudamos nos capítulos anteriores, para a aferição de cabimento de um recurso especial ou extraordinário, basta conter na peça a alegação de que uma norma – federal ou constitucional, respectivamente – foi violada. A confirmação da existência ou inexistência da ofensa à norma é questão de mérito do recurso.

Não obstante, habitualmente são proferidos decisões e acórdãos nos quais se lê "deixo de conhecer do recurso face a ausência da alegada violação à norma". Embora, em uma primeira análise, pareça uma decisão de inadmissibilidade recursal – "deixo de conhecer do recurso" -, é, com efeito, uma decisão de mérito, pois se adentrou na verificação da possível existência de infração à norma e se constatou que o acórdão recorrido não a infringiu.

Essa diferença sutil é relevante para fins de atribuição de competência para o julgamento da ação rescisória. Se o tribunal superior inadmite o recurso por ausência de invocação da norma violada (ou por outra causa de inadmissibilidade, como intempestividade, deserção ou ausência de prequestionamento, por exemplo), não é sua decisão que será objeto da rescisória[31] e, portanto, a competência será do tribunal que proferiu o acórdão recorrido. Se, por outro lado, a decisão considera inexistente a violação à norma federal ou constitucional, inobstante tenha afirmado "não conhecer do recurso", trata-se de decisão de mérito, o que atrai a competência do tribunal superior para o julgamento da ação rescisória.

Nesse sentido tem se posicionado o STF, o que se constata na redação do enunciado da súmula n. 249: "é competente o Supremo Tribunal Federal para a ação rescisória, quando, embora não tendo conhecido do recurso extraordinário, ou havendo negado provimento ao agravo, tiver apreciado a questão federal controvertida".

A aferição de competência deve ser realizada para cada uma das decisões proferidas no processo e que podem ser objeto de ação rescisória. A competência não é extraída apenas da última decisão proferida antes do trânsito em julgado. De um mesmo processo podem nascer diferentes ações rescisórias, julgadas por tribunais distintos. Se, por exemplo, o tribunal regional federal examinou três pedidos do autor em sede de apelação, mas contra esse acórdão somente foram impugnados por recurso especial dois pedidos, o capítulo não impugnado do acórdão transitou em julgado.[32] Em face deste capítulo,

31. Exceto se a decisão violar norma que trate de admissibilidade recursal. Nessa hipótese, a competência para a ação rescisória prevista no art. 988, § 2º, do CPC é do tribunal que inadmitiu equivocadamente o recurso.

32. ARAÚJO, José Henrique Mouta. Ação rescisória e o CPC/15: controvérsias e comportamento jurisprudencial. In: *Revista de Processo*, vol. 283/2018. São Paulo: RT, p. 380: "Se a questão

caberá rescisória dirigida ao tribunal regional federal, ao passo que os demais capítulos, que foram objeto de recurso especial, poderão ser atacados pelo ajuizamento de rescisória a ser direcionada ao STJ, se o tribunal superior tiver conhecido do recurso especial.[33]

Diferentemente do que ocorre com os recursos, nos quais a interposição prévia de recurso torna o relator prevento para os demais recursos que forem manejados no processo (art. 930, parágrafo único, do CPC), na ação rescisória a escolha do relator deve recair preferencialmente na pessoa de magistrado que não tenha participado do julgamento rescindendo (art. 971, parágrafo único, do CPC).

A opção do legislador afigura-se adequada por dois motivos. A rescisória é um meio impugnativo que instaura uma nova relação jurídica processual, diferentemente do que ocorre nos recursos, que servem à impugnação da decisão sem iniciarem uma nova relação processual. Nos recursos, é preferível que o mesmo relator e o mesmo órgão fracionário do tribunal julguem todas as irresignações que surgirem das decisões proferidas pelos órgãos inferiores, para se evitar posicionamentos conflitantes. Além disso, o ideal é que a impugnação seja examinada por outros magistrados, e não pelos mesmos que proferiram a decisão contestada, pois os novos juízes podem observar e examinar o caso sob outra perspectiva não enxergada no julgamento originário, sem a natural resistência à alteração da própria decisão. Nos recursos, com a exceção dos embargos de declaração e do agravo interno, o órgão *ad quem* difere-se do órgão *a quo*. Pela regra do art. 971, parágrafo único, do CPC, na rescisória, sempre que possível, também será diferente a turma julgadora daquela que proferiu a decisão rescindente. Mudam-se, preferencialmente, o relator e o órgão julgador, possibilitando que a questão veiculada na ação rescisória seja apreciada por magistrados não participantes da formação da decisão contestada.

O Código, entretanto, é cauteloso e não obriga que a relatoria da ação rescisória recaia sobre julgador que não tenha participado do julgamento rescindendo, apenas recomenda essa distinção ("sempre que possível"). Isso

---

que sustenta a rescisória é totalmente diferente da enfrentada no recurso apreciado por um dos Tribunais Superiores, o efeito substitutivo, com o deslocamento da competência, não a alcança, pelas seguintes razões: i) o substitutivo está ligado ao devolutivo por extensão7; ii) os capítulos irrecorridos da decisão não podem sofrer substituição pelo julgado do Grau Superior".

33. DIDIER JR. Fredie; CUNHA, Leonardo Carneiro da. *Curso de Direito Processual*. Ob. cit., p. 565. José Henrique Mouta Araújo sustenta que, nessa hipótese, a competência do STJ para a ação rescisória de um dos capítulos julgados no processo originário estenderia a competência da corte para as outras questões julgadas. Ob. cit., p. 381.

porque, em tribunais com poucos magistrados, pode ser impossível seguir a recomendação do legislador. Para se evitar esses inconvenientes práticos, que dificultem a organização judiciária, o legislador optou por apenas recomendar, em vez de exigir.[34]

## 5.6. HIPÓTESES DE CABIMENTO

A ação rescisória não serve à veiculação de qualquer tipo de vício. Algumas incorreções ou invalidades por ventura existentes em uma decisão judicial serão eternizadas com o trânsito em julgado. Trata-se da escolha entre a perfeição, que, em tese, poderia ser alcançada depois de infindáveis reexames do julgamento inicial, e a segurança jurídica decorrente da pacificação obtida com o fim da disputa.

Nesse embate, não há dúvida de que o ordenamento jurídico brasileiro escolheu o lado da busca de correções em série, em detrimento da harmonização e perenidade. Dentro da própria relação jurídica processual originária, como vimos no decorrer desse estudo, são cabíveis inúmeros recursos, que servem à tentativa de revisão e à exteriorização dos inconformismos das partes e que podem postergar por anos o desfecho do litígio. Não satisfeito com a previsão dessas inúmeras oportunidades recursais conferidas às partes, o nosso ordenamento ainda permite a impugnação da decisão transitada em julgado por meio da ação rescisória e prevê um rol taxativo,[35] mas vastíssimo de situações que abrem esse caminho, que deveria ser excepcional. O art. 966, que concentra a maior parte das hipóteses de cabimento, contém oito incisos, que, na verdade, escondem catorze causas de pedir possíveis da ação rescisória. Além disso, o inciso V, que prevê o cabimento quando demonstrada a existência de violação manifesta à norma jurídica, é uma infindável fonte de rescisórias, abrindo um leque sem fim de possíveis irresignações, especialmente em um país com tantas e tantas leis e outras fontes normativas.

Feita essas considerações iniciais, passamos ao exame das hipóteses de cabimento da ação rescisória nos itens seguintes. Cada uma dessas situações representa uma causa de pedir possível da rescisória. O autor deve

34. Nesse sentido, súmula 252, do STF: "Na ação rescisória, não estão impedidos juízes que participaram do julgamento rescindendo".

35. TALAMINI, Eduardo. *Coisa julgada e sua revisão.* São Paulo: Editora RT, 2005, p. 142: "A doutrina destaca o caráter exaustivo, e não meramente exemplificativo, do rol de fundamentos rescisórios. Afirma-se, por isso, não caber emprego da analogia. Não há dúvidas do acerto dessa constatação, em sua essência. A ação rescisória é um instrumento típico e excepcional em face da garantia da coisa julgada; a norma geral é a da impossibilidade da desconstituição da sentença revestida dessa autoridade".

necessariamente suscitar pelo menos uma dessas hipóteses para justificar seu pedido rescindente.[36]

### 5.6.1. Ação rescisória pela prática de crime pelo juiz

Como mencionado acima, encontram-se nos incisos do art. 966 do CPC a maioria das hipóteses de cabimento da ação rescisória. E alguns incisos versam sobre mais de uma situação autorizadora do seu ajuizamento. O inciso I dispõe sobre três possíveis causas de rescisórias, todas vinculadas à prática de crime pelo juiz, ou seja, o autor deve demonstrar a existência de conduta criminal típica do magistrado na condução do processo originário.

O primeiro tipo penal mencionado no inciso I é a prevaricação que, segundo a definição do art. 319 do Código Penal, consiste em "retardar ou deixar de praticar, indevidamente, ato de ofício, ou praticá-lo contra disposição expressa de lei, para satisfazer interesse ou sentimento pessoal". O segundo crime elencado é a concussão, prevista no art. 316 do diploma penal: "exigir, para si ou para outrem, direta ou indiretamente, ainda que fora da função ou antes de assumi-la, mas em razão dela, vantagem indevida". E, por fim, a rescisória pode ter com fulcro a prática do crime de corrupção passiva pelo juiz, tipificado no art. 317 do Código Penal da seguinte forma: "solicitar ou receber, para si ou para outrem, direta ou indiretamente, ainda que fora da função ou antes de assumi-la, mas em razão dela, vantagem indevida, ou aceitar promessa de tal vantagem".

Em todas essas hipóteses, deve restar demonstrado o nexo de causalidade entre a prática do crime e o resultado do processo originário, isto é, o juiz deve ter agido de acordo com a conduta prevista nos tipos penais citados para, de algum modo, alterar o desfecho do processo e viciar a decisão que se pretende rescindir.[37]

Não me parece que o cabimento da rescisória está adstrito às condutas criminosas praticadas pelo juiz. Com o aumento exponencial do número de processos, tornou-se comum a colaboração de assessores nos gabinetes dos magistrados, que os auxiliam na atividade judicante por meio de pesquisas,

---

36. DIDIER JR. Fredie; CUNHA, Leonardo Carneiro da. *Curso de Direito Processual*. Ob. cit., p. 628.

37. CÂMARA, Alexandre Freitas. *O Novo Processo Civil brasileiro*. Ob. cit., p. 465: "Vale registrar, aqui, aliás, que se o juiz cometeu um desses crimes para proferir decisão, mas esta veio a ser substituída, por força de recurso, por outra decisão (ainda que de mesmo teor), não será possível a rescisão, já que a decisão viciada não terá transitado em julgado, substituída que terá sido por outra decisão, prolatada em grau de recurso, e que não está eivada de qualquer vício".

estudos e, ainda, na redação de minutas de decisões e de votos. A prática de crime por um assessor, que tenha influenciado o resultado, ainda que sem o conhecimento do juiz, também pode ser causa de pedir da ação rescisória. Imagine-se um assessor que receba vantagem indevida para elaborar a minuta de uma sentença e se utiliza de precedentes ultrapassados para convencer o juiz da tese utilizada, induzindo-o em erro. Sem perceber o defeito e valendo-se da relação de confiança que possui com seu assessor, o juiz utiliza inteiramente da minuta para a elaboração da sentença. A conduta criminosa do assessor – servidor público - ocasionou uma decisão viciada, que pode ser impugnada pela via da ação rescisória, mesmo que o juiz não tenha cometido crime algum.

O cabimento da rescisória também se configura quando incidir o tipo penal na atividade de componente da turma julgadora, se o objeto da demanda desconstitutiva é acórdão emanado de órgão colegiado. Comprovada a prática de crime por magistrado membro do órgão julgador que proferiu a decisão rescindente, é possível a desconstituição da coisa julgada, desde que seu voto tenha contribuído para o resultado. O voto vencido, ainda que proferido em determinado sentido sob a influência da vantagem indevida percebida pelo julgador, não autoriza o ajuizamento da ação rescisória.

A ação rescisória pela prática de crime pelo juiz não depende da existência prévia de ação penal e, muito menos, da condenação criminal do magistrado; pode ser comprovado crime no decorrer do processamento da rescisória. Por outro lado, já existindo ação penal, algumas possíveis situações se descortinam. Não havendo ainda sentença, o autor da rescisória continua incumbido de demonstrar a prática do crime. Se já foi proferida sentença condenatória, o juízo cível, perante o qual tramita a rescisória, fica vinculado ao resultado obtido na esfera criminal, devendo apenas verificar o nexo de causalidade entre a conduta do juiz e a decisão rescindente.[38]

Se já tiver sido proferida sentença absolutória no processo penal, duas hipóteses podem ocorrer. Em primeiro lugar, se a absolvição decorrer da falta de provas ou da extinção da punibilidade em virtude da prescrição, morte etc. não há interferência na ação rescisória, podendo o autor comprovar a existência do crime na própria rescisória. Por outro lado, se o magistrado

38. DIDIER JR. Fredie; CUNHA, Leonardo Carneiro da. *Curso de Direito Processual*. Ob. cit., p. 589: "Para que caiba ação rescisória fundada no inciso I do art. 966 do CPC, não é necessário que haja prévia condenação criminal do magistrado, nem se exige a existência de ação penal em curso. A prática do crime pode ser demonstrada e comprovada nos próprios autos da ação rescisória. Evidentemente, se houver prévia condenação criminal do juiz, já se terá a comprovação da prática de um dos referidos crimes, vinculando-se, em certa medida, o órgão julgador da ação rescisória (eficácia positiva da sentença penal condenatória)".

for absolvido em razão da ausência do fato ou da autoria, a pretensão rescindente será necessariamente rejeitada.[39]

### 5.6.2. Ação rescisória por impedimento do juiz

Uma das mais importantes garantias fundamentais do processo é a imparcialidade do julgador. O juiz parcial não possui a isenção suficiente para proferir decisões que respeitem os direitos das partes, sem o risco de ser influenciado pelo motivo causador de sua parcialidade. Desse modo, nosso ordenamento elenca diversas condições ocasionadoras de presunção de parcialidade, que acarretam o deslocamento da causa para o exame de outro magistrado.

Os art. 144 e 145 do CPC elencam essas hipóteses, dividindo-as em casos de impedimento e de suspeição. No decorrer do processo, o juiz, de ofício ou mediante provocação, ordenará a remessa do processo ao seu substituto legal se reconhecer a existência de alguma causa de impedimento ou suspeição.

Porém, essa questão pode não ter sido objeto de exame judicial no processo originário e a decisão final, proferida por magistrado presumidamente parcial, tenha transitado em julgado. Ocorrendo essa situação, o legislador conferiu duas soluções distintas. Os casos de suspeição, considerados menos graves para fins de comprometimento da imparcialidade do juiz, não autorizam a propositura da ação rescisória.[40] De outro lado, o art. 966, inciso II, do CPC, considera cabível a rescisória se a decisão rescindenda tiver sido proferida por juiz impedido.

Comumente, no decorrer do tramite processual, mais de um magistrado exerce atividade em cada juízo, seja em razão de férias ou licenças do titular ou até mesmo pela sua remoção, promoção ou aposentadoria. O cabimento

39. DIDIER JR. Fredie; CUNHA, Leonardo Carneiro da. *Curso de Direito Processual*. Ob. cit., p. 589.

40. TALAMINI, Eduardo. *Coisa julgada e sua revisão*. Ob. cit., p. 145: "Essa é a diferença fundamental entre o impedimento e as outras duas matérias que dão ensejo à chamada "exceção instrumental", a incompetência relativa e a suspeição. Essas não concernem a pressupostos processuais de validade. São defeitos que ficam sanados, se não forem oportunamente arguidos: opera a preclusão da faculdade de suscitá-los. Não servem de fundamento para ação rescisória (cf. art. 485, II). Já no caso do impedimento as coisas se passam de modo diverso. A parte que não argui no prazo que a lei prevê para a "exceção" apenas perde o direito ao processamento do incidente da exceção (que lhe asseguraria inclusive a suspensão do resto do processo enquanto se discute a questão do impedimento). Mas a parte não perde o direito de arguir o impedimento no bojo do processo (já então sem a instauração do incidente suspensivo do resto do processo). Assim, o impedimento, conquanto dê ensejo à uma exceção instrumental, constitui verdadeira objeção (defesa que pode e deve ser conhecida a qualquer tempo)".

da rescisória somente se dá se a decisão rescindenda foi proferida pelo juiz impedido. Se este apenas participou do processo sem ter proferido a decisão que se pretende rescindir nem a influenciado substancialmente pela condução parcial da instrução probatória, não cabe a ação rescisória. Do mesmo modo em que ocorre no caso de rescisória com fulcro no inciso I, em órgãos colegiados, o impedimento de um dos seus membros só é causa de rescisão do acórdão se o voto viciado tiver concorrido para a formação do resultado.[41]

Assim, tendo o juiz impedido contribuído para a solução final do caso, abre-se ao legitimado a possibilidade de desconstituição da coisa julgada por meio da ação rescisória, independentemente de ter ocorrido ou não a discussão sobre o impedimento no processo originário.[42]

Basta, ainda, a demonstração da existência da causa de impedimento, não sendo necessário comprovar que o juiz impedido decidiu de determinado modo em razão da relação que lhe retirava a imparcialidade necessária. Além disso, a presunção de parcialidade nas hipóteses de impedimento é absoluta, isto é, não cabe prova em contrário. De nada adianta o réu da ação rescisória tentar demonstrar que, embora o juiz seja seu tio, eles não possuem relação de proximidade. O simples fato de haver relação de parentesco até o terceiro grau entre o julgador e uma das partes é suficiente para a procedência do pedido rescindente.

### 5.6.3. Ação rescisória por incompetência absoluta

O art. 966, inciso II, prevê também a possibilidade de utilização da rescisória caso a decisão tenha sido emanada de juízo absolutamente incompetente. Não é condição de admissibilidade da rescisória que a parte tenha alegado a incompetência no processo originário.[43] Tendo ou não ocorrido o enfrentamento da questão, a parte prejudicada pode demonstrar no âmbito

41. DIDIER JR. Fredie; CUNHA, Leonardo Carneiro da. *Curso de Direito Processual*. Ob. cit., p. 591: "Para que seja acolhida a ação rescisória, é preciso que o juiz tenha proferido a decisão rescindenda, e não simplesmente participado do processo ou nele atuado. É rescindível também o acórdão, se um dos julgadores tenha proferido voto, não obstante estar impedido. No particular, a rescisória é apenas cabível, se o voto tiver concorrido para o resultado ou para a formação da maioria. Não é suficiente que o jogador tenha participado do julgamento; exige-se que seu voto seja um dos vencedores. Se proferiu voto vencido, não se deve ter como contaminado o julgamento por seu impedimento, devendo ser rejeitada eventual rescisória".

42. DIDIER JR. Fredie; CUNHA, Leonardo Carneiro da. *Curso de Direito Processual*. Ob. cit., p. 591.

43. Em sentido contrário, DIDIER JR. Fredie; CUNHA, Leonardo Carneiro da. *Curso de Direito Processual*. Ob. cit., p. 594: "Assim, parece que a melhor interpretação é a seguinte: o direito à rescisão, no caso do inciso II do art. 966, CPC, pressupõem que a parte tenha alegado, no processo originário, a incompetência absoluta - e tenha sido vencida na alegação. O silêncio

da ação rescisória que o juízo que proferiu a decisão rescindenda não possuía competência absoluta para julgar o caso.

As regras de competência objetivam atender a alguns interesses no processo. Quando relativa, a competência pode ser alterada pela vontade das partes, exteriorizada por convenção processual de eleição de foro, pela distribuição pelo autor para juízo relativamente incompetente, sem que o réu ofereça oposição, ou em razão de conexão ou continência. Essa modificação é possível em casos de competência relativa, porquanto suas regras foram concebidas para atender interesses das partes, como a maior facilidade de acesso ao tribunal ou a proximidade do local de produção da prova.

As regras que fixam critérios de competência absoluta, por sua vez, visam atender interesses públicos de distribuição da atividade jurisdicional e, portanto, são inderrogáveis pela vontade das partes. A incompetência absoluta deve, por conseguinte, ser reconhecida de ofício pelo juiz, se não houve provocação das partes. Desse modo, a simples inércia das partes em alegar a incompetência absoluta não minimiza ou elimina o vício. E se o juiz também não percebe sua incompetência e profere decisão que transita em julgado, a nulidade permanece e o legislador previu a rescisória como último meio destinado à sua correção.

A ação rescisória com fundamento na incompetência absoluta do juízo pode se limitar ao juízo rescindente, levando à instauração de novo processo, para rejulgamento da causa. Imagine-se a ação distribuída a uma vara cível da justiça estadual. Transitada em julgado a sentença, o réu ajuíza ação rescisória, alegando que a justiça federal seria a competente para apreciar a pretensão deduzida na demanda originária, e não a justiça estadual. A ação rescisória será proposta perante o tribunal de justiça estadual, pois é esta corte que tem competência para a rescisão de sentenças dos juízos de primeira instância a ela vinculados. Se o tribunal estadual acolher a pretensão rescindente, significa que concorda com a tese de que a competência para julgar o caso é da justiça federal. Desse modo, lhe está vedada a possibilidade de rejulgamento da pretensão apresentada no processo originário, sob pena de, ao julgar a causa de competência da justiça federal, incidir novamente no vício de julgamento decorrente da incompetência absoluta.[44]

---

da parte, que deixou para suscitar a incompetência apenas como causa de pedir da ação rescisória, é conduta contrária à boa-fé processual".

44. YARSHELL, Flávio Luiz. *Ação Rescisória*. Ob. cit., p. 403; DIDIER JR. Fredie; CUNHA, Leonardo Carneiro da. *Curso de Direito Processual*. Ob. cit., p. 593: "Causa julgada por 'tribunal incompetente': todo tribunal tem competência para julgar ação rescisória de seus próprios julgados, caso em que, acolhida a ação rescisória por sua incompetência absoluta, não lhe

Por outro lado, se a sentença foi proferida por juízo empresarial quando o juízo cível era o competente, a ação rescisória propiciará não apenas a rescisão da decisão, como também o rejulgamento dos pedidos, haja vista ser o tribunal estadual competente para julgar tanto as questões cíveis como as relacionadas às relações empresariais.[45] No entanto, é necessário fazer uma ressalva para essa situação. Se o juízo incompetente (vara empresarial) proferiu sentença e a parte prejudicada interpôs apelação posteriormente julgada pelo tribunal, não é mais possível o ajuizamento da ação rescisória com base nesse fundamento. Isso porque o acórdão do tribunal substituiu a sentença (art. 1.008 do CPC) e, embora absolutamente incompetente o juízo de primeira instância, a câmara ou turma, que julgou a apelação, é o órgão competente para julgar o recurso e proferiu a última decisão. Essa decisão não contém vício de competência, pois o recurso de apelação, advindo da vara empresarial ou da vara cível, é julgado pelo tribunal de justiça ao qual esses juízos estão vinculados. A decisão rescindenda, em outras palavras, não emanou de juízo incompetente.[46]

### 5.6.4. Ação rescisória por dolo ou coação

O art. 966, inciso III, do CPC prevê várias hipóteses de cabimento da ação rescisória. As duas primeiras são examinadas nesse tópico. Se a parte vencedora do processo originário agiu com dolo para de algum modo influenciar ilicitamente o seu resultado, caberá rescisória. Alguns exemplos de dolo são a criação de óbice pelo vencedor para o exercício do contraditório ou para a produção de prova pelo sucumbente e o aliciamento do advogado da parte contrária para agir em benefício da parte aliciante.[47]

---

cabe rejulgar a causa, sob pena de incorrer no mesmo erro e repetir o vício que acarretou o ajuizamento da ação rescisória; nesse caso, cabe a ele remeter os autos ao juízo competente".

45. DIDIER JR. Fredie; CUNHA, Leonardo Carneiro da. *Curso de Direito Processual*. Ob. cit., p. 592. A ressalva necessária se dá nos casos em que o regimento interno do tribunal distribui a competência entre seus órgãos fracionários de forma a criar câmaras cíveis e outras especializadas em direito empresarial. Nessa hipótese, dependendo da competência para julgar a rescisória estabelecida no regimento, não será possível o rejulgamento da causa pelo mesmo órgão que examinou o pedido rescindente.

46. CÂMARA, Alexandre Freitas. *Ação Rescisória*. Rio de Janeiro: Lumen Juris, 2007, p. 66.

47. PONTES DE MIRANDA, Francisco Cavalcanti. *Tratado da Ação Rescisória*, 5ª edição. Rio de Janeiro: Forense, 1976, p. 234: "O dolo da parte vencedora faz rescindível a sentença porque a parte vencedora infringiu, com a prática ou com a falta do ato, o seu dever de lealdade e de boa-fé e, além disso, teve por fito prejudicar a parte vencida. Se, por exemplo, a parte vencedora obstou a prática de ato processual, ou mesmo extraprocessual, para que não produzisse prova a parte vencida, o que deu causa à desfavorabilidade da sentença, houve dolo".

Configurado estará o dolo se a conduta desleal proposital de uma das partes influenciou o juízo a proferir a decisão rescindenda em determinado sentido, induzindo-o em erro. Devem ser demonstrados na ação rescisória tanto o dolo como o nexo causal entre este e a decisão que se pretende rescindir, a fim de evidenciar que o resultado seria outro se o dolo não tivesse sido praticado.[48]

O comportamento doloso é proposital e destinado a dificultar o exercício regular de direitos processuais pela parte contrária e de, ao final, manipular o juízo de forma ilícita, a fim de que seja proferida decisão favorável à parte que praticou o ato ilegal, o que não se alcançaria sem que o dolo existisse.

Também manchada por nulidade é a decisão fruto de coação. Se uma das partes ameaça, atemoriza ou de qualquer forma pressiona a parte contrária ou seu patrono para agir no processo de modo que lhe favoreça – confesse a existência de algum fato, deixe de recorrer da sentença ou não produza provas para demonstrar a veracidade de suas alegações – e essa conduta tem como resultado uma decisão favorável ao praticante do ato ilícito, a decisão pode ser objeto de rescisão.

Ainda se afigura viciada a decisão se uma das partes exerce coação sobre o juiz que, amedrontado, perde sua independência e decide de modo diverso do que faria, se não tivesse ocorrido a ameaça ou a pressão. Ou, ainda, se a coação é endereçada ao membro do Ministério Público, por exemplo, para que ele atue em benefício da parte que lhe ameaça – deixando de recorrer ou apresentando parecer em determinado sentido, por exemplo.

Em ambos os casos – existência de dolo ou coação no processo originário –, demonstrado o vício e o nexo causal entre a conduta dolosa ou a coação e o resultado da demanda, caberá ação rescisória, que terá como objeto tanto o pedido rescindente como a pretensão de rejulgamento dos pedidos originários, sem existência do vício que possivelmente desviou o julgador do caminho que ele naturalmente seguiria para solucionar o conflito.

48. ALVIM, Teresa Arruda; CONCEIÇÃO, Maria Lúcia Lins. *Ação Rescisória e Querela Nullitatis*. Ob. cit., p. 214: "O requisito do dolo, que enseja ação rescisória, consiste na circunstância de atos serem praticados pela parte ou por quem a esta equivalha (v.g., seu advogado), em detrimento da parte vencida, que induzam o julgador a erro, e que mantenham nexo causal com a decisão. O dolo, para ensejar a ação rescisória, deve ser comprovado, não se podendo presumi-lo".

### 5.6.5. Ação rescisória por simulação ou colusão das partes

O inciso III do art. 966 do CPC também trata da prática de conduta fraudulenta por ambas as partes, com a finalidade de infringir a ordem jurídica e/ou de prejudicar terceiros. Enquanto as duas primeiras condutas previstas no inciso III – dolo e coação – versam sobre a atitude de uma das partes com a finalidade de lesar ou obstar o exercício de direito da outra e, como consequência, se sair vitoriosa na demanda, aqui se tem o comportamento conjunto, mancomunado, pelo qual ambos os litigantes se servem de uma farsa para a infração da lei ou para colocar em risco o direito de terceiros.[49]

Imagine-se um devedor que está sendo cobrado judicialmente por seus credores. Ciente da dívida e com o intuito de proteger seu patrimônio, o devedor combina com um amigo o ajuizamento de uma ação de cobrança de uma dívida inexistente. O amigo ajuíza ação, como se credor fosse, e o devedor deixa de contestá-la, tornando-se revel e permitindo a rápida constrição de bens. Penhorando primeiro os bens do devedor, o amigo passa a ter preferência no recebimento, conforme dispõem os arts. 797 e 908 do CPC, impedindo que credores legítimos satisfaçam seus créditos. Outro exemplo de processo simulado e de colusão é ação proposta por marido e mulher com o intuito de anulação do casamento, mediante alegação de vício inexistente, com o intuito de violação da norma prevista no art. 1.550 do Código Civil. Em ambos os casos, é possível o ajuizamento de ação rescisória.

O art. 967, inciso III, *b*, do CPC legitima o Ministério Público à propositura da ação rescisória na hipótese de colusão ou simulação engendrada pelas partes. A legitimação conferida pelo legislador é conveniente e adequada, especialmente no caso em que a violação atinge a ordem jurídica sem prejudicar direitos alheios, já que não haverá terceiro interessado na propositura da rescisória. A função do Ministério Público, de defesa da ordem jurídica, como preconiza o art. 176 do CPC, é aqui exercida pela pretensão de desconstituição de decisão proferida em meio a um processo fraudulento, pelo qual os agentes do Estado serviram involuntariamente ao propósito ilícito das partes.

Como há o evidente interesse público em ver descortinada a simulação ou a colusão e encerrada a farsa, a legitimidade para o ajuizamento da ação rescisória nessa hipótese é ampla. Além do Ministério Público, o terceiro

---

49. TALAMINI, Eduardo. *Coisa julgada e sua revisão*. Ob. cit., p. 151: "São dois os aspectos essenciais dessa hipótese de rescisória: (1º) o conluio entre as partes ou seus representantes, forjando uma pretensão e um conflito que não existem, (2º) para o fim de obter resultado que, se eles tentassem diretamente produzir, seria proibido ou ineficaz em face de terceiros".

juridicamente interessado e qualquer das partes, ainda que tenha participado do conluio, podem propor a ação.[50]

Demonstrado o vício no decorrer do processamento da ação rescisória, a decisão será rescindida. O juízo *rescissorium* também será exercido, não permitindo outra solução senão o julgamento de improcedência dos pedidos veiculados no processo originário, porquanto representavam simplesmente o resultado de uma invenção das partes, como no caso do falso credor, ou decorriam da alegação inverídica do preenchimento de requisitos legais, como ocorre na tentativa de anulação do casamento.

### 5.6.6. Ação rescisória por ofensa a coisa julgada

Situação curiosa ocorre na hipótese de cabimento prevista no art. 966, inciso IV, do CPC. Trata-se da rescisória concebida paradoxalmente com o objetivo de proteger a coisa julgada. Pense-se numa demanda ajuizada que culmine com o julgamento dos pedidos veiculados e posterior trânsito em julgado. Em seguida, a mesma ação – que contenha, portanto, as mesmas partes, a mesma causa de pedir e o mesmo pedido – é reproposta e, independentemente do motivo, não é encerrada pelo reconhecimento de coisa julgada formada anteriormente, seguindo até o rejulgamento dos pedidos. Para coroar a esdrúxula situação, o resultado do segundo julgamento difere do primeiro. Têm-se, portanto, duas decisões formadoras de coisas julgadas conflitantes entre si.

Pensando nessa situação, o legislador previu a ação rescisória com fundamento na violação à primeira coisa julgada firmada. Não é admissível que coexistam duas coisas julgadas, constituídas em duas ações idênticas, mas distintas. A parte prejudicada pela reprositura e rejulgamento da demanda originária, pode, pois, buscar a desconstituição da coisa julgada formada no segundo processo por meio de ação rescisória.

A ação rescisória que contenha essa causa de pedir se limita ao juízo rescindente, por óbvio. Basta desconstituir a segunda coisa julgada, repristinando os efeitos da decisão tomada no primeiro processo. Outro julgamento da causa apenas incidiria novamente na nulidade, julgando causa acobertada pela imutabilidade da coisa julgada.

50. DIDIER JR. Fredie; CUNHA, Leonardo Carneiro da. *Curso de Direito Processual*. Ob. cit., p. 603.

No entanto, possível se imaginar o rejulgamento se a violação à coisa julgada se relacionar com seu efeito positivo.[51] É o que acontece, por exemplo, quando se declarou por sentença a invalidade de uma cláusula contratual e, em segunda demanda, o magistrado, no exame de questão prejudicial, considerou válida a mesma cláusula e sua decisão foi influenciada por essa conclusão tomada em contradição ao que fora decidido na primeira ação. Nessa hipótese, se provido o pleito rescindente, ocorrerá o rejulgamento dos pedidos, considerando-se, agora, a cláusula inválida, como se decidiu no primeiro processo.[52]

Enquanto não ajuizada a ação rescisória, porém, qual coisa julgada deve prevalecer? Nosso ordenamento poderia optar por duas soluções: (i) a primeira coisa julgada continuaria produzindo efeitos e a decisão formada no segundo processo, em violação à coisa julgada obtida no primeiro, seria ineficaz; ou (ii) embora viciada, prevaleceria a coisa julgada alcançada no segundo processo. A previsão de cabimento da ação rescisória por violação à coisa julgada revela a escolha do legislador pela segunda opção, porquanto se é necessária a propositura da rescisória é porque a decisão emanada do segundo processo produz efeitos em detrimento daquela decisão proferida no primeiro processo. A parte prejudicada necessita da ação rescisória para fazer valer o que fora decidido na primeira demanda.[53]

---

51. NEVES, Daniel Amorim Assumpção. *Novo CPC Comentado*. Ob. cit., p. 2441: "Também haverá ofensa à coisa julgada quando o efeito positivo da coisa julgada não é respeitado. Conforme analisado no Capítulo 25, item 25.5., havendo solução de relação jurídica protegida por coisa julgada material, cria-se uma vinculação em outras demandas nas quais a mesma relação jurídica venha a ser discutida incidentalmente. Nesse caso, a decisão que se busca rescindir será proferida em demanda diversa daquela que gerou a coisa julgada material ofendida, o que em nada modifica o direito da parte em vê-la desconstituída por meio da ação rescisória".

52. DIDIER JR. Fredie; CUNHA, Leonardo Carneiro da. *Curso de Direito Processual*. Ob. cit., p. 603: "Há ofensa ao efeito positivo da coisa julgada opera se de modo bem diferente e, por isso, nesse caso, admite-se o pedido de rejulgamento. Imagine-se, por exemplo, que, na liquidação, o juiz extrapole o quanto for determinado na sentença liquidanda; ou, em uma ação de alimentos, o juiz julgue improcedente a demanda, por entender inexistente o vínculo de parentesco, não obstante o autor tenha fundado o seu pedido em coisa julgada advinda de uma ação de investigação de paternidade. Em ambos os casos, coisa julgada foi ofendida em sua eficácia positiva. Na rescisória, poderá o tribunal, rescindida a decisão, avançar e proferir o julgamento rescisório, agora respeitando a coisa julgada anteriormente ofendida".

53. DIDIER JR. Fredie; CUNHA, Leonardo Carneiro da. *Curso de Direito Processual*. Ob. cit., p. 604: "Cumpre, todavia aderir ao entendimento - antes mencionado - de quem entende que prevalece a segunda coisa julgada, exatamente porque a segunda sentença não é inexistente: foi proferida num processo que existiu, não obstante com um defeito formal (desrespeito ao requisito processual de validade: ausência de coisa julgada anterior), que dá ensejo à sua rescisão, no prazo de dois anos. Fosse inexistente a segunda sentença, não haveria

### 5.6.7. Ação rescisória por manifesta violação a norma jurídica

A fraqueza da coisa julgada no ordenamento jurídico brasileiro e a opção legislativa de busca incessante da decisão mais adequada são reveladas pela redação do inciso V do art. 966 do CPC. Se a decisão judicial se valeu de fonte normativa inadequada, tendo violado ou deixado de aplicar a norma que deveria incidir no caso concreto, abrir-se-á o caminho da ação rescisória à parte prejudicada pelo injusto resultado. A ação rescisória com base em manifesta violação à norma jurídica serve à correção de injustiças – *rectius*, aplicação incorreta do direito material - que sobreviveram ao processo originário, em que pese a possibilidade de demonstração da incorreção pelas vias recursais cabíveis.[54]

Ao deduzir seu pedido, o autor alega fatos – constitutivos de seu direito - e sugere a incidência sobre essa base fática de alguma norma jurídica que, na sua opinião, faz nascer seu direito à pretensão. De outro lado, o réu oferece em sua defesa impugnações referentes aos fatos e indica a aplicação de outras fontes normativas para a solução do caso ou, simplesmente, alega a inexistência de um direito extraível dos fatos suscitados pelo autor. Ao decidir, o julgador fixa uma versão fática de acordo com as alegações e provas trazidas pelas partes e aplica o direito, isto é, escolhe na prateleira do ordenamento jurídico pátrio a norma que considera amoldável ao caso. Se, nessa escolha, o juiz opta por norma não vigente ou aplica fonte normativa que não poderia incidir para a solução da controvérsia, nasce o direito à rescisória prevista no inciso V do art. 966.

Norma jurídica, por óbvio, não é apenas a lei, mas toda fonte normativa de observância obrigatória para a resolução do litígio e que tenha caráter geral, vale dizer, que cria requisitos e condições para a configuração de um direito.[55] Não serve, para fins de cabimento da rescisória, a violação a normas individuais, isto é, aquelas advindas de negócios jurídicos ou, ainda

---

razão para se propor ação rescisória por ofensa à coisa julgada (CPC, art. 966, IV), faltando, aliás, interesse de agir na sua propositura, mercê da falta de necessidade".

54. GRECO, Leonardo. *Instituições*. Ob. cit., p. 342-343: "Esse fundamento da ação rescisória é uma das causas da grande fragilidade da coisa julgada no Brasil. Há muitas ações rescisórias ajuizadas com base nesse dispositivo que apenas reproduzem na petição inicial os argumentos feitos na ação primitiva, intentadas por partes com notório espírito demandista. Assim, essa hipótese escancara as portas da Justiça para o manejo da ação rescisória, porque permite que as questões de direito consideradas na sentença rescindenda ou no processo de que ela resultou possam ser rediscutidas, independentemente de sobre elas ter havido amplo debate e discussão, ou mesmo que a causa originária tenha chegado à última instância de nossos tribunais, o Supremo Tribunal Federal".

55. Idem, p. 344: "Abrange todas as normas jurídicas, de qualquer hierarquia, emanadas de quaisquer fontes, ainda que não produzidas por órgãos do Poder Legislativo, desde que

que emanadas do parlamento, sirvam para prever direito individual (ex. lei que estabelece pensão para uma pessoa específica).[56]

A norma jurídica mencionada no inciso V do art. 966 do CPC é toda e qualquer norma geral que deva ser observada para a resolução do conflito,[57] seja ela uma regra legal, constitucional, regimental, administrativa, internacional etc., de direito material ou processual,[58] público ou privado. Os §§ 5º e 6º do art. 966 do CPC evidenciam, ainda, o cabimento da ação rescisória em caso de violação ou não aplicação de algumas espécies de precedentes reputados compulsórios. Assim, o CPC também permite o ajuizamento da ação rescisória se violada a norma jurídica extraída de súmulas e dos precedentes encontrados nos acórdãos de julgamentos em casos repetitivos (recursos especial e extraordinário repetitivos e incidente de resolução de demandas repetitivas, conforme art. 928 do Código).[59]

---

tenham o caráter de abstração e a generalidade que as impõem ao respeito de todos os cidadãos".

56. DIDIER JR. Fredie; CUNHA, Leonardo Carneiro da. *Curso de Direito Processual*. Ob. cit., p. 611: "Um decreto estadual que cria uma pensão especial para determinada pessoa é uma norma individual; já o que fixa critérios para verificação dos requisitos para concessão de pensão a quem se enquadre naquela hipótese é uma norma geral. Um negócio jurídico celebrado entre duas partes é uma norma individual, mas os dispositivos que estabelecem pressupostos e requisitos para a celebração de negócios jurídicos são fontes de normas gerais. Proferido uma sentença que resolva um caso submetido a análise do juiz, há uma regra geral do caso, que é a *ratio decidendi*, enquanto a regra individual é a regra que regula o caso, identificada no dispositivo da sentença e decorrente da regra geral que a fundamenta. Enfim, a norma geral é abstrata, enquanto a individual é concreta. A distinção é importante. A ação rescisória fundada no inciso V do art. 966 do CPC é cabível quando houver manifesta violação a norma jurídica. O termo 'norma jurídica' está aí como 'norma geral', e não como 'norma individual'. Não respeitada uma norma individual, caberão os mecanismos de controle adequados, manifestados em demandas judiciais. Se o órgão julgador, ao decidir um caso, não observa uma norma geral e sobrevém o trânsito em julgado cabe ação rescisória"

57. PONTES DE MIRANDA, Francisco Cavalcanti. *Tratado da Ação Rescisória*. Ob. cit., p. 282: "Por outro lado, é de grande importância fixar-se a natureza das regras jurídicas cogentes (*ius cogens*), compreendendo as imperativas positivas e as negativas, também chamadas imperativas e proibitivas; se dispositivas, que abrangem as dispositivas em sentido estreito e as supletivas; se, finalmente, interpretativas. Direito é qualquer delas. Se uma regra jurídica cogente foi violada – negada invertida, adulterada, destruída em parte, deformada, a ponto de desaparecer ou dizer outra coisa que o que diz – temos o pressuposto suficiente para a rescisão">

58. Em sentido contrário, Leonardo Greco defende que a ação rescisória somente pode ter como objeto violação a norma processual quando expressamente previsto, como ocorre com os incisos I a IV do art. 966 do CPC, *Instituições*. Ob. cit., p. 344.

59. MARINONI, Luiz Guilherme. Ação rescisória baseada em violação de norma jurídica. *Revista de Processo*, vol. 267/2017, p. 383: "Quando a decisão justifica a não aplicabilidade do precedente, somente quando há manifesto equívoco, capaz de ser identificado em vista da clara e indiscutível aplicabilidade do precedente, torna-se possível admitir a rescindibilidade da decisão. De forma que a rescindibilidade de decisão que deixou de aplicar precedente caberá, a princípio, quando a decisão nada disser a seu respeito, ignorando-o. Porém,

Embora haja discussão sobre a constitucionalidade do art. 927, o qual estabelece a observância obrigatória por juízes e tribunais de alguns precedentes listados em seus incisos, é inegável que o CPC concebeu uma rede de apoio a essa compulsoriedade que eleva alguns precedentes ao patamar de fontes cogentes de direito. O art. 966, inciso V, é mais um exemplo desse caminho trilhado pelo legislador, haja vista a autorização dada para o manejo da ação rescisória em face da decisão que afronta a norma extraída de um julgado.

Imprescindível que o autor da rescisória indique com precisão a norma que considera ter sido violada pela decisão rescindenda. Não pode simplesmente alegar de forma genérica que alguma norma foi violada e transferir ao tribunal a responsabilidade de identificação precisa da fonte normativa desrespeitada. A ofensa à norma jurídica é a causa de pedir da ação rescisória e, portanto, não pode ser revelada de ofício, sob pena de desrespeito ao princípio da inércia da jurisdição. Por outro lado, se o autor indicar a norma com exatidão, não é necessário, embora recomendável, a menção ao dispositivo violado.[60]

Segundo dispõe o artigo em comento, não seria toda e qualquer violação à norma jurídica que autorizaria a propositura da ação rescisória. Somente ofensas *manifestas* seriam capazes de abrir o excepcional caminho da desconstituição da coisa julgada. No entanto, o termo é equívoco. Ou a norma foi violada ou não foi. Não é possível dizer que uma norma foi mais ou menos violada e não é condizente estabelecer graus de violação, sendo algumas autorizadoras do ajuizamento da rescisória e outras não.[61] Sempre que a norma deixa de incidir no julgamento do caso concreto quando deveria ter sido aplicada está configurada a violação, sem grau ou adjetivo.

Para tentar coadunar a redação do dispositivo com a inviabilidade de se criarem graus de infração a normas jurídicas de observância obrigatória, a doutrina tem relacionado o termo "manifestamente" à facilidade probatória de comprovação da ofensa. Deste modo, é manifesta a violação que possa

---

mesmo nessa hipótese, a rescisão ficará na dependência de a aplicação do precedente ser necessária, além de, obviamente, poder inverter o resultado da decisão tomada".

60. DIDIER JR. Fredie; CUNHA, Leonardo Carneiro da. *Curso de Direito Processual*. Ob. cit., p. 606.

61. GRECO, Leonardo. *Instituições*. Ob. cit., p. 345: "Não existe violação mais ou menos manifesta, mas evidente ou menos evidente. O legislador de 2015 incide no mesmo erro dos anteriores. Pretende tornar excepcional o acolhimento da rescisória por violação da lei, apenas para casos mais graves. Ora, agrade-nos ou não, a admissibilidade da rescisória é direito subjetivo do cidadão sempre que a decisão rescindenda tenha violado a lei ou norma jurídica, não cabendo aos tribunais distinguir entre violações mais ou menos graves para admiti-la em alguns casos e não em outros".

ser demonstrada por meio de prova pré-constituída, produzida *ab initio* na própria petição inicial da ação rescisória. Havendo, por outro lado, necessidade de demonstração da violação durante a fase probatória, não seria cabível a rescisória.[62] Na petição inicial, o autor tem que demonstrar que os fatos deduzidos e provados na demanda primitiva reclamavam a incidência de determinada fonte normativa, que não foi aquela utilizada para a solução do litígio. Para tanto, além da narrativa constante da petição, o autor deve acostar aos autos da ação rescisória as peças do processo originário.

A percepção de que a norma aplicável foi preterida e, em seu lugar, se utilizou norma inadequada para a resolução do caso concreto deve ser extraída desses elementos, isto é, das alegações trazidas pelo autor da rescisória em sua petição inicial e da cópia dos autos originários. Havendo a necessidade de produção de outras provas – *v.g.*, prova que demonstre que os fatos se deram de forma diferente do que fora demonstrado no primeiro processo -, não cabe a rescisória com base no inciso V do art. 966 do CPC.

De modo semelhante, o STJ tem interpretado o termo "manifestamente" no seguinte sentido: (i) violação direta à norma;[63] (ii) ofensa verificável pela mera análise dos autos nos quais foi proferida a decisão rescindenda, por meio de comparação do conteúdo da decisão com a norma tida como violada;[64] e (iii) a interpretação dada pela decisão rescindenda não pode ser considerada razoável.[65]

Esse último requisito normalmente citado pela corte superior decorre do entendimento do Supremo Tribunal Federal, reduzido na súmula n. 343.[66] As fontes normativas são corriqueiramente interpretadas pelos tribunais e o seu conteúdo pode ser – muitas vezes, é – objeto de controvérsia.[67] Diferentes

---

62. DIDIER JR. Fredie; CUNHA, Leonardo Carneiro da. *Curso de Direito Processual*. Ob. cit., p. 612: "O termo manifesta, contido no inciso V do art. 966 do CPC, significa evidente, clara. Daí se observa que cabe a ação rescisória quando a alegada violação à norma jurídica puder ser demonstrada com a prova pré-constituída juntada pelo autor. Esse é o sentido que se deve emprestar ao termo 'manifesta' violação. Se a alegação de violação puder ser comprovada pela prova juntada aos autos com a petição inicial, cabe a ação rescisória com base no inciso V do art. 966; se houver necessidade de dilação probatória, então essa rescisória é inadmissível".
63. AR 6980/DF, Segunda Seção, Rel. Min. Ministra Nancy Andrighi, DJe 03/02/2021.
64. REsp 1725409 / MG, Segunda Turma, Rel. Ministro Herman Benjamin, DJe 13/11/2018.
65. AR n. 5.923/MS, Rel. Min. Og Fernandes, Primeira Seção, DJe 17/10/2018.
66. Súmula n. 343 do STF: "Não cabe ação rescisória por ofensa a literal dispositivo de lei, quando a decisão rescindenda se tiver baseado em texto legal de interpretação controvertida nos tribunais"
67. CÔRTES, Osmar Mendes Paixão. A superação de um entendimento anterior pode dar ensejo à ação rescisória? Considerações à luz da jurisprudência e da súmula 343/STF. *Revista de Processo*, vol. 310/2020, p. 144: "A súmula parte justamente da premissa de que é possível

julgadores podem interpretar a norma de forma diversa, dando-lhe significados distintos. Partindo dessa premissa, o Supremo fixou o entendimento de que não cabe ação rescisória se foi utilizada na decisão rescindenda uma interpretação da norma que polarizava com exegeses aplicadas por outros tribunais. Não havia, portanto, a consolidação a respeito da interpretação adequada e a utilização de qualquer uma das interpretações antagônicas não poderia ser enxergada como violação da norma.

A Súmula n. 343 tem que ser examinada com cautela.[68] A própria existência da decisão rescindenda, que aplica a norma de forma distinta daquela utilizada por outros tribunais, já faz surgir controvérsia interpretativa, ainda que a decisão que se busca desconstituir represente um posicionamento isolado. Não parece essa a intenção do STF com a edição da referida súmula. A controvérsia acerca da interpretação de uma norma deve ser ampla e atual, isto é, no momento em que foi proferida a decisão, havia uma corrente consolidada e aplicada por diversos órgãos jurisdicionais, sustentando uma interpretação da norma, ao passo que outra ou outras posições eram defendidas por vários outros órgãos no mesmo momento.[69] Posições isoladas não bastam para a caracterização da divergência de interpretação.

Ademais, para que se possa afirmar existente uma controvérsia pretoriana a respeito da leitura que se faz de determinada norma jurídica, imprescindível que o Superior Tribunal de Justiça, no que se refere às normas infraconstitucionais, e o Supremo Tribunal Federal, quanto às normas constitucionais, não tenham ainda dado a última palavra e encerrado a divergência. Desse modo, se o STJ já possui entendimento consolidado sobre a questão federal,

---

haver divergências de entendimentos, e valida essa possibilidade. Não deixa de ser restritiva a posição consubstanciada no verbete, mas, do ponto de vista hermenêutico, o posicionamento faz sentido. Isso porque uma norma admite as mais diversas interpretações. A interpretação importa em um ato de conhecimento e vontade, devendo-se relacionar a norma abstrata à realidade na qual ela será aplicada, podendo existir mais de uma interpretação sobre a mesma norma. Some-se que o intérprete parte de pré-compreensões para interpretar um texto, segundo nota Konrad Hesse".

68. Sustentando a necessidade de revogação da súmula, DELLORE, Luiz. In: GAJARDONI, Fernando da Fonseca; DELLORE, Luiz; ROQUE, André Vasconcelos; OLIVEIRA JR, Zulmar Duarte de. *Execução e Recursos*. Ob. cit., p. 778: "Em nosso entender, o grande instrumento para solucionar esse problema e buscar a modificação de julgados cobertos pela coisa julgada – mas divergentes daquilo que foi posteriormente sedimentado pelos tribunais superiores (STF e STJ) – deve ser a ação rescisória. AR essa que teria como argumento o inciso V. O ideal, para tanto, seria a expressa revogação da Súmula 343 do STF pelo Supremo, bem como a modificação da jurisprudência dos Tribunais Superiores quanto ao tema. Isso em prol da segurança jurídica".

69. PONTES DE MIRANDA, Francisco Cavalcanti. *Tratado da Ação Rescisória*. Ob. cit., p. 274: "Ainda quando juiz decide *contra legem scritam*, não viola o direito, se a sua decisão corresponde ao que 'se reputa' o direito".

haverá violação da norma se a decisão rescindenda se utiliza de interpretação distinta, ainda que presente em julgado de outros tribunais. Por entendimento consolidado no STJ entende-se o resultado de julgamento de recurso repetitivo, precedente extraído de acórdão de embargos de divergência ou de incidente de assunção de competência decididos pela Corte Especial, acórdão de embargos de divergência decididos por Seção, se a questão é decidida for de competência exclusiva da Seção que julgou os embargos. Nessas hipóteses, a interpretação é considerada final, podendo apenas ser alterada pela superação do precedente, se presentes os requisitos para sua revogação.

### 5.6.8. Ação rescisória por utilização de prova falsa

Na construção da decisão rescindenda, o órgão julgador exerce cognição sobre fatos e direito para chegar à solução do caso. Se, na descoberta da verdade, é utilizada prova cuja falsidade venha a ser demonstrada posteriormente, a decisão rescindenda terá sido tomada com base em elemento probatório viciado, que induziu o juiz a uma percepção inexistente da verdade. A prova falsa revelou a aparente existência de um fato que não ocorreu ou demonstrou que um fato existente não teria ocorrido. Em qualquer dessas situações, a verdade não foi adequadamente apurada no processo em virtude da produção de uma prova falsa.

A prova que autoriza a utilização da rescisória é aquela cuja falsidade foi revelada em medida criminal própria, em pretensão declaratória de falsidade de documento[70] ou que tenha sido demonstrada pelo autor na própria ação rescisória. Qualquer meio de prova pode ser objeto de declaração de falsidade. Desse modo, um documento falso, seja por falsidade material ou ideológica, o falso testemunho, a prova pericial contaminada ou algum outro meio de prova viciado que tenha levado o juiz a concluir pela existência ou inexistência de um fato podem levar ao ajuizamento da ação rescisória. Por óbvio, para que a desconstituição da coisa julgada seja possível, é necessário que haja nexo de causalidade entre a prova falsa e o resultado da demanda

70. GRECO, Leonardo. *Instituições*. Ob. cit., p. 346: "Uma hipótese que não está prevista no inciso VI ora comentado diz respeito à sentença que se funda em prova cuja falsidade tenha sido reconhecida em sede de ação declaratória incidente de falsidade de documento, nos termos dos 390 e ss. do Código de 1973 e 430 e ss. do Código de 2015. Se, no regime do Código de 1973, a parte, de forma incidental, arguir a falsidade de documento que registra determinada prova e, no regime do Código de 2015 fizer pedido expresso de que o juiz a decida como questão principal, e sobrevier sentença pela procedência dessa alegação, a decisão sobre a falsidade da prova fará coisa julgada, ficando o juízo da rescisória vinculado a essa declaração. Desse modo, o que se quer dizer é que o inciso VI não se reduz apenas à falsidade previamente apurada em juízo criminal, mas abrange também a falsidade reconhecida previamente na jurisdição civil".

originária. O elemento probatório viciado deve demonstrar-se indispensável para que o juiz decidisse da forma que decidiu. Se, de outro turno, alguma outra prova produzida nos autos tenha sido suficiente para gerar conhecimento acerca do fato demonstrado pela prova falsa, não caberá a rescisória.[71]

Para fins de ação rescisória, a existência de dolo da parte que foi beneficiada pela prova falsa é irrelevante.[72] Não se investiga a intenção daquele que carreou a prova aos autos, pois pouco importa se tinha ou não conhecimento da falsidade.

Se acolhida a pretensão rescindente, o tribunal seguirá com o rejulgamento da causa, podendo produzir as provas necessárias ao acertamento dos fatos carentes de revelação em razão da invalidação da prova falsa produzida. Nada impede, com efeito, que se alcance o mesmo resultado obtido na ação originária, depois das novas provas produzidas na rescisória.

### 5.6.9. Ação rescisória com base em prova nova

Com o mesmo escopo de correção de injustiças que motivou o legislador a possibilitar a ação rescisória nas hipóteses de violação de norma jurídica e de valoração indevida de prova falsa, o art. 966, inciso VII, do CPC prevê a possibilidade de desconstituição da coisa julgada com base em prova nova, assim considerada aquela "cuja existência ignorava ou de que não pôde fazer uso, capaz, por si só, de lhe assegurar pronunciamento favorável". O legislador autorizou, destarte, o ajuizamento da rescisória com lastro em um novo elemento probatório capaz de revelar ou esclarecer alguma questão fática relevante, que fora objeto de cognição da ação originária. Prova nova é, pois, aquela que existia – já havia sido produzida – ou a que poderia ter sido produzida antes do trânsito em julgado da decisão rescindenda. Assim, atende ao requisito de *novidade* um documento existente ao tempo que tramitava a demanda, mas sobre o qual a parte interessada não tinha acesso ou desconhecia sua existência.[73] Do mesmo modo, o conhecimento

71. PONTES DE MIRANDA, Francisco Cavalcanti. *Tratado da Ação Rescisória*. Ob. cit., p. 316: "A prova há de ser o fundamento em que se apoiou o juiz para decidir como decidiu. O juiz da rescisão pode verificar qual foi ele, examinando o encadeamento lógico da sentença. Se há dois fundamentos, somente não cabe a rescisória se o outro basta para se decidir como se decidiu, isto é, se admitindo-se a falsidade, a decisão rescindenda teria sido a mesma que se deu".

72. ALVIM, Teresa Arruda; CONCEIÇÃO, Maria Lúcia Lins. *Ação Rescisória e Querela Nullitatis*. Ob. cit., p. 280.

73. BARBOSA MOREIRA, José Carlos. *Comentários ao Código de Processo Civil*. Ob. cit., p. 137: "Fosse qual fosse o motivo da impossibilidade de utilização, é necessário que haja sido estranho à vontade da parte. Esta deve ter-se visto impossibilitada, sem culpa sua, de usar o

dos fatos por uma pessoa cujo depoimento não foi requerido pela parte, que ignorava o possível depoente ou seu conhecimento dos fatos, também preenche os requisitos para a configuração de prova nova.

A redação do inciso, no entanto, aparentemente exclui a possibilidade da ação rescisória baseada em prova constituída depois do trânsito em julgado, ou seja, prova inexistente durante a tramitação do processo originário e que não poderia ter sido produzida a tempo. Como menciona a prova que a parte "ignorava ou de que não pôde fazer uso", o texto legal dá a ideia de que provas constituídas após o trânsito em julgado são inadmissíveis e, consequentemente, afasta a rescisória nas hipóteses em que passa a ser possível a revelação do fato por força da criação de uma nova tecnologia ou de um novo método científico inexistente enquanto tramitava a ação originária. Ao prever o cabimento da rescisória apenas quando a prova existia, mas a parte a ignorava ou sobre ela não tinha acesso, o legislador impede o uso da prova que só se tornou possível em virtude da evolução tecnológica e/ou científica.

Por meio dessa interpretação, a emblemática situação do uso do exame de DNA para revelação de paternidade, quando o novo método foi criado, não abriria a porta da ação rescisória, porquanto a prova não existia no curso da ação originária. O caso do exame de DNA mostra-se simbólico pelo elevado aumento de eficiência que um novo método científico possibilitou para a descoberta de um fato de evidente relevância social.

Na tentativa de solucionar a questão, permitindo a revisão de decisões tomadas com base em método probatório pouco eficiente por meio do emprego de nova tecnologia, altamente precisa, o STJ considerou que o exame de DNA não podia ser considerado prova formada depois do trânsito em julgado, pois a prova já existia "no interior da célula" do indivíduo.[74] Essa interpretação é uma evidente tentativa de encontrar uma brecha na redação do dispositivo. Com efeito, o interior da célula é o objeto de prova, e não o meio de prova utilizado para o descortino da verdade.[75] O meio – exame

---

documento, v.g., porque lhe fora furtado, ou porque estava em lugar inacessível, ou porque não se pôde encontrar o terceiro que o guardava, e assim por diante."

74. STJ, REsp n. 300.084, Segunda Seção, Rel. Min. Humberto Gomes de Barros, DJ 06.09.2004: "O laudo do exame de DNA, mesmo posterior ao exercício da ação de investigação de paternidade, considera-se 'documento novo' para aparelhar a ação rescisória (CPC/1973, art. 485, VII). É que tal exame revela prova já existente, mas desconhecida até então. A prova do parentesco existe no interior da célula. Sua obtenção é que apenas se tornou possível quando a evolução científica concebeu o exame intracitológico".

75. MARINONI, Luiz Guilherme; MITIDIERO, Daniel. *Comentários ao Código de Processo Civil*. Vol. XV. Ob. cit., p. 441: "Note-se que a decisão diz que 'a prova do parentesco existe no interior da célula' e que só se tornou possível com a 'evolução científica'. Porém, há aí confusão entre meio de prova e objeto de prova. O que existia era o DNA, como objeto de prova, e

de DNA – era novo e, portanto, seguindo a redação do art. 966, inciso VII (art. 485, inciso VII, do CPC/1973), não seria possível a rescisória. Porém, por linhas tortas, agiu bem o STJ.

A criação de uma nova tecnologia que revolucione a possibilidade de descoberta da verdade de um fato deve propiciar o uso da ação rescisória com fulcro em prova nova. A limitação ao emprego de ferramenta de busca da verdade é temporal. Se a evolução científica ocorrer depois do prazo da rescisória, não será possível a desconstituição da coisa julgada, mesmo que fique comprovado fato que alteraria o resultado da decisão.[76] Nesse sentido, o art. 975, § 2º, do CPC, que prevê prazo mais dilatado para a ação rescisória com fulcro em prova nova, corrobora com a ideia do cabimento da ação nos casos de criação de novo meio de prova gerado pela evolução da ciência, capaz de infirmar o juízo sobre os fatos realizado com base em método ultrapassado.

Por outro lado, não é cabível a rescisória com base em fato novo. Se o fato deixou de ser alegado quando deveria sê-lo, porque fazia parte da causa de pedir deduzida em juízo, não é mais possível alegá-lo em virtude da eficácia preclusiva da coisa julgada, prevista no art. 508 do CPC. Se, em contrapartida, o fato novo não se insere na causa de pedir oferecida pelo autor na ação originária, a rescisória não cabe porque desnecessária, visto que uma distinta causa de pedir permite o ajuizamento de uma nova demanda, não afetada pela coisa julgada formada no primeiro processo.[77]

---

não a técnica ou o meio de prova. A rescisória, como é óbvio, não pode ser admitida com base em um novo objeto de prova. O objeto da prova tem que ser o mesmo, sob pena de se estar diante de uma nova ação (quando a rescisória não seria sequer necessária) ou em face de um fato que já deveria ter sido alegado e que, assim, está coberto pelo princípio do deduzido e do dedutível".

76. GRECO, Leonardo. *Instituições*. Ob. cit., p. 347: "No entanto, na vigência do Código de 1973 a jurisprudência brasileira tem repudiado como documento novo aquele não existia à época da sentença. Essa visão é absolutamente contrária ao espírito da lei. Ao negar-se o cabimento da ação rescisória com base em documento ou prova surgido após a sentença, impede-se que o vencido, após o trânsito em julgado, saia em busca da produção de provas que na data da prolação da sentença não existiam"; ARAÚJO, José Aurélio. *Cognição Sumária, cognição exaustiva e coisa julgada*. Ob. cit., p. 171: "Ainda quanto à prova pericial, parece-nos razoável admitir a sua produção quando a novidade disser respeito à tecnologia empregada para avaliar a existência do fato, ou seja, quando, apesar de ter sido produzida prova pericial no processo originário, ao seu tempo, não havia ("de que não pôde fazer uso") como há agora, ao tempo da rescisória, nova tecnologia mais precisa ou que tenha superado a anteriormente utilizada".

77. NEVES, Daniel Amorim Assumpção. *Novo CPC Comentado*. Ob. cit., p. 2451: "Não se confunde prova nova com fato novo, ou ainda fato que somente após o trânsito em julgado passa a ser conhecido pela parte. Significa dizer que a prova nova que fundamenta a ação rescisória deve se referir a um fato que tenha sido alegado na ação originária425. Sendo o fato não alegado um fato simples, a coisa julgada não poderá ser afastada com a sua alegação

Para ser possível o uso da ação rescisória, o autor tem que comprovar a falta de acesso ou de conhecimento da prova no tempo adequado. Se deixou de produzi-la por desídia, não cabe a ação rescisória. O art. 435, parágrafo único, do CPC, por exemplo, veda a juntada de novos documentos pelas partes depois de passado o prazo para sua produção, exceto "os que se tornaram conhecidos, acessíveis ou disponíveis" após o prazo, "cabendo à parte que os produzir comprovar o motivo que a impediu de juntá-los anteriormente". Não faria sentido coibir a juntada de documentos acessíveis no decorrer do processo em razão da perda do prazo e depois permiti-la na ação rescisória.

No exame do cabimento da ação rescisória com fulcro em prova nova, o juiz deve verificar se o autor oferece *ab initio* o novo elemento probatório capaz de alterar o resultado do julgamento rescindendo. Em outras palavras, não basta ao autor requerer a produção futura, no bojo da rescisória, da nova prova. A prova deve ser pré-constituída. Caso assim não fosse, haveria uma coisa julgada *secundum eventum probationis*, que autorizaria a parte a renovar a discussão com mera expectativa de produção futura de prova. Essa não é a intenção do legislador. Desse modo, se a prova nova é documental, o autor deve acostar o documento na petição inicial da rescisória; se trata-se de prova testemunhal ou pericial, cabe à parte interessada obter a documentação do depoimento ou da perícia por meio do uso de prova emprestada ou de procedimento de antecipação de prova.[78]

É de se admitir o uso da prova nova obtida antes do trânsito em julgado, mas depois do momento processual em que ainda era possível utilizá-la para alterar o resultado da demanda. Se a parte só acessa a prova quando o processo encontra-se aguardando julgamento de recurso especial

---

em razão da eficácia preclusiva da coisa julgada; sendo um fato jurídico, a parte poderá ingressar com nova demanda, já que nesse caso não haverá mais a tríplice identidade (a causa de pedir é diferente)".

78. DIDIER JR. Fredie; CUNHA, Leonardo Carneiro da. *Curso de Direito Processual*. Ob. cit., p. 620: "É por isso que a *prova nova* deve ser compreendida como prova documentada, podendo abranger uma perícia ou um testemunho documentado. A prova nova deve ser pré-constituída, ou seja, produzida antes do ajuizamento da ação rescisória, seja por se tratar de uma prova emprestada, extraída de outro processo anterior, seja por ter sido produzida numa ação de produção antecipada de prova". Em sentido contrário; ARAÚJO, José Aurélio. *Cognição Sumária, cognição exaustiva e coisa julgada*. Ob. cit., p. 168: "Diante da nova definição do inciso VII, qualquer prova permite o cabimento da ação desconstitutiva, quer esteja documentada ou não: foi criada no direito processual brasileiro ação rescisória para desconstituição da coisa julgada decorrente de déficit cognitivo em concreto, com prazo decadencial de 5 (cinco) anos contado do trânsito em julgado da decisão".

ou extraordinário, por exemplo, a prova não seria mais eficaz para modificar o entendimento.[79]

Preenchidos os requisitos para a admissão da prova nova, compete ao tribunal verificar se o novo elemento probatório demonstra a veracidade do fato probando e se é capaz de alterar a conclusão obtida na demanda originária. Se a prova nova não é capaz de comprovar o fato ou, se comprovado, este não muda a convicção dos julgadores, o resultado originário será mantido. Se, por outro lado, a nova prova revela fato capaz de transformar a causa, o tribunal rescindirá a decisão e rejulgará a demanda, conferindo-lhe novo resultado.

Instaurada a rescisória, o réu terá o direito de se manifestar em contraditório sobre a nova prova e de produzir outras com a finalidade de retirar a eficácia probatória da prova apresentada pelo autor ou para demonstrar a existência de fatos impeditivos, extintivos ou modificativos do direito constitutivo do autor que foi demonstrado pelo novo elemento instrutório.[80]

### 5.6.10. Ação rescisória por erro de fato

Mais uma evidência da disposição do legislador brasileiro em privilegiar, por meio da ação rescisória, a correção de erros e injustiças está presente no art. 966, VIII do CPC. O dispositivo considera rescindível a decisão que adotou uma premissa fática equivocada, tomando como existente fato que não ocorreu ou considerando inexistente fato efetivamente ocorrido. Não cabe, porém, a ação rescisória em virtude do erro a respeito da qualificação

---

79. CÂMARA, Alexandre Freitas. *O Novo Processo Civil brasileiro*. Ob. cit., p. 468-469: "Diz o texto da lei que a prova nova precisa ter sido obtida "posteriormente ao trânsito em julgado". Tal dispositivo não pode ser interpretado literalmente, porém. É que pode acontecer de a prova nova ser obtida antes do trânsito em julgado, mas depois do último momento em que teria sido lícito à parte produzir a prova no processo. Pense-se, por exemplo, na hipótese de a prova nova ter sido obtida quando pendente de julgamento apenas um recurso extraordinário (no qual é inadmissível a produção de qualquer meio de prova). Pois, neste caso, deve-se reputar rescindível a decisão, já que não levou em conta prova que já existia, capaz por si só de assegurar à parte que restou vencida julgamento favorável, mas que não era conhecida ou não pôde ser usada ao tempo em que admissível a produção da prova, e que foi obtida quando já não poderia mais ser trazida aos autos".

80. PONTES DE MIRANDA, Francisco Cavalcanti. *Tratado da Ação Rescisória*. Ob. cit., p. "Se a ação rescisória foi com fundamento na existência de novo documento, antes ignorado ou inusável, pode acontecer que a outra parte também tenha obtido documento ou documentos que ignorava, ou que não pudera usar. Nada obsta a que os apresente na ação rescisória e até mesmo que proponha reconvenção à ação rescisória, que o autor vencido na ação intentou".

jurídica do fato.[81] Imagine-se que as partes tenham concordado durante o curso do processo originário que o credor havia concedido ao devedor prazo adicional de vinte dias para o pagamento da dívida. O fato afigurava-se, pois, incontroverso. Não obstante, o julgador, por equívoco, considerou que não foi assegurada extensão de prazo ao devedor, reputando esse fato inexistente na sua decisão e, por conseguinte, afetando o resultado.

Perceba-se que a ação rescisória nesse caso somente cabe se: (i) o fato ignorado pela decisão era incontroverso, conforme dispõe o art. 996, § 1º, do CPC; (ii) a decisão desconsiderou o fato quando o devia ter levado em conta ou considerou existente fato não ocorrido;[82] (iii) o erro de fato por si só foi capaz de alterar o resultado da demanda, isto é, se adotada a premissa fática correta, a decisão seria diferente.

Se no processo originário foram produzidas provas e, na valoração da prova, o juiz exerceu cognição sobre o fato, reputando-lhe inexistente, não é possível a rescisória, que não serve para rediscutir a interpretação dada pela decisão às questões de fato suscitadas pelas partes, conquanto o juiz tenha se equivocado na avaliação do material probatório.[83] O art. 966, VIII, do CPC molda-se à correção de erros de fato decorrente da análise apressada dos autos, na qual o julgador não se atentou para um fato sobre o qual as partes não discutiram, por considerá-lo verdadeiro.

---

81. BARBOSA MOREIRA, José Carlos. *Comentários ao Código de Processo Civil*. Ob. cit., p. 147: "De modo nenhum o configura o engano na qualificação jurídica-, por exemplo, a errônea consideração de determinado contrato como se fosse comodato, em vez de locação, não corresponde ao tipo legal; é preciso que o erro incida sobre o fato em si, sobre a ocorrência ou não do acontecimento".

82. Idem, p. 150: "Em outras palavras: a hipótese não é a de que o órgão judicial tenha chegado à conclusão a que chegou por meio de raciocínio, exposto na motivação, em cujas premissas figure expressamente a afirmação do fato não ocorrido ou a negação do fato ocorrido. O que precisa haver é incompatibilidade lógica entre a conclusão enunciada no dispositivo da sentença e a existência ou a inexistência do fato, uma ou outra provada nos autos mas porventura não colhida pela percepção do juiz, que, ao decidir, pura e simplesmente saltou por sobre o ponto sem feri-lo. Se, ao contrário, o órgão judicial, errando na apreciação da prova, disse que decidia como decidiu porque o fato ocorrera (apesar de provada nos autos a não ocorrência), ou porque o fato não ocorrera (apesar de provada a ocorrência), não se configura o caso do inciso IX. A sentença, conquanto injusta, não será rescindível".

83. ALVIM, Teresa Arruda; CONCEIÇÃO, Maria Lúcia Lins. *Ação Rescisória e Querela Nullitatis*. Ob. cit., p. 291: "Contudo, quando o juiz, em face do contexto probatório, opta por uma das versões sobre o fato, não está cometendo erro de fato. Pode vir a acontecer que o julgador interprete e valore mal a prova, mas a ação rescisória nem por isso será cabível, vez que não se presta ao reexame do poder de convicção das provas. Há que se fazer aqui a mesma observação que se fez em relação à ação rescisória por literal violação a dispositivo de lei, no sentido de que a ação rescisória não configura uma 'segunda chance', de forma que, ter o juiz examinado 'mal' a prova, não enseja, nunca ensejou, ação rescisória por erro de fato".

Como a lei exige que o fato objeto de erro tenha sido alegado e não tenha resultado em controvérsia das partes, a ação rescisória somente é cabível quando possível aferir a ocorrência do erro por meio do mero exame dos autos, dispensando-se, dessa forma, a produção de provas na rescisória para esse fim.

### 5.6.11. Rescindibilidade sem rescisória e outras hipóteses de cabimento da ação rescisória

A previsão de rescindibilidade da coisa julgada reflete a opção do legislador de deixar de lado a estabilidade gerada pela coisa julgada para permitir a rediscussão de questões definitivamente julgadas. Nesse exercício legislativo de ponderação, alguns vícios, como vimos, são considerados mais graves que outros e, por conseguinte, alguns dão ensejo à propositura da rescisória, ao passo que outros são convalidados por força da coisa julgada.

Em algumas hipóteses, porém, a gravidade do defeito existente é reputada tão elevada, na visão do legislador, que nem mesmo a rescisória é exigida para que a decisão maculada seja ignorada. Além da ausência ou invalidade da citação, estudada em tópico anterior, que enseja a nulidade de todo o processo, o ordenamento jurídico brasileiro prevê outros casos em que a coisa julgada pode ser desconstituída sem o ajuizamento da rescisória.

A Lei n. 11.101/2005 oferece um exemplo. O art. 130 prevê a possibilidade de propositura de ação revocatória, destinada à revogação dos "atos praticados com a intenção de prejudicar credores, provando-se o conluio fraudulento entre o devedor e o terceiro que com ele contratar e o efetivo prejuízo sofrido pela massa falida". O credor lesado, o administrador judicial ou o Ministério Público podem propor a ação revocatória com o intuito de invalidar os atos fraudulentos praticados. Trata-se de ação desconstitutiva de ato praticado pelas partes, e não de decisão judicial.

No entanto, o art. 138 da Lei n. 11.101/2005 dispõe que "o ato pode ser declarado ineficaz ou revogado, ainda que praticado com base em decisão judicial" e que "revogado o ato ou declarada sua ineficácia, *ficará rescindida a sentença que o motivou*". Desse modo, se o ato fraudulento foi praticado com base ou com a permissão de decisão judicial, a ação revocatória – e não a ação rescisória -, uma vez acolhida, ocasionará a invalidação do ato e a rescisão da decisão que o motivou.

Outro exemplo de rescindibilidade de decisão sem ação rescisória está previsto no art. 525, § 12, e no art. 535, § 5º, do CPC. A chamada "coisa julgada inconstitucional" decorre da utilização de lei ou ato normativo inconstitucional como base da decisão que formou o título executivo judicial. Assim, se na fundamentação da decisão o juiz se serve de lei considerada inconstitucional pelo STF, em controle de constitucionalidade concentrado ou difuso, a obrigação constituída pela decisão se torna inexigível. Basta ao obrigado apresentar esse argumento em impugnação ao cumprimento de sentença – além da demonstração de que sem essa fonte normativa o resultado do julgamento seria diferente - que estará desonerado da obrigação imposta por decisão transitada em julgado, sem que tivesse que passar pelos inconvenientes do emprego da ação rescisória.

No entanto, para se escapar da necessidade de rescisória, a declaração de inconstitucionalidade da lei que serviu de base para a decisão tem que ter ocorrido antes do trânsito em julgado. Se somente após o trânsito em julgado o STF, em controle concentrado ou difuso, decretou a inconstitucionalidade da lei, a parte prejudicada terá que trilhar o caminho da ação rescisória para se ver imune da obrigação que lhe foi imposta pela decisão judicial.

O art. 525, § 15, do CPC faz essa distinção temporal que ocasiona na diferenciação das ferramentas processuais necessárias à rescisão do julgado. Desse modo, ao mesmo tempo que o Código dispensa a ação rescisória quando a declaração de inconstitucionalidade se deu antes do trânsito em julgado, cria uma hipótese de cabimento da ação rescisória não arrolada nos incisos do art. 966. Desse modo, cabe a demanda desconstitutiva se a decisão rescindente se valeu de ato normativo reputado inconstitucional pelo STF, *depois do trânsito em julgado*. Poder-se-ia dizer que a ação rescisória por aplicação de lei inconstitucional se equivaleria àquela decorrente da violação manifesta à norma jurídica, porquanto a decisão violou à Constituição. No entanto, quando a decisão foi proferida, a norma era vigente e ainda não havia sido declarada inconstitucional; a decisão não violou a norma, mas, pelo contrário, a aplicou.

Outra hipótese de cabimento da ação rescisória fora do rol do art. 966 foi introduzida na Lei n. 11.101/2005 pela Lei n. 14.112/2020. O art. 159-A prevê que a sentença que declarar extintas as obrigações do falido pode ser objeto de ação rescisória na hipótese de sonegação pelo falido de bens, direitos ou rendimentos de qualquer espécie anteriores ao pedido de extinção das obrigações previsto no art. 159. Portanto, se a decisão que extingue as obrigações se pautou na falsa declaração do falido, que sonegara bens com o intuito de evitar sua arrecadação e posterior liquidação, poderá ser rescindida por meio de ação rescisória, ajuizada por qualquer credor, que tem o ônus de demonstrar a sonegação.

## 5.7. PRAZO

A rescindibilidade das decisões judiciais representa um golpe na segurança jurídica. Depois de anos de discussões, produção de provas, peças e mais peças de alegações e recursos, a decisão, enfim, transita em julgado. No entanto, em virtude do extenso rol de hipóteses de cabimento da ação rescisória, a coisa julgada não é sinônimo, necessariamente, de fim do litígio. A escolha do julgador de privilegiar sucessivas formas de correção de vícios, erros e injustiças, mesmo após o trânsito em julgado, provoca instabilidade das relações e mitigação da perenidade das soluções encontradas pelo Poder Judiciário para os conflitos que lhe são submetidos.

Contudo, essa fragilidade da coisa julgada encontra um limite temporal. A ação rescisória só pode ser ajuizada no prazo de dois anos, contados do trânsito em julgado da última decisão proferida no processo, consoante dispõe o art. 975 do CPC. Depois desse prazo, a coisa julgada torna-se soberana, não mais passível de revisões.

A ação rescisória, como examinado acima, possui, inicialmente, natureza desconstitutiva, com o escopo de rescisão da decisão viciada. Em virtude da sua natureza desconstitutiva, a rescisória representa um direito potestativo da parte lesada à desconstituição da coisa julgada formada de modo defeituoso. Dessa forma, o prazo de seu ajuizamento é decadencial, caducando o direito à rescisão depois de escoados os dois anos previstos no art. 975 do CPC.

O exercício do direito potestativo concretiza-se pelo ajuizamento da ação rescisória. Por força do previsto no art. 240, § 4º, do CPC, que estende aos prazos decadenciais as regras relativas à prescrição, aplicam-se à rescisória as disposições dos §§ 1º a 3º, do mesmo art. 240 do CPC. Portanto, ao receber a petição inicial que preencha todos os requisitos legais, o juiz ordenará a citação, que interromperá o prazo decadencial. Cabe ao autor tomar as providências necessárias à efetivação da citação do réu, tais como o recolhimento de custas e o preenchimento integral dos requisitos da petição inicial. Demora não imputável ao autor, mas atribuível à demora na prática de atos processuais por serventuários do Poder Judiciário, por exemplo, não afeta a interrupção do prazo, que retroagirá à data de propositura da ação rescisória.

Segundo dispõem os arts. 208 e 198, I do Código Civil, o prazo decadencial não corre contra os absolutamente incapazes. Desse modo, enquanto subsistir a causa de incapacidade, o prazo fica suspenso.

O termo inicial do prazo previsto no art. 975 é o "trânsito em julgado da última decisão proferida no processo". O trânsito em julgado concretiza-se com a não interposição de recurso cabível ou com o esgotamento das vias impugnativas recursais, decorrente da interposição de todos os recursos cabíveis. Não há necessidade de intimação da parte acerca do trânsito em julgado, que se observa do mero escoamento do prazo recursal sem a interposição do recurso previsto em lei.

Não importa se o recurso interposto foi conhecido. De acordo com a redação do art. 975 do CPC, o prazo da rescisória começará a correr do trânsito em julgado da decisão de inadmissão. Se o prazo decadencial tivesse início quando do trânsito em julgado da última decisão que conheceu de recurso, surgiria potencialmente situação de grave prejuízo à parte interessada em propor a ação rescisória. Imagine-se a hipótese na qual a parte interpõe recurso especial contra o acórdão de julgamento da apelação. No entanto, somente dois anos e meio depois da interposição do recurso, o STJ inadmite o recurso sob o argumento de falta de prequestionamento. Ao se considerar que o trânsito em julgado ocorreu quinze dias após a intimação acerca do acórdão de julgamento da apelação, quando o recorrente tomou ciência da inadmissão do recurso especial já teria transcorrido integralmente o prazo para ajuizamento da ação rescisória.

Dessa forma, segundo a dicção do art. 975, *caput*, do CPC, o prazo da rescisória começa a correr do trânsito em julgado da última decisão, conquanto tenha sido inadmitido o recurso interposto.[84]

A situação muda de figura se a causa da inadmissão é a intempestividade do recurso. Se transcorreu *in albis* o prazo recursal e a parte apenas interpôs o recurso depois de escoado o prazo, consumou-se o trânsito em julgado, iniciando a contagem do prazo da rescisória ao fim do prazo do recurso oferecido intempestivamente, mesmo que venha a ser proferida decisão posterior de reconhecimento da intempestividade. Se assim não fosse, anos depois do trânsito em julgado, a parte poderia ressuscitar o prazo para propositura da ação rescisória ao interpor um recurso intempestivo e contar o prazo da decisão que deixasse de conhecê-lo.

84. ALVIM, Teresa Arruda; CONCEIÇÃO, Maria Lúcia Lins. *Ação Rescisória e Querela Nullitatis*. Ob. cit., p. 143: "A opinião segundo a qual a coisa julgada ocorre no momento em que foi proferida a decisão, cujo recurso não foi admitido, cria situação iníqua, pois a parte está de mãos atadas enquanto tramita o recurso. Se essa tramitação durar mais de dois anos, quando sobrevier a decisão de inadmissibilidade do recurso, o prazo para a ação rescisória já se terá escoado, pois só nesse momento é que se virá a saber que, na verdade, terá sido a decisão recorrida que transitou em julgado. Eventual adoção dessa solução se chocaria frontalmente com o princípio da economia processual e obrigaria a parte a exercer certo tipo de 'projeção mental' sobre a decisão do Tribunal, de certo modo tentando 'prever' se seu recurso seria, ou não, admitido, previsibilidade essa que, na verdade, só é possível, praticamente sem margem de erro, em casos de intempestividade evidente, que beira a má-fé".

Como tenho defendido nesse estudo, parece-me, porém, que é necessário distinguir duas formas de intempestividade. A perda do prazo pura e simples, quando não há dúvida acerca da contagem, nem da existência de causas de suspensão/interrupção, ocasiona o trânsito em julgado e propicia o início da contagem do prazo da rescisória. No entanto, pode haver uma legítima dúvida acerca do prazo correto para a interposição de um recurso, decorrente da existência de ponto facultativo, feriado local, suspensão por intermitência do sistema de peticionamento eletrônico, discussões doutrinárias sobre duplicidade do prazo etc. Não me parece adequado penalizar a parte que agiu de boa-fé e adotou interpretação possível e, muitas vezes, sustentada por posicionamento doutrinário e pretoriano, ainda que não seja a interpretação utilizada pelo órgão *ad quem*. Assim, o prazo da ação rescisória correrá nesses casos do trânsito em julgado da decisão que inadmitiu o recurso por intempestividade.[85]

A redação do art. 975, *caput*, do CPC, ao prever que o termo inicial do prazo da rescisória é o "trânsito em julgado da última decisão proferida no processo", buscou solucionar a questão acima abordada, evitando discussão sobre o início da contagem do prazo nas hipóteses em que o recurso interposto deixou de ser conhecido pelo tribunal *ad quem*. Começa a correr o prazo, como vimos, do trânsito em julgado da decisão de inadmissão do recurso.

No entanto, a redação cria outra discussão, relacionada à possibilidade de o processo resolver mais de uma questão de mérito de forma definitiva, formando mais de uma coisa julgada. Nem sempre todas as pretensões das partes são solucionadas conjuntamente. O Código, inclusive, estimula que os pedidos sejam apreciados na medida que se tornarem maduros para julgamento de mérito, sem a necessidade de se aguardar a maturação das demais pretensões. O art. 356, que versa sobre o julgamento antecipado parcial de mérito, autoriza a cisão do enfrentamento dos pedidos pelo juiz, apreciando-se antecipadamente os pedidos que se mostrem aptos ao julgamento de mérito, ao passo que os demais aguardam a produção de provas adicionais para serem julgados. Da mesma forma, o pedido reconvencional pode estar pronto para ser julgado antes do pedido principal, ou vice-versa, ocasionando a solução das questões em momentos distintos no processo.

---

85. Nesse sentido, valendo-se do critério da boa-fé, o STJ decidiu: "Mesmo sendo intempestivo o último recurso julgado, o prazo decadencial da ação rescisória somente se inicia quando não for cabível nenhum recurso do último pronunciamento judicial, salvo na hipótese de má-fé, o que não ficou caracterizado no caso concreto". AgInt no AResp 220.777/RS, 4ª Turma, Rel. Min. Antonio Carlos Ferreira, Dje 06.06.2017.

Pense-se em uma ação na qual o autor cumula pedidos de rescisão contratual e reparatório. O primeiro é julgado antecipadamente e a decisão transita em julgado. O segundo, por sua vez, só é apreciado dois anos após o trânsito em julgado do primeiro. Pergunta-se: quando se inicia o prazo para ajuizamento da ação rescisória a respeito do pedido de rescisão contratual? É necessário aguardar o julgamento definitivo do pedido reparatório para só então ser possível a propositura da rescisória sobre a questão decidida de forma antecipada?

A redação do Código dá a impressão de que o prazo da rescisória seria único para todas as coisas julgadas formadas no processo. Destarte, no exemplo acima, somente começaria o prazo da rescisória relacionada ao pedido da rescisão contratual quando transitar em julgado a decisão que solucionar o pleito reparatório. O STJ tem posicionamento sumulado nesse sentido, o que, ao que parece, influenciou a redação do art. 975 do CPC.[86] Boa parte da doutrina segue esse entendimento.[87]

Não me parece, porém, que essa solução se coaduna com a ideia de limitação temporal da instabilidade ocasionada pelo cabimento da ação rescisória. Pense-se na possibilidade de um dos pedidos ser enfrentado e a respectiva decisão transitar em julgado muitos anos antes da decisão final do processo, referente a outros pleitos. Embora o pedido inicialmente apreciado tenha sido julgado de forma definitiva, atraindo a imutabilidade da coisa julgada, a parte beneficiada pelo resultado teria de esperar anos até o julgamento final dos demais pedidos e, ainda, o prazo de rescisória para se sentir plenamente segura quanto à manutenção da decisão que lhe é favorável. A coisa julgada formada a respeito do primeiro pedido julgado, para não ser mais impugnável por meio de ação rescisória, teria de esperar quatro, cinco ou mais anos, em vez dos dois anos previstos no art. 975 do CPC.

Dessa forma, considero mais condizente a interpretação da redação do art. 975 do CPC no sentido de que o direito à rescisão caduca em dois anos contados do trânsito em julgado da última decisão proferida *sobre cada uma das questões formadoras de coisa julgada decididas no processo.*[88]

---

86. Súmula 401: O prazo decadencial da ação rescisória só se inicia quando não for cabível qualquer recurso do último pronunciamento judicial.

87. MARINONI, Luiz Guilherme; MITIDIERO, Daniel. *Comentários ao Código de Processo Civil*. Vol. XV. Ob. cit., p. 481; ALVIM, Teresa Arruda; CONCEIÇÃO, Maria Lúcia Lins. *Ação Rescisória e Querela Nullitatis*. Ob. cit., p. 150; ARAÚJO, José Henrique Mouta. *Ação rescisória e o CPC/15: controvérsias e comportamento jurisprudencial*. Ob. cit., p. 388.

88. Nesse sentido, FARIA, Márcio Carvalho. *A ação rescisória no projeto de novo Código de Processo Civil e uma sugestão de lege ferenda*. Ob. cit., p. 260: "Assim sendo, sugere-se, *de lege ferenda*, que o nCPC abandone o prazo único, trabalhando, conforme o caso, com diferentes marcos

A causa de pedir pode influenciar a sistemática do prazo da ação rescisória. O art. 975, § 2º, do CPC dispõe que na ação motivada pela descoberta de prova nova o termo inicial do prazo será a data da descoberta, limitando-se, contudo, ao prazo máximo de cinco anos. Com efeito, o prazo é o mesmo - dois anos -, mas a lei alterou a data de início da contagem, isto é, em vez de se contar do trânsito em julgado da última decisão, computa-se da data em que a parte toma conhecimento da existência do novo elemento probatório, capaz de por si só alterar o resultado originário da demanda. A limitação em cinco anos é importante, para não tornar indefinida a possibilidade de rescisão da decisão. Caberá a parte comprovar a data da descoberta da prova, caso ajuíze a ação rescisória depois de dois anos do trânsito em julgado.

Nas ações rescisórias propostas com fulcro em simulação ou colusão das partes, o prazo para o terceiro prejudicado e para o Ministério Público, que não interveio no processo, também tem início quando da descoberta do ato, consoante dispõe o art. 975, § 3º, do CPC. Nesse caso, se utilizado prazo superior a dois anos contados do trânsito em julgado, caberá ao autor demonstrar que a ciência a respeito da colusão ou simulação se deu em momento posterior.

Por fim, a ação rescisória destinada à rescisão de decisão baseada em lei declarada inconstitucional pelo Supremo também possui termo inicial diferido. Segundo o art. 525, § 15, do CPC, o termo inicial do prazo é o "trânsito em julgado da decisão proferida pelo Supremo Tribunal Federal". A redação do dispositivo não pode ser interpretada literalmente. Imagine-se que centenas ou até milhares de sentenças tenham aplicado determinada lei para a solução de casos concretos. Muitos anos depois do trânsito em julgado

---

iniciais, que seriam contados da ciência (ou, na impossibilidade de alegação, por comprovada força maior, quando essa impossibilidade cessar) do fato rescindendo"; DIDIER JR. Fredie; CUNHA, Leonardo Carneiro da. *Curso de Direito Processual*. Ob. cit., p. 573: "É possível propor, imediatamente após o respectivo trânsito em julgado, a ação rescisória de coisa julgada parcial - parece que não há mais espaço para a discussão sobre esse ponto, tendo em vista o texto do CPC-2015. Diante da redação do caput do art. 975 do CPC, a discussão, agora, circunscrever-se-á a este ponto: há mais de um prazo, um para cada coisa julgada, ou o prazo é o único? O art. 975 do CPC fala em "última decisão proferida no processo". Esse trecho pode ser interpretado como a última decisão entre todas as decisões que podem ser proferidas no processo - na linha do que o STJ entendia -, ou como a última decisão sobre a questão que se tornou indiscutível pela coisa julgada - a decisão que substituiu por último (art. 1.008, CPC). A valer a primeira interpretação, o prazo para ação rescisória contra a decisão parcial seria indefinido, pois seu início dependeria do final do processo - enquanto o processo não terminasse, sempre seria possível propor ação rescisória contra qualquer coisa julgada parcial que se tenha formado durante a litispendência. Essa interpretação é, claramente, um atentado contra a segurança jurídica. Situações consolidadas há muitos anos poderiam ser, surpreendentemente, revistas".

dessas sentenças, o STF declara a inconstitucionalidade da lei que as serviu de fundamento. Pelo texto do dispositivo, o prazo da rescisória teria início inúmeros anos após o trânsito em julgado.

A interpretação literal do art. 525, § 15, do CPC ocasiona uma instabilidade indefinida, pois, a qualquer tempo, pode renascer a possibilidade de revisão da decisão se, conquanto num futuro distante, o Supremo vier a declarar inconstitucional a norma aplicada na sentença. O intuito de preservar a correta aplicação da Constituição e evitar decisões tomadas em arrepio à norma constitucional é evidentemente relevante, mas não pode se sobrepor à garantia de um mínimo de segurança jurídica aos jurisdicionados.

Na tentativa de temperar o embate entre a segurança jurídica e a adequada aplicação da Constituição, alguns autores têm sugerido a aplicação da limitação temporal prevista no art. 975, § 2º, do CPC, isto é, o termo inicial para a contagem dos dois anos seria o trânsito em julgado da decisão proferida pelo STF, porém, limitado ao prazo máximo de cinco anos contado do trânsito em julgado da decisão que se pretende rescindir.[89] Parece-me uma solução adequada.

No entanto, em razão da falta de previsão expressa dessa limitação temporal sugerida pela doutrina e com o escopo de se evitar grave insegurança, é recomendável que o Supremo, ao declarar a inconstitucionalidade da norma, module os efeitos de sua decisão, como autoriza o art. 525, § 13, do CPC, sempre que a declaração tiver o potencial de ocasionar pretensões rescisórias relacionadas a decisões transitadas em julgado há muito tempo.

## 5.8. DEMAIS REQUISITOS DE ADMISSIBILIDADE

O interessado no ajuizamento da ação rescisória deve veicular seu pedido por meio de petição inicial que cumpra os requisitos do art. 319 do

89. ALVIM, Teresa Arruda; CONCEIÇÃO, Maria Lúcia Lins. *Ação Rescisória e Querela Nullitatis*. Ob. cit., p. 153; BARIONI, Rodrigo. Comentários ao art. 975 do CPC. In: ARRUDA ALVIM, Teresa et al. (Coord.). *Breves Comentários ao Novo Código de Processo Civil*. 3. Ed. São Paulo: RT, 2016, p. 2420. Alexandre Câmara sugere, por outro lado, a aplicação por analogia do art. 205 do Código Civil, limitando a rescisória ao prazo máximo de 10 anos. *O Novo Processo Civil Brasileiro*. Ob. cit., p. 475-476: "Por conta disso, propõe-se aqui uma aplicação analógica do disposto no art. 205 do Código Civil, que trata do limite máximo dos prazos prescricionais (mas sendo legítima essa aproximação entre prescrição e decadência, já que o próprio CPC promove essa aproximação em algumas ocasiões, como se dá, por exemplo, no art. 240). Assim, deve-se considerar que, por força da segurança jurídica inerente à própria existência dos institutos da prescrição e da decadência, nos casos previstos no art. 975, § 3º, e nos arts. 525, § 15, e 535, § 8º o direito à rescisão só poderá ser exercido até dez anos após o trânsito em julgado da última decisão proferida no processo em que se prolatou a decisão rescindenda".

CPC, isto é, as exigências destinadas a todas as peças exordiais. Na rescisória, porém, a causa de pedir deve estar necessariamente lastreada em alguma das hipóteses de cabimento previstas na lei e, se for o caso, o art. 968, I, do CPC exige que o autor cumule o pedido rescindente com o pleito de novo julgamento da demanda originária.[90] Assim, quando a ação rescisória tem como fundamento, por exemplo, a violação manifesta à norma jurídica, a descoberta de prova nova e o erro de fato, a petição inicial deverá conter pedidos rescindente e rescisório (novo julgamento do processo). Por outro lado, a ação rescisória por violação à coisa julgada conterá apenas pedido rescindente, que, uma vez acolhido, renovará a eficácia da primeira coisa julgada formada.

A procuração concedida ao advogado no processo originário não é suficiente para outorgar-lhe poderes para a representação de seu cliente na ação rescisória, salvo se a procuração contiver previsão expressa dessa possibilidade. Desse modo, há necessidade de procuração específica para a ação rescisória, abrangendo o poder especial relacionado a essa demanda, porque a propositura da rescisória não faz parte do rol de poderes previsto no art. 105 do CPC relacionados à procuração geral para o foro.[91]

O art. 968, II, do CPC prevê a exigência de prestação de caução pelo autor da ação rescisória, impondo-lhe o depósito do equivalente a 5% sobre o valor da causa, "que se converterá em multa caso a ação seja, por unanimidade de votos, declarada inadmissível ou improcedente". A intenção do legislador é a de evitar o emprego abusivo da ação rescisória, como se esse instrumento processual significasse apenas mais uma etapa recursal à obtenção do resultado definitivo. A exigência de caução objetiva desestimular a parte não convicta da existência do vício ensejador da rescisão a se conformar com o resultado. O depósito não se confunde como recolhimento de custas, que também é devido.

90. BARBOSA MOREIRA, José Carlos. *Comentários*. Ob. cit., p. 178: "Se a sentença se compõe de dois ou mais capítulos distintos, nada impede que se pleiteie a rescisão só de um ou de alguns deles. O pedido pode até limitar-se a capítulo acessório, como o da condenação em honorários de advogado. É óbvio que do *iudicium rescissorium* apenas se cogitará, sendo o caso, em relação à parte da decisão vitoriosamente atacada no *iudicium rescindens*".

91. DIDIER JR. Fredie; CUNHA, Leonardo Carneiro da. *Curso de Direito Processual*. Ob. cit., p. 627: "O advogado que subscrever a petição inicial da ação rescisória deve juntar procuração outorgada originariamente para esse processo; não se admite cópia da procuração utilizada no processo no qual proferida a decisão rescindenda. O STF exige que haja, na procuração, poderes específicos para o ajuizamento da ação rescisória, o que desborda da previsão contida no art. 105 do CPC e não parece correto".

Embora represente uma verdadeira barreira de acesso, não me parece inadequada ou mesmo inconstitucional a previsão de caução.[92] O processo reserva às partes inúmeras possibilidade de rediscussão das decisões. A ação rescisória não deve ser enxergada como uma via impugnativa corriqueira e usual, mas como uma ferramenta excepcional, reservada a casos extremos. O depósito também representa uma forma de proteção à parte beneficiada pela decisão, que aguardou muitas vezes vários anos até alcançar o desfecho positivo para sua pretensão.[93]

O depósito não é exigido da Fazenda Pública, do Ministério Público e da Defensoria Pública e também daqueles que demonstrarem o preenchimento dos requisitos para a concessão do benefício de gratuidade da justiça (art. 968, § 1º, do CPC). Entendo que a dispensa da caução quando a Fazenda Pública é autora, especialmente a União, acarreta um desequilíbrio de forças ainda maior. Diferentemente das custas judiciais, que representam valores mais módicos e, normalmente, limitados a tetos previstos em lei, o art. 968, § 2º, do CPC prevê um teto extremamente elevado para o depósito, de mil salários-mínimos. Em causas de valor muito alto, se o resultado for desfavorável ao particular, este deverá realizar depósito de quantia relevante quando do ajuizamento da rescisória, ao passo que a Fazenda Pública, se sucumbente no mesmo processo originário, não terá esse ônus. Essa diferenciação é sentida na prática com inúmeras ações rescisórias propostas pela Fazenda Pública, uma vez que não há qualquer barreira financeira ou desvantagem prática que reprima o uso da rescisória. Para a Fazenda Pública, a ação rescisória é mais um recurso que lhe é disponibilizado pela lei.

Não realizado o depósito, a petição inicial será indeferida, mas não sem antes de se conceder a possibilidade ao autor de prestação da caução exigida por lei. À rescisória se aplica a regra prevista no art. 321 do CPC, devendo ser dada ao autor a oportunidade de emenda da petição inicial,

---

92. DELLORE, Luiz. In: GAJARDONI, Fernando da Fonseca; DELLORE, Luiz; ROQUE, André Vasconcelos; OLIVEIRA JR, Zulmar Duarte de. *Execução e Recursos*. Ob. cit., p. 797: "A finalidade da medida não é obstar o acesso à justiça (até porque já houve todo o trâmite da primeira demanda), mas sim desestimular rescisórias indevidas. Ou seja, a multa é um filtro, um desestímulo, que fará o autor refletir antes de ingressar com a AR – e, além da multa, são devidas as custas e, na improcedência, há honorários sucumbenciais. Trata-se de previsão constitucional e legítima".

93. Em sentido contrário, considerando inconstitucional a exigência de depósito, GRECO, Leonardo. *Instituições de Processo Civil*. Ob. cit., p. 358: "Não tenho simpatia por essa figura que, a meu ver, cria um obstáculo econômico discriminatório ao acesso à justiça, e, portanto, inconstitucional por violação do princípio da isonomia, em detrimento daqueles que, mesmo tendo uma boa causa, se sentirão inibidos de propô-la, não porque sofrerão o risco de perder mais esse valor, o que seria razoável, mas por não poderem dispor sem razoável sacrifício do seu desembolso".

sempre que algum dos seus requisitos não tiver sido cumprido de início. Também incide o disposto no art. 332 do CPC, permitindo-se ao tribunal julgar liminarmente improcedente o pedido, se presentes os requisitos legais (art. 968, § 4, do CPC).

A caução será levantada pelo autor em caso de vitória na ação rescisória ou se a ação tiver sido julgada improcedente ou inadmissível por maioria de votos. No entanto, como dispõe o art. 968, II, do CPC, o depósito converter-se-á em multa, revertida em favor do réu,[94] se a ação for inadmitida ou o pedido rescindente for rejeitado por unanimidade.

Não haverá aplicação de multa se o pedido rescindente for acolhido, mesmo que a pretensão do autor seja rejeitada por unanimidade na etapa de rejulgamento do caso. Se o pedido rescindente foi acolhido, havia motivo para a propositura da ação rescisória e não se pode, portanto, penalizar o autor. Do mesmo modo, se o autor desiste da ação ou renuncia ao direto sobre o qual se funda a rescisória, não haverá conversão do depósito em multa.[95]

## 5.9. PROCEDIMENTO (PROVAS, RECONVENÇÃO, CARTA DE ORDEM, TUTELA PROVISÓRIA)

Estando em ordem a petição inicial e tendo o autor realizado o depósito, quando não dispensado por lei ou por decisão que tenha lhe concedido a gratuidade de justiça, o juiz ordenará a citação do réu. O art. 970 do CPC institui um procedimento especial para a ação rescisória. Diferentemente do que dispõem os arts. 334 e 335 do CPC, não haverá designação de audiência de mediação ou conciliação e o prazo para oferecimento da contestação será fixado por decisão judicial, podendo variar entre 15 e 30 dias. O prazo da Fazenda Pública, do Ministério Público e dos assistidos pela Defensoria Pública serão fixados entre 30 e 60 dias, uma vez que os arts. 183, 180 e

94. Em sentido contrário, considerando, na sistemática do CPC/1973, que a multa é revertida ao Estado, BARBOSA MOREIRA, José Carlos. *Comentários*, Ob. cit., p. 181: "Ao contrário do que se dá com as condenações em custas e honorários advocatícios, a multa não tem caráter indenizatório, não visa a compensar a parte vencedora de possíveis prejuízos, mas a reprimir uma forma de abuso no exercício do direito de ação; por essa razão, *de iure condendo*, parece mais acertado, a exemplo de legislações estrangeiras, fazer reverter aos cofres públicos o depósito pedido".

95. DIDIER JR. Fredie; CUNHA, Leonardo Carneiro da. *Curso de Direito Processual*. Ob. cit., p. 630: "A decisão colegiada unânime com aptidão para fazer nascer o dever do autor ao pagamento da multa é aquela que inadmite a rescisória ou que a julga improcedente. A decisão que homologa a desistência ou a renúncia não faz nascer o dever de pagar multa. Por outro lado, a improcedência que se exige para fazer nascer o dever de pagar a multa é quanto ao juízo rescindente (*iudicium rescindens*), não quanto ao juízo de rejulgamento (*iudicium rescissorium*)".

186, respectivamente, preveem prazo em dobro "para todas as suas manifestações processuais".

A partir daí, o mesmo art. 970 do CPC estabelece que o procedimento da ação rescisória seguirá o rito comum previsto no Código.

O ajuizamento da ação rescisória não acarreta a impossibilidade de execução da decisão rescindenda (art. 969 do CPC). Porém, havendo requerimento e cumprindo o autor os requisitos previstos em lei, pode ser concedida tutela provisória que suspenda a eficácia da decisão enquanto se processa a rescisória.

A revelia do réu não produz, na rescisória, o efeito material de presunção de veracidade dos fatos suscitados pelo autor na petição inicial. A pretensão rescindente não representa um direito disponível e, portanto, a inércia do réu não tem o condão de confirmá-la. As partes podem transacionar sobre as obrigações constituídas na decisão objeto da rescisória e chegar a um acordo sobre o direito discutido no juízo rescisório, mas a desconstituição da coisa julgada é indisponível, podendo ser apenas objeto de renúncia ou desistência pelo autor.[96] Desse modo, aplica-se a regra contida no art. 345, II, do CPC, não se observando o efeito substancial da revelia na ausência de contestação do réu na rescisória.[97]

A lei não veda o oferecimento de reconvenção na ação rescisória. Porém, em razão da natureza da ação, o pleito reconvencional sofre algumas limitações. A reconvenção, por óbvio, também deve ser uma ação rescisória. Não seria possível, em razão da competência e do rito, a utilização da reconvenção a respeito de uma pretensão originária. O réu-reconvinte deve propor a reconvenção dentro do prazo decadencial de dois anos, contados do trânsito em julgado da decisão que busca rescindir, não havendo interrupção ou suspensão desse prazo pelo ajuizamento da ação rescisória pelo autor-reconvindo.

A reconvenção deve ter como objeto a mesma decisão. Se houve julgamento parcial de procedência, tendo cada parte se saído vencedora em um capítulo da decisão, o réu-reconvinte pode se valer da reconvenção para

96. DIDIER JR. Fredie; CUNHA, Leonardo Carneiro da. *Curso de Direito Processual*. Ob. cit., p. 637: "De fato, não é possível haver uma "rescisão" negociada da decisão judicial. As partes não podem desfazer, negocialmente, um ato estatal; não podem desfazer consensualmente uma declaração judicial. Mas é possível haver renúncia ao direito à rescisão da decisão, à semelhança do que pode ser feito com direito ao recurso".

97. Nesse sentido, DIDIER JR. Fredie; CUNHA, Leonardo Carneiro da. *Curso de Direito Processual*. Ob. cit., p. 637; ALVIM, Teresa Arruda; CONCEIÇÃO, Maria Lúcia Lins. *Ação Rescisória e Querela Nullitatis*. Ob. cit., p. 181-182; GRECO, Leonardo. *Instituições*. Ob. cit., p. 359.

pleitear a rescisão de outro capítulo da mesma decisão que é objeto da rescisória. Também considero possível que o pedido reconvencional verse sobre decisão proferida em ação conexa àquela na qual foi proferida a decisão discutida na ação rescisória, ainda que não seja a mesma.

A ação rescisória permite a comprovação dos fatos pelas partes por meio da produção de provas. A prova documental sempre será admitida, assim como os outros meios de prova realizados antecipadamente e devidamente documentados. No entanto, a utilização de outros meios de prova, como vimos, pode não ser possível. Na ação rescisória com base em violação à norma jurídica, erro de fato e ofensa à coisa julgada, por exemplo, o autor deve trazer prova pré-constituída, consubstanciada na cópia dos autos originários.[98]

Se, porém, admitida a dilação probatória, o art. 972 do CPC concede dois caminhos ao relator: poderá ele próprio presidir a produção de provas, que ocorrerá perante o tribunal, na forma do art. 938, § 3º, do CPC, ou expedir carta de ordem, para que a prova necessária seja produzida no órgão que proferiu a decisão rescindenda. Optando por esta última via, o relator fixará o prazo para devolução dos autos, entre um e três meses.

## 5.10. JULGAMENTO DA AÇÃO RESCISÓRIA

Depois de ocorrida a fase instrutória ou não sendo necessária a produção de novas provas, ocorrerá o julgamento da ação rescisória pelo órgão colegiado competente. Iniciado o julgamento, o relator apresentará seu relatório e, em seguida, os advogados das partes poderão expor oralmente suas razões pelo prazo máximo de 15 minutos, cada (art. 937, inc. VI do CPC). Terminadas as sustentações orais, iniciar-se-á o julgamento do pedido rescindente, isto é, da pretensão de desconstituição da decisão transitada em julgado. Se a corte considerar existente o vício alegado pelo autor, rescindirá a decisão e passará, quando cabível, ao exame do pedido de rejulgamento da demanda originária (juízo rescisório). O novo julgamento somente ocorre, por óbvio, quando desconstituída a decisão rescindenda. Trata-se de apreciação de pedidos cumulados de forma própria e sucessiva: acolhido o primeiro pleito (desconstitutivo), passa-se ao exame do segundo (declaratório, constitutivo

98. BARBOSA MOREIRA, José Carlos. *Comentários*, ob. cit., p. 196: "Mesmo, contudo, em casos de possível passagem ao *iudicium rescissorium*, é concebível que fique preexcluída a colheita de novas provas tendentes a influir no rejulgamento da causa. Por exemplo: na hipótese do art. 485, nº IX, consoante já se explicou (supra, comentário nº 86 ao citado dispositivo), todo o trabalho cognitivo do tribunal há de ter por objeto exclusivo o material já constante dos autos do processo onde se proferiu a sentença rescindenda; quaisquer outras provas são incabíveis, e o relator não deve admiti-las".

ou condenatório); se rejeitado, porém, o primeiro, o segundo pedido é reputado prejudicado.

Participam do julgamento os magistrados que compõem o órgão indicado pelo regimento interno do tribunal. Dependendo do disposto no regimento, podem participar três, cinco ou um número maior de juízes, quando o julgamento da ação rescisória for de competência de seção, órgão especial ou plenário.

Aplica-se à ação rescisória a sistemática prevista no art. 942 do CPC para a hipótese de resultado de julgamento não unânime (art. 942, § 3º, inc. I, do CPC). Assim, se ocorrer a rescisão da decisão por maioria de votos, deverá ser majorada a turma julgadora. O legislador fez uma distinção conforme o resultado. Se *rejeitado* por maioria o pedido rescindente, mantendo-se intacta a coisa julgada, não se aplica a técnica de ampliação do número de julgadores. Ademais, sendo o caso de incidência do art. 942, o § 3º prevê o deslocamento de competência para "órgão de maior composição previsto no regimento interno". Desse modo, iniciado o julgamento na turma ou câmara, por exemplo, o exame da pretensão rescindente poderá ter continuidade em seção, órgão especial ou plenário no caso de acolhimento por maioria. Se, entretanto, por força do disposto no regimento interno, a ação rescisória já tiver seu julgamento iniciado perante órgão de maior composição – no órgão especial, por exemplo – não haverá a transferência para outro órgão em caso de resultado não unânime.

A possibilidade de majoração da turma julgadora, a meu ver, aplica-se tão somente nos casos em que a dissidência se verificar no julgamento da pretensão rescindente. Se, na primeira etapa do julgamento, o resultado for unânime e a divergência surgir quando do novo julgamento do processo (juízo rescisório), não há ampliação da composição de juízes. O legislador previu a incidência da técnica de majoração *secundum eventum litis*, vale dizer, apenas na hipótese de rescisão da decisão por maioria de votos. Desse modo, as outras situações – rejeição do pleito rescindente e juízo rescisório – estão excluídas da previsão legal.[99]

Mas se a composição já está ampliada, por força da dissidência no julgamento do pedido rescindente, todos os julgadores da nova composição votarão, tanto acerca do pedido de desconstituição da decisão transitada em

99. Em sentido contrário, admitindo o aumento do número de julgadores na hipótese de dissidência apenas no juízo rescisório, ALVIM, Teresa Arruda; CONCEIÇÃO, Maria Lúcia Lins. *Ação Rescisória e Querela Nullitatis*. Ob. cit., p. 188.

julgado como no que concerne ao rejulgamento da causa, se o resultado de rescisão tiver sido mantido pelo novo colegiado.

O Código criou barreiras à ampliação do número de julgadores prevista no art. 942, como a necessidade de existência de dissidência e, no caso da ação rescisória, a constatação de resultado não unânime direcionado à desconstituição da coisa julgada. Entretanto, depois de observada a condição exigida para que o julgamento ocorra em colegiado alargado, todas as questões submetidas aos juízes originários devem ser também examinadas pelos novos magistrados introduzidos pela ampliação. O art. 942 dispõe que "o julgamento terá prosseguimento em sessão a ser designada com a presença de outros julgadores", não fazendo distinção entre parcelas do julgamento, isto é, o objeto é o mesmo antes e depois da ampliação da composição. O § 2º do mesmo dispositivo prevê que "os julgadores que já tiverem votado poderão rever seus votos por ocasião do prosseguimento do julgamento" e o art. 941, § 1º, do CPC explicita que o "voto poderá ser alterado até o momento da proclamação do resultado pelo presidente". O legislador dá, pois, todos os indícios de que o julgamento é uno, acrescem-se apenas novos juízes à composição originárias, criando nova formação competente para apreciar todas as questões submetidas à corte.[100]

## 5.11. RECURSOS

Ocorrido o julgamento da ação rescisória pelo órgão competente, as partes poderão interpor recurso. Cabível sempre a oposição de embargos de declaração, destinada à correção de erro material, ao esclarecimento de obscuridade ou contradição e à integração de omissão.

O cabimento de outros recursos depende do órgão judicial no qual aconteceu o julgamento da rescisória. Se a ação tramitou inicialmente perante tribunal local, ou seja, tribunal de justiça estadual ou tribunal regional federal, será possível a interposição de recurso especial e/ou recurso extraordinário, se demonstrada violação à norma federal ou constitucional. Como estudamos, os arts. 102, inc. III, e 105, inc. III, da Constituição preveem o cabimento

100. CARVALHO, Luciano Saboia Rinaldi de. Código de Processo Civil de 2015. Ob. cit.. p. 130: "Entendo que os novos componentes, quando chamados a participar do julgamento (que teve prosseguimento, logo, ainda não encerrado), devem decidir todas as questões suscitadas no apelo, examinando a controvérsia na sua completude". Em sentido contrário, CÂMARA JR., José Maria. O art. 942 do CPC e a ampliação da colegialidade: questões e propostas de interpretação para dissipar dúvidas sobre a aplicação de regras. In: NERY JR., Nelson; ALVIM, Teresa Arruda; OLIVEIRA, Pedro Miranda de (Org.). Aspectos Polêmicos dos Recursos Cíveis e Assuntos Afins. São Paulo: Revista dos Tribunais, 2018, v. 14. p. 212; ALVIM, Teresa Arruda; CONCEIÇÃO, Maria Lúcia Lins. *Ação Rescisória e Querela Nullitatis*. Ob. cit., p. 189.

dos recursos extraordinário e especial, respectivamente, em causas decididas em *única* ou última instância. A ação rescisória é uma das hipóteses em que a causa – ação de competência originária – é decidida em única instância pelo tribunal local. Desse modo, contra o acórdão de julgamento da ação rescisória cabe impugnação mediante a interposição dos recursos extraordinário e especial.

Se rescisória foi julgada originariamente pelo Superior Tribunal de Justiça, a parte sucumbente poderá somente interpor recurso extraordinário dirigido ao Supremo Tribunal Federal, tendo o ônus de demonstrar a violação à norma federal e o preenchimento dos demais requisitos de admissibilidade do recurso. Se, porém, compete ao próprio Supremo a análise inicial da ação rescisória, contra o acórdão de julgamento não caberá outro recurso com a exceção dos embargos de declaração.

Embora me pareça de grande utilidade, para fins de uniformização de jurisprudência, a Lei n. 13.256/2016 revogou o inciso IV do art. 1.043 do CPC, que previa o cabimento de embargos de divergência na ação rescisória e na demais ações de competência originária dos tribunais. Em consonância com o princípio da taxatividade, não considero possível defender o cabimento dos embargos de divergência em ação rescisória, não obstante a lacuna que a falta desse recurso deixa para a uniformização de entendimentos dos tribunais.

Por fim, contra as decisões monocráticas do relator da ação rescisória cabe agravo interno, de acordo com o art. 1.021 do CPC. O relator tem a incumbência de examinar pedido de tutela provisória, deve conduzir a demanda e decidir questões processuais que surjam no decorrer do processamento e, pode, excepcionalmente, rejeitar por decisão unipessoal a ação rescisória que não cumpra seus requisitos de admissibilidade – a ausência de depósito, por exemplo. Em todas essas hipóteses, se o relator decide só, contra sua decisão caberá agravo interno a ser julgado pelo órgão competente para o julgamento de mérito da rescisória.

## 5.12. EXECUÇÃO

O julgamento da ação rescisória pode formar um título executivo judicial. Se acolhido o pedido rescindente e o juízo rescisório estabelecer uma obrigação a ser cumprida por alguma das partes, estará criado o título. Do mesmo modo, poderá haver a necessidade de execução, ainda que rejeitada a pretensão de rescisão da decisão, em virtude da condenação do autor nos ônus sucumbenciais.

Não havendo cumprimento espontâneo da obrigação, a execução do julgado dar-se-á por meio do procedimento de cumprimento de sentença, previsto no art. 513 e seguintes do CPC. Segundo dispõe o art. 516, I, a competência para a fase executiva é do tribunal onde ocorreu o julgamento da ação rescisória. O parágrafo único do art. 516, que permite ao exequente escolher onde promoverá à execução - juízo do atual domicílio do executado, do local onde se encontrem os bens sujeitos à execução ou do local onde deva ser executada a obrigação de fazer ou de não fazer – prevê que essa possibilidade não se aplica à execução de títulos executivos formados em ações de competência originária de tribunal.

A competência para a execução do tribunal perante o qual a ação rescisória foi proposta é funcional e, portanto, absoluta.[101] No entanto, sempre que a prática de atos de comunicação processual ou executivos se tornar inviável em decorrência da ausência de estrutura do tribunal, o relator poderá determinar que as medidas sejam realizadas em primeiro grau, por meio da expedição de carta de ordem.

---

101. DIDIER JR. Fredie; CUNHA, Leonardo Carneiro da. *Curso de Direito Processual*. Ob. cit., p. 650: "O cumprimento da sentença, na ação rescisória, deve processar-se perante o próprio tribunal que julgou a rescisória. É que, sendo a rescisória uma ação de competência originária de tribunal, cabe a este processar o consequente cumprimento da sentença (CPC, art. 516, I). A competência, nesse caso é funcional e, portanto, absoluta. Em outras palavras, processada e julgada a causa, originariamente, em tribunal, o cumprimento ou a execução do julgado processar-se-á ali mesmo, no tribunal".

# REFERÊNCIAS BIBLIOGRÁFICAS

ABBOUD, Georges. Do genuíno precedente do *stare decisis* ao precedente brasileiro: os fatores histórico, hermenêutico e democrático que os diferenciam. In: DIDIER JR.; CUNHA; ATAÍDE JR.; MACÊDO, Lucas Buril. *Precedentes*. Salvador: Editora Juspodivm, 2015.

AGUIAR JR., Ruy Rosado de. Recurso Especial: questão de ordem pública. Prequestionamento. *Revista de Processo*. São Paulo: Revista dos Tribunais, v. 132, 2006.

ALBERTO DOS REIS, José. *Código de Processo Civil anotado*. Coimbra: Almeidina,1981. v. V.

ALMEIDA, Diogo Assumpção Rezende de. *A prova pericial no processo civil*: o controle da ciência e a escolha do perito. Rio de Janeiro: Renovar, 2011.

ALMEIDA, Diogo Assumpção Rezende de. *A contratualização do processo*: das convenções processuais no processo civil. São Paulo: LTr, 2015.

ALMEIDA, Diogo Assumpção Rezende de. A crise no sistema recursal brasileiro e o novo Código de Processo Civil. In: ALMEIDA, Diogo Assumpção Rezende de; JATAHY, Carlos Roberto; AYOUB, Luiz Roberto (Orgs.). *Reflexões sobre o novo Código de Processo Civil*. Rio de Janeiro: FGV Editora, 2016.

ALVES, Francisco Glauber Pessoa. O cabimento de recurso de terceiro economicamente prejudicado. In: DIDIER JR., Fredie; WAMBIER, Teresa Arruda Alvim (coord.). *Aspectos polêmicos e atuais sobre os terceiros no processo civil e assuntos afins*. São Paulo: Revista dos Tribunais, 2004.

ALVIM, Teresa Arruda. *Os agravos no Código de Processo Civil Brasileiro*. 4. ed. São Paulo: Revista dos Tribunais, 2006.

ALVIM, Teresa Arruda. *Embargos de Declaração*. 3. ed. São Paulo: Revista dos Tribunais, 2017.

ALVIM, Teresa Arruda; DANTAS, Bruno. *Recurso Especial, Recurso Extraordinário e a nova função dos Tribunais Superiores*. 5. ed. São Paulo: Revista dos Tribunais, 2018.

ALVIM, Teresa Arruda; CONCEIÇÃO, Maria Lúcia Lins. *Ação Rescisória e Querela Nullitatis*. São Paulo: RT, 2019.

ALVIM, Teresa Arruda. *Os Agravos no CPC de 2015*. 5ª edição. Curitiba: EDC Editora, 2021.

ALVIM, Teresa Arruda; UZEDA, Carolina; MEYER, Ernani. Mais um filtro, agora para o STJ: uma análise da EC 125/2022. *Revista de Processo*. São Paulo: Editora RT, vol. 330/2022.

AMARAL SANTOS, Moacyr. *Primeiras linhas de direito processual civil*. 20. ed. São Paulo: Saraiva, 2001. v. 3.

APRIGLIANO, Ricardo de Carvalho. *A apelação e seus efeitos*. São Paulo: Atlas, 2003.

ARAÚJO, José Aurélio. *Cognição Sumária, cognição exaustiva e coisa julgada*. São Paulo: RT, 2017.

ARAÚJO, José Henrique Mouta. Algumas variáveis em torno da fungibilidade entre os recursos especial e extraordinário. In: NERY JR, Nelson; ALVIM, Teresa Arruda; OLIVEIRA, Pedro Miranda de (Org.). *Aspectos Polêmicos dos Recursos Cíveis*. São Paulo: Editora Revista dos Tribunais, 2018, v. 14.

ARAÚJO, José Henrique Mouta. Ação rescisória e o CPC/15: controvérsias e comportamento jurisprudencial. In: *Revista de Processo*, vol. 283/2018. São Paulo: RT.

ARRUDA ALVIM, José Manoel. Notas a respeito dos aspectos gerais e fundamentais da existência dos recursos. In: *Doutrinas Essenciais Processo Civil*. VII. São Paulo: Revista dos Tribunais, 2011.

ARRUDA ALVIM, José Manoel. Os desafios da apelação no Código de Processo Civil de 2015. In: MARX NETO, Edgard Audomar et al. (Org.). *Processo Civil Contemporâneo*: homenagem aos 80 anos do professor Humberto Theodoro Júnior. Rio de Janeiro: Forense, 2018.

ASSIS, Araken de. *Manual dos Recursos*. 8. ed. 1. Ed. e-book. São Paulo: Revista dos Tribunais, 2016.

ASSIS, Araken de. Cabimento de agravo de instrumento contra decisão sobre prescrição e decadência proferida no saneamento do processo. In: NERY JR., Nelson; ALVIM, Teresa Arruda; OLIVEIRA, Pedro Miranda de (Org.). *Aspectos polêmicos dos recursos cíveis e assuntos afins*. São Paulo: Revista dos Tribunais, 2018. v. 14.

AYOUB, Luiz Roberto; CAVALLI, Cássio. *A Construção jurisprudencial da Recuperação Judicial*. 3ª edição. Rio de Janeiro: FGV Editora e Editora Forense, 2017.

BARBOSA MOREIRA, José Carlos. Breve notícia sobre a reforma do processo civil alemão. *Revista de Processo*. São Paulo, v. 28, n. 111, jul./set. 2003.

BARBOSA MOREIRA, José Carlos. Restrições ilegítimas ao conhecimento dos recursos. In: *Temas de Direito Processual*. Nona Série. São Paulo: Saraiva, 2007.

BARBOSA MOREIRA, José Carlos. *Comentários ao Código de Processo Civil*. Rio de Janeiro: Forense, 2013. v. 5.

BARIONI, Rodrigo. Preclusão diferida: o fim do Agravo Retido e a ampliação do objeto da Apelação no novo Código de Processo Civil. Revista de Processo, v. 243, 2015.

BARIONI, Rodrigo. O exame de questões de fato nos Recursos Extraordinário e Especial. In: *Ação rescisória e recursos para os Tribunais Superiores.* 2. ed. São Paulo: Revista dos Tribunais, 2013.

BARIONI, Rodrigo. Dos processos nos tribunais e dos meios de impugnação das decisões judiciais. In: *Breves comentários ao Novo Código de Processo Civil* - Edição 2016. São Paulo: Revista dos Tribunais.

BARIONI, Rodrigo. Comentários ao art. 975 do CPC. In: ARRUDA ALVIM, Teresa et al. (Coord.). *Breves Comentários ao Novo Código de Processo Civil.* 3. Ed. São Paulo: RT, 2016.

BENETI, Sidnei Agostinho. Reformas de descongestionamento de tribunais. *BDJur*, Brasília. 8 mar. 2010.

BENTHAM, Jeremias. *Tratado de las pruebas judiciales.* Buenos Aires: Ediciones Jurídicas Europa-América, 1971.

BUENO, Cassio Scarpinella. *Manual de Direito Processual Civil.* 2. ed. São Paulo: Saraiva, 2016.

BUZAID, Alfredo. *Do agravo de petição no Sistema do Código de Processo Civil.* São Paulo: Revista dos Tribunais, 1945.

BUZAID, Alfredo. A crise do Supremo Tribunal Federal. In: BUZAID, Alfredo et al. (Org.). *Revista de Direito Processual Civil.* São Paulo: Saraiva, 1967.

CABRAL, Antônio do Passo. O novo procedimento-modelo (*musterverfahren*) alemão: uma alternativa às ações coletivas. *Revista de Processo.* São Paulo: Revista dos Tribunais, vol. 147/2007.

CALAMANDREI. Piero. *La Cassazione Civile.* Turim: Fratelle Bocca Editori, 1920, v. 1.

CÂMARA, Alexandre Freitas. *Ação Rescisória.* Rio de Janeiro: Lumen Juris, 2007.

CÂMARA, Alexandre Freitas. *O Novo Processo Civil brasileiro.* São Paulo: Atlas, 2015.

CÂMARA, Alexandre Freitas. In: CABRAL, Antonio do Passo; CRAMER, Ronaldo. *Comentários ao Código de Processo Civil.* 2. ed. Rio de Janeiro: Forense/Grupo GEN, 2017.

CÂMARA JUNIOR, José Maria. O art.942 do CPC e a ampliação da colegialidade: questões e propostas de interpretação para dissipar dúvidas sobre a aplicação de regras. In: NERY JR., Nelson; ALVIM, Teresa Arruda; OLIVEIRA, Pedro Miranda de (Org.). *Aspectos polêmicos dos recursos cíveis e assuntos afins.* São Paulo: Revista dos Tribunais, 2018. v. 14.

CAMARGO, Luiz Henrique Volpe. Da remessa necessária. *Revista de Processo.* São Paulo, n. 279, maio/2018.

CAMBI, Eduardo; POMPÍLIO, Eduardo. Majoração dos honorários sucumbenciais no recurso de apelação. In: *Processo nos Tribunais e Meios de Impugnação das Decisões Judiciais.* Salvador: Juspodivm, 2015.

CARMONA, Carlos Alberto. *Arbitragem e Processo.* 3. ed. São Paulo: Atlas, 2009.

CARNEIRO, Athos Gusmão. Embargos de declaração não conhecidos: a decisão dos embargos, neste caso, 'integra-se' na decisão embargada? *Revista de Processo,* v. 106, 2002.

CARNEIRO, Athos Gusmão. *Recurso Especial, Agravos e Agravo Interno.* 2. ed. Rio de Janeiro: Forense, 2002.

CARNELUTTI, Francesco. *Sistema di Diritto Processuale Civile.* Padova: Cedam, 1936, v. 1.

CARNELUTTI, Francesco. *Instituciones del proceso civil.* Buenos Aires: EJEA, 1973. v. II.

CARVALHO, Fabiano. Admissibilidade do Recuso Adesivo. *Revista de Processo,* São Paulo: Revista dos Tribunais, v. 137, 2006.

CARVALHO, Fabiano. *Comentários ao Código de Processo Civil,* v. XIX. São Paulo: Saraiva, 2022.

CARVALHO, Luciano Saboia Rinaldi de. *Código de Processo Civil de 2015*: recursos, tutelas provisórias, novos incidentes e temas relevantes. Rio de Janeiro: Lumen Juris, 2017.

CEZARE, Luiz Henrique. Ofensa reflexa à constituição e o redirecionamento dos recursos especial e extraordinário previsto nos arts. 1.032 e 1.033 do NCPC. *Revista de Processo*. São Paulo: Revista dos Tribunais, v. 255, 2016.

CIPRIANI, Franco. I problemi del processo di cognizione tra passato e presente. In: *Il processo civile nello stato democratico*. Nápoles: Edizioni Scientifiche Italiane, 2006.

CIPRIANI, Franco. Per un nuovo processo civile. In: *Il processo civile nello Stato democratico*. Napoli: Edizioni Scientifiche Italiane, 2006.

CORREA, Rafael Motta e; RAMOS, Fabiana de Souza. O pedido da justiça gratuita no CPC/15 e suas discussões na esfera recursal. In: NERY JR., Nelson; ALVIM, Teresa Arruda; OLIVEIRA, Pedro Miranda de (Org.). *Aspectos polêmicos dos recursos cíveis e assuntos afins*. São Paulo: Revista dos Tribunais, 2018. v. 14.

CORNU, Gérard; FOYER, Jean. *Procédure civile*. 3. ed. Paris: Presses Universitaires de France, 1996.

CÔRTES, Osmar Mendes Paixão. *Recursos para os Tribunais Superiores*: recurso extraordinário, recurso especial, embargos de divergência e agravos. Rio de Janeiro: Gazeta Jurídica, 2012.

CÔRTES, Osmar Mendes Paixão. A superação de um entendimento anterior pode dar ensejo à ação rescisória? Considerações à luz da jurisprudência e da súmula 343/STF. *Revista de Processo*, vol. 310/2020.

COSTA, Eduardo José da Fonseca. Pequena história dos embargos infringentes no Brasil: uma viagem redonda. In: FREIRE, Alexandre; DANTAS; Bruno. NUNES, Dierle; DIDIER JR, Fredie; MEDINA, José Miguel Garcia; FUX, Luiz; CAMARGO, Luiz Henrique Volpe; OLIVEIRA, Pedro Miranda (organizadores). Novas tendências do processo civil: estudos sobre o projeto de novo CPC. Salvador: Juspodivm, v. 2, 2014.

CRIBARI, Giovanni. Os requisitos essenciais da apelação voluntária comum. *Revista de Processo*, v. 7, 1977.

CUNHA, Leonardo Carneiro da. Apelação contra decisão interlocutória não agravável: a apelação do vencido e a apelação subordinada do vencedor. Duas novidades do CPC/2015. *Revista de Processo*, v. 241, 2015.

DAMASKA, Mirjan R. *The faces of justice and state authority*. Yale: Yale University Press, 1986.

DANTAS, Bruno. *Teoria dos Recursos Repetitivos*: tutela pluri-individual nos Recursos Dirigidos ao STF e ao STJ. São Paulo: Revistas dos Tribunais, 2015.

DIDIER JR. Fredie; CUNHA, Leonardo Carneiro da. *Curso de Direito Processual*. 13. ed. Salvador: Editora Juspodivm, 2016. v. 3.

DINAMARCO, Cândido. *Fundamentos do processo civil modero*. 3. ed. São Paulo: Malheiros, 1987.

DINAMARCO, Cândido. *Capítulos de Sentença*. São Paulo: Malheiros, 2002.

DONOSO, Denis; SERAU JR., Marco Aurélio. *Manual dos Recursos Cíveis*. Salvador: Juspodivm, 2016.

DOTTI, Rogéria. Todo defeito na fundamentação do recurso constitui vício insanável? Impugnação específica, dialeticidade e o retorno da jurisprudência defensiva. In: NERY JR., Nelson; ALVIM, Teresa Arruda; OLIVEIRA, Pedro Miranda de (Org.). *Aspectos polêmicos dos recursos cíveis e assuntos afins*. São Paulo: Revista dos Tribunais, 2018.

FARIA, Márcio Carvalho. O novo Código de Processo Civil e a jurisprudência defensiva. *Revista de Processo*. São Paulo: Revista dos Tribunais, v. 210, 2012.

FARIA, Márcio Carvalho. A jurisprudência defensiva dos tribunais superiores e a ratificação necessária (?) de alguns recursos excepcionais. *Revista de Processo*. São Paulo: Revista dos Tribunais, n. 167, janeiro de 2009.

FARIA, Márcio Carvalho. O formalismo exacerbado quanto ao preenchimento das guias de preparo: ainda a jurisprudência defensiva dos Tribunais

Superiores. *Revista de Processo*. São Paulo: Revista dos Tribunais, n. 193, março de 2011.

FARIA, Márcio Carvalho. A ação rescisória no projeto de novo Código de Processo Civil e uma sugestão de lege ferenda. *Revista de Processo*, vol. 225/2013.

FARIA, Márcio Carvalho. Mais do mesmo: os vícios de representação recursais, a impossibilidade de saneamento posterior nas instâncias excepcionais e a jurisprudência defensiva. *Revista Eletrônica de Direito Processual*, Rio de Janeiro, v. 12, 2013. Disponível em: http://www.e-publicacoes.uerj.br/index.php/redp/issue/view/653. Acesso em: 23 dez. 2015.

FARIA, Márcio Carvalho. *A Lealdade processual na prestação jurisdicional*: em busca de modelo de juiz leal. São Paulo: Revista dos Tribunais, 2017.

FARIA, Márcio Carvalho. *Embargos de divergência em agravo interno*: (in) aplicabilidade da Súmula nº 599 do STF. Disponível em: https://jus.com.br/artigos/6419/embargos-de-divergencia-em-agravo-interno/2. Acesso em: 14 jan. 2019.

FARIA, Paulo Ramos de; LOUREIRO, Ana Luísa. *Primeiras Notas ao Novo Código de Processo Civil*: os artigos da reforma. Coimbra: Almedina, 2014. v. II.

FERRAND, Frédérique. La sélection des pourvois en cassation à l'étranger: L'objectif d'une jurisprudence unitaire. In: MEKKI, Soraya Amrani; CADIET, Loïc. *La Sélection des Pourvois à la Cour de Cassation*. Paris: Economica, 2005.

FERRAZ, Leslie Shérida. Decisão monocrática e agravo interno no Tribunal de Justiça do Rio Grande do Sul: uma análise empírica. *Revista da AJURIS*, v. 41, n. 136, dez. 2014.

FERRAZ, Leslie Shérida. Decisão monocrática e agravo interno: celeridade ou entrave processual? A Justiça no Estado do Rio de Janeiro. Rio de Janeiro: Escola de Direito da Fundação Getulio Vargas, 2010.

FERREIRA, William Santos. O equivocado tratamento discriminatório da antecipação da tutela recursal em relação ao efeito suspensivo – perspectiva dinâmica do devido processo legal e a razoável duração do processo. In: OLIVEIRA, Bruno Silveira de et al. (Org.). *Recursos e a Duração Razoável do Processo.* Brasília: Gazeta Jurídica, 2013.

FLEXA, Alexandre; MACEDO, Daniel; BASTOS, Fabrício. *Novo Código de Processo Civil*: o que é inédito. O que mudou. O que foi suprimido. Salvador: Juspodivm, 2015.

FONSECA, João Francisco Naves da. A profundidade do efeito devolutivo nos recursos extraordinários e especial: o que significa a expressão "julgará o processo, aplicando o direito" (CPC, art. 1.034)?. In: LUCON, Paulo Henrique dos Santos et al. (Org.). *Processo em jornadas: XI Jornadas Brasileiras de Direito Processual; XXV Jornadas Ibero-Americanas de Direito Processual.* Salvador: Juspodivm, 2016.

FREIRE, Alexandre. O incidente de resolução de recursos extraordinários repetitivos e as audiências públicas no Supremo Tribunal Federal. In: NERY JR, Nelson; ALVIM, Teresa Arruda; OLIVEIRA, Pedro Miranda de. *Aspectos Polêmicos dos Recursos Cíveis.* V. 14. São Paulo: Editora Revista dos Tribunais, 2018.

GRECO, Leonardo. A Falência do Sistema de Recursos. In: *Estudos de Direito Processual.* Campos dos Goytacazes: Editora Faculdade de Direito de Campos, 2005.

GRECO, Leonardo. *Instituições de Processo Civil.* Rio de Janeiro: Editora Forense, 2015. v. 3.

GRECO, Leonardo. Saneamento do processo, estabilidade e coisa julgada. In: *Processo Civil Contemporâneo*: Homenagem aos 80 anos do Professor Humberto Theodoro Júnior. Rio de Janeiro: Forense, 2018.

GRECO FILHO, Vicente. *Direito Processual Civil Brasileiro.* 18. ed. São Paulo: Saraiva, v. 2.

GRINOVER, Ada Pellegrini. *Direito processual civil.* 2. ed. São Paulo, 1975.

GUEDES, Cintia Regina. Os recursos cíveis no projeto do novo Código de Processo Civil. *Revista de Processo,* v. 207, 2012.

JAIME, Fernando Gonzaga; SALOMÉ, Joana Faria; OLIVEIRA JR., Délio Mota de. O reexame necessário no processo civil brasileiro: um mal desnecessário. *Revista de Processo*. São Paulo, n. 279, maio 2018.

JOBIM, Marco Félix; CARVALHO, Fabrício de Farias. A Disciplina dos Agravos no Novo Código de Processo Civil. In: DIDIER Jr., Fredie (Coord.). *Processo nos Tribunais e Meios de Impugnação das Decisões Judiciais*. Salvador: Juspodivm, 2015.

JORGE, Flávio Cheim. *Teoria Geral dos Recursos Cíveis*. 7. ed. São Paulo: Revista dos Tribunais, 2015.

JORGE, Flavio Cheim. *Apelação Cível: teoria geral e admissibilidade*. São Paulo: Revista dos Tribunais, 1999.

KOEHLER, Frederico Augusto Leopoldino; BONIZZI, Marcelo José Magalhães. *A Relevância da questão de direito federal infraconstitucional no recurso especial.* Revista de Processo. São Paulo: Editora RT, vol. 333/2022.

KOZIKSKI, Sandro Marcelo. *Sistema Recursal.* Salvador: Juspodivm, 2015.

LEAL, Victor Nunes. O requisito da "relevância" para redução dos encargos do Supremo Tribunal. In: BUZAID, Alfredo et al. (Org.). *Revista de Direito Processual Civil.* São Paulo: Saraiva, 1967.

LEMOS, Vinicius Silva. *Recursos e Processos nos Tribunais.* 3. ed. Salvador: Juspodivm, 2018.

LIEBMAN, Enrico Tullio. *Eficácia e autoridade da sentença e outros escritos sobre a coisa julgada.* 4ª edição. Rio de Janeiro: Editora Forense, 2006.

LIMA, Alcides Mendonça. *Sistema de normas gerais dos recursos cíveis.* Rio de Janeiro: Freitas Bastos, 1963.

LIMA, Alcides de Mendonça. *Introdução aos Recursos Cíveis.* 2. ed. São Paulo: Revista dos Tribunais, 1976

LIMA, Alcides de Mendonça. Os recursos no Anteprojeto do Código de Processo Civil. In: *Doutrinas Essenciais Processo Civil.* São Paulo: Revista dos Tribunais, 2011. v. 7.

LOPES, Bruno Vasconcelos Carrilho. A *Reformatio in peius* no direito processual civil: fundamentos da proibição da reformation *in peius*. In: NERY JR., Nelson; WAMBIER, Teresa Arruda Alvim (Org.). *aspectos polêmicos e atuais dos recursos cíveis e de outros meios de impugnação às decisões judiciais*. São Paulo: Revista dos Tribunais, 2005.

LOPES, Bruno Vasconcelos Carrilho. Os honorários recursais no novo Código de Processo Civil. In: *Honorários Advocatícios*. 2. ed. Salvador: Juspodivm, 2016.

LOPES DA COSTA, Alfredo de Araújo. *Direito Processual Civil Brasileiro*. 2. ed. Rio de Janeiro: José Konfino Editor, 1948. v. 3.

LUCON, Paulo Henrique dos Santos; RODRIGUES, Rafael Ribeiro. Recursos Extraordinário e Especial Repetitivos: Antecedentes e Novidades no CPC/2015. In: NERY JR, Nelson; ALVIM, Teresa Arruda; OLIVEIRA, Pedro Miranda de (Org.). *Aspectos Polêmicos dos Recursos Cíveis*. São Paulo: Editora Revista dos Tribunais, 2018, v. 14.

MACÊDO, Lucas Buril. Agravo interno: análise das modificações legais e de sua recepção no Superior Tribunal de Justiça. *Revista de Processo*. São Paulo: Revista dos Tribunais, vol. 269/2017.

MACÊDO, Lucas Buril. A análise dos recursos excepcionais pelos tribunais intermediários – o pernicioso art. 1.030 do CPC e sua inadequação técnica como fruto de uma compreensão equivocada do sistema de precedentes vinculantes. *Revista de Processo*, São Paulo: Revista dos Tribunais, v. 262, 2016.

MACHADO SEGUNDO, Hugo de Brito. Os Recursos no Novo CPC e a 'jurisprudência defensiva'. In: DIDIER Jr., Fredie (Coord.). *Processo nos Tribunais e Meios de Impugnação das Decisões Judiciais*. Salvador: Juspodivm, 2015.

MANCUSO, Rodolfo de Camargo. *A resolução dos conflitos e a função judicial no contemporâneo*. São Paulo: Revistas dos Tribunais, 2009.

MANCUSO, Rodolfo de Camargo. *Acesso à justiça*: condicionantes legítimas e ilegítimas. São Paulo: Revista dos Tribunais, 2011.

MARANHÃO, Clayton. Agravo de instrumento no Código de Processo Civil de 2015: entre a taxatividade do rol e um indesejado retorno do mandado de segurança contra ato judicial. *Revista de Processo*, v. 256, 2016.

MARINONI, Luiz Guilherme. Ação rescisória baseada em violação de norma jurídica. *Revista de Processo*, vol. 267/2017.

MARINONI, Luiz Guilherme; MITIDIERO, Daniel. *Comentários ao Código de Processo Civil*. São Paulo: Revista dos Tribunais, 2016. v. 15.

MARINONI, Luiz Guilherme; MITIDIERO, Daniel. *Comentários ao Código de Processo Civil*. São Paulo: Revista dos Tribunais, 2016. v. 16.

MARINONI, Luiz Guilherme; ARENHART, Sérgio Cruz; MITIDIERO, Daniel. *Novo curso de processo civil*: tutela dos direitos mediante procedimento comum. São Paulo: Revista dos Tribunais, 2015. v. 2.

MARINS, Graciela. O mandado de segurança como sucedâneo recursal nas hipóteses não previstas no art. 1.015 do CPC/2015. In: NERY JR., Nelson; ALVIM, Teresa Arruda; OLIVEIRA, Pedro Miranda de (Org.). *Aspectos polêmicos dos recursos cíveis e assuntos afins*. São Paulo: Revista dos Tribunais, 2018. v. 14.

MARQUES, José Frederico. *Instituições de Direito Processual Civil*. 2. ed. Rio de Janeiro: Forense, 1963.

MATTA, Darilê Marques da. A recorribilidade da decisão que inadmite o recurso especial ou extraordinário fundamentada no art. 1.030, i, do CPC/2015, diante da necessidade de superação do precedente. *Revista de Processo*. São Paulo: Revista dos Tribunais, v. 271, 2017.

MAZZEI, Rodrigo Reis. O efeito devolutivo e seus desdobramentos. In: MAZZEI, Rodrigo Reis et al. (Org.). *Dos recursos*: temas obrigatórios e atuais. Vitória: I.C.E., 2003.

MAZZOLA, Marcelo. Agravo de instrumento e suas restritas hipóteses de cabimento: necessidade de flexibilização. In: JATAHY, Carlos Roberto; ALMEIDA, Diogo Assumpção Rezende de; AYOUB, Luiz Roberto (Org.). *Reflexões sobre o novo Código de Processo Civil*. Rio de Janeiro: FGV Editora, 2016.

MEDINA, José Miguel Garcia; WAMBIER, Teresa Arruda Alvim. *Recursos e ações autônomas de impugnação.* São Paulo: Revista dos Tribunais, 2008.

MEDINA, José Miguel Garcia. *Novo Código de Processo Civil Comentado.* 4. ed. São Paulo: Revista dos Tribunais, 2016.

MELLO, Patrícia Perrone Campos; CUNHA, Leonardo. Transformação do recurso extraordinário e impactos sobre o processo colegiado de decisão do Supremo Tribunal Federal: O que mudou? O que precisa mudar? In: NERY JR, Nelson; ALVIM, Teresa Arruda; OLIVEIRA, Pedro Miranda de (Org.). *Aspectos Polêmicos dos Recursos Cíveis.* São Paulo: Revista dos Tribunais, 2018, v. 14.

MELLO, Rogério Licastro Torres de. Recurso especial e matéria de ordem pública: desnecessidade de prequestionamento. São Paulo: Revista dos Tribunais, v. 151, 2007.

MENDES, Aluisio Gonçalves de Castro. *Incidente de Resolução de Demandas Repetitivas.* Rio de Janeiro: Forense/Grupo GEN, 2017.

MENDES JÚNIOR., João. *Direito Judiciário Brasileiro.* Rio de Janeiro: Freitas Bastos, 1954.

MONTE, Douglas Anderson Dal. Reclamação e a polêmica Resolução 3/2016 do STJ. In: NERY JR, Nelson; ALVIM, Teresa Arruda; OLIVEIRA, Pedro Miranda de. *Aspectos Polêmicos dos Recursos Cíveis.* São Paulo: Editora Revista dos Tribunais, 2018, v. 14.

MONTELEONE, Girolamo. *Manuale di Diritto Processuale Civile.* 6. ed. Milão: Cedam, 2012.

MONTERO AROCA, Juan; FLORS MATÍES, José. *Tratado de Recursos en el Proceso Civil.* 2. ed. Valencia: Tirant Lo Blanch, 2014.

NERY JUNIOR, Nelson. *Teoria Geral dos Recursos.* 6. ed. São Paulo: Revista dos Tribunais, 2004.

NERY JÚNIOR, Nelson. *Aspectos da teoria geral dos recursos no processo civil.* In: *Doutrinas essenciais processo civil.* São Paulo: Revista dos Tribunais, 2011. v. 7.

NERY JÚNIOR., Nelson; NERY, Rosa. *Comentários ao Código de Processo Civil.* São Paulo: Revista dos Tribunais, 2015.

NETTO, Nelson Rodrigues. A Carta de Salvador e o recurso de apelação no projeto do Código de Processo Civil. *Revista de Processo*, v. 229, 2014.

NEVES, Daniel Amorim Assumpção. *Manual de Direito Processual.* 8. ed. Salvador: Juspodivm, 2016.

NEVES, Daniel Amorim Assumpção. *Novo CPC Comentado.* 2. ed. Salvador: Juspodivm, 2017.

NUNES, Dierle; BAHIA, Alexandre; PEDRON, Flávio Quinaud. Art. 1.030. In: STRECK, Lenio Luiz; CUNHA, Leonardo Carneiro da (Org.). *Comentários ao Código de Processo Civil.* 2. ed. São Paulo: Saraiva, 2017.

OLIVEIRA JR., Zulmar Duarte de. In: GAJARDONI, Fernando da Fonseca; DELLORE, Luiz; ROQUE, André Vasconcelos; OLIVEIRA JR, Zulmar Duarte de. *Execução e Recursos*: comentários ao CPC de 2015. São Paulo: Método, 2017.

PÁDUA, Átila de Andrade. Réquiem para a recorribilidade. *Revista de Processo*, v. 238, 2014.

PANTOJA, Fernanda Medina. Reformas processuais: sistematização e perspectivas. *Revista de Processo*. São Paulo: Revista dos Tribunais, v. 160, 2008.

PANTOJA, Fernanda Medina. *Apelação*: novas perspectivas para um antigo recurso. Curitiba: Juruá, 2010.

PANTOJA, Fernanda Medina; FERRAZ, Leslie. Julgamento singular e agravo interno: uma análise empírica. *Revista de Processo*. São Paulo: Revista dos Tribunais, vol. 211/2012.

PANTOJA, Fernanda Medida; MARÇAL, Felipe Barreto. Tutela de Evidência Recursal. *Revista de Processo.* São Paulo: Editora RT: vol. 324/2022.

PASSOS, José Joaquim Calmon de. Da arguição de relevância no recurso extraordinário. *Revista Forense*: edição comemorativa dos 100 anos. Rio de Janeiro: Forense, 2005, t. 1.

PELEJA JÚNIOR, Antônio Veloso; NASCIMENTO, Vanderson Rafael. A ressignificação da compreensão do interesse recursal nos embargos declaratórios integrativos. *Revista Eletrônica de Direito Processual*, vol. 25. Janeiro-abril de 2024.

PINHO, Humberto Dalla Bernadina. *Direito Processual Civil Contemporâneo*. 3. ed. São Paulo: Saraiva, 2016. v. 2.

PINHO, Humberto Dalla Bernardina de; PAUMGARTTEN, Michele Pedrosa. Os efeitos colaterais da crescente tendência à judicialização da mediação. *Revista Eletrônica de Direito Processual – REDP*, v. XI, p. 191. Disponível em: http://www.e-publicacoes.uerj.br/index.php/redp/article/view/18068/13322. Acesso em: 21 dez. 2015.

PINHO, Humberto Dalla Bernardina de. *Jurisdição e Pacificação*: limites e possibilidades do uso dos meios consensuais de resolução de conflitos na tutela dos direitos transindividuais e pluri-individuais. Curitiba: CRV, 2017.

PINHO, Humberto Dalla Bernardina de; SALOMÃO, Rodrigo Cunha Mello. A arguição de relevância das questões de direito federal infraconstitucional: passado, presente e futuro. *Revista de Processo*, vol. 346/2023. São Paulo: RT, 2023.

PINTO, Nelson Luiz. *Manual de Recursos Cíveis*. 2. ed. São Paulo: Malheiros, 2000.

PINTO, Nelson Luiz. *Introdução aos Recursos Cíveis*. Santa Cruz do Sul: Essere nel mondo, 2014.

PONTES DE MIRANDA, Francisco Cavalcanti. *Tratado da Ação Rescisória*, 5ª edição. Rio de Janeiro: Forense, 1976.

QUARTIERI, Rita; LINHARES, Isabella. Decisão parcial de mérito conceitual e suas consequências recursais. In: NERY JR., Nelson; ALVIM, Teresa Arruda; OLIVEIRA, Pedro Miranda de (Org.). *Aspectos polêmicos dos recursos cíveis e assuntos afins*. São Paulo: Revista dos Tribunais, 2018. v. 14.

REDONDO, Bruno Garcia. In: CABRAL, Antonio do Passo; CRAMER, Ronaldo (Orgs.). *Comentários ao Código de Processo Civil*. 2. ed. Rio de Janeiro: Forense/Grupo GEN, 2017.

REZENDE FILHO, Gabriel. *Curso de Direito Processual Civil*. São Paulo: Saraiva, 1953. v. 3.

RODRIGUES, Luiza Silva. Eficácia dos acórdãos proferidos em sede de embargos de divergência. *Aspectos Polêmicos dos Recursos Cíveis*. V. 14. São Paulo: Editora Revista dos Tribunais, 2018.

RODRIGUES. Marco Antonio. *Manual dos Recursos*. São Paulo: Atlas, 2017.

ROQUE, André Vasconcelos. In: GAJARDONI, Fernando da Fonseca; DELLORE, Luiz; ROQUE, André Vasconcelos; OLIVEIRA JR., Zulmar Duarte de. *Execução e Recursos*. São Paulo: Método, 2017.

SALOMÃO, Luís Felipe. Aspectos gerais acerca da responsabilidade civil no transporte terrestre de passageiros. *Revista Justiça e Cidadania*. 137ª Edição, 2012.

SANDERS, Frank. Varieties of Dispute Processing. In: *The Pound Conference: perspectives on justice in the future*. Minnesota: West Publishing, 1979.

SEABRA FAGUNDES, Miguel. *Dos Recursos Ordinários em Matéria Civil*. Rio de Janeiro: Forense, 1946.

SEABRA FAGUNDES, Miguel. O título 'Dos Recursos' em o novo Código de Processo Civil. *Revista de Processo*, São Paulo: Revista dos Tribunais, v. 1, jan./mar. 1976.

SICA, Heitor Vitor Mendonça. Art. 1.015. In: STRECK, Lenio Luiz; NUNES, Dierle; CUNHA, Leonardo Carneiro da (Orgs.). *Comentários ao Código de Processo Civil*. 2. ed. São Paulo: Saraiva, 2017.

SILVA, Ticiano Alves e. Embargos de declaração e contradição externa. *Revista de Processo*, v. 238, 2014.

SIQUEIRA, Thiago Ferreira. Duplo Grau de Jurisdição e 'Teoria da Causa Madura' no novo Código de Processo Civil. In: *Processo nos Tribunais e Meios de Impugnação das Decisões Judiciais*. Salvador: Juspodivm, 2015.

SOKAL, Guilherme. *O julgamento colegiado nos tribunais*. São Paulo: Método, 2012.

SOKAL, Guilherme Jales. Juizados especiais e variantes regionais: o papel da lei estadual. *Revista CNJ*, v. 1, p. 43-52, 2015. Disponível em: http://www.cnj.jus.br/files/conteudo/arquivo/2016/08/1e1621f54a699dc3746f7a86160a2c77.pdf. Acesso em: 11 dez. 2017.

SOKAL, Guilherme Jales. A nova ordem dos processos no tribunal: colegialidade e garantias no CPC/2015. *Revista de Processo*, São Paulo: Revista dos Tribunais, v. 272, 2017.

SOKAL, Guilherme Jales. A sucumbência recursal no novo CPC: razão, limites e algumas perplexidades. *Revista de Processo*. São Paulo: Revista dos Tribunais, v. 256, 2016.

SOUZA, Bernardo Pimentel. *Introdução aos Recursos Cíveis e à Ação Rescisória*. 10. ed. São Paulo: Saraiva, 2014.

STRECK, Lenio Luiz; NUNES, Dierle; CUNHA, Leonardo Carneiro da; FREIRE, Alexandre. *Comentários ao Código de Processo Civil*. São Paulo: Saraiva, 2016.

TALAMINI, Eduardo. *Coisa julgada e sua revisão*. São Paulo: Editora RT, 2005.

TASSINARI, Clarissa. *Jurisdição e ativismo judicial*: limites da atuação do Judiciário. Porto Alegre: Livraria do Advogado, 2013.

TCHAKERIAN, Renato Silvano. Sobre os supostos e os reais limites à legitimidade do Ministério Público para a tutela dos direitos individuais homogêneos. *Revista de Processo*, n. 185, jul. 2010.

THAMAY, Rennan Faria Krüger; RODRIGUES, Rafael Ribeiro. Algumas Reflexões sobre o efeito translativo: entre o CPC/73 e o CPC/2015. In: DIDIER Jr., Fredie (Coord.). *Processo nos Tribunais e Meios de Impugnação das Decisões Judiciais*. Salvador: Juspodivm, 2015.

THAMAY, Rennan. SEIXAS, Bernardo Silva. A arguição de relevância do recurso especial. *Revista de Processo*. São Paulo: Editora RT, vol. 334/2022.

TENORIO, Pedro. *El recurso de amparo ante el Tribunal Constitucional*: perspectivas de reforma. Madri: Fundación Wolters Kluwer, 2014.

TEMER, Sofia. *Incidente de Resolução de Demandas Repetitivas*. Salvador: Juspodivm, 2016.

TESHEINER, José Maria. A ação rescisória no novo Código de Processo Civil. Revista de Processo, vol. 244/2015.

TUCCI, José Rogério Cruz e. A Repercussão Geral como pressuposto de admissibilidade do Recurso Extraordinário. *Doutrinas Essenciais de Direito Constitucional*. São Paulo: Revista dos Tribunais, v. 10, 2015.

TUCCI, José Rogério Cruz e. O regime do precedente judicial no novo CPC. In: *Precedentes*. Salvador: Ed. Juspodivm, 2015.

TUCCI, José Rogério Cruz. *Comentários ao Código de Processo Civil*. São Paulo: Revista dos Tribunais, 2016, v. VIII.

USTÁRROZ, Daniel; PORTO, Sérgio Gilberto. *Manual dos Recursos Cíveis*. 4. ed. Porto Alegre: Livraria do Advogado, 2013.

VALLE, Rubén Hernández. *Las Sentencias Básicas de la Corte Interamericana de Derechos Humanos*. Madri: Agencia Estatal Boletín Oficial del Estado, 2011.

WALD, Arnoldo. Requisitos e efeitos da apelação e da sua desistência. *Revista de Processo,* São Paulo: Revista dos Tribunais, v. 15, abr./set. 1979.

WAMBIER, Luiz Rodrigues; VASCONCELOS, Rita de Cássia Corrêa de. Sobre a repercussão geral e os recursos especiais repetitivos, e seus reflexos nos processos coletivos. *Revista dos Tribunais*. São Paulo: Revista dos Tribunais, v. 882, 2009.

WAMBIER, Luiz Rodrigues. Teoria geral dos recursos. In: *Doutrinas Essenciais Processo Civil*. Vol. VII. São Paulo: Revista dos Tribunais, 2011.

WAMBIER, Teresa Arruda Alvim. Distinção entre questão de fato e questão de direito para fins de cabimento de recurso especial. *Revista de Processo*. São Paulo: Revista dos Tribunais, v. 92, 1998.

WAMBIER, Teresa Arruda Alvim. O princípio da fungibilidade sob a ótica da função instrumental do processo. In: NERY JR., Nelson; WAMBIER, Teresa Arruda Alvim (Org.). *Aspectos polêmicos e atuais dos recursos cíveis e de outros meios de impugnação às decisões judiciais*. São Paulo: Revista dos Tribunais, 2005.

WAMBIER, Teresa Arruda Alvim. O CPC Projetado, os recursos e o maior rendimento do processo. In: OLIVEIRA, Bruno Silveira de et al. (Org.). *Recursos e a Duração Razoável do Processo*. Brasília: Gazeta Jurídica, 2013.

WATANABE, Kazuo. *Política Pública do Poder Judiciário Nacional para tratamento adequado dos conflitos de interesse*. Disponível em: http://www.tjsp.jus.br/download/conciliacao/nucleo/parecerdeskazuowatanabe.pdf. Acesso em 20 dez. 2015.

YARSHELL, Flávio Luiz. *Ação Rescisória*: juízos rescindente e rescisório. São Paulo: Malheiros, 2005.

ZANETI JR., Hermes. Precedentes normativos formalmente vinculantes. In: *Precedentes*. Salvador: Juspodivm, 2015.

ZANETI JR., Hermes. In: CABRAL, Antonio do Passo; CRAMER, Ronaldo. *Comentários ao Código de Processo Civil*. 2. ed. Rio de Janeiro: Forense/Grupo GEN, 2017.

EDITORA
JusPODIVM
www.editorajuspodivm.com.br

Impresso por:

Docuprint
CNPJ 01.036.332/0001-99

JUS3537